LA JUSTICIA PENAL DE LOS AUSTRIAS EN LA CORONA DE CASTILLA

JOSÉ LUIS DE LAS HERAS SANTOS

LA JUSTICIA PENAL DE LOS AUSTRIAS EN LA CORONA DE CASTILLA

Prólogo de D. Manuel Fernández Alvarez,
de la Real Academia de la Historia

EDICIONES UNIVERSIDAD DE SALAMANCA

ACTA SALMANTICENSIA
ESTUDIOS HISTORICOS & GEOGRAFICOS
76

1ª edición: mayo 1991
1ª reimpresión: febrero 1994
I S B N: 84-7481-653-X
Depósito Legal: S.361-1991

Ediciones Universidad de Salamanca
Apartado 325
E-37080 Salamanca (España)

Impreso en España-Printed in Spain
Gráficas Arco Iris S. Coop.
Avda. Fuentesaúco s/n
37184 VILLARES DE LA REINA (Salamanca)

CEP. Servicio de Bibliotecas

HERAS SANTOS, José Luis de las

La justicia penal de los Austrias en la Corona de
Castilla / José Luis de las Heras Santos; prólogo de
Manuel Fernández Alvarez.- (1ª ed, reimpr.).-
Salamanca: Universidad, 1994

1. Justicia penal - Castilla - S. XV-XVIII
I. Fernández Alvarez, Manuel

343 (463) "15/17"

A Germán y Pilar, mis padres

Indice

Prólogo

El profesor Doctor José Luis de las Heras nos presenta en este libro cuál era la Justicia penal en la Corona de Castilla bajo los Austrias (1517-1700), matizando su mayor singularidad: la de inscribirse en un régimen de desigualdad social.

Siempre lo hemos indicado en todos nuestros trabajos sobre el siglo XVI: la Justicia en el Antiguo Régimen tiene dos características principales que, sin ánimo de jerarquizarlas, son la multiplicidad y el privilegio. Y, si bien se considera, ambas podrían reducirse a la única nota del privilegio, puesto que la multitud de exenciones que se observan respecto a la Justicia ordinaria claro es que están marcando el trato de favor que se está dando a una serie de sectores de la sociedad, en relación con sus problemas judiciales, tanto a nivel de los jueces encargados de fallar las causas como a nivel del sistema procesal seguido en las mismas. En todo caso, con el privilegio en materia judicial se alude a un hecho bien concreto: a los miramientos —digámoslo así— con que la Justicia ordinaria trataba al noble o al clérigo, frente a la rudeza con que lo hacía cuando el presunto culpable era un pechero; algo bien reflejado a la hora de intentar la confesión del reo mediante el tormento.

El tema, capital para conocer a fondo aquella sociedad, gana en importancia por el planteamiento que hace el autor: Estamos ante una de las instituciones, junto con Hacienda y con el Ejército, básicas de aquella monarquía, como la que garantizaba la paz interior. Es conocida la sentencia de la época, de que alardeaban los monarcas del Quinientos, como una preciosa consigna heredada de los Reyes Católicos: *Justitia fundamenta reipublicae*; aquello que venía traducido en la frase del cronista Bernáldez: que bajo el reinado de Isabel la Católica «los pobrecillos se ponían en justicia con los caballeros e la alcanzaban». Esa era, aparentemente al menos, una de las justificaciones de la Monarquía Católica: que la Corona asegurase que se impartiese recta justicia a sus súbditos, evitando que el poderoso pudiese oprimir al humilde. Hermosa estampa en la que puede que creyesen aquellos monarcas, pero que uno se pregunta si se ajustaba a la realidad cotidiana de aquel siglo. Ya Carlos V, en su Testamento de 1554, demuestra un notorio sentimiento de culpabilidad al hacer esta confesión:

> «Otrosí, por cuanto yo he sido informado que algunos Grandes y caballeros de mis reinos y señoríos, por formas y maneras que han tenido, han dado, hecho y puesto impedimento a los vecinos y moradores de sus tierras, para que no apelasen dellos ni de sus ministros de justicia para Nos y nuestras Chancillerías; por ende, por descargo de mi conciencia, digo y declaro que si algo de lo susodicho ha

pasado y quedado sin remediar, ha sido por no haber claramente venido a mi noticia. Y encargo y mando al Príncipe, mi hijo, y a mis herederos, o sus tutores, que no lo consientan ni permitan, y pongan diligencia en saber la verdad de lo que en esto ha pasado y lo remedien...»

Por lo tanto, esto hace sospechar que el papel de árbitro que ostentaba la Corona en el orden interno no era más que un buen deseo y que la realidad era bien distinta: que la Justicia era, en el fondo, la institución que se encargaba de mantener el sistema que favorecía a las clases dirigentes. Y poner en claro esa situación es lo que realza el valor del estudio del Prof. José Luis de las Heras, que se esfuerza en algo más que una mera descripción de las singularidades de la Justicia penal bajo los Austrias, lo que no haría pasar su trabajo de una historia meramente positivista. Por el contrario yo diría que José Luis de las Heras comulga con la idea de que el historiador tiene una misión que cumplir con la sociedad y que, en consecuencia, debe sacar las oportunas conclusiones que le permitan influir sobre ella y transformarla. Algo, en definitiva, que se corresponde con la importancia que ha tenido —y que sigue teniendo— la escuela marxista de la Historia, con su postulado sobre el materialismo histórico, cifrado en que todo el devenir de la Humanidad está determinado por móviles económicos. Está claro que cuando Marx se hace tal planteamiento, está poniendo su concepción de la Historia al servicio de la Política, entendida como una lucha de los desvalidos de este mundo contra la opresión a que se ven sometidos, y que el primer paso a dar es tener clara conciencia de cuál ha sido el proceso histórico. Y eso es lo que hace tan atractiva su doctrina. Y quizá sea bueno subrayarlo ahora por quien, como yo, ha mantenido otras directrices ideológicas; no las de la escuela positivista, como se ha dicho de mí con escasa información, como se puede comprobar a poco que se lea sin prejuicio cualquiera de mis libros, donde los juicios de valor son una nota constante; en todo caso, podría decirse que milito en un nuevo humanismo, impregnado de una fuerte carga social. Pero volviendo ahora a nuestro tema principal, he de señalar que si era suma necedad elevar a dogmatismo los postulados de una escuela, como lo hizo hace unos años un supuesto filósofo norteño, que con énfasis nos adoctrinaba a los historiadores sobre aquello de que no había más interpretación científica de la Historia que la marxista que él curiosamente profesaba (a lo que bien podría responderse con el juicio de Bertrand Russell de que ese hábito de certidumbre militante acerca de cuestiones objetivamente dudosas es preciso sustituirlo por un «talante de escepticismo constructivo y fecundo, propio de la perspectiva científica»); si era suma necedad, insisto, aquel planteamiento, que en su cerrado dogmatismo proclamaba ya su falta de validez científica, no menos necedad resultaría ahora negar la importancia que la doctrina del materialismo histórico supuso en la Historia. Pues aun con todos sus errores posteriores, y algunos de ellos trágicos, lo que no se puede olvidar es la valentía de aquel Manifiesto del Partido Comunista, lanzado a la opinión pública mundial nada menos que en 1848, o la impresionante grandeza de las jornadas rusas de 1917 —la revolución bolchevique, dando al traste con el corrupto régimen zarista—, que tanto supusieron como un grito de esperanza para los míseros y oprimidos de todo el mundo. Hechos memorables que han provocado que muchos historiadores beneméritos —al estilo del hispanista Noël Salomon, por ejemplo— hayan cogido su pluma y hayan escrito páginas admirables para resaltar esa historia estremecedora, en la que se percibe la opresión del humilde por el poderoso en un momento concreto del pasado y en una determinada región de nuestro planeta; una opresión en la que el poderoso emplea cualquier medio a su alcance.

Precisamente uno de esos medios, y uno de los más implacables, es el sistema judicial. Es sobre esa materia sobre la que el Prof. José Luis de las Heras ha alzado su Tesis Doctoral sobre la Corona de Castilla en la época de los Austrias, desde el año 1517 en que entra en España Carlos V, hasta 1700, en que muere el último monarca de aquella dinastía, Carlos II. El resultado, un clamor contra la opresión de los desvalidos, cogidos por las ruedas de aquella Justicia. Algo que hace reflexionar. Y que nos ayuda a conocer mejor nuestro pasado, y que nos permite tratar de mejorar nuestro presente. Para esa tarea, el profesor José Luis de las Heras no ha escatimado esfuerzo, acudiendo a las principales fuentes documentales; por supuesto, a nuestro incomparable Archivo de Simancas, y en especial a su sección de Cámara de Castilla, pero también al Archivo Histórico Nacional, y a los de las dos antiguas Chancillerías de Valladolid y de Granada, por no citar aquí sino los más importantes.

Una tarea en la que el autor reconoce sus deudas, como no podía ser menos; así, con sus compañeros del Departamento de Historia Medieval, Moderna y Contemporánea de la Universidad de Salamanca, y muy en particular con el Prof. Baltasar Cuart, autor de un precioso estudio sobre los galeotes en el Quinientos, y con el Prof. Angel Rodríguez Sánchez, por su interesante trabajo sobre la muerte en la horca en Extremadura a finales del Antiguo Régimen; pero también con la escuela de Historia del Derecho salmantina, fundada por el Prof. Tomás y Valiente, quien con su notabilísima obra El Derecho Penal de la Monarquía Absoluta daría la pauta para una serie de trabajos de inestimable valor, como el del Prof. Benjamín González Alonso con su libro sobre el Corregidor castellano (que es ya uno de los clásicos de nuestra historiografía), el del Prof. Salustiano de Dios sobre el Consejo Real, y el de la profesora Paz Alonso sobre el proceso penal en este período.

Quiero terminar este prólogo con una declaración de reconocimiento: pues yo tengo que agradecer a muchos de mis alumnos la penetración que han puesto en sus estudios, porque me han permitido ampliar, en unos casos, y rectificar en otros, no pocos de mis trabajos anteriores. Y esto es lo que me ha ocurrido ahora con este libro del Prof. José Luis de las Heras, dedicado a la Justicia penal de la Corona de Castilla bajo los Austrias.

En otras palabras, que cuando afronte la reedición de algunos de mis estudios, como el de *España y los españoles en los tiempos modernos,* pongo por caso, podré profundizar más y mejor sobre los aspectos de la justicia, gracias al libro que ahora tú, lector atento, tienes entre las manos.

MANUEL FERNÁNDEZ ALVAREZ
de la Real Academia de la Historia

I. Introducción

Este trabajo que ahora ve la luz fue presentado en septiembre de 1989 como tesis doctoral de Geografía e Historia (Sección de Historia) en la Universidad de Salamanca. Bajo el título «La justicia penal de los Austrias en la Corona de Castilla» proponemos el análisis de los rasgos más característicos del sistema penal aplicado por los Habsburgo en los territorios integrantes entonces de la Corona de Castilla. Dada la enorme extensión del tema, nos vemos obligados a limitar nuestro estudio a la administración de la justicia real, olvidándonos de la jurisdicción eclesiástica y de la de naturaleza mixta, como la Inquisición. No obstante, serán inevitables algunas alusiones a estas jurisdicciones por cuanto constituían un foco continuo de fricciones con el poder real, y representaban una parte considerable de todo el sistema de justicia.

Para el Estado del Antiguo Régimen, la administración de justicia representaba uno de sus basamentos fundamentales. Hacienda, Ejército y Justicia eran los resortes constitucionales del poder monárquico. El sistema fiscal garantizaba la financiación del aparato político-militar de la Monarquía. La institución armada aseguraba la defensa de la Corona frente a sus enemigos exteriores, y la administración de justicia afianzaba la paz interior de los reinos. A través de ella los súbditos obtenían la reparación de sus ofensas, y el Rey certificaba la continuidad de la organización social vigente. Por otra parte, el hecho de que los reinos vinculados a la Corona de Castilla se revelasen como el corazón de todo el sistema imperial, nos da idea de la transcendencia política de su orden interior.

Siguiendo la vocación inspirada por el magisterio del profesor Fernández Alvarez en el área de Historia Moderna de la Universidad de Salamanca, centramos nuestras investigaciones en los reinados de los Austrias. Institucionalmente hablando, no existe en el período estudiado una ruptura frente a la época inmediatamente anterior. Digamos que durante el reinado de los Reyes Católicos, el sistema de justicia característico de la Edad Moderna culminó su formación y con los Austrias alcanzó su máxima plenitud y complejidad. Como tributarios de su complicación, nosotros mismos hemos debido pagar un alto precio para describir, siquiera sucintamente sus múltiples órganos. La coincidencia de funciones de justicia y de gobierno en los diferentes organismos de la Monarquía nos ha obligado a rastrear la documentación de muchas entidades constitutivas de la polisinodia, pues en casi todas ellas se administraba justicia.

Además, la yuxtaposición de instituciones modernas, junto a otras de origen medieval, como ocurría con los corregidores y los adelantados, están evidenciando la invalidez de los esquemas racionalistas para explicar el funcionamiento de la justicia en el Antiguo Régimen. La voluntad del Monarca delegaba en cada órgano las facultades que creía oportunas sin establecer entre ellos unas relaciones precisas de jerarquización interna. Por ello, no hay modo de comprender cuáles eran las funciones de cada uno, si no es examinando su práctica diaria. Por si esto fuera poco, debemos añadir la peculiar problemática aportada por las transferencias jurisdiccionales canalizadas hacia señores y corporaciones.

Ante este panorama, un observador desatento podría caer en la tentación de tildar de caótico el referido sistema. Los liberales ya formularon en su tiempo esta acusación. Sin embargo, sería más exacto decir que su principio rector no se ajustaba exactamente a la razón de las Luces, pese a lo cual le reconocemos una cierta lógica interna y una innegable viabilidad durante su existencia de siglos. Sencillamente, esta estructura era la más ajustada a una época de absolutismo y a una sociedad en la cual los súbditos eran desiguales ante la ley. No en balde, la Corona comunicaba a todo el sistema el espíritu animador y retenía en sus manos importantes mecanismos para controlarlo. El Rey era la fuente de Derecho, si no única, prevaleciente. Por medio de jueces pesquisidores o comisarios, y recursos como el de apelación y avocación de los procesos evitaba las fugas descontroladas de jurisdicción.

Las instituciones no son entes completamente emancipados de la sociedad que las vio nacer. Por el contrario, son hijas de dicha sociedad y están en una relación dinámica con ella. Ha parecido oportuno comenzar el trabajo con unas páginas introductorias sobre el marco social. En ellas resaltamos la existencia de privilegios como principio constitucional de la sociedad.

La indivisión de poderes concentró en casi todos los organismos reales tareas de gobierno y de administración de justicia al mismo tiempo. Todos los Consejos —excepción hecha del de Cámara— funcionaban como tribunal supremo de los pleitos surgidos en su jurisdicción.

Lamentablemente, la Historia de las Instituciones adolece de un cierto retraso con respecto a la de otras especialidades. Primero, la ausencia de un método científico; y después un cierto desprecio hacia lo que se daba en denominar la «Superestructura» han sido bastante culpables del olvido experimentado por esta rama del saber hasta la llegada de esta etapa de renacimiento, en cuyo estadio nos encontramos. Así, se explica que sean excepción los Consejos e instituciones de relieve estudiados en monografías a la altura de estos tiempos. Incluso una institución crucial para comprender la naturaleza del Absolutismo, como son las Cortes, acusa estas carencias, aunque justo es reconocer que la celebración de los últimos congresos ha animado considerablemente la investigación al respecto.

En relación con las instituciones específicamente judiciales se advierten similares lagunas. No existen estudios para la Chancillería de Granada, y la de Valladolid es conocida sólo en alguna etapa concreta de su existencia. Ante este panorama, pudiera parecer aventurado acometer un tema tan extenso, intrínsicamente tan complejo, y cronológicamente tan dilatado. No pretendemos presentar un «estado de la cuestión», tarea que tendría un interés indudable en estos momentos. Guiados por una clara inclinación hacia los archivos, la cual agradecemos al profesor Fernández Alvarez, y movidos por nuestra preocupación personal en lo tocante a temas relacionados con la represión social, decidimos en su día analizar una masa de documentos muy dispersa, cuya búsqueda ha requerido importantes inversiones de tiempo.

La atención se ha centrado primordialmente en el descubrimiento de las actuaciones prácticas de la justicia. En las leyes y en las ordenanzas se nos describe cómo deben funcionar los agentes de la justicia. El archivo retrata cómo trabajaban en realidad. Sabíamos poco de las iniciativas desarrolladas para evitar los delitos y desconocíamos los pormenores sobre el cumplimiento de las penas. En estos aspectos la investigación fructificó. En otros casos el esfuerzo quizás rindió menos, pero siempre aportó algo nuevo que tiene el valor de reflejar el estado de las cosas en su materialidad y no en la formalidad del Derecho. En cualquier caso, siempre hemos rastreado la documentación con ánimo de encontrar la explicación de los hechos que poco a poco se nos iban manifestando. Al mismo tiempo con la ayuda de la bibliografía existente nos acercábamos al pensamiento rector de aquel sistema, cuya primera representación nos había parecido tan caprichosa. No en vano, se regía por principios muy diferentes de los actuales. Pero sin embargo, sus planteamientos ideológicos y jurídicos eran consustanciales con una sociedad construida sobre la base de los privilegios personales y corporativos.

Dada la gran magnitud del tema, creemos aportar datos nuevos sobre algunas realidades concretas, pero serán necesarios muchos años de trabajo y buenos equipos de investigación hasta conseguir una visión completa de la administración de justicia con toda su complejidad y variedades específicas. Deberán estudiarse monográficamente todas y cada una de las instituciones con competencias en materia de justicia, y por otra parte habría de prestarse una atención especial a las jurisdicciones privilegiadas, a las transferidas y a las de naturaleza mixta: real y eclesiástica al mismo tiempo. Sin olvidar, por supuesto, la jurisdicción eclesiástica que tenía gran importancia en la época, tanto por el número de personas afectadas, como por el relevante papel jugado por la Iglesia en aquellos tiempos.

Por último, no quisiera terminar estas páginas introductorias sin dejar de expresar mi agradecimiento a cuantos a lo largo de estos años me han ayudado de forma decisiva. En primer lugar, he de manifestar el mayor reconocimiento hacia la figura del profesor y académico, D. Manuel Fernández Alvarez, director antaño de nuestra memoria de licenciatura y después de la tesis doctoral que ahora vemos publicada.

Me honro igualmente de haber disfrutado de la colaboración de todas las demás personas integrantes del área de Historia Moderna de la Universidad de Salamanca. Este trabajo debe mucho también a la inestimable ayuda de los miembros del área de Historia del Derecho y de las Instituciones de la Universidad de Salamanca. En las búsquedas por los archivos, su personal nos ha facilitado la labor enormemente, especialmente la plantilla del Archivo General de Simancas. Igualmente debo agradecer públicamente a los profesores García Cárcel, Rodríguez Sánchez, Fortea Pérez, Cuart Moner y de Dios de Dios las correcciones y sugerencias que formularon en la sesión de lectura de la tesis doctoral.

Salamanca (Castilla), marzo de 1991

II. Desigualdad Social y Privilegio Jurídico

Contrariamente a como sucede en nuestra sociedad contemporánea —en la cual el Derecho no determina por sí mismo la división en clases—, en el Antiguo Régimen el sistema de privilegio discriminaba a los individuos en virtud de muy diversas circunstancias. Estamento, linaje; lugar de nacimiento y residencia; gremio o institución de estudio, junto con otros elementos, diferenciaban de modo esencial a las personas. Era aquella una sociedad constitucionalmente desigual, a la cual Bartolomé Clavero ha definido como un sistema «socialmente discriminatorio desde sus propios fundamentos»[1].

El sistema de privilegio favorecía de forma muy especial al bloque social superior y, lógicamente, en el seno de una organización social del tipo de la que estamos describiendo no cabía la existencia de una normativa común de aplicación universal para todos los súbditos. Para cada persona o circunstancia de la vida funcionaba una regulación distinta. Domínguez Ortiz ha escrito a este respecto El cuerpo social no era un agregado inorgánico de individuos, de átomos, sino de moléculas complejas: gremios, colegios, cofradías, ayuntamientos, corporaciones... Los privilegios no recaían sobre el individuo en cuanto tal, sino en cuanto miembro de uno de estos organismos. Cada uno buscaba libertades, monopolios, exenciones, prerrogativas y franquicias...»[2].

En una sociedad cimentada sobre bases discriminatorias como las descritas, los privilegiados recibían un tratamiento jurídico preferencial. Tomás y Valiente ha explicado cómo «los hombres que no eran jurídicamente iguales entre sí, sino que por su inclusión en uno u otro estamento gozaban de más o menos o ningún privilegio, no eran tampoco iguales ante la ley penal»[3]. Los hidalgos estaban exentos de sufrir penas corporales que supusieran para el penado disminución o pérdida de su pública fama. No podían ser condenados a azotes, galeras, vergüenza pública, mutilaciones, etc. Tampoco se les podía imponer la pena de muerte en la versión considerada por la sociedad como más deshonrosa: el ahorcamiento. Caso de ser condenados a muerte, la ejecución se debía efectuar por decapitación. Por tanto, excluidas estas penas, sólo quedaban como posibles para aplicar a los nobles, las pecuniarias, presidios, destierro, la de servir en el ejército real y la muerte en forma no vil. De hecho, en la inmensa mayoría de las ocasiones, el noble

1. CLAVERO, B.: «Derecho y Privilegio», en *Materiales*, nº 4 (julio-agosto 1977), p. 20.
2. DOMÍNGUEZ ORTIZ, A.: *Las clases privilegiadas en la España del Antiguo Régimen*. Madrid, 1973, p. 12.

era castigado con destierro y pena pecuniaria o a lo sumo a servir cierto número de campañas en algún ejército del Rey.

Para los delitos muy graves se contemplaban en las leyes, penas como la confiscación de bienes. Sin embargo, la doctrina sostenía que los bienes de mayorazgo eran inconfiscables por razón de delito, salvo los casos de lesa majestad, herejía u homosexualidad. Por otra parte, en las fundaciones de mayorazgo se incluía un expediente a fin de evitar la expropiación aún en esas circunstancias extraordinarias. La nobleza quería asegurar la inconfiscabilidad de los bienes vinculados y por ello introducía en las fundaciones condiciones del tipo de la siguiente: «Item, que si alguno de los sucesores deste mi mayorazgo (lo que Dios no quiera) cometiere delito de herejía o crimen laesae majestatis o otro por donde pueda perder dicho mayorazgo o parte dél, que por el mismo hecho que le cometiere o tratare de cometerle suceda en el dicho mi mayorazgo el siguiente en grado, así en la posesión como en la propiedad y usufructo dél. De manera que por razón de los dichos delitos no pueda suceder ni suceda en los dichos bienes ni en parte de ellos la Cámara y Fisco de Su Majestad, ni en usufructo ni en propiedad ni en otra manera alguna. Porque mi voluntad precisa y determinada es que los que hubieren de suceder en este mi mayorazgo sean Católicos y Cristianos e obedientes a la Santa Iglesia Romana y fieles y leales vasallos de su Majestad y de los Reyes de Castilla que por tiempo fueren, e a los que no fueren no los llamo, antes los he por excluidos de la sucesión dél»[4]. De este modo, gracias a la cláusula de exclusión del delincuente y sucesión inmediata del heredero, «como si éste (el delincuente) hubiera muerto una hora antes de cometer el crimen», se crea la ficción jurídica de que el poseedor del mayorazgo no puede cometer este tipo de delitos[5].

Siguiendo la enumeración de los privilegios jurídicos nobiliarios, debemos recordar que la posesión de la hidalguía libraba a sus titulares de la tortura judicial, salvo delito de *lesa majestad.* Del mismo modo, los hidalgos no podían ser encarcelados por deudas, excepto si los adeudos correspondían a rentas reales; y en todo caso, cuando eran encarcelados, recibían prisión separada de los plebeyos. Además, sus armas, vestidos, caballo, lecho y casa eran inembargables.

Por otra parte, los titulados de la nobleza estaban autorizados a sentarse en la Sala de Juicios en el estrado, junto a los miembros del Tribunal, durante la vista de los pleitos en los que concurrían como parte, aunque debían retirarse en el momento de las deliberaciones[6].

Las Cortes se quejaron alguna vez de la inobservancia de los privilegios inherentes a la hidalguía, y fueron los hidalgos de menor solvencia económica los que más frecuentemente vieron quebrantados sus fueros[7].

3. Tomás y Valiente, F.: *El Derecho Penal de la Monarquía Absoluta.* Madrid, 1969. p. 319.
4. Clavero, B.: *El mayorazgo, propiedad feudal en Castilla (1369-1836).* Madrid, 1974. pp. 267 a 269.
5. Clavero, B.: *El Mayorazgo, propiedad feudal en Castilla (1369-1836).* Madrid, 1974. p. 269.
6. B.N. ms. 997.
7. Los procuradores de las Cortes celebradas en Madrid entre el año 1592 y 1598 expusieron al Rey sobre este particular: «Por derecho común y leyes de estos reinos están concedidos privilegios a la nobleza, porque como ella es la que más sirve en las guerras y en la paz, siempre las leyes tuvieron por conveniente privilegiarlos más que a los otros y así les concedieron que no se les pudiese dar tormento, ni ser ejecutados en sus caballos, mulas y armas de su cuerpo, ni en las casas de su morada, y porque estos privilegios cada juez los

En el seno de la propia nobleza, el derecho hacía distinciones, y obligaba a los jueces a consultar con el Soberano las sentencias criminales contra los grandes. En una Provisión Real, registrada en la Chancillería de Valladolid a principios del siglo XVII puede leerse: «Sentencia contra grande, la Chancillería ni otro Tribunal no la ha de pronunciar sin consultarla con Su Majestad y con el Consejo en su nombre»[8]. Está plenamente documentada la participación directa del Rey en procesos incoados contra altos nobles. Recuérdese a este respecto el caso del Marqués de Ayamonte, en cuyo fallo intervino el Monarca, el cual llegó a ocuparse de detalles técnicos relativos a su ejecución[9].

De igual manera, los grandes tenían privilegio para no ser apresados sin cédula especial del Monarca. Pero a efectos prácticos, este privilegio se circunscribía al territorio de la Corte, porque en los casos acaecidos en lugares alejados de la residencia real con la dilación del arresto se arriesgaba la detención del delincuente. Por tanto, en estas circunstancias no se reconocía la exención del fuero; aunque desde luego se adoptaban precauciones para actuar con la máxima autoridad posible. En el año 1654, por una pendencia ocurrida en Granada entre el Conde de Medellín y el Marqués de Estepa, la Chancillería consideró oportuna la retención de ambos para evitar accidentes mayores y ordenó el arresto domiciliario de los dos personajes. Posteriormente el Rey ratificó las actuaciones de la Chancillería, incluida la multa impuesta al Conde por incumplimiento del arresto[10].

Castillo de Bovadilla —siempre preocupado por los aspectos prácticos de la administración de justicia— rindió algunos consejos a los corregidores para actuar contra los caballeros de alta alcurnia. Sus advertencias pueden resumirse en: prudencia, informar con diligencia al Consejo Real, solicitar su ayuda cuando fuera necesario, y, en casos delicados, incoar procedimiento secreto al delincuente noble a fin de evitar el escándalo[11]. Las recomendaciones de Castillo de Bovadilla propugnan un trato preferencial para los privilegiados en función de su papel preponderante en la sociedad. En modo alguno propugna este autor la remisión de la justicia con los poderosos porque en caso contrario, los débiles podrían recurrir al Soberano: «Y no haga el Corregidor como las telas de las arañas que prenden solamente a las moscas y flacos animalejos, y que las horcas no se hacían sino para los pobres y desgraciados: ni dé ocasión a que por el poder y temor de los poderosos sea forzoso a los que pueden menos, ocurrir al Rey y a sus Consejos a pedir justicia»[12].

quebranta a su voluntad, se suplicó a V. M. en el capítulo 44 de las Cortes del año 88, proveyese en esto de remedio conveniente, y porque aunque entonces se mandó que se guardasen a los hidalgos de estos reinos todos sus privilegios, todavía no se guardan y cada juez toma licencia de quebrantarlos, suplican los procuradores se mande que a ninguno de ellos se pueda dar tormento por ninguna causa ni delito, pues el Derecho tiene ya declarado que contra los nobles no se han de pretender de probar los delitos por este género de tormento que es indigno de su sangre, de sus personas y de su servicio» (Cortes de Madrid 1592-98, pet. 33).

8. A.R.Ch.V., Libros del Acuerdo, caja 28, lib. 76, n.º 4. También entre los Autos Acordados del Consejo publicados con la Nueva Recopilación, concretamente el auto II recoge instrucciones similares para la Sala de Alcaldes de Casa y Corte.

9. A.H.N., Consejos, leg. 7159, año 1647, n.º 6.; A.H.N., Consejos, 7146, sin fol. También DOMÍNGUEZ ORTIZ, A.: *Crisis y decadencia en la España de los Austrias*. Barcelona, 1969. p. 152.

10. A.H.N., Consejos, leg. 7146, n.º 55.

11. CASTILLO DE BOVADILLA: *Política para corregidores y señores de vasallos*. Ed. facs. de la de Amberes de 1704. Madrid, 1978. II, 12, 46.

12. CASTILLO DE BOVADILLA: *Política para Corregidores y señores de vasallos*. Ed. Facs. de la de Amberes de 1704. Madrid, 1978, II, 2, 37.

Eventualmente los privilegios de los altos estamentos se erigieron sobre la base de perjuicios directos y notorios para las personas comunes. Ya se indicó cómo los nobles no podían ser atormentados; pero el problema es que para depurar las responsabilidades de sospechosos ilustres, se aplicaba el potro sin consideración a individuos ajenos al delito. En agosto de 1577, el caballero don Antonio Rodríguez de Ocampo dio muerte en Salamanca a Juan Bueno. Ante los graves indicios que existían contra don Antonio, el Corregidor decidió atormentar a Pedro García, un hombre cuya única vinculación al caso venía dada por el hecho de haber acompañado a la víctima el día del suceso. Pedro García declaró en un principio que desconocía la identidad de los agresores; pero apremiado por los dolores del suplicio confesó la culpabilidad de don Antonio Rodríguez de Ocampo; el cual, según la última versión recogida en el proceso, acometió con la espada al difunto hasta ocasionarle las heridas que algunos días más tarde le llevarían al fatal desenlace. En el difícil trance de la tortura, el infeliz testigo manifestó no haberse atrevido a exponer la verdad por temor a las represalias del homicida, hombre poderoso y con numerosos deudos en la ciudad[13].

De este modo, un sencillo testigo sufría el rigor del tormento para averiguación de un delito, cuyas circunstancias apuntaban a la responsabilidad de un caballero. El privilegiado celebraba su inmunidad mientras el testigo vivía un trágico dilema: Si declaraba la verdad y confesaba los hechos como habían ocurrido ante su vista, la venganza de los parientes y amigos del criminal recaería sobre él. No declarándola se convertía en reo de tormento. Es decir, para él no existía una salida airosa. Cualquier decisión que adoptara, le causaría perjuicios.

Hemos expresado que los excesos de la alta nobleza podían castigarse por procedimiento sumario, además del ordinario. Sin embargo, también podían corregirse por otras vías alternativas, distintas de las judiciales. Así, una simple orden real, sin mayores formalismos, podía provocar la detención o, en su caso, el destierro del noble desmandado. Un ejemplo de ello nos lo brinda el Marqués de Almazán, quien mantenía en 1657 *amistad ilícita* con una comedianta casada, a la cual escondió en su casa. Cierto día el marido encontró casualmente a su mujer en el coche del Marqués e intentó sacarla de él. El de Almazán se sintió muy agraviado por este incidente y cercó la casa del esposo con la ayuda de su clientela. El escándalo que se desató entonces en la corte fue notable; pero ocurrió además que volvió a repetirse meses más tarde la escena del marido pretendiendo recuperar a su cónyuge del coche del Marqués. Esta vez, el iracundo Marqués de Almazán se arrojó del vehículo con una espada desnuda en la mano y persiguió frenéticamente al temerario marido por las calles de la villa.

Acerca de estos accidentes, comentó el Consejo al Soberano que tenía «este caso por muy grave y digno de ejemplar castigo, por sí y por las circunstancias referidas que tanto le agravan y especialmente por el exceso grande de quitar en esta Corte y a la vista de vuestra majestad una mujer a su marido —aunque sea comedianta— y de tenerla tanto tiempo oculta, perseverando en una amistad tan escandalosa, y en particular, después de haberle hablado el Presidente y, pues no ha bastado este medio como debía, es de parecer que para que tenga enmienda y se dé satisfacción a la justicia y al escarmiento público,

13. A.G.S., Cámara de Castilla, leg. 1604, fol. 4 (Proceso contra Antonio Rodríguez de Ocampo).

un Alcalde de esta Corte lleve al Marqués al castillo de San Torcaz y le deje en él preso con cuatro alguaciles de guarda y le haga notificar que luego ponga de manifiesto a esta mujer en uno de los conventos de esta Corte y que no lo haciendo se le vayan aumentando las guardas hasta que lo cumpla con efecto. Y que según lo que resultare se pase a lo demás que conviniere»[14].

Se conformó el Rey con la propuesta del Consejo; pero más tarde el Marqués volvió a la amistad con la comedianta y como en el transcurso de estos acontecimientos muriera en desafío un criado del de Almazán, y, además, falleciera la esposa del Marqués —lo cual fue atribuido por el Consejo al «sentimiento de este trato»—[15], se le mandó salir de nuevo de la Corte y residir en Almazán bajo vigilancia para que no pudiera continuar la comunicación ilícita. Así protegió el Rey los intereses del atribulado marido frente a las apetencias de un alto cortesano. El inciso: «aunque sea comedianta», alude claramente a la baja reputación moral de las mujeres que ejercían su actividad en el escenario, las cuales eran equiparadas muchas veces con prostitutas de lujo.

Por otra parte, el marqués de Almazán no era el único noble de vida escandalosa. En el mismo año de 1657, el Duque de Villahermosa estuvo amancebado; pero no fue castigado, porque al fallecer su *amiga* de una enfermedad el Consejo se limitó a amonestarle.

En general, podemos decir que ante las transgresiones de los titulados, la Corona no solía atender a criterios de reparación, castigo y ejemplaridad pública, sino al propósito de evitar la persistencia del escándalo. En la práctica, sólo los nobles que osaban desafiar la autoridad real, como los implicados en delitos de *lesa majestad*, se hacían acreedores de ejemplares penas públicas. De este modo, el caso del duque de Villahermosa tiene un valor paradigmático, pues al fallecer la mujer, con la cual provocaba el escándalo, el Duque recibió una amonestación, pero no una sanción. El propio confesor de Felipe IV, el padre Juan Martínez, había pedido anteriormente el castigo del de Villahermosa y de la madre de la amancebada. La sanción de ésta se justificaba «por no haber pedido a la justicia que la apartase».

Desde luego, el romance del Duque no había pasado desapercibido en Madrid, sobre todo, una vez que los vecinos habían visto a su *amiga* morir en el mismo domicilio donde habitaba el Duque. Sobre este tema, el Consejo se explicaba ante el Rey en los siguientes términos: «aunque el exceso del Duque es muy grave y escandaloso y digno de severa demostración, todavía considerando que con la muerte de esta mujer ha cesado lo principal que es la ofensa de Dios y la amistad ilícita y la nota que causaba; y que se ha entendido que trata de casarse el Duque muy próximamente y que con esto se puede esperar que tendrá enmienda y diferente modo de vivir, parece al Consejo que no se pase a hacer demostración y que bastará que el Presidente le llame y le diga el motivo porque se deja de hacer y le aperciba que si de aquí adelante no procede con el buen ejemplo que debe se hará mucho mayor. Y así mismo le parece que a la madre de esta mujer se le saque a su costa de esta Corte y cuarenta leguas en contorno y que se le notifique no entre en ella ni en el dicho distrito sin licencia expresa del Consejo, pena de encerrarla en una galera o en un recogimiento»[16]. Como ocurría tantas veces, el Rey aceptó las

14. A.H.N., Consejos, leg. 7167 (papeles sin registrar).
15. A.H.N., Consejos, leg. 7146, sin fol.
16. A.H.N., Consejos, leg. 7167, n.º 120.

recomendaciones del Consejo. Se dejó impune el amancebamiento del Duque de Villahermosa y fue desterrada de la Corte —sin pronunciamiento de sentencia alguna— la madre de la mujer que cohabitó con este titulado.

En las disputas entre los grandes, la Corona intervenía como un poder arbitral. Así, cuando se produjeron en Granada unas diferencias entre el Conde de Medellín y el Marqués de Estepa, cuyo balance final arrojó la cifra de tres muertos, el Consejo de Castilla se preocupó mucho más de obligarles al entendimiento que de discernir las responsabilidades de cada uno y depurarlas. Se antepuso la disposición de las paces a cualquier otro criterio, y para doblegar la resistencia de ambos a las mismas, determinó —con la anuencia del Soberano— «continuar la causa y proceder jurídicamente y que si dentro de cuatro días, que se les dará para prevenir su jornada, no saliere de ellos el hacer y ajustar amistades, un alcalde de Granada y cuatro alguaciles lleven al Conde al castillo de Martos y otro Alcalde y cuatro alguaciles al Marqués y a su hijo al castillo de la ciudad de Carmona, donde les asistan. Con que se puede esperar tomen ellos mejor acuerdo»[17]. Por tanto, la Corona daba gran importancia al mantenimiento de la paz social entre las altas familias. Pero como hemos visto su intervención no siempre se efectuaba por vía de justicia.

Pasando ya de la exposición de privilegios disfrutados individualmente a aquellos otros que afectaban a toda una corporación, debemos citar entre los más sobresalientes los pertenecientes a las universidades. Para favorecer el estudio, y no distraer la atención de estudiantes y profesores con pleitos, que a veces se litigaban en lugares muy alejados de la sede docente, las universidades de patronato real, como la de Salamanca, Valladolid, Alcalá y Granada gozaban de un fuero especial. En ellas la administración ordinaria de justicia —civil y criminal— correspondía al Maestrescuela, Rector o a los jueces eclesiásticos. Sin embargo, los delitos de resistencia a los ministros de la justicia real se excluían del ámbito del fuero universitario[18]. De todas formas, la jurisdicción amparada por el fuero universitario también la controlaba la Corona a través de ciertos mecanismos. Por medio de uno de éstos, los procesos causados ante el juez del estudio podían ser avocados por el Consejo Real, quien igualmente estaba facultado para remitir pesquisidores con el cometido de investigar y castigar los delitos de los universitarios. Entre 1598 y 1625, tres jueces comisarios recibieron instrucciones para dirigirse a Salamanca a castigar alborotos de los estudiantes. La primera de las comisiones citadas, la de 1607, logró pararla el maestro Pedro de Herrera tras diversas gestiones realizadas en la Corte. Pero las otras dos se llevaron a cabo en los años 1610 y 1621, respectivamente por D. Sebastián de Carvajal, Alcalde del Crimen de la Chancillería de Valladolid, y D. Luis de Paredes, Alcalde de Casa y Corte[19].

El fuero escolar, por sí mismo, no eximía a los matriculados legos del sometimiento a penas corporales; aunque naturalmente, si en el reo concurría la circunstancia de ser hidalgo, debían respetarse todos los derechos intrínsecos a los miembros de este estamento, y gozar de los beneficios de la inmunidad.

Por otra parte, en relación con la legislación universitaria emanada de la Cancillería Pontificia y la procedente del poder real, Ana María Carabias ha señalado que en el siglo

17. A.H.N., Consejos, leg. 7164, n.º 55.
18. *Nueva Recopilación* I, 7, 28.
19. RODRÍGUEZ-SAN PEDRO BEZARES, L. E.: *La universidad salmantina del Barroco, período 1589-1625*. Salamanca, 1986. T. I. pp. 394 a 400.

XVI, sólo el 15% de los documentos eran de origen pontificio. A su juicio, esta «enorme diferencia cuantitativa demuestra, primero, la preocupación, y después, el predominio potestativo del poder monárquico sobre los centros universitarios» Tesis reforzada por el hecho de que la normativa regia precede temporalmente a la pontificia en mandatos relativos a una misma cuestión, e incluso prevalece sobre ésta. Así mismo, una cédula fechada en 1585, prohibió a los centros universitarios hacer uso de ninguna sentencia, antes de ser ratificada por la Corte. Concluye esta autora: «Basándonos en estos hechos, podemos decir que el poder monárquico se impone sobre las universidades españolas rompiendo definitivamente el equilibrio medieval entre ambas potestades». Además, siguiendo por el camino emprendido, el Rey acabó por dejar sin efecto las bulas relativas a cuestiones sobre las cuales el poder real hubiera dispuesto anteriormente, y se prohibió «usar de cualquier documento pontificio que no hubiera sido aprobado previamente por el consejo»[20].

Gozar del fuero universitario no era una cuestión trivial. Al menos así lo entendió la Universidad de Valladolid, la cual en una queja dirigida a Felipe II en 1568, lamentaba la disminución de alumnos sufrida por aquella universidad en beneficio de las de Salamanca y Alcalá, cuya razón es atribuida a no guardarse en la universidad vallisoletana una conservatoria y bulas papales que confiaban al Rector el conocimiento de las causas estudiantiles[21].

De igual forma, puede interpretarse el escrito remitido en 1584 por el Rector y consiliarios de la Universidad de Alcalá al secretario Antonio de Eraso. En él se exponían los graves inconvenientes, derivados para aquella universidad por la llegada de jueces comisarios: «Como el temor de un juez es tan grande para los estudiantes, espántalos. De manera que los hace ausentar y perder la Universidad y sus estudios con grande disminución y detrimento de ella»[22].

También cabe citar entre los privilegios de las corporaciones, los relativos al Concejo de la Mesta. Para primar la producción de carne y de lana, los reyes castellanos favorecieron desde los tiempos de Alfonso X la asociación ganadera. Sabido es que la Corona, protegió la Mesta en atención a la trascendencia económica de la ganadería trashumante y a los derechos devengados a la Corona por la exportación de la lana.

Tenía la Mesta jurisdicción privativa, con inhibición de las justicias ordinarias, Audiencias y Chancillerías. Sus alcaldes ordinarios resolvían las demandas civiles durante el período de celebración de sesiones del Concejo. Los alcaldes de las cuadrillas, de los cuales había uno cada diez leguas, conocían de las causas suscitadas entre los asociados o entre los asociados y sus criados. Las sentencias pronunciadas por estos alcaldes tenían su apelación en el Consejo Real, en la Sala de Mil y Quinientas. Además de los alcaldes citados, existían también los alcaldes entregadores, cuyo instituto era la defensa de los ganados. Resolvían éstos en casos de agravios perpetrados contra los ganados y se encargaban de asegurar las cañadas y los pasos. No tenían jurisdicción entre hermanos ó asociados, sino sólo contra quien infringía los privilegios de la Mesta en alguno de sus

20. Carabias Torres, A. M.: «La legislación universitaria en la España del siglo XVI», en *Revista Española de Derecho Canónico*. Vol. 43, n.º 120 (enero-junio 1986). pp. 101.
21. A.Ch.V., Secretaría del Acuerdo (cédulas y pragmáticas). El Escorial, 10 noviembre 1568.
22. A.G.S., Guerra Antigua, leg. 163, fol. 2.

extremos[23]. De lo expuesto se deduce, por tanto que no era la jurisdicción de la Mesta independiente de la Corona, pues de las apelaciones de sus jueces entendía el Consejo Real.

En otro orden de cosas, los delitos relativos al fuero militar los resolvía la jurisdicción castrense, sin ser exceptuados de este privilegio los de «lesa majestad ni el pecado nefando». El conocimiento de los excesos de los alistados en el ejército pertenecía, en primer lugar, a sus capitanes, los cuales solían castigar las demasías de sus subordinados contra los civiles con la benignidad acostumbrada en todas las corporaciones privilegiadas. Las apelaciones se concedían para los auditores generales[24], y el Consejo de Guerra actuaba como órgano supremo de justicia militar.

A su vez, los familiares del Santo Oficio quedaron incluidos en la jurisdicción real ordinaria en lo relativo a causas civiles, y sometidos a la de los inquisidores en las criminales, salvo en los casos siguientes: *lesa majestad*, homosexualidad, levantamiento, o conmoción de provincia o pueblo; quebrantamiento de cartas o seguros del Rey; desobediencia a las reales órdenes, aleve, violación o rapto de mujer; ladrón famoso, allanamiento de morada, quebrantamiento de iglesia o monasterio, incendio de casa, resistencia o desacato calificado contra las justicias reales[25].

Del mismo modo, los ministros, jueces, comisarios y cuadrilleros de las Hermandades gozaban del privilegio de que sus causas —tanto civiles como criminales— se reservaban para los alcaldes mayores y ordinarios de dicha institución[26].

También, disfrutaban de un tratamiento jurídico especial los portugueses residentes en Madrid. Como recibieran éstos muchas molestias y vejaciones «por no tener los jueces ante quien tratan conocimiento de sus personas y calidades», en 6 de agosto de 1588 se procuró remediar tal situación. Por ello, la Corona despachó una real cédula facultando al licenciado Juan Sarmiento, Alcalde de Casa y Corte, para conocer privativamente de todas sus causas civiles y criminales. Las civiles serían sentenciadas por él mismo en primera instancia. Pero, tratándose de apelaciones de mayor cuantía se acompañaría el Sr. Sarmiento con el Alcalde más antiguo de los que se ocupaban de lo civil en la Sala de Alcaldes de Casa y Corte. Entre ambos sentenciarían este tipo de pleitos. Las apelaciones de los pleitos de mayor cuantía serían resueltas por el máximo órgano judicial: el Consejo Real. Por el contrario, los asuntos criminales serían fallados conjuntamente por don Juan Sarmiento y los demás Alcaldes de Casa y Corte[27]. Por tanto, el favor especial de la Corona hacia los negociantes portugueses residentes en la capital alcanzaba a lo penal de forma limitada, pues la diferencia con respecto al trato dispensado a los demás

23. Dou y de Bassols, R. L. de: *Instituciones del Derecho público de España*. Madrid, 1800-1803. T. II, pp. 471 a 475. Así mismo Klein, J.: *La Mesta*. Madrid, 1979. pp. 77 a 142. También *Nueva Recopilación* III, 14.

24. Ordenanzas Militares (Madrid 28 de junio 1632), cap. 65. A.G.S., Guerra Moderna, leg. 4698, sin fol. Otra copia de las mismas ordenanzas puede consultarse en B.N., ms. 9422.

25. Cédula de concordia (impresa) que se tomó sobre las causas criminales del Santo Oficio. Madrid 10 de marzo de 1553. A.H.N., Consejos, leg. 7122, n.° 1. Igualmente, en A.H.N., Colección de Reales Cédulas, n.° 5121. Así mismo en A.Ch.V., Libro Becerro de la Sala del Crimen de la Chancillería de Valladolid. Libros-criminal, caja 58-1, fol. 18.

26. Privilegios que tienen los ministros de la Hermandad de Ciudad Real. A.H.N., Diversos, Hermandades, leg. 2, n.° 2.

27. Libro de varias noticias y autos de la Sala de Alcaldes de Casa y Corte, A.H.N., Consejos. lib. 1171, fols. 40 y 41.

súbditos, radicaba en la presencia del alcalde especialista en las causas de los lusos junto a la preceptiva y habitual de los otros alcaldes de Corte competentes en casos criminales.

Además de ciertas personas e instituciones, también disfrutaron de algunos privilegios judiciales determinadas zonas geográficas. Así el Principado de Asturias consiguió en septiembre de 1691 algunos favores de orden judicial a cambio de contraprestaciones militares ofrecidas a la Corona. Por servir en Barcelona con 300 hombres armados y contribuir con 4000 escudos durante el tiempo que durasen las guerras con Francia, el Principado logró que la Chancillería de Valladolid no admitiese ningún pleito civil ni criminal, si no había comenzado ante el Corregidor, y, además, para que las apelaciones fueran admitidas en Valladolid, el demandante debía depositar previamente en manos del Corregidor la «fianza de la calumnia»[28].

La concesión de privilegios por la prestación de servicios militares era una vieja tradición originaria de los tiempos de la Reconquista. A algunas ciudades y castillos fronterizos de población escasa les fue conferida la facultad de remitir los delitos a los malhechores que se acogiesen en su interior. Privilegio que en algunas partes estuvo vigente durante varios siglos hasta que finalmente los Reyes Católicos lo derogaron en 1491[29].

Una curiosa peculiaridad jurídica, dentro de los territorios de la Orden de Alcántara, la registró la villa de Acehuche, en la actual provincia de Cáceres. Consistía su singularidad en gozar de la potestad de no permitir al gobernador del partido entrar a administrar justicia en los términos de la villa más de ocho días cada año.

Sin embargo, el colmo en materia de privilegios lo detentó la localidad de El Campo Real, hoy provincia de Madrid. El pueblo en las respuestas remitidas a Felipe II, con ocasión de la elaboración de las *Relaciones Topográficas*, menciona un estrambótico favor en el contexto de la época: no podían vivir en su término los eximidos de cargas fiscales. Es decir, El Campo Real presumía de estar en posesión de la gracia de no admitir entre sus vecinos a ningún privilegiado[30].

28. A.Ch.V., Secretaría del Acuerdo, cédula real 6 de septiembre de 1691.
29. A.G.S., Guerra Antigua, leg. 220, fol. 135.
30. *Relaciones Histórico-Geográfico-Estadísticas de los pueblos de España*. Ed. de C. Viñas Mey y R. Paz. Madrid, 1949-Ciudad Real, 1971, VI, 196, n.º 46.

III. La Administración de Justicia

1. LA ADMINISTRACIÓN DE JUSTICIA COMO ATRIBUTO DE LOS PRÍNCIPES SOBERANOS

La monarquía de los Austrias se fundamentaba de modo decisivo sobre tres bases: el ejército, la administración de justicia y la tributación. Ya Vicens Vives citó al ejército y a la Administración como factores de preeminencia y de centralización del poder real en los siglos XVI y XVII, indicando este autor el importante desarrollo alcanzado por la Real Hacienda como consecuencia de las constantes demandas de fondos efectuadas por los organismos estatales[1].

El ejército constituía la fuerza de la Corona frente a los enemigos exteriores y el máximo potencial coercitivo frente a alzamientos internos. La justicia contribuía al mantenimiento de la paz entre los súbditos y ahogaba con su temible actuación las conductas contrarias al orden político y social instituido. García Gallo ha enfatizado la importancia que tuvo la justicia en el proceso de afianzamiento del poder monárquico. Según este autor la administración de justicia fue en la Edad Media «el fundamento y fin» de la Corona. En aquel tiempo, gobernar era sobre todo hacer justicia, y, aunque a partir del siglo XVI la Monarquía comenzó a desempeñar funciones más complejas, las tareas de impartición de justicia siguieron siendo esenciales para la gobernación de los reinos[2].

La facultad de juzgar, igual que todas las demás se suponía ostentada por el príncipe en virtud de la gracia divina. Sin embargo, en el evangelio puede leerse: «No juzguéis y no seréis juzgados». Por tanto, ¿hasta qué punto es lícito al ser humano hacer juicios sobre sus semejantes? Domingo de Soto, inspirándose en el Deuteronomio, contestó positivamente a este interrogante y afirmó que Dios no prohíbe, es más, prescribe el «justo juicio». Planteado el problema en estos términos, se trataba de averiguar cuáles eran los requisitos del juicio justo. Para merecer tal calificativo un juicio, requería cuando menos, juez legítimo designado por Dios e investido de autoridad proporcional. Como este cuidado había sido encomendado en Castilla al Rey y, por medio de éste a sus ministros, competía a los citados la suprema autoridad en la administración de justicia[3].

1. VICENS VIVES, J.: «Estructura administrativa estatal en los siglos XVI y XVII», en *Obra Dispersa*. Barcelona, 1967. T. II. pp. 365 y 366.
2. GARCÍA GALLO, A.: «La división de competencias administrativas en España en la Edad Moderna», *Actas del II Symposium de Historia de la Administración*. Madrid, 1971. pp. 294 y 295.
3. SÁNCHEZ AGESTA: *El concepto de Estado en el pensamiento español del siglo XVI*. Madrid, 1959. pp. 143 a 145.

También Castillo de Bovadilla se dio cuenta de la importancia de la religión y de la justicia para la conservación y engrandecimiento de las monarquías. En su *Política para Corregidores* apuntó: «la religión es compañera de la justicia, la cual no puede tener consistencia sin el culto de la religión, sea el Corregidor zelosísimo della, porque ninguna cosa más sustenta la vida sociable, y la monarquía, según Cicerón, Plinio, Cornelio Tácito, Plutarco, y otros graves autores, que la religión, junto con la justicia, sin las quales como eficacísimas columnas, no puede mucho durar, y con ellas las pequeñas Repúblicas se hacen grandes, y las grandes se perpetúan».

Castillo de Bobadilla, nacido en Medina del Campo, se licenció en Salamanca y prestó servicios en los corregimientos de Badajoz, Soria y Guadalajara. Actuó como letrado de las Cortes y culminó su carrera jurídica ocupando plaza de fiscal en la Chancillería vallisoletana[4]. Este experto jurista reflejó en su obra una imagen muy dura de la penalidad de la época. Castillo no se detuvo en la especulación teórica. A su modo de ver, el Rey era Dios en la tierra y ley viva[5]. A Castillo no le interesó el análisis formal, le preocupó sobre todo la reflexión sobre la eficacia de la justicia y la salvaguardia de la paz pública. La conclusión de su discurso sobre la erradicación de la delincuencia aboga —acorde con la mentalidad imperante en el tiempo— por el método quirúrgico radical. Describe una estampa de la justicia verdaderamente terrible, pero coincidente con la experiencia vivida por él mismo:

> «Pintan a la justicia con una espada desnuda en la mano, para que con el cuchillo y fuerça de la pena secular, reprima y castigue aquellos que desahuciados y desamparados de los médicos espirituales no quieren emendarse».
>
> «y por eso se dice, que la justicia tiene virtud compulsiva, y la dicha espada y cuchillo es para cortar la carne podrida y corrompida de los vicios».
>
> «porque allende que la severidad de la justicia conserva la vida á cada uno, entretiene la Religión, la paz y la amistad en compañía común, en quietud y sosiego, y es salud de la República».
>
> «A este propósito dize un Decreto, que no es cruel el que a crueles degüella, aunque le parezca al ladrón estando en la horca, que es cruel el juez; porque castigar á los tales no es crueldad sino como dizen otros Decretos, limosna y piedad, porque se da fin al pecado: Y assí dize San Bernardo, también parece el ladrón en la horca, como el Rey justo en su trono Real: y San Gerónimo dize, que el que castiga a los malos, y tiene los instrumentos para ello, es ministro de Dios: y el mismo en otro lugar respondió á Ripario, que no solo no era pecado castigar los delinquentes con rigor, pero que quando lo merecen, es piedad y merecimiento[6].

En el más puro estilo del *mos italicus* —aunque de la última etapa— Castillo alude a una pléyade de autoridades y representa una justicia acerada, con la espada en la mano

4. TOMÁS Y VALIENTE, F.: «Castillo de Bobadilla. Semblanza personal y profesional de un juez del Antiguo Régimen», en *Gobierno e instituciones en la España del Antiguo Régimen.* Madrid, 1982. pp. 88 a 91.

5. CASTILLO DE BOBADILLA, J.: *Política para Corregidores y Señores de Vasallos.* Madrid, 1978 (ed. facs. de la de Amberes de 1704). II, 10, 15.

6. CASTILLO DE BOBADILLA, J.: *Política para corregidores y Señores de Vasallos.* Madrid, 1978. II, 2, 53.

Las palabras de Castillo referentes a la necesidad de que la justicia inspirase temor las hemos encontrado reproducidas textualmente en el parecer que el licenciado Juan de Quiñones, Alcalde Mayor y Juez de Obras y Bosques Reales en el monasterio de San Lorenzo el Real, emitió en el caso de un religioso de dicho monasterio que había herido a su Prior (B.N., ms. 722, fols. 245 y 246).

y dedicada a seccionar los elementos «indeseables» de la república. No sugiere una justicia neutral ecuánime e igual para todos, cuya mejor expresión sería una balanza con el fiel en equilibrio. La sociedad al servicio de los privilegiados y su sistema político: el Absolutismo, exigían una represión despiadada. La adhesión del súbdito al sistema de relaciones sociales imperantes era obligatoria, la sumisión forzosa; el poder no pretendía captar voluntades e infundía temor para asegurar la paz interior en el reino[7]. No en vano, el cuchillo representaba mejor que ninguna otra figura la esencia de la justicia.

Las instituciones y el derecho traslucen las características de las sociedades que los han generado. Tomás y Valiente apuntó al estudiar el derecho penal en época del Absolutismo que en él «se reflejaban los caracteres de la sociedad estamental y de la política económica y general de la Monarquía absoluta. Los hombres, que no eran jurídicamente iguales entre sí, sino que por su inclusión en uno u otro estamento gozaban de más o menos o ningún privilegio, no eran tampoco iguales ante la ley penal; la política mercantilista, parcial y torpemente mantenida por los Austrias, tendrá también su traducción penal en la dura persecución del contrabando o «sacar» de oro y plata, y en la crudelísima represión de los delitos de falsificación de moneda; una casi sacralización del Rey, típica de un sistema de personalización absoluta del poder político en el Monarca»[8].

La potestad de dar leyes, negada a los señores inferiores al Rey, correspondía al mero y supremo poder, es decir al Príncipe[9]. Así, el propio Luis de Molina define la facultad de legislar como un atributo inherente al gobierno del Soberano[10]. En el marco del orden natural otorgado por Dios, pertenecía al Rey la facultad de establecer la normativa reguladora de la comunidad social. Era éste uno de los atributos de su perfección, el cual correspondía al Principe en cuanto que titular del mero y supremo imperio. Alfonso de Castro partiendo de estos supuestos concluye identificando la ley con «la recta voluntad de aquel que gobierna en nombre del pueblo, promulgada de palabra o por escrito, con intención de obligar a los súbditos para que la obedezcan»[11]. Según esto, el Príncipe que detenta un poder absoluto en derecho, tenía la potestad de dar y abrogar la ley, pues la existencia de ésta dependía de su exclusiva voluntad. Mas ¿quiere esto decir que en tanto tuviera vigencia una ley el Soberano estaba obligado a acatarla, o podía desvincularse de ella y obrar con entera libertad respecto a la misma? La doctrina escolástica reconocía al Príncipe superior la capacidad de dispensar del cumplimiento de las obligaciones. Tales dispensas eran actos formalmente jurídicos que suponían un cambio legítimo en la situación legal, pues eran decretados por quien tenía autoridad para ello. Lo inaceptable era actuar ordinariamente y sin previa declaración modificativa de la ley, en desconsideración de aquella.

A este respecto, Maravall nos indicó: «Mientras la ley se mantuvo concebida como una norma de un contenido objetivo, no podían surgir dificultades graves para sostener la

7. A este respecto se explica en la Nueva Recopilación que la función de las leyes es —además de enseñar «las cosas que son de Dios», ser maestra de Derecho y Justicia, y guía de buenas costumbres para el pueblo— «mandar, vedar, punir y castigar» (II, 1, 1).

8. TOMÁS Y VALIENTE, F.: *El derecho penal de la monarquía absoluta*. Madrid, 1969, p. 23.

9. LÓPEZ, Gregorio: «Glosas al código de las Siete Partidas», en *Los Códigos españoles concordados y anotados*. Glosa de la ley XII del tit. I de la Partida II. Madrid, 1848. T. II. pag. 332.

10. MOLINA, L.: *De iustitia et iure*. 1ª ed. Cuenca, 1592. Trad., estudio preliminar y notas de M. Fraga Iribarne. Madrid, 1941. cfr. tit. XXXII.

11. CASTRO, Alfonso de: *De potestate legis penalis*. Salamanca, 1556. pp. 14 a 18.

tesis de la sumisión del príncipe a la ley. En la órbita de un pensamiento dentro de la cual Fortescue pudo enunciar el principio general de que «omnes leges humanae sacrae sunt», no cabía duda de que normas de tan inconmovible base y tan alto origen, tenían que quedar por encima de todos, incluido también el príncipe. Pero a medida que la ley positiva humana fue radicalizándose más autónomamente en la voluntad de un soberano temporal, y relativizándose por su dependencia de unas circunstancias históricas, el problema venía a plantearse inesquivablemente. Fue Huarte de San Juan —que no era jurista y cuyo testimonio no creo que haya sido citado nunca a este respecto— quien dio formulación a lo que en la época —segunda mitad del XVI— se pensaba: «Rey cada día quita y pone leyes y muda el orden judicial, así por la variedad de los tiempos como por ser el consejo del hombre caduco y no poder atinar de una vez a la rectitud y justicia»; pero, sin embargo, «el Rey no quiere escuchar cuando le piden que quebrante alguna ley justa o que haga determinar el caso fuera del orden judicial que él tiene mandado guardar»; si Dios no usa de milagros y prefiere conservar inmutable el orden natural, considera Huarte que el Rey debe mantener fijo también el orden legal, aceptando, pues, que la vida pública y, con ella, sus propias facultades, se ajusten a las normas establecidas»[12].

La crítica de los nominalistas respecto del objetivismo y racionalismo de la ley, tal como se encontraba formulada al final de la Edad Media por Gerson y otros, hizo entrar en grave crisis los principios tradicionales sobre el alcance y validez de la ley. Posteriormente, para reintroducir la fuerza de ésta —aún reconociéndola como producto de la voluntad humana y sin quitarle su autonomía y su relatividad en un orden moral permanente— surgió la labor de una serie de teólogos y filósofos entre los que cabe citar a Suárez. Pero, a partir de estos momentos el tema de si el Príncipe —de cuya voluntad emanaba la ley— estaba obligado o no a cumplirla, se convirtió en materia de interminable discusión.

Vitoria fue el primer pensador castellano del siglo XVI que en la *Reelección de la potestad civil* se pregunta «si las leyes civiles obligaban a los legisladores y, principalmente a los príncipes». «A algunos —dice Vitoria— *les parece que no, porque están sobre toda la República y nadie puede ser obligado sino por un superior»* Vitoria va a contradecir esta opinión sentando una doctrina que al decir de Sánchez Agesta, «agrupa con una impresionante unanimidad a los teólogos y juristas del siglo XVI»[13]. Para el teólogo dominico un legislador que no cumpliera sus propias leyes haría injuria a la República, pues el legislador también es parte de ella.

El argumento relativo al valor trascendente de la ley, como parte de un orden cuya génesis emana de Dios se encuentra en autores como Fox Morcillo, en quien el dilema de un rey superior y súbdito al mismo tiempo de la ley tiene una curiosa solución. El Rey es superior a la ley, en cuanto participa en su definición y en su sanción; es inferior a la ley, en cuanto ha de sujetar su vida a lo que las leyes prescriben, porque la fuente y razón suprema de la ley es Dios mismo.

Domingo de Soto, acerca del mismo particular, resuelve que el Soberano, en primer lugar no está fuera de la comunidad sino dentro de ella, aunque en puesto preeminente.

12. MARAVALL, J. A.: *Estado moderno y mentalidad social, siglos XV a XVII*. Madrid, 1972. T. I. pp. 379 y 380.

13. SÁNCHEZ AGESTA: *El concepto de Estado en el pensamiento español del siglo XVI*. Madrid, 1959. pp. 102 a 104.

Por otra parte, por derecho divino, debe cumplir las leyes que él mismo establece, porque obraría contra el precepto que prohíbe a los cristianos querer para su prójimo lo que no quieran para sí mismos. La posibilidad real de imponer sanciones al Príncipe era nula, por lo cual aunque estaba obligado al cumplimiento de la ley, se eximía de la pena. A pesar de ello no faltaron autores, como Vázquez de Menchaca y Juan de Mariana que negándose a aceptar la inmunidad *de facto* del Monarca que viola la ley, apuntan al derecho de resistencia y en último trance al tiranicidio, como último recurso de los súbditos para defenderse del mal gobernante que vulnera sus propias leyes.

No obstante lo que acabamos de exponer, consideramos con Maravall que el sostenimiento cerrado del principio de subordinación del Rey a la ley, recogido por estos autores «viene a ser como el contrapunto que acompaña al absolutismo»[14]. En ellos junto al aspecto moral de la cuestión, aparece un segundo principio de gran importancia, alusivo al interés político de la observancia de las leyes por el Príncipe, pues tal comportamiento del Soberano ayudaba a la puntual obediencia del pueblo. Los mismos planteamientos pueden leerse en la obra de Bodin.

En el transcurso del siglo XVII no se eliminó el principio de respeto a la ley por el Soberano. Pero al afirmarse la historicidad y relatividad de las leyes positivas y sostenerse que sólo al Príncipe correspondía juzgar acerca de los condicionamientos de aquellas, éste no sólo de hecho, sino doctrinalmente, quedó liberado de la sujeción a la ley. «Estas leyes —las humanas— se han de alterar y mudar, decía Jerónimo de Zeballos, conforme a la necesidad del gobierno, porque el fin de ellas es la utilidad pública y no está el Príncipe sujeto a ellas, antes ellas están sujetas al Príncipe que es ley animada»[15].

2. LA CORONA MÁXIMA DETENTADORA DE LA POTESTAD DE GRACIA Y JUSTICIA

En la fundamentación teocrática del Absolutismo el derecho, entendido éste como instrumento por medio del cual se expresaba la facultad de gobernar concedida por la divinidad, era la consecuencia de la *voluntas real*. Es decir, las leyes no debían su carácter vinculatorio a ninguna Asamblea, ni a nada que no fuera la voluntad real. Por supuesto, el carácter teocrático del Rey no excluía el consejo de las Cortes, pero queremos insistir en que la obligatoriedad de las leyes tenía sus raíces, no en el consentimiento dado por la representación del Reino, sino en la *voluntas* del Rey. Por tanto, el derecho otorgado por el Rey teocrático era una concesión real. Efectivamente, el Soberano podía escuchar las advertencias que se le hacían, pero la aceptación o no de tales avisos dependía en principio, *de la voluntas Principis*. El Rey era legislador, autónomo, independiente y se consideraba a sí mismo como absoluto y soberano. Esto es, que no reconocía superior en la tierra.

Teólogos, juristas y predicadores defendieron sin excepción la ascendencia divina del poder detentado por el Soberano. También en la comedia de nuestro Siglo de Oro se

14. MARAVALL, J.A.: *Estado moderno y mentalidad social. Siglos XV a XVII*. Madrid, 1972. T. I. p. 381.
15. Citado por José Antonio MARAVALL en *Estado moderno y mentalidad social. Siglos XV a XVII*. Madrid, 1972. T. I. pp. 382.

representó ésta imagen del Príncipe. Para Lope de Vega la facultad de administrar justicia de los reyes tenía un origen sagrado y se ejercía en nombre del Todopoderoso. En *El caballero de Olmedo,* Tello —criado del caballero— se dirige al Rey tras el asesinato de su amo para demandar justicia contra los asesinos: don Fernando y don Rodrigo. Significativamente, Tello solicita la intervención del Monarca con las siguientes palabras:

«Oye, pues te puso el cielo
la vara de su justicia
en tu libre entendimiento
para castigar los malos
y para premiar los buenos»[16].

Mucho antes, Maquiavelo en *El Príncipe,* verdadero tratado político publicado tras su muerte en 1513 y cuya influencia en los gobernantes de los siglos XV y XVI es indiscutible, había aludido al binomio justicia y gracia como uno de los instrumentos de gobierno más potentes. Además recomendaba al Príncipe delegar en otras personas las tareas políticas más odiosas a ojos de los súbditos y reservarse para sí los asuntos de gracia[17].

Igualmente, para Antonio Pérez el castigo de los vicios y el premio de las virtudes era la mejor manera de preservar la integridad del poder. En las *Máximas* que escribió para el Rey Enrique IV de Francia puede leerse: «Abata la soberbia de los altivos y eleve la humildad de sus vasallos: acuérdese que no es menos importante el castigar los vicios que el premiar las virtudes, siendo esto la basa y el fundamento de la conservación de los estados»[18].

Por lo que se refiere a la forma de administrar justicia se plantea el autor florentino el dilema de si vale más al Príncipe ser amado o temido, resolviendo a este respecto:

> «que sería menester ser uno y otro juntamente; pero como es difícil serlo a un mismo tiempo, el partido más seguro es ser temido, primero que amado, cuando se está en la necesidad de carecer de uno u otro de ambos beneficios». «Los hombres temen menos el ofender al que se hace amar que al que se hace temer, porque el amor no se retiene por el solo vínculo de la gratitud, que en atención a la perversidad humana toda ocasión de interés personal llega a romper; en vez de que el temor del príncipe se mantiene siempre con el castigo, que no abandona nunca a los hombres. Sin embargo, el Príncipe que se hace temer debe obrar de modo que si no se hace amar al mismo tiempo evite el ser aborrecido; porque uno puede muy bien ser temido sin ser odioso». «Cuando le sea indispensable derramar la sangre de alguno no deberá hacerlo nunca sin que para ello haya una conducente justificación y un patente delito. Pero debe entonces, ante todas cosas, no apoderarse de los bienes de la víctima; porque los hombres olvidan más pronto la muerte de un padre que la pérdida de su patrimonio»[19].

Sin embargo, un erasmista como Alfonso de Valdés suaviza la figura del poder e insta al Príncipe a buscar el afecto de los súbditos, antes que buscar la obediencia por el terror.

16. LOPE DE VEGA: *El caballero de Olmedo.* Ed. de Joaquín de Entrambasaguas. Navarra, 1970. Acto III, escena XXIII.
17. MAQUIAVELO, N.: *El Príncipe.* Madrid, 1981. p. 93.
18. Máximas de Antonio Pérez dadas a Enrique IV de Francia. B.N., ms. 11352, fols. 86 y 87.
19. MAQUIAVELO, N.: *El Príncipe.* Madrid, 1981. pp. 81 a 85.

Cervantes, por su parte, que sufrió personalmente los rigores de la justicia de su tiempo, se mostró más misericordioso e insistió en la aplicación ecuánime de las leyes por los jueces. Así, don Quijote advirtió a Sancho antes de ir a gobernar la ínsula Barataria:

> «Hallen en ti más compasión las lágrimas del pobre, pero no más justicia, que las informaciones del rico». «Cuando pudiere y debiere tener lugar la equidad, no cargues todo el rigor de la ley al delincuente; que no es mejor la fama del juez riguroso que la del compasivo».

Igualmente, alude el ilustre escritor a uno de los problemas de la justicia en la época, la venalidad de los jueces:

> «Si acaso doblares la vara de la justicia, no sea en pos de la dádiva, sino de la misericordia».

Los jueces favorecían a los amigos y perjudicaban a los enemigos:

> «Cuando te sucediere juzgar algún pleito de algún tu enemigo, aparta las mientes de su injuria y ponlas en la verdad del caso».

Los magistrados buscaban a menudo la amistad personal de las mujeres litigantes:

> «Si alguna mujer hermosa viniere a pedirte justicia, quita los ojos de sus lágrimas y tus oídos de sus gemidos y considera despacio la sustancia de lo que pide, si no quisieres que se anegue tu razón en su llanto y tu bondad en sus suspiros».

Aconseja a los ministros no insultar a los delincuentes, contra la costumbre imperante en aquel tiempo:

> «Al que has de castigar con obras no trates mal con palabras, pues le basta al desdichado la pena del suplicio sin la añadidura de las malas razones».

Se manifiesta a favor de un trato humano hacia los denunciados:

> «Al culpado que cayere debajo de tu jurisdicción considérale hombre miserable sujeto a las condiciones de la depravada naturaleza nuestra, y en todo cuanto fuere de tu parte, sin hacer agravio a la contraria, muéstrate piadoso y clemente; porque aunque los atributos de Dios todos son iguales, más resplandece y campea a nuestro ver el de la misericordia que el de la justicia»[20].

Siendo ya Sancho Gobernador de Barataria, recibió una misiva de su antiguo amo, en la cual le indicaba que no hiciera muchas pragmáticas, con ello aludía a un problema existente en la Castilla de los siglos XVI y XVII, el de la gran proliferación de disposiciones muchas veces contradictorias entre sí:

> «y si las hicieres, procura que sean buenas, y, sobre todo, que se guarden y cumplan; que las pragmáticas que no se guardan lo mismo es que si no lo fuesen; antes dan a entender que el príncipe que tuvo discreción y autoridad para hacerlas no tuvo valor para que se guardasen; y las leyes que atemorizan y no se ejecutan, vienen a ser como la viga, rey de las ranas: que al principio las espantó, y con el tiempo la menospreciaron y se subieron sobre ella»[21].

Estimaba Cervantes, pues, que las leyes para ser eficaces debían ser pocas. De este modo se facilitaba su conocimiento por los gobernados y era más fácil exigir su obser-

20. Cervantes Saavedra, M.: *D. Quijote de la Mancha.* Barcelona, 1978. pp. 634 y 635.
21. Cervantes Saavedra, M.: *D. Quijote de la Mancha.* Barcelona, 1978. pp. 692.

vancia. Esta última circunstancia aparece de forma nuclear en el pensamiento político cervantino.

Reconocidas así, con carácter exclusivo en la Corona, las potestades de gracia y justicia, los reyes hicieron uso de su facultad de indulto en muy distintas circunstancias. Razones políticas y religiosas, acontecimientos cortesanos, victorias militares de los ejércitos reales o la mera voluntad de favorecer a ciertos súbditos movieron a los reyes a perdonar algunos delitos. Sin embargo, como las tareas de gobierno en los dilatados territorios de la Monarquía eran tan complejas y como ya existía una administración bastante desarrollada, en los diferentes reinos y provincias se creó un órgano específico para atender las materias de gracia. Cada uno de ellos consultaba estos negocios y elevaba su resultado al Rey, el cual resolvía sobre cada caso. En Aragón, desde la fundación del Consejo de este nombre, el año 1494, los perdones fueron despachados por dicha entidad. Los Consejos de Italia y Flandes expedían los correspondientes a sus respectivas circunscripciones, y el de Portugal —desde su erección en 1582— los de la suya. El Consejo de Indias se ocupó de la concesión de las remisiones de los súbditos americanos, salvo en los contados momentos de funcionamiento de la Junta de Cámara de Indias[22].

En los reinos castellanos la institución competente por antonomasia en punto de mercedes fue la Cámara de Castilla, destacando entre ellas el elevado número de perdones despachado por el organismo dispensador de la gracia regia a lo largo de su dilatada historia. Por lo que respecta al reino de Navarra, el cometido de administrar la gracia real quedó reservado al Virrey, el cual actuaba al mismo tiempo como Capitán General[23].

Por otra parte, en el ámbito de la Corona de Castilla, además del Consejo de Cámara, tramitaron perdones otras entidades. El Consejo de Guerra se ocupó de los relativos a la jurisdicción castrense, el de Ordenes los administraba en sus dominios y el de Hacienda en lo concerniente a las reales rentas. De igual manera, la Junta de Obras y Bosques atendía las remisiones de los culpados por caza furtiva en los parques reservados al Rey u otras agresiones contra el real patrimonio.

En atención al número de afectados, los perdones recibían distinta denominación. Cuando la condonación afectaba a un colectivo de reos recibía el nombre de indulto general[24]. Estas condonaciones se regulaban por la cédula específica que el Rey despachaba al efecto. De la vigilancia de su cumplimiento se encargaban comisiones integradas por

22. Por Real Cédula de 25 de agosto se instituyó la Junta de Cámara del Consejo de Indias, homóloga del Consejo de Cámara para el Consejo de Castilla. Formaron parte entonces de la Junta de Cámara, el Presidente y tres consejeros del Consejo de Indias. Su trayectoria fue muy agitada, pues extinguida en 1609 se la volvió a restablecer en 1644.

23. LÓPEZ DE CUÉLLAR, J.: *Tratado jurídico-político: Práctica de indultos conforme a las leyes y ordenanzas reales de Castilla y Navarra*. Pamplona, 1690. pp. 70 a 75.

24. Según los libros de acuerdos de la Sala de Alcaldes de Casa y Corte nos consta del otorgamiento entre 1629 y 1668 de los siguientes indultos generales concedidos en las siguientes circunstancias que a continuación se detallan:

—17 de octubre de 1629, nacimiento del príncipe Baltasar Carlos.
—Marzo de 1632, acción de gracias por el juramento del Príncipe.
—Octubre de 1638, acción de gracias por el feliz parto de la reina y nacimiento de la infanta María Teresa.
—3 de diciembre de 1649, llegada a Madrid de la segunda esposa de Felipe IV, Dña. Mariana de Austria.
—2 de noviembre de 1652, conquista de Barcelona y final de la revuelta catalana.
—3 de diciembre de 1657, nacimiento del príncipe Felipe Próspero.
—Diciembre de 1661, nacimiento del futuro Carlos II.
—5 de julio de 1668, primera salida de Carlos II a Nuestra Señora de Atocha.

miembros de la Cámara de Castilla. Estas no precisaban solicitud personal, sino que si el caso era de los incluidos en la cédula, las justicias competentes en la causa se encargaban directamente de su ejecución. Por el contrario, los indultos particulares eran despachados por la Cámara en nombre del Rey. Los vestigios de esta institución conservados en el Archivo General de Simancas y en el Archivo Histórico Nacional testimonian que el perdón real, lejos de ser una figura jurídica marginal, favoreció a miles de castellanos en el transcurso del Antiguo Régimen.

El poder de los señores de vasallos, por no ser superior estaba sometido a ciertas limitaciones. Administraban justicia en sus dominios en nombre del Rey y sus facultades de gracia eran verdaderamente reducidas, aunque en la práctica sobrepasaban las que les tenían atribuidas. Acerca de todo esto Castillo nos indica: «los señores de vasallos no podrán conceder perdones de muerte, ni remitir otras penas corporales, antes ni después de sentencia, sino sólamente las pecuniarias aplicadas a su Cámara»[25].

Algunas culpas quedaron excluidas de los favores de la remisión desde los tiempos de Alfonso X. Así ocurría con las calificadas de aleve[26], traición y muerte segura. En aquel entonces se entendía por muerte segura la ejecutada durante tregua o seguro puesto por el Rey. La misma disposición fue ratificada por sus sucesores[27]. Más tarde, por instrucción despachada el 23 de abril por la reina gobernadora, a las excepciones anteriores se añadieron la muerte de eclesiástico si no había pasado mucho tiempo desde la perpetración de la misma. Se explicó además que los efectos del perdón tampoco alcanzarían al responsable de la muerte de mujer, pues ésta era tenida por alevosa.

Igualmente se consideraban inhábiles para gozar de la gracia real los implicados en el asesinato de los familiares más directos y los relacionados con homicidios ocurridos en «ruidos» en los cuales se hubiera usado ballesta o arma de fuego. La misma salvedad se hacía con los responsables de muertes e injurias a los ministros de la justicia[28], los implicados en tratos y conciertos con infieles y los condenados por los Alcaldes de la Hermandad o Alcaldes de Sacas y Cosas Vedadas[29].

25. CASTILLO DE BOVADILLA, J.: *Política para corregidores y señores de vasallos*. Amberes 1704. Ed. facs. Madrid, 1978. lib. II, cap. 16, 124.

26. En las *Leyes del Estilo* se concedía un plazo de tres meses a la parte para comparecer ante el Soberano y demostrar que el reo perdonado incurrió en caso de aleve: «Si el Rey perdona a alguno su justicia por cosa que haya fecho de que merezca muerte, salvo traición, o aleve, et la otra parte quiere probar el aleve: deve ser emplazado este acusado a sus plazos, segund que el fuero manda, a que parezca ante el Rey que le perdonó: et son los plazos a tres meses, sinon lo fallan, así como se contiene en estos plazos de los emplazamientos en el fuero de las leyes. (*Leyes del Estilo*), ley XXXVIII.

27. *Nueva Recopilación* VIII, 25, 1.

28. Consideremos a título de ejemplo el caso de Mosén Vicente Senet. Este individuo estaba a punto de conseguir el perdón real, pero el Consejo informó al Rey que el aspirante se había escapado de la Cárcel Real de Corte después de matar alevosamente al portero de la misma, de lo cual se siguió notorio escándalo. No pudo castigarse condignamente tan atroz delito por haberse refugiado en el reino de Valencia los reos que la ejecutaron y de los que era caudillo Mosén Vicente Senet. Entonces asesoró el Consejo: «que de ningún modo conceda Vuestra Majestad el indulto que se pretende de los delitos cometidos en Castilla por el dicho y su cuadrilla, pues conviene no le tengan y que sepan que si los cojen en cualquier lugar de ella, han de ser castigados como merecen para ejemplo de que otros no se atrevan a cometer semejantes delitos». A lo cual contestó el Rey: «Como parece y así lo he mandado responder a la consulta del Consejo de Aragón». A.H.N., Consejos Suprimidos, leg. 7124, n.º 2.

Aunque no siempre tuvo efecto el principio de no perdonar a quienes hubieran atentado contra los ministros de la justicia, desde luego, siempre constituyó este hecho un obstáculo difícil de salvar en orden a obtener la remisión regia.

29. A.G.S., P.R., leg. 26, fol. 27.

En la práctica, esta disposición, como las que reiteradamente prohibieron perdonar los delitos cometidos en la Corte, sólo alcanzaron un cumplimiento muy relativo. La tendencia a la hora de otorgar indultos fue analizar los casos en su conjunto, atendiendo a todas sus circunstancias, y no detenerse sólo en el estudio de algunos de sus aspectos parciales, aunque desde luego el crimen cometido en las proximidades del entorno del Rey siempre se consideró un acto agravado a todos los efectos, no sólo a la hora de imponerle mayores penas, sino también en el momento de acogerse al indulto. Lo cual no significa que lo dispuesto en la Nueva Recopilación sobre remisión de delitos cometidos en la Corte alcanzara perfecto cumplimiento[30], pues hemos encontrado un sin fin de pruebas documentales acreditativas de condonaciones de culpas perpetradas en la circunscripción de Madrid y sus famosas cinco leguas.

Los Indultos Generales no beneficiaban a los reos ya condenados. El año 1658, el Consejo, a la vista de una carta remitida por el Rey en la cual le ordenaba que el alto órgano le consultase sobre una petición cursada en Málaga por Joseph del Castillo, relativa a la remisión de seis años de galeras por «el feliz suceso de haber nacido el príncipe», informó a Felipe IV «no haber lugar lo que pedía, porque los indultos generales no se entendían con los ya condenados». El Rey se conformó con la opinión del Consejo [31].

Otro caso similar se produjo tras la presentación por Dña. María de Arce de un memorial en el que suplicaba al Soberano que ordenase la aplicación del indulto a Francisco de Castro, condenado por una resistencia a diez años de galeras. Consultó el Consejo a este respecto con el Rey y le manifestó que este reo no debía ser comprendido en el perdón general «por estar sentenciado en revista y llevado ya a cumplir la condena». Como ocurrió con la solicitud de Joseph del Castillo, el Rey se conformó con la opinión del Consejo también en lo referente a Francisco de Castro[32]. Una tercera solicitud de indulto fue denegada el mismo año de 1658 al Coronel Jorge Fulquier. El Consejo entendió que el Coronel «no debía gozar del indulto por estar ya condenado al presidio del Peñón por distintas causas» y el Rey respetó la opinión de su órgano asesor[33].

En los indultos generales, a veces, la propia cédula de remisión excluía algunos delitos de la gracia real. Cuando nació Felipe IV, su padre Felipe III negó el perdón a ciertos delincuentes, por creerlo conveniente para la buena marcha de la justicia. Así quedaron al margen de la condonación los responsables de crímenes de lesa majestad, homosexuales, testigos falsos, renegados, blasfemos, falsificadores de moneda y resistentes a la justicia[34].

Teólogos como Domingo de Soto y Francisco de Vitoria criticaron el otorgamiento de perdones generales, ya que en su opinión fomentaban la criminalidad, pues el delincuente condenado, cualquiera que fuera su caso, siempre albergaba la esperanza de acogerse a uno de los numerosos perdones de este tipo concedidos por los reyes.

30. *Nueva Recopilación* VIII, 25, 2.
31. A.H.N., Consejos Suprimidos, Libro de Matrícula 2769, leg. 7168.
32. A.H.N., Consejos Suprimidos, Libro de Matrícula 2769, leg. 7168.
33. A.H.N., Consejos Suprimidos, Libro de Matrícula 2769, leg. 7168, n.º 8, año 1658.
34. Rodríguez Flores, M. I.: *El perdón real en Castilla. Siglos XIII-XVIII*. Salamanca, 1971. Apéndice XV, p. 268.

Tomás y Valiente fue el primero en llamar la atención sobre la ausencia de delitos contra la propiedad entre las escrituras de perdón examinadas por él. «El ámbito de eficacia del perdón de la parte abarcaba así todos los delitos contra la persona que estuvieran castigados con pena corporal; y en efecto, se dio en procesos por homicidio, estupro, adulterio (es decir lo que llamaríamos ahora delitos contra el honor o la honestidad), lesiones e injurias»[35]. Por nuestra parte, después de estudiar los indultos concedidos por la Cámara de Castilla en tiempos de los Austrias, pudimos comprobar que casi todos los perdonados estaban relacionados con homicidios, la mayor parte de los mismos producidos en el curso de pendencias[36].

En cuanto a la situación de los reos en el momento de ser perdonados. El 71.7% de los indultados se encontraban huidos. El 17.3% estaban detenidos en la cárcel, el 7.1% se hallaban cumpliendo sentencia, el 2.6% estaban retraídos en iglesias o conventos, y el 1.1% se encontraban en libertad condicional bajo fianza.

El alto nivel de huidos en relación al número de quienes se hallaban cumpliendo sentencia nos advierte sobre los bajos niveles de eficacia alcanzados por el aparato judicial. Los delincuentes escapaban tras cometer su delito, pasado algún tiempo intentaban conseguir el perdón de la parte dañada, y cuando lo obtenían, solicitaban la gracia real.

Situación de los reos en el momento de ser perdonados (1531-1700)

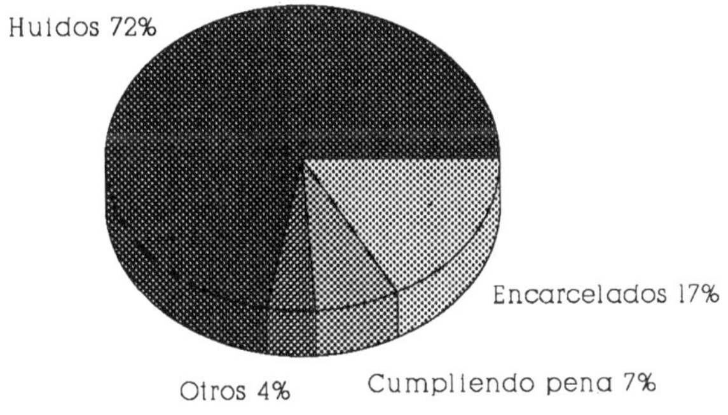

La ineficiente labor de la justicia se justificaba por los cortos medios puestos a su alcance y las dificultades existentes para coordinar la acción de las distintas jurisdicciones.

35. Tomás y Valiente, F.: *El Derecho Penal de la Monarquía Absoluta.* Madrid, 1969. p. 82.

36. Estimamos que el 90% de los perdonados estaban relacionados con homicidios. (HERAS SANTOS, J. L. de las: «Indultos concedidos por la Cámara de Castilla en tiempos de los Austria», en *Stvdia Historica.* Vol. I, n.º 3. 1983. pp. 115 a 141.

Penas Indultadas (1531-1700)

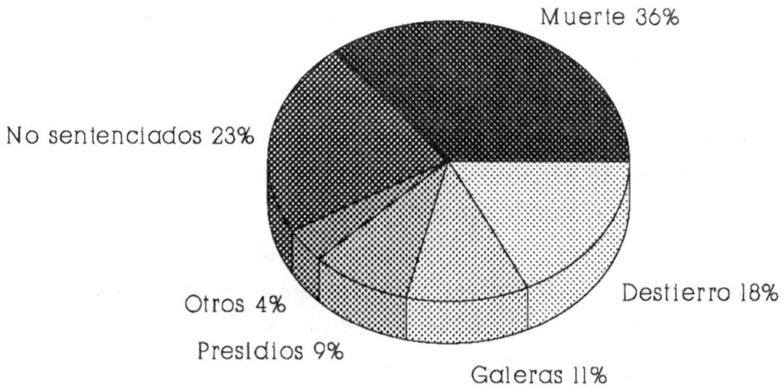

Respecto de las penas indultadas, llama la atención la elevada cifra de condenas a muerte remitidas. Sobre el 35.8% de los beneficiarios de la gracia regia pesaba la amenaza de una pena capital pendiente. El 17.6% estaban desterrados, el 10.5% debían servir en las galeras, el 8.9% se hallaban en presidios militares, el 2.1% habían sido privados de su oficio o suspendidos temporalmente en su ejercicio y el 1.1% cooperaban forzadamente en la armada o en el ejército. Merecen destacarse los abundantísimos casos en los que no se emitió sentencia: el 23.1% del total de indultados.

La presencia tan reiterada de condenados a la pena capital pone de relieve dos cosas: primero la ligereza con la cual se imponía el máximo castigo, y segundo la reticencia de la corona a remitir las sanciones de servicios en plazas para las que difícilmente podían encontrarse sustitutos. Así, en la instrucción dada a la Cámara el 23 de abril de 1528, relativa a los perdones que expedía éste órgano, se ordenó no exculpar a los condenados a galeras, ni a los penados con servicios «en lugar frontero de moros o cristianos enemigos de estos reinos allende o aquende el mar, si no fuere con justa causa y entonces dando otro en su lugar que sea idóneo y suficiente»[37].

Suele aducirse en la documentación de indultos el perdón de la parte y la rebeldía del procesado como razones explicativas de la profusión de procesos sin sentencia. No obstante, tampoco sería malpensante atribuir el fenómeno al escaso interés de los jueces por proseguir causas de insolventes huidos, las cuales abandonarían tan pronto como los sospechosos se ausentaran o los querellantes se apartaran de la misma, pues no en balde los jueces cobraban sus honorarios de los bienes de los culpados.

37. A.G.S., P.R., leg. 26, fol. 27.

También hemos de indicar que las penas pecuniarias, tan frecuentes en la época, bien fuera como principales o como accesorias, sólamente fueron remitidas en casos verdaderamente extraordinarios.

El principal requisito para optar a la gracia regia se fundaba en la posesión del perdón de la parte ofendida. Para obtener éste solían interceder por el reo eclesiásticos y personas de prestigio. No es raro encontrar en las actas de apartamiento de las causas la explicación de que el querellante se apartó del proceso «por ruegos de algunos religiosos y otras personas principales y no por temor de que no se le hiciese justicia»[38].

Según señalan las Ordenanzas del Consejo de hacia 1490, en los perdones de muerte se exigía la condonación de los parientes del difunto hasta el cuarto grado[39]. Se concedía tal importancia a la reconciliación con los ofendidos que el perdón de la parte conseguido en el último momento, servía para suspender la ejecución de un reo ya instalado en el cadalso[40].

No tenemos noticias de nadie que fuera indultado sin satisfacer a la parte ofendida. Si alguna vez un culpado accedió a la real gracia sin haberse reconciliado con la parte contraria, indefectiblemente se le otorgó la remisión real condicionada a la composición con los perjudicados por el delito[41]. Por tanto, aunque lo normal era acudir al Rey una vez obtenida la composición con los agraviados, cuando se otorgaban perdones generales —teóricamente concedidos en ocasiones muy extraordinarias—, se intentaba favorecer a los reos declarándoles incluidos en la cédula de perdón y supeditando los beneficios efectivos de la gracia regia a la posterior concertación con la parte contraria.

Por otra parte, la remisión de los ofendidos con ser importante, no bastaba por sí misma para paralizar el curso normal de un proceso, aunque, por su puesto, este hecho era muy tenido en cuenta por los jueces a la hora de pronunciar sentencia. A este respec-

38. A.G.S., Cámara de Castilla, leg. 2558, fol. 15 (proceso contra Luis Muñoz). También la comedia nos refleja el desarrollo más corriente hasta la obtención del perdón, o sea, ruegos de personas al ofendido, abandono de la querella por parte de éste, intercesión de personajes ante el Rey y finalmente la remisión real. Lope de Vega en *La Moza del Cántaro* nos lo describe así:

Conde
Mató en Ronda cierta dama
Guzmán y Portocarrero,
cuyo padre con el Duque
de Medina tiene deudo,
un caballero su amante...
Al fin perdonó la parte,
poniéndose de por medio,
entre deudos de unos y otros,
muchos nobles caballeros.
Con esto me ha escrito el Duque,
por el mismo parentesco,
alcance el perdón del Rey;
lo que hoy señora se ha hecho.
(B.A.E. Madrid, 1853-60. T. XXIV. p. 563.)

39. DIOS, S. de: *El Consejo Real de Castilla (1385-1522).* Madrid, 1982. pp. 342 y 343.

40. LEÓN, Pedro de: *Grandeza y miseria en Andalucía.* Granada, 1981. pp. 423-426.

41. Con motivo del nacimiento del que más tarde se convertiría en el Rey Felipe IV, su padre, Felipe III otorgó el indulto a los presos de distintas cárceles. Concretamente, entre los detenidos en la cárcel de Corte se beneficiaron del mismo 50 personas, de las cuales 36 no contaban con el preceptivo apartamiento de la parte. En todos estos casos los favores del perdón quedaron supeditados a que los reos colmaran las aspiraciones de sus oponentes. (Libro de varias noticias y autos de la Sala de Alcaldes de Casa y Corte, A.H.N., Consejos Suprimidos, lib. 1171, fols. 22 a 26).

to aclaró Felipe II, «Otrosí, por cuanto somos informados que algunos han querido poner duda y dificultad si en los delitos en que se procede a instancia y acusación de parte, habiendo perdón de la dicha parte se puede imponer pena corporal, declaramos que aunque haya perdón de parte, siendo el delito y persona de calidad, que justamente pueda ser condenado en pena corporal, le sea o pueda ser puesta la dicha pena de servicio de galeras por el tiempo y que según la calidad de la persona y del caso pareciere que se puede poner»[42].

El ofendido podía otorgar su perdón llanamente, es decir gratuitamente. Pero la mayor parte de las veces la composición se realizaba tras el pago de un precio. Según los sondeos realizados por nosotros el valor medio abonado a la parte por los aspirantes superó los 890 ducados, cantidad bastante superior a la pagada a la Corona por obtener la remisión del Monarca. Las escrituras de perdón justificaban este cobro del agraviado en base a los gastos procesales realizados en la querella, abono de haberes de boticario y cirujano, ayuda a la viuda e hijos, y misas por el alma del difunto. No fue raro introducir en el otorgamiento algunas condiciones limitadoras del perdón de la parte. Por ejemplo a Gil Maseda le perdonó la viuda de la víctima con la restricción de no entrar en la villa de Vivero durante cuatro años, ni oír misa en su parroquia, ni pasar por la puerta de su casa en toda su vida, y con la obligación de desviarse del camino si accidentalmente llegaran a cruzarse[43].

Pedro Muñoz, vecino de Segovia, fue perdonado a condición de hacerse fraile en el monasterio o convento de su elección[44]. En todos los casos, aún cuando las pretensiones de la parte fueran tan extravagantes como las citadas, la Corona las respetó puntualmente, ciñéndose la redacción de la cédula de concesión a lo estipulado por el perjudicado en su carta de apartamiento o perdón.

Los perdones otorgados en nombre de personas que no habían alcanzado la mayoría de edad los otorgaban sus representantes legales: el tutor, o el procurador de menores de la ciudad. En estas circunstancias era preceptivo aportar una declaración de utilidad para el menor, realizada ante escribano público, y obtener la licencia correspondiente de manos de la justicia. De esta forma se salvaguardaban los derechos de los menores frente a posibles usurpaciones o negligencias de sus tutores[45].

Las mujeres casadas necesitaban el beneplácito del marido para que las escrituras de remisión firmadas por ellas alcanzaran valor legal, dándose lugar en los matrimonios de segundas nupcias a paradojas como la de precisar la esposa el consentimiento de su segundo marido para dispensar el homicidio de su primer cónyuge.

En cuanto a los trámites para lograr la gracia regia, la primera diligencia a llevar a cabo por el aspirante a un indulto individual consistía en remitir al Consejo de Cámara un memorial dirigido al Monarca, en el cual debía hacer constar su nombre, lugar de avecindamiento y delito que motivó el proceso. La ocasión era aprovechada por muchos reos para referir su escasa culpabilidad en los hechos imputados. Quienes tuvieron una participación manifiesta en el asunto, pasaban por alto este dato y preferían detenerse en

42. Pragmática de Felipe II. Madrid, 3 de mayo de 1566. Provisiones nuevas, n.º 6.
43. A.G.S., Cámara de Castilla, leg. 2560, fol. 5.
44. A.G.S., Cámara de Castilla, leg. 1650, fol. 6.
45. Castillo de Bovadilla defendió la tesis de que los tutores no podían remitir la muerte del padre de su pupilo, de la misma forma que «la injuria cometida contra la ciudad, si está averiguada, no pueden remitirla los Regidores» (*Política para corregidores*, III, 8, 86).

la exposición detallada de luengos servicios cumplidos en pro de la Corona, tanto por ellos mismos como por otros familiares más o menos próximos. Si en el caso concurrían circunstancias estridentes que lo agravaban, se intentaban justificar con diferentes razones. Así el que se ausentó de la ciudad nada más cometer el crimen y con ello eludió la acción de la justicia, alegará que lo hizo, pese a ser «manifiesta su inocencia», porque temió el «rigor de la justicia», y como era tanta su pobreza podría «perecer de necesidad en la prisión[46].

Así mismo, en el memorial se hacían constar los atenuantes. Entre todos ellos los más repetidos eran los relativos a la juventud del reo, influencia de los malos consejos recibidos, provocaciones reiteradas de la víctima y diferencia de calidad con la persona del difunto —especialmente patente cuando el desafortunado era un morisco o un esclavo—. Igualmente los solicitantes aludían en sus escritos a los sufrimientos padecidos desde el momento de la comisión del delito. Las penalidades de las galeras, las calamidades de la cárcel, el dolor por la separación de la familia y la ausencia de su tierra natal. Estos alegatos son muletillas repetidas hasta la saciedad en todas las solicitudes.

Si las penas impuestas requerían gran esfuerzo físico, como sucedía con la prestación de servicios en las galeras, en los presidios y en el ejército, los aspirantes presentaban informaciones que avalaban su avanzada edad o certificaciones médicas acreditativas de su incapacidad. Las estrecheces económicas de las familias, fruto de la ausencia de sus cabezas visibles, son igualmente argumentos muy repetidos.

En el parecer de Rodríguez Flores la mera demanda de indulto significaba reconocer la culpabilidad del reo. En todo caso, el otorgamiento del perdón —según Azevedo— confirmaba su incriminación[47]. Cierta actitud del duque de Híjar al respecto así parece manifestarlo: «Por fin dio la reina a luz al príncipe Felipe y se dio un indulto, al que no quiso acogerse Híjar, ordenando a sus agentes en la Corte para que no le comprendieran en él ni lo pidieran, por no querer que constara nunca que había tenido culpa y afirmar que lo que había padecido había sido inocentemente y no por haber faltado a la lealtad al Rey»[48].

No hemos podido confirmar hasta qué punto lo indicado puede considerarse como regla fija de cumplimiento sistemático, pues corrientemente la concesión del indulto no sólo llevaba aparejado el levantamiento de la pena, sino también la restitución del honor y la fama, y, por supuesto, independientemente de cuál fuera el resultado de la petición presentada ante la Cámara, nadie vio agravada su causa por haber implorado la gracia regia. Lo manifestado palmariamente por los pretendientes de la real indulgencia es la superioridad de la posición del Soberano sobre cualquier persona o circunstancia.

46. A.G.S., Cámara de Castilla, leg. 2571, fol. 23. Durante su permanencia en la cárcel los presos tenían que mantenerse de sus propios recursos. Si eran pobres, su único alivio lo constituían las limosnas. Pero éstas no siempre cubrían todas las necesidades. Este era, sin duda, uno de los problemas más graves que los miserables debían afrontar al ser atrapados por la justicia.

47. RODRÍGUEZ FLORES, M. I.: *El perdón real en Castilla. Siglos XIII-XVIII*. Madrid, 1969. pp. 189 y 190.

48. EZQUERRA BADÍA, R.: *La conspiración del Duque de Híjar*. Madrid, 1934. p. 331.

Presentado el memorial en el Consejo de Cámara, si éste lo estimaba conveniente, extendía la correspondiente cédula para que el escribano ante quien pendía el proceso sacase un traslado autorizado de la información sumaria y sentencia y lo entregase al portador de la real carta. Así éste podría presentar una copia autorizada de los autos en la Cámara.

En ocasiones el fiscal encargado del caso añadía al traslado un escrito alegando las consideraciones que estimaba pertinentes. En él solía exponer su opinión contraria al indulto. No obstante, tras el examen de la documentación falta constancia de que la oposición del acusador público surtiera efecto en algún momento.

Conjuntamente con el proceso o por cualquier otra vía, llegaban a la Cámara intercesiones en favor de los reos. De entre ellas merecen ser destacadas la remitida por el Ayuntamiento de Carmona en favor de Hernando de Hoyos[49], la enviada por la abadesa y monjas descalzas de la ciudad de Trujillo por Rodrigo de Mendoza y esposa[50], la suscrita por el cura de Colmenar Viejo en pro de su parroquiano Manuel López de Salcedo[51], y la efectuada por la reina de Francia, a través de su embajador en Madrid, por el hermano de un cirujano-sangrador ocupado en su servicio[52].

Después de examinar todas las circunstancias concurrentes en el caso, la Cámara resolvía según su parecer, o excepcionalmente solicitaba el dictamen de los tribunales sobre el asunto.

Los indultos generales tenían una tramitación más simple. Estos se otorgaban con motivo de acontecimientos relacionados con la familia real, victorias militares de las armas de la Monarquía, entronización de reyes, etc. No requerían solicitud personal ante ninguno de los Consejos, sino que siendo el caso de los incluidos en la Cédula de remisión, los propios ministros de la justicia se encargaban de la ejecución de sus beneficios o informaban al Consejo de Cámara para que a la vista de la calidad de las responsabilidades de los reos y del estado de sus procesos, decidiera lo que estimase más conveniente[53]. Los exculpados por el perdón real recibían un traslado de la cédula de indulto, signada bien por un escribano de cámara del crimen o bien por un escribano público del número, en cuyo pie se hiciera constar expresamente «que el tal preso y delincuente es de los comprendidos en la cédula». Así mismo la autoridad

49. A.G.S, Cámara de Castilla, leg. 2607, fol. 8.

50. A.G.S., Cámara de Castilla, leg. 1607, fol. 11. Las religiosas pidieron el alzamiento del destierro de este matrimonio, porque, careciendo de fundador particular y siendo pobrísimo el convento, sólamente disponía para su socorro de la ayuda de estos desterrados que eran sus síndicos.

51. A.G.S., Cámara de Castilla, leg. 2602, fol. 7. En 25 de marzo de 1694 el cura de Colmenar Viejo escribió a fray Ildefonso de Alcaraz, definidor de los capuchinos de la provincia de Castilla, para que coadyuvase a la obtención del indulto de un feligrés. Estaba acusado Manuel López de Salcedo de arrojar un par de recién nacidos a un pozo. En su contra tenía las declaraciones de varios vecinos que le atribuían relaciones ilícitas con su cuñada. El mismo sacerdote reconoce en su carta que el acusado huyó de Colmenar por miedo a ver probada su incontinencia, pero añade que está persuadido de su inocencia en lo relativo al homicidio porque en aquellas fechas se encontraba fuera de Colmenar.

52. A.G.S., Cámara de Castilla, leg. 1946 sin fol.

53. En el indulto concedido tras el nacimiento del futuro Felipe IV se remitieron los delitos de los detenidos en algunas cárceles de los reinos castellanos. Las condiciones para favorecerse con la dispensa real se resumieron en que fueran presos con los cuales se pudiera usar la clemencia sin agravio de parte y sin escándalo. En aquel entonces se pidió a los Alcaldes de Casa y Corte relación de los internados en la prisión de Corte y examinada la lista por el Consejo de Cámara, éste perdonó a bastantes de ellos (A.H.N., Consejos Suprimidos, lib. 1171, fols. 22 a 26).

judicial responsable de la aplicación del indulto firmaba el documento, el cual servía al beneficiario para acreditar la condonación. Ni los ministros de la justicia ni el propio escriba podían cobrar derecho alguno por su expedición.

Entre los indultos generales, los más generosos se otorgaban con ocasión de la exaltación al trono de los reyes y nacimiento de los príncipes herederos. En tales efemérides los reyes solían perdonar a los encarcelados por deudas y a los delincuentes cuya parte contraria se hubiese retirado de la causa. Su ámbito abarcaba a todos los territorios y cárceles de los reinos castellanos. Felipe III al subir al trono estuvo remiso en absolver las culpas de todos los presos y las Cortes solicitaron el 19 de agosto de 1599 que fueran liberados todos los reclusos, como se había hecho con los internados en las prisiones madrileñas[54].

Discurriendo el tiempo, la Corona fue cada vez más reacia a la aplicación indiscriminada de indultos generales. Así en el reinado de Felipe IV las Cortes dirigieron al Rey una consulta suplicándole que el indulto concedido el año 1662 por el feliz nacimiento del príncipe se hiciese extensivo a todas las ciudades, villas y lugares, no limitándose únicamente a las poblaciones con voto en la Asamblea. Tratada la cuestión en el Consejo, este órgano fue de la opinión de no ampliar el perdón a otras ciudades que no fueran las de voto en Cortes y el Rey se conformó con el parecer de sus asesores[55].

En ningún indulto general la Corona dejó de referirse de forma particular a los morosos encarcelados. A menudo, el tratamiento jurídico aplicado a los impagos obstaculizaba la propia satisfacción de la deuda. La detención del deudor, muchas veces no servía sino para agravar su precaria situación económica, pues a los gastos derivados del pleito y reclusión se añadía la privación de ingresos por impedírsele el ejercicio de la profesión. En estas circunstancias, se producían situaciones injustas que a nadie favorecían. Así, la Corona por la vía del perdón patrocinaba el entendimiento de las partes, una vez que se había comprobado la inoperancia de la detención intimidatoria. Así pues, el Rey en las solemnidades mencionadas concedía la excarcelación temporal de estas personas para que en el plazo de unos días concertaran un nuevo acuerdo o saldaran sus obligaciones. Además, a fin de contribuir a la solución del problema, el Soberano ofrecía cierta cantidad de dinero para indemnizar a los acreedores[56].

Los indultos generales se dispensaban gratuitamente, o sea libres de gastos para el beneficiario. Pero los particulares podían concederse gratuitamente, como acaecía con los perdones de Viernes Santo, o exigiendo del interesado el pago de cierta cantidad de dinero.

54. *Actas de las Cortes de Castilla.* Cortes de Madrid 1598-1601. Madrid, 1874-1988. T. XVIII pp. 346, 347, 350 y 397.

55. A.H.N., Consejos Suprimidos, leg. 7172, n.º 15. También, A.H.N., Consejos Suprimidos, libros de matrícula del Antiguo Consejo, lib. 2769.

56. Por Cédula de 19 de octubre de 1629 se extendieron los favores del indulto conmemorativo del nacimiento del príncipe a los apresados por deudas en la Chancillería de Valladolid. A éstos se les concedieron 30 días para concertarse con sus acreedores, y de las penas aplicadas a la Real Cámara en dicha Audiencia se tomaron 250.000 maravedíes para ayuda al pago de dichos débitos (A.Ch.Va., Libro Becerro de la Sala del Crimen de la Chancillería de Valladolid, libro-criminal, caja 38, fol. 145). En idénticas circunstancias se hizo lo mismo el 8 de diciembre de 1661 (A.Ch.Va., Libro Becerro de la Sala del Crimen de la Chancillería de Valladolid, libro-criminal, caja 38, fol. 211).

Se remontan los orígenes del perdón de Viernes Santo a la Baja Edad Media[57]. En las Partidas se consideraba la fecha de Viernes Santo o día de indulgencias como la efemérides en la cual los reyes acostumbraban perdonar «a los hombres presos por amor de Nuestro Señor Jesucristo»[58]. Posteriormente Juan II volvió a legislar sobre la materia y limitó a veinte el número de posibles beneficiarios[59]. En época de los Austrias está comprobado el incumplimiento de la citada restricción. Por citar unos años, próximos entre sí, en los cuales se desbordó la normativa, evocaremos los siguientes: 1580 con 22 perdones despachados, 1587 con 21, 1592 con 23, 1593 con 22 y 1597 con 23[60].

El principal requisito para aspirar al goce de un perdón gratuito de Viernes Santo era demostrar la falta de recursos económicos del solicitante. Por eso, muchos pretendientes acompañaban su solicitud con informaciones acreditativas de su pobreza. Se confeccionaban estos informes con las declaraciones de varios testigos solventes, realizadas ante escribano público[61]. Sin embargo, también hubo individuos acomodados que se beneficiaron de la gracia del Viernes como reconocimiento real a los buenos servicios rendidos anteriormente por ellos o sus ascendientes a la Corona.

La expresión perdón de Viernes Santo era equivalente en aquellos tiempos a perdón gratuito. Ello no significaba que los reos comenzasen a disfrutar del indulto el día de esa festividad, sino que la Cámara a lo largo de todo el año iba resolviendo los casos presentados, y llegada la celebración del Viernes de la Cruz se realizaba una ceremonia solemne en la cual participaba el Monarca. Generalmente se desarrollaba en la capilla real, aunque sabemos que, por ejemplo, el año 1580 se efectuó en el monasterio de Nuestra Señora de Gualalupe[62].

López de Cuéllar nos la describió como la «Cathólica ceremonia que arrebata la admiración y saca á los ojos lágrimas de ternura»; era ejecutada por «el Rey nuestro señor los Viernes Santos» en el momento de adorar «la santa reliquia del Arbol de *nuestra redención*», cuando «dos capellanes de honor sin sobrepellices, con manteos y bonetes, le ofrecen en dos ricas fuentes los memoriales con las causas de los reos capaces de la Real Clemencia según el dictamen de la Cámara, atadas con listones carmesíes; demonstración de la sangre que debían derramar si se executara la pena que merecían, y S. M. poniendo su real mano dize: Yo os perdono, porque Dios me perdone. O palabras que aseguraran la protección Divina, contra los enemigos de su Corona»[63].

De los perdones al sacar ignoramos sus orígenes exactos. Encontramos referencias a ellos en las Cortes de Madrigal de 1476 y en la Crónica de los Reyes Católicos de Hernando del Pulgar[64]. En el Archivo General de Simancas se conservan decenas de ellos fechados en el siglo XVI, aunque debemos señalar que el número de los correspondientes al siglo XVII es muy superior.

57. RODRÍGUEZ FLORES, M. I.: *El perdón real en Castilla. Siglos XIII-XVIII.* Madrid, 1969. pp. 46 y 47.
58. *Partidas* VII, 32, proemio.
59. *Cortes de los Antiguos Reinos de León y de Castilla.* Cortes de Valladolid de 1447. T. III, p. 527.
60. A.G.S., Cámara de Castilla, leg. 113, fol. 191.
61. A.G.S, Cámara de Castilla, leg. 113, fol. 191.
62. A.G.S., Cámara de Castilla, leg. 1103, fol. 1.
63. LÓPEZ DE CUÉLLAR: *Tratado jurídico-político. Práctica de indultos conforme a las leyes y ordenanzas reales de Castilla y Navarra.* Pamplona 1960. p. 41.
64. RODRÍGUEZ FLORES, M. I.: *El perdón real en Castilla. Siglos XIII-XVIII.* Madrid, 1969. pp. 66 y 67.

El precio abonado para la obtención de los indultos dependió del delito cometido, de la pena pendiente y de la capacidad económica del beneficiario. Sorprendentemente los condenados a remar en las galeras reales pagaron por eludir tan sacrificada pena, cantidades inferiores a las abonadas por los condenados a servir en el ejército o en los presidios. Los galeotes entregaron como media, 20 ducados por cada año remitido; mientras que las campañas y el servicio en el ejército se cotizaron a 27 ducados por año dispensado, y los presidios a 28 ducados. Más asombroso es aún, si cabe, el buen precio alcanzado por los destierros (76 ducados por año suspendido). La explicación a estos hechos hay que buscarla en la aplicación de penas distintas a escalas sociales diferentes. El destierro fue la pena por antonomasia impuesta a los pudientes que incurrieron en faltas de cierta consideración, y las galeras serían su simétrica para los desposeídos.

La media de las cantidades satisfechas por los condenados a la pena capital fue de 347 ducados, y los implicados en homicidios, sobre los que no pesaba sentencia condenatoria, entregaron cada uno de ellos 214 ducados. En este sentido, nos permitimos llamar la atención sobre el hecho de que cualquiera podía indultarse no sólo de culpas probadas, sino también de la posibilidad de salir condenado al resolverse su proceso. Para un reo representaba una enorme ventaja obtener la absolución de sus faltas, pero tampoco era pequeño el beneficio de librarse de un proceso muy duro. No podemos olvidar que el proceso criminal reportaba un sin fin de molestias y frecuentemente significaba la entrada del reo en la sala de torturas.

Resumiendo, podemos indicar que desde el punto de vista de la administración de justicia, se indultaban culpables, y también simples indiciados, cuyas responsabilidades aún no se habían depurado convenientemente. A pesar de ello se discriminaba entre ambos, pues a los no condenados se les exigía una cantidad algo inferior. Otra fórmula muy utilizada consistió en imponer a los procesados, cuya causa no había concluido, penas inferiores a las que teóricamente les correspondían, suspendiéndose tras el indulto las diligencias judiciales iniciadas contra el reo.

Interesa conocer que las cantidades de dinero ingresadas en la Cámara en razón de los indultos despachados fueron distribuidas por este mismo órgano en asuntos propios de su competencia: socorro de súbditos necesitados, auxilio a conventos religiosos, obras pías y mercedes a particulares en reconocimiento por sus servicios. Así mismo se utilizaron estos fondos para sufragar los gastos de la secretaría de la Cámara y para pagar ayudas de costa a funcionarios reales. Lógicamente, entre las referidas ayudas de costa fueron abundantísimas las percibidas por oficiales y consejeros de la propia Cámara.

Entre los perdones al sacar destacaremos los concedidos por don Pedro de Amezqueta, miembro del Consejo Real, el cual el 15 de septiembre de 1640 recibió instrucciones para dirigirse a la Andalucía Alta y Baja, y a los reinos de Granada y Murcia con la misión de reclutar remeros para la Armada. La necesidad de galeotes era acuciante y en sus manos se pusieron recursos legales verdaderamente muy expeditivos. Por una Real Cédula[65]—ejemplo admirable de utilitarismo en la administración de justicia y de explotación de la delincuencia en provecho del Estado— quedó facultado don Pedro para

65. Una transcripción literal de esta cédula puede consultarse en nuestro artículo: «Indultos concedidos por la Cámara de Castilla en tiempos de los Austrias», en *Stvdia Historica* vol. I, n.º 3 1983. pp. 139 a 141 (A.G.S., Cámara de Castilla, leg. 2569, fol. 8. proceso contra Antonio Badillo).

incautarse de los esclavos introducidos ilegalmente en dichos territorios y liberar los pertenecientes a particulares que accedieran a servir en ellas durante cierto tiempo. Pero además, por la misma se le concedió la potestad de supervisar las causas de los condenados a muerte y galeras y se le delegó para hacerse cargo de las pertenecientes a bandoleros y gitanos.

Nos atrevemos a asegurar que la ecuanimidad en la administración de justicia sufriría algún deterioro como consecuencia de hallarse el juez mediatizado por la penuria de galeotes. Máxime cuando las resoluciones adoptadas en estas circunstancias tenían como tribunal de apelación la Junta de Galeras, órgano que indiscutiblemente adolecía de idéntica tacha.

Del mismo modo, se permitió que el Sr. Amezqueta conmutase penas de muerte, azotes y vergüenza por servicio en las galeras. Por último se le dio licencia —y esto es lo que más nos interesa resaltar en estos momentos— para perdonar los delitos en los que no hubiera parte, ajustándolos en el precio que estimase conveniente. El monto de los ingresos obtenidos por este concepto se invirtió en la compra de esclavos o se gastó en la conducción de los galeotes hasta las naves. Del mismo modo, se le otorgó la prerrogativa de suprimir la pena a los reos acreedores de otras inferiores a la de galeras, siempre y cuando aceptaran servir como «buenas boyas».

Ya había sido despachada la misma cédula anteriormente, concretamente en los años 1637, 1638 y 1639; e incluso ésta de 1640 se había dado ya antes: el 28 de marzo.

Nos sentimos inclinados a pensar que la cédula aludida no constituyó una respuesta excepcional a los gravísimos problemas financieros y político-militares que aquejaban a la Monarquía en aquel momento. Efectivamente se trataba de un recurso extraordinario, pero hemos de reconocer que no insólito, pues tampoco eran nuevos los motivos de su despacho. En el año 1629, cuando la guerra por la sucesión de Mantua aún estaba viva y después de caer el tesoro de la flota de Indias en manos de los enemigos, se arbitraron medidas similares a fin de sanear el exhausto patrimonio real. Felipe IV remitió cartas a las ciudades, villas, lugares, prelados, cabildos y comunidades eclesiásticas, apercibiéndoles del envío de personas encargadas, entre otras cosas, de conmutar o indultar penas, visitar cárceles y avocar para sí tanto causas civiles como criminales[66].

Por otra parte, en 1635 con motivo del pedido general que el Reino propuso como ayuda del servicio de 9 millones, votado para afrontar los gastos de la guerra con Francia, fueron enviados comisarios a diferentes lugares con la potestad de dispensar gracias a los delincuentes. Al igual que otras veces se eludió perdonar los casos más escandalosos, porque para general escarmiento convenía castigar estos delitos [67]. Tanto celo pusieron estos comisarios en llevar a cabo su cometido que el Consejo de Guerra lamentaba en 1637 los pobres resultados obtenidos por don Pedro de Amezqueta en su propósito de llenar de brazos las galeras. Se imputaba como causa de ello que «los comisionados del donativo habían soltado muchos reos»[68].

Felipe IV, el Monarca que más perdones despachó mediante precio, se daba cuenta de los graves peligros que emanaban de esta política. Sin embargo las dificultades finan-

66. Domínguez Ortiz, A.: *Política y hacienda de Felipe IV*. Madrid, 1960. pp. 299 y 230.
67. Domínguez Ortiz, A.: *Política y hacienda de Felipe IV*. Madrid, 1960. p. 303.
68. A.H.N., Consejos Suprimidos, leg. 7155, fol. 7.

cieras le obligaron a permanecer atrapado en una disyuntiva difícil de superar. Ya en el año 1637 reconoció «los inconvenientes que resultan de componer las causas criminales por dinero» y resolvió que no se indultase delito alguno en lo sucesivo, comunicándolo así a los numerosos tribunales y ministros facultados por aquel entonces para «ajustar» indultos[69]. Ya se ha indicado cómo esto no fue óbice para que en años sucesivos se despacharan decenas de ellos concedidos con motivos diversos. Pero nuevamente en 1643 Felipe IV insiste en lo perjudicial de los indultos al sacar, ordenando que en lo sucesivo la Cámara ni otros tribunales perdonen delitos mediante pago de dinero. No obstante el Rey se comprometió a seguir ejerciendo sus facultades de gracia y escuchar las causas de clemencia que se le presentasen: «Importa tanto la satisfacción de la justicia y de la causa pública en el castigo de los delitos que se cometen que se debe preferir esto a todo respeto e interés, y así he resuelto que de aquí adelante no pueda la Cámara ni tribunal mío perdonar delictos por servicio de dinero ni por otro ningún medio de interés y que ni a mí se me consulte sobre ello, si bien oiré las causas de clemencia que se me representaren en los casos que conviniere. Tendrálo entendido ese Consejo en lo que le tocare»[70].

No terminó el anterior Decreto con la institución del perdón al sacar, pero sí consiguió limitar su extensión exagerada. El reparto de comisiones a decenas de funcionarios cuya misión consistía en recorrer los pueblos buscando reos que aceptasen la absolución real a cambio de contribuir económicamente a las necesidades de la Monarquía, desapareció. En lo sucesivo este tipo de gracias serían administradas únicamente por la Cámara y su actuación en este sentido se moderó notoriamente.

Tanto los perdones de Viernes Santo como los concedidos al sacar fueron otorgados a veces con algunas limitaciones. Entre ellas las más repetidas fueron la prohibición de entrar en la ciudad donde se cometió el delito. Otras veces se dispensaron con la obligación de prestar servicio personal en el ejército, constituyéndose de esta forma el indulto en una verdadera conmutación, pues en estos casos la remisión fue sólo parcial. Generalmente se conmutaban penas de muerte por galeras, o galeras por destierros. La veda temporal de volver al lugar de consumación del crimen hay que entenderla como una medida elemental de prudencia para evitar nuevas fricciones entre la parte ofendida y el delincuente.

Ordinariamente los oficiales y personas al servicio de la Corona se erigían en suplicantes de perdones, o sea intercesores de los reos ante la Cámara. La cumplimentación de este requisito fue hasta tal punto importante para la resolución favorable del asunto, que nos consta de la denegación de alguna solicitud por carecer de suplicante para avalarla[71].

Incluso las Cortes de Castilla actuaron ocasionalmente como intermediarias para favorecer el indulto de altos personajes. Así ocurrió en el caso del Conde de Tendilla, al

69. A.R.Ch.Gr., Sección Chancillería, cabina 321, pieza 94.

70. Copia del Real Decreto de 28 de junio de 1643. R.A.H., Colección Salazar y Castro. K-17, fol. 133.

71. Concretamente a Hernando Martín «el mozo», vecino de Albaida condenado por los Alcaldes de la Audiencia de Sevilla a cuatro años de destierro por causar una herida en el brazo a Hernando de Teva, contestó la Cámara a su solicitud: «No ha lugar». Otra anotación posterior nos explica: «Por no haber suplicante en este negocio se respondió lo anterior, ahora lo suplica Franco de Laguna, portero de cámara de V. Mag.». Corrió mejor suerte este segundo intento y alcanzó el anhelado «Fiat» (A.G.S., Cámara de Castilla, leg. 2669, fol. 5).

cual se le imputaba la muerte de un eclesiástico: «El Sr. don Antonio Alvarez de Boorques propuso y dixo que al Señor Conde de Tendilla le imputan una muerte de un clérigo que no está probada y semejantes delitos tienen dos consideraciones, una que mira a la satisfación de la parte y otra de lo público, y en cuanto a la parte ha perdonado y para lo público se debe atender a los muchos y grandes servicios que sus antepasados han hecho a Su Magestad y a sus predecesores en beneficio conocido de esta Corona en tan superiores puestos y cargos como es notorio, y tiene por conveniente el Reino suplique al Rey se sirva mandar perdonarle y para ello se hagan con el Señor Conde Duque y con todos los demás ministros que fuere menester las diligencias que convengan y acordó se haga así y para ello sean comisarios los señores don Antonio de Boorques y don Pedro de Torres»[72].

Es muy habitual encontrar en el margen del proceso de quien aspira al indulto una leyenda escueta similar a la siguiente: Lo suplica fulano que sirve en la Cámara. Ocasionalmente el mensaje se alarga un poco más. Entonces se nos refieren los servicios sin gratificar llevados a cabo por el suplicante, o nos mencionan las mercedes reales aprobadas en favor del interesado, pero todavía a la espera de su ejecución.

Si la Cámara decidía ajustar el indulto al sacar, el suplicante cobraba parte del precio. La cantidad percibida por los suplicantes fue siempre variable. Según los cálculos efectuados por nosotros se acercó al 22% del total abonado por los beneficiarios. Sólo excepcionalmente la Cámara dejó sin premio a los suplicantes. Una vez negó la recompensa a un criado de un servidor regio[73], y otra contestó a un oficial suyo: «en otro negocio se le dará». Este último asunto era de bien poca importancia. Se trataba del proceso de un tal Pedro Mercadias, cuyo único delito fue despachar un repollo un maravedí más caro de la postura y vender sin ser agricultor, lo cual se consideraba en la época como un factor de encarecimiento de los productos. La Sala de Alcaldes de Casa y Corte había condenado a Pedro Mercadias por este delito a dos años de destierro. Cumplidos unos meses de la citada pena solicitó el indulto. Le salió al sacar, su situación económica no debía ser buena y la Cámara se conformó con ajustarlo en 150 reales. Lógicamente la cantidad correspondiente al suplicante en materia de tan corta sustancia tenía que ser necesariamente pequeña.

La participación de los suplicantes en los indultos dio origen a algunas situaciones paradójicas. Eventualmente éstos se vieron obligados a buscar un indulto por precio para cobrar una ayuda de costa. Tal ocurrió con unos mozos de silla de la reina, los cuales tenían concedida una ayuda de costa de 500 ducados. Cobraron 200 de ellos y al reclamar el resto, contestóles el secretario Gerónimo Rodríguez que por no haber dinero en la depositaría, llevaran algún negocio donde se les pudiese aplicar. Lo buscaron los mozos y hallaron el de Pedro Aguilar, soldado de la Guarda Alemana, autor de una resistencia calificada a la justicia. Estaba dispuesto a pagar el soldado la cantidad adeudada a los servidores de la reina; sin embargo la Cámara ajustó su indulto en un precio algo inferior: 250 ducados. De ellos aplicó 150 a los suplicantes[74].

72. *Actas de las Cortes de Castilla.* Cortes de Madrid de 1627. Madrid, 1874-1988. T. XLVI. pp. 117 y 118.
73. A.G.S., Cámara de Castilla, leg. 1809, fol. 1.
74. A.G.S., Cámara de Castilla, leg. 1918, sin fol.

Finalmente, resuelta favorablemente la solicitud de perdón, despachaba la Cámara en nombre del Rey la cédula de indulto correspondiente, la cual podía ser presentada por el beneficiario ante las justicias. Una ley de Juan II, dada en Valladolid el año 1447, reguló las condiciones que debería reunir dicha cédula para ser válida[75]. Debía estar suscrita por el Rey, sellada con el sello real, escrita por escribano de Cámara y firmada en las espaldas por dos miembros del Consejo. Unicamente se consideraba perdonado el delito mencionado explícitamente en ella. Tratándose de un reo indultado con anterioridad por otra infracción, se haría referencia expresa al primer perdón. Si existiese sentencia condenatoria, se especificaría ésta; y cuando el titular se hallase detenido se haría constar dicha circunstancia.

En las cédulas correspondientes a indultos de Viernes Santo, las alusiones religiosas son continuas. En ellas explica el Soberano que perdona al súbdito: «porque tal día como el Viernes Santo de la Cruz, Cristo recibió muerte y pasión por salvar al humanal linaje y perdonó su muerte a los que le crucificaron»[76]. A continuación suelen añadirse otras cristianas razones, rebosantes de preocupación por el más allá; pero ahora se sugieren móviles menos altruistas, pues con tan piadosa obra el Monarca pretendía granjearse también la voluntad del Todopoderoso. Este era el momento de solicitar del cielo la dilatación de su vida, engrandecimiento de sus estados y la vida eterna para sus progenitores difuntos y para él mismo al partir de este mundo.

La Corona, muy sensible con el derecho de la parte ofendida, introducía así mismo en las cédulas una cláusula de salvaguarda y respeto a los intereses de los parientes no condonantes. Los cuales podían proseguir la causa más adelante, si así lo deseaban. De esta forma la Corona aseguraba al mismo tiempo las condiciones impuestas por la parte en su carta de perdón.

Con objeto de levantar el embargo de bienes retenidos al procesado por la justicia, se impartían en el documento acreditativo del indulto las instrucciones precisas al respecto. No obstante es necesario aclarar que siempre se excluían de este mandato las pertenencias aplicadas por sentencia al fisco o a la parte querellosa. En todo momento la voluntad regia insistió en no perjudicar a su «Real Cámara ni el derecho de las partes». Sólo de forma muy esporádica la Corona aceptó excepciones a esta regla.

Por último, debe señalarse que las cédulas de perdón siempre terminan alzando al delincuente la infamia proveniente del delito y restituyéndole la fama a su estado primitivo[77].

75. *Nueva Recopilación* VIII, 25, 2.

76. A.G.S., Cámara de Castilla, leg. 2575, fol. 11. Cédula de indulto a favor de Andrés Felipe de Frutos. La misma redacción sigue apareciendo, prácticamente intacta, a lo largo de todo el siglo XVIII. Véanse las otorgadas a Antonio Bernal (15 de abril 1793) y Pedro Ormeña (2 mayo 1794) en RODRÍGUEZ FLORES, M. I.: *El Perdón Real en Castilla*... pp. 276 a 278.

77. En esta cuestión discrepamos del parecer de Inmaculada Rodríguez Flores, autora cuya tesis a este respecto es que en los perdones de Viernes Santo no sería muy frecuente la restitución de la fama, «puesto que durante el siglo XVIII al menos, un tanto por ciento muy elevado de los concedidos en esa fecha, eran conmutaciones o perdones parciales, concediéndose muy pocos libremente y nada se decía en ellos de la restitución» (*El perdón real en Castilla*. p.204). No estamos de acuerdo con estas afirmaciones en ninguno de sus extremos. Hemos tenido ocasión de manejar en el Archivo General de Simancas una extensa documentación acreditativa del gran número de indultos de este tipo concedidos en estas fechas sin cortapisa alguna. Igualmente destacamos la presencia en ellos de la cláusula de devolución de la fama. Sirva de ejemplo el caso del capitán Bernardo Suárez de la Xara, responsable de la muerte de don Jerónimo Niño, ocurrida en el transcurso de una pendencia motivada por problemas familiares. La sentencia emitida en rebeldía condenó al citado capitán «a muerte y

El tiempo transcurrido desde la fecha de comisión del delito hasta el momento de despacharse la carta de remisión fue muy diferente según los casos. Hubo individuos que pocos meses después de infringir la ley habían conseguido la absolución. Por el contrario, otros tuvieron que esperar decenas de años para alcanzar la gracia real. Entre los menos afortunados cabría citar a Alonso Ximénez de Castilla, vecino de Antequera[78]. Este hombre esperó 19 años para alcanzar finalmente el indulto. Su culpa no fue mayor que las de otros reos favorecidos con mejor fortuna. En el transcurso de una pendencia mató a un convecino. A continuación huyó y la justicia no pudo localizarlo. Condenado en rebeldía a muerte y al pago de 50.000 maravedíes aplicados a la Cámara Real, no obtuvo el perdón de la parte ofendida sino 17 años después de cometer el crimen. Así estuvo alejado de su tierra una buena parte de su vida. Con todo, casos como el de Alonso no fueron los más corrientes, pues la mayoría de los indultados logró el perdón real al cumplirse los 44 meses de la iniciación del proceso. Generalmente los reos negociaban 24 meses y obtenían el perdón de la parte, después en 20 meses se tramitaba la gracia regia.

Por último, para completar los aspectos relacionados con la gracia regia, nos referiremos a la trascendencia social y jurídico-política del perdón real. En el marco de un sistema penal, caracterizado por su dureza, ineficacia, utilitarismo y fuerte intención represiva, el perdón real no fue en absoluto una institución de segundo orden. Los miles de perdones conservados corroboran su importancia cuantitativa, pero a nuestro juicio no es su número lo más significativo. Su valor más trascendente viene dado por el hecho de ser una de las mejores manifestaciones del poder absoluto. A imagen del Juicio Universal que el Creador celebrará al final de los tiempos, el Soberano ejerce su dominio en la tierra gratificando los esfuerzos de los destacados en su servicio y castigando la osadía de quienes atrevidamente desafiaron su voluntad.

Sin duda, el binomio *ira regia/merced regia* constituyó para el Estado absolutista uno de los mecanismos de gobierno más irresistibles. El fue capaz de granjear los mejores apoyos y vencer las mayores resistencias. Los perdones al sacar son un exponente muy notorio de esta filosofía: el dinero abonado por los transgresores del orden establecido se destinaba a premiar los desvelos de los más fieles.

Los indultos, además de contribuir al ensalzamiento de la religión —ideología oficial del Estado—, cumplían otras funciones específicas. Por ejemplo sirvieron para reclutar hombres con destino a las empresas más arduas o peligrosas. En 1497 los Reyes Católicos ofrecieron el perdón a cuantos delincuentes quisiesen servir a costa propia con el Almirante Cristóbal Colón en la Española[79]. También doña Isabel y don Fernando in-

arrastrar y siendo muerto se le quitase la cabeza y se clavase en un palo». Pese a la gravedad del delito y a la importancia de la pena impuesta, logró este militar que el Rey le reintegrase en su anterior reputación. Indica el soberano en el documento de remisión: «y alzo y quito de vos toda infamia, mácula y defecto en que por razón de la dicha muerte hayáis incurrido y os restituyo en vuestra buena fama y honra *in integrun* en el punto de estado que estaba antes y al tiempo que lo sobredicho por vos fuese hecho y cometido» (A.G.S., Cámara de Castilla, leg. 2575, fol. 27).

78. A.G.S., Cámara de Castilla, leg. 2575, fol. 27.

79. En 22 de junio de 1497 los Reyes Católicos disponen que los culpados en muertes, heridas u otros delitos, excepto herejía, lesa majestad, traición, aleve o muerte segura, falsificación de moneda, y sodomía, si «fueren a servir a la Española a su propia costa en las cosas que el Almirante Colón les ordenare, los que merecieren pena de muerte por dos años y los que merecieren otra pena menor, que no sea muerte, aunque sea perdimiento de miembro, por un año, sean perdonados de cualesquier crímenes e delictos». *Libro de los privi-*

dultaron en un viaje realizado a Galicia en 1486 a los implicados en las revueltas antiseñoriales de los Irmandiños, acaecidas durante el reinado de Enrique IV y reprimidas ferozmente. La condición exigida en aquella ocasión para acogerse al indulto fue combatir con armas propias a favor de la Corona en la Guerra de Granada. A estos efectos el Gobernador y los Alcaldes Mayores quedaron facultados para determinar el tiempo de servicio en función de la calidad del delito[80].

Por otra parte, los reyes hicieron uso de la gracia real para combatir la delincuencia de erradicación dificultosa. Con objeto de resolver la compleja situación planteada por el endémico bandolerismo arraigado en diversas zonas de la península, prometieron la remisión a los bandidos que colaborasen con la justicia en la detención de un compañero[81]. Análogamente los Virreyes catalanes ofrecieron indultos generales a los bandoleros dispuestos a alistarse como soldados en los tercios de Italia o Países Bajos[82]. Del mismo modo Carlos II se obligó a indultar a los gitanos acusados de tenencia ilícita de armas o acuadrillamiento, si lograban poner en manos de los jueces a un camarada[83].

Otras veces, la Monarquía explotó la remisión de los delitos como un mecanismo debilitador del bando oponente. Durante la revolución de los catalanes —concretamente en abril de 1644—, Felipe IV ofertó el perdón a los rebeldes que retornaran a su obediencia[84]. En las alteraciones colectivas, en las cuales el castigo de todos los culpables era virtualmente imposible, o podía suscitar respuestas de alcance imprevisible, los perdones se usaron como artilugio jurídico para castigar únicamente a los más culpados, dejando a salvo al mismo tiempo la legalidad vigente. Tras la derrota comunera Carlos V renunció a castigar a todos los culpados y se negó a imponer sanciones colectivas a las ciudades sublevadas. Sin duda, lo contrario hubiera originado males peores que los que se pretendían corregir. Por tanto hubo de conformarse con una represión selectiva dirigida hacia los comuneros más destacados. El día de Todos los Santos del año 1522 publicó un perdón general, de cuyo beneficio se exceptuaron algunos centenares de personas[85].

Desde el punto de vista jurídico, los indultos funcionaban como el contrapeso necesario a un sistema legal que dejaba a los jueces márgenes de arbitrio excesivos y tenía insuficientemente desarrollada la distinción entre delito doloso, culposo e involuntario. Valían de compensación a una justicia dura, que buscaba afanosamente la condena del reo, y siempre proclive a dictar las sentencias más severas sin reparar en eximentes ni atenuantes[86]. Del mismo modo, los perdones constituían el último recurso para sacar par-

legios del Almirante Cristóbal Colón. Edición de Ciriaco Pérez Bustamante. Madrid, 1951. pp. 83 y ss. También *Libro de las Bulas y pragmáticas de los Reyes Católicos.* Madrid, 1973. fol. 181 y ss. Arranca la tradición de indultar delincuentes -previa prestación de servicios militares- de los tiempos de la Reconquista. Por su parte, Enrique IV concedió a los castillos y villas fronterizas el privilegio de acoger en su interior a los malhechores que durante un año contribuyesen con sus armas a la defensa de los mismos. (*Nueva Recopilación* VIII, 25, 5).

80. A.G.S., R.G.S., enero 1489, fol. 170.

81. RODRÍGUEZ FLORES, M. I.: *El perdón real en Castilla.* Salamanca, 1971. pp. 74 y 75.

82. REGLA CAMPISTOL, J.: *El bandolerisme català del Barroc.* Barcelona, 1966. p. 44.

83. *Nueva Recopilación* VIII, 11, auto 7, n.º 15.

84. *Cartas de algunos padres de la Compañía de Jesús, sobre los sucesos de la Monarquía entre los años 1634 y 1648.* M.H.E., T. XVII. Madrid, 1861-1865, pp. 481-484.

85. Véase PÉREZ, J.: *La revolución de las Comunidades de Castilla (1520-1521).* Madrid, 1977. pp. 474 a 502.

86. Léase TOMÁS Y VALIENTE, F.: *El Derecho Penal de la Monarquía Absoluta. Siglos XVI, XVII y XVIII.* Madrid, 1969. pp. 305 a 307 y 311 a 327.

tido de los innumerables delincuentes que eludían la acción de la justicia. Respecto a la enorme cantidad de reos huidos, Henry Kamen ha señalado que de los procesos concluidos el año 1693 en la Sala de Alcaldes de Casa y Corte, más del 55% de ellos pertenecían a evadidos[87].

En un aparato administrativo caracterizado por la indiferenciación de funciones, se prefería reparar los errores cometidos por los tribunales de justicia por vía extrajudicial. Así el súbdito alcanzaba la inmediata reparación del daño recibido, sin que por otra parte el desacierto de los jueces se aireara durante el proceso de resolución de las reclamaciones correspondientes. En este orden de cosas, el indulto y la merced regia se erigían como medios idóneos para determinar estas cuestiones[88].

Destaca en los perdones la supremacía de los intereses privados sobre los públicos. Ello se manifiesta en la obligatoriedad de obtener el perdón de la parte para aspirar al indulto regio, precio considerablemente mayor pagado por la condonación de la parte en relación con la cantidad abonada a la Cámara, y respeto de la Corona a las condiciones impuestas por los ofendidos.

Si atendemos a los aspectos sociales y de mentalidad colectiva, se observa en el análisis de los indultos despachados por la Cámara una sobrevaloración de la honra en detrimento del aprecio por la vida humana. Recordemos en este sentido el insignificante número de ataques contra el honor perdonados. A juicio de Bartolomé Bennassar se produjo en la Edad Moderna una equivalencia entre honra y vida. El ha escrito sobre este particular: «Se pensará que la honra no es nada si se puede comprar, pero nada más lejos de la verdad, ya que las cartas de perdón (se refiere a las otorgadas por la parte querellosa), preciosos documentos de los que existen pocos equivalentes en Europa, nos muestran que el precio de la virginidad equivale casi al de la vida y volvemos a encontrar bajo nuevas formas (!) esta equivalencia entre honra y vida que Ramón Menéndez Pidal descubría en la comedia, en el teatro de Lope, Tirso o Calderón»[89].

La defensa de la propiedad y la represión sexual formaban parte de los principios animadores de la justicia. Por ello la ausencia casi total de este tipo de delitos en la relación de faltas perdonadas es todo un símbolo.

Muchas veces, por la aplicación de la pena o ausencia del reo se derivaban daños indirectos, pero irreparables, para inocentes absolutamente ajenos al delito. Las familias con peor situación económica sufrían las consecuencias de la sanción tanto como los propios penados. Los fugitivos abandonaban la familia a su suerte, privando a los hijos de toda clase de educación e incluso forzándoles a solicitar la caridad pública para procurar-

87. KAMEN, H.: *La España de Carlos II*. Barcelona, 1981. p. 264.

88. Don Diego Martín Crespo, de 16 años de edad, hidalgo que servía como paje, fue acusado por su tía del hurto de 16.080 escudos en doblones de a ocho y 10.000 reales de vellón. Tras ser detenido por los Alcaldes de Casa y Corte se le condenó a 200 azotes y 10 años de galeras, ejecutándose de inmediato la pena de azotes.

A consecuencia de la aplicación de la pena corporal, no sólo quedó infamado el reo sino toda su estirpe. Por esta razón la madre del muchacho acudió a la Corona, con la aspiración de que ésta, haciendo uso de la suprema regalía les restituyese la nota y honor perdidos. La reina gobernadora, doña Mariana de Austria, doliéndose de la familia mandó compulsar la culpa de este muchacho y llevar su causa al Consejo. Este verificaría la nobleza e inocencia del chico y restituiría el honor al condenado y demás parientes. Al mismo tiempo la Reina envió al Consejo de Cámara el asunto con el encargo de que después de verificar la supuesta nobleza, hiciese a esta familia la gracia conveniente. Así la merced real vendría a reafirmar más, si cabe, la rehabilitación prescrita por el Consejo al emitir su dictamen. A.G.S., Cámara de Castilla, leg. 2691, fol. 4.

se el alimento. En estos extremos, el agraciamiento del delincuente cumplía una misión de justicia social en una sociedad escasa de instituciones asistenciales.

Por otra parte, no se puede olvidar la vertiente económica de los perdones por precio, conocidos en la época como indultos al sacar. Suponían éstos un aporte de fondos en metálico a la Corona, que, entre otras cosas, era destinado al pago de funcionarios. Hecho que daría lugar a un sin fin de corruptelas, pues quienes otorgaban las condonaciones, es decir los consejeros, percibían sus ayudas de costa de estos dineros; lo cual les haría olvidar otras consideraciones a la hora de resolver los casos de los dispuestos a pagar un precio bien jugoso. Además los funcionarios menores, obligados a cobrar sus sueldos y ayudas de costa de los perdones que buscasen, supondrían una enorme presión sobre el Consejo de Cámara, porque ellos defenderían el incremento sin límites de las medidas de gracia. El notorio aumento registrado por los perdones al sacar en el siglo XVII, pese a los inconvenientes que ya se descubrieron entones, avalaría esta tesis.

Pero la proliferación general de todo tipo de indultos desprestigió la institución y como reacción se consideró en el «Siglo de las Luces» que «la esperanza de indultos anima a las gentes a perpetrar maldades, con la de que decretados aquellos, quedarán indemnizados como lo han visto en otros». «Otros medios tiene la majestad con que manifestarse reconocido a Dios en los beneficios que nos franquea a todos, en lo que S. M. y sus vasallos esperamos y le pedimos»[90].

3. LA JUSTICIA DEL REY

En una estructura plurijurisdiccional y de privilegio, como la del Antiguo Régimen, la complejidad extrema caracterizaba la administración de justicia. Sabemos que el *status* social y jurídico del reo y la calidad personal de la víctima, eran tenidos muy en cuenta. De ahí, la concomitancia de diversos sistemas normativos vigentes al mismo tiempo: real, eclesiástico y mixto. Pero además, la cuestión se intrincaba aún más por el hecho de existir en una jurisdicción varios jueces competentes en idéntica medida, para juzgar casos iguales en el mismo área geográfica.

Como ilustración de lo antedicho no vamos a referirnos al caso de la Corte, distrito literalmente saturado de jurisdicciones y de jueces, sino a la modesta villa de Berlanga, actual provincia de Badajoz e integrante entonces de los dominios de la Orden de Santiago. En el año 1591 poblaban la villa 557 vecinos[91], la cual pertenecía al partido de Campillo. En ella podían conocer los Alcaldes ordinarios de oficio o a petición de parte, en primera instancia, de cualquier causa civil o criminal. Mas del mismo modo, los Alcaldes de Reina —cabeza de la encomienda en cuya demarcación se encontraba Berlanga— y el Gobernador de Llerena podían reclamar para sí dichos pleitos y sentenciarlos, prescin-

89. BENNASSAR, B. *Valladolid en el Siglo de Oro*. Valladolid, 1983. p. 493.

90. Carta de D. Baltasar de Aperregui al Excmo. Sr. D. Manuel de Roda (Archivo del Palacio Real de Madrid, Sección Histórica. Indultos 1626-1824. Consideraciones acerca de la poca eficacia de los indultos. Año 1779.

91. *Censo de la Corona de Castilla de 1591*. Transcripción de Annie Molinie Bertrand. Madrid, 1985. p. 339.

diendo del estado en que los hallare[92]. Embrollo similar descubrimos en la jurisdicción real, donde se patentiza de forma muy especial en los lugares sometidos a los Adelantamientos, cuyas quejas de los habitantes llegaron más de una vez a las Cortes.

La propia justicia real se administraba a través de numerosos órganos judiciales, no siempre bien jerarquizados. Entre los ministros delegados ordinarios del Rey caben citarse los Alcaldes Mayores y Ordinarios, Corregidores, Adelantados, Audiencias y Chancillerías, Sala de Alcaldes de Casa y Corte, y Consejo Real. La justicia delegada de excepción la constituían los jueces pesquisidores y de comisión. A las dos anteriores se añadía la especial privilegiada, es decir la encargada por el Soberano a jueces competentes en los casos relativos a miembros de ciertas corporaciones favorecidas: Hermandades, Ejército, Mesta, etc. Finalmente, también existía la jurisdicción delegada específica para ciertas materias. Así, el Consejo de Hacienda entendía de las causas relacionadas con las rentas reales y los Consulados de Comercio discernían en primera instancia pleitos mercantiles.

A) Delegada Ordinaria

Alcaldes Ordinarios

Alcaldes foreros, corregidores, tenientes y alcaldes mayores administraban la primera instancia de la justicia real ordinaria en el nivel local. Antes del intervencionismo real en los municipios, que se desarrolló sobre todo durante el reinado de Alfonso XI, el sistema de designación de los alcaldes ordinarios era el previsto en cada fuero y, por tanto, enormemente variado. En síntesis, se puede decir que cuando en la población había varios, se solía designar uno por cada collación, y su elección solía realizarse por medio de uno de los tres sistemas siguientes: por elección de los electores de cada collación; por insaculación de determinados vecinos que poseyesen los requisitos necesarios; o por cooptación de los oficiales salientes. En todo caso los designados debían ser confirmados por el concejo y en algunos casos por el representante real en el municipio o «dominus villae»[93].

Alfonso X dispuso en el Fuero Real que nadie pudiera juzgar en las ciudades y villas sometidas al ámbito de dicho Fuero, «salvo los alcaldes elegidos por el Rey». Esta medida ocasionó protestas y revueltas en diversos municipios y durante algún tiempo el Rey renunció al nombramiento de alcaldes en los lugares facultados a elegirlos por su fuero particular. Pero poco a poco la Corona fue designando alcaldes, aunque no lo hizo de una forma orgánica, ni para todos los lugares de realengo ni con carácter permanente o constante. Así llegaron a coexistir en lugares diferentes alcaldes foreros y alcaldes de designación real[94]. Con la ingerencia del monarca decayó la autonomía municipal y la designación de los oficios ciudadanos se hizo o bien directamente por el Rey, o bien a

92. A.G.S., Expedientes de Hacienda. Leg. 253, pieza 2.

93. CARLE, C.: *Del Concejo medieval castellano-leonés*. Buenos Aires, 1968; CERDA: «Hombres buenos, jurados y regidores en los municipios castellanos de la Baja Edad Media» en *Actas I Symposium de Historia de la Administración*. Madrid, 1970; GIBERT: *El Concejo de Madrid*. Madrid, 1949; SÁNCHEZ ALBORNOZ: «El gobierno de las ciudades de España del siglo V al X» en *Viejos y Nuevos Estudios*. Madrid, 1976.

94. MARAVALL, J. A.: *Estado Moderno y mentalidad social*. Valencia, 1972. T. I. p. 439.

través de la presentación por la ciudad de una lista de propuestos por el concejo —generalmente una terna—, entre los cuales elegía uno el monarca[95].

Los alcaldes foreros, también llamados ordinarios, solían desconocer los fundamentos del Derecho, por tanto se veían obligados a solicitar la asistencia técnica de algún profesional[96]. Estos cargos de orígenes medievales, pervivieron en la Edad Moderna, pese a que disminuyó considerablemente su importancia con la extensión de los corregimientos. Aún en 1575 el concejo de Babia celebraba anualmente elecciones de alcaldes ordinarios el día de San Juan. Los testimonios indican que el concejo estaba formado por once lugares habitados en total por unos 300 vecinos, de los cuales solían participar en la votación una cifra próxima a los 200 ó 250. Había un turno establecido y cada año correspondían las varas a lugares distintos. Desgraciadamente con motivo de las elecciones se producían desórdenes demasiado frecuentes y por ello no faltó quien observase que «sería justo quitar la dicha orden de hacer elecciones y que el señor corregidor diera una buena orden, porque no hubiera escándalos ni alborotos»[97].

Pero la alteración más importante que se producía en la mecánica de los nombramientos de alcaldes ordinarios no venía dada por las designaciones provenientes de antiguos privilegios concedidos por el Monarca. La alteración más importante, aunque no llegó a generalizarse, se derivó de los derechos a la renuncia que se otorgaron, a veces, con la concesión «por juro de heredad» de los oficios de alcalde[98].

Adelantados

Fernando III a la muerte de su padre: Alfonso IX, reunió bajo su corona Castilla, León y Galicia, las cuales fueron organizadas en tres merindades mayores, regidas por oficiales de la Corona que como delegados del Rey las administraban. Las atribuciones de cada uno de estos personajes se relacionaban con el gobierno, fiscalidad y administración de justicia en el ámbito de su distrito.

Al morir Fernando III en 1252, el reino castellano-leonés se extendía entonces por dos tercios de la península. Sus cinco reinos fueron gobernados por merinos mayores y adelantados mayores. Tres de ellos conocerán alternativamente unas veces merinos mayores y otras adelantados mayores. En Andalucía se constituyó un adelantado mayor de la frontera, creado por Alfonso X en 1253 y vigente hasta 1474. Murcia fue gobernada de la misma forma que Andalucía desde 1258. En 1272 Alava y Guipúzcoa se separaron del Adelantamiento de Castilla. Alfonso X puso a su frente otro adelantado mayor. Hacia mediados del siglo XIV, en el año 1366, estos territorios se convirtieron en merindades mayores autónomas.

La llegada de los Trastámara trajo consigo nuevos reajustes administrativos. Castilla, León, Galicia, Andalucía y Murcia quedaron constituidas definitivamente como adelantamientos mayores, mientras que Asturias, Guipúzcoa, Alava y Castilla la Vieja se

95. GARCÍA MARÍN, J.: *La burocracia castellana bajo los Austrias*. Sevilla, 1976. p. 167 y ss.
96. ALONSO ROMERO, M. P.: *El proceso penal en Castilla (siglos XIII al XVIII)*. Salamanca, 1982. pp. 298 a 306.
97. A.G.S., Cámara de Castilla, leg. 1.603, fol. 3. Proceso contra Juan Alvarez de la Torre.
98. ROLDÁN VERDEJO, R.: *Los jueces de la monarquía absoluta*. Madrid, 1989. p. 109.

administraron a través de merinos mayores, convirtiéndose en autónomas las tres últimas circunscripciones citadas: la «merindad mayor de Castilla la Vieja», la «merindad mayor de Guipúzcoa» y la «merindad mayor de Alava».

Por otra parte, la separación comenzada durante el reinado de Enrique III entre León y Asturias se hizo total en 1402, tras la muerte de Pedro Suárez de Quiñones. En la fecha citada, Alfonso Enríquez tomó el título de «adelantado mayor de León» y Diego de Quiñones recibió la «merindad mayor de Asturias»[99].

Resumiendo, pues, podemos concluir afirmando que las regiones fronterizas las gobernaron adelantados mayores, los cuales añadían a las funciones ostentadas por los merinos mayores algunas otras de índole militar. No obstante, las opiniones en torno a la naturaleza de los Merinos Mayores son discordantes. Algunos autores entienden que la actividad de los Merinos Mayores es la de ejecutores de justicia[100]. Era la autoridad de los adelantados mayores delegada de la del Monarca. Algunas veces los testimonios de la época se refieren a él como «vicario del Rey» o «virrey». Su ámbito de actuación se circunscribía fundamentalmente a los territorios fronterizos «para mantenerlos en paz y en justicia, honrando y guardando a los buenos y penando y escarmentando a los malos»[101]. El Espéculo subraya la naturaleza real del oficio, señalando: «E por ende dezimos que tales adelantados como estos non los puede otro poner sino el Rey»[102].

Desde el punto de vista de la administración de justicia, pueden considerarse los adelantados mayores como jueces ordinarios, facultados para conocer en primera instancia de los hechos ocurridos en el lugar donde transitoriamente tuvieran establecidas sus residencias, e igualmente tenían reservada la primera instancia de ciertos delitos considerados graves. Desde fecha muy temprana, Adelantados y Merinos se hacen acompañar por los Alcaldes Mayores, que son técnicos jurídicos y son quienes verdaderamente juzgan. Los fallos de los Adelantados y de sus alcaldes podían ser recurridos ante el Rey. Las facultades del merino mayor en este campo eran análogas[103].

Tanto el adelantado como el merino mayor, solían designar a un lugarteniente que residiese en el territorio. Pero, mientras el adelantado estaba dotado de atribuciones militares, el merino mayor carecía de éstas. En la segunda mitad del siglo XIII y principios del XIV, el adelantado mayor de la frontera y el del reino de Murcia tenían como misión capital la unificación bajo su mando de las fuerzas fronterizas destacadas contra los musulmanes. Así actuaba en el siglo XIV, el adelantado mayor de Cazorla, el cual poseía obligaciones militares como Capitán General del arzobispado de Toledo, en atención al carácter fronterizo de dichas tierras señoriales[104].

99. MOLINIE BERTRAND, A.: *Au siècle d'or l'Espagne et ses hommes. La population du royaume de Castille au XVIè siècle*. Paris, 1985. pp. 41 y ss.

100. PÉREZ-PRENDES, J. M.: «Fazer justicia. Notas sobre la actuación gubernativa medieval» *Moneda y crédito*, 128. De igual modo, Sanchez Arcilla tampoco los considera juzgadores, SANCHEZ ARCILLA: *La administración de Justicia Real de Castilla y León en la Edad Media (1252 - 1504)*. Madrid, 1980. p. 718. La revisión de los textos legales no arroja luz sobre el asunto, pues son contradictorios entre sí. En el Espéculo aparecen como ejecutores de justicia, frente al Adelantado Mayor que juzga (*Espéculo* IV, 3 prólogo), las Partidas por su parte les otorgan idénticas atribuciones a las dos instituciones (*Partida* II, 9, 23).

101. *Partida* III, 4, 16.

102. *Espéculo* IV, 1, prólogo.

103. *Ordenamiento de Montalvo* II, 13, 1.

104. CERDA RUIZ-FUNES, J.: «Para un estudio sobre los Adelantados Mayores de Castilla (siglos XIII al XV)», en *Actas del II Symposium de Historia de la Administración*. Madrid, 1971. pp. 202 y 203.

En la Edad Moderna, la institución del Adelantamiento se encontraba ya muy decaída[105]. Sin embargo, tres de ellos lograron subsistir: el de León con capitalidad en la ciudad del mismo nombre, el de Castilla cuya cabeza se asentó en Burgos, y el de Campos con su núcleo central en Palencia. Al igual que en la Edad Media, los Adelantados en época de los Austrias siguen administrando justicia itinerantemente por los lugares de su distrito y ostentando la primera instancia en el pueblo donde a la sazón residían. Los recursos de sus sentencias se tramitaban ante la Chancilería de Valladolid.

Por lo demás, la institución fue objeto de agudas críticas, las cuales se reflejan también en las actas de las Cortes. Así, por ejemplo, en las Cortes de Madrigal de 1476 se quejaron los procuradores porque en el Adelantamiento de Castilla sus dos alcaldes habían nombrado innumerables sustitutos. Accedieron los Reyes Católicos a la súplica de las Cortes y limitaron el ámbito de actuación de dichos alcaldes al lugar de residencia y una legua alrededor[106].

En el reinado de Carlos V, la población sentía que la institución del adelantamiento había quedado obsoleta y reclamó la desaparición de los alcaldes mayores de los mismos. El descontento se cifraba en que estos alcaldes carecían de leyes y ordenanzas —en realidad sí que existían normas reguladoras del oficio, pero eran antiguas y según parece alcanzaban poco cumplimiento—. Además causaban serias molestias a los vecinos, porque los sacaban de sus casas y los llevaban detenidos a otros lugares, con las consiguientes molestias y gastos. Por otra parte, hacían pesquisas generales y desplazaban consigo gran número de personas, cuyo costo de mantenimiento habían de sufragar los pueblos visitados. Sin embargo, la opinión más negativa sobre la inutilidad de estos ministros la expresaban de esta forma: «es oficio del que no hay necesidad, pues hay suficientes jueces y justicias ordinarias en los adelantamientos»[107].

Las Cortes de Valladolid de 1544 denunciaron otras corruptelas existentes en los adelantamientos por causa de tener los alcaldes mayores la propiedad de los alguacilazgos:

> «La experiencia ha demostrado el daño que se deriva por ser los alguacilazgos de los alcaldes mayores y los derechos también y ésta es la razón por la que no visitan sus provincias como deben y de que residan más en unos lugares que en otros y que negocien con los acreedores que pidan llegando los plazos las ejecuciones contra sus deudores a quien por su voluntad esperarían más tiempo y tendrían otra manera en la cobranzas y que en pleitos de ejecuciones sean jueces y partes y así ha parecido por la visita que hizo el doctor Mora, oidor de la Real Audiencia de Valladolid, todo lo cual cesaría con quitar los alguacilazgos y los derechos de ellos a los alcaldes mayores»[108].

Por su parte, las Cortes de Madrid de 1565 suplicaron al Monarca que prohibiera a los alcaldes mayores de los adelantamientos el conocimiento de los pleitos en primera instancia, «aunque sea dentro de las cinco leguas en los casos privilegiados, que llaman de Corte, medio eficaz para atajar sus tiranías[109].

105. CADIÑANOS BARDECI, I.: *El Adelantamiento de Castilla. Partido de Burgos. Sus ordenanzas y archivo*. Madrid, 1985. p. 15.
106. *Cortes de los Antiguos Reinos de León y de Castilla*. Cortes de Madrigal de 1476. Pet. 17.
107. *Actas de las Cortes de Castilla*. Cortes de Valladolid de 1523. Pet. 59.
108. *Actas de las Cortes de Castilla*. Cortes de Valladolid de 1544. Cap. XI, T. V, p. 310.
109. *Actas de las Cortes de Castilla*. Cortes de Madrid de 1565. T. LIX, vol. I. p. 148.

Posteriormente, las Cortes de Madrid de 1592 a 1598 propugnaron una reforma en las competencias de los citados alcaldes, indicando que «los dichos alcaldes tengan la primera instancia sólamente en los pleitos que se suscitaren entre los señores y sus vasallos, que es el efecto para el que se crearon y no en pleitos que se suscitaren entre los mismos vasallos»[110].

No permaneció la Corona ajena al malestar suscitado por las disfunciones de los adelantamientos y en alguna ocasión se ocupó de ello. Así, por ejemplo, Carlos V otorgó una Instrucción para el Alcalde Mayor del Adelantamiento de Castilla, en la cual censuraba a los jueces designados por la Corona en dicho Adelantamiento, porque estando obligados a visitar las villas y lugares de la jurisdicción no lo habían hecho, «sino que os estáis de asiento en un lugar mucho tiempo y desde allí enviáis alguaciles y escribanos con salarios a costa de culpados a hacer pesquisas e informaciones a lugares apartados de donde residís». Igualmente les criticaba el Emperador que cuando trasladaban la audiencia de un lugar a otro, se llevaban consigo los negocios pendientes y las partes debían afrontar grandes gastos[111]. Como ya se ha señalado, las denuncias formuladas por las Cortes de fechas posteriores ponen de relieve que la reprensión real no surtió total efecto.

Corregidores

Representante de la autoridad real en el municipio castellano moderno y presidente nato del cabildo, fue el corregidor una de las piezas esenciales y más características en la Administración centralizada de la monarquía absoluta. Representó el instrumento principal de que se sirvieron los monarcas para tener en sus manos el gobierno de los pueblos.

Mencionados por primera vez en las Cortes de Alcalá de 1348, su existencia tuvo un desarrollo irregular hasta las últimas décadas del siglo XV, momento en el que alcanzaron su configuración definitiva gracias a la acción de los Reyes Católicos. Mientras tanto, la oposición popular y las protestas de los municipios contra la nueva institución serán las notas más características.

Entre las reformas judiciales llevadas a cabo por Don Fernando y doña Isabel cabe destacar la reorganización del Consejo Real y de la Audiencia. Pero además, entre los años 1480 y 1520 la Corona acometió la reafirmación y despliegue de Corregimientos por toda la geografía castellana. Desde estas fechas hasta el final del Antiguo Régimen, los corregidores tuvieron encomendadas las tareas que en los tiempos medievales ejercieron las justicias municipales.

El número de corregidores nombrados varió algo en el transcurso del tiempo, pero podemos afirmar que con ligeras oscilaciones se mantuvo cercano a la cifra de 60[112]. Las

110. *Actas de las Cortes de Castilla*. Cortes de Madrid de 1592 a 1598. Pet. 68.

111. A.G.S., Guerra Antigua, leg. 38, fol. 181.

112. En 1494, ya había 57 corregidores en ejercicio; la cuantía bajó a 53 en el año 1513. Poco después, en 1516 la suma de todos ellos era exactamente 60, rondándose siempre esta cantidad a lo largo de todo el siglo XVI: 59 corregidores el año 1520, 51 corregidores el año 1522, 59 el año 1575, 62 corregidores el año 1585 y 59 corregidores el año 1597 (Las relaciones de corregidores de los años 1494, 1513, 1520, 1522, 1575, 1585 y 1597, pueden consultarse en FERNÁNDEZ ALVAREZ, M.: *Historia de España. Edad Moderna*. Barcelona, 1976. La de 1516 la reprodujo BENEYTO PÉREZ, J. en *Historia de la administración española e hispanoamericana*. Madrid, 1958. p. 273. Por otra parte, GUILLARTE ZAPATERO, A. ha publicado el mapa de los corregimientos

fluctuaciones obedecen fundamentalmente a la acumulación eventual de varios corregimientos en las mismas manos. Guadix, Baza y Almería fueron gobernadas conjuntamente unas veces, y separadas otras. También los pares constituidos por Aranda-Sepúlveda, Carrión-Sahagún, La Coruña-Betanzos, Molina-Atienza y Requena-Utiel, entre otros, fueron testigos de similares agrupamientos y separaciones.

Por lo que se refiere a la jurisdicción de los corregidores, éstos administraban justicia civil y criminal en primera instancia. Así mismo, se encargaban de la defensa de la jurisdicción real frente a virtuales extralimitaciones de los jueces eclesiásticos o señoriales. Tras la implantación general de los corregimientos, la Corona recuperó el control de la justicia local, quedando reducida la jurisdicción municipal autónoma a zonas marginales del territorio, jalonadas por pequeños núcleos de población. De todos modos, quedaba a cargo del corregidor la supervisión de la actividad de estas justicias locales.

El desiderátum del Conde-Duque sobre los corregimientos fue convertirlos en un elemento de formación y práctica para quienes iniciaban la carrera en la Administración. No obstante, siendo muy consciente de la dificultad que esto entrañaba en su época, señaló:

> «son la escuela primera del gobierno; oficios en otro tiempo estimados mucho, y puestos ocupados de los señores más honrados y personas de mayores prendas hasta que la ambición lo ha alterado desestimando estos lugares por la codicia de los mayores, queriendo empezar por donde debieran estar contentos de acabar; y siendo muy pocos los que hay de la línea superior, como son los virreinatos, todos los pretenden, y si fuera posible reducillos a la escuela de los corregimientos para irlos desde allí acrecentando, fuera conveniencia grande para el servicio de V. Majd. por poder experimentar los sujetos aventurando menos; y la experiencia ha mostrado hombres grandes hechos por esta senda. Tengo por dificultoso el volvello a este estado, y así lo digo sólo por informar el real ánimo de V. Majd. de lo que en todos tiempos ha habido»[113].

Entre los colaboradores más próximos del corregidor figuraban los tenientes. En un principio, el cargo de teniente se relacionó con los corregidores de capa y espada, los cuales carecían de formación técnica y precisaban la ayuda de tenientes letrados para administrar justicia. Sin embargo, también los corregimientos de letras se dotaron frecuentemente con uno o varios tenientes. Su presencia en las ciudades de mayor tamaño se hizo inexcusable, pues en ellas el corregidor hubo de recurrir a la ayuda de una o varias personas que le asistieran en el ejercicio del oficio. En cualquier caso, los tenientes siempre eran letrados. Una disposición otorgada por el Emperador y su madre en las Cortes de Valladolid del año 1518, ratificada en sesiones posteriores, determinó que los tenientes fueran presentados por el corregidor en el Consejo, y este órgano los aprobara después de examinarlos[114]. Más tarde, Felipe III encomendó el

existentes en el año 1597, en «Las Instituciones: El Gobierno y la Administración del Reino», en *Historia de Castilla y León. La época de la expansión. Siglo XVI*. Valladolid, 1985. p. 91).

113. B.N., ms. 997, fol. 23 a 26. Publicado por J. H. ELLIOTT y J. F. de la PEÑA en *Memoriales y cartas del Conde-Duque de Olivares*. Madrid, 1978 - 1981. T. I. pp. 63 a 86.

114. *Nueva Recopilación* III, 5. 11. Si se tienen en cuenta las denuncias recogidas en un documento del año 1555, sobre visitas titulado «Sumaria relación de los abusos que hay en los gobernadores, regidores, escribanos y otros ministros de justicia», no debió tener cabal cumplimiento esta disposición, pues en él se expone: «Lo primero que hacen los gobernadores y corregidores, cuando son nombrados es vender las baras de los tenientes, alcaldes mayores, alguaciles y carceleros. Se las venden por el tiempo de ejercicio de su cargo, por

nombramiento de los tenientes a la Cámara de Castilla, pero finalmente Felipe IV devolvió esta facultad a los corregidores, simplificando el trámite de su nominación al mero juramento del cargo ante el Consejo Real[115].

González Alonso describe así la figura del ayudante del corregidor: «La actividad del teniente es muy importante, es un subordinado del corregidor pero que actúa en su nombre y con frecuencia en lugar suyo en diversidad de campos, convirtiéndose en auténtico alter ego del corregidor»[116].

En la época se discutió mucho acerca del carácter de la jurisdicción del teniente. Para Castillo de Bobadilla la jurisdicción del teniente era ordinaria y no delegada. De ello dedujo que la jurisdicción del corregidor y la del teniente eran la misma. Por tanto el corregidor no podía revocar las sentencias de su teniente ni las sentencias del teniente eran apelables ante el corregidor.

Igualmente el teniente asesoraba al corregidor en asuntos de gobierno, y en ausencia de éste veía incrementadas sus funciones, pues entonces sustituía al corregidor y actuaba como si fuese él mismo. Le reemplazaba en los casos de ausencia, enfermedad y fallecimiento, aunque en estas últimas circunstancias las ciudades solían oponerse a la subrogación, pretendiendo nombrar corregidor provisionalmente.

Otra figura ligada a los corregimientos eran los alcaldes mayores. Nombrados al igual que los tenientes por el corregidor, administraban justicia de modo permanente en algunas villas y aldeas del corregimiento.

El Conde-Duque representó a Felipe IV algunos inconvenientes derivados del nombramiento de los subordinados por el corregidor: «introducen a sus criados por ministros, y el criado en confianza de su amo trata de hurtar y hacer dinero, el corregidor no le castiga porque le puso allí, los otros con este ejemplo hacen lo mismo, y como no puede castigar a los unos y dejar a los otros se disimula con todos. Los regidores hacen lo que quieren usurpando a los pobres sus haciendas, atropellándolos y vejándolos y como el corregidor los ha menester para encaminar en el cabildo lo que quiere, disimula, y también por excusar los capítulos en la residencia»[117].

Los salarios de los corregidores corrían a cargo de los municipios. No obstante, algunos percibían sus sueldos con cargo a determinadas rentas reales: penas de cámara, alcabalas, almojarifazgo, etc.

La cuantía de sus emolumentos variaba según la importancia de las ciudades. Pero, además del salario, los corregidores percibían otros ingresos, tales como dietas de viaje

años, meses o días. Por la mitad o alguna parte de los derechos que ganare. De esta manera no se preocupan de tener los oficiales de ciencia y conciencia que les conviene, sino a los que más les dan por los oficios. Como en la Corte y fuera de ella, hoy muchos con título y hábito de letrados, muertos de hambre que no encuentran en qué ganar de comer, huelgan aceptar estos oficios con cualquier gravamen con tal de que les den campo para poder robar, para sustentarse y pagar lo concertado. Como los corregidores y gobernadores están prendados de ello, no les van a la mano» (A.G.S., Cámara de Castilla, Leg. 2.763, sin fol.).

115. Nueva Recopilación III, 5, 26.

116. GONZÁLEZ ALONSO, B: *El corregidor castellano (1348 - 1808)*. Madrid, 1970. pp. 159 a 169.

117. B.N., ms. 997, fols. 23 a 26. Publicado por J. H. ELLIOTT y J. F. de la PEÑA en *Memoriales y cartas del Conde-Duque de Olivares*. Madrid, 1978 - 1981. T. I. pp. 63 a 86.

cobradas generalmente sobre el patrimonio de los inculpados[118], ayudas de costa o consignaciones suplementarias otorgadas por la corona anualmente[119], percepción de derechos por la vista de procesos, y el tercio correspondiente a las penas pecuniarias que condenasen[120].

Por tener los jueces parte en las condenas efectuadas por ellos mismos, se corrompían muy a menudo, sin que la censura reiterada de los castellanos alcanzase a evitarlo. En una relación de abusos cometidos por los ministros judiciales, fechada en el año 1555, refiriéndose a los alcaldes mayores, tenientes y alguaciles puede leerse: «En lo que más meten la mano es en la ejecución de leyes y premáticas y ordenanzas penales que les aplican parte de la pena. A esto dedican todo el tiempo y no entienden en otras cosas necesarias a la buena gobernación y administración de justicia, como son el castigo de los pecados públicos y despacho de los negocios entre partes»[121]. Los abusos comentados sobre los alcaldes mayores pueden hacerse extensibles en igual medida para otros jueces.

Felipe II, animado por el deseo de reducir, en la medida de lo posible, este problema, prohibió a los jueces superiores —o sea, aquellos de quienes no cabía apelación o suplicación para otros tribunales— llevar parte en las penas pecuniarias, aunque hubieran entendido en la causa en primera instancia[122].

La percepción de retribuciones por desplazamiento dio lugar a determinados excesos por parte de los corregidores y a las subsiguientes denuncias de las Cortes: «Por cuanto los corregidores en algunos casos proceden por comisión de V. M. y van a los lugares que manda la comisión y sacan la información contra los delincuentes en cinco o seis días, pasados los cuales se vuelven a los pueblos donde son corregidores, y por ganar el salario sin salir de sus casas usan de una determinada cautela, y es que salen a una legua o media, al lugar más cercano que no es de su jurisdicción para hacer los autos contra los delincuentes con lo cual a éstos se le aumentan los gastos porque dejan presos a los delincuentes en las cárceles y van cada día a los dichos lugares y llevan allá los testigos y hacenlos venir de los lugares donde acaecieron los delitos, y esto por ganar el salario desde su casa»[123].

En cuanto a los requisitos imprescindibles para los aspirantes a los corregimientos, sobresalen los de ser naturales de los reinos de la Monarquía y «tener sangre limpia». En la Nueva Recopilación se insistió en que el oficio se proveyera en «persona llana y no

118. El 25 de octubre de 1613 el Consejo acordó conceder a los corregidores que salieran de su jurisdicción a conocer asuntos civiles o criminales, la cantidad de 1200 mrs. diarios, y a cada escribano o alguacil que le acompañase 500 mrs. (*Nueva Recopilación*, Autos acordados del Consejo, auto CLXXI.

119. Estas ayudas de costa las cobraban con cargo a penas de cámara, con lo cual los jueces se interesaban en la condena del reo. Hecho que motivaría no pocas corruptelas. Para evitar éstas en un momento determinado se proveyó que las ayudas de costa percibidas por los corregidores no las cobrasen sobre las penas de cámara de sus pueblos. Sin embargo, las cortes de Madrid de 1551 manifestaron al Soberano la escasa eficacia de la medida: «ahora sucede lo mismo porque unas justicias truecan con otras y así se defrauda lo proveído por V. M. Suplican las Cortes que tales ayudas de costa no se den de penas de cámara por lo susodicho». La contestación del Rey a lo anterior fue: «A esto se responde que en esto que se solicita, está proveído lo que conviene». *Actas de las Cortes de Castilla*. Cortes de Madrid de 1551, pet. XXXVIII. T. V. p. 517.

120. GONZÁLEZ ALONSO, B.: *El corregidor castellano (1348 a 1808)*. Madrid, 1970. pp. 170 a 181.

121. «Sumaria relación de los abusos que hay en los gobernadores, corregidores, regidores, escribanos, y otros ministros de justicia». A.G.S., Cámara de Castilla, leg. 2.763, sin fol.

122. *Nueva Recopilación* II, 6, 15.

123. *Actas de las Cortes de Castilla*. Cortes de Valladolid de 1537, pet. 131.

poderosa»[124]. Generalmente los corregimientos de capa y espada quedaron en manos de la pequeña y media nobleza, aunque tampoco la alta nobleza estuvo ajena al reparto de estos oficios. Por el contrario, los corregimientos de las grandes ciudades prefirió concederlos la Corona a técnicos letrados, formados en las universidades.

La salvaguarda de la independencia del corregidor fue motivo de preocupación constante por parte de la Monarquía, pues no en balde era el instrumento de actuación real en la esfera de lo municipal, donde eventualmente habría de soportar la presión de las oligarquías urbanas. Por eso, se prefería designar forasteros, se les prohibía adquirir bienes inmuebles en los lugares sometidos a su jurisdicción y tenían vedado recibir préstamos[125].

Ordinariamente los trámites seguidos para proceder a un nombramiento de este tipo eran los siguientes:

> «a) emisión y recepción de informaciones sobre personas aptas en principio para desempeñar corregimientos.
>
> b) consulta y selección de las mismas realizadas por la Cámara.
>
> c) proposición al rey de los más idóneos y decisión del monarca.
>
> d) comunicación de tal decisión por la Cámara al interesado.
>
> e) aceptación del cargo»[126].

En relación a los métodos de gobierno Castillo de Bovadilla recomendaba prudencia antes que rigor:

> «Quanto mas agradecido deve ser el Corregidor que gobierna su pueblo en paz, y tranquilidad, y hace justicia á las partes sin sangre, alboroto, ni escándalo, y que conserva los súbditos en amor y concordia, por benevolencia y buenos medios, que al corregidor bravo y rezio, y no se diga desatinado, que con crueldades y desafueros, miedos y bravezas espanta las palomas, como dizen, del palomar, y dexa sola y desierta la República»[127].

No sólo entendía el corregidor en asuntos de justicia, sino que tan importante como su función de juez era la labor de gobernante. Estaba investido de disposiciones que hoy llamaríamos de jefe de policía. Con el auxilio de sus alguaciles debía velar por el orden y seguridad públicas en su distrito. Por ello, dirigía las clásicas rondas nocturnas de los ministros de la justicia para evitar la comisión de delitos al amparo de la oscuridad[128].

124. *Nueva Recopilación* III, 5, 2.

125. GONZÁLEZ ALONSO, B.: *El corregidor castellano (1348 a 1808).* Madrid, 1970. pp. 139 a 146. Con la misma finalidad de preservar la autonomía judicial frente a las presiones de las partes los jueces de las Chancillerías debían pedir licencia al Presidente de Castilla para contraer matrimonio en la ciudad. La contravención de esta norma por D. Iñigo de Acebedo que casó un hijo en la ciudad de Granada sin atender a este requisito, motivó su suspensión en el ejercicio de la plaza que ocupaba (A.R.Ch. de Granada, Sección Chancillería, cabina 321, leg. 4.337, pieza 11).

126. GONZÁLEZ ALONSO, B.: *El corregidor castellano (1348 a 1808).* Madrid, 1970. p. 150.

127. CASTILLO DE BOVADILLA, J.: *Política para corregidores y señores de vasallos.* Amberes, 1750 (Ed. facs.). Madrid, 1978. II, 1, 10.

128. El cumplimiento de la obligación de las rondas nocturnas era investigado en las residencias. Uno de los cargos formulados contra Gerónimo Piñán Zúñiga, corregidor de Avila, en la residencia que le tomó el licenciado Ortega Velázquez, le acusaba de haber sido remiso en rondar por la noche, por lo cual se le hacía responsable de algunas muertes, robos y escalamientos ocurridos durante su mandato. Sin embargo, el señor Piñán Zúñiga logró probar que había «rondadó de noche muy a la continua». Los testimonios aseguraban que desde su nombramiento -seis años antes-, «pocas noches no ha salido a rondar, a pesar de las recias tempestades

También en su condición de presidente nato del cabildo le correspondía su convocatoria, la presidencia de sus sesiones, el orden en las mismas, dirimir las votaciones en caso de empate y, sobre todo, llevar a cabo la ejecución de los acuerdos del mismo. En la práctica la autoridad del corregidor se impuso sobre la del cabildo y acabó interviniendo en todas sus materias, de forma que practicamente los regidores no podían actuar sin su permiso. Igualmente entre sus obligaciones fundamentales se contaba el aseguramiento del abasto de la ciudad, vigilancia de la buena adminstración de los pósitos, y observancia de los precios de tasa en los artículos sometidos a éste régimen.

Como auxiliares del corregidor, algunos alguaciles acompañaban a éste con objeto de garantizar la integridad de su persona y resaltar su autoridad. Por otra parte, a cargo de estos oficiales menores estaba el mantenimiento del orden público, el cuidado y seguridad de los bienes y personas, la investigación de los delitos, la detención de los delincuentes, la ejecución de los mandatos judiciales, la toma de prendas y la realización de rondas nocturnas por las calles de las poblaciones importantes.

Audiencias y Chancillerías

En el lenguaje medieval la voz «audiencia» no aludía a organismos regios, sino que simplemente hacía referencia al acto de oír peticiones y atenderlas. Fue en el siglo XV cuando el vocablo tomó la acepción de órgano que hacía audiencias y entendía en los asuntos.

En el medievo, el Rey se ocupaba personalmente del gobierno superior del reino y de la administración de justicia. Para el desempeño de las mencionadas tareas contaba con la ayuda de los consejeros y otras personas. Este personal auxiliar constituyó lo que entonces se conocía con el nombre de la «casa del Rey». Por otra parte, el conjunto integrado por los consejeros y los auxiliares cercanos al Monarca formaban la «Corte», denominación que así mismo recibía el lugar donde se establecían, que no siempre era el mismo, pues en aquellos tiempos el soberano recorría continuamente el reino, desplazándose constantemente de unos lugares a otros.

Según lo expuesto arriba, el Rey protagonizó en la alta Edad Media todos los actos de gobierno. Entonces el único órgano burocratizado existente en la Casa del Rey era la Chancillería, cuyo cometido consistía en formalizar y despachar por escrito las decisiones del Monarca.

Resolvía el Rey por sí mismo todos los asuntos. Los casos de merced conforme a su propia discreción y los de justicia, por fallarlos conforme a derecho, en cuya materia era profano, necesitaba el asesoramiento de expertos. Más tarde el Soberano acabó delegando los temas de justicia en los técnicos, los cuales, al menos desde 1274, actuaron solos, siendo designados por el Monarca como «los míos alcalles», y por los demás como «los

del invierno de Avila y los calores del verano. Si ocurren delitos no es por falta de ronda, sino por ser lugar muy grande y extendido, pues no es posible hallarse a todas las ocasiones». Convencieron al licenciado Juan Ortega Velázquez los argumentos exculpatorios del corregidor y en la sentencia pronunciada en julio de 1598 le declaró absuelto del cargo. A.G.S., Cámara de Castilla, leg. 2.769 «Cuaderno de los cargos y sentencias contra Gerónimo Piñán, corregidor de Avila y contra el licenciado Contreras de Pareja, su alcalde mayor», fols. 180 y 181.

alcalles que andan en casa del Rey» o «alcalles de la Corte». A partir de la fecha citada, estos alcaldes serían objeto de una regulación minuciosa. Se les encomendaron exclusivamente materias de justicia y se ordenó que cada juez actuara individualmente. El despacho de sus sentencias se tramitaba a través de la Chancillería[129].

Con el tiempo, los libros y el equipo de la Chancillería llegaron a constituir un bagaje pesado, limitador de su movilidad. Cada vez fue más difícil que este órgano siguiera al Rey en sus constantes y ocasionalmente rápidos desplazamientos. Circunstancia ésta que determinó el desdoblamiento de la Corte, separándose por un lado la Chancillería y los alcaldes y por otro los auxiliares y órganos de colaboración más cercana a la persona del Monarca. Esto, según García Gallo, provocó una cierta diferenciación entre la *Corte* y la *Casa del Rey* por un lado, y la *Corte* y *Chancillería* por otro.

Juzgaban las causas los alcaldes de la Casa o Corte del Rey conforme al derecho vigente en el lugar de procedencia de los litigantes, y, como en cada ciudad o región era distinto, el Rey escogía personas versadas en los distintos Derechos. No obstante, la decisión de estos jueces no era suprema y de ella cabía recurso de alzada ante el Rey. Precisamente para atender estos recursos, existía en la Corte un juez superior, llamado según las épocas, «adelantado mayor de la Corte», «sobrejuez», «alcalde de las *alzadas»* etc.

Recapitulando lo expuesto, podemos afirmar que a fines del siglo XIV, la administración central ya aparecía dotada de una organización precisa. En ella se distinguían los órganos colaboradores en la actuación personal del Rey: el Consejo y la Audiencia; los que actuaban en la Casa del Rey, y los que lo hacían fuera de ésta.

En las primeras ordenanzas conocidas del Consejo —las del año 1385— se atribuyeron a éste órgano funciones deliberativas, decisorias y ejecutivas para algunos asuntos. La resolución de otras materias, como las de merced, quedaron reservadas a la propia Corona. En ellas el Consejo Real sólo intervenía para asesorar. En aquellos momentos iniciales, quedó al margen de la actividad del Consejo el conocimiento de las materias de justicia.

Por lo que se refiere a la Corte, quien se encargaba de los asuntos judiciales era la Audiencia, la cual representaba el papel de tribunal supremo. Por haber sido la Audiencia primigeniamente, el órgano que resolvía los asuntos presentados ante el rey cuando éste se sentaba en público, procedía en sus actuaciones de forma sumaria, y los oidores libraban los pleitos colegiadamente.

Tanto los *alcaldes de la corte* como el *chanciller mayor* formaban parte de la casa del Rey. Pero su residencia habitual en lugar distinto al del Monarca provocó el desdoblamiento de la Corte. Donde residía el Soberano en persona se instalaba la *Casa y Corte*, en otro lugar se hallaba la *Corte y Chancillería.*

A su vez, entre los *alcaldes de la Corte* se distinguían varios tipos. Existían en primer lugar los antiguos *alcalles de la Corte*, también llamados de las provincias por escogerse entre los conocedores de los derechos de éstas, y designados por otro nombre como *ordinarios*. Poseían jurisdicción civil y criminal. A continuación debemos citar al *juez mayor de Vizcaya*, el cual entendía en las apelaciones de los naturales de aquella tierra.

129. García Gallo, A.: «Las audiencias de Indias. Su origen y caracteres» en *Memoria del II Congreso Venezolano de Historia.* Caracas, 1975. T. I. pp. 362 y 363.

Además había también *alcaldes del rastro* que resolvían en primera instancia las causas que se planteaban en el lugar de residencia de la Corte y un ámbito de cinco leguas —el rastro—. El *alcalle de los fijosdalgo* inicialmente formaba parte de la Corte y a partir de 1387 se integró en la Audiencia. Finalmente estaba el *alcalle de las alzadas*.

Entre todos los citados constituían el tribunal de la Corte, órgano judicial ordinario que coexistía con la Audiencia. Atendía dicho tribunal las apelaciones de los jueces inferiores locales y territoriales, y en primera instancia los pleitos reservados al Rey, es decir los casos de Corte. Su forma de proceder se ajustaba a trámites procesales complejos, diferenciándose en esto de la Audiencia, aparte de que no resolvía las causas colegiadamente.

En cuanto a la chancillería, aunque oficialmente se concebía como un órgano único, fundamentalmente encargado de la revisión y despacho de todos los documentos emanados del Rey o de los oficiales de su casa, de hecho actuaba dividida. Parte de sus miembros con el chanciller de la poridad a la cabeza, acompañaba al Monarca en sus desplazamientos y despachaba las cartas reales. El resto, integrado por la mayor parte de los oficiales y dependencias, y disminuido en su movilidad por la creciente carga de sus registros y archivos, permanecía en el mismo lugar durante cierto tiempo y despachaba las cartas de justicia que expedían los alcaldes de la Corte y los oidores de la Audiencia.

Hasta bien avanzado el siglo XV se prolongó la existencia y actuación independiente de la Audiencia y Alcaldes de Corte, diferenciados ambos tribunales por sus diferentes competencias y diverso modo de proceder. Esta era la situación al comienzo del reinado de los Reyes Católicos, la cual se pretendió encauzar en 1476 durante la celebración de las Cortes de Madrigal y en 1480 durante las celebradas en Toledo. Pero ya anteriormente se había producido la unión material de la Audiencia con la Corte y Chancillería, abandonándose el criterio inicial de que la Audiencia se reuniera en el palacio donde residiera el Rey, o en su defecto la reina, y acordándose en 1387 que residiera por trimestres en Medina del Campo, Olmedo, Madrid y Alcalá de Henares. Más tarde, en 1390 se fijó su residencia en Segovia. Al separarse de la persona del Rey, la Audiencia se asentó en el mismo lugar que la Chancillería. Y, en efecto, en 1425 se ordenó que residieran conjuntamente, seis meses en Griñón y Cubas, y otros seis meses en Turégano. Finalmente en 1442 se dispuso que ambas permaneciesen definitivamente en Valladolid.

No obstante lo expresado, la *Audiencia* y la *Corte y Chancillería* no constituyeron un organismo único durante mucho tiempo, sino que fueron cosas distintas aunque yuxtapuestas. Era la audiencia el más alto órgano de la administración de justicia. En cambio los Alcaldes de la Corte formaban un tribunal que aún siendo de rango superior, quedaba por debajo de ella, pues de él se podía apelar a la Audiencia. Por otra parte, al introducirse ahora la posibilidad de alzarse en súplica al Rey de las sentencias de la Audiencia, aunque no se menguó lo elevado de su condición, sí fue privada de su condición de supremo tribunal y última instancia de la administración de justicia. Es cierto que su posición se situaba por cima de la de los alcaldes; pero en cierto modo, al dejar de ser inapelable, se aproximó a la *Corte y Chancillería*. En todo caso ésta ya no era la misma Corte que aquella en la cual residía el Rey en persona. Ahora se distingue esta *Corte y Chancillería* de la *Casa y Corte*, o sea de las personas que acompañan y sirven al Rey, los cuales constituyen su Casa. Por su parte el Consejo Real se diferencia de la *Casa* y de la *Corte y Chancillería*. También acompaña al Rey en sus desplazamientos, y reside en su Casa y Cámara o en posada muy próxima. Sin embargo, en estos momentos ya entiende de cuestiones de justicia en casos de elevación de súplica al Rey y resolvía en grado de revista los recursos de las sentencias dictadas por los alcaldes de la Casa y Corte.

Del mismo modo, en el transcurrir del tiempo se introdujeron cambios importantes en la estructura interna y en la forma de actuar de la Audiencia. En un principio, los oidores de la audiencia actuaban colegiadamente sin que ninguno de ellos prevaleciera sobre los demás. En su composición se hallaban prelados y seglares, posteriormente sólo seglares, nombrándose un prelado entre los oidores para dar a la Audiencia pleno realce. En 1442, se propuso que este prelado se convirtiera en su presidente, aunque únicamente veinte años después llegó a crearse tal cargo.

En sus orígenes la Audiencia fue competente tanto en las causas relativas a lo civil como a lo criminal, pero con el paso del tiempo fue especializándose en las civiles, acaso porque las apelaciones y suplicaciones que atendía se limitaban a este campo.

Por otra parte el proceder originario de la Audiencia por vía sumaria y sin forma de juicio va siendo sustituido paulatinamente por la compleja tramitación que supone el sistema procesal de la época. Como resultado de todo ello, no sólo se funden la Audiencia y Chancillería en un único organismo, bajo el mismo presidente, sino que unifican su modo de proceder, tendiendo a diferenciarse las distintas partes por razón de su competencia.

A lo largo del reinado de los Reyes Católicos, la Audiencia y Chancillería conformó definitivamente su verdadera personalidad. Igualmente, en este reinado —el año 1494— se creó la Audiencia y Chancillería de Ciudad Real, que posteriormente se trasladó a Granada en el año 1505[130]. La frontera que separaba la jurisdicción de ambas chancillerías era el río Tajo, pero la división no se hacía de una forma rígida, porque cuando una cabeza de partido tenía lugares de su jurisdicción en la otra orilla del río, los arrastraba tras de sí junto con el resto del distrito[131].

De sus altos orígenes conservaron las Chancillerías a lo largo de su dilatada vida regios vestigios. Como los demás tribunales, administraban la justicia en nombre del Rey, pero a diferencia de los otros su residencia recibía el nombre de Corte, porque se asumía la ficción de que en ellas asistía el Soberano. Así cuando a uno le desterraban de la Real Corte se entendía estarlo también de las Chancillerías.

La Audiencia de Valladolid ha sido objeto de varios trabajos, entre los cuales cabe citar el de M. Antonia Varona García dedicado a la época de los Reyes Católicos[132]. La de Granada por su parte, ha sido estudiada más recientemente por A. A. Ruiz Rodríguez[133]. Pero carecemos de otras obras de conjunto para ambas. Las dos tuvieron un funcionamiento similar.

Funcionalmente se dividía la Chancillería de Valladolid en cuatro salas:

130. LADERO QUESADA, M. A.: «España en 1492» en *Historia de América Latina*. Madrid, 1978. T. I. p. 118.

131. *Nueva Recopilación* II, 5, 2.

132. VARONA GARCÍA, M. A.: *La Chancillería de Valladolid en el reinado de los Reyes Católicos*. Valladolid, 1981.

133. RUIZ RODRÍGUEZ, A.A.: *La Real Chancillería de Granada en el siglo XVI*. Granada, 1987.

A) La Sala de lo Civil: hasta 1485, única competente para atender los pleitos de esta naturaleza. A partir de la fecha mencionada se dividió en dos Salas compuestas por cuatro oidores cada una. Más tarde, en el año 1489, el número de salas de este tipo se amplió a cuatro, repartiéndose entre ellas los diez y seis oidores existentes entonces[134]. Hasta ellas podían llegar en apelación pleitos sentenciados por cualquiera de los jueces del reino, tanto delegados como ordinarios, cuya cuantía fuera superior a los 3.000 mrs. Sólo los casos de corte podían ser introducidos en ella en primera instancia. Se consideraban como tales los pertenecientes a viudas, huérfanos etc. En los que llegaban por apelación de las sentencias de las justicias ordinarias y en los casos de Corte, daban sentencia de vista y revista. De la de vista únicamente cabía suplicación ante los mismos oidores, porque al considerarse suprema la jurisdicción de estas Audiencias, no se podía interponer apelación, pues tal figura sólo era valida para los jueces inferiores. Algunos pleitos no fenecían con la sentencia de vista y de revista, así en los que no procedían de apelaciones de las justicias ordinarias, siendo de cuantía igual o superior a 6.000 ducados, se permitía una segunda suplicación, llamada de mil quinientas porque la parte suplicante debía depositar fianzas y, si no conseguía la revocación de la sentencia en el tribunal de las mil y quinientas doblas, perdía el aval[135].

B) La Sala de lo Criminal: Constituida desde las Cortes de Toledo por tres alcaldes, en el siglo XVI se amplió con otro alcalde más[136]. Eran los alcaldes del crimen letrados experimentados que llegaban a ocupar su plaza tras destacar en la persecución de malhechores durante el desempeño de cargos de inferior categoría, como los corregimientos[137].

134. Ordenanzas de Medina del Campo de 1489. *Nueva Recopilación* II, 4, 3. En momentos posteriores las Cortes celebradas en Valladolid en el año 1542 pidieron al Soberano la dotación provisional de dos Salas de Oidores para la Chancillería de esta ciudad: «Otrosí decimos que en la Real Audiencia y Chancillería de Valladolid hay muchos pleitos muy antiguos y conclusos de mucho tiempo que los oidores que hay no bastan para despacharlos, y para poderlos ver según el orden de la tabla no concluirán hasta dentro de 30 o 40 años y cuando se llegan a ver están muertos los que los pusieron y esto lo podrá V.M. remediar a muy poca costa añadiendo en la Chancillería de Valladolid ocho oidores distribuidos en dos salas que ayuden a los otros oidores a ver dichos pleitos y que estas dos salas duren hasta que se acaben de ver todos estos pleitos». A ello respondió el Rey «que tiene mandado proveer acerca de esto lo que conviene a la buena administración de justicia» (Cortes de Valladolid de 1542, capítulos generales, cap. XXIV. T. V, p. 235). Años antes las celebradas en Madrid el año 1528 exponían: «La principal obligación que Dios puso sobre los Reyes fue la de hacer justicia de sus súbditos y naturales y esta no se puede hacer habiendo falta de jueces y porque la dilación de los pleitos aún cuando se den en ellos buenas sentencias, son más dañosas y más perjudiciales que si se diesen malas, suplican a V.M. mande añadir una Sala de Oidores en cada Audiencia Real, porque por ser pocos los que hay no pueden determinar todos los pleitos que hay sino con gran dilación, porque hay pleitos pendientes en ellas de 15 y 20 años, de manera que muchos pierden el derecho que tienen algunas cosas de miedo de la dilación, en la cual pierden mucho tiempo y mucha hacienda» (Cortes de Madrid de 1528, pet. LXII).

135. Dice el Conde-Duque acerca de la fianza de las mil y quinientas doblas que es moneda antigua, «cuyo valor viene a estimarse ahora en 14.000 reales más o menos y éstas se reparten entre los jueces de la Chancillería que dieren la sentencia de revista». Apud Gaspar de Guzmán, Conde-Duque de Olivares, «papeles que a la majestad del Sr. Felipe IV dio...» B.N., ms. 997.

136. En la nómina de la Chancillería de Valladolid del año 1575 aparecen los licenciados Tejada, Escudero, Martínez y Bonifaz como alcaldes del crimen (A.G.S., Consejo y Juntas de Hacienda, leg. 141, fol. 2). El mismo número se refleja en la relación de sueldos de la Chancillería de Granada del año 1643 (A.R.Ch. de Granada, Sección Chancillería, cabina 321, leg. 4.334, pieza 25) y en las relaciones de ministros componentes de distintas Salas de Chancillería de Granada los años 1647, 1648, 1668 y 1670 (A.R.Ch. de Granada, Sección Chancillería, cabina 321, leg. 4. 337, pieza 12).

137. Un prototipo del modelo ascendente comentado fue D. Pablo Diamante, el cual descolló en la erradicación del bandolerismo cuando era corregidor en Chinchilla. Este mérito le sirvió para ganar en septiembre de 1688 una plaza supernumeraria de alcalde del crimen de la Chancillería de Granada, «sin gajes hasta que entre en la primera del número que vacare y con esta condición sea uno de los alcaldes del crimen y como tal

La sala de lo criminal era única en cada Chancillería. Sin embargo, la de Granada a finales del siglo XVII obtuvo licencia para desdoblarse provisionalmente y dar así salida a los innumerables pleitos pendientes ante ella. En octubre de 1697 llegó a Granada una resolución del Consejo Real autorizando la partición de la Sala, sin que ello supusiera incremento en la dotación de alcaldes del crimen[138].

Entendía la Sala de lo Criminal en primera instancia de los pleitos civiles surgidos en la ciudad de residencia de la Chancillería y cinco leguas alrededor[139]. En los orígenes de la institución, estas causas pertenecientes al *juzgado de provincia* no se veían en la sede de la Chancillería, sino que en recuerdo de las audiencias públicas efectuadas antaño por el Rey, se despachaban en la plaza mayor, donde cada alcalde juzgaba por separado[140]. De estas sentencias cabía apelación ante los oidores.

Además atendía esta Sala en primera instancia de los casos de Corte, y conocía en apelación de cualquier pleito sentenciado por los jueces inferiores. Igualmente resolvía las suplicaciones interpuestas contra las sentencias dictadas por ellos mismos, siendo esta segunda sentencia definitiva. Las causas criminales debían fallarlas colegiadamente entre todos los alcaldes[141]. Cuando alguno de ellos se encontraba ausente o impedido le sustituía un oidor. Para garantizar que las sentencias de muerte, mutilación de miembro, tormento, pena corporal, y vergüenza pública, no se impusieran con ligereza, se exigía unanimidad en los votos de los alcaldes[142].

Las Cortes de Madrid del año 1551 se preocuparon de la saturación de pleitos existente en las Audiencias de Valladolid y Granada. Para resolverla creyeron oportuno solicitar del Monarca el incremento del número de Salas: «Los pleitos que penden ante las Chancillerías son tantos que no se pueden despachar por los oidores que V.

pueda oír librar y determinar todos los pleitos y causas civiles y criminales conforme a las leyes de estos reinos y ordenanzas de la Audiencia». Más tarde, en diciembre de 1689, ocupó en propiedad la plaza vacante por promoción de D. Luis Ramírez de Arellano a una de oidor (A.R.Ch. de Granada, Sección Chancillería, cabina 321, leg. 4.337, pieza 11).

138. Copia de lo actuado en cumplimiento de una orden del Consejo de Castilla, dictada en octubre de 1697, sobre creación de una nueva Sala de Alcaldes del Crimen de la Chancillería de Granada. Fecha de la copia: Granada 20 de febrero de 1770 (B.N., ms. 1.330, fols. 28 a 33).

139. *Nueva Recopilación* II, 5. 11. Tras la visita que efectuó D. Juan de Córdoba a la Chancillería de Valladolid, dada la dilación existente entonces en el despacho de los pleitos criminales, por ocupar los alcaldes todas las tardes de la semana en los negocios civiles, se ordenó que en lo sucesivo dichos alcaldes dedicasen todas las mañanas a ver procesos criminales; las tardes del lunes, miércoles y viernes a la visita de presos, y las del martes, jueves y sábado a hacer audiencia civil (*Nueva Recopilación*, II, 7, 7).

140. *Nueva Recopilación* II, 8, 1.

141. *Nueva Recopilación* II, 7, 1 y 2.

142. Los alcaldes podían votar por escrito los pleitos cuando no pudiesen asistir personalmente a la votación de los mismos. En enero de 1554, el Monarca se dirigía a la Chancillería en los siguientes términos: «Soy informado que tenéis duda si cuando algún alcalde de su audiencia muere o está ausente o es promovido a otro cargo e tiene vistos algunos pleitos criminales y dexado su voto por escrito si los tales votos han de valer y queriendo proveer en ello mando que de aquí adelante cada e cuando acaeciere que algunos de los dichos nuestros alcaldes dexaren sus votos por escrito en los pleitos criminales que ovieren visto y ansí mesmo cuando estuvieren ausentes o fueren promovidos a otros oficios y cargos por nuestro mandado y en los que ovieren visto y fueren remitidos, que dexando su voto por escrito en ellos valgan como si en presencia los votara con los otros alcaldes. A los cuales mando que cada e cuando por nuestro mandado fueren promovidos a otros oficios y cargos que antes que se partan dejen los votos de los pleitos que ovieren visto por escrito para que con ellos se determinen las causas». A.R.Ch. de Valladolid, Secretaría del Acuerdo, leg. 2, n.º 14. Esta disposición está recogida en la *Nueva Recopilación* II, 5, 46.

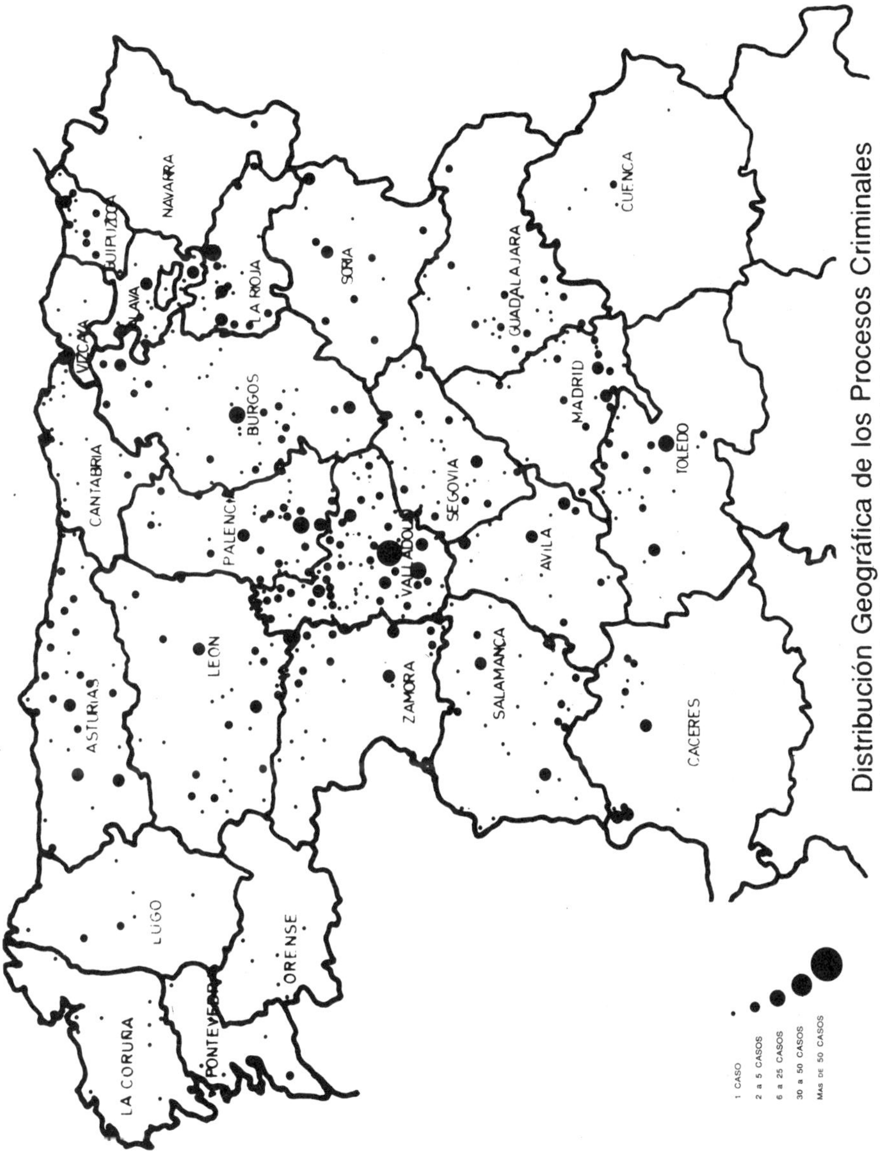

Distribución Geográfica de los Procesos Criminales Llegados a la Chancillería de Valladolid el año 1580

Fuente: A.R.Ch. de Valladolid, Libro de Repartimientos de Criminal (1580)

M. tiene puestos en ellas, y lo mismo en las causas criminales, porque como todas las apelaciones del crimen han de ir a Granada y a Valladolid y no hay más que una Sala del Crimen y los alcaldes conocen de causas civiles no despachan los presos y están todas las cárceles llenas». «Suplican los procuradores que se acrecienten dos Salas de oidores y dos Salas de Alcaldes del Crimen en dichas Chancillerías y mande que haya en cada Chancillería una Sala de menor cuantía por ser muchos los pleitos de este tipo que hay». La respuesta del Soberano, al igual que otras veces cuando la Asamblea demandó la apertura de nuevas Salas de lo civil, fue tajante: «A esto se responde que en lo que piden sobre el acrecentamiento de jueces se mandará proveer lo que convenga a la buena y breve expedición de la justicia y en lo demás por ahora no conviene que se haga novedad[143].

Al igual que los alcaldes de Casa y Corte, los alcaldes del Crimen no sólo se ocupaban de juzgar los delitos, sino también de investigarlos. En algún momento descuidaron su responsabilidad en la averiguación de los crímenes y fueron amonestados por ello. En comunicación de febrero de 1635, el Presidente de Castilla hizo saber a los alcaldes del crimen de Valladolid que había tenido noticia de que pocas noches antes de la fecha un hombre «fue pasado de una estocada en una posada» y avisados dos alcaldes ninguno quiso salir de su casa, limitándose a enviar a sus ministros. En este punto el Presidente relacionó el asunto con la afición de los alcaldes a desplazarse en coche y comentó con ironía: «sin duda que estimaron más el que los caballos no se acatarrasen que el cumplir con sus obligaciones y aquí se echa de ver el daño de que son los coches en los alcaldes y quánto mejor fuera arrimar la caja y tener los caballos aparejados a todas horas para salir en uno de ellos a cualquiera que se les avisase»[144].

C) La Sala de Vizcaya: La constituía un sólo juez, conocido con el nombre de juez mayor de Vizcaya. A ella llegaban las apelaciones de las justicias del señorío. Poseía competencias civiles, criminales y también en asuntos de hidalguías. Sus sentencias podían suplicarse ante el juez de la suplicaciones de Vizcaya, titulo ostentado por el Presidente de la Chancillería, el cual potestativamente podía optar por verlo él personalmente o remitirle a una de las salas de oidores. En cualquier caso la sentencia dictada cerraba las puertas al recurso. Sólamente a partir de 1489 se permitió recurrir ante el tribunal de las mil y quinientas doblas, si la sentencia de suplicación revocaba alguna de las anteriores.

D) La Sala de Hijosdalgo: El juzgado de los hijosdalgo era tribunal de primera instancia de manera que a él llegaban los pleitos sin haber sido sentenciados por otras justicias inferiores. En principio, el tribunal fue creado para juzgar todas las causas de los hijosdalgo: civiles, criminales y pleitos de hidalguía. Con el tiempo fue cayendo en desuso su primitiva competencia y de hecho en la época de los Reyes Católicos sólamente se ocupaba de los pleitos de hidalguía. De la sentencia dada en la Sala de Hidalguías cabía apelación ante los oidores, estos a su vez daban, primero sentencia de vista, y de ésta cabía suplicación ante el presidente y oidores que pronunciaban la de revista.

Finalmente en el siglo XVIII las Salas de Hijosdalgo de ambas Chancillerías se erigieron en criminales por mandato real, no perdiendo por esta circunstancia el insti-

143. *Actas de las Cortes de Castilla.* Cortes de Madrid de 1551. Pet. IX. T. V. p. 501.
144. A.R.Ch. de Valladolid, Secretaría del Acuerdo, leg. 3, fol. 5.

tuto que detentaban desde su creación ni tampoco alteraron la forma, estilo y método del despacho, sino que su dedicación a las materias criminales constituyó una actividad complementaria[145].

En relación con el destacado papel desempeñado por las Audiencias y Chancillerías como órganos fundamentales de administración de justicia, debemos señalar, no obstante, que la preponderancia del Consejo y el desdoblamiento de la Audiencia, tras la creación del segundo de estos organismos, indican que las Chancillerías habían perdido en la practica gran parte de su primitivo carácter cortesano y en el siglo XVI se situaban más bien en el plano de la administración territorial de justicia[146]. Avala, por ejemplo, ésta tesis el hecho de que cuando Felipe III, a instancias de Lerma, decidió trasladar la Corte a Valladolid, la Chancillería recibió instrucciones para desplazarse fuera de la ciudad del Pisuerga. Así se mantuvo desplegado el aparato de administración de justicia y se evitó la concentración de una parte importante del mismo en una sola ciudad. El 27 de enero de 1601 el Rey expone en una real cédula dirigida a la Chancillería de Valladolid que ha mandado «mudar la Corte», «y por excusar los inconvenientes de estar tantos tribunales juntos, me ha parecido conveniente que esa Chancillería se pase a la Villa de Medina del Campo» «y para el 15 de febrero esté en Medina». Pocos años más tarde en 1604 el Monarca, después de aludir a ciertos inconvenientes derivados de la presencia de la Audiencia en Medina, porque «las personas que van a sus pleitos y causas están con mucha incomodidad», dispuso su paso a la ciudad de Burgos. De manera que para el primero de noviembre estuviese acomodada allí. En otro orden de cosas se estableció que «las ferias y pagos que se habían trasladado a dicha ciudad», volviesen a su tradicional sede en Medina. Finalmente, el 15 de marzo de 1606 se prescribió la vuelta de la Chancillería a Valladolid, una vez hubiesen salido los Consejos de la ciudad del Pisuerga[147].

En las ciudades con Chancillería se nombraban también corregidores, con los cuales había muy a menudo problemas de competencia cuya resolución correspondía a los Presidentes de las audiencias. El año 1594 el Corregidor de Granada expuso ante el Consejo que por una concordia mandada hacer entre los dos organismos, se encomendó a la Chancillería la determinación de las competencias de jurisdicción. Con esto, cuando los alcaldes del crimen pretendían el conocimiento de alguna causa en primera instancia, mandaban que el escribano fuese a hacer relación y le quitaban el proceso. Después sacaban los presos de la cárcel de la justicia ordinaria y los llevaban a la de la Chancillería sin esperar a que el presidente de la Chancillería los determinase como juez de las competencias. A la vista de estas noticias el Consejo pidió información sobre el particular al Presidente y alcaldes de la Chancillería, y ratificó que conociendo la justicia ordinaria de la ciudad en alguna causa, aunque los alcaldes declarasen pertenecerles su conocimiento, no quitasen el proceso al escribano encargado de los autos, ni llevasen los presos a la cárcel de la Chancillería hasta que el Presidente declarara a quien correspondía hacerse cargo de la misma[148].

145. Real Cédula por la que se manda que las Salas de Hijosdalgo de las dos Chancillerías se erijan en criminales, conservando su primitivo instituto. El Pardo 13 de enero de 1771. Copia impresa. B.N., ms. 1.330, fols. 22 a 25.

146. Felipe II al reformar en 1566 las Audiencias de Galicia, Sevilla y Canarias, abundó en la tendencia a la regionalización de estos organismos, pues les aumentó las competencias y acrecentó algo su autonomía.

147. A.R.Ch. de Valladolid, Secretaría del Acuerdo (Cédulas y Pragmáticas), 7-X-1604.

148. A.R.Ch. de Granada, Sec. Chancillería, lib. 184, fol. 187.

Sobre el personal integrante de la Chancillería, Soterraña Martín Postigo nos ha informado que estaba constituido por las siguientes personas: «Un presidente, dieciséis oidores, cuatro alcaldes de lo criminal, un juez mayor de Vizcaya, cuatro alcaldes de hijosdalgo, dos fiscales, uno para lo civil y otro para lo criminal, un alguacil mayor, un pagador. Y además: chanciller, registrador, archivero desde 1607, dos receptores de penas de cámara y gastos de justicia, dieciséis relatores, diecinueve escribanos de cámara, un repartidor y tasador, veinticinco escribanos-receptores del primer número y treinta y dos del segundo, seis escribanos de provincia, dos agentes fiscales, treinta procuradores, veinte agentes de pleitos, diez y seis diligencieros de hidalguías, seis contadores, doce porteros con el de la cadena, seis alguaciles»[149]. Esta fue a grandes rasgos la organización de la Chancillería que con pequeñas variantes prevaleció hasta su extinción en el siglo XIX.

En cuanto a la jerarquía existente en la plantilla de las Audiencias, es sabido que la figura más preeminente era la del Presidente. Además de resolver las competencias surgidas entre los jueces reales en el ámbito de su distrito, mantenía una correspondencia fluida con los órganos más próximos al Monarca, como eran el Consejo Real y el Consejo de Cámara. Incluso, alguna vez se le pidió información confidencial sobre los demás ministros de la audiencia en orden a promoverlos a otros ministerios superiores. En cédula de la Cámara, fechada en Madrid el 17 de enero de 1679, se expuso a don Joseph Antonio de la Serna, Presidente de la Chancillería de Granada, lo siguiente:

> «ya tendrá entendido lo mucho que importa al servicio de Dios y del Rey mismo, buen gobierno y administración de justicia, que las plazas de los Consejos y Chancillerías y otras Audiencias y demás oficios de justicia se provean en personas de letras, buena conciencia y experiencia y que tengan las demás calidades que para tales ministerios se requieren». «Por tener más entera noticia de los sujetos que hay en esa Audiencia, dignos de ser promovidos y acrecentados, he querido encargaros, como lo hago, me enviéis una relación muy particular de ellos, declarando la edad, partes y calidades que cada uno tuviere y de dónde son naturales y en qué universidades y colegios estudiaron y se graduaron y ejercitaron y qué ocupaciones tuvieron antes de ser proveídos a esa Audiencia y cuánto tiempo ha que residen en ella y cómo han procedido en su vida y costumbres y ejercicio de sus oficios y la misma me enviaréis de las otras personas que hay en la Universidad de esa ciudad y en su Colegio Real y de los abogados de esa Chancillería y de los otros letrados de quien tuviereis entera satisfacción y os parecieren útiles para servirme, así en plazas de asiento como en otros oficios de justicia[150].

149. MARTÍN POSTIGO, M. de la S.: *Historia del Archivo de la Chancillería de Valladolid.* Valladolid, 1979. pp. 17 y 18. La misma autora nos informa respecto a la vara de alguacil mayor adquirida por D. Rodrigo Calderón en el precio de 50.000 ducados que oficio similar ya se había vendido en la ciudad de Sevilla y en la Chancillería de Granada. Entre los derechos inherentes al cargo se contaban las décimas de las ejecuciones de la ciudad de Valladolid y a él estaba vinculada la alcaidía de la cárcel de la Chancillería. Ocasión esta última que le permitía vender a los presos comestibles y bebidas en el interior de la prisión. Así como alquilar camas a los internos. Ni que decir tiene que entre las obligaciones del ministerio no se contemplaba la obligación de llevar vara ni el ejercicio personal del mismo (Op. cit. 524 a 535). Por otras fuentes conocemos que el alguacil mayor de la Audiencia de Granada desde 1577 podía nombrar tres alguaciles de vara, seis alguaciles de espada y alcaide de la cárcel de la Chancillería, quedando facultado para «removerlos y quitarlos cuando quisiere con la condición de que antes de que usen el oficio los presente ante el presidente y oidores, y los alguaciles de espada ante los alcaldes del crimen y hagan el juramento acostumbrado» (A.R.Ch. de Granada, Sección Chancillería, lib. 184, fols. 73 y 74).

150. A.R.Ch. de Granada, Sección Chancillería, cabina 321, leg. 4.337, pieza 22.

Lógicamente la distinción del Presidente con respecto a los demás miembros de la Chancillería se reflejaba también en el sueldo. Estaba gratificado con 750.000 mrs. anuales en 1643, mientras en las mismas fechas los oidores cobraban 300.000 mrs., los alcaldes del Crimen 250.000 mrs. y los alcaldes de hijosdalgo 225.000 mrs. De los dos fiscales, el que más cobraba era el de lo criminal: 300.000 mrs. anuales frente a los 280.000 mrs. que recibía el de lo civil. Entre finales del siglo XV y mediados del siglo XVII se redujo la distancia relativa que separaba a alcaldes del crimen y oidores. La diferencia de sus emolumentos se mantuvo constante: 50.000 mrs., pero mientras en 1489 los haberes de los alcaldes ascendían a 70.000 mrs. y los de los oidores a 120.000 mrs., en 1550 los primeros ganaban 100.000 mrs. y los segundos 150.000 mrs.[151]. La valoración de Bartolomé Bennassar acerca de estos sueldos es que «apenas parecen decentes». Los alcaldes del crimen ganaban cuatro veces lo que un maestro de obra, y el Juez Mayor de Vizcaya menos de tres. Sin embargo, el ilustre hispanista nos advierte: «no se trata más que de un sueldo fijo que se completa con las ayudas de costa pagadas del producto de las multas, cuyo total varía según los años, siendo en muy pocas ocasiones inferiores a la mitad de los sueldos».

Este asunto de las ayudas de costa se discutió mucho en la época y aunque hubo intentos serios de suprimirlas, la realidad se encargó de reimplantarlas una y otra vez. En las Cortes de Segovia de 1532 los procuradores suplicaron que como el salario de los oidores de las Chancillerías era de 120.000 mrs., más 30.000 mrs. que percibían de penas de cámara, se le trasladasen los 30.000 mrs. citados a otras rentas reales, «porque de librarse en penas de cámara se siguen algunos inconvenientes y además está ordenado que a ningún juez se le libren maravedís algunos en penas de cámara». Accedió el Rey a la súplica de las Cortes y dio las instrucciones oportunas para que los contadores libraran estas cantidades de otros fondos. Sin embargo, la costumbre de cobrar ayudas de costa con cargo a penas de cámara siguió siendo una constante a lo largo de toda la Edad Moderna[152].

Otra ventaja disfrutada por el Presidente, oidores, alcaldes, fiscales y demás personas vinculadas a la Chancillería era que «estaban libres y exentos de todo impuesto, tasa y contribución». A estos beneficios se añadía que las telas de los trajes de los magistrados, tanto ordinarios como de gala, no corrían por cuenta de sus bolsillos. Las pagaba el depositario de la Audiencia. A juicio de Bennassar, «Todas estas ventajas suplementarias aseguraban a los altos funcionarios del tribunal una situación económica muy desahogada»[153].

151. Los salarios de oidores, alcaldes y otros oficiales del año 1489 pueden consultarse en las Ordenanzas de la Audiencia de Valladolid dadas por los Reyes Católicos en Medina del Campo el 24 de marzo de 1489 (*Libro de las Bulas y Pragmáticas de Juan Ramírez.* Toledo, 1550). Por su parte los del año 1550 los recoge Bartolomé Bennassar en su obra: *Valladolid en el Siglo de Oro.* Valladolid, 1983. p. 339. Finalmente los sueldos de 1643 proceden de A.R.Ch. de Granada, Sección Chancillería, cabina 321, leg. 4.334, pieza 25. En el mismo lugar y en la misma referencia pueden examinarse los de 1644, 1645 y 1646, los cuales no difieren en nada entre sí.

152. *Actas de las Cortes de Castilla.* Cortes de Segovia de 1532, pet. XI. Efectivamente, pese a las reiteradas declaraciones de la Corona prohibiendo el cobro de salarios de los jueces superiores en penas de cámara, ésta fue una costumbre jamás erradicada. Tenemos documentado, por ejemplo que D. Pedro de Amezqueta, mientras ejerció de alcalde de Corte, en fechas tan tardías como 1637 a 1647, cobró anualmente 30.000 mrs. con cargo a dichas penas (A.H.N., Consejos, Sala de Alcaldes, libro-año 1654, fol. 181).

153. BENNASSAR, B.: *Valladolid en el Siglo de Oro.* Valladolid, 1983. p. 339. Sólo excepcionalmente, con motivo del incendio de la ciudad, contribuyeron los funcionarios de la Audiencia para ayuda de la reconstrucción. Pero tan pronto como desapareció este motivo la Chancillería reclamó la observación de sus viejos privilegios y envió a Pedro de Palacios ante el Consejo de Cámara con objeto de suplicar «A Su Majestad tenga por bien de mandar que no se lleve sisa a los oidores y alcaldes, fiscales y alguacil mayor de esta Chancillería, las cuales jamás en tiempos pasados la pagaron, aunque algunas veces se le han impuesto para grandes y ex-

En lo fundamental ambas Chancillerías eran uniformes. La principal diferencia entre ellas estribaba en que la de Granada carecía de juez específico para los vizcaínos. En cambio, poseía una junta, llamada de la población, la cual constituían el presidente, los dos oidores más antiguos y el fiscal de lo civil. Su principal ocupación residía en la administración de los bienes confiscados a los moriscos tras la rebelión, los cuales a partir de entonces pasaron a manos de la Real Hacienda. A pesar de las similitudes, la Chancillería de Valladolid gozaba de mayor consideración que la de Granada, como lo prueba el hecho de que muchas veces el Presidente de Granada fue nombrado después Presidente de Valladolid, no ocurriendo jamás lo contrario.

Aparte de las dos grandes audiencias citadas, existían otras de carácter territorial más restringido. La primera que se creó fue la de Galicia. Los desórdenes imperantes en el reino de Galicia en la segunda mitad del siglo XV obligaron a los Reyes Católicos a enviar a aquellas tierras un gobernante investido de amplios poderes ejecutivos y judiciales. A éste se añadieron posteriormente tres alcaldes mayores. Durante mucho tiempo este tribunal no tuvo un nombre específico, sino que aparecía mencionado como el «gobernador y alcaldes mayores del reino de Galicia». En la Nueva Recopilación se alude a él con su título específico de Audiencia de Galicia. Por auto acordado del Consejo, el año 1567 se elevó a cinco el número de alcaldes, y en 1592 se añadió otro alcalde más a los ya existentes[154].

El área de su jurisdicción se extendía por todo el reino de Galicia. Entendía en pleitos civiles y criminales. En los civiles veía en primera instancia los casos de Corte y en apelación los sentenciados por los jueces inferiores de su distrito. Las sentencias pronunciadas por el Gobernador y alcaldes mayores podían suplicarlas las partes ante el mismo gobernador y alcaldes mayores si se trataba de causa civil de cuantía inferior a 10.000 mrs. o criminal en la que no se hubiera impuesto sentencia de muerte o mutilación de miembro. En las circunstancias señaladas el Gobernador y alcaldes mayores determinaban el grado de revista. De sus sentencias cabía suplicación ante la Audiencia de Valladolid si la cuantía del pleito superaba los 10.000 mrs. En primera instancia se ocupaba la Audiencia de las causas criminales calificadas como casos de Corte y en apelación de las falladas por los jueces inferiores del reino. De sus sentencias se podía presentar suplicación ante los alcaldes de la Chancillería de Valladolid si la sentencia era de muerte, mutilación de miembro o destierro de duración igual o superior a 10 años. No obstante, en pleitos de los cuales cabía apelación ante la Audiencia de Valladolid, consintiendo ambas partes su seguimiento en la Audiencia de Galicia, quedaba facultada ésta para conocer dicha causa en grado de suplicación, y la sentencia dada de esta forma tenía la misma fuerza que si hubiera sido otorgada en grado de revista ante el presidente y oidores de Valladolid[155].

traordinarias necesidades y parece que la causa por la que en ésta se impuso que fue para la reedificación de lo que se quemó en esta villa, cesa por estar todo lo más de ello ya fabricado, y pues Su Majestad ha sido servido de eximir de la contribución de esta sisa a las personas eclesiásticas y a los ministros del Santo Oficio de la Inquisición, parece que sería razón que a los que aquí le sirven con tanto trabajo y cuidado les haga la misma merced y lo que pueden pagar los oidores y alcaldes fiscales, juez mayor y alguacil mayor que son hasta 25 ó 26 personas es de poco momento y no pagarla importa mucho al servicio de Su Majestad y a la autoridad de su justicia y ministros de ella» (A.G.S., Guerra Antigua, leg. 72, fol. 9).

154. *Autos Acordados del Consejo Real*, LII y CXIV.

155. Ordenanzas de la Real Audiencia de Galicia del año 1500. A.G.S., Cámara de Castilla, leg. 2763, sin fol.

A partir de 1566, por disposición de Felipe II, se ordenó que las únicas causas criminales del reino de Galicia, apelables ante la Chancillería de Valladolid, fueran aquellas en las cuales se hubiera fallado la imposición de la pena capital. Con ello se quería evitar la prolongación innecesaria de los procesos[156].

Por su parte, la Audiencia de Sevilla fue establecida en 1525. Pero mucho antes Sevilla había conseguido que los pleitos de sus vecinos se viesen en sus distintos grados dentro de la misma ciudad, sin recurrir a tribunales situados fuera de ella. En consecuencia, por encima de los alcaldes ordinarios de la ciudad que entendían en lo penal, se habían ido nombrando otros de rango superior para entender en los grados de apelación correspondientes: eran los alcaldes mayores de Sevilla. Por tratarse de personas de muy alta condición y no letrados designaban un teniente letrado y dos alcaldes de la tierra, los cuales recorrían ésta permanentemente.

Al lado de los mencionados actuó hasta 1474 en materia civil y criminal el Adelantado Mayor de Andalucía. Sin embargo, la situación era aún más compleja, si cabe, porque el Asistente puesto por el Rey al frente de la ciudad, poseía jurisdicción para visitar la tierra y administrar justicia civil y criminal. Con objeto de poner fin a las interferencias constantes producidas con ocasión de las apelaciones, se fundó en 1525 la Audiencia de los Grados, cuya jurisdicción se restringía a Sevilla y su distrito[157].

No se plantearon en Sevilla tan graves problemas de orden público como los que perturbaron la vida del reino de Galicia. Por ello esta Audiencia se constituyó con total independencia de las autoridades de gobierno y con actuación limitada a lo judicial. La dirección la ostentaba el Regente y la formaban seis jueces distribuidos en dos salas, juzgando colegiadamente los de cada una de ellas.

La Audiencia de Sevilla era preeminente con respecto al Asistente —gobernador de la ciudad y la tierra— en los mismos términos que las Chancillerías de Valladolid y de Granada predominaban sobre las autoridades gobernantes en las respectivas ciudades.

Se circunscribían las competencias de la Audiencia de los Grados a lo judicial, tanto en cuestiones civiles como criminales. A diferencia de las restantes audiencias, inicial-

156. *Nueva Recopilación* III, 1, 9.

157. Pese a todo, la fundación de la Audiencia de los Grados no solucionó totalmente los frecuentes conflictos jurisdiccionales en Sevilla. Como en otras partes, la superposición de jueces y tribunales, junto con el celo riguroso con que cada uno de ellos defendía su campo de actuación, motivó frecuentes interferencias entre los diversos organismos de la justicia real. Conflictos que unas veces se saldaron con disfuncionalidades en la administración de justicia, y otras con menoscabo de las garantías jurídicas de los reos; pues ante un problema de competencias entre jueces, la tendencia de quien tenía al detenido en sus manos era agilizar al máximo las diligencias procesales, sentenciar con prontitud y ejecutar de inmediato el fallo, aunque ello provocase tensiones y malestar entre órganos llamados en principio a colaborar. En el sevillano barrio de Triana un alguacil de la justicia real ordinaria de la ciudad se esforzaba por detener a un delincuente implicado en dos o tres muertes. A la sazón pasó por allí casualmente el Regente con algunos oidores y alcaldes. Tras conocer el Regente lo que ocurría, ordenó que uno de los alcaldes de su séquito acudiese al caso. Sin embargo, fue el alguacil y su gente quienes detuvieron al delincuente. Aunque la justicia ordinaria pretendió hacerse cargo del caso, la Audiencia lo tomó por vía de competencia. No quiso contestar a los requerimientos de la ordinaria y con distintos pretextos fue aplazando la decisión sobre el asunto de un acuerdo para el siguiente. Mientras tanto, los alcaldes de la Audiencia procedieron contra el delincuente y le ahorcaron: «Y ello está muy bien hecho, pero no por la orden que se debía hacer, pues el negocio era en primera instancia de la justicia ordinaria y hase entendido que el Regente lo ordenó y lo usó ansí, no obstante que a algunos de los oidores no pareció bien ni a toda la ciudad, porque dicen se sintió de que en la información que el alcalde de la justicia hizo no se escribió que había pasado por allí y ordenado al alcalde Valdivia lo referido». Copia de la carta que escribió el Conde de Villar al Conde de Barajas, presidente de Castilla. Sevilla, 6 de marzo de 1583 (A.G.S., Guerra Antigua, leg. 143, fol. 39).

mente no entendía de casos en primera instancia. Sólamente a partir de 1566 se ocupó de casos de esta instancia, en términos análogos a los de los alcaldes del rastro de las Chancillerías[158].

Respecto a las Islas Canarias, incorporadas plenamente a la corona de Castilla en el reinado de los Reyes Católicos, pertenecieron desde 1494 al distrito de la Chancillería de Ciudad Real, y a él siguieron incorporadas tras el traslado de la Chancillería a Granada.

Pese a lo expresado, la lejanía del archipiélago indujo a los reyes desde un principio a autorizar que las apelaciones de causas civiles poco importantes se ventilasen ante el propio concejo de cada isla, reservándose las de mayor cuantía para la Audiencia de Granada.

Posteriormente, Carlos V en el año 1526, por la misma razón de distancia creó la Audiencia Real de los Jueces de Alzada de las Islas Canarias, con competencia inicial sólo en materia civil. Pero dos años más tarde el nuevo organismo obtuvo también jurisdicción criminal.

La primitiva composición de la audiencia se reducía a tres jueces, sin presidente. Años más tarde, en 1566, se estableció que hubiera un Regente y dos jueces de apelación, los cuales determinaran los pleitos conjuntamente[159].

Tenía fijada su residencia habitual en la isla de Gran Canaria, aunque tenía la facultad de mudarse a cualquier lugar, si la buena administración de justicia así lo requería. En cuanto a sus competencias, originariamente no entendió de causas en primera instancia, sino que fue a partir de 1566 cuando comenzó a ocuparse de casos de Corte, en los cuales había conocido hasta esa fecha la Chancillería de Granada. En apelación iban a ella los pleitos civiles y criminales fallados por las justicias ordinarias y por el Gobernador de las islas.

El único recurso posible contra sus sentencias era el de suplicación ante la Chancillería de Granada, cuando la causa civil excediese de 100.000 mrs. —más tarde 300.000 mrs.—, o, tratándose de caso criminal, cuando la pena impuesta fuera la de muerte, mutilación de miembro o destierro por un período superior a diez años.

A partir de 1566 las apelaciones cambiarán de destino y ya no será el tribunal de Granada el que se haga cargo de ellas, sino la Audiencia de Sevilla, admitiéndose recurso en causa criminal únicamente cuando se hubiera sentenciado la máxima pena[160].

Las audiencias mencionadas fueron las únicas existentes en Castilla en tiempos de los Austrias. Sin embargo, a lo largo de todo el siglo XVI las Cortes asistieron a la constante reivindicación, por parte de algunas ciudades, de la petición de una audiencia con sede en Ciudad Real. En las Cortes de Burgos del año 1512 los procuradores suplicaron

158. No teniendo conocimiento de pleitos criminales en primera instancia, sino por caso de Corte, algunas veces la Audiencia presuponía negligencia en la justicia ordinaria y proveía autos para que el juez inferior sentenciase la causa con tan breve término que era imposible cumplirlo. Por ello, como la provisión la habían despachado con apercibimiento de que pasado el plazo señalado la retendría para sí, por esta vía se hacía cargo de la misma (Cargos contra los alcaldes del Crimen de la Audiencia de Sevilla que por mandato del Rey hace el licenciado D. Fernando Remírez Fariña del Consejo de Cámara del Rey. Año 1626. A.G.S., Cámara de Castilla, leg. 2.807, sin fol.).

159. PÉREZ MARTÍN, A.; SCHOLZ, J. M.: *Legislación y jurisprudencia en la España del Antiguo Régimen*. Valencia, 1978. p. 75.

160. Dispuso Felipe II que en las causas criminales, si no había pena de muerte, pudiera suplicarse la sentencia del Regente y jueces de apelación, y lo determinado por éstos en revista se consideraba firme (Nueva Recopilación III, 3, 3). Cf. también *Nueva Recopilación* III, 3, 4.

a la reina el retorno de la Chancillería de Granada a Ciudad Real, «por cuanto de residir la audiencia en la ciudad de Granada se siguen muchos daños y costas a las provincias de Toledo y Extremadura y Cuenca y a otros lugares por estar como está en el extremo de los reinos de España, y muchas veces ha sucedido que son más las costas que hacen las partes que no el principal sobre lo que se contiende»[161]. En las de Toledo del año 1538 se solicitó la apertura de un nuevo tribunal en el reino de Toledo, aludiendo al aumento de población experimentado y al hecho de que sólo en el Consejo Real y en las Chancillerías «se hacía justicia enteramente»[162]. Nuevamente en las celebradas en Valladolid en 1542, 1544 y 1548 se volvió a insistir en el tema, sobre todo a instancias de la ciudad de Guadalajara[163]. Pese a la reiteración de las demandas —renovadas en las Cortes de Madrid del año 1551, de Valladolid del año 1558, de Madrid del año 1563 y otra vez en las del año 1573—, la Corona no quiso acceder en ningún modo a lo solicitado[164].

Sala de Alcaldes de Casa y Corte

El Soberano administraba justicia con la ayuda de la Curia regia —según el estilo procedente de los primeros siglos de la Reconquista— pero las raíces más antiguas de estos usos se remontan a la época visigoda. En aquellos siglos resolvía el monarca ciertos asuntos en primera instancia y determinaba en apelación los pleitos fallados por sus jueces delegados. A este respecto recuérdese que el desarrollo de tales actuaciones motivó la aparición de un oficial de la Corte, especializado en el despacho de las cuestiones de justicia: el *juez mayor de la Corte* o *justicia mayor*.

Posteriormente, en la baja Edad Media, el afianzamiento de los progresos judiciales condujo a la organización del tribunal de la Corte, dotado con personal técnico: los Alcaldes de Corte, que sustituyeron a aquel juez o justicia de la Corte de época anterior. Sabido es que la primera manifestación en este sentido la representó el Ordenamiento de las Cortes de Zamora, de 1274, celebradas bajo los auspicios de Alfonso X. En dicho ordenamiento se señaló, ante todo, una jurisdicción privativa de la Corte a cargo de los *alcaldes de Corte*, los cuales actuaban junto con a los *alcaldes de las alzadas*. Se nombraron, entonces, nueve alcaldes para Castilla, ocho para León y seis para Extremadura y

161. *Cortes de los Antiguos Reinos de León y de Castilla*. Cortes de Burgos de 1512. Pet. XXVII.

162. *Actas de las Cortes de Castilla*. Cortes de Toledo de 1528. pet. XI.

163. *Actas de las Cortes de Castilla*. Cortes de Valladolid de 1542, Generales de Guadalajara, cap. IV. T. V. p. 190. Cortes de Valladolid de 1544, Instrucción que la ciudad de Guadalajara dio en 14 de febrero de 1544 a sus procuradores de lo que habían de pretender en las Cortes de Valladolid mandadas celebrar en 18 del mismo mes y año, T. V. p. 298. Cortes de Valladolid de 1544, Cap. VII, T. V. pp. 307 y 308. Cortes de Valladolid de 1548, pet. LXXIX, T. V. p. 402

164. *Actas de las Cortes de Castilla*. Cortes de Madrid de 1551, pet. IV, T. V, p. 499. Cortes de Valladolid de 1588, pet. XVIII. T. V, p. 740. Cortes de Madrid de 1563, cap. CI, T. I, p. 397. Cortes de Madrid de 1573, pet. XXXIX, T. IV, p. 451. En las de Valladolid del año 1558 se llegó a contemplar la composición y el ámbito geográfico de actuación del tribunal solicitado: «que tenga por distrito desde los puertos aguas vertientes para el dicho reino de Toledo hasta el principio de los puertos de Sierra Morena, y entre los unos y los otros desde el reino de Aragón hasta el de Portugal. Y si por excusar la costa de ella conviniere se quite de esta audiencia de Valladolid una sala y de la de Granada otra, se pasen al dicho reino de Toledo, pues quitándoles parte de la carga de los pleitos, se les puede quitar sendas salas y sendos alcaldes y añadir otro: porque a las ciudades, villas y lugares que están en las partes y distrito que está dicho y a los vecinos de ella se les hace muy de mal y muy costoso ir con sus pleitos a dichas audiencias de Valladolid y de Granada».

se reconocieron como casos de Corte los siguientes: muerte segura —es decir ocurrida bajo tregua o seguranza previa—, mujer forzada, tregua violada, salvo quebrantado, casa quemada, traición, aleve y riepto. Podemos advertir, por tanto, que se trata fundamentalmente de infracciones contra la fidelidad debida al monarca, relacionadas con la vulneración de su paz o seguranza. En años sucesivos fue bajándose el número de alcaldes desde los veinte y cinco existentes en tiempos de Alfonso X hasta alcanzar los doce a mediados del siglo XIV. Cantidad que aún fue objeto de alguna minoración posterior, reduciéndose a cuatro en tiempos de Juan II.

La jurisdicción de la Sala de Alcaldes fue heredera de la poseída en su día por la *Casa y Corte* tras separarse ésta de la *Corte y Chancillería*, manteniéndose de este modo vigente a lo largo de toda la Edad Moderna. Solía designarse también a la Sala de Alcaldes de Casa y Corte con la denominación de Sala Quinta del Consejo. Su jurisdicción se extendía por la Corte y un radio de cinco leguas en torno a ella, razón por la que estos alcaldes eran conocidos como alcaldes de Corte y Rastro. Dentro del radio de acción de las cinco leguas se incluían en el año 1610 sesenta y ocho poblaciones, en el año 1625 treinta y dos, y en el año 1673 sólamente catorce. Poco a poco, diversos pueblos encuadrados geográficamente dentro del marco de la Corte fueron alcanzando el privilegio de eximirse de su jurisdicción. En el año 1610 ya había cinco poblaciones eximidas: Alcobendas, Arganda, Cubas, Griñón y Valdemoro. Más tarde, hacia el año 1630 a las anteriores se habían sumado: Algete, Ciempozuelos, Cobeña, Daganzo de Abajo, Daganzo de Arriba, Fuente el Saz, San Martín de la Vega, Torrejón de Ardoz, y Villa del Campo. Algo más tarde, con anterioridad a 1657, alcanzaron la exención: Leganés, Polvoranca, Torrejón de Velasco, Torrelodones y Villafranca del Castillo[165].

Igualmente se contaban entre las competencias de la Sala de Alcaldes, el gobierno, abastecimiento, regulación de precios[166], policía y ornato de la Corte. A este respecto, la Sala publicó en agosto de 1641 un auto prohibiendo a los madrileños construir fuera de los límites declarados edificables y ordenando que las solicitudes de licencias de obras se presentasen en el Ayuntamiento, acompañadas de la planta y traza. Así mismo respecto a las fachadas de los inmuebles se declaró «que ninguna persona pueda tener cerrados los balcones de sus casas con tabiques ni tablas ni en otra forma ni salir a la calle con cerramientos ni enmaderamientos, sino que estén descubiertos todos». Por la misma disposi-

165. Lugares comprendidos dentro de las cinco leguas de la Corte (A.H.N., Consejos, Sala de Alcaldes, libro-año 1610, fols. 83 y 84). Las villas y lugares de la jurisdicción de Madrid (A.H.N., Consejos, Sala de Alcaldes, libro-años 1625 y 1626, fol. 84). Lugares que están eximidos de la jurisdicción de la Corte (A.H.N., Consejos, Sala de Alcaldes, libro-año 1657, fol. 250). Lugares que están dentro de las cinco leguas de jurisdicción de la Corte (A.H.N., Consejos, Sala de Alcaldes, libro-año 1673, fol. 1).

166. En una economía de mercado regulado como la del Antiguo Régimen, la tasación de los productos de consumo diario era una función de gran importancia encomendada a la Corona. En la Corte esta función, por razones obvias, se hacía más compleja y se encomendaba a un organismo íntimamente ligado al Consejo Real y que gozaba de la confianza de la Corona: la Sala de Alcaldes de Casa y Corte. A este respecto, se lee en la *Nueva Recopilación*: «Los dichos nuestros alcaldes, o alguno dellos por sí mismos pongan los precios del pan, y vino, y caza, y aves, y otros mantenimientos que se truxeren a vender a nuestra Corte de fuera parte, informándose de los Fieles, y Regidores de la ciudad, villa o lugar donde estuviere nuestra Corte, del precio de las cosas que así hubieren de poner, para que más justamente las pongan. Los cuales dichos nuestros alcaldes se repartan por semanas, para que las cosas que han de tener cargo en los dichos mantenimientos, y rastros, y que cada día vayan a las carnicerías y pescaderías, y candelarias, y regatones, y bodegones, para que las den a justos y razonables precios» (*Nueva Recopilación* II, 6, 9).

ción se prohibió a los artesanos ejercer su actividad en plena calle y se adoptaron algunas medidas de carácter higiénico. Se proscribió arrojar excrementos por las ventanas y azoteas, haciendo «que los echasen por las puertas principales o falsas en mitad de la calle, y no en en otra ninguna parte. Y las inmundicias no se puedan echar ni se echen, si no fuere en verano, desde primero de abril hasta fin de septiembre después de las once de la noche, y en el invierno, desde primero de octubre hasta fin de marzo, después de las diez».

LUGARES COMPRENDIDOS DENTRO DE LAS CINCO LEGUAS DE LA JURISDICCIÓN DE LA CORTE. AÑOS 1610, 1625, 1673.

POBLACION........1610		1625	1673	POBLACION........1610		1625	1673
AJALVIR..........	■		■	LOECHES..........	■		
ALAMEDA, LA......	■		■	MAJADAHONDA......	■	■	■
ALCOBENDAS	■			MEJORADA.........	■		
ALCORCON.........	■	■	■	MORALEJA DEL MEDIO			■
ALGETE...........	■			MORALEJA LA MAYOR			■
AMBROZ...........	■	■	■	MORATA...........			■
ARAVACA..........	■	■	■	MOSTOLES.........	■		■
ARGANDA..........	■			NAVALCARNERO.....	■	■	
ARROYOMOLINOS....	■		■	ODON.............	■		■
BARAJAS..........	■			PARACUELLOS......	■		■
BATRES...........	■		■	PARLA............	■		
BAYONA DE TAJUÑA.	■		■	PERALES..........	■	■	
BOADILLA.........	■	■	■	PINTO............	■		
BRUNETE..........	■		■	POLVORANCA.......	■		
CAMARMA ESTERUELAS	■		■	POZUELO DE ALRCON			■
CAMARMA DEL CAMPO	■			POZUELO DE ARAVACA	■	■	
CANILLAS	■	■		REJAS............	■	■	
CANILLEJAS	■	■		RIVAS............	■	■	■
CARABANCHEL DE AB.	■	■	■	ROZAS, LAS.......	■	■	■
CARABANCHEL DE AR.	■	■	■	SACEDON..........	■	■	■
CASARRUBUELOS....	■			SAN MARTIN VEGA..	■		
CHAMARTIN........	■	■		SAN SEBASTIAN....	■	■	
CIEMPOZUELOS.....	■			SERRANILLOS......	■		■
COBEÑA...........	■			TORREJON DE ARDOZ	■		
COSLADA..........	■	■		TORREJON CALZADA.	■	■	■
CUBAS............	■			TORREJON VELASCO.	■		
DAGANZO DE ABAJO.	■			TORREJONCILLO.....	■		
DAGANZO DE ARRIBA	■			TORRELODONES......	■		
FUENCARRAL.......	■	■	■	TORRES............	■		
FUENLABRADA......	■	■		VACIAMADRID.......	■	■	■
FUENTE EL FRESNO.	■	■		VALDEMORO.........	■		
FUENTE EL SAZ....	■			VALLECAS..........	■	■	■
GETAFE...........	■	■		VEGUILLA, LA......			■
GRIÑON...........	■			VELILLA...........	■	■	■
HORTALEZA........	■	■		VICALVARO.........	■	■	
HUMANEJOS........	■	■	■	VILLA DEL CAMPO...	■		
HUMANES..........	■		■	VILLANUEVA CAÑADA.	■		
HUMERA...........	■	■		VILLAVERDE........	■	■	
LEGANES..........	■	■		ZARZUELA..........			■

A los propietarios de cuadras se les vedó derramar el estiércol en la calle, obligándoles a sacarlo fuera del casco urbano en carros o bestias, y a los dueños de puercos se les impidió tener los animales sueltos por la vía pública. Otras actividades profesionales de naturaleza molesta, como pescaderías y confiterías, en cuyo ejercicio se desprendían pestilentes hedores, también fueron objeto de la atención del referido auto sobre policía y ornato de la Corte:

> «Que ningún tratante en pescado, ni confitero pueda echar a la calle el agua con que remojan el pescado ni la que resulta de tener las frutas los confiteros que una y otra es de muy mal olor; sino que en cubas y cubetas la saquen al campo fuera de esta villa. Pena por cada vez que la echaren en la calle de diez ducados y cuatro días de cárcel»[167].

Del mismo modo poseían los alcaldes de Casa y Corte jurisdicción civil, no admitiéndose en estos casos recurso de apelación, suplicación, agravio o nulidad, sino ante el Consejo Real[168]. Pero su función más notable fue el ejercicio de la jurisdicción penal en la Corte y Rastro. En dicha materia gozaban, dentro del ámbito territorial citado, de «la suprema jurisdicción criminal, sin que haya apelación ni suplicación sino para ellos mismos»[169]. Precisamente, esta atribución en sumo grado de la jurisdicción penal proporcionó a la Sala de Alcaldes de Casa y Corte el nombre de Sala del Consejo y gracias a esta relación estrecha con el alto órgano de gobierno y justicia de Castilla, acudía la Sala incorporada a él en los actos públicos solemnes; aunque, por supuesto, los alcaldes no eran consejeros ni participaban en las funciones y poderes del Consejo. La residencia en la Corte del Tribunal de la Sala de Alcaldes de Casa y Corte, no excluía el nombramiento en la misma de un Corregidor cuyas sentencias eran recurribles ante la Sala[170].

Se subordinaba la jurisdicción del Corregidor a la de la Sala. Ello se dedujo claramente en la reprensión de unos incidentes ocurridos entre los alcaldes de Corte y el corregidor, en Madrid el año 1650. Por aquellas fechas la villa de Madrid puso en manos del Rey un memorial en el cual se quejaba del hecho de que la Sala de Alcaldes, por auto comunicado con el Presidente del Consejo, había ordenado la detención del Vizconde de Laguna de Contreras, su corregidor. Consideraba la villa que no había motivos para proceder a la prisión y aún cuando los hubiera, —a su entender— no podía la Sala ejecutarla, sin dar cuenta de ello al Consejo.

Antes de adoptar una determinación, quiso el Consejo informarse más pormenorizadamente del caso. De sus averiguaciones se desprendió lo siguiente: El viernes 16 de septiembre, bajando a caballo el corregidor desde San Martín a San Ginés con algunos alguaciles y criados, se cruzó con un alguacil de Corte. Este no hizo gesto alguno de cortesía ni se quitó el sombrero, ante lo cual el corregidor le llamó y tras reprenderle ordenó a sus alguaciles que le desarmasen y detuviesen. Sin embargo, llegó a la sazón otro alguacil de Corte y explicó que el compañero detenido ejercía el oficio desde hacía muy poco tiempo y por eso ignoraba sus obligaciones. Con esta intercesión el corregidor mandó soltar al alguacil retenido, pero como la noticia de lo ocurrido llegase a la Sala,

167. A.H.N., Consejos, Sala de Alcaldes, libro-año 1642, fols. 563 a 567.
168. *Nueva Recopilación* II, 6, 2.
169. *Nueva Recopilación* II, 6, 15.
170. *Nueva Recopilación* II, 6, 14.

se proveyó en ella la detención domiciliaria del corregidor, participando la decisión al Presidente del Consejo, antes de proceder a la ejecución de lo acordado. Con la conformidad de tan alta autoridad fue arrestado el Vizconde de Laguna en su casa, aunque recuperó la libertad pocos días después, con apercibimiento de no volver a actuar contra ningún alguacil de Corte.

Acerca de todo esto, el Consejo en consulta de 28 de septiembre de 1650 representó al Rey que la pretensión de la villa sobre no permitir el castigo de su corregidor por la Sala «se juzga ajena a toda razón y se opone a las leyes de Vuestra Majestad que tienen dada la jurisdicción absoluta a la Sala de Alcaldes de todas las causas criminales de la Corte y cinco leguas. Y parece al Consejo no se debe dar lugar a que el mayor tribunal y el más necesario para la quietud pública del reino se desluzca y desautorice con limitarle su jurisdicción en las causas que se pueden ofrecer de exceso de los corregidores, pues fuera de ser mala consecuencia, puede ocasionar desconsuelo a los de mayor puesto, que siempre han reconocido por juez competente de sus excesos a la Sala; y más cuando en los distritos de las Chancillerías de Valladolid y Granada conocen y castigan los alcaldes los excesos de sus corregidores». La respuesta del Rey a la consulta fue muy explícita y en concordancia con las recomendaciones del Consejo: «Está bien lo que parece»[171].

Al igual que en las audiencias, los pleitos de índole criminal los fallaban los alcaldes de Casa y Corte colegiadamente, y cuando alguno de los tres alcaldes faltaba a la votación por enfermedad, ausencia, etc., le sustituía un miembro del Consejo Real. Lo sentenciado por ellos de esta forma se hacía ejecutivo, sin admitirse apelación ante ningún otro órgano, sino sólo suplicación ante ellos mismos.

Juan II estableció que los alcaldes de Corte, en número de cuatro, fueran designados por el propio Rey[172]. En cuanto a las circunstancias concurrentes en su nombramiento, Cervantes las resumió en estudio favor y suerte: «Yo apostaré que si van a estudiar a Salamanca, que a un tris han de venir a ser alcaldes de Corte; que no todo es burla, sino estudiar y más estudiar, y tener favor y ventura; y cuando menos se piensa el hombre, se halla con una vara en la mano o con una mitra en la cabeza»[173].

Felipe II, por su parte, dispuso en el año 1583 que la Sala de Alcaldes de Casa y Corte se compusiera de seis alcaldes, cuatro de los cuales se dedicaron a ver causas criminales y tasar los precios de los productos alimenticios[174]. Los otros dos alcaldes restantes se ocuparon de los casos civiles, juzgando cada uno de ellos por separado en primera instancia y colegiadamente entre los dos, cuando el caso hubiera llegado en apelación. Los recursos contra los fallos de los alcaldes en pleitos de este tipo iban al Consejo Real, si la cantidad en litigio alcanzaba los 50.000 mrs. En caso contrario, lo veían conjuntamente los dos alcaldes, y si concordaban ambos en la determinación del mismo pronunciaban sentencia, la cual era ejecutiva, porque contra ella no cabía apelación, reclamación ni otro recurso alguno. Cuando los dos alcaldes no lograban conformarse en la misma opinión, el escribano de la causa la llevaba a casa del consejero más nuevo. Después éste, junto con los dos alcaldes, libraban el correspondiente mandamiento ejecu-

171. A.H.N., Consejos Suprimidos, leg. 7.161, n.º 37.
172. *Nueva Recopilación* II, 6, 2.
173. CERVANTES SAAVEDRA, M.: *D. Quijote de la Mancha*. Barcelona, 1978.
174. *Nueva Recopilación* II, 6, 16.

torio. Pero, cuando difería el parecer de cada uno de los tres, el asunto iba al Consejo, donde el Presidente nombraba una persona, la cual lo votaba junto a los demás jueces que ya lo habían visto anteriormente[175].

El propio Felipe II en el año 1599, reformó el modo de proceder de los alcaldes de Casa y Corte, reservando para el alcalde más antiguo el entendimiento de los negocios criminales de poca importancia, en los cuales se admitía el despacho por un solo alcalde. Los otros cinco alcaldes, a partir de la fecha señalada, celebraron separadamente audiencia de Provincia tres tardes a la semana. Por otra parte, mensualmente el Presidente de la Sala designaba dos alcaldes por turnos con la misión de conocer en grado de apelación de las causas de cuantía inferior a 100.000 mrs., que los otros tres alcaldes o las justicias ordinarias hubieran sentenciado anteriormente. El fallo emitido por estos alcaldes se consideraba definitiv[176].

A lo largo del siglo XVII debió crecer notoriamente la plantilla de la Sala de Alcaldes de Casa y Corte, razón por la cual Carlos II, valiéndose de un Real Decreto, determinó el 17 de julio de 1691 llevar a cabo un reajuste. En esta fecha se resolvió que los alcaldes de Casa y Corte quedasen reducidos a nueve, los más antiguos de los existentes. El resto quedó sin ejercicio, pero se les mantuvo «la mitad del goce que hasta el presente han tenido, reservándose para cubrir las vacantes que vayan quedando, y mientras tanto, empléeseles en corregimientos de togados que se juzguen correspondientes al grado de estos ministros[177].

No se cumplieron cabalmente las aspiraciones de Carlos II, pues tiempo después volvió a crecer el número de alcaldes de la Sala. En 1715, además del consejero presidente la componían: doce jueces nombrados por el Rey, un fiscal, cuatro escribanos de la Cámara de Castilla, tres relatores, un agente fiscal, un abogado y un procurador de los pobres; diez escribanos de la provincia de Madrid, veinte y cuatro porteros y cuarenta alguaciles de Corte que auxiliaban al tribunal y aseguraban la ejecución de sus sentencias[178].

Por lo que se refiere a la actividad de la Sala entre 1542 y 1700 vio un total de 13.963 causas, a una media de 107 por año —sacando fuera de la operación aquellos años de los cuales no poseemos referencias—. La etapa de 1583 a 1630 fue la de mayor esfuerzo para la Sala, si hacemos caso del gran número de procesos registrados. En su transcurso los alcaldes hubieron de ocuparse en despachar 188 procesos por año como término medio. En esta misma época, en el año 1607, se alcanzó la máxima actividad con 292 causas vistas, cantidad sólamente superada en 1700, año en el cual la Sala despachó 318 procesos[179].

175. *Nueva Recopilación* II, 6, 16.
176. *Nueva Recopilación* II, 6, 18.
177. A.H.N., Consejos, Sala de Alcaldes, libro-año 1691, fol. 160.
178. DESDEVISES DU DEZERT, G.: «La Chambre des juges de l'hotel et de la Cour en 1745», en *Revue Hispanique*. T. XXXVI, 1916. pp. 1 y 2.
179. Siendo Gobernador de la Sala de Alcaldes, D. Andrés de Valcarcel Dato, miembro del Consejo Real, se mandó hacer un inventario de las causas criminales existentes en aquellos momentos en el archivo de la Sala. Este inventario se conserva en la sección de Consejos Suprimidos del A.H.N. (libros 2783, 2784, 2785, 2786 y 2787). Se ignora la fecha exacta de su elaboración, pero hubo de hacerse necesariamente entre 1754 y 1767, período en el cual fue consejero de Castilla el Sr. Valcárcel Dato (Fayard, J.: «Los miembros del Consejo Real de Castilla, 1746 a 1788», en *Cuadernos de Investigación Histórica*. n.º 6. Madrid, 1982. pp. 109 a 132).

Procesos registrados por la Sala de Alcaldes entre los años 1580-1700

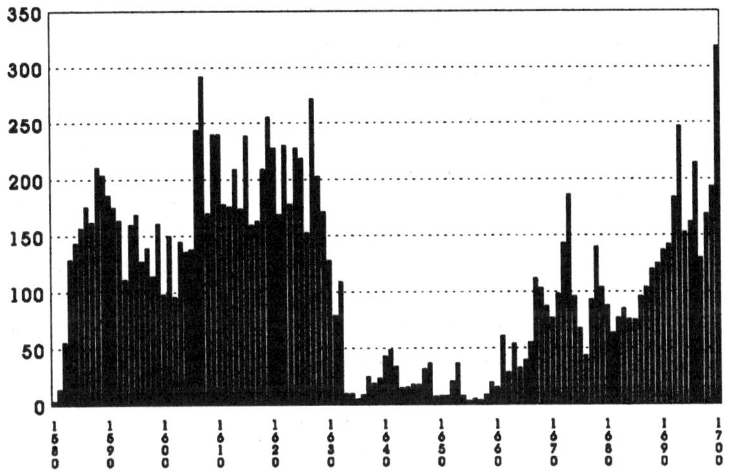

A.H.N., Cons. Suprimidos, lib 2783 y ss.

Entre 1633 y 1660 se abre un periodo en el que la media de procesos inventariados es muy inferior a la media de 1542 a 1700. Mientras en este último intervalo la media es de 107 procesos al año en aquel lo es de 18, debiéndose destacar, además, que los altibajos son continuos y aparecen años con una representación reducidísima, como el de 1635 con cinco procesos y el de 1655 con tres. Recelamos que la causa de ello fuera la pereza de la Sala y nos inclinamos a considerar una posible insuficiencia de las fuentes.

Después de 1660 se produce la inflexión en la tendencia, abriendose un nuevo ciclo de apogeo, en el cual la gráfica irá elevandose de forma casi continua hasta alcanzar las 318 causas del año 1700, cantidad que superó todos los niveles anteriores.

En lo que se refiere a la distribución por delitos, los más perseguidos fueron los atentados contra la vida e integridad de las personas (36,3%) y el patrimonio (27,1%). Juntos superan el 60% de los reprimidos. Les siguen las infracciones contra el honor y la honra (9,7%), el orden público (8%), la moral sexual (7,7%) y la administración de justicia (4,1%). En proporciones sensiblemente inferiores aparecen los oficiales públicos sancionados por irregularidades, negligencias, excesos o corruptelas (0,9%); también quienes menoscabaron los derechos e intereses de la Corona (0,8%), faltaron a la verdad (0,4%), atacaron a Dios y la Religión (0,3%), agredieron las libertades personales (0,2%) o daña-

Según el catálogo de materias de la Sala de Alcaldes de Casa y Corte, la documentación a que se refieren estos inventarios ha desaparecido (Archivo Histórico Nacional: *Consejo de Castilla. Sala de Alcaldes de Casa y Corte. Catálogo por materias*. Madrid, 1925). Se vendió, conforme expresó V. Vignau en 1898 al ingresar en la Academia de la Historia.

El Proceso más antiguo de los registrados data de 1542 y, por lo que a nosotros se refiere hemos estudiado la fuente hasta el año 1700. Se optó por computar las causas y no los reos implicados en ellas; por tanto, las cifras ofrecidas por nosotros aluden a procesos y no a delincuentes. Cuando alguna persona —o personas— fueron procesadas por varios delitos se decidió anotar su caso en el lugar correspondiente al más grave de ellos.

ron la institución familiar (0,2%). Estas proporciones se mantubieron más o menos constantes, sin apenas variaciones, durante el tiempo objeto de estudio.

De los delitos contra la vida e integridad de las personas merecen destacarse, como los más abundantes, los relativos a heridas y lesiones (2.907 procesos), seguidos de los homicidios (1.601) y malos tratos (570). Del mismo modo aparece también algún caso de suicidio, pero su frecuencia es baja.

Entre los delitos contra la propiedad prolifera la delincuencia imputable a las capas más bajas de la sociedad. Los salteamientos, robos, hurtos, raterías, falsedades, estafas, incendios y daños en los bienes suman 2.871 casos, es decir el 75,7% de este tipo de delitos. A larga distancia, pero aún con una presencia importante, encontramos una delincuencia económica, atentatoria contra la economía de mercado regulado, imperante en el Antiguo Régimen. En este apartado se han agrupado la usura, tratos injustos, reventas, ventas a mayor precio que el de tasa, excesos en los cambios de monedas o letras, y fraudes. Naturalmente en el grupo de transgresores de esta normativa económica encontramos algunos nobles. Ello no obsta para afirmar que estas transgresiones cuestionan el orden feudal de la época, al margen del estatus jurídico —noble o plebeyo— de los infractores. En conjunto se registran 567 casos de esta clase, o sea el 14,9% de los delitos contra el patrimonio. Causas por deudas sólamente hemos encontrado 42. Así pues, la Sala de Alcaldes apenas se procesó a los morosos.

De los delitos contra el honor y la honra, la mayor parte tuvieron relación con motivaciones sexuales: estupros, violaciones y raptos reúnen el 55% de las infracciones de esta índole. Infamias e injurias, por su parte, concentran el 42%.

Los delitos más abundantes contra el orden público son los que amenazan la seguridad de las personas: provocaciones, amenazas, desafíos, cuestiones y riñas. Ellos importan el 57% de todos los registrados en este apartado. Les siguen la contravención de pragmáticas —sobre todo las que regulaban el uso de coches, trajes, mulas...—, autos de gobierno, desobediencia de Reales Ordenes, infringir Ordenanzas, Bandos, etc. Estos delitos suman el 16%. El uso y tenencia de armas prohibidas reúne el 11%. Alborotos, tumultos y motines: 4%. Juego: 3%. Escándalo: 2%. «Mala vida» y vagos no alcanzan el 2%. Otros delitos registrados, pero que tuvieron una incidencia insignificante fueron las infracciones electorales, desabastecimiento de mercados, embriaguez, asistencia o participación en pedreas, rifas y sorteos no autorizados, e imprimir sin licencia.

Amancebamientos, adulterios, tratos ilícitos, inquietar casadas, solicitar mujeres y perseguir doncellas alcanzan la mayoría absoluta entre los delitos tocantes a la moral sexual; suman el 85% de los delitos de este tipo. Los demás se quedan en cifras mucho más moderadas: alcahuetería 7%, homosexualidad 3%, bigamia 2%, rufianes 1%, incesto 0,6%, bestialidad 0,3%.

La justicia protege su propia acción y reprime todo aquello que pueda dificultarla. La Sala de Alcaldes no es una excepción de lo expuesto y apoya a sus agentes; por eso un 13% de los delitos contra la administración de justicia lo constituyen desacatos, insultos y agresiones a sus ministros. Las transgresiones más frecuentes son el quebrantamiento o incumplimiento de condena: 31%. Sin duda, ello apunta hacia uno de los puntos débiles del sistema penal. Del mismo modo es muy abundante la resistencia a la detención efectuada por agentes autorizados (28%). Las fugas de detenidos, bien sea con auxilio exterior o sin él, acumulan el 12% de los casos de esta especie. Bajan sensiblemente en la cifra alcanzada, los delitos de obstaculización de la acción de la justicia (1%) y negación de auxilio a sus ministros (1%). En este mismo apartado se han captado: sustracciones de documentos judiciales, cohechos, suplantación de la justicia, tomársela por su mano, etc.; pero su incidencia es insignificante.

En lo que se refiere a las prevaricaciones de los oficiales públicos, se reparten casi a partes iguales las de los oficiales de justicia (46%) y las de otros oficiales (53%).

Dentro de los delitos contra los derechos e intereses de la Corona se han podido registrar los siguientes: defraudación de rentas reales, falsificación de moneda, deserción del ejército, contrabando, traición, desacato a la autoridad real, cazar furtivamente en los reales bosques, sedición y hacer repartimientos sin licencia real.

En delitos contrarios a la verdad apareció el uso de oficios sin los requiesitos legales necesarios, simular ser víctima de un delito, suplantación de personalidad, embustes, uso de hábitos distintos a los correspondientes a la persona que los viste y engaños.

Contra Dios y la Religión se cometieron delitos de hechicería, superstición, blasfemia, sacar monja de convento y profanación de templo.

Se han encuadrado bajo el epígrafe de delitos contra las libertades personales la venta de persona libre como esclavo, violación de correspondencia y allanamiento de morada.

El delito más prolífero de los atentatorios contra la familia, fue el abandono del hogar conyugal (63%), y debe destacarse que el 85% de las personas penadas por ello eran mujeres. Naturalmente los hombres abandonaban el hogar más a menudo que las mujeres. Sin embargo, ellas eran perseguidas con mayor celo. En el mismo grupo de infracciones nos encontramos el abandono de criaturas, la indisposición de casados y algunos casos de aborto.

Consejo Real

El primer órgano de la monarquía castellana fue el Consejo Real. Posteriormente aparecerán los Consejos de Cámara, Ordenes, Inquisición , Cruzada, Hacienda, etc. Las primeras ordenanzas conservadas del Consejo de Castilla datan de 1385. En ellas, el Consejo aparece fundamentalmente como órgano colegiado consultivo.

Siempre actuaba el Consejo en nombre del Soberano, a quien representaba. En las ordenanzas de 1459 ya se alude a su actividad como órgano superior de la administración de justicia. Sus sentencias y determinaciones no tenían apelación, sino recurso en grado de revista ante el mismo órgano. Por tanto la sentencia en segundo grado tenía carácter ejecutivo. Más tarde, las Cortes de Toledo de 1480 declararon que sus fallos no eran recurribles mediante apelación, agravio, nulidad, alzada, ni de ninguna otra manera; pero podían ser suplicados ante el propio Consejo y se permitía una segunda suplicación en asuntos civiles de mayor cuantía con la fianza de las mil y quinientas doblas.

En temas judiciales, en el ámbito de la Corona de Castilla, era el órgano supremo de justicia para todos los tribunales pertenecientes a la jurisdicción real ordinaria. De él dependía el uso de las demás jurisdicciones y las gobernaba. Podía avocar para sí causas en las que estuviesen entendiendo otros tribunales, inhibirlos o disponer como creyese más conveniente. La jurisdicción del Consejo emanaba y derivaba del Rey.

Sin embargo es preciso advertir que su jurisdicción no coincidía exactamente con la del Monarca, pues la indivisión de poderes en el Antiguo Régimen concentraba todos los poderes en el Soberano; y éste siguiendo su propia voluntad, trasmitía a sus instituciones colaboradoras una fracción de proporciones variables, según los casos.

En cuanto órgano superior e inmediato al Monarca tuvo igualmente la función de proteger la justicia real en el marco de un orden plural de jurisdicciones. Como entidad consultiva, el Rey le pedía asesoramiento sobre las materias más diversas. No obstante, el Consejo podía emitir sus dictámenes sobre los asuntos, sin esperar órdenes reales. Las ordenanzas le facultaban para determinar por sí mismo, sin consulta preceptiva al Monarca, los negocios cuya resolución se hacía por vía de expediente, que eran todos los de gobierno. En este terreno participaba el Consejo como órgano técnico en la elaboración de las leyes y normas de carácter general.

De igual modo, le correspondía publicar las leyes en Castilla, difundirlas e interpretarlas en nombre del Rey. Controlaba a los oficiales públicos y órganos colegiados, mediante exámenes de aptitud, toma de juramentos previos al desempeño de los oficios, residencias y visitas. Se ocupaba del gobierno de las ciudades y villas realengas a través de la concesión de licencias a los municipios para el reparto de impuestos entre sus vecinos, vigilaba los abastos y aprobaba las ordenanzas concejiles.

Desde las primeras ordenanzas de 1385, el Monarca se reservó los temas de gracia, merced y patronato. En estas cuestiones la iniciativa correspondía al Rey, funcionando el Consejo exclusivamente como órgano deliberante y consultivo. El despacho de la Cámara, germen del futuro Consejo de la Cámara, adquirió personalidad diferenciada del Consejo de Castilla a lo largo del reinado de los Reyes Católicos. Desconocemos con precisión el momento de la fundación del Consejo de Cámara. Pero Salustiano de Dios ha documentado que en 1516 ya había nombramientos específicos de consejeros de Cámara. Las instrucciones de 1528 de Carlos V a la emperatriz Isabel, sobre gobierno de los reinos durante su ausencia, prescribían librar por vía de Cámara lo siguiente: perdones, legitimaciones, licencias de fundación y modificación de mayorazgos, licencias para portar armas, exportar cosas prohibidas, dispensas de leyes, mercedes, cartas de hidalguía y caballería, cartas de naturaleza, de restablecimiento de buena fama a condenados, presentación de beneficios eclesiásticos, y provisión y renuncia de oficios.

La vinculación entre el Consejo Real y el de Cámara siempre fue estrechísima, hasta el punto de que el presidente del primero lo era al mismo tiempo del segundo, y todos los miembros del Consejo de Cámara pertenecían al de Castilla.

Figura preeminente en el Consejo era el Presidente. Podía dirigirse al Monarca cuantas veces lo juzgase pertinente, siendo habitual la consulta de los viernes. Al mismo tiempo presidía también la Cámara y las Cortes de Castilla. En los actos públicos ocupaba un lugar preferente junto al Rey y se le reconocía como la segunda dignidad del reino.

El número de consejeros no fue constante, sino que osciló según los tiempos. Las ordenanzas de Valladolid de 1442 le fijaron una composición de cuatro prelados, cuatro caballeros y cuatro ciudadanos. En las Cortes de Toledo de 1480 se estableció que entraran en el Consejo un prelado, tres caballeros y hasta ocho o nueve letrados. En el reinado de Carlos V se mantuvo el predominio absoluto alcanzado en su seno por los hombres de toga, y la cifra inicial de integrantes se elevó muy poco. En 1622 lo formaban un Presidente y diez y seis consejeros. A mediados del mismo siglo se mantenía la misma fórmula. Carlos II en 1691 fijó en 20 el número de consejeros para las cuatro salas, cantidad que efectivamente figura en la memoria del año 1694 para el reparto de miembros entre las distintas salas. Felipe V, a su vez, repitió la misma cifra en sus ordenanzas de 1701.

Además de consejeros, la plantilla del órgano incluía un fiscal, un asistente, relatores, escribanos, agentes fiscales, tasador de procesos, porteros, alguaciles y receptores.

Funcionalmente el Consejo se dividía en cuatro salas: gobierno, mil y quinientas doblas, justicia y provincia. La sala de gobierno tenía carácter especial y en ella residía el presidente. Su misión era amparar la Religión, proteger la moral pública y conservar la beneficencia. Tenía atribuidas al mismo tiempo actividades de fomento sobre el comercio, agricultura, ganadería y montes. Cuidaba del abastecimiento de la población y tasaba los precios de algunos productos. Así mismo le correspondía la vigilancia de los tribunales de justicia, resolución de conflictos jurisdiccionales, defensa de la jurisdicción real frente a las demás y nombramiento de jueces comisarios. Velaba por el cumplimiento de las leyes y elevaba a la consulta real las derogaciones, modificaciones y dispensas de leyes y ordenanzas. Las tres restantes salas administraban justicia.

A pesar de lo expuesto más arriba, debemos destacar que la distribución de competencias entre las salas no se ajustaba a una rigurosa distinción entre gobierno y justicia. Tal especificidad nunca pudo culminarse en un orden jurídico-político absolutista, basado en la acumulación de poderes en el Monarca, en quien se confundían prerrogativas de gobierno y de justicia.

En la organización política y administrativa de los reinos castellanos, el Consejo Real ocupaba el primer lugar. Situado detrás del Rey y de los Virreyes, su condición era superior a la de los demás órganos de la Corte. La comunicación con el Soberano se cubría a través del Presidente de Castilla, persona de la mayor confianza de la Corona.

Sin embargo, al establecerse el sistema de validos, surgieron tensiones entre éstos y el Consejo. Fruto de los recelos y desconfianzas surgidos entre ambas instituciones —cuyo mayor paroxismo se alcanzó en tiempos de Olivares— fue la apertura de ventanas en las salas donde celebraba sus sesiones el Consejo. Desde ellas se podía fiscalizar toda la actividad del organismo regio. Por este procedimiento —en teoría el Rey y en la práctica el valido— seguía las actuaciones de los consejeros.

Como hemos indicado, en las ordenanzas de 1459 aparece por primera vez el Consejo Real como órgano supremo de la administración de justicia. Dan a entender estas ordenanzas que el Consejo podía conocer de hechos civiles o criminales de cualquier calidad, con la única condición de cumplir al servicio del Rey. Acorde con lo elevado de su jurisdicción, directamente emanada de la del Monarca, sus fallos sólo podían ser revisados por el propio Consejo. Por tanto, la segunda sentencia pronunciada por este órgano en un pleito, se convertía en ejecutiva. Tan sólo a partir de las Cortes de Toledo de 1480 se consideró pertinente la suplicación de las sentencias de revista. Por otra parte, la tendencia dominante en los círculos jurídicos se inclinó a interpretar con largueza los límites de su jurisdicción. A ello contribuyó su vinculación con el Rey. Podía conocer en primera instancia de todos los casos permitidos al Monarca, salvo que éste desease retener para sí algunos de ellos[180]. Precisamente en algún caso el ejercicio de la justicia retenida mo-

180. ALONSO, M. P.: *El proceso penal en Castilla (siglos XIII-XVIII)*. Salamanca, 1982. p. 128.

tivó la intervención de las Cortes. Concretamente, en las celebradas en Madrid el año 1528, los procuradores solicitaron del Soberano que el Consejo no entendiese en procesos ordinarios y los remitiese a las Chancillerías. Respondió el Rey dando satisfacción a la petición de los súbditos, pero manteniendo en pleno vigor, al mismo tiempo, los principios vigentes. Por ello, tras aceptar la petición, se ordenó el envío de los procesos pendientes a las Chancillerías, *excepto los ya sentenciados en vista «y los otros que por algunos respectos nos pareciere que se debe retener en el nuestro Consejo»*[181].

Una de las peculiaridades más notables del Consejo de Castilla, en cuanto instrumento de administración de justicia, que le distinguía de todos los demás órganos judiciales superiores, era su capacidad para avocar hacia sí todo tipo de causas, sin esperar actuaciones previas, tales como la presentación del reo, apelación de interlocutorias, quejas por agravios de los jueces inferiores, etc. Igualmente revelan su destacada preeminencia las facultades detentadas para resolver fuerzas eclesiásticas, determinar conflictos de jurisdicción y enviar jueces comisarios a cualquier lugar del reino, de cuyas sentencias únicamente se podía apelar ante el propio Consejo.

Salustiano de Dios al referirse a la actividad judicial del Consejo ha escrito: «Quizá la actividad más importante del Consejo en este terreno sea su intervención en la resolución de los conflictos de jurisdicción entre los distintos jueces y tribunales del reino, por la que se declaraba el alcance jurisdiccional de cada uno de ellos. Con esta actuación el Consejo controlaba la organización de todos los órganos dotados de poder judicial y se situaba por encima de los mismos». Añade además el citado autor que la resolución de los conflictos de competencias llegó a convertirse en una de las cuestiones de las que se ocupaba la Sala de Gobierno, cuando se organizó la institución en salas[182].

En el mismo orden de cosas, tampoco se puede olvidar la trascendencia que tenía el conocimiento de los recursos de suplicación con la fianza de las mil y quinientas doblas, lo cual afectaba a los asuntos civiles de mayor cuantía sentenciados en grado de vista y revista por las Audiencias o por el mismo Consejo. En virtud de este recurso, adquirió el Consejo de Castilla rango de tribunal supremo de Castilla en materia civil. Categoría que ostentó por ser el órgano encargado de resolver los conflictos jurisdiccionales entre los diversos jueces y tribunales, y por tener reconocido el derecho de avocación sobre todas las causas[183]. Finalmente, por si lo enunciado anteriormente no fuera suficiente, correspondía al Consejo de Castilla el control de los aparatos judiciales de la Monarquía a través del gobierno de residencias y visitas.

En otro orden de cosas, cualquier súbdito podía acudir al Consejo, sin importar momento, a demandar justicia. Así el Rey, máxima expresión de la administración de justicia, aseguraba el cabal amparo de los súbditos frente a los abusos y las limitaciones de las justicias locales.

181. *Cortes de los Antiguos Reinos de León y de Castilla.* Madrid, 1861-1903. Cortes de Madrid de 1528. Pet. V. pp. 450 y 451.
182. DIOS, S. de: *El Consejo Real de Castilla (1385 a 1522).* Madrid, 1982. pp. 374 y 375.
183. *Nueva Recopilación* II, 3, 22.

B) Delegada de Excepción

Una de las manifestaciones más expresivas de la suprema jurisdicción de la Monarquía absoluta fue el nombramiento constante de jueces delegados o de comisión. Detentaba el Soberano la potestad de inhibir a los jueces ordinarios y podía encomendar la resolución de ciertos casos a jueces extraordinarios designados al efecto libremente. De este modo, la desvinculación del Rey respecto al derecho alcanzó una manifestación más en la justicia delegada o comisarial nombrada por el Consejo de Castilla, la cual frecuentemente aparece dotada de arbitrios tan singulares como el conocimiento privativo de delitos con inhibición de las justicias ordinarias, pudiendo incluso reiniciar procesos conclusos o ya sentenciados.

Generalmente, cobraban sus haberes el pesquisidor y sus subordinados con cargo a los bienes de los culpados, salvo que la comisión se hubiese dado por negligencia de la justicia ordinaria en la represión de los delitos, pues en circunstancias como las citadas, el corregidor o juez ordinario responsable de la omisión pagaba los gastos ocasionados. Sin embargo, no siempre hallaba el pesquisidor a los culpables. Con mucha frecuencia los delincuentes abandonaban el pueblo antes de la llegada del pesquisidor y a veces no dejaban bienes embargables al alcance del comisario. Entonces, los propios de la ciudad, villa o lugar debían afrontar el monto de las costas[184].

Seguramente, por esta razón, las ciudades a través de las Cortes se quejaron insistentemente de las actuaciones de este tipo de jueces. Ya en las Cortes de Valladolid de 1518, los procuradores obtuvieron del Monarca la promulgación de una ley que reservó el envío de pesquisidores para casos realmente graves:

> «Por escusar de costas a nuestros súbditos y naturales, mandamos, que de aquí adelante no se provean Pesquisidores sobre los casos, y delitos que acaecieren en las ciudades, villas y lugares destos nuestros Reinos, salvo quando el exceso fuere tan grande, y de tal calidad, que se crea, y tenga por cierto, que las justicias ordinarias no tienen poder para lo castigar, y determinar: y que en los otros casos procedan en ellos las justicias ordinarias»[185].

Con todo las Cortes de Madrid de 1528 suplicaron al Monarca que nombrase un número determinado de jueces para atender las comisiones, pues de ir a costa de quien resultase culpado, se derivaban muchos daños: «porque su principal interés es procurar que haya culpados de donde cobrar su salario y ocupar tiempo para ganarlos y no para hacer justicia»[186]. Parece que en las Cortes de Valladolid de 1523 el Soberano accedió a designar un número fijo de jueces encargados de las comisiones. En relación con esto se conserva en Simancas la minuta dc una Provisión Real que atestigua la intención de doña Juana y don Carlos de elegir especialistas en el desempeño de comisiones, cuyo salario se cargase sobre penas de cámara[187].

Sin embargo, nunca llegó a ordenarse correctamente la materia y las Cortes insistieron en su demanda. Renovadamente se la recordaron al Rey en las celebradas en Valla-

184. *Nueva Recopilación* III, 5, 5.
185. *Nueva Recopilación* VIII, 1, 8.
186. *Cortes de los Antiguos Reinos de León y de Castilla*. Cortes de Madrid de 1528. Pet. 115.
187. Minuta de provisión real, sin fecha. A.G.S., Diversos de Castilla, caja 1, fol. 46.

dolid en 1537, las de Toledo de 1538, las de Valladolid de 1542, las de Valladolid de 1544, las de Madrid de 1551, las de Valladolid de 1555, las de Toledo de 1559 y las de Madrid de 1591-1598[188]. Entre lo expuesto en ellas merecen ser destacados los alegatos de las celebradas en Valladolid en 1542:

> «Son notorios los inconvenientes que se siguen de la existencia de muchos pesquisidores y jueces de términos y de comisión que se envían por estos reinos a costa de culpados y las vejaciones que hacen por cobrar sus salarios y vuestra Majestad en las Cortes de esta villa de Valladolid del año de veinte y tres prometieron de diputar cierto número de letrados de ciencia y conciencia y experiencia para que vayan a ello y no vayan a costa de culpados y nunca se han provisto, señalado ni escogido los letrados que han de cumplir tal misión, ni cuantos han de ser, ni el salario que han de percibir».

En este caso la súplica de los procuradores se cifraba en la designación de doce letrados «de ciencia y experiencia y con salario competente que vayan a ello y que sólamente vayan a cosas muy importantes que los corregidores y justicias ordinarias de estos reinos no puedan remediar».

La delegación o comisión no comprendía necesariamente y en todo caso la sentencia del pleito. Podía incluirlo, si lo mencionaba expresamente el nombramiento, pero —a menudo— los comisarios sólo actuaban en diligencias iniciales, probanzas o, simplemente, en ejecución de las sentencias dadas por los tribunales superiores, con lo que el designado no ejercía como tal juez, sino como un simple informador o ejecutor[189].

En cuanto a las quejas sobre la ineficacia y desatinos de los pesquisidores, seleccionaremos un párrafo de una petición presentada en las Cortes de Madrid de 1551: «La experiencia demuestra el desorden que hay en los pesquisidores y que no sirven para hacer ningún castigo, porque cuando van, los delincuentes principales están a salvo y proceden contra los que les hablaron, dieron de comer, contra el herrador que les herró el caballo, contra el barquero que les pasó, y hacen grandes sinjusticias y cobran los salarios de los que no son culpados, y el delito queda sin castigo y los pueblos con más pasiones y enemistades que antes de la llegada del pesquisidor»[190].

En las Cortes de Madrid de 1592 a 1598 se nos comentan otras demasías cometidas por este tipo de jueces, tan odiosos para los pueblos: «Es cosa cierta y notoria los excesos y agravios que en estos reinos hacen los pesquisidores que van a castigar delitos generales, y a tomar cuentas de propios y pósitos de las ciudades y villas de estos reinos, a causa de que por la mayor parte, los pesquisidores letrados, van pobres y gastados, por el mucho tiempo que asisten en la Corte a sus pretensiones, que como todo su fin y pretensión, más que hacer justicia es procurar alargar sus comisiones, ellos y los escribanos forman e inventan causas, y aún solicitan a las partes que las muevan y les dan avisos y trazas para ello, por donde con los testimonios aparentes y fingidos que envían, se les prorrogan muchos términos, de que las partes son muy vejadas y molestadas, así por los muchos salarios y

188. *Cortes de los Antiguos Reinos de León y de Castilla*. Cortes de Valladolid de 1537. Pet. 12. Cortes de Toledo de 1538. T. V, pp. 83, 142 y ss. Cortes de Valladolid de 1542. T. V, pp. 186, 246 y 247. Cortes de Valladolid de 1544. T. V, p. 298. Cortes de Madrid de 1551. T. V, p. 509. Cortes de Valladolid de 1555. T. V, p. 637. Cortes de Toledo de 1559. T. V, p. 814. Cortes de Madrid de 1592 a 1598. T. XV, pp. 484 y ss.

189. ROLDÁN VERDEJO, R.: *Los jueces de la Monarquía Absoluta*. Madrid, 1989. p. 23.

190. *Cortes de los Antiguos Reinos de León y de Castilla*. Cortes de Madrid de 1551. Pet. XXIV.

costas que les llevan, como por las largas prisiones en que les tienen, poniéndoles por guardas sus lacayos y criados sin ser necesario, para con este color costarlos más, y cuando no hallan culpados o son tan pobres que no tienen de qué pagar, los cobran de quien les parece, aunque no sean culpados y lo que peor es que muchos de ellos se dejan cohechar, y es causa para que los delincuentes queden sin castigo, y los que no lo son castigados»[191].

Por su parte Castillo de Bobadilla, cuando escribe su *Política para Corregidores*, a finales del siglo XVI, abunda en señalar los mismos abusos en relación con los pesquisidores, a los cuales acusa de nombrar como auxiliares a sus propios criados para incrementar de este modo sus ganancias:

> «Aquí es de advertir el desorden y grande exceso de algunos pesquisidores en crear más alguaciles de los permitidos por la comisión, estendiendo totalmente este abuso por aprovechar á sus criados, por no dezir participar ellos de su salarios, que por esto les señalan muy crecidos, tomando color de que se ofrecen extraordinarias diligencias, y prisiones que hazer en diversas partes (...), y assí el Consejo ha prohibido á los pesquisidores que creen alguaciles, y por un capítulo de Cortes está confirmado, como adelante diremos»[192].

A su vez Cervantes, en *El licenciado de Vidriera*, aludió con sentido crítico a los usos viciosos practicados por algunos pesquisidores, según los cuales la severidad del juez comisario abonaba la mejor estima del Consejo, pues al resolver este órgano la apelación se le brindaba una magnífica ocasión para probar su magnanimidad: «Yo apostaré que lleva aquel juez víboras notas en el seno, pistoletes en la cinta y rayos en las manos, para destruir todo lo que alcanzare su comisión. Yo me acuerdo haber tenido un amigo que en una comisión criminal que tuvo dio una sentencia tan exorbitante, que excedía en muchos quilates a la culpa de los delincuentes. Preguntéle que por qué había dado aquella tan cruel sentencia y hecho tan manifiesta injusticia. Respondióme que pensaba otorgar la apelación y que con esto dejaba campo abierto a los señores del Consejo para mostrar su misericordia, moderando y poniendo aquella su rigurosa sentencia en su punto y debida proporción. Yo le respondí que mejor fuera haberla dado de manera que les quitara de aquel trabajo, pues con esto lo tuvieran a él por juez recto y acertado»[193].

En cuanto a los delitos que provocaban el nombramiento de juez comisario, éstos se encuadraban bajo el común denominador de faltas graves en las que por alguna circunstancia concurrieran dificultades para su represión por la justicia ordinaria. Tal caso se daba cuando los implicados eran personas principales capaces de recibir el apoyo de una clientela numerosa, y también cuando los comprometidos en la acción constituían un grueso importante de la población. En un suceso de este tipo recibió comisión de manos del Consejo don Diego Francos de Garnica para investigar unos hechos acaecidos en el lugar de Esquivias durante la celebración de un festejo taurino. Participaron en el evento vecinos de Illescas y de Esquivias, y, según algunos testigos presenciales, en los momentos más álgidos de la contienda llegó a haber hasta cien personas por cada uno de los bandos. Ante estas noticias y con la perspectiva de que la justicia ordinaria no pudiera

191. *Cortes de los Antiguos Reinos de León y de Castilla*. Cortes de Madrid de 1592 a 1598. T. XV. pp. 485 y ss.

192. CASTILLO DE BOVADILLA, J.: *Política para corregidores y señores de vasallos*. Amberes, 1750. Ed. facs. Madrid, 1978. II, 21, 47.

193. CERVANTES DE SAAVEDRA, M.: *El licenciado Vidriera*. Zaragoza, 1943. p. 45.

actuar con la determinación necesaria, el Consejo comisionó al mencionado juez, el cual, tan pronto como llegó a su destino, pronunció las consabidas sentencias condenatorias. Una vez más debemos resaltar que los implicados en mayor grado habían huido, por eso fueron condenados en rebeldía[194]. Ello cuestiona la eficacia del pesquisidor en relación con la persecución de la criminalidad, pero confirma su validez en orden al reforzamiento de la presencia de la Monarquía en todos los lugares de los reinos. Por otra parte, para la Corona suponían los jueces comisarios un potente medio de control al estar investidos de una autoridad especial y ser capaces de desplegarse según las necesidades de cada momento. En cuanto a la parte más negativa de su actuación, debemos aludir al menoscabo que las garantías jurídicas de reos y querellantes recibían durante las actuaciones de los jueces delegados extraordinarios.

Del mismo modo, servían los pesquisidores para investigar la labor de los corregidores y otros jueces. En el año 1666 llegaron al Consejo Real varias quejas dirigidas contra el corregidor de Córdoba, don Juan Manuel Pantoja, alusivas a corrupción en la administración de las arcas reales, omisión en el abastecimiento de la ciudad y escándalos en sus relaciones extramatrimoniales. Entre los denunciantes de los referidos excesos se encontraban personajes de la calidad del obispo. Por ello el Consejo no pudo hacer oídos sordos ante tales informes y despachó comisión a nombre de don Cristóbal Muñoz de Escobar, oidor de la Chancillería de Granada, el cual se ocupó tres meses en efectuar las investigaciones, aunque finalmente juzgó por no probados los cargos imputados al corregidor[195].

C) Especial Privilegiada

Ya se ha expuesto cómo en la sociedad corporativo-estamental del Antiguo Régimen varias colectividades gozaban de favores jurídicos de distinta índole. Las Hermandades, las universidades, la mesta y el personal castrense constituían cualificados ejemplos de corporaciones beneficiadas con privilegios jurídicos.

Las Hermandades

Son las Hermandades instituciones de complejos orígenes y caracterización difíciles, pues bajo el mismo nombre se escondieron realidades bien diferentes. Muchas veces la voz hermandad simplemente se empleaba en el sentido de liga, alianza o confederación, sin que con ello se aludiera a ningún órgano o institución especializada en la persecución de la delincuencia. En cualquier caso, los principios de estas uniones fraternales se remontan a la Edad Media y las entidades modernas conocidas con la denominación de Hermandades tuvieron cierta relación con sus antecesoras medievales.

La historiografía liberal del siglo XIX observó las Hermandades como órganos nacidos del antagonismo entre las oligarquías nobiliarias y los municipios medieva-

194. A.G.S., Cámara de Castilla, leg. 2.560, fol. 40.
195. A.H.N., Consejos Suprimidos, leg. 7.167, n.º 121 y leg. 7.177, n.º 91.

les. Por su parte, Luis Suárez Fernández atribuyó su surgimiento a la debilidad temporal de la Monarquía durante los períodos de minoría de edad en el trono[196]. Para Alvarez de Morales la Hermandad General de 1295 fue un mecanismo de intervención de las ciudades en los asuntos políticos con la finalidad de defender sus fueros y privilegios, amenazados por los abusos de la nobleza en unos momentos de desfallecimiento de la Corona[197].

Julio Valdeón, en su obra *Los conflictos sociales en el reino de Castilla en los siglos XIV y XV* ha relacionado las Hermandades con los movimientos populares y ha estimado que fueron un medio de expresión de protestas antiseñoriales. A este respecto expone el historiador vallisoletano: «a pesar de su ambigüedad, de sus limitaciones y de las contradicciones sociales que albergaban en su seno, las Hermandades podían resultar una institución eficaz para la defensa de los intereses de amplias capas populares, convirtiéndose en germen de movimientos de rebeldía, como sucedió durante el reinado de Enrique IV con los hermandiños gallegos. Quizá por eso Alfonso XI, en cuanto alcanzó la mayoría de edad, decidió suprimir la Hermandad». A continuación el citado autor añade: «La réplica popular a la agresividad señorial pudo encontrar una válvula de escape en las Hermandades»[198].

A juicio de Valdeón en las Hermandades se expresó una actitud de resistencia, cuando no de franca oposición de los concejos a los grandes y a los ricos hombres. «Las Hermandades fueron un cauce peculiar y privativo del reino de Castilla, de canalización de los intereses populares, puestos en entredicho por la violencia de los poderosos»[199]. Más recientemente, Salustiano Moreta, partiendo de la hipótesis de que las Hermandades medievales constituían una unificación de clases diferentes, realizada sobre la base de objetivos generales opuestos a los malhechores feudales y también sobre la pretensión de alcanzar fines concretos de cada clase social hermanada, ha considerado estas uniones como una «alianza transitoria de clases distintas a nivel supraconcejil en relación con actividades violentas del bloque hegemónico de la clase feudal dominante, en un contexto de crisis general del sistema feudal»[200].

En cuanto a la interpretación dada por Valdeón, relativa a las Hermandades como organismo popular, canalizador de sentimientos antiseñoriales, Moreta puntualiza: «Está claro que las Hermandades no se plantean ni asumen en ningún momento la defensa de los intereses de clase de los campesinos o artesanos. Los hermanados no piensan en la lucha contra el «orden» y la «explotación» feudales. Las hermandades se organizan principalísimamente para garantizar los intereses de las clases hegemónicas de los concejos amenazados por las actividades y «malfetrías» de los malhechores-feudales. Sin embar-

196. SUÁREZ FERNÁNDEZ, L.: «Evolución histórica de las hermandades castellanas», en *Cuadernos de Historia de España*. XVI (1951). pp. 5 a 78.

197. ÁLVAREZ MORALES, A.: *La hermandades, expresión del movimiento comunitario en España*. Valladolid, 1974. pp. 46 a 53.

198. VALDEÓN BARUQUE, J.: *Los conflictos sociales en el reino de Castilla en los siglos XIV y XV*. Madrid, 1979. pp. 71 y 72.

199. VALDEÓN BARUQUE, J.: *Los conflictos sociales en el reino de Castilla en los siglos XIV y XV*. Madrid, 1979. p. 68.

200. MORETA VELAYOS, S.: *Malhechores feudales (violencia, antagonismos y alianzas de clases en Castilla, siglos XIII y XIV)*. Madrid, 1978. pp. 189 y 190.

go, de alguna manera las hermandades supondrían ciertas garantías y ventajas para las clases más desfavorecidas y explotadas de los concejos hermanados: garantía para sus vidas —defender la vida contra los malhechores-feudales es quizá el único «objetivo común» de campesinos, caballeros villanos e hidalgos— por una parte, y para que no se intensificara su explotación ni empeorase su situación, por otra»[201].

Por nuestra parte, queremos destacar del movimiento hermanado medieval su esencia de aparato defensivo autónomo, independiente de los aparatos gubernativos jurisdiccionales de la Corona y de los nobles. Surgió éste en momentos de enflaquecimiento de las instituciones reales, en los cuales los desafueros de algunos señores e incluso de ciertos oficiales reales se hicieron insoportables para todos: comerciantes, artesanos, campesinos y nobles. Su trayectoria histórica fue vacilante. Aunque generalmente apoyó a la Monarquía, ocasionalmente se puso de parte de la nobleza rebelde. Razón esta última que justificaría las contradictorias reacciones de la Corona frente al mismo.

Las primeras Hermandades de las que tenemos noticias aparecieron a fines del siglo XII. Sin embargo, estos organismos adquirieron su mayor relieve durante los siglos XIV y XV. En un principio se circunscribieron a acuerdos de carácter particular realizados entre ciudades concretas. De este modo, en el siglo XII las ciudades de Escalona y Plasencia suscribieron un convenio que básicamente sirvió para proteger los ganados de ambas. Más tarde nacieron otras Hermandades de espíritu más general, tal fue la constituida en 1282 por los concejos y nobleza de Galicia, León y Castilla; o también las formadas en 1295 por los concejos de Galicia y León por una parte y los de Castilla por otra; y la general creada en las Cortes de Burgos de 1315, que mereció ser denominada por Suárez Fernández «liga general de ciudades»[202]. La característica común a todas ellas fue su surgimiento durante etapas de minoría real, en las cuales el poder real conoció momentos de debilidad. En todos los casos se encuentran alusiones a la necesidad de asegurar caminos y despoblados.

La fuerza congregada por estas mancomunidades municipales suscitó a menudo los recelos de la Corona, pues ésta vio en ellas un poder autónomo, difícil de controlar. Alfonso XI, al comenzar la etapa de su gobierno personal, diferenció entre las Cortes y las Hermandades. Las Cortes que se hallaban bajo la dirección real, constituían un organismo colaborador y fueron apoyadas por este monarca. En cambio, las Hermandades que durante su minoridad se habían puesto al servicio de las pretensiones de don Juan Manuel, las suprimió en las Cortes de Valladolid de 1325. En lo sucesivo no volvió a producirse ninguna otra asociación de carácter intermunicipal.

Por el contrario, no se opuso Alfonso XI a las agrupaciones de colmeneros y pastores constituidas en Toledo, Talavera, y Villa Real —más tarde Ciudad Real— , conocida bajo el título de Santa Hermandad vieja. Los orígenes de estas agrupaciones se remontan hasta la fundación de las asociaciones de colmeneros, nacidas en aquellos territorios durante el reinado de Alfonso VIII. Su objetivo inicial se centró en la represión de la viru-

201. MORETA VELAYOS, S.: *Malhechores feudales (violencia, antagonismos y alianzas de clases en Castilla, siglos XIII y XIV)*. Madrid, 1978. p. 182.

202. SUÁREZ FERNÁNDEZ, L.: «Evolución histórica de las hermandades castellanas», en *Cuadernos de Historia de España*. XVI (1951). p. 26

lenta delincuencia subsiguiente a los años de actividad bélica. Después de que Alfonso VIII obtuviese la victoria de las Navas de Tolosa, no se consiguió la inmediata pacificación del reino, porque «un grande número de gentes prófugas y de mal vivir» eligieron por caudillo a un tal Carchena, bajo cuya dirección robaban en los pueblos pequeños. Eran los conocidos golfines, los cuales mantuvieron una viva actividad hasta que Fernando III el Santo en 1249 encargó a D. Gil, «rico home de Castilla», y a sus dos hijos la persecución de los golfines.

Constituyeron, D. Gil y sus hijos, tres cuadrillas formadas por caballeros, labradores y colmeneros. La primera de ellas actuó en la zona de Ciudad Real, y las otras dos en Toledo y Talavera respectivamente. Al parecer, tuvieron D. Gil y sus hijos grandes éxitos en la persecución de los malhechores, los cuales «luego que eran habidos los quitaban la vida con saetas, dejándolos pendientes en los árboles a escarmiento de los demás». Al comprender los pastores y ganaderos que de tal eficacia represiva se derivaban beneficios para la seguridad de sus vidas y haciendas, comenzaron a gratificarles con una res al año. Más tarde Alfonso X impuso la obligatoriedad de la entrega de la res, convirtiéndola en tributo percibido por la Hermandad. El título de «Santa» se lo otorgaría Celestino V en 1294[203].

Como ya se ha indicado, Alfonso XI no sólo no se mostró refractario a la actividad de las Hermandades de Toledo, Talavera y Ciudad Real, sino que durante su reinado alcanzaron mayor coordinación, suscribiendo concordias entre ellas para mejorar su actividad mediante la acción conjunta. En 1338, reunidos los vecinos que tenían «algo en los montes», acordaron:

1.— «Que donde quiera que supieren que andan golfines, en término de Toledo o Talavera o sus encubridores, se lo harán saber los unos a los otros para perseguirlos, matarlos o echarlos de la tierra».

2.— «Aquellos que fueren llamados para lo susodicho y no quisieren ir, peche cada uno 100 mrs.».

3.— «Que ninguno de Toledo o Talavera se atreva a volver pelea entre ellos, y cualquiera que denostare a otro a riñas que peche en pena 20 mrs. por cada vez. Cualquier que metiere mano a las armas contra otro, peche 50 mrs».

4.— Cada año se celebrará el primero de agosto un ayuntamiento para ordenar los asuntos comunes[204].

También Enrique II favoreció a la institución y ordenó que todas las justicias entregasen a la Hermandad los reos procesados por ella. Más tarde, Juan I otorgó el año 1389 una ejecutoria por la cual se mandaba a la Santa Hermandad el cobro de los derechos de asadura mayor y menor conforme a sus privilegios, y al mismo tiempo ordenó a las justicias ordinarias que le entregasen sus presos sin réplica alguna.

Durante el reinado de Enrique IV apareció la Hermandad de Segovia, cuyo cometido inicial fue la represión del bandolerismo en alza. El propio monarca impulsó el ingreso

203. Ordenanzas de la Hermandad de Ciudad Real aprobadas por el Consejo de Castilla el 21 de marzo de 1792. A.H.N., Códices, n.º 939 B, fols. 13 a 20, pueden consultarse también en A.H.N., Diversos (Hermandades), leg. 3, n.º 18.

204. A.H.N., Diversos (Hermandades), leg. 83, n.º 1. Copia del siglo XIX, la cual reproduce un traslado realizado en Talavera el 23 de julio de 1484.

en ella de algunos concejos como el de Madrid. Convocó este Rey el año 1473 a las ciudades de Castilla y León en Segovia. Allí les dio unas ordenanzas reguladoras de las competencias de las Hermandades, en cuyo texto se fijó el tipo de delitos objeto de su actuación: blasfemias, monederos falsos, robos, quemas intencionadas, violaciones de mujeres, homicidios en despoblado y otros análogos.

Estas Hermandades viejas de Ciudad Real, Toledo y Talavera, junto con la fundada en Segovia en 1473, fueron precisamente las que inspiraron de manera más directa el funcionamiento y organización de la fundada en 1476 por los Reyes Católicos. La iniciativa de la creación de la Hermandad nueva correspondió al contador Alonso de Quintanilla y al vicario general de Villafranca, Juan de Ortega. Después, la idea sería sancionada en las Cortes de Madrigal de 1476. La fundación de la nueva Hermandad se superpuso a la antigua y durante siglos coexistieron las dos. Consiguientemente, tras la celebración de las Cortes de Madrigal, don Fernando y doña Isabel dieron a la Hermandad de Ciudad Real nuevas ordenanzas para su gobierno, las cuales tuvieron larguísima vigencia, pues su validez alcanzaría hasta el siglo XVIII, momento en el que Fernando VI le otorgaría nuevas ordenanzas en 1756.

Se distinguió la Hermandad vieja de Toledo, Talavera y Ciudad Real de las demás Hermandades medievales en el hecho de no ser una asociación de municipios, sino de propietarios, y poseer un carácter netamente policial. Por su parte, la Hermandad nueva era un órgano jurídico y policial, financiado y gestionado por los municipios, pero controlado desde su cúspide por la Corona.

No sorprende que en el seno de la sociedad corporativo-estamental del Antiguo Régimen, en la cual el Estado no detentaba aún el monopolio de la fuerza —como sucede en el Estado Liberal—, las Hermandades viejas se constituyeran como asociaciones de hacendados para la defensa de sus posesiones. Ciertamente la Corona les dio su beneplácito y las autorizó a cobrar contribuciones propias, entre las cuales citaremos el derecho de la asadura mayor y menor de los ganados que trasterminaban. Esto es, la elección de un ejemplar en cada rebaño de ganado menor integrado por un número de cabezas comprendido entre 500 y 1000; y la selección de una res en cada hato de ganado mayor que alcanzase las 100 cabezas[205]. Pero a cambio del reconocimiento regio las Hermandades se vieron obligadas a servir militarmente a la Monarquía y ayudar a la defensa del orden público general. De este modo, las Hermandades viejas sirvieron fundamentalmente para asegurar los caminos y proteger la propiedad rural, agrícola y ganadera.

Eran las Hermandades viejas una especie de policía de los hacendados gobernada por cabildos autónomos, independientes de las justicias reales. A partir de unas diferencias que sostuvo la de Toledo con el alcaide de la cárcel, el Consejo Real expidió un auto fechado el 20 de diciembre de 1681 por el cual se encomendaba al corregidor de la ciudad la presidencia de los cabildos de la Hermandad. Sin embargo, dicho auto no llegó a aplicarse, pues, tras algunas alegaciones del cabildo, fue revocado pocos meses des-

205. Cuando los rebaños eran pequeños la contribución no se cobraba en especie, sino en dinero. En el año 1611 se percibían cuatro maravedís por cada cien cabezas menores y la misma cantidad por cada cabeza mayor. Más tarde, en 1669, cien cabezas menores pagaban 20 mrs. A.H.N., Diversos (Hermandades), leg. 32, fol. 2, y leg. 64, fol. 11 (cabildo de 14 de diciembre).

pués[206]. Componían la Hermandad toledana cincuenta y tres hermanos, «todos de la gente más principal y más condecorada». Muchos de ellos estaban investidos con hábitos de las órdenes militares, otros detentaban regimientos, y el denominador común a todos ellos era la titularidad de explotaciones agropecuarias. Las plazas de la Hermandad se trasmitían por herencia a hijos y descendientes. Si faltaba sucesión las proveía el cabildo. Pero en la votación para elegir nuevos hermanos se excluía a los pretendientes cuando obtenían un solo voto en contra[207].

Ya desde los tiempos medievales, sus contemporáneos las consideraron como la mejor salvaguarda de mercaderes y trajinantes frente a la delincuencia que actuaba en los campos deshabitados. En torno a ellas se fraguó una aureolada fama que amedrentaba a los maleantes. Su eficacia no era total, pues, a menudo, cuando los cuadrilleros llegaban al lugar del delito ya habían huido los delincuentes. Sin embargo, para las gentes de aquellos tiempos se trataba de un organismo virtuoso, capaz de condenar a los reos con celeridad y de imponerles rigurosas penas.

En las primeras ordenanzas de la Hermandad nueva de 1467 se reconocían como móviles principales de la institución, la evitación y castigo de los robos, salteamientos y otros delitos cometidos en yermos y despoblados. Para el feliz logro de estos objetivos los reyes ordenaron a las ciudades y villas que creasen entre sí vínculos de Hermandad, quedando igualmente afectadas por la medida las poblaciones de señorío. A partir de entonces cada ciudad, villa o lugar con población igual o superior a treinta vecinos debía elegir anualmente dos alcaldes de Hermandad: «el uno del estado de los caballeros y escuderos, y el otro de los ciudadanos y pecheros, tales que sean pertenecientes para usar de los dichos oficios, que no sean hombres baxos ni viles, mas de los mejores y más honrados que hubiere y se hallaren en los pueblos del estado que han de ser nombrados»[208].

206. El 16 de febrero de 1682 el Cabildo de la Hermandad de Toledo exponía en memorial dirigido al Consejo Real que por tener la Hermandad vieja jurisdicción a prevención, «los corregidores miran a sus ministros con ceño y desean por todos los medios aniquilar esta jurisdicción». «No quisieran a sus ojos tener ministros que sin su dependencia sentencien a muerte, azotes y galeras, a presidios y destierros. Y como ellos, teniendo la misma jurisdicción con la prerrogativa ordinaria, no velan por la persecución de los malhechores tanto como los ministros de la Hermandad, porque lo impide la ocasión de su gobierno y no tener sujetos inteligentes y a propósito para acudir en el momento oportuno a los caminos, yermos y despoblados, procuran que no tenga este tribunal los lucimientos que le granjea su vigilancia y cuidado». Además, el cabildo, abundando en argumentaciones contra la presencia del corregidor, añade: «Si se diera lugar a que en las Juntas y cabildos de la Hermandad vieja, presidiera y asistiera el corregidor o su teniente, teniendo uno y otro jurisdicción preventiva en las causas, sólo sirviera la Santa Hermandad de serles delator de las causas que a ella llegan y que trata de averiguar, pues dándose como se da cuenta en las Juntas y cabildos de la causa a que se ha de salir, el corregidor o su teniente con la noticia hará la prevención, y si la Santa Hermandad y sus ministros salen a ella, será perder tiempo y trabajo; y cuando más bien se libre dar paso a una competencia». A.H.N., Diversos (Hermandades), leg. 66, n.º 2. Sobre el mismo tema pueden consultarse en el legajo citado las actas correspondientes a los cabildos celebrados el 7 de febrero y el 24 de abril de 1682.

207. En la Hermandad de Toledo, «ninguno puede ser hermano sin estar hacendado y tener posadas y colmenas en los Montes de Toledo, a fin de que cuide de lo que es propio y sienta el daño que hicieren al vecino; y si se descuida lo experimente él mismo en sí». A.H.N., Diversos (Hermandades), leg. 66 n.º 2.

En el capítulo primero de las ordenanzas de la Hermandad de Ciudad Real, aprobadas el 21 de marzo de 1792, puede leerse: «Siendo tan grande el cargo de administrar justicia han considerado los hombres sabios ser asunto más propio para muchos que de uno solo», y en virtud de lo anterior se ordenó la admisión como hermanos del «Santo Tribunal» de «todos los naturales y vecinos del estado noble por sanguinidad y ciudadanos en quienes concurran las calidades apetecidas por S.M.». A.H.N., Diversos (Hermandades), leg. 3, n.º 18.

208. *Nueva Recopilación* VIII, 13, 1.

En la Hermandad de Toledo, la designación anual se realizaba el primero de agosto mediante un complicado sistema, en el cual existían dos fases de sorteo y una de elección. Entre todos los hermanos pertenecientes a la Hermandad se nominaban ocho por sorteo ante el cabildo. Posteriormente los asistentes a la asamblea elegían mediante votación cuatro de ellos, para a continuación, en virtud de un nuevo sorteo entre estos cuatro seleccionar a los dos alcaldes del año próximo. El procedimiento descrito fue modificado ligeramente por Felipe II en 1596 al ordenar mediante Real Provisión que en el primer sorteo se nominasen diez hermanos en lugar de ocho[209].

A las órdenes de los alcaldes y elegidos por ellos se hallaban los cuadrilleros, es decir los ministros de la Hermandad que montados a caballo, salían en cuadrillas en pos de los malhechores para detenerlos y limpiar los caminos de salteadores. En la Hermandad de Toledo el título de cuadrillero era muy apreciado por «mayorales, baquerizos y otros que labran la tierra»[210].

En cuanto al procedimiento seguido por los cuadrilleros para perseguir y acosar a los maleantes, éste no deja de ser curioso. Seguían a los malhechores hasta recorrer una distancia de cinco leguas, haciendo repicar al mismo tiempo las campanas de los lugares por donde pasaban. Así los hermanos y vecinos de estas poblaciones se sumaban a la persecución y los acosadores cansados por el esfuerzo de la galopada, eran relevados por jinetes frescos, continuando la persecución de los fugitivos de un lugar a otro hasta «prender, cercar o hacer huir fuera del reino a los malhechores»[211].

Además de la elección de alcaldes y cuadrilleros, las ordenanzas de 1476 dispusieron la celebración anual de una Junta General, formada por los representantes de todas las ciudades y villas realengas importantes y los portavoces de los territorios de señorío. Su misión estribaba en la organización de los asuntos tocantes al servicio real, y a la administración y ejecución de la justicia de la Hermandad. En el transcurso de sus sesiones los alcaldes de la Hermandad estaban obligados a dar cuenta y razón de los delitos cometidos en el marco de su jurisdicción, de las pesquisas efectuadas y procesos incoados, además de los ajusticiamientos efectuados. Tras la celebración de estas Juntas Generales, los procuradores de las cabezas de provincia y de las villas y lugares de sus respectivas demarcaciones debían celebrar Juntas Provinciales en las cuales se notificaban los acuerdos de la Junta General, y las ordenanzas y leyes promulgadas por los monarcas durante su celebración[212]. Años más tarde, al afianzarse el fenómeno absolutista, desaparecerán estos órganos de representación y las tareas de coordinación de las actividades de la Hermandad se desempeñarán directamente por la Corona.

También, en las mismas ordenanzas de 1476, se enuncian los casos tipificados de Hermandad. En esencia se consideraban como tales: los robos, hurtos, fuerzas sobre bienes muebles y semovientes, rapto o violación de mujer no pública, salteamiento de caminos, homicidio, heridas, incendio de casas, viñas, mieses y colmenares, prisiones injustas, siempre que estos delitos se hubiesen efectuado en yermo o despoblado, encuadrándose inicialmente dentro de esta clasificación «todo logar de cinco vezinos abajo» y más tarde «el lugar descercado de treinta vecinos abajo»[213]. Por otra parte, en el trascurso

209. A.H.N., Diversos (Hermandades), leg. 66, n.º 1. Cabildo de 3 de junio de 1681.
210. A.H.N., Diversos (Hermandades), leg. 66, n.º 2. Cabildo de 7 de febrero de 1682.
211. *Nueva Recopilación* VIII, 13, 4.

del tiempo, la Hermandad fue asumiendo otros cometidos: custodia de las conducciones de presos y galeotes[214], escolta del transporte de plata, etc. Para el feliz logro de sus primitivos fines se impuso una contribución económica especial, de la cual, siguiendo los usos establecidos en la época quedaron libres hidalgos y clérigos. Esta imposición se ajustó en un gravamen de 18.000 mrs. por cada cien vecinos pecheros, aplicados al sostenimiento de un «hombre de caballo»[215].

En relación con los delitos perseguidos por la Hermandad vieja, ha sido muy esclarecedor el estudio de las decenas de procesos pertenecientes a la Hermandad de Ciudad Real que se conservan en el Archivo Histórico Nacional. De estos, ochenta y seis corresponden a la época comprendida en el objeto de nuestro trabajo[216], manifestándose en dicho examen una distribución regular y homogénea de los delitos a lo largo de los siglos XVI y XVII.

Ya se ha indicado reiteradamente que la Hermandad actuaba en los campos y despoblados, empleándose de modo particular en la seguridad de los caminos. La imagen de la Hermandad como amparo de caminantes y viajeros, se ha hecho tópica gracias a la visión de la entidad trasmitida por la literatura de aquel tiempo. Sin embargo, a la vista de los procesos instruidos por la Hermandad de Ciudad Real lo que se percibe también de forma bastante meridiana es su acción de órgano protector de la propiedad agrícola y ganadera, allí donde más indefensa se encuentra: en la soledad de los campos alejados de los núcleos urbanos.

212. *Nueva Recopilación* VIII, 13, 30 y 31.

213. *Cortes de los Antiguos Reinos de León y de Castilla*. Cortes de Madrigal de 1476. T. IV. p. 11; y *Nueva Recopilación* VIII, 13, 2.

214. En la sesión del cabildo de la Hermandad de Toledo celebrado el 8 de septiembre de 1673, el alcalde Juan de Cuéllar «Dijo que como es notorio por el cabildo que se celebró ayer siete de septiembre, este alcalde y el alcalde licenciado D. Gerónimo de Guevara, han sido requeridos por el corregidor de la ciudad para que salgan a allanar los caminos para que las cadenas de galeotes y presidiarios que van a salir para el puerto de Cartagena vayan con toda seguridad, pues se tiene información de que en la villa de la Solana, Manzanares y otros lugares de su comarca hay hasta ciento treinta bandidos valencianos que tienen ánimo de quebrantar dichas cadenas y quitar de ellas dos hombres: un valenciano y un manchego.

Por no habérsele entregado al cabildo traslado de dicho auto no se tomó resolución en determinar sobre lo susodicho y ahora se les ha entregado dicho traslado, el cual muestra para que el cabildo acuerde lo que más convenga al servicio del Rey y cumplimiento del instituto de esta Santa Hermandad de Toledo.

Vista esta proposición, el cabildo acordó, que atento que el señor corregidor por lo que toca a su jurisdicción, debe dar guardas al comisario que conduce los galeotes y conforme a las provisiones que dicho comisario lleva, de un lugar a otro las justicias le han de dar las guardas que pide para la seguridad de dichos galeotes y presidiarios, y que la Santa Hermandad vieja tiene muy pocos ministros a causa de que las justicias ordinarias no sólo no les guardan sus privilegios, sino que por todos los medios los vejan y molestan, con lo cual dejan sus títulos los que los tienen y asimismo hay muy pocos que los pretendan, no obstante por no faltar al servicio del Rey y acudir en la parte que puedan a él, los señores alcaldes den sus comisiones al ministro que les pareciere para que en compañía de los que se le señalaren y escribano de este cabildo, y tomando primero el itinerario que han de llevar dichos galeotes, vayan a todos los lugares a los que hubiere menester, dentro de los pertenecientes a la jurisdicción de dicho cabildo de la Santa Hermandad vieja de Toledo y requiera a todas las justicias de ellos, así ordinarias como de la Hermandad nueva y en su compañía salgan a allanar y a asegurar los caminos desde esta ciudad de Toledo hasta la villa de Membrilla y que estén dispuestos para ir en guarda de los dichos galeotes de un lugar a otro, y en dicha villa cesen en su comisión, porque de allí en adelante hay Hermandad vieja de la ciudad de Ciudad Real, que cumpliendo con su obligación y haciéndosele saber el peligro y temor presente acudirá con sus ministros de allí en adelante» A.H.N., Diversos (Hermandades), leg. 65, cuaderno 2.

215. Nueva Recopilación VIII, 13, 37.

216. A.H.N., Diversos (Hermandades), legs. 24 a 38.

Delitos perseguidos por la Hermandad de Ciudad Real (1500-1699)

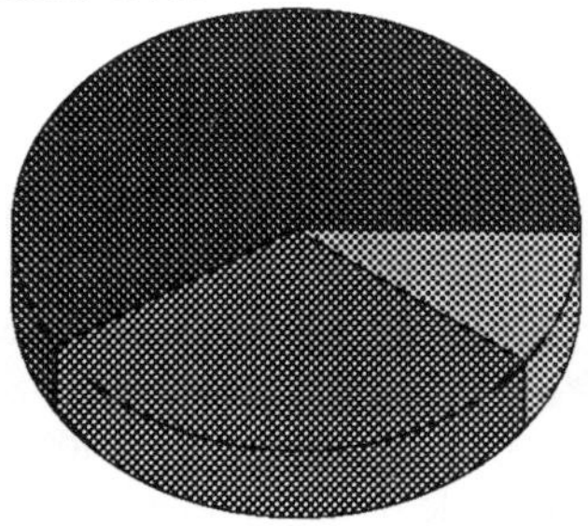

El 31% de los delitos registrados en los procesos incoados por esta Hermandad se relacionan con infracciones contra la integridad de las personas, concretadas en muertes y heridas, repartidas a partes iguales entre ambas. En cualquier caso, debemos señalar que casi siempre el móvil de estas agresiones fue el robo. Frecuentemente los delincuentes cometían homicidios para evitar ser reconocidos por las víctimas de los asaltos. Estos sucesos —junto con los asaltos a los caminantes— son, en definitiva, los sucesos que guardan mayor relación con la consabida figura de una Hermandad entregada al socorro de los viajeros. No obstante, la mayor parte de los delitos perseguidos por la Hermandad de Ciudad Real: el 59%, son agresiones a la propiedad. Dentro de éstas, efectivamente encontramos salteamientos en los caminos; mas su número no llega a superar el 12% de los delitos contra la propiedad. Por el contrario, las infracciones más comunes, dentro de las de esta clase, fueron los hurtos y los robos, los cuales ascendieron a cerca del 73% de los atentatorios contra los bienes y el 43% del total. En cuanto a las posesiones objeto de apropiación, éstas consistieron fundamentalmente en ganados, caballerías, productos de la tierra tomados en grandes cantidades y daños en las cosechas —provocados muchas veces por los ganados de otros propietarios—.

En lo referente a la eficacia, la fama de la Hermandad era considerable, y, al menos, si se tiene en cuenta la celeridad en la pronunciación de sus sentencias ésta tenía cierta base real. Sus jueces juzgaban en la Edad Media por procedimientos sumarios «sabida la verdad simpliçiter e de plano syn estrepitu e figura de juicio». Dicho método, si bien no respetaba totalmente las garantías procesales de los reos, por lo menos era rápido. En la época que nos ocupa la sumariedad es contemplada como una posibilidad que sólo se aplica en casos concretos. Pero la rapidez en la resolución de los casos sigue siendo un hecho. A veces, unos pocos días bastaban para detener, procesar y sentenciar a un detenido[217].

Estimuló también la celebridad de las Hermandades, su vigorosa capacidad para condenar a los procesados. Entre todas las causas vistas por la Hermandad de Ciudad Real, sólo en el 18% de ellas salieron absueltos los encartados. La pena impuesta mayor número de veces fue la de destierro (44% de los condenados), acompañada —cuando la hacienda del reo lo permitió— de una pecuniaria accesoria. En cuanto a los delitos acreedores de la pena de expulsión del territorio, éstos fueron muy diversos: robos, hurtos, incendios, heridas, malos tratos, y, en cierta ocasión un homicidio. Esto último corrobora una vez más que las circunstancias personales del delincuente eran más determinantes para la imposición de la pena que el delito en sí y sus accidentes.

El mismo robo podía castigarse de forma muy diferente. Cuando el infractor disponía de bienes, el asunto se saldaba con unos cientos o miles de maravedís y algún tiempo de destierro. Sin embargo, para el infeliz insolvente, el castigo no podía ser otro distinto de los trabajos forzados en las minas de Almadén o en las galeras, acompañados de las penas subsidiarias de azotes y vergüenza pública. Concretamente en la Hermandad ciudadrealense la pena de trabajos forzados se impuso a un porcentaje elevado de condenados. Esto es, al 20% de los mismos.

Delitos perseguidos por la Hermandad de Ciudad Real (1500-1699)

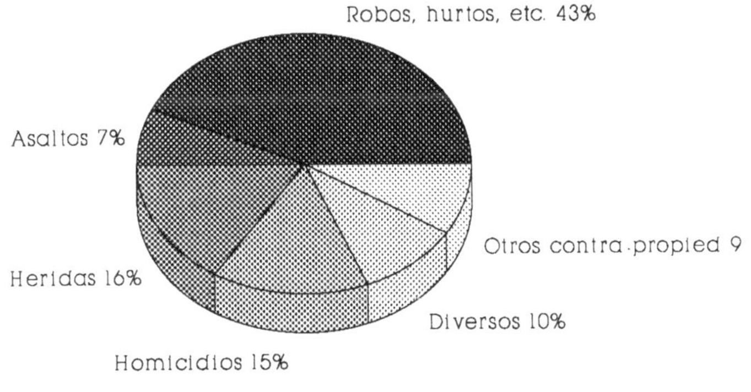

217. Tal pasó con Matías Fernández, el cual robó el 2 de octubre de 1675 unas ropas en una casa de campo sita en el término de Carrión de Calatrava. Siete días más tarde la Hermandad de Ciudad Real dictaba sentencia condenatoria contra él, imponiéndole una sanción de dos años de destierro (A.H.N., Diversos (Hermandades), leg. 38, fol. 1). Ciertamente la resolución de otros casos llevó algo más de tiempo a los alcaldes de la Hermandad, pero generalmente unos pocos meses bastaban para liquidarlos. Y por supuesto los negocios atascados durante años eran mucho menos numerosos que en otros tribunales.

Siguiendo la ley del talión, las Hermandades castigaban a los homicidas con la pena capital e igual pena se aplicaba a los salteadores y ladrones de gran relieve que por su atrevimiento y osadía servían de escándalo al resto de la población. La severidad de la Hermandad se manifiesta abiertamente en ese 10% de condenados con el máximo castigo por el tribunal de Ciudad Real; el cual, como era tradicional en este organismo, se ejecutaba por asaeteamiento. La Nueva Recopilación nos describe cómo se desarrollaba en tiempos de los Reyes Católicos el ceremonial de la pena capital:

> «Que los alcaldes y cuadrilleros hagan sacar y saquen al tal malhechor al campo y ponganle en un palo derecho, que no sea a manera de cruz, y tenga una estaca en medio y un madero a los pies, y allí le tiren saetas hasta que muera naturalmente, procurando todavía los dichos alcaldes, cómo el tal malhechor reciba los Sacramentos que pudiere recibir como Católico Cristiano, y que muera lo más prestamente que ser pueda, por que pase más seguramente por su ánima».

Posteriormente, Carlos V, tan preocupado como sus progenitores por la salvación del alma de los infelices condenados, mandó ahorcar a los reos antes de proceder a su asaeteamiento. Con la mitigación de los sufrimientos del ajusticiado se intentó evitar el funesto ejemplo que producía entre el público asistente la desesperación del paciente en el crítico trance de su paso a la otra vida[218].

Pero no siempre podían ejecutarse las sentencias con la celeridad deseada, porque muchas veces los bandidos eran condenados en ausencia y rebeldía, y para imponerles penas personales primero habían de ser detenidos. En estos casos, si el malhechor había cometido delitos graves por los que mereciera pena de muerte, se autorizaba a matarle a cualquier persona que le encontrase[219].

Tomás y Valiente ha escrito acerca del desarrollo de la Hermandad nueva: «Pero la Hermandad tuvo éxito y fue creciendo en un doble sentido: en el militar y en el de su regulación por vía legal. Militarmente porque los reyes vieron en ella una fuerza gratuita y de fácil integración, que se constituyó pronto como un contingente armado permanente»[220]. Para el citado autor la actividad militar de la institución no repercutió en su eficacia policial. La contribución autorizada por los reyes en 1487 para su imposición por los ayuntamientos, permitía sufragar los gastos de una numerosa policía de cuadrilleros y sostener fuerzas militares de cuyo servicio supieron aprovecharse los reyes. Así, en los mismos años que las milicias de la Hermandad combaten en la guerra de Granada, sobresale la eficacia policial y jurisdiccional de los alcaldes y cuadrilleros[221].

218. *Nueva Recopilación* VIII, 13, 7 y *Nueva Recopilación* VIII, 13, 46.

219. Por el mes de abril de 1644 Felipe IV informó al corregidor de Ciudad Real cómo había tenido noticias de que en caminos y despoblados circundantes de la ciudad, andaban algunos ladrones, gitanos y bandoleros, hurtando, robando, salteando y matando. Entre los autores de estos desmanes cita el Monarca la cuadrilla de Pedro Andrés, «la cual anda por toda la Mancha cometiendo muchos delitos, sin que haya camino seguro para los caminantes y sus haciendas». A continuación el Soberano ordena a los alcaldes de la Hermandad nueva y vieja que salgan inmediatamente con sus oficiales a detener y castigar a los citados delincuentes. «Las sentencias que dieren en ausencia y rebeldía las envíen luego a las justicias más próximas, para que cuando fueren detenidos se ejecuten en sus personas y bienes, sin admitirles descargo alguno. Y cualquier persona de no importa qué condición o estado pueda matarlos sin incurrir en delito alguno» (A.H.N., Diversos (Hermandades), leg. 2, n.º 2).

220. TOMÁS Y VALIENTE, F.: *El derecho penal de la Monarquía Absoluta.* Madrid, 1969. pp. 35 y 36.

221. Durante la Guerra de Granada los Reyes Católicos autorizaron que cada provincia de la Hermandad retuviese para sí «la cuarentena parte» de lo recaudado en su distrito a fin de dedicarlo a la persecución de los malhechores. El resto sería destinado a sufragar los haberes «de los capitanes y gentes que las Hermandades

Tras la terminación de la guerra de Granada, los Reyes Católicos suprimieron en 1498 la «contribución y paga que por vía de Hermandad solían pagar y contribuir» sus súbditos. La Real Hacienda cargó con el mantenimiento de alcaldes y cuadrilleros. Pero la asunción por la Real Hacienda del sostenimiento de la institución llevó a una reducción notoria del número de personas al servicio de la misma. Se suprimieron muchos oficios, principalmente los de carácter militar: tenencias y capitanías, permaneciendo al servicio de la Hermandad únicamente alcaldes y cuadrilleros. En este reajuste desaparecieron los jueces de apelación, ejecutores, etc; y como se ha indicado la Hermandad nueva perdió todo carácter militar para especializarse definitivamente en cuestiones jurídico policiales del ámbito rural[222].

Desde dicha fecha las apelaciones de casos de Hermandad se resolvieron ante los alcaldes de Casa y Corte, iniciándose de este modo la decadencia de la entidad. Se desprestigiaron los oficios de alcaldes y cuadrilleros y como la Real Hacienda no atendiera los pagos de los salarios con la diligencia deseada, los oficiales de la Hermandad incurrieron en abusos similares a los de las justicias ordinarias: excesos en la imposición de penas pecuniarias y acuerdos con las partes para disminuir la pena corporal a cambio de incrementar las dinerarias. Ello sin contar con que en la Hermandad había un sistema especial de bonificaciones que recompensaba a los súbditos y oficiales que efectuaban detenciones. La persona que prendía y entregaba un malhechor a la justicia de la Hermandad, percibía 3.000 mrs. si en el delincuente se lograba ejecutar pena de muerte; 2.000 mrs. si la pena ejecutada era de azotes, mutilación del pie o cualquier otra corporal inferior a la de muerte; y 1.000 mrs. si era desterrado o le condenaban en otras penas[223]. Sin lugar a dudas, este plan de primas menoscabó la recta administración de justicia, redujo las garantías procesales de los reos y originó un sin fin de corruptelas.

El sistema de apelaciones volvió a modificarse nuevamente en los años 1523 y 1538, cuando a petición de las Cortes, Carlos V consintió en admitir que las apelaciones de las sentencias dictadas por los alcaldes de la Hermandad fueran ante los corregidores más próximos al lugar del delito, o ante la Chancillería más cercana si la cuestión superaba la cuantía de 6.000 mrs[224]. Extremo este último que los alcaldes de la Hermandad burlaron con sutil procedimiento, provocando con ello la queja de los procuradores en Cortes: «Por leyes de estos reinos está justísimamente mandado que de las condenaciones de 6.000 mrs. abajo se apele de los Alcaldes de la Hermandad para el Corregidor más cercano, y los alcaldes por evitar esto en sus sentencias o condenas añaden destierro voluntario o preciso, y por esta vía quitar a los corregidores el conocimiento de las causas en el dicho grado de apelación, aunque la condena sea de 6.000 mrs. abajo»[225]. De este modo, los alcaldes de la Hermandad hurtaban a los corregidores el conocimiento de numerosas causas criminales y ante la perspectiva de tener que apelar a la Chancillería —con los consiguientes costes y molestias—, muchos litigantes desistían de su propósito.

pagan en la guerra contra el Rey y moros de Granada, enemigos de nuestra Santa Fe Católica». *Nueva Recopilación* VIII, 13, 34.

222. Pragmática dada por los Reyes Católicos en Zaragoza el 19 de julio de 1498. *Nueva Recopilación* VIII, 13, 41.

223. *Nueva Recopilación* VIII, 13, 32.

224. *Nueva Recopilación* VIII, 13, 48.

225. *Actas de las Cortes de Castilla*. Cortes de Madrid de 1583 a 1585. Pet. XI. Madrid, 1874 a 1988. T. VII. p. 796.

Por su parte los alcaldes de Casa y Corte quedaron reducidos a la resolución de las apelaciones de los casos de Hermandad ocurridos en el ámbito de la Corte y las cinco leguas de su jurisdicción. Extremo éste que se observó con rigor, pero quebrantado en una ocasión tardía ocurrida en 1707[226].

La Sala de Alcaldes de Casa y Corte, además de las competencias referidas en materia de apelaciones de sentencias pronunciadas por los alcaldes de la Hermandad, estaba facultada igualmente para impartir instrucciones a éstos[227]. Por el contrario, las apelaciones de las sentencias dictadas por los alcaldes de la Hermandad vieja de Ciudad Real, Toledo y Talavera no iban ante los respectivos corregidores sino a las Chancillerías. Así se demuestra por una carta ejecutoria ganada el 3 de julio de 1539 por la Hermandad de Ciudad Real frente a las pretensiones en contrario de los alcaldes de Casa y Corte[228].

A finales del siglo XVI el desprestigio de la Hermandad era general. Sin embargo, quedaron al margen de este hundimiento las Hermandades viejas de Toledo, Talavera y Ciudad Real, las cuales no fueron integradas en la nueva de 1476 y disfrutaron, al menos durante el siglo XVI, de saneados recursos. Hecho éste que suscitó la avaricia de algunos de sus oficiales, a quienes las Cortes hubieron de denunciar:

> «La Hermandad vieja de Toledo y Ciudad Real y Talavera son muy ricas y como los oficiales de ella son cadañeros y se reparten por los vecinos de los pueblos, los cuales por no ser personas de calidad y porque hay pocos casos de aquellos para los que se fundó, buscan formas y pretextos para salir a gastar los bienes y propios de dicha Hermandad para tener color de repartir entre sí los dichos propios y así andan buscando por los lugares con cuadrilleros si ha habido algún delito en el campo por liviano que sea, así como mesarse dos labradores y sabido esto los hacen prender y hacen grandes procesos sobre ello».

226. Esta vez, por orden del Consejo y con carácter excepcional, se mandó lo contrario para no causar mayor demora en la ejecución de unas sentencias de galeras. El caso sucedió de la siguiente forma: Habiendo detenido los alcaldes de la Hermandad de Toledo dos cuadrillas de gitanos y fulminado sus causas con prontitud, resultaron condenados en azotes y diez años de galeras. Sin embargo, bien fuera por eludir el cumplimiento de tan penoso castigo o bien por dilatar su ejecución, los gitanos apelaron: los unos a la Chancillería de Valladolid y los otros ante los alcaldes de Corte. A la vista de la apelación, la Sala de Alcaldes expone en consulta al Consejo que después de reconocer las causas encuentra la Sala que «conforme a las leyes de estos reinos y ordenanzas de la Hermandad, las apelaciones y consultas de estas sentencias tocan a la Chancillería. Respecto de esto la Sala se halla sin jurisdicción para esta instancia si V. Majestad no se la comunica y en atención a las repetidas órdenes de V. Majestad para la breve expedición de causas semejantes y el dilatado despacho que tendrán estos reos con esta nueva dilación de la larga prisión que han padecido, en esta consideración lo pone todo la Sala en la alta compresión de V. Majestad para que con su vista resuelva lo que fuera de su real agrado». A lo anterior contestó el Consejo pocos días después: «La Sala conozca de las causas expresadas en esta consulta respecto de estar ya en ella y prevenga a los alcaldes de la Hermandad de Toledo que en adelante no hagan remisión de autos de esta calidad a la Sala, sino a los alcaldes del crimen de la Chancillería donde toca» (A.H.N., Consejos, Sala de Alcaldes, libro-año 1.707, fols. 29 y 30. En el Archivo Histórico Nacional se conserva una carta ejecutoria fechada el 3 de julio del año 1539 ganada por la Santa Hermandad vieja de Toledo, Talavera y Ciudad Real en contra de los alcaldes de Corte, para que las apelaciones de las sentencias pronunciadas por los alcaldes de las Hermandades no fueran ante los alcaldes de Casa y Corte, sino ante los de las Chancillerías. A.H.N., Diversos (Colección Diplomática), leg. 77-17 (3).

227. En 1681 el Consejo de Castilla refirió a la Sala que había tenido noticias de la comisión de numerosos hurtos y robos en los alrededores de Madrid. Circunstancia ésta que había afectado negativamente al abastecimiento de la Corte. Para solucionar el problema la Sala ordenó al alcalde de la Hermandad del estado llano que a fin de evitar semejantes excesos y castigar a los culpados saliera a recorrer «los campos y caminos, como era su obligación, y procurase prender a los malhechores y sospechosos» (A.H.N., Consejos, Sala de Alcaldes, libro-año 1.681, fol. 56).

228. A.H.N., Diversos (Colección Diplomática), leg. 77-17 (3).

Suplicaron entonces los procuradores que las materias objeto de su atención fueran las importantes, porque cuando surgieron estas instituciones estaba la «tierra despoblada» y no existía la Hermandad nueva[229].

Hasta 1523, las Hermandades viejas de Toledo, Talavera y Ciudad Real intervinieron conjuntamente. El fin general de todas ellas fue la protección de los intereses de sus integrantes que, como ya se ha dicho eran colmeneros y ganaderos. Talavera tenía una zona muy característica: la de la Jara toledana, territorio relativamente tranquilo a lo largo del siglo XVI. Luego, en el siglo XVII aparecerán núcleos de gitanos que se desplazan en cuadrillas y son acusados de todos los hurtos cometidos en la zona.

La Hermandad de Toledo, por su parte, actúa en los Montes de Toledo, entre los Yébenes y el puerto del Milano. La de Ciudad Real es la que más se va a ocupar del bandolerismo, pues su jurisdicción se extendía por la Sierra Morena. Pese a todo, el bandolerismo era un fenómeno relativamente marginal dentro de la actividad de la Santa Hermandad, aunque los procesos por bandolerismo se van multiplicando a partir de 1610, y, sobre todo, a partir de 1630[230].

En el siglo XVII la crisis de las Hermandades alcanzó también a las de Ciudad Real, Toledo y Talavera. A finales del siglo citado, los hermanos más principales declinaban ejercer como alcaldes. En el cabildo general de la Hermandad de Toledo celebrado el 1 de agosto de 1680, don Sebastián Franco de Lara y Ortega, caballero de la Orden de Santiago y alguacil mayor de la Inquisición en Toledo, denunció «haber visto de algunos años a esta parte que muchos de los caballeros hermanos más antiguos del cabildo no vienen el día de la elección de alcaldes a tiempo para poder entrar en suertes para serlo». A su juicio, estos retrasos indicaban el desinterés de los hermanos por los asuntos concernientes a la institución y servían al mismo tiempo para «excusarse de cumplir con la obligación el año que les tocare»[231]. Tras esto, el 23 de mayo de 1681 a petición del cabildo proveyó el Consejo Real lo siguiente:

> «Como el estilo ha introducido que para entrar en las primeras suertes, los hermanos han de estar presentes y no estando en el cabildo, aunque estén en la ciudad no entran en suertes de alcaldes, de lo cual resulta que los más antiguos, noticiosos y a propósito para la administración de justicia no acuden al cabildo en el momento de echar las suertes, sino después, y por este medio excusan de ser elegidos», se ordena que en lo sucesivo, a partir de las elecciones que se celebrarán el próximo 1 de agosto de 1681, «entren en las diez suertes todos los hermanos con casa poblada en Toledo, aunque no estén en el cabildo en el momento de echarse las suertes. También entren en ellas los que asistieren al cabildo aunque no tengan casa poblada en Toledo. Y aquellos en quien recayeren las suertes estén obligados a aceptar»[232].

229. *Cortes de los Antiguos Reinos de León y de Castilla*. Cortes de Valladolid de 1555. Pet. XCV. T. V. p. 679.

230. GILLAUME-ALONSO, A.: «El bandolero castellano del siglo de Oro en los archivos de las Santas Hermandades Viejas: intento de tipificación», en El bandolero y su imagen en el Siglo de Oro. 9, 10 y 11 de octubre de 1989 (Casa de Velázquez, Centre de Recherche sur l'Espagne des XVI et XVII siècles. Sorbonne Nouvelle, Seminario Edad de Oro Universidad Autónoma de Madrid, Universidad Internacional Menéndez Pelayo).

231. A.H.N., Diversos (Hermandades), leg. 65, n.º 9.

232. A.H.N., Diversos (Hermandades), leg. 66, n.º 1. Cabildo de 3 de junio de 1681.

A lo indicado anteriormente debemos añadir que por aquellas fechas, la situación económica de la Hermandad de Toledo atravesaba por momentos críticos. En el cabildo celebrado el 8 de septiembre de 1684, una comisión designada al efecto, después de calibrar los ingresos y gastos de la institución concluyó recomendando la reducción drástica de los segundos. A su entender, durante tres años debía minorarse el número de salidas, limitándose a las que fuesen muy precisas. Tendría que suprimirse la cera del primer lunes de Cuaresma, dejando únicamente la del servicio de los altares. Las propinas de los cabildos mensuales habrían de descender en un 50%, igual que los salarios y raciones de todos los oficios incluidos en la nómina general. De igual forma, las propinas repartidas el día de San Miguel por el remate de las rentas, y las distribuidas en la Junta del lunes de Cuaresma convendría bajarlas a la mitad[233].

Algunos años antes la Hermandad de Toledo había abandonado su costumbre secular de arrendar los derechos correspondientes a la asadura. A partir de 1663 el cabildo prefirió explotar directamente estas rentas. Efectivamente en el transcurso del siglo XVII, los arrendamientos de la asadura mayor y menor habían ido incrementándose gradualmente desde los 300.000 mrs. anuales que solían valer éstos en la primera decena de la centuria, hasta los 400.000 que se abonaban por ellos a mitad de siglo. No obstante, como los gastos suntuarios de la Hermandad iban muy por delante de los ingresos, se recurrió al sistema de administración para optimizar los ingresos. Así se obtuvieron beneficios líquidos cercanos a los 540.000 mrs. anuales. Sin embargo, debe hacerse constar que la pretensión de la Hermandad para alquilar la renta durante esos años se cifró en cantidades próximas a los 550.000 mrs. Por tanto, fue la negativa de los particulares a pujar en las subastas por encima de dicha cantidad lo que movió al cabildo a gestionar su cobro directamente[234].

Por otra parte, no fueron estas las únicas Hermandades existentes en los reinos hispánicos durante la Edad Media y la Edad Moderna. A fines del siglo XIII surgió la Hermandad de las marismas del Cantábrico, formada por las villas de Castro-Urdiales, Santander, Laredo, Bermeo, Guetaria, San Sebastián, Fuenterrabía y Vitoria. Desde mucho antes estas villas gozaban de generosos privilegios, otorgados por los reyes para recabar el auxilio de los habitantes para sus naves de guerra. La pretensión de Fernando IV de imponerles un tributo del que estaban exentas, motivó en 1292 la reunión de estas villas en Castro, constituyendo allí la Hermandad de la marina de Castilla con Vitoria. Nombraron tres delegados residentes en Castro-Urdiales, cabeza de la nueva Hermandad. La defensa de los fueros y privilegios de estas poblaciones fue una de las características más notables de dicha Hermandad, la cual adoptó una posición de independencia con respecto a Castilla y mantuvo relaciones directas con Francia e Inglaterra. Entrado el siglo XV, la Hermandad del Cantábrico entró en crisis y en el año 1490 los Reyes Católicos la sometieron a su autoridad al ponerla bajo el mandato del Corregidor.

Por lo que se refiere a los territorios vascos, tras su vinculación a la Corona de Castilla, las Hermandades se constituyeron, al igual que en Castilla, como uniones de municipios, reglamentadas por los soberanos desde el siglo XIV con carácter de organización territorial. Cada provincia tendió a formar una sola Hermandad, la cual celebraba perió-

233. A.H.N., Diversos (Hermandades), leg. 66, n.º 4.

234. A.H.N., Diversos (Hermandades), legs. 63, 64, 65, 66 y 67. La información utilizada para alcanzar estas cifras se contiene en las actas de las sesiones que el cabildo solía celebrar a finales de septiembre —en fecha próxima a la festividad de San Miguel— en la cual se trataban todos los asuntos concernientes a las rentas.

dicamente sus Juntas Generales, elegía a sus alcaldes y redactaba sus propios cuadernos de ordenanzas, cuyo contenido pasó después a las recopilaciones legales modernas de las distintas provincias. A pesar de que el ámbito de actuación de las Hermandades vascas era provincial, existía un acuerdo entre ellas para que los alcaldes con jurisdicción en el lugar de comisión del delito pudieran perseguir a los delincuentes por los territorios de las demás provincias.

Básicamente los delitos en los que entendían eran los siguientes: Hurtos y robos en caminos y despoblados, incendios y daños en heredades y cosechas, quebrantamientos de casa, heridas y muertes ocurridas en el monte, efectuadas por la noche o realizadas mediante tiro de pólvora o ballesta[235].

Por lo demás el fenómeno de las Hermandades se extendió también a tierras aragonesas. En Aragón se estableció la Hermandad entre los años 1488 y 1492. Pero debemos destacar además que la institución aragonesa difirió de la castellana en el contenido de sus competencias, las cuales fueron ampliadas para que este organismo se hiciera cargo de los delitos de blasfemia, falsedad, desafío, insulto con armas, apaleamiento, abofeteamiento, rapto, sodomía, encubrimiento y asilo. No hubo, sin embargo, Hermandad en Cataluña porque en aquel país existía el somatén[236].

El Fuero Militar

Desde la caída del Imperio visigótico no se volvieron a instituir en Castilla órganos jurisdiccionales castrenses hasta la promulgación de las *Partidas*. En éstas se reguló la figura del «Alférez del Rey», al cual «pertenesce de guiar las huestes, quando el Rey non va ay por su cuerpo, o quando non pudiesse yr, e embiase su poder. E él mismo debe tener la seña cada que el Rey oviere batalla campal. E antiguamente él solía justiciar los omes granados por mandado del Rey, quando fazían por qué. E por esto trae la espada delante él, en señal que es la mayor Justicia de la Corte». En el mismo texto se dice más adelante «E assí como pertenesce a su Oficio, de fazer justicia a los omes honrrados que fizieren por qué; otrossí a él pertenesce de pedir merced al Rey por los que son sin culpa... E de buen seso ha menester que sea, porque por él se han de librar los pleitos grandes que oviere o acaescen en las huestes...»[237].

Otro órgano jurisdiccional castrense descrito en las Partidas, es el *Adalid*. Su misión fundamental consistía en organizar correrías en el campo enemigo con objeto de causar daños a los adversarios. Estaba investido de poder para castigar en nombre del Rey a quienes no le obedecieran. Sobre los Adalides se indica en dicho texto: «han de juzgar muchas cosas... ca ellos judgan los de las cabalgadas sobre las cosas que acaescen en ellas»[238].

235. Ordenanzas de la Hermandad de la provincia de Alava recogidas en el pleito que sostuvo esta Hermandad con el alcalde ordinario Andrés Díaz (A.G.S., Consejo Real, leg. 128, fol. 5). Libro y recopilación de las leyes y ordenanzas de Guipúzcoa. Cuaderno enmendado en 1583, durante la junta celebrada en Villafranca el 15 de octubre (B.N., ms. 10.463, fols. 62 a 70, 74 a 85).

236. BENEYTO PÉREZ, J.: *Historia de la Administración española e hispanoamericana*. Madrid, 1958. pp. 387 y 388.

237. *Partidas* II, 2, 16.

238. *Partidas* II, 12, 4.

En el mar, la jurisdicción militar se ejercía a través del *Almirante*, «guarda mayoral de la Armada»,[239]y a través del *Cómitre*, «Cabdillo del mar so el Almirante»[240]. Los Cómitres acaudillaban los navíos y podían juzgar «las contiendas que nascieren entre ellos». Sin embargo, si los justiciables no se conformaban con sus decisiones se podían «alçar para el Almirante, pero no para el Rey, sino quando él mesmo fuesse en la Flota». Era, por tanto, el Cómitre un órgano jurisdiccional de primera instancia. Por el contrario, el Almirante se configuraba como Tribunal unipersonal de alzada. Para el primero se preveía la imposición de pena «si errase en los juicios».

En el código alfonsino no aparecen normas procesales en relación al orden militar. Sólo se instituyen órganos ejercientes de jurisdicción, sin una limitación clara y precisa de su competencia objetiva. «Ha de considerarse, pues, que la jurisdicción se extiende a todo cuanto acaezca en la hueste o en los navíos»[241].

En la Edad Moderna, el recordatorio de tiempos pasados —en los cuales las empresas bélicas se encomendaban exclusivamente a la nobleza— y las particulares circunstancias que rodeaban la vida militar, justificaron la existencia de un fuero jurídico especial aplicable al personal de armas. Los militares eran juzgados por jueces propios y específicos, no podían ser torturados, ni se les podían imponer penas afrentosas[242]. Al fuero castrense pertenecía el personal adscrito a la milicia, los auxiliares del ejército y sus servidores. También se hallaban bajo su patrocinio los proveedores de las fuerzas armadas.

Estando la tropa en el campo de batalla y en orden de guerra, los jueces militares conocían privativa y exclusivamente de todas las causas civiles y criminales en las que hubiera soldados implicados, exceptuándose únicamente las demandas sobre mayorazgos y las particiones de herencia no provenientes de disposición testamentaria de militar.

Cuando la milicia no se hallaba en pie de guerra o en actividad bélica declarada, había prevención entre el juez castrense y el ordinario en materia civil, y las apelaciones se determinaban en los tribunales superiores de la jurisdicción ordinaria: Audiencias y Chancillerías.

Sin embargo, los pleitos sobre bienes raíces, herencias u otras cosas universales correspondían únicamente a las justicias ordinarias, salvo los relacionados con pagas y sueldos que pertenecían a la jurisdicción militar.

En las causas criminales tocantes a «gente de guerra» y en materias propias de la milicia, entendían los jueces castrenses. De los pleitos de este tipo, litigados ante los Capitanes Generales, no cabía apelación. Pero en otros delitos no referentes a «guerra», como podían ser los casos privados acaecidos entre los mismos soldados, se permitía el

239. *Partidas* II, 24, 2.

240. Partidas II, 24, 4.

241. GONZÁLEZ DELEITO y DOMINGO, N.: «La jurisdicción penal-militar española en las edades antigua y media», en *Escritos en homenaje al profesor Prieto Castro*. Madrid, 1977. T. I. pp. 554 y 555.

242. Las Ordenanzas Militares otorgadas por Felipe IV el año 1632, para sustituir las concedidas por Felipe III en 1611, declaran qué penas se consideran afrentosas. En su capítulo 58 se expresa: «Que ningún soldado sea condenado en pena afrentosa por ningún delito que cometa, salvo si fuere traición. Y declaro no ser pena afrentosa trato de cuerda o servicio de galeras a el remo y encargo y mando a todas las justicias de estos mis reinos así realengos como de señoríos lo cumplan en esta conformidad, so pena de cien mil maravedís para gastos de guerra». B.N., ms. 9.422. También las mismas en A.G.S., Guerra Moderna, leg. 4.698, sin fol. Consistía el trato de cuerda en atormentar al reo atándole las manos por detrás, y colgándole por ellas de una soga que pasaba por una garrucha, con la cual le levantaban en alto, y después le dejaban caer de golpe, sin que llegase al suelo.

recurso para el mencionado Consejo, cuando la sentencia la hubiese pronunciado el Capitán General en primera instancia.

En todo caso, a fin de impedir que los delitos de la soldadesca quedasen impunes, los jueces ordinarios estaban autorizados para detener a las personas de armas sorprendidas in fraganti delito. Pero estaban obligados a remitirlas inmediatamente a su juez natural[243].

Del mismo modo, conocía privativamente la jurisdicción militar de los delitos cometidos por civiles contra bienes e instalaciones castrenses, y de las causas de espionaje militar surgidas en el transcurso de campañas bélicas. La propuesta del jefe de los servicios secretos de Felipe IV en orden a crear un tribunal especial para entender en todas las causas relativas a espionaje, fue rechazada por el Rey. Sobre este particular, puede leerse en una consulta del Consejo de Castilla al Rey, realizada a instancias del Monarca en el año 1625:

> «Por ser negocio de tanta consideración la introducción nueva que pretende el Marqués de Chiarela, y por tocar a la jurisdicción del Consejo y de la Sala de los Alcaldes, se comunicó entre algunos del Consejo y pareció que en ninguna manera se debe dar lugar a tal forma de jurisdicción privativa como la que pretende, pues ningún antecesor suyo en el ministerio de las inteligencias secretas la tuvo. Ningún fruto podría sacarse anejando al espía mayor tribunal público con conocimiento de las causas de este género, pues para hacerse el dicho servicio con mayor utilidad el espía mayor ha de ser persona desconocida»[244].

El espía mayor había demandado la formación de un tribunal, que actuaría bajo su presidencia, y cuyos ministros se designarían conforme a su discreción personal. En opinión del Marqués de Chiarela, las apelaciones de este tribunal debían dirigirse al Consejo de Estado, aunque anteriormente se había declarado partidario de resolverlas en el Consejo de Guerra.

En aquella época, cuando ocurrían materias graves de este tipo en la Corte, el espía mayor acudía al Presidente del Consejo Real. Después éste designaba un alcalde de Corte como encargado de las diligencias judiciales. Finalmente, la determinación de la causa correspondía a la Sala de Alcaldes, la cual resolvía con arreglo a las normas procedimentales penales, pero procuraba guardar el secreto requerido por este género de materias.

Por otra parte, el Consejo Real ya había representado anteriormente al monarca algunas reservas sobre la personalidad del Marqués, quien no era reputado «por persona a propósito para este ministerio». En la inspección efectuada dos años atrás, durante la visita realizada por la «Junta de la posada del licenciado don Alonso de Cabrera», habían resultado contra el Marqués cargos muy graves. Por eso había sido condenado en más de 20.000 ducados y privación perpetua del oficio de Visitador General del reino de Sicilia

243. Real Provisión, fechada en El Pardo el día 10 de agosto de 1574, dirigida a la Chancillería de Granada, corregidores y justicias del Reino de Granada, en la cual les hace saber que «habiendo quedado las cosas del Reino de Granada después de la rebelión y levantamiento de los moriscos en diferente estado del que tenían antes por haberse sacado del reino todos los moriscos, tanto los que habían andado en la sierra y con las armas en la mano y se redujeron a la real obediencia, como los demás que no se levantaron», acordó el Rey proveer el cargo de Capitán General de la costa del Reino en la persona de D. Francisco de Córdoba, comendador de las cosas de Córdoba, de la orden de Calatrava, y por «excusar algunos inconvenientes y dar orden sobre el conocimiento de las causas civiles y criminales que tocan a la gente de guerra que reside allí para guardar la costa y a los moradores y habitantes en ella y sobre las cabalgadas que se hicieren», se mandó observar las órdenes explicadas en el texto. A.G.S., Guerra Antigua, leg. 78, fol. 294.

244. A.H.N., Consejos Suprimidos, leg. 7.147, sin fol.

o de cualquier otro oficio de justicia. Sin embargo, más tarde fue rehabilitado y pasó a ocupar el cargo de Superintendente General de las Secretas Inteligencias del Rey.

Conseguido el nuevo nombramiento, siempre mostró desazón por el hecho de que al disponerse a dar tormento a los sospechosos hallaba «que los alcaldes a quienes V. Majestad ha mandado que me asistan, no proceden ellos y sus escribanos con la puntualidad y cuidado que es razón. Antes tratan estas materias con publicidad y con el estilo de causas de crimen ordinarias, de que ha nacido harto daño. Y muestran deseos de querer ellos ser los dueños de esto, y es esto de manera que no se consigue el fin de V. Majestad en apurarles por vías secretas, ni su real servicio con la cautela que esto se debe guiar, pues es fuerza que haya muchos culpados que se van huyendo y se huirán si no se procede de otra forma».

Para don Antonio Manrique de Vargas, que así se llamaba el Superintendente General de los servicios secretos, la solución al problema estribaba en mandar que sólo el alcalde de Corte nombrado por él como su asesor, conociera de estos negocios, «sin que la Sala de los Alcaldes intervenga en ello, con cuyo solo parecer se hagan los procesos y autos ante el escribano de V. Majestad que yo para ello nombrare, mandando V. Majestad concederme jurisdicción privativa para todo lo tocante a mi oficio. De suerte que yo y mi teniente le podamos ejercer sin encuentros ni dependencias de otros ministros, sino tan sólamente con parecer del dicho alcalde asesor, con el cual se ejecuten las sentencias que se dieren, reservando las apelaciones al Consejo de Guerra de V. Majestad».

Como ya se ha indicado, Felipe IV no aceptó en esta ocasión, ni en otras posteriores, el cercenamiento de la jurisdicción de la Sala de Alcaldes de Casa y Corte, pues no en vano la Sala era un órgano emanado directamente del Consejo Real.

Pertenecían, además, a la jurisdicción castrense los casos de los colaboradores con desertores del ejército, aún cuando el cooperante fuese persona civil. Por el contrario, en otras causas, cuyo conocimiento no era privativo de los jueces militares, si en ellas aparecían algunos paisanos implicados como cómplices, eran entregados a los tribunales ordinarios.

La administración de justicia en el ejército se ejercía en primera instancia a través de los mandos responsables de la tropa, fundamentalmente por medio de los capitanes de las compañías y cuadros superiores de las agrupaciones castrenses mayores. En tiempo de guerra y durante el período de vigencia de las campañas solían nombrarse prebostes. Esto es, oficiales que cuidaban de la persecución de malhechores, formándoles sumaria y sentenciándolos. Velaban estos prebostes por la observancia de los bandos y órdenes del General[245].

De las causas de los artilleros entendían en primer término sus capitanes o el Capitán General de la Artillería. Los Capitanes Generales de las escuadras de galeras administraban justicia civil y criminal a bordo de las naves sometidas a su autoridad[246]. En las uni-

245. En 1583, tuvo noticias el Consejo de Guerra por cartas de los capitanes y comisarios de diez y ocho compañías de infantería en ruta hacia el reino de Valencia, que muchos soldados desertaban y regresaban a sus casas. Para cuyo remedio pareció conveniente a este Consejo nombrar como preboste al capitán Bolea, el cual debía servir y residir con dichas compañías, y acudir con gran cuidado «a que aquella gente se entretenga y no se vuelva ni ausente y si lo hicieren sean castigados». (A.G.S., Guerra Antigua, leg. 154, fol. 351).

246. El 19 de agosto de 1557 se nombró capitán general de las galeras de España a D. Juan de Mendoza indicándosele que «ha de tener y administrar la justicia civil y criminal y el gobierno de ellas» por el sueldo de 6.000 ducados anuales. A.G.S., Guerra Antigua, leg. 65, fols. 53 y 54.

dades militares sometidas al dominio de mandos con base territorial, como ocurría en las capitanías generales de Galicia, Andalucía, Sevilla, Guipúzcoa, y Gobernaduría de las Islas Canarias, la norma general establecía que estos jefes administraran justicia en el seno de sus ejércitos.

En cualquier caso, la jurisdicción suprema entre los militares la ejercía el Consejo de Guerra, al cual asistía un asesor, miembro del Consejo de Castilla. En la votación de los pleitos, seguía el Consejo de Guerra el siguiente orden: primero emitía su dictamen el asesor, y a continuación los consejeros por orden de antigüedad hacían lo propio.

Algunos testimonios encontrados en los archivos apuntan hacia una actividad muy lánguida por parte del Consejo de Guerra en lo referente a la administración de justicia. Pedro Angulo, detenido en la cárcel de Corte desde hacía cuatro años, expuso en un memorial dirigido al Rey en 1586 que su causa pendía ante dicho organismo por remisión del «Consejo Real de Justicia» y no se había visto *«por hacer muchos meses que no se hace Consejo de Guerra en la Corte»*[247].

Uno de los problemas fundamentales que debía afrontar el Consejo de Guerra era el de la carencia de medios económicos aplicables a tareas de justicia. En el Antiguo Régimen imperaba la idea de que los gastos ocasionados por la administración de justicia debían cubrirse con las condenas de los delincuentes. En el caso de los soldados éstos eran personas pobres y, por tanto, no cabía ejecutar en ellos penas pecuniarias[248].

De la misma forma que hacía justicia, el Consejo de Guerra administraba, en nombre del Monarca, la gracia real entre el personal de armas, correspondiendo a este organismo el perdón de sus delitos. No obstante, sabemos también que algunos capitanes generales despacharon eventualmente los favores reales[249].

La facultad de resolver las apelaciones en última instancia se reservaba al Consejo de Guerra, excepto en el caso de los soldados de las guardias reales de a pie, caballo, vieja, negra, amarilla, tudesca, y de arqueros, en las cuales a partir de 1643 entendió el Bureo[250].

En el siglo XVII se advierte una ampliación de las competencias jurisdiccionales en el grupo de mandos superiores cuyas tropas no solían entrar en batalla. Por ello, en las ordenanzas militares de 1632 se reguló: «Y por cuanto en algunos de mis ejércitos con la larga paz se han ido introduciendo muchos abusos y entre ellos estoy informado que ni a los maestros de campo ni a los capitanes les dejan sus generales la mano que es razón tengan sobre sus tercios y compañías, como la tienen en las provincias que hay guerra rota. Mando que los auditores en la primera instancia conozcan de todas las causas civiles y criminales que se ofrecieren entre la gente de los dichos tercios y que las sentencias que pronunciaren, sea consultando primero con los dichos maestros de campo y si las partes apelaren primero de ellas otorguen las apelaciones para los auditores generales»[251].

247. A.G.S., Guerra Antigua, leg. 191, fol. 256.

248. A.G.S., Guerra Antigua, leg. 190, fol. 563.

249. RODRÍGUEZ FLORES, M. I.: *El perdón real en Castilla. Siglos XIII a XVIII.* Madrid, 1969. p. 172. Perdón solicitado al Consejo de Guerra por Elvira García en favor de su hijo, (soldado). A.G.S., Guerra Antigua, leg. 307, fol. 93.

250. *Nueva Recopilación*, Real Decreto de 7 de junio de 1643 sobre el conocimiento de los delitos de los soldados de las guardias. Una copia del mismo Decreto está registrada en los libros de la Sala de Alcaldes de Casa y Corte (A.H.N., Sala de Alcaldes, libro-año 1643, fol. 372).

251. Ordenanzas militares dadas por Felipe IV en Madrid 28 de junio de 1632, las cuales sustituyeron a las otorgadas por Felipe III en 16 de abril de 1611 (cap. 65). A.G.S., Guerra Moderna, leg. 4698, sin fol. También en B.N., ms. 9.422.

A menudo, las normas legales existentes eran aplicadas erróneamente por los jueces militares. Así el licenciado Ayala, fiscal del Consejo de Guerra, exponía en el año 1588 «que algunos de los procesos que se causan en Lisboa por el Auditor General (...), después de sentenciados por el auditor y algunas veces con consulta del Capitán General, apelan las partes ante el mismo general, el cual oye en segunda instancia y comete las mismas causas al dicho auditor, y las torna a sentenciar en segunda instancia, siendo que conforme a las leyes de estos reinos no puede haber en un mismo tribunal dos instancias, sino por vía de suplicación en los tribunales supremos de V. Majestad». Por tanto, rogaba el fiscal que el Capitán General y el Auditor no conociesen causas en segunda instancia, ni admitiesen apelación alguna de las sentencias dadas por el Auditor, remitiendo éstas directamente al Consejo de Guerra[252].

Por su parte, el Consejo Real siempre fue reacio a la proliferación exageradada de jurisdicciones en la Corte. Hubo un momento en el que se pronunció contra la apelación ante el Consejo de Guerra de los fallos pronunciados por la Sala de Alcaldes de Casa y Corte[253].

Igualmente, debe señalarse que diversas zonas costeras y otras áreas de interés estratégico se colocaban bajo los auspicios de autoridades militares, principalmente corregidores de capa y espada, y Capitanes Generales. En estos casos, la autoridad militar poseía jurisdicción sobre la fuerza a su cargo y sobre la población civil. La institución encargada de la organización administrativa en ciertas zonas de las señaladas era el Consejo de Guerra[254].

En Granada, la preponderancia de la Chancillería sobre el Capitán General trascendía al ámbito de la cortesía urbana. Cuando el coche de alguno de los oidores se cruzaba en las angostas calles granadinas con el del mencionado jefe militar, este último debía ceder el paso al de los ministros de la Audiencia[255]. De este modo, los símbolos externos de la jerarquización social se manifestaban en campos, tan sorprendentes a la mentalidad actual, como el del tráfico rodado. Por otra parte, también estaba obligado el Capitán General a poner a disposición del Presidente y oidores de la Chancillería la fuerza militar necesaria para cooperar en la administración de justicia[256].

Por supuesto, no fue ésta la única contribución del ejército al mantenimiento del orden público ni tampoco la más importante. El fenómeno del bandolerismo, endémico en Cataluña y Andalucía, obligó a la Corona a utilizar la fuerza armada en la perspectiva de su erradicación. La actuación de los bandidos en partidas amplias, compuestas por decenas de hombres, les permitía enfrentarse a las justicias locales sin mayores temores, máxime considerando que a menudo contaban con el apoyo o la complicidad de parte de las autoridades municipales.

La dirección de la lucha antibandolera unas veces se ponía en manos de cuadros militares y otras se encomendaba a ministros de la justicia especialmente comisionados.

252. A.G.S., Guerra Antigua, leg. 238, fol. 108.
253. A.H.N., Consejos Suprimidos, leg. 7.121, n.º 7.
254. Así se explica que en el año 1592 cincuenta vecinos de la ciudad de Cartagena suplicasen ante dicho Consejo la restitución en el oficio de alcalde mayor de la ciudad del doctor Gracián Falconi, el cual había sido removido por el corregidor don Fernando de Vera y Vargas en ejecución de instrucciones emanadas del Consejo de Guerra (A.G.S., Guerra Antigua, leg. 357, fol. 26).
255. R.A.H., Colección Salazar y Castro, n.º 57, fols. 150 y 151.
256. *Nueva Recopilación* II, 5, 66.

A los soldados les correspondía ejecutar las órdenes emandas del comisario. Algún testimonio declara las reticencias de los soldados hacia la aplicación de la segunda de las fórmulas citadas: «la gente del ejército siente mucho andar con nadie fuera de sus cabezas, y más con ministros de justicia que dicen que los hacen corchetes»[257].

Para dictar sentencias conforme a derecho, tanto los corregidores de capa y espada, como los capitanes generales, debían asesorarse por un técnico en leyes. En Guipúzcoa, si el delincuente merecía pena de muerte o mutilación de miembro, podía instruir el proceso a prevención el capitán general o la justicia ordinaria; pero para dictar sentencia debían reunirse el corregidor y el capitán general. Cuando el parecer de ambos no era concordante, se hacía preceptiva la consulta al Rey. Posteriormente, a partir de 1568, el Consejo de Guerra pasó a resolver los desacuerdos de las causas prevenidas por el capitán general. Por el contrario, los procesos instruidos por el corregidor pasaron a determinarse por los alcaldes del crimen de la Chancillería de Valladolid al surgir desavenencia entre ambos[258].

La segregación de los militares de la jurisdicción real ordinaria ocasionaba numerosas fricciones entre los mandos castrenses y los órganos judiciales, e incluso dentro de la jurisdicción militar surgieron disparidades que no siempre se resolvieron con procedimientos administrativos o jurídicos. En 1640 un soldado perteneciente a una escuadra, cuyo mando lo ostentaba el Duque de Maqueda, cometió un homicidio y fue detenido por el Duque de Ciudad Real. Se planteó competencia respecto a quién pertenecía el castigo del soldado y finalmente se encomendó la causa al de Maqueda. Este envió una primera requisitoria al Duque de Ciudad Real, el cual no la obedeció, y, como le entregasen una segunda, respondió «que al que le trujese la tercera le daría dosçientos azotes». Al enterarse más tarde el Duque de Maqueda de lo expresado por su colega de

257. Misiva remitida por D. Alonso de Vargas al Consejo de Guerra (A.G.S., Guerra Antigua, leg. 352, fol. 82). Otros refrendos sobre la participación del ejército en la represión del bandolerismo pueden consultarse en A.G.S., Guerra Antigua, leg. 187, fol. 20; y A.H.N., Consejos Suprimidos, leg. 7.174, n.º 56.

258. En Real Provisión de 10 de mayo de 1554 dirigida al capitán general y al corregidor de la provincia de Guipúzcoa se expone en lo relativo al conocimiento de las causas criminales tocantes a la «gente de guerra» y habitantes de las villas de San Sebastián y Fuenterrabía, lo siguiente:

a) «De las causas criminales que se ofrecen entre la gente de guerra que reside en dichas villas conozca exclusivamente el Capitán General y en su ausencia su lugarteniente».

b) «En las causas criminales entre la gente de guerra y moradores de las villas de San Sebastián y Fuenterrabía en que ha lugar prevención entre el Capitán General y la justicia, sea prevenida la causa por solicitador».

c) «En las causas criminales graves en las que el delincuente mereciere pena de muerte o mutilación de miembro, haga el proceso uno de los dos y no lo sentencie sin el otro. Y no concertándose los dos en la sentencia, consulten al Rey sobre ello, enviando la causa junto con el parecer de cada uno».

Más tarde, en 1568, el Consejo revisó el tema y acordó lo siguiente:

a) «En las causas criminales entre la gente de guerra que reside en las villas de San Sebastián y Fuenterrabía y los moradores de ellas, en las que ha lugar prevención entre el Capitán General y las justicias, si las partes se agraviaren de las sentencias, vayan las apelaciones ante el Consejo de Guerra cuando hubiere conocido el Capitán General. Pero conociendo las justicias, vayan las apelaciones ante los alcaldes del crimen de la Audiencia y Chancillería que reside en la villa de Valladolid».

b) «En las causas criminales que fueren graves, en las que el delincuente mereciere muerte o mutilación de miembro y que se han de sentenciar por el Capitán General y justicia juntamente, las apelaciones vayan al Consejo de Guerra si el Capitán fuere el que hubiere prevenido la causa. Pero si hubiere sido la justicia y se hubiere de acompañar con el Capitán General, vayan las apelaciones ante los alcaldes del crimen de la Audiencia de Valladolid». A.G.S., Guerra Antigua, leg. 107, fol. 62.

armas, se sintió muy agraviado y le escribió para comunicarle que le esperaba en la isla de Santa Catalina:

> «El de Ciudad Real tomó una faluca y fue a ella y halló solo al de Maqueda. Sacaron las espadas, y diéronse dos estocadas el uno al otro. El de Maqueda las tiene en la cara y cuerpo, ambas penetrantes, y además una cuchillada en la cabeza, de que cayó aturdido en el suelo. Maqueda le levantó y le metió en la faluca y le envió a tierra para que le curasen. Ha sido lástima que estos dos generales se encontrasen en tiempo que hay tantos enemigos»[259].

Por otra parte, los paisanos tenían el convencimiento de que los mandos militares dejaban impunes los delitos de los soldados. Así las Cortes de Toledo de 1559 exponían: «Cuando V. Majestad manda hacer gente para la guerra ordinariamente suelen suceder escándalos causados por esta gente. Hay grandes discordias entre los capitanes y las justicias ordinarias sobre quién ha de prender y castigar a los soldados delincuentes»[260]. En aquella ocasión, la solución propuesta por las Cortes apuntó «que si la cuestión fuere entre soldados los castigue el capitán, y si fuere entre soldados y vecinos conozca de ellos la justicia ordinaria». Nuevamente, en las Cortes de Madrid de 1571 los procuradores volvieron a plantear el asunto y solicitaron al Rey que el juez ordinario y el capitán conocieran conjuntamente de los delitos cometidos por los soldados en perjuicio de los civiles, y, cuando discordaren en la sentencia, determinase el caso el juez superior[261].

Más adversas para con la jurisdicción castrense fueron las pretensiones de la ciudad de León, la cual llegó a reclamar que el corregidor castigase los delitos cometidos por los soldados en su circunscripción. Sin embargo, a los procuradores de las demás ciudades les pareció inalcanzable esta reivindicación y se negaron a apoyarla: «Leyóse el capítulo último de la carta que la ciudad de León escribió al reino en 29 de abril de este mismo año, que habla de los delitos atroces que cometen los soldados de aquel reino y montaña, y pide se suplique a S. M. mande dar comisión al corregidor de dicha ciudad para proceder al castigo tanto en la jurisdicción como en las montañas y su reinado. Al reino no le pareció que por el momento se haga diligencia en nombre suyo sobre este negocio»[262].

En el clima imperante de animadversíon general de los castellanos hacia la carga representada por el trasiego continuo de soldados, un escribano se equivocó en la expedición de una fe notarial y todas las autoridades de Castilla se aplicaron por doquier a la detención masiva e indiscriminada de alistados. Esta chusca anécdota ocurrió durante el reinado de Felipe II. Las circunstancias que la rodearon fueron aproximadamente las siguientes: Al parecer, los alcaldes de la Chancillería de Valladolid mandaron prender en un cierto momento a los componentes de la compañía de Francisco de Hoyos. En relación con esto un escribano de Villanubla extendió un testimonio notarial en el cual «dixo que se mandaban prender por el dicho alcaide todos los que paresçiesen soldados». Después el documento resultante fue entregado a unos alcaldes de la Hermandad, y sucesivamente fueron sacándose nuevas copias hasta diseminarse éstas por toda Castilla. Poco

259. Cartas de algunos padres de la Compañía de Jesús, sobre los sucesos de la monarquía entre los años 1634 y 1648. Madrid, 1861 a 1865. T. XV. p. 469.

260. *Cortes de los Antiguos Reinos de León y de Castilla.* Cortes de Toledo de 1559. Pet. LVII. T. V. p. 835.

261. *Actas de las Cortes de Castilla.* Cortes de Madrid de 1571. Pet. XLVII. Madrid, 1874 a 1988. T. III. p. 389.

262. *Actas de las Cortes de Castilla.* Cortes de Madrid de 1615. Madrid, 1874-1988. T. XXVIII, p. 292.

tiempo después el escriba fue detenido, y al ser preguntado por las razones que le movieron a extender semejante documento, contestó que los soldados del tal Hoyos no eran conocidos en los demás lugares, y, de haberlo hecho de otra manera, no se habría prendido miembro alguno de su compañía. Tan pronto como los alcaldes de la Chancillería tuvieron conocimiento de lo sucedido, hicieron las diligencias oportunas para liberar a los soldados retenidos indebidamente. Pero el hecho cierto fue que «por estar tan mal con los soldados en todos los lugares, les prendieron sin ver mandamiento ni requisitoria de alcalde ninguno»[263].

La existencia en la Corte de numerosos guardias reales ocasionó una serie interminable de problemas de competencias. Por lo cual, los monarcas hubieron de ocuparse de esta materia muchas veces a lo largo del siglo XVII. En noviembre de 1626, Felipe IV mandó despachar a través del Consejo de Guerra una cédula estableciendo «que las causas criminales contra los capitanes y oficiales de las guardas, gentiles hombres y otros oficiales mayores y menores» relativas a delitos graves, aún cuando fueran de alevosía, moneda falsa, resistencia calificada u otros, no pudieran ser conocidas por las justicias ordinarias, Audiencias ni Chancillerías, sino en primera instancia por el alcalde de las guardas, comunicando las sentencias que éste diere con el capitán general de la caballería. Por otra parte, las apelaciones de estas sentencias correspondían únicamente al Consejo de Guerra.

Con anterioridad a la fecha mencionada, esto es, desde tiempos que se remontaban al reinado de Felipe II, las causas de los soldados de las guardas se habían visto no sólo en la Sala de Alcaldes de Casa y Corte, sino incluso en la sede de la justicia ordinaria de la Villa[264]. Pero ahora en 1626, se reconocía que la suspensión del privilegio judicial había provocado la disminución de las citadas compañías, y en consecuencia se determinó favorecer a las guardas reales con los beneficios del fuero militar sin excepción de asuntos ni circunstancias[265]. No obstante lo anterior, los pleitos civiles y criminales pertenecientes a soldados residentes en la Corte permanecieron en la jurisdicción ordinaria y en 1629 se nombró a don Francisco de Valcárcel, alcalde de Casa y Corte, como juez privativo para el conocimiento de sus causas en primera instancia, dejando libertad a los pleiteantes para que las apelaciones de sus sentencias pudieran plantearlas ante el Consejo de Guerra o ante la Sala de Alcaldes de Casa y Corte[266].

Sin embargo, el Consejo Real tuvo conocimiento de la cédula de 1626 que otorgaba tan amplios poderes jurisdiccionales a los capitanes de las guardas, y en consulta al Soberano representó los previsibles daños que habían de seguirse de su observancia. Señaló, además, que a la gente de guerra sin militancia activa no le correspondía exención alguna, y, por tanto, la justicia ordinaria debía conocer de sus delitos. También invocó el Consejo de Castilla ciertas leyes que privaban de los beneficios del fuero a los implicados en casos de falsificación de moneda, alevosía y resistencia a las justicias.

263. A.G.S., Guerra Antigua, leg. 49, fol. 210.

264. Por cédulas de los años 1611 y 1616 se declaró que los soldados de la milicia en todos los casos criminales estaban sujetos a la justicia ordinaria. Después, en segunda instancia, podían apelar al Consejo de Guerra o a las Chancillerías (*Nueva Recopilación* IV, 1, fol. 319). Sobre este punto las referencias documentales pueden consultarse en A.H.N., Consejos, leg. 7.124, papeles sin registrar.

265. A.H.N., Sala de Alcaldes, libro-año 1658, fol. 17.

266. A.H.N., Sala de Alcaldes, libro-año 1629, fol. 371.

De todos los puntos planteados por el Consejo, únicamente se tocaron en la respuesta real los relativos a resistencias calificadas: «He mandado declarar en la Junta de Competencias que no son comprendidos en la exención los delitos cometidos antes de ella, ni las resistencias calificadas, y que sea a prevención el delito de Lesa Majestad divina y humana».

Ciertamente, las sugerencias formuladas por el Consejo de Guerra sobre el conocimiento de las resistencias de los soldados tenían cierta base legal, pues en contestación a diversas consultas, el Soberano había expresado el 20 de julio de 1624 que por evitar las competencias, los capitanes de las tres guardias reales: Arqueros, la Española y la Alemana, resolviesen todas las causas criminales de sus soldados[267].

La concesión de tan amplios poderes a los capitanes trajo consigo el aumento de los abusos de la tropa. Por tanto, para templar el comportamiento de los soldados fue necesario restringir la amplitud del fuero castrense. La primera limitación llegó a través de un auto del Consejo de 26 de septiembre de 1637. En virtud de éste se dispuso que los alcaldes de Corte y las justicias ordinarias determinasen los casos de resistencia de los soldados a los ministros de la justicia. Dos años después, en 1639, es despachado un decreto disponiendo que los guardias reales poseedores de tabernas, perdiesen los beneficios del fuero en todos los casos. A partir de entonces sus causas fueron remitidas a la justicia ordinaria, «pues no era compatible que tuviesen trato de recatonería y quisiesen gozar del privilegio militar». Otro decreto posterior, fechado en el año 1641, remitió a los alcaldes de Corte y a la justicia ordinaria las infracciones de los soldados de la guardia en casos de resistencia a la justicia, amancebamientos, tenencia de garitos y cualquier otro relacionado con ventas y reventas.

Los fenomenales abusos cometidos por los soldados durante la etapa de disfrute del «privilegio absoluto», propició la exclusión de algunas faltas de la jurisdicción castrense:

> «Porque los más de los soldados tenían tabernas y vendían con medidas sin sellar a su alvedrío, llevando por el vino barato al precio de lo caro y metiendo a deshoras de la noche sin pagar la sisa, defraudando a la Real Hacienda en grandes sumas. Y no sólo ellos tenían tabernas, sino que otros que no eran soldados ponían en sus tabernas alabardas que alquilaban a los soldados, dándoles tres o cuatro reales cada día a fin de que los ministros de justicia viendo la insignia de la guarda no entrasen a visitar la taberna. Y para este efecto ponían otros en las tabernas las calzas, capas y ropillas de la librea de las guardas de Vuestra Majestad[268].

Finalmente el máximo desarrollo de estas medidas favorables a la jurisdicción ordinaria se alcanzó durante el reinado de Felipe V. En el año 1714, los alcaldes de Casa y Corte fueron autorizados a «entrar en cualquier casa privilegiada, cuerpos de guardia, casas de capitanes y demás jefes militares, y otros lugares, por exentos y privilegiados que sean, a prender reos, sacar bienes de ellos y hacer otras diligencias en todo género de delitos tocantes a garitos, ventas y reventas; autos, estatutos y pragmáticas que miran al gobierno, seguridad y quietud del pueblo»[269]. Algunos años antes la jurisdicción castrense había perdido sus competencias en relación con el delito de bestialidad[270].

267. A.H.N., Consejos Suprimidos, leg. 7.124, n.º 8.

268. *Nueva Recopilación*, autos acordados del Consejo, auto CCLXVII. *Nueva Recopilación* II, 6, fol. 102. *Nueva Recopilación* II, 6, fols. 102 y 103. A.H.N., Consejos Suprimidos, leg. 7.124, papeles sin registrar. A.H.N., Sala de Alcaldes, libro-año 1637, fol. 314.

269. A.H.N., Colección de Reales Cédulas, n.º 5.175.

270. En el año 1704, el Consejo comunicó a la Sala de Alcaldes de Casa y Corte que el Rey había mandado a la Sala continuar en la causa contra Jerónimo del Campo, «por pecado de bestialidad, absteniéndose

A Felipe IV le preocuparon los encuentros jurisdiccionales que diariamente acaecían sobre el conocimiento de los delitos de los guardas reales, y, como su reinado fue el de mayor desarrollo de las Juntas, en 1643 mandó constituir una de ellas con la misión de revisar las cédulas y disposiciones relativas a la materia. La facultó para adoptar medidas tendentes a la evitación de las competencias, pero le recomendó al mismo tiempo que los derechos de los soldados de las guardias reales no sufrieran menoscabo respecto a los reconocidos a la demás «gente de guerra». Integraban dicha Junta algunos miembros del Consejo de Estado, algunos miembros del Consejo Real, y el mayordomo del Bureo.

En consulta al Rey, esta Junta propuso que en lo sucesivo los soldados de las compañías de las Guardias de a Pie, a Caballo, Vieja, Negra, Amarilla, Tudesca y Arqueros, gozasen del fuero militar en todas las causas criminales. A su juicio, los capitanes deberían conocer de los pleitos en primera instancia, pero las apelaciones habrían de reservarse para el Bureo.

En contrapartida por este favor jurídico, las compañías no podían recibir mayor número de soldados del estipulado. También se exceptuaron del privilegio las resistencias y desacatos injuriosos a los ministros de justicia y el robo de alimentos en tiempos de necesidad. Igualmente, se extrajeron del fuero militar las contravenciones de ordenanzas perpetradas en el desempeño de oficios ajenos a la actividad castrense. Por otra parte, a cada capitán de las guardas se le obligó a nombrar un alcalde de Corte como asesor. En lo tocante a las causas civiles los guardias reales fueron reducidos a la jurisdicción ordinaria[271].

De lo referido se deduce el exacto conocimiento de la Junta acerca de la inclinación de la tropa hacia la comisión de determinados desmanes. Sin embargo, las medidas adoptadas fueron insuficientes para atajarlos. Como consecuencia de ello, el Consejo Real se vio obligado a exponer al Rey en 1648:

el Consejo de Guerra de su conocimiento y del de las demás de esta misma especie» (A.H.N., Sala de Alcaldes, libro-año 1704, fol. 279).

271 A.H.N., Consejos Suprimidos, leg. 7.124, n.º 8. A.H.N., Sala de Alcaldes, libro-año 1643, fol. 372. N.R., Real Decreto sobre el conocimiento de los delitos de los soldados de las guardas dado en Madrid el 7 de junio de 1643. Perduraron estas disposiciones y así por resolución de consulta del Consejo de 13 de agosto de 1663 el Rey ordenó al Consejo de Guerra y al Comisario General de la Infantería no mover competencia con la jurisdicción real en el supuesto de que ésta detuviese algunos soldados relacionados con la muerte de un alguacil de Corte, «pues por ser muerte ejecutada con pistola carabina y resistencia a la justicia es propia de la jurisdicción real» (A.H.N., Sala de Alcaldes, libro-año 1663, fol. 204). Años más tarde, en 1687, por medio de cédula impresa se recuerda que cuando los soldados cometan actos vejatorios contra la justicia ordinaria pertenece a ésta su conocimiento, sin posibilidad de establecer competencia: «por haberse experimentado en las materias civiles que si algún ministro hace alguna diligencia en casos que puede hacerla, se ha seguido de ello que buscan y ajan al que lo hace y pasan a otros excesos, embarazando por este medio la administración de justicia en perjuicio de la causa pública, por la presente se manda que los soldados de las guardas reales en los delitos que cometieren con dependencia de la administración de justicia y en odio y dependencia de ella, no gocen del fuero militar, y que en estos casos conozca la justicia ordinaria de sus delitos, sin que en ellos se pueda formar ni admitir competencia alguna con ningún pretexto» (A.H.N., Sala de Alcaldes, libro-año 1687, fol. 83). Del mismo modo, en 1681 el Soberano vuelve a reiterar la obligación de que los capitanes de las guardas observen el capítulo tercero del Real Decreto de 7 de junio de 1643, alusivo al nombramiento de los alcaldes de Casa y Corte como asesores (A.H.N., Sala de Alcaldes, libro-año 1681, fol. 84). Sobre el papel de los alcaldes de Casa y Corte como asesores de los capitanes de las guardas, en 1681 se nos informa que aquellos no han «de poder autuar ni sustanciar las causas sin orden del capitán ni prender, si no es en fragante y que en este caso deba participárselo al mismo capitán de quien fuere asesor» (A.H.N., Sala de Alcaldes, libro-año 1681, fol. 180).

> «Señor, el papel que la Sala de los Alcaldes ha escrito a la de Gobierno con la noticia de lo sucedido en la ronda de ayer contiene un capítulo del tenor siguiente: Esta mañana los soldados del cuerpo de guardia de San Luis salieron a quitar el pan a un panadero y le dieron tres chuçaços y después en la puerta del sol quitaron el pan a otro panadero en aquel cuerpo de guardia y diciéndoles Juan de Pinilla, escribano de cámara, que le pagasen respondieron los soldados, como por fiero, que fuesen por el dinero al cuerpo de guardia».

Más adelante, el Consejo Real continúa su relación y expresa su temor a que semejantes actuaciones desembocasen en graves alteraciones sociales. Efectivamente, el clima social reinante a mediados del siglo XVII propició el desarrollo de revueltas. Varias ciudades conocieron la quiebra del orden público durante los años centrales de la centuria. Razón tenía el Consejo para lamentar: «Con estos desafueros los soldados ocasionan lo que la gente popular hará, porque si el señor don Antonio de Miranda no lo hubiera impedido, hubieran rompido el cuerpo de guardia y los soldados lo pasaran muy mal. No acaban de echarlos de aquí que es el remedio. Cada día piden carros para llevarlos y no sirve sino de molestias para los que traen bastimentos, que es milagro vengan, y luego los tornan a desembargar. Al Consejo ha parecido representarlo a V. Majestad para que se sirva de mandar se les despache luego a estos soldados y que mientras esto sucede, sus superiores les refrenen con el castigo que conviniere para que excusen tales arrojamientos, pues con ellos imposibilitan la provisión de pan y ocasionan al pueblo sentimientos que podrían causar mucho cuidado». La consideración del Soberano al respecto, aunque escueta, deja percibir claramente su total acuerdo con los planteamientos del Consejo: «Está bien y así lo he mandado con todo aprieto»[272].

A pesar de la atención de la Corona, las fricciones entre los diferentes órganos de justicia persistieron durante todo el siglo XVII. En este aspecto la política austriaca fue ciertamente cambiante, pues para la resolución del mismo problema unas veces se dispuso en un sentido y otras en el contrario. Según procedieran las resoluciones del Consejo Real o del Consejo de Guerra, los contenidos eran muy diferentes. De este modo, Carlos II, en contradicción de disposiciones anteriores, decidió suprimir toda intervención de la justicia ordinaria en las causas del Regimiento de Caballería de la Guardia Real[273].

En cualquier caso, más allá del hecho de que tal o cual organismo entendiese de los abusos de los soldados, éstos persistieron durante los siglos XVI y XVII. La razón de su existencia no siempre hay que buscarla en el atrevimiento, temeridad y arrojo de los alistados, pues las mismas fuentes aluden frecuentemente a un trasfondo social de crisis. En el año 1612, cuando la Sala de Alcaldes tenía aún todas las facultades para juzgar a los soldados de la Corte, el Consejo Real informaba al Rey: «Los alcaldes dicen que en esta Corte andan muchos soldados pobres, con ocasión de lo cual hay muchos delitos y juegan públicamente en los campos a los dados y para este efecto es fuerza que hurten y capeen. La Sala los ha preso y procedido contra ellos, pero como no pueden ser castigados corporalmente parece convendría tomar por mayor el remedio de esto para que se echen de la Corte». Las dificultades económicas de la Corona no le permitían atender debidamente las necesidades del personal de armas, y la defensa de la capital del imperio exigía la presencia en

272. A.H.N., Consejos Suprimidos, leg. 7.160, n.º 25.
273. A.H.N., Sala de Alcaldes, libro-año 1698, fol. 11.

ella de una abultada tropa. Por eso el Rey eludió abordar el problema en su raíz y se limitó a tratar sus síntomas, contestando: «Los alcaldes hagan justicia»[274].

En 1670, los excesos de los soldados de la Corte seguían preocupando a la Corona. En una Real orden de dicha fecha se recogen diversas determinaciones tendentes a aminorarlos. En primer lugar se mandó que ningún soldado saliera de su cuartel con armas de fuego, si no fuere por mandato de su superior. Además, «so pena de la vida» se les prohibió sacar la espada contra ministro de la Justicia o vecino alguno. También se les proscribió andar «en tropas» que excediesen el número de cuatro miembros. Las contravenciones en esta materia las castigaba el Consejo de Guerra a su arbitrio «conforme al inconveniente que resultare de ello». Por las noches no podían «andar en tropas, excediendo del número de dos o tres». En cualquier caso, durante las horas de oscuridad sólo podían salir a la calle con licencia de sus jefes[275].

La existencia de un régimen plurijurisdiccional, con las inevitables fricciones que ello engendraba, complicaba la administración de justicia, pero nunca hasta el extremo de paralizarla totalmente, pues, cuando la ocasión lo demandaba, la Corona nombraba un juez que concentraba en su persona varias jurisdicciones. En el año 1643 se cometió un hurto en las casas ocupadas por el embajador de Venecia en Madrid. Como se sospechaba que los responsables del mismo habían sido unos soldados, Felipe IV resolvió: «que se encargue esto con mucha particularidad al alcalde don Juan de Quiñones, el cual por tener título de Auditor general puede conocer también de los soldados y abrazando ambas jurisdicciones podrá más enteramente acudir a esto y vos tendréis muy encomendada esta materia para que se obre en ella cuanto convenga»[276]. Por otra parte, la reprensión de las faltas de los militares —como sucedía con las de otras personas privilegiadas— se resolvía, a veces, extrajudicialmente, por vía administrativa, trasladando al sancionado a un presidio durante un buen número de años[277].

En cuanto a las relaciones entre la población civil y el ejército, éstas no se quebraban sólo por el descomedimiento de los soldados. Los civiles en masa eventualmente también llevaron a cabo acciones violentas contra la milicia, las cuales fueron reprimidas con todo rigor. En tales casos, para no herir la susceptibilidad de los súbditos, la Corona comisionó jueces reales ordinarios para dirigir la represión[278].

Castillo de Bovadilla justificaba la existencia de la jurisdicción militar por la necesidad de tratar a los profesionales de la guerra con mayor rigor, severidad y disciplina que a los paisanos. No dudamos que efectivamente ese sería el método habitual empleado por los mandos para hacer ejecutar las órdenes castrenses. Mas cuando los atropellos de los soldados afectaban únicamente a los civiles, los capitanes tendían a la permisividad. El capitán Alonso de Contreras narra en una de sus aventuras:

> «Nos tenían por desalmados. Donde un «levante» se presentaba el contorno se estremecía porque nada estaba seguro: ni la gallina en el corral, ni la dobla en el

274. A.H.N., Sala de Alcaldes, libro-año 1612, fol. 269.
275. Real Orden fechada en Madrid el 7 de agosto de 1670 que se mandó «publicar luego en las partes públicas y acostumbradas e imprimir y fijar para que venga a conocimiento de todos y ninguno pueda alegar ignorancia». A.H.N., Sala de Alcaldes, libro-año 1670, fol. 119.
276. A.H.N., Sala de Alcaldes, libro-año 1643, fol. 31.
277. A.H.N., Consejos Suprimidos, leg. 7.164, n.º 36 y 46.
278. A.G.S., Guerra Antigua, leg. 117, fol. 160; A.G.S., Guerra Antigua, leg. 119, fol. 3.

fondo del arca, ni la vida del transeúnte, ni la doncella en su sólito escondrijo. Representaba la figura superlativa de la ferocidad, la audacia y la indisciplina del soldado de entonces, que dondequiera brillaba por esas cualidades»[279].

Nadie considere el párrafo anterior como una exageración literaria del aventurero Contreras, pues otros ejemplos tenemos documentados de increíble paralelismo con el suyo. Cuenta el padre León que estando él ausente de Sevilla le sustituyó en el ministerio de la cárcel «un padre algo encogido y espantadizo. Y entre los que se confesaron con él, llegó uno que estaba preso por traidor al Rey y fascineroso, según el mismo penitente lo contó. Y para que se sepa la vida y milagros (como se suele decir de los tales) este capitán había muchos años que no se confesaba; y fue exhortado por el padre San Martín, capellán de la misma cárcel, a que se confesase. Determinó de hacerlo, pero con una condición, y fue de que si se había de confesar había de ser con un confesor que supiese de mundo, porque él había andado muchas partes de él y que sería razón confesar con quien le entendiese. Y el dicho capellán vino en la condición, y vínose a la Compañía y pidióle a un padre que fuese a confesar al dicho capitán, diciéndole los méritos. Hízolo así el dicho padre, y llevó a la capilla al sobredicho penitente, el cual puesto de rodillas se empezó a confesar y a acusar (como él lo contó después a los de su valía) de que había sido traidor al Rey y que en una emboscadilla de ocho hombres católicos, él y otros compañeros mataron a todos ocho. El padre dijo: «¡Jesús!, ¿y todos murieron?», como espantándose. Levantóse el dicho capitán de sus pies y dijo: Pues, cabeza de Dios, ¿de qué se espanta? Pues comenzaba yo por lo más menudico ¿y ya hace milagros?, que hay partida de cincuenta muertos juntos, ¿y de ocho hace espantos? Ni yo soy para su Reverencia, ni su Reverencia para mí. Quédese con Cristo»[280].

Muchas poblaciones que soportaban el constante trasiego de las banderas, valoraban en la misma cuantía los daños imputables a los soldados y los gastos ocasionados por la leva[281]. Las Cortes de Madrid de 1583-1585 refieren el abandono de algunos pueblos por sus habitantes. La despoblación se atribuyó a la pesada carga que suponía el sostenimiento del ejército[282]. Pero no sólo los militares sin graduación se propasaban en su comportamiento con la población civil. También los oficiales se excedían en sus prerrogativas e incurrían en acciones delictuosas. Para ello se valían del temor que inspiraba en los lugareños el paso de tropas. Girón, en su *Crónica del Emperador Carlos V* nos describe una situación de esta naturaleza: «En fin del mes de março deste año se quexaron en el Consejo Real que don Rodrigo de Mendoça, uno de los capitanes que S. M. avía hecho para hazer gente, *componía los lugares por donde no pasaba*, llevándolos dineros por no ir a ellos, y quél y su gente comían a discreción».

El Consejo dio noticia a la Emperatriz de las tropelías del citado capitán y como el margen de arbitrio permitido a la Corona en tiempos absolutistas, posibilitaba la designación directa de jueces, sin limitación de jurisdicciones, doña Isabel de Portugal confió el caso a un magistrado civil de la Corte[283]. Parece oportuno destacar de los sucesos ante-

279. CONTRERAS, A. de: *Vida del Capitán Alonso de Contreras*. Madrid, 1965. p. 199.

280. LEÓN, P. de: *Grandeza y miseria de Andalucía. Testimonio de una encrucijada histórica (1578-1616)*. Ed., introduc. y notas de Pedro Herrera Puga. Granada, 1981. pp. 285 y 286.

281. *Actas de las Cortes de Castilla*. Cortes de Madrid de 1633. Madrid, 1874-1988. T. LIII. pp. 240 y ss.

282. *Actas de las Cortes de Castilla*. Cortes de Madrid de 1583 a 1585. Pet. XXXIX. Madrid, 1874 a 1988. T. VII. pp. 818 y 819.

283. GIRÓN, P.: *Crónica del Emperador Carlos V*. Madrid, 1964. pp. 53 y 54.

riormente referidos que los favores jurídicos castrenses eran privilegios otorgados por la Corona a quienes servían en sus ejércitos, pero en ningún modo derechos adquiridos por los interesados. Por eso la Corona podía obviarlos en cualquier momento sin obligarse a explicaciones por su proceder. Además por voluntad del Monarca se permitía el paso de las causas de una jurisdicción a otra sin cortapisas de ningún género. Descuella entre los comentarios de Girón la quiebra de exenciones castrenses bien notorias —sin mediar siquiera una consulta al Rey—.

El cronista nos relata, con tono carente de asombro, la ejecución en la persona de varios militares de penas tan infamantes y contrarias al fuero del ejército como eran los azotes y la horca. Nos consta que, si bien estos privilegios no se vulneraban sistemáticamente, ciertamente no fue la única violación ocurrida. El propio capitán Contreras alude a su paso por el potro sin referir la menor queja por la conculcación de sus exenciones[284].

Del mismo modo, lo antedicho se ratifica aún más, si cabe, con lo ocurrido a don Carlos Pacheco. En el año 1645, la Sala de Alcaldes de Casa y Corte detuvo al mencionado militar como cómplice de contrabando. Delito éste, que se agravó más tarde cuando don Carlos propinó un gran bofetón a un alguacil de Corte en la antesala de dicho tribunal. En opinión de los jueces, el segundo delito constituyó no sólo un acto de agravio hacia el ministro ofendido, sino también —por haberse cometido en presencia de los magistrados— un gesto de desacato a la Sala de Alcaldes. Concluido el proceso, el tribunal procedió a votar la causa. Don Martín de Larreategui y don Antonio de Miranda se pronunciaron en favor de la pena de muerte para el reo. Sin embargo, los demás miembros del tribunal coincidieron en condenarle a azotes y galeras. Como sentencia mayoritaria, ésta última fue publicada y se ejecutaron los azotes. El Consejo de Guerra tomó a mal la flagelación del militar, y la calificó de violencia y arrojo de la Sala.

El Rey prestó atención a las quejas del Consejo de Guerra y a resulta de las mismas remitió un Decreto al Consejo de Castilla, en el cual puede leerse:

> La justicia «debe obrar con tal atención que no ocasione el ruido que estos días pasados ha habido en este lugar con la pena de azotes y galeras que se ejecutó tan repentina y atropelladamente en don Carlos Pacheco», «así he resuelto que los alcaldes don Pedro de Amezqueta, don Diego de Rivera, don Antonio de Lezama y don Agustín del Hierro (que fueron los que votaron fuese azotado don Carlos) sean privados de sus puestos y salgan desterrados seis leguas fuera de la Corte y de adonde yo me hallare», «y a los alcaldes don Antonio de Miranda y don Martín de Larreategui (que fueron los que le condenaron a muerte) libro de esta pena, pues pusieron la justicia en su lugar. El reo pagará su culpa y el fuero militar se verá sin la nota que tal acción le puede haber ocasionado. Este reo se entregará al Consejo de Guerra, alzándole la pena de galeras, y veré qué demostración se habrá de hacer con él».

284. «No pasaron muchos días que una noche después de acostado, me mandaron vestir y, metiéndome en una silla, me llevaron a la calle de las Fuentes y metieron en una sala muy entapizada, donde había una mesa con dos velas y un Cristo, y un tintero y salvadera con papel; allí cerca un potro que no me holgué de verlo, y estaba el verdugo y el Alcalde y el escribano. El Alcalde me consoló y dijo que el Comisario negaba no le había dado parte de las armas, y que así era menester darme tormento, que le pesaba en el alma de ello; y, así mandó que se hiciese lo necesario. El secretario me notificó no sé qué, que no me acuerdo, y el verdugo me desnudó y echó en aquellas andas y puso sus cordeles. Comenzáronme a decir dijese a quién había entregado las armas. Yo dije que me remitía a mi confesión.

En un principio, el Real Decreto aludido tuvo puntual cumplimiento. Los cuatro alcaldes sancionados salieron de la Corte. Sin embargo, antes de cumplirse el año regresaron a Madrid y más tarde fueron mejorados con mercedes y ascensos. A don Pedro de Amezqueta se le concedió plaza en el Consejo Real en 1647, y se le encargó el gobierno de la Sala de Alcaldes de Casa y Corte. Don Diego de Rivera sirvió primero en el Consejo de Indias y a partir de 1648 fue designado, junto con don Antonio de Lezama, miembro del Consejo Real . Don Agustín del Hierro ingresó en el Consejo de Ordenes con el hábito de Calatrava; de allí pasó a la fiscalía del Consejo de Castilla y en 1651 fue nombrado consejero. Por tanto, si comparamos la trayectoria de los alcaldes desterrados con la de «quienes pusieron la justicia en su lugar» no apreciamos repercusión negativa alguna en la carrera político-judicial de los sancionados, pues don Martín de Larreategui no fue elevado al Consejo Real hasta 1648 y don Antonio de Miranda permaneció mucho tiempo en la Sala hasta que finalmente pasó al Consejo de Indias, donde murió[285].

Anteriormente, en 1589 el Consejo de Guerra había protestado formalmente ante Felipe II por la aplicación —dos veces consecutivas— de la pena de vergüenza pública en la persona de un militar[286].

Con motivo de un incidente ocurrido entre un alcalde del crimen de la Chancillería de Granada y un miembro del Consejo de Guerra, Felipe IV resaltó vehementemente en el año 1635 que la verdadera esencia de la jurisdicción ordinaria y de la jurisdicción castrense radicaba en el hecho de emanar ambas directamente del Rey, a quien correspondía su gobierno y en cuyo nombre administraban justicia[287]. Otro testimonio ilustrativo de la gravedad que revestían eventualmente las fricciones jurisdiccionales, se patentiza en hechos como los ocurridos en Málaga el año 1579. En el desarrollo de los mismos, tras una refriega mantenida entre los ministros de la justicia y los soldados, las galeras reales amenazaron la ciudad con todo su potencial artillero[288].

Las competencias de jurisdicción causaban generalmente gran demora en la resolución de los juicios afectados por las mismas. Sin embargo, otras veces el temor a recla-

Dijo: «Aprieta, que bien sé que te dieron a ti y a un capitán cuatro mil ducados porque lo callásedes».

Yo respondí: «Es mentira, que mi capitán supo de ello como el Gran Turco; lo que tengo dicho es verdad».

Con que no quise responder más palabra en todo el tiempo que me tuvieron allí, más de que dije: «Recio caso es atormentar por decir la verdad, que tan poco me importaba el decir lo dicho de bueno a bueno. Si quiere vuesamerced que me desdiga lo haré».

Dijo: «Aprieta y da otra vuelta».

Y no me pareció que me dolió esta vuelta. Y luego me mandó quitar y que me metiesen en la silla y llevarme a casa, donde me cerraron y regalaron como al Rey; y al meterme en la silla me abrazó el alcalde.

Estuve en la cama regalado más de diez días, y luego me levanté. Y el comisario estaba apretado en la cárcel de Corte; pero tenía al Condestable viejo, que le ayudaba, y al Conde de Chinchón viejo, además de treinta mil ducados que decían tenía.

Proveyóse un auto en que me soltasen, tomándome pleito-homenaje que no saldría de la Corte hasta que se me mandase, y mandaron que me quitase el hábito de ermitaño. Para lo cual me vistieron de terciopelo muy bien, en hábito de soldado, y me daban cada día cuatro escudos de oro para comer y posada, los cuales me daba el secretario Piña, cada cuatro días, con puntualidad. Todo esto se pagaba de los bienes de los moriscos».

(Contreras, A. de: *Vida del Capitán Alonso de Contreras*. Madrid, 1965 pp. 110 y 112).

285 B.N., Causas Criminales, ms. 722, fols. 124 y 125. Fayard, J.: *Los miembros del Consejo de Castilla* (1621 a 1746). Madrid, 1982, pp. 508 y 509.

286. A.G.S., Guerra Antigua, leg. 262, fol. 19.

287. A.H.N., Consejos, leg. 7.146, sin fol.

288. A.G.S., Guerra Antigua, leg. 89, fol. 77.

maciones jurisdiccionales y la sospecha de que la milicia arrebataría los detenidos a la justicia, movía a los jueces a ejecuciones de soldados muy precipitadas. El padre León en su *Compendio de industrias tocantes al ministerio de las cárceles* declara haber asistido espiritualmente a un soldado de galeras implicado en una resistencia a un corchete en el año 1595. Nuestro informador jesuita comenta cómo desde la detención del soldado hasta su ahorcamiento no transcurrieron apenas veinticuatro horas. En aquella ocasión se vulneraron, entre otros plazos, los establecidos para la confesión y comunión de los reos condenados a muerte[289].

Otro Padre de la Compañía de Jesús nos ha puesto al corriente de un evento similar ocurrido en el año 1640 en la ciudad de Málaga. Las circunstancias de éste son, si cabe, más escandalosas aún; pues los alguaciles, vulnerando la inmunidad eclesiástica, sacaron violentamente al reo de la iglesia de Santo Domingo. Es de señalar en este caso que un fraile quiso defender la inviolabilidad sagrada a ladrillazos, y, los ministros de la justicia repelieron la carga con idénticos proyectiles. De tan lamentable encuentro salió herido el eclesiástico con una enorme brecha en la cabeza[290].

El propio padre León nos da cuenta de otras extralimitaciones protagonizadas en diferentes ocasiones por los responsables de la jurisdicción militar. En el año 1596 «dieron garrote en las galeras a un moço porque el día antes avía muerto a otro frontero del estandarte real, aunque ni él ni el muerto eran soldados, y, aunque la justicia ordinaria se lo pidió con requisitoria, no aprobechó». El confesor añade sobre el particular: «Murió bien aunque muy apriessa»[291].

En cuanto a los delitos cometidos más frecuentemente por los soldados, debemos citar en lugar muy destacado la deserción. Teóricamente, los castigos por deserción eran muy severos. Durante parte de la Edad Media se permitió a los soldados volver a casa «sin infamia» cuando se les debían sueldos de más de seis semanas, pero en la Edad Moderna todos los ejércitos europeos consideraron la deserción como una felonía merecedora de la pena de muerte. Este castigo se impuso frecuentemente en los ejércitos de los Austrias. En 1586 el licenciado Diego de la Canal, Alcalde del Crimen de la Chancillería de Valladolid y juez de comisión contra los soldados detenidos de la compañía del capitán Zúñiga, condenó en distintas penas a 108 soldados de los 120 que figuraban inscritos en la mencionada compañía[292]. El propio Consejo de Guerra reconocía que la causa de tantos abandonos era imputable a las bajas retribuciones. Refiriéndose a los numerosos soldados que habían dejado por aquellas fechas el ejército de Portugal, el Consejo de Guerra comunica al Rey: «Aunque Pero Bermúdez ha echado a galeras más de veinte soldados de los que dejando sus banderas se volvían a Castilla, no basta para que dejen de hacerlo y él escribe que la necesidad los constriñe, porque no se pueden sustentar con la paga que se les da por la carestía de la tierra»[293]. Por el contrario, en las

289. LEÓN, P. de: *Grandeza y Miseria de Andalucía. Testimonio de una encrucijada histórica (1578 a 1616)*. Granada, 1981. pp. 503 a 507.
290. *Cartas de algunos padres de la Compañía de Jesús, sobre los sucesos de la Monarquía entre los años 1634 y 1648*. Madrid, 1861 a 1865. T. XVI. p. 33.
291. LEÓN, P. de: *Grandeza y Miseria de Andalucía. Testimonio de una encrucijada histórica (1578 a 1616)*. Granada, 1981. p. 519.
292. A.G.S., Guerra Antigua, leg. 186, fol. 171.
293. A.G.S., Guerra Antigua, leg. 190, fol. 556. Cf. PARKER, G.: *El ejército de Flandes y el camino español (1567 a 1569)*. Madrid, 1986.

islas Canarias la necesidad no llevó a los soldados a la deserción, sino a la comisión de numerosos hurtos que las autoridades no acertaron a erradicar[294].

Los amotinamientos de la soldadesca fueron frecuentes en estos siglos. G. Parker ha descrito el desarrollo de 43 motines importantes sucedidos de 1570 a 1607 entre las tropas acantonadas en Flandes, algunos de los cuales sobrepasaron el año de duración[295]. El castigo ordinario correspondiente a tal delito era la pena de muerte, y para hacer efectivas estas sanciones se dispusieron medidas específicas en las ordenanzas militares. En las de 1632, puede leerse en su capítulo 68: «Que si sucediere algún motín tengan los dichos mis capitanes generales libro y memoria, no sólo de los autores, oficiales y consejeros de él y de los demás soldados amotinados, pero también de los capitanes por cuya floxedad e imprudencia hubiere subcedido». Además en el capítulo 69 de las mismas ordenanzas se prevé la colaboración de las autoridades civiles en la aplicación de lo dispuesto: «Y porque tengo mandado de la manera que han de ser tratados los dichos amotinados en sus tierras y naturalezas cuando a ellas volvieren, ordeno y mando que de las relaciones que vinieren enviadas por los dichos mis Virreyes y Capitanes Generales se dé lista al Presidente del mi Consejo de Castilla para que haga ejecutar con la puntualidad que conviene la ley que sobre esto está ordenada; y lo mismo mando se haga para los demás mis reinos y estados con los presidentes de los Consejos de ellos, a los Virreyes y Gobernadores»[296].

Oficialmente el ejército real era la salvaguardia de la fe católica. Sin embargo, su realidad interior, expresada a través de la vida de sus componentes, contradecía abiertamente la imagen que se pretendía proyectar hacia el exterior. De este modo, algunas veces los jefes castrenses hubieron de ocuparse en la represión de ciertos vicios escandalosos, poco acordes con la moral cristiana. En torno a ello escribía el Duque de Medina Sidonia al Rey desde Lisboa en 1588:

> «Como cosa que más importa digo que se procurará, cuanto se pudiere, excusar en la gente del armada real los juramentos, blasfemias y demás pecados públicos de que tanto se ofende Nuestro Señor, para que acudiendo nosotros por nuestra parte a lo que somos obligados, se sirva por su misericordia de amparar esta causa, pues es tan propia suya»[297].

Los amancebamientos estaban muy extendidos entre los oficiales de las galeras. El año 1580 Luis de Barrientos informaba al Rey:

> «Entre los capitanes y oficiales y gente de galeras fui informado que hay muchos amancebamientos y que ha mucho tiempo que lo están y que los clérigos dellas vivían libremente. Diré al Marqués de Santa Cruz que convenía al servicio de Dios y al de V. Majestad que esto se remediase con brevedad y que no hubiese ningún hombre amancebado, de ninguna calidad que fuese. El ha hablado a sus capitanes, mandándoles que ninguno lo esté y dado orden al auditor que lo haga entender a toda la demás gente y que el que no echare luego la mujer sea muy bien castigado: él y ella. Y que el capitán que no echare luego la manceba le quitará la

294. A.G.S., Guerra Antigua, leg. 325, fol. 84.
295. PARKER, G.: *El ejército de Flandes y el camino español (1567 a 1659)*. Madrid, 1972, apéndice J.
296. Ordenanzas Militares otorgadas por Felipe IV el año 1632 para sustituir las concedidas por Felipe III en 1611. A.G.S., Guerra Moderna, leg. 4.698, sin fol. También, en B.N., ms. 9.422.
297. A.G.S., Guerra Antigua, leg. 222, fol. 7.

> galera y también ha hablado al capellán mayor que aquí sirve en las galeras que miren cómo viven los clérigos de ellas. Todo ello se porná como es razón que esté»[298].

Dos meses más tarde notificaba Luis de Barrientos a Felipe II el castigo infringido a algunos militares perseverantes en el desenfreno:

> «En estas galeras había muchos amancebados y de muchos años. Yo he procurado apartarlos de este pecado (a algunos con castigo y a otros con buen término); y éste, aunque yo lo he usado con ellos no ha aprovechado para cuatro capitanes y así ha sido forzoso privarles de los oficios. harto me ha pesado de que me hayan hecho venir a este término. Podrá ser que con esto se enmienden. Hame parecido advertirlo a V. Majestad porque luego habrá quien escriba y funde quejas, y yo soy el que las puedo tener de ellos por haberme hecho venir a este rigor»[299].

Las blasfemias dañaban igualmente el carácter confesional del ejército y por la misma razón se imponían rigurosos castigos contra ellas. Es un hecho que éstos no bastaron para extirpar el pecado, pero al menos sirvieron para reforzar el papel de baluarte de la fe que se atribuía a las fuerzas armadas. Las citadas ordenanzas de 1632 disponían:

> «El que blasfemare de Dios Nuestro Señor, de Nuestra Señora o de los Sanctos, diciendo reniego, no creo, descreo, pese o por vida, se ejecuten en su persona las penas que las leyes disponen contra los tales, teniéndole preso y con prisiones treinta días en la cárcel y se le borre la plaza que tuviere. Y para que cese esta mala costumbre de jurar por lo mucho que Nuestro Señor se ofende della mando a los maestros de campo que cada uno en su tercio haga observar inviolablemente esta ordenanza y que habiendo juntado al capellán y capellanes de él con acuerdo de todos, si no estuviere formada la cofradía que se acostumbra tener en los tercios de mis ejércitos, se forme y entre las demás cosas de ella se establezca que por cada juramento den, los que pudieren, la limosna que les pareciere para la dicha cofradía»[300].

Más tarde, el propio Felipe IV incrementó las sanciones contra los militares blasfemos: «cualquier oficial que jurare con fórmulas escandalosas o blasfemas» sería condenado en dos años de servicio en un presidio de Africa. El oficial que pronunciare «juramentos ordinarios» o los consintiere en sus soldados: seis meses de servicio en una plaza fuerte de la frontera con Portugal. Al producirse la primera reincidencia, se doblaba el tiempo de servicio y se añadía la suspensión temporal del empleo; y al confirmarse la segunda, quedaba privado del mismo.

Las penas eran aún más graves para los soldados sin graduación que incurrieran en las mismas faltas: Al soldado responsable de juramentos escandalosos o blasfemos se le condenaba a dos años de servicio en las galeras, y el que profiriese «juramentos ordinarios» era castigado a seis meses de servicio con un grillo en una de las plazas fuertes de la frontera con Portugal. En la primera reincidencia se le doblaba el tiempo de sanción, y en la segunda se le penaba con dos años de servicio en un presidio de Africa[301].

298. A.G.S., Guerra Antigua, leg. 100, fol. 163.
299. A.G.S., Guerra Antigua, leg. 101, fol. 222.
300. Ordenanzas Militares otorgadas por Felipe IV en el año 1632 para sustituir las concedidas por Felipe III en 1611, cap. 66. A.G.S., Guerra Moderna, leg. 4.698, sin fol. También, en B.N., ms. 9.422.
301. R.A.H., Colección Salazar y Castro, k-20, fols. 103 y 104.

Por lo que se refiere a Melilla, la ausencia de mujeres imposibilitaba el acostumbrado amancebamiento de los soldados, pero aparecieron entonces otros usos sexuales aún menos tolerables. En agosto de 1581, el alcaide Antonio de Tejeda escribía al Rey, dándole cuenta entre otras cosas, de que el visitador de Melilla, Lope de Cosío, había encontrado, «una camarada de culpados en el pecado nefando». Se quemaron seis soldados y cuatro animales. Otros diez soldados quedaban detenidos «por el dicho pecado»[302].

En Orán la problemática sexual de los soldados era parecida, aunque allí recurrían mayormente a emparejarse con «moras». Hecho éste que a juicio de algunos clérigos arriesgaba su continuidad en la fe católica. Por eso los mismos eclesiásticos aconsejaron a la Corona el envío de mujeres vagabundas y prostitutas a las posesiones africanas. Así los miembros de la tropa contraerían cristiano matrimonio con ellas.

En cuanto al catálogo de penas aplicables en el seno del Ejército, éste era amplio. Oscilaba entre el castigo capital y los traslados forzosos a destinos incómodos o peligrosos, pasando por otros de gradación intermedia, como los servicios en las galeras —ya fuera como soldado sin sueldo o en calidad de remero forzoso—, destierro, expulsión del ejército, suspensión temporal de sueldo, y sanciones económicas.

La Mesta

Explicaba Felipe IV el disfrute de favores jurídicos por parte del Honrado Concejo de la Mesta con las siguientes palabras: «Siendo la principal sustancia destos Reinos, y de nuestros súbditos, y vasallos la criança y conservación del ganado, así por lo que mira al consumo de las carnes, como por lo que toca al de las lanas, fábrica de paños, extracción y tráfico dellas para otros Reinos, y provincias, en que son tan interesados nuestros vasallos, y nuestro patrimonio Real: los Reyes nuestros progenitores, de gloriosa memoria, en todos tiempos han publicado diferentes leyes y dado muchos privilegios a la cabaña Real destos Reinos, disponiendo por este medio la conservación, y aumento de la criança del ganado, de que también depende la labrança»[303].

Resume, pues, el párrafo citado cuáles eran los intereses relacionados con la Mesta: ganadería, artesanía textil, exportación de lanas y agricultura. Pero es sabido que el trato entre todos ellos no siempre fue cordial. Durante la revuelta comunera, la Junta solicitó a Carlos V «que los mercaderes y hacederos de paños y otros obrajes de estos reinos, puedan tomar para gastar y labrar en ellos la mitad de cualquier lana que hubieren comprado los naturales y extranjeros para enviar fuera de estos reinos, pagando el mismo precio»[304]. Es decir, se pusieron de manifiesto las contradicciones existentes entre artesanos, pañeros y comerciantes exportadores.

302. A.G.S., Guerra Antigua, leg. 116, fol. 213.

303. *Nueva Recopilación* III, 14, 1.

304. SANDOVAL, P. de: *Historia de la vida y hechos del Emperador Carlos V*. B.A.E. LXXX. Madrid, 1955. En las Cortes de Toledo de 1462, las ciudades obtuvieron el derecho a reservar para la industria castellana un tercio de la producción lanera. Acerca de esta disposición Paulino Iradiel reconoce que «El cumplimiento de tal ley sólo podía tener efecto cuando las ciudades o corporaciones de menestrales pañeros lograban medios suficientes para embargar las lanas que les pertenecían, lo que ciertamente no ocurría en todos los lugares». *Evolución de la industria textil castellana en los siglos XIII-XVI*. Salamanca, 1974.

Por otra parte, la ganadería no entra necesariamente en conflicto con la agricultura. Ambas actividades pueden considerarse complementarias, pues los rebaños proporcionan a la tierra los abonos necesarios para garantizar las cosechas. Sin embargo, la ganadería trashumante que se practicó en Castilla desde la Edad Media, acabó por dificultar el desarrollo agrícola. Pese a ello, la Corona tomó el partido de la Mesta en los numerosos conflictos que ésta mantuvo, tanto con labradores como con ganaderos estantes. Motivos fiscales movieron a la Monarquía a la protección de la trashumancia, pues no en vano la exportación de la lana suponía a la Real Hacienda la obtención de importantes ingresos.

Los orígenes de la organización agremiada de ganaderos trashumantes se remontan al siglo XIII, aunque ya desde el siglo X existieron cofradías de pastores de ámbito local. Alfonso X le otorgó en 1278 un cuaderno de privilegios, junto con la denominación de «Honrado Concejo de la Mesta de Pastores», y algunos años antes, en 1273, el propio Rey Sabio, después de conceder algunos privilegios locales, otorgó uno de carácter general dirigido a una entidad calificada de «Concejo de la Mesta de los Pastores de Mío Reino». De lo antedicho deducimos que ya existía el citado Concejo con anterioridad a la concesión de tales privilegios, y celebraba por lo menos tres juntas generales anuales, una forzosamente el primero de año en Montemolín, las otras en los lugares y fechas acordados en la última sesión celebrada. Sabemos que ya por aquel entonces, el Concejo poseía ordenamientos consuetudinarios llamados «avenencias» y tenía algunos oficiales propios: alcaldes que prendaban y entregadores que apremiaban. Alfonso XI amplió en 1347 los privilegios de los pastores, y sus sucesores prosiguieron en la misma línea patrocinadora, destacando en ella los Reyes Católicos que, en 1487, confirmaron la normativa anterior y poco después confiaron a un ministro de su Consejo la presidencia de la Mesta[305].

La diversidad climática peninsular obligaba al desplazamiento periódico del ganado en busca de los pastos apropiados a la estación. En un principio la trashumancia del ganado se vio favorecida por las vicisitudes mismas de la Reconquista, ya que las continuas escaramuzas guerreras no permitían el desarrollo normal de la agricultura. Sin embargo, la ocupación de vastos territorios, prácticamente despoblados, se adaptaba perfectamente a las prácticas trashumantes.

En los fundamentos mismos de la organización de la Mesta se hallaba el reconocimiento del derecho de paso a través de las cañadas. Al Honrado Concejo se le otorgaron facultades para resolver las agresiones sufridas por los ganaderos en el citado derecho y, en general, para preservar y fomentar el desarrollo ganadero. Por eso, entre otras funciones importantes, poseyó la facultad de administrar e imponer justicia.

El máximo órgano de gobierno de la Mesta era la reunión del Concejo. A él correspondía todo lo concerniente a la ejecución y contravención de las leyes y privilegios protectores de la cabaña real, y la adopción de las medidas necesarias para su conservación y crecimiento[306]. Anteriormente indicamos cómo en los primeros tiempos de la historia de la Mesta los propietarios se reunían tres veces al año. Pero hacia 1500, se redujeron a

305. BENEYTO PÉREZ, J.: *Instituciones de Derecho Histórico Español*. Barcelona, 1930-1931. pp. 163 y 164.

306. *Nueva Recopilación* III, 13, 1.

dos las juntas del pleno del concejo. Klein nos ha informado que cada una de ellas duraba veinte días, celebrándose la una en enero o febrero, en el Sur, y la otra, en septiembre u octubre en el Norte. Más tarde, en el siglo XVII, iniciada ya la decadencia de la institución, los ganaderos realizaron una sola asamblea anual, e incluso ésta llegó a desaparecer cuando los procuradores en Cortes atacaron con la mayor virulencia[307]. Los lugares de reunión eran designados rotativamente por cada una de las cuatro cabañas de la Mesta: Soria, Segovia, Cuenca y León. Las asambleas invernales tenían lugar en Villanueva de la Serena, Don Benito, Siruela, Guadalupe, Talavera y Montalván. En el norte los centros habituales de reunión eran: Ayllón, Riaza, Aranda de Duero, Buitrago, Medina del Campo, Berlanga y Sigüenza. En cada Concejo se designaba por mayoría de dos tercios la población donde había de celebrarse el siguiente[308]. Al menos desde el reinado de Carlos V, las asambleas del Concejo las presidía un miembro del Consejo Real, al cual correspondía tomar residencia a los ministros de la Mesta. Estaba investido de la jurisdicción necesaria en materia de cobro de cantidades pertenecientes al Concejo y resistidas por las justicias ordinarias.

Se distinguían en la Mesta tres especies de alcaldes: alcaldes ordinarios, alcaldes de cuadrilla y alcaldes entregadores. Los alcaldes ordinarios determinaban las demandas civiles entre hermanos en el período de celebración del Concejo. Cada cuadrilla designaba su propio alcalde ordinario[309]. Los alcaldes de cuadrilla eran a juicio de Klein los ministros más importantes de la Mesta. Se elegían dos o más por cada cuadrilla, siendo su mandato de cuatro años. En las tierras llanas no se les podía nombrar más que de diez en diez leguas. Su misión fundamental consistía en la custodia y administración de las reses descarriadas pertenecientes a los hermanos de la Mesta. Así mismo correspondía a estos alcaldes el señalamiento de tierras aparte para los ganados enfermos con objeto de evitar contagios, y el conocimiento de despojos de posesiones entre hermanos[310]. En lo que se refiere a los alcaldes entregadores, las principales funciones de éstos se limitaban, primero, a conservar en buen estado las cañadas, abrevaderos y descansaderos de los ganados trashumantes, y segundo, proteger los intereses de la Mesta contra los abusos de agricultores y campesinos en los pastos comunales, bosques y terrenos libres. Había para ellos además una tercera obligación: la protección de los pastores contra las agresiones de los oficiales locales, campesinos, salteadores, etc. Klein fijó en seis el número de entregadores existentes hacia 1500. Carlos V en las Cortes de Segovia de 1532 redujo esta cifra a cuatro. Por su parte Felipe II dispuso que su nombramiento lo efectuase el Presidente del Consejo Real, fijó su mandato en un período de dos años e impuso como condición para ejercer el cargo la de ser letrado virtuoso. Una vez recibidos por el Consejo de Castilla, debían presentarse al Concejo General de la Mesta para depositar fianzas y recibir del Presidente y Concejo la adjudicación de la zona y cañadas en las que desempeñaría el cargo. El mismo Carlos V refirió en las Cortes de Segovia:

> «porque el principal instituto de los oficios de los dichos Alcaldes mayores entregadores, es la defensa y amparo de los ganados de nuestra cabaña Real, para

307. KLEIN, J.: *La Mesta*. Madrid, 1979. p. 64.
308. *Nueva Recopilación* III, 13, 1.
309. DOU Y DE BASSOLS, R. L. de: *Instituciones del derecho público de España*. Madrid, 1800-1803. T. II, pp. 471 a 475. Ver también, MICKUM, N.: *La Mesta au XVIIIè siècle*. Budapest, 1983. pp. 246 a 283.
310. KLEIN, J.: *La Mesta*. Madrid, 1979. p. 69. *Nueva Recopilación* III, 14, 3.

> que puedan andar por todos nuestros Reynos guardando las cinco cosas vedadas, salvos y seguros, y no les sean quebrantados sus privilegios, yendo y viniendo a los estremos, y sierras, y estando en ellos, y ellas (...), mandamos que los dichos Alcaldes mayores entregadores tengan particular cuidado y diligencia en asistir y andar con los dichos ganados, tanto que yendo de unas Audiencias a otras, ayan de ir y pasar por las cañadas y veredas por donde acostumbran ir y pasar los ganados de la cabaña Real, teniendo así en esto, como en sus Audiencias, gran consideración a que en los meses de junio, julio y agosto, por ser tiempo en que los labradores están más ocupados en la cosecha del pan, se haga y administre justicia, con la menos molestia y vejación que fuere posible, y averigüen de paso la ocupación de las dichas cañadas, conforme a la medida que por esta ley quedará dispuesto, y de las veredas, conforme a la costumbre, y assimismo sobre el quebrantamiento de los privilegios concedidos al dicho Concejo y sus ganados, y no sobre otra causa de rompimiento de dehesas, ni pastos comunes, ni nuevas dehesas: porque los procedimientos de las demás causas sólo han de poder hazerlos en las Audiencias que les fueren señaladas, citando a los lugares, y personas de las cinco leguas en contorno, y no fuera de ellas»[311].

Acompañaban a los entregadores en sus expediciones un procurador fiscal, un escribano —el cual podía auxiliarse por un máximo de tres oficiales—, y dos alguaciles. Acaso estas disposiciones reguladoras del número de acompañantes de cada entregador no tuvieron cabal cumplimiento y por eso hubo detractores de la Mesta que denunciaron en las Cortes corrupciones y fraudes cometidos por el innumerable séquito de agregados de estos alcaldes[312]. La forma de proceder de los entregadores era breve y sumaria. Ante ellos se consideraban probados los hechos testimoniados por dos pastores, acompañados de la declaración jurada del denunciador[313]. Las apelaciones de sus sentencias se resolvían en el Consejo Real y en las Chancillería[314].

El Fuero Universitario

A efectos de varias exenciones las Universidades y Estudios Generales se reputaban de jurisdicción eclesiástica. Sus estatutos y constituciones eran aprobados por el Santo Pontífice y confirmados por los reyes de Castilla. Por ellos se regían, permitiendo éstos que el Maestrescuela fuera el juez ordinario de la Universidad de Salamanca y tuviera en ella la jurisdicción civil y criminal. De derecho común el juez del estudio era el Obispo o el Rector. Por tanto, las apelaciones iban al Papa. Incluso, en la reforma de la Universidad de Salamanca del año 1512, efectuada por el Obispo de Málaga llegó a considerarse en cierto momento la posibilidad de facultar a un prelado para resolverlas.

Pero en cualquier caso, dentro del recinto académico también se observaban las leyes reales, «porque el Papa nunca es visto eximir y libertar a los legos de la jurisdicción del príncipe seglar a quien están sujetos según Inocencio y otros. Y el Rey puede quitar, o limitar con causa la jurisdicción y privilegio sobre ella concedido, según Baldo y otros»[315].

311. *Nueva Recopilación* III, 14, 4.
312. KLEIN, J.: *La Mesta*. Madrid, 1979. p. 98.
313. *Nueva Recopilación* III, 14, 4.
314. *Nueva Recopilación* III, 14, 3.
315. CASTILLO DE BOVADILLA, J.: *Política para corregidores y señores de vasallos*. Amberes, 1704. Ed. facs. Madrid, 1978. Libro II, cap. 18, 214.

Los privilegios jurídicos otorgados a las Universidades de patronato real, como la de Salamanca, Valladolid, Alcalá y Granada, se concedieron para que profesores y estudiantes pudieran concentrarse en sus obligaciones académicas, sin ser molestados con litigios planteados por terceras personas en sus tierras de origen. Los licenciados y doctores de las Universidades de Salamanca, Valladolid, Alcalá y Bolonia no podían ser apresados por deudas[316]. Sin embargo, a partir del reinado de Felipe II se exceptuaron de los privilegios del fuero universitario las resistencias cometidas por los estudiantes contra los ministros de la justicia real[317].

De todas maneras, la Corona se garantizaba el control de la jurisdicción universitaria mediante la utilización de ciertas prerrogativas de su exclusivo dominio. Los procesos causados ante el juez del estudio podían ser avocados por el Consejo Real. Igualmente, el Rey podía enviar visitadores, reformadores y pesquisidores a las Universidades, quedando en libertad de elegirlos entre personas seglares o eclesiásticas, según conviniera al caso. Además, eran de resolución realenga los conflictos surgidos con motivo de la provisión de cátedras.

Al contrario que el fuero militar, el fuero escolar no protegía a los legos contra la imposición de penas corporales. Sólamente si el reo estaba exento de ellas por otros motivos se respetaba su inmunidad.

La figura del Maestrescuela que administraba justicia en la Universidad de Salamanca era una garantía de imparcialidad, por eso en las Cortes de Madrid de 1571 y 1573 se solicitó la creación de dicho cargo para la Universidad de Alcalá con las mismas facultades que poseía en la de Salamanca, «porque con esto se evitarán los daños que se siguen de que dicha administración esté en la mano sola del Rector que es colegial, teniendo como tienen los tales colegiales particulares pretensiones de cátedras, y para ello necesidad de los estudiantes, de cuya causa no hacen ni pueden hacer con libertad justicia en los delitos que se cometen, y quedan muchos sin castigo»[318].

Con respecto al Maestrescuela de Salamanca, propusieron los procuradores su anulación como cargo vitalicio: «Por ser la Universidad de Salamanca donde está la doctrina y educación de la nobleza de España y aún de los reinos extranjeros, y ser el juez en ella el maestre-escuela de la Santa Iglesia de la dicha ciudad, que es dignidad perpetua, de lo cual pueden resultar graves inconvenientes, tanto por la libertad que causa la seguridad de la perpetuidad de los oficios, como porque sucede algunas veces no corresponder el talento y obras del elegido a las esperanzas que de él se tenían»[319].

Era el juez del estudio un cargo con prestigio, pero de pobres emolumentos. En 1648 el Consejo comunica al Rey que en Salamanca es un empleo poco apetecido y recomienda situarle una renta suficiente para su sustento. A partir de esa fecha, el mencionado juez pasó a cobrar en las rentas del obispado salmantino 400 ducados y el alguacil que le asistía en sus funciones 150 ducados[320].

316. Castillo de Bovadilla, J.: *Política para corregidores y señores de vasallos.* Amberes, 1704. Ed. facs. Madrid, 1978. Libro III, cap. 25, 29.

317. *Nueva Recopilación* I, 7, 28.

318. *Actas de las Cortes de Castilla.* Cortes de Madrid de 1571. Pet. XLI. T. III. p. 385. Cortes de Madrid de 1573. Pet. XVIII. T. IV. p. 435.

319. *Actas de las Cortes de Castilla.* Cortes de Madrid de 1615. Pet. XXIII. T. XXVIII. p. 550.

320. A.H.N., Consejos Suprimidos, leg. 7.160, nº 24.

Como ocurría en otras jurisdicciones corporativas, las sentencias condenatorias de sus miembros tendían a una benignidad bien acusada. Dos causas sentenciadas en la Universidad de Valladolid a finales del siglo XVII pueden servir de paradigma de lo antedicho. En el año 1594 Isabel de Arévalo, vecina de Valladolid, se querelló contra dos estudiantes matriculados en aquella Universidad, porque en el transcurso de una pendencia hirieron mortalmente a su marido. Uno de los reos fue condenado por el juez de apelación del claustro de Valladolid al pago de 20 ducados de pena pecuniaria y abono de las costas. El otro fue sancionado con 2.000 mrs. aplicados para gastos de justicia y un año de destierro de Valladolid. Ciertamente en la jurisdicción ordinaria habrían sido tratados con mayor rigor, pero aún así al desterrado le debió parecer demasiado severa la sentencia y la apeló ante Su Santidad. Con ello, cuando menos, logró dilatar notoriamente su cumplimiento[321].

El año siguiente, en 1595, se fulminó auto de oficio contra Francisco Díez de Paredes, estudiante de la mencionada Universidad. El susodicho en compañía de otros compañeros lesionó fatalmente a un tal Alonso Méndez de Castellanos. En la jurisdicción ordinaria seguramente le hubieran condenado a la pena capital. Sin embargo, el Rector vallisoletano le impuso diez años de destierro de la villa de Saldaña, población de residencia del fallecido, otros seis de destierro de la Universidad —los cuales saldría a cumplir cuando el Rector estimase conveniente—, y 12.000 mrs. de pena pecuniaria[322].

En lo relativo al orden público, la ciudad de Salamanca —por la presencia en ella de la Universidad— tenía fama de conflictiva en los siglos XVI y XVII. En consulta del Consejo a Felipe IV fechada en 1647 puede leerse:

> «El gobierno de la ciudad de Salamanca en todos tiempos ha dado mucho cuidado al Consejo. Compónese aquella ciudad de los naturales de ella y del gremio de la Universidad. Los vecinos son naturalmente inquietos. Algunos de los estudiantes viven con libertad, preciándose de valientes; fomentan bandos entre las naciones y causan inquietudes. Con leves accidentes se mueven encuentros entre ciudadanos y estudiantes, y armándose unos y otros ponen en confusión la ciudad. Los que suceden entre los estudiantes con la división de las naciones y bandos han llegado a ocasionar muertes de unos y otros y gran relajación de la buena disciplina y enseñanza de aquella juventud, sin que haya bastado el oficio del Maestrescuela ni la autoridad de los maestros para contenerlos. En muchas ocasiones ha sido necesario enviar alcaldes de Corte a castigar estos excesos, pero como los estudiantes son gente suelta, pocas veces o nunca se consigue el castigo y nunca se ha conseguido el remedio»[323].

Estaban formados los bandos a los que alude el documento anterior por «las naciones de Andalucía, Extremadura y Portugal, de una parte; y de la otra, la vizcaína». La virulencia de estas parcialidades era tan extrema que en enero de 1640, ante la proximidad de dos fiestas consecutivas, la Sala de Gobierno del Consejo remitió un propio a Salamanca, portador de dos provisiones reales. Una de ellas dirigida al Maestrescuela y la otra —por ausencia del corregidor— se entregó al alcalde mayor. En síntesis, el contenido de ambas misivas recogía instrucciones para que la justicia académica y la seglar en una acción coordinada

321. Archivo de la Universidad de Valladolid, leg. 1, nº 3.
322. Archivo de la Universidad de Valladolid, leg. 1, nº 5.
323. A.H.N., Consejos Suprimidos, leg. 7.159, año 1647 (12).

detuviesen «a las cabezas de estas naciones que son conocidos por inquietos y valientes» y los sacasen de la ciudad hacia las cárceles más próximas, excepto los considerados «más culpados» que debían ser encarcelados en la prisión de la Corte. Sacándolos de la ciudad, pensaba evitar el Consejo los disturbios estudiantiles acaecidos otras veces en situaciones análogas, y además, en tanto que estaban detenidos, el mencionado órgano real se tomaba tiempo para estudiar el modo de poner en práctica algún plan definido contra los bandos universitarios. Pese a las prevenciones adoptadas, hubo pendencias estudiantiles, las cuales se continuaron durante tres días. Poco después, el pleno del Consejo manifestaba al Rey:

> «vístose que era el mayor exceso que hasta hoy se había hecho en Salamanca; pues, aunque otras veces se han tirado cuchilladas y pedradas, los estudiantes nunca habían llegado a usar públicamente de las armas de fuego. Y habiendo sido esta pendencia con arcabuces, mosquetes, pistolas y otras armas, en que había habido dos muertos y muchos heridos que quedaban de peligro, se debe ocurrir a lo de aquella escuela, sin que pueda en gobierno, ni en justicia dejarse tan mal ejemplo consentido, y considerando la poca autoridad de las justicias de aquella ciudad, ha parecido, que como en otras ocasiones —aún no de tanto escándalo— se ha hecho, que se envíe un alcalde de Corte que ejerza las dos jurisdicciones: escolástica y seglar, y proceda a la averiguación y castigo de los culpados, haciendo oficio de corregidor por estar ausente el que lo es y haber ya cumplido el tiempo de él. Y aunque no ha perdido de vista el Consejo el que suele inquietarse la Universidad con la ida de jueces, considera que los estudiantes que se ausentaren son los revoltosos y éstos siempre importará que no estén con los demás. Y no se puede de ninguna manera dejar de dar satisfacción a la justicia en caso de muertes y heridas hechas con tanto escándalo». Se conformó el Rey con la solución propuesta por el Consejo, pero matizó: «como parece, procurando dilatar la ida hasta fin del curso, pues está tan cerca»[324].

La resolución adoptada para erradicar el conflicto fue la habitual en estos casos: concentrar en manos de una sola persona todas las jurisdicciones implicadas. Cuando ocurrieron los desórdenes del año 1647 se aplicaron fórmulas similares, aunque entonces la situación era más delicada y las actuaciones hubieron de ser más cautas. En aquellas fechas el Consejo escribió al Rey en estos términos:

> «De dos años a esta parte se han frecuentado las inquietudes. Dio principio a ellas un encuentro entre ciudadanos y estudiantes que ocasionó muertes de una y otra parte. Perdieron todo el respeto a la justicia. De manera que fue necesario enviar a don Pedro de Amezqueta para que la pusiese en autoridad y sosegase aquellos tumultos. Los ciudadanos se hallaron armados y absolutamente impidieron a don Pedro de Amezqueta la administración de ella».

Se echaba la culpa de estos desórdenes a don Antonio de las Varillas y don Manuel Maldonado. Quiso prenderlos el Consejo, pero en muchos meses no lo pudo conseguir, pues estaban asistidos de la plebe y por evitar mayores daños fue disimulando y dando a entender que se olvidaba de ellos. No obstante, con diferentes pretextos los fue llamando a la Corte, donde fueron detenidos y después enviados a Orán, pero en el camino se escaparon y regresaron a Salamanca:

> «El corregidor de Salamanca es don Diego Rubín de Çelis, caballero muy bien entendido que ha gobernado con satisfacción. Pero hallándose aquella ciudad con

324. A.H.N., Consejos Suprimidos, leg. 7.155, nº 3.

tan malos humores, así de ciudadanos como de estudiantes, parece al Consejo que conviene que el gobierno de aquella ciudad se encargue por ahora a don García de Porres que por oidor de Valladolid, tendrá mayor representación, autoridad y fuerza para gobernar y para observar los andamios de Varillas y Maldonado y contener al pueblo y a los estudiantes, porque demás de la calidad de ministro concurren en su persona el haber sido colegial mayor de Cuenca, doctor y catedrático de aquella Universidad, muy noticioso de todas las cosas y ministro de prudencia y resolución».

Una vez más el Rey sintonizó con la propuesta del Consejo y respondió: «Apruebo el tiento con que el Consejo procede en esta materia y me conformo con lo que me consulta»[325].

No obstante lo expresado por el Consejo sobre la gravedad de los incidentes de 1647, éstos ya habían ocurrido más veces en Salamanca y habían alcanzado cotas de violencia igualmente muy altas. Así el 24 de noviembre de 1621 se produjo un altercado entre ciudadanos y estudiantes. En el mismo fue utilizada una copiosa cantidad de arcabuces y picas, resultando muertos doce estudiantes y siete ciudadanos. El encuentro arrojó además un saldo de centenares de heridos pertenecientes a una u otra parcialidad. En aquella ocasión se vio al obispo y a los religiosos andar por las calles apaciguando a los enfrentados[326].

D) Delegada para materias concretas

Existían asuntos complejos que requerían en su despacho cierta agilidad, la cual no podía existir en los tribunales ordinarios. Por eso, la Corona los encomendó a instancias específicas, como eran el tribunal de Hacienda y los tribunales de los consulados mercantiles.

Hacienda

La complejidad propia de las materias hacendísticas y el interés de la Corona en resolver rápidamente aquellos pleitos de cuyas resultas cabía esperar nuevos ingresos, movieron a los monarcas desde los tiempos medievales a encomendar estos asuntos a jueces específicos. En el reinado de Juan II los contadores ya entendían en pleitos de rentas. Así por ejemplo, en las ordenanzas otorgadas por este Monarca a la Contaduría Mayor de Cuentas en el año 1437 se prohibió explícitamente que los tenientes —oficiales auxiliares de los Contadores— participasen en las tareas judiciales encomendadas a los responsables de la Hacienda Real. En las mismas ordenanzas se encomendó a los Contadores la celebración de tres audiencias semanales y se estableció el plazo máximo para la pronunciación de las sentencias: seis días para dictar sentencias interlocutorias y veinte días para dictar definitivas[327].

Más tarde, el propio Juan II, en las ordenanzas otorgadas a la Contaduría Mayor de Cuentas en 1442, dispuso que los jueces pesquisidores, despachados para resolver con-

325. A.H.N., Consejos Suprimidos, leg. 7.159, año 1647 (12).
326. R.A.H., Colección Salazar y Castro, F-21, fols. 95 a 100.
327. Ordenanza dada a la Contaduría Mayor de Cuentas por el Rey Juan II (2 de julio de 1437), en *Las Ordenanzas Contables de Juan II de Castilla*. Ed. de José María Fernández Pirla. Madrid, 1985. p. 99.

tenciosos de rentas, cobrasen sus honorarios de los bienes de los culpados. Este era el sistema habitual utilizado en las demás jurisdicciones, y en todas ellas era motivo de inseguridad jurídica, pues los jueces tenían interés en condenar a algunas personas para asegurar el cobro de sus salarios[328].

Enrique IV, por su parte, confirió a los contadores la facultad de proveer con carácter exclusivo en los pleitos relativos a rentas, pechos y derechos. Así por medio de una cédula del año 1461, los jueces reales ordinarios fueron declarados inhábiles para sentenciar dichos pleitos, «porque los tales juezes no pueden saber ni ser çertificados si es debido lo en ellos librado, o qué es lo que deben sin se ver ni aberiguar por los mis libros»[329].

La misma cédula de 1461 nos informa sobre el modo de proceder característico de los Contadores «por vía de expediente e información e sumaria comisión guardando la forma sustancial del derecho o no la guardando, sólamente sabida la verdad o como más entendiéredes que cumple a mi servicio e al bien e guarda de mi hacienda». Es decir, en aras de una pronta conclusión de los procesos se eludió la utilización del orden procesal ordinario, optando por un orden simplificado que era utilizado ocasionalmente por el Consejo Real y se empleó de forma habitual por los jueces comisarios.

Ya en aquella época, de los fallos de los Contadores no cabía apelación, suplicación, nulidad, agravio u otro recurso alguno ante la Chancillería ni ante el Consejo Real. Los Contadores eran los únicos jueces competentes para reformar sus propias sentencias. El medio previsto para llevar a cabo tales revisiones era «la vía de revista e suplicación». También en su calidad de jueces de rentas podían nombrar comisarios a los que encomendaban la investigación y represión de delitos concretos. En el año 1523 se constituyó oficialmente el Consejo de Hacienda, permaneciendo a cargo de los contadores los pleitos relativos a rentas. En ese mismo año, las Cortes celebradas en Valladolid se quejaban ante Carlos V de que los Contadores eran al mismo tiempo juez y parte en los asuntos de Hacienda: «porque es notorio que los contadores algunas veces están determinados y afiçionados en favor de las rentas, y que son la misma parte que las defienden y favoresçen más que no el fiscal y los recaudadores».

Comprendió Carlos V que efectivamente tenían razón los procuradores y accedió en parte a su demanda: «A esto vos respondemos que en revista en pleitos grandes e arduos a suplicación de la cibdad o villa quando nos paresçiere que conviene, mandaremos que se junten dos del nuestro Consejo , quales nombraremos para ello con los contadores para que vean e determinen brevemente lo que fuere justicia[330]. Los miembros del Consejo Real que se reunían con los Contadores para resolver pleitos de Hacienda estaban igualmente interesados en la defensa de las arcas reales, pero su presencia entre los juzgadores aseguraba la adopción de decisiones con menor grado de apasionamiento. Así lo entendieron las ciudades, las cuales se esforzaron por mantener la norma en el trans-

328. Ordenanza dada a la Contaduría Mayor de Cuentas por el Rey D. Juan II en 30 de septiembre de 1442, en *Las Ordenanzas Contables de Juan II de Castilla*. Ed. de José María Fernández Pirla. Madrid, 1985.

329. PÉREZ BUSTAMANTE, R.: «Del Sistema de Contadurías al Consejo de Hacienda, 1433 a 1525 (una perspectiva institucional)», en *Historia de la Hacienda Española (épocas antigua y medieval)*. Madrid, 1982. pp. 717 a 721. También A.G.S., Cámara de Castilla, leg. 2.720, sin fol.

330. *Cortes de los Antiguos Reinos de León y de Castilla*. Ordenamiento de las Cortes de Valladolid de 1523, pet. XXXVII. Madrid, 1882. T. IV. p. 376.

curso del tiempo, logrando que la disposición se recogiese en el texto de las Ordenanzas de la Contaduría otorgadas en el año 1554.

Estas ordenanzas firmadas por el entonces príncipe Felipe II y fechadas en la Coruña el 10 de julio de 1554, marcan uno de los hitos más importantes en la historia jurisdiccional del Consejo de Hacienda. Previa a su promulgación se realizó una visita a las audiencias de las Contadurías Mayores de Hacienda, siendo responsable de la misma el Dr. Velasco, el cual fue nombrado visitador por real provisión de 11 de febrero de 1553[331].

Las Ordenanzas del año 1554 sirvieron para dar vida singular y diferenciada a la Audiencia de la Contaduría Mayor de Hacienda. Hasta ese momento la determinación oficial de los pleitos había corrido a cargo de los Contadores, los cuales eran legos en derecho y se asesoraban de dos tenientes letrados de su confianza, nombrados por ellos. En la práctica los Contadores tendían a inhibirse de las cuestiones judiciales y las dejaban casi por entero en manos de los dos letrados, pues entendían que su actividad fundamental era la administración de la Hacienda real y la contabilidad de la misma. Además, por aquel entonces ya habían surgido voces contrarias a la participación en los pleitos de personas carentes de formación jurídica, como eran los contadores.

Estos factores se tuvieron en cuenta a la hora de redactar las nuevas ordenanzas y en consecuencia el número de letrados de la Contaduría se elevó de dos a tres. Sin embargo, el aspecto más sobresaliente de la nueva normativa fue el referente a la creación de la Audiencia de la Contaduría. Hubo una dignificación notable de los juristas, los cuales a partir de entonces fueron designados directamente por el Rey y no por los Contadores. Además recibieron la denominación de Oidores y no la de tenientes de Contadores. Pero lo más importante de todo fue la independencia que obtuvieron con respecto a los Contadores. Por otra parte, al órgano constituido por los tres oidores —la Audiencia de la Contaduría— se le reconoció una autoridad en ciertos aspectos semejante a la de las Chancillerías de Valladolid y Granada[332].

Contrariamente, los Contadores perdieron todas sus competencias en materia de pleitos. A partir de entonces, los Contadores se circunscribieron al gobierno de la Hacienda, mientras a los Oidores se les encargó la resolución de los pleitos de rentas. No obstante, en las propias ordenanzas se declara explícitamente la precedencia en rango y honores de los Contadores Mayores sobre los Oidores. Lo cual no era óbice para que estos últimos pudieran sustituir temporalmente a los Contadores en casos de ausencia o enfermedad.

Aunque en las citadas ordenanzas se estableció que los Oidores de la Contaduría procediesen en los pleitos con un orden procesal análogo al de las demás audiencias, en la práctica los Oidores prefirieron la vía del procedimiento sumario y el expediente para despachar los litigios en torno a las rentas, pues la endeudada Hacienda de los Austrias necesitaba acelerar sus actuaciones para ejecutar sin dilación las sentencias.

Los Contadores de Hacienda no vieron con agrado su apartamiento de las cuestiones jurisdiccionales. A este respecto hemos hallado en el archivo de Simancas unas conside-

331. Toda la documentación relativa a esta visita puede consultarse en A.G.S., Cámara de Castilla, leg. 2.710.

332. A.G.S., Cámara de Castilla, leg. 2.710, sin fol. Ordenanzas de la Contaduría Mayor de Hacienda. También, *Nueva Recopilación* IX, 1, 3.

raciones del contador Almaguer, dirigidas al Consejo Real, en las cuales el Contador manifiesta de forma muy diáfana su oposición a las reformas que entonces se proyectaban[333].

Respecto a lo dispuesto en las ordenanzas de La Coruña acerca de la presencia de los Contadores en las votaciones de los pleitos para informar a los Oidores de lo conveniente a la Real Hacienda, expresa el contador Almaguer:

> «Dejando sólo a los Contadores estar presentes a la vista de los pleitos e informar de lo que ellos supieren para que los letrados acaben por determinarlos, se olvida que los letrados no son gente tan doméstica ni corregible para sufrir esto, antes de que les hablasen en ello se mofarían de los Contadores y ternían por impertinente todo lo que les dixesen si no estuviese puesto por escrito en el proceso y cada uno se tiene en tanto que ternía por mejor su voto y lo sustentaría aunque fuese errado por no reconocer su ignorancia, y los Contadores legos atenderían sólo a las cuestiones en las que tienen voto».

Igualmente se pronunció este Contador contra la prevista división de funciones en el seno de la Contaduría:

> «Los negocios de la Contaduría son todos de tal calidad que es menester mezcla de legos y letrados para despacharlos y que todos tengan voto para ello, los legos por su experiencia y estilo y los letrados por su ciencia. Poner los pleitos de Hacienda sólo en manos de los letrados, como hay tan pocos de ellos que la entiendan, sería cosa de mala gobernación».

Contra los detractores de la participación de los profanos en la votación de pleitos, escribe: «La opinión que se ha levantado sobre que los legos no tengan voto por no haber estudiado, ha sido inducida por hombres maliciosos y apasionados que por sus fines y respetos particulares han tenido intento de desbaratar la orden de la Contaduría y éstos han puesto a los procuradores de Cortes en que lo pidan y si a los del Consejo les ha parecido bien a sido con el buen celo que suelen tener en todas las cosas por la apariencia que tiene de justificación, sin ahondar más la materia ni mirar en los inconvenientes que resultarían de hacerse esta novedad; y pues desde que se formó la Contaduría la han regido y gobernado legos y tenido jurisdicción y voto para ello, muy mucho se debería de mirar agora por aquí»[334].

Al entrar en vigor las ordenanzas de 1554, la Contaduría pudo conocer en primera instancia de todo tipo de causas relativas a rentas que se movieren en nombre del Rey contra personas particulares y corporaciones. En grado de apelación le correspondía resolver las apelaciones de los jueces ordinarios. A este respecto debemos indicar que en esta época se había facultado de nuevo a los jueces inferiores para entender en estas materias. Con ello la Corona pretendía asegurar la mejor defensa de la Real Hacienda.

333. A.G.S., Cámara de Castilla, leg. 2.710, sin fol. «Lo que el contador Almaguer dice sobre la novedad que se trata de hacer en la Audiencia de los Contadores». Cf. HERAS SANTOS, J. L. de las: «La jurisdicción del Consejo de Hacienda en tiempos de los Austrias» en *I Symposium Internacional: Estado y Fiscalidad en el Antiguo Régimen*. Murcia, 1988. pp. 120 y 121.

334. A.G.S., Cámara de Castilla, leg. 2.710, sin fol. «Lo que el contador Almaguer dice sobre la novedad que se trata de hacer en la Audiencia de los Contadores».

De cualquier manera, en todos los casos citados arriba podían entender también las Chancillerías, porque la jurisdicción de la audiencia de la Contaduría, respecto a la de las otras audiencias era acumulativa y no privativa.

Entre los casos de rentas abundaban los de quienes pretendían eximirse del pago de contribuciones. Del mismo modo eran corrientes los pleitos sobre arrendamientos de rentas, posturas, pujas, remates y prometidos. A menudo, los Oidores de la Contaduría perseguían a arrendatarios y funcionarios implicados en casos de fraude o apropiación indebida en perjuicio de la Real Hacienda. Lógicamente entre las causas incoadas por la Contaduría son corrientes las referentes a impago de tributos.

La única cuestión atendida por los Oidores de la Contaduría con carácter privativo, sin que pudieran entender en ella las demás audiencias, atañía al encabezamiento general de las tercias y alcabalas del reino.

En cuanto a los días señalados para la votación de los pleitos, las ordenanzas de la Coruña de 1554 prescribieron la realización de esta actividad en el transcurso de una reunión semanal que los Oidores debían celebrar los lunes. Un día después, es decir los martes, se pronunciaban las sentencias.

En ausencia o enfermedad de un Oidor, los dos restantes determinaban los pleitos. Sin embargo, cuando se producía esta circunstancia en la primera instancia, el grado de revista lo resolvían algunos miembros del Consejo Real, nombrados al efecto, conjuntamente con los Oidores.

Estando presentes los tres Oidores, el parecer de dos hacía sentencia en pleitos de cuantía inferior a 80.000 mrs., y los que importaban mayor cantidad se determinaban en grado de remisión con la ayuda de los dos miembros del Consejo de Castilla que por un sistema semanal de turnos asistían a la Audiencia de la Contaduría. Estos dos consejeros de Castilla se reunían los jueves con los Oidores de la Contaduría y entre todos votaban las causas de mayor cuantía.

La Audiencia de la Contaduría Mayor de Hacienda era tribunal supremo para asuntos de rentas. Por ello, los fallos pronunciados por la Audiencia de la Contaduría Mayor de Hacienda no tenían apelación. De sus resoluciones sólo cabía la suplicación en grado de revista ante el mismo Tribunal. Sin embargo, los pleitos de mayor cuantía, en los cuales se juntaban con los oidores los dos consejeros de Castilla, habían de verse obligatoriamente en revista con la presencia de los miembros del Consejo Real.

En un sistema plurijurisdiccional como el descrito, se producían numerosos conflictos de competencia y el órgano encargado de resolverlos en el marco de la jurisdicción real ordinaria era el Consejo Real. En el caso de fricciones surgidas entre la Audiencia de la Contaduría Mayor de Hacienda y las restantes audiencias, los dos miembros del Consejo Real a quienes correspondiera asistir esa semana a la Contaduría, discutían el asunto entre sí, y lo acordado entre ellos, lo consultaban con el Soberano, para que éste tomase la decisión más conveniente a sus intereses.

Las ordenanzas subsiguientes a las de La Coruña —las firmadas por Felipe II el 28 de octubre de 1568 en El Pardo— devolvieron a los Contadores Mayores entera capacidad para juzgar pleitos, encomendando a la conciencia individual de cada Contador la posibilidad de abstenerse en casos jurídicos de cierta complejidad, pues recordemos una vez más que los Contadores no eran letrados.

De todos modos, antes de la promulgación de las Ordenanzas de El Pardo, los Contadores participaban ya en la resolución de los procesos. Desde el año 1557 los sucesivos nombramientos efectuados para estos cargos incluyeron cláusulas que les autorizaban a ver y determinar pleitos[335].

Aparte de esto, las Ordenanzas de la Contaduría de 1568 declararon privativa la jurisdicción de este organismo en lo referente a pleitos sobre arrendamientos, posturas, pujas, remates y prometidos. Así como en lo relativo a administradores y arrendadores de rentas, cuando la materia del litigio atañía al cumplimiento de las obligaciones de sus cargos.

De esta forma, nuevas materias exclusivas vinieron a añadirse a la detentada ya anteriormente: el encabezamiento general del reino. Pero en todos los demás casos de Hacienda la jurisdicción de la Contaduría continuó siendo acumulativa con la de los restantes tribunales reales.

En cuanto a la clasificación de los pleitos por razón de la cantidad en litigio, las Ordenanzas de El Pardo de 1568 elevaron de 80.000 a 100.000 mrs. la cifra necesaria para que un asunto fuera considerado de mayor cuantía.

El envío de jueces comisarios y pesquisidores suscitó en todos los tiempos reacciones adversas entre los habitantes de pueblos y ciudades. En razón de ello la Corona fue destinataria de infinidad de memoriales los cuales clamaban, si no por la supresión, sí al menos por una reducción significativa. Ciertamente, en esta materia la jurisdicción de Hacienda no se distinguió demasiado de las demás. La actuación de sus jueces comisarios también motivó las consabidas protestas y no puede decirse que éstas no surtieran efecto, pues las ordenanzas de 1568 establecieron un mayor control en el despacho de tales jueces. A partir de entonces, las comisiones de Hacienda hubieron de expedirse con las firmas de los Contadores Mayores, de los Oidores, y de los dos miembros del Consejo Real que anualmente eran designados para entender en lo relativo a jueces comisarios remitidos desde la Corte.

No obstante, la medida no logró erradicar definitivamente los excesos cometidos por los comisarios, pues las actas de las Cortes celebradas en Madrid el año 1571 recogen una denuncia de los procuradores que alude a cierta corrupción de los jueces de rentas, cuya comisión se despachaba a petición de los arrendadores y con los gastos a cargo de éstos hasta tanto se produjeran algunas condenas. De este modo, los comisarios quedaban supeditados en todo a la voluntad de los arrendadores[336].

En cuanto al nombramiento de pesquisidores, la Contaduría no estaba autorizada para nombrarlos. Cuando en su opinión algún asunto requería la actuación de un juez de este tipo, se lo comunicaba al Consejo Real y este organismo —si lo estimaba oportuno— designaba a la persona adecuada.

Las Ordenanzas de El Pardo de 1568 pretendieron dar a la Contaduría un funcionamiento más coordinado. Su objetivo era la consecución de resultados más favo-

335. *Nueva Recopilación* IX, 2, 1.

336. *Actas de las Cortes de Castilla*. Cortes de Madrid de 1571. Madrid, 1874 a 1988. Pet. LXXXIV. T. III. pp. 416 y 417.

rables para el Fisco. Con ese propósito se devolvió a los Contadores la participación en los asuntos de justicia. Al mismo tiempo, se procuró que los oidores estuvieran mejor informados de los asuntos de rentas propiamente dichos. Por eso, se prescribió en el año 1568 la asistencia del Oidor más antiguo a las reuniones donde se estudiaban y acordaban las condiciones de los contratos de arrendamientos de rentas.

En el año 1581 Felipe II encargó al licenciado Chumacero la visita de las Contadurías. A consecuencia de ella se efectuaron diversas reformas en la institución, cuya intención principal se centró en la orientación del sistema contable hacia una organización que permitiera saber en cada momento el estado de la Real Hacienda.

Una nueva visita se efectuó en el año 1593. La realizó el licenciado Laguna, y como resultado de la misma se reorganizó el Consejo de Hacienda, del cual pasarían a formar parte dos Contadores de los cuatro que a partir de entonces tuvo la Contaduría Mayor de Hacienda. Las Ordenanzas del Consejo de Hacienda promulgadas por Felipe II el 20 de noviembre de 1593, instituyeron que en lugar de tres Contadores y sus tenientes, hubiera cuatro Contadores, sin tenientes. Sus atribuciones eran análogas a las de los antiguos, pero no se llamarían mayores, si bien esta denominación se conservó aún para la Contaduría.

Desde el punto de vista jurisdiccional, una de las novedades más importantes aportadas por las Ordenanzas de 1593 fue la pérdida , por parte de los Contadores, de su capacidad para entender en asuntos judiciales. Nuevamente estas cuestiones quedaron reservadas a los Oidores. Sin embargo, cuando los Oidores lo creyesen necesario, podían solicitar del presidente del Consejo de Hacienda la presencia de un Contador para informar pleitos importantes[337].

Menor alcance tuvieron otras reformas programadas, tales como la que encomendó a los dos miembros del Consejo Real integrados en el Consejo de Hacienda, los pleitos arduos y los vistos por los Oidores con resultado discordante entre ellos. Anteriormente, estos procesos los resolvían dos consejeros de Castilla nombrados al efecto.

En otros aspectos, las reformas buscaron la agilización de ciertos trámites. Así se dispuso que las diferencias entre la Contaduría Mayor y los demás tribunales de la Corte, fueran resueltas por los dos miembros del Consejo Real pertenecientes al de Hacienda, junto con otros dos miembros del Consejo de Castilla, reservando para consulta al Rey los casos de divergencia. Por otra parte, el Consejo de Hacienda quedó facultado para designar jueces comisarios en las materias de su competencia.

En el reinado de Felipe III se modificó sustancialmente el régimen establecido para las Contadurías. Por una ordenanza dada en Lerma el 26 de octubre de 1602 este Monarca dispuso que el Consejo de Hacienda y la Contaduría se fundiesen en un único organismo, pues trataban asuntos de la misma naturaleza, «y por la experiencia se ha visto que de estar divididos, diciendo, que en un tribunal se trate de la Real Hazienda por mayor, y en otro por menor, han resultado muchos inconvenientes»[338]. Con esta reforma desapareció el nombre de Contadores. En adelante el Consejo de Hacienda se constituiría con el Presidente y ocho Consejeros, que así deberían llamarse y no Contadores.

337. *Nueva Recopilación* IX, 2, 1; y IX, 2, 2.
338. *Nueva Recopilación* IX, 2, 3.

El número de Oidores se elevó de cuatro a cinco en 1602, y nuevamente se planteó la cuestión del voto en los pleitos de los no letrados. En esta ocasión, con respecto al Presidente del Consejo de Hacienda, el cual presidía a su vez la Audiencia, se instituyó que no votase si no fuere letrado. Por lo demás, las Ordenanzas prohibieron a los Oidores el conocimiento de litigios entre particulares y subrayaron su función como árbitros en aquellos asuntos de cuyas resultas se derivase algún interés para la Real Hacienda. En cuanto al orden a seguir en la vista de los procesos, el texto de 1602 concede prioridad absoluta a los asuntos de mayor rentabilidad para el Tesoro.

Puede afirmarse que en virtud de la ordenanza de Felipe III, la jurisdicción de Hacienda se perfiló más. Desde su promulgación, el fenecimiento de todos los pleitos de rentas se circunscribió al ámbito de los organismos responsables del Fisco, pues se negó la posibilidad de acudir al Consejo de Castilla, incluso mediante el recurso de las Mil y Quinientas Doblas.

Posteriormente, pocas fueron las alteraciones experimentadas por la Contaduría a lo largo del siglo XVII. Una visita realizada por el licenciado Melchor de Molina dio lugar a una cédula de reforma fechada el 12 de noviembre de 1621, por medio de la cual se redujo el número de consejeros de Hacienda de ocho a cuatro[339].

Otra nueva reforma de este Consejo se llevó a cabo el 25 de septiembre de 1651, fijando la cifra de consejeros en seis. Después, un Decreto de 17 de noviembre de 1659 estableció la existencia de doce consejeros, distribuidos en tres salas: Gobierno, Millones y Cobranzas. El 10 de julio de 1666 la reina Mariana de Austria, a la sazón Gobernadora en Castilla por la minoría de Carlos II, volvió a reducir a ocho los consejeros de Hacienda y esta cantidad se mantuvo vigente hasta el final de siglo[340].

En los años sesenta del siglo XVII la opinión más extendida admitía que los jueces de Hacienda debían ser independientes de cuentas y asientos. En este sentido, el hecho de que los miembros del Tribunal de Hacienda fueran letrados sin responsabilidad directa sobre el gobierno del Tesoro, otorgaba mayores garantías a los procesados. Sin embargo, la Monarquía absoluta tenía una concepción utilitarista de la justicia y generalmente se inclinó por las opciones más propicias a sus intereses políticos, en perjuicio, muchas veces, de las garantías procesales de los reos. En estas circunstancias, se efectuó la visita al Consejo de Hacienda de D. Lope de los Ríos y Guzmán, presidente de la Chancillería de Granada. Durante el transcurso de la misma la Junta de Visita del Consejo de Hacienda, constituida por D. Francisco Ramos, D. Lope de los Ríos, D. Antonio de Vidania, D. Gil de Castrejón y D. Gabriel de Chaves, se planteó la conveniencia de que algunos miembros del Tribunal de Hacienda se hubiesen avezado antes en las Contadurías «y oficios de libros de aquel Consejo para que hallándose con la experiencia, inteligencia y práctica que se requiere, estén aptos y capaces para la determinación de todo lo que corre por aquel tribunal y para decir las dudas que se ofrecen a los Contadores en las cuentas que toman y asistir por semanería a las mesas de la Contaduría, siendo como es allí el paradero de la Hacienda Real y donde se debe estar con la advertencia y reparo de los desórdenes y fraudes que puede haber contra la Real Hacienda»[341].

339. A.H.N., Consejos Suprimidos, leg. 50.504, sin fol.
340. A.H.N., Consejos Suprimidos, leg. 51.236, sin fol.
341. A.H.N., Consejos Suprimidos, libro 3.470, sin fol.

En aquel tiempo, el Tribunal de la Contaduría se reducía a cuatro Oidores letrados. La Corona se negaba a ampliar su plantilla; y, si quería introducir en las futuras vacantes personas prácticas en asuntos contables, debía resolver antes algunos problemas; pues más de catorce miembros supernumerarios estaban en posesión de mercedes para entrar por turno de antigüedad a las plazas desocupadas. Ninguno de los citados supernumerarios poseía el pretendido avezamiento en cuestiones de la Contaduría. Se trataba de personas con formación jurídica, cuya actividad administrativa se había concretado en la sustitución de los Oidores durante sus ausencias y enfermedades.

La resolución de la Reina al respecto se firmó el 10 de julio de 1666. El texto de la misma es el siguiente:

> «Conviene ejecutar lo estilado hasta la fecha en quanto a que sean quatro ministros los que asistan fijamente en el tribunal de la Contaduría Mayor, sin que se aumente este número. Y así mando que continúen en el servicio los quatro más antiguos, entre los quales se ha de comprender D. Francisco de Ayala con el grado de Consejero de Hacienda, que la primera plaza que vacare por qualquiera de ellos se provea en sujeto que haya servido en las Contadurías y oficios de libros de ese Consejo. Que en la segunda vacante entre el quien le tocare por su antigüedad de los que tienen merced y que para la tercera se nombre otro sujeto de los que hubieren pasado por los dichos oficios para que se iguale el número de unos y otros. Y en ausencia y enfermedad de qualquiera de los cuatro que quedan en ejercicio, entre a sustituirle el que le tocare por su antigüedad de los que tienen merced. Y cuando haya de sustituirse algún miembro de los que tienen experiencia en oficio de libros, se pondrá en su lugar otro sujeto de los que se hallaren sirviendo en dichos libros, el que yo nombre, consultándome entonces sobre ello el Presidente de Hacienda»[342].

En la carrera burocrática hacia los Consejos, el paso por la Contaduría Mayor de Cuentas podía representar un paso importante. Como ejemplo de ello podemos recordar el caso de D. Antonio de Camporredondo y Río, miembro del Consejo de Castilla y del Consejo de Cámara, el cual terminó presidiendo el Consejo de Hacienda. Estudió este consejero en el colegio de San Bartolomé de Salamanca, ejerció como catedrático de leyes en la Universidad de Valladolid y después alcanzó el rectorado de la citada Universidad. Más tarde ocupó plaza de alcalde del Crimen y de Oidor en las Chancillerías de Granada y de Valladolid. De aquí pasó a la Audiencia de la Contaduría Mayor de Hacienda y posteriormente al Consejo Real y al de Cámara, para finalizar su carrera profesional presidiendo el Consejo de Hacienda, cargo en cuya posesión se hallaba cuando le llegó la muerte el 14 de octubre de 1652[343].

Desde el punto de vista salarial, el sueldo de los Oidores de la Contaduría se aproximaba bastante al de los consejeros. La persona que más ganaba en Hacienda era el Presidente. Estaba recompensado con un millón de maravedís al año en 1593. A continuación le seguían en la nómina los dos Secretarios, con 550.000 mrs. anuales cada uno . Los Consejeros y el Fiscal del Consejo cobraban 450.000 mrs y cerca se hallaban los Oidores y el fiscal de la Contaduría con 430.000 mrs al año[344].

342. A.H.N., Consejos Suprimidos, libro 3.470, sin fol.
343. A.H.N., Consejos Suprimidos, leg. 51.238, sin fol.
344. Este sueldo le percibieron los oidores de la Contaduría desde 1593 y a finales del siglo XVII seguía vigente la misma cantidad. *Nueva Recopilación*, IX, 2, 2; A.H.N., Consejos Suprimidos, leg. 51.236, sin fol.

Finalmente, como cabía esperar, en un sistema inspirado por principios absolutistas los castigos reservados para los usurpadores de las rentas reales eran notablemente severos. Quien se las apropiaba con pública violencia o impedía el cobro de los recaudadores, incurría en pena de muerte y pérdida de todos sus bienes. A los oficiales que se apoderaban de rentas de su cargo, se le confiscaban todos sus bienes y eran desterrados de los reinos bajo titularidad del Monarca.

Por otra parte, cuando la profesión del reo no tenía relación directa con las rentas reales, la condena impuesta consistía en el pago de cuatro veces la cantidad hurtada. Por lo demás, todos los súbditos estaban obligados a denunciar las usurpaciones contra la hacienda regia. Caso contrario, incurrían en la pena de pérdida de la cuarta parte de sus bienes[345].

Consulados Mercantiles

Entre las concesiones jurídicas orientadas a la protección y fomento del comercio a gran escala destaca por su importancia la fundación de los Consulados comerciales. Fueron estas instituciones, entidades agremiadas, dotadas de competencias judiciales circunscritas al campo de las obligaciones y contratos, cuyo objetivo primordial era poner al alcance de sus asociados una justicia ágil y administrada por personas conocedoras del mundo de los negocios.

Las asociaciones privadas de mercaderes existían desde época medieval en numerosas ciudades castellanas. Pero no fue sino hasta fines del siglo XV cuando algunas de estas corporaciones o universidades comenzaron a recibir el privilegio de la jurisdicción privativa o de fuero en lo mercantil, siendo precisamente este último aspecto el factor decisivo operado en la transformación de las antiguas hermandades de negociantes en Consulados. El primero de estos Consulados se creó en la ciudad de Burgos el año 1494 y conoció su época de mayor esplendor en el siglo XVI, cuando la ciudad aspiraba a ejercer el monopolio del tráfico de las lanas y, en general, del comercio con Flandes. Antes de la fecha ya referida, la Universidad burgalesa de Mercaderes, constituida por los hombres que negociaban en los Países Bajos, nombraba desde 1455 unos cónsules exclusivos para los negociantes de su jurisdicción, la cual se extendía a las principales plazas mercantiles de Castilla, situadas al sur del Ebro, y puertos cantábricos de Cuatro Villas[346].

Hasta que los Reyes Católicos asignaron al Consulado burgalés jurisdicción propia en las causas mercantiles, los pleitos comerciales fueron juzgados en los tribunales ordinarios y sus apelaciones se veían en la Chancillería o en el Consejo. No obstante, según Basas Fernández, ya anteriormente poseían el Prior y Cónsules «ciertas atribuciones, si no judiciales, sí de mediación y arbitraje en los debates y diferencias entre los mercaderes de la Universidad»[347].

345. *Nueva Recopilación* IX, 8, 1-3.
346. Basas Fernández, M.: *El Consulado de Burgos en el siglo XVI*. Madrid, 1963. pp. 32 y 33.
347. Basas Fernández, M.: *El Consulado de Burgos en el siglo XVI*. Madrid, 1963. p. 107.

En cuanto a la jurisdicción atribuida por las ordenanzas de Medina del Campo de 1494 al Consulado, éstas expresan cómo el «Prior y Cónsules de los mercaderes de la ciudad de Burgos (...) conozcan de las diferencias y debates que hubiere entre mercader y mercader, y sus compañeros, y fatores, sobre el trato de mercaderías, así sobre trueques y compras y ventas, y cambios, y seguros y cuentas, y compañías que ayan tenido y tengan, y sobre afletamientos de naos y sobre las fatorías que los dichos mercaderes huvieren dado a sus fatores, ansí en nuestros Reynos, como fuera de ellos, assí para que puedan conocer y conozcan de las diferencias y debates y pleitos pendientes entre los susodichos, como de todas las otras cosas que se acaecieren de aquí adelante, para que lo libren y determinen breve y sumariamente, según estilo de mercaderes, sin dar lugar a largas, ni dilaciones, ni plaços de Abogados[348].

Por tanto, podemos resumir que el ámbito jurisdiccional del Consulado era el siguiente: Pleitos entre mercaderes, pleitos de compañías, de factores, de cambios, de compra-venta, de seguros y de fletamientos. En la descripción del procedimiento a seguir en estas causas, se manifiesta claramente el horror existente entre los mercaderes hacia los modos jurídicos, lentos y farragosos, imperantes en la jurisdicción ordinaria, sustituyéndolos por la determinación breve y sumaria, «según estilo de mercaderes sin dar luengas dilaciones ni plaços de abogados».

Las apelaciones de las sentencias dictadas por el Prior y los dos cónsules las resolvía el Corregidor de la ciudad con la ayuda y asesoramiento de dos mercaderes designados por él mismo. Si el Corregidor y sus asesores confirmaban el fallo consular, no cabía otro recurso. Sin embargo, cuando la sentencia de los jueces mercantiles era revocada por el Corregidor, cualquiera de las partes podía apelarla. En este último caso, el Corregidor veía el pleito en grado de revista tras nombrar otros dos comerciantes asesores, distintos de los primeros. El dictamen así emitido se convertía en definitivo[349]. En cuanto al modo de designación del Prior y de los dos cónsules, éstos eran elegidos anualmente mediante votación efectuada entre todos los mercaderes.

La concesión del Consulado a la ciudad de Burgos provocó la inmediata reacción de los mercaderes de Bilbao, los cuales no se dieron descanso hasta lograr para sí la misma jurisdicción en 1511, bajo la denominación de «Consulado, casa de contratación, juzgado de los hombres de negocios de mar y tierra y universidad de Bilbao». Varios años antes, en 1495, pasados pocos meses desde el otorgamiento de las primeras ordenanzas del Consulado burgalés, las provincias de Alava, Guipúzcoa y Vizcaya habían obtenido de los católicos Monarcas la dispensa necesaria para no ser incluidos en la jurisdicción de los mercaderes de Burgos[350].

Estaba regido el Consulado de Bilbao por un Fiel y dos cónsules, más cuatro personas que hacían las veces de consultores y consiliarios del juzgado de la contratación, los cuales eran elegidos también por todos los agremiados. Las atribuciones de gobierno del Consulado bilbaíno se extendían a todas las actividades inherentes al trato de mercancías, habilitación de naves y pilotos, expedición de cartas de mar o patentes reales, obras del puerto con sus accesos, fábricas y astilleros. Como tribunal de justicia, poseía, al igual

348. *Nueva Recopilación* III, 13, 1.
349. *Nueva Recopilación* III, 13, 1.
350. *Nueva Recopilación* III, 13, 1.

que los demás Consulados, jurisdicción privativa para entender en todas las causas litigadas entre mercaderes, o entre un mercader y sus colaboradores en razón de sus negocios, compras, ventas, cambios y seguros. Las apelaciones las veía el Corregidor asistido por dos mercaderes o «colegas». La financiación procedía básicamente de la percepción del derecho de «avería» que gravaba con ciertos maravedís por ducado el comercio marítimo efectuado a través del puerto.

Transcurriendo el siglo XVI, el patrón burgalés inspiró también el juzgado comercial erigido en Sevilla. El año 1539 fue creado el Consulado sevillano, el cual contribuyó notablemente a descargar de pleitos la Casa de la Contratación. Finalmente, Felipe IV quiso instituir en 1632, con arreglo a los modelos probados en Burgos, Bilbao y Sevilla, el Consulado de Madrid. Estaría regido éste por un Prior que necesariamente habría de ser castellano, y cuatro cónsules: uno de la Corona de Aragón, otro italiano, el tercero portugués y el cuarto flamenco[351]. En el momento de su creación lo integrarían 20 mercaderes elegidos por el Rey, quienes nombrarían entre ellos el Prior y los primeros cónsules. Los 20 elegidos estarían obligados a admitir como socios de la entidad «a los demás mercaderes y hombres de negocio, así naturales, como estrangeros, atendiendo a que sean personas de conocido crédito y caudal». El Consulado estaría bajo la protección del Consejo Real, uno de cuyos miembros lo presidiría, y entendería en las apelaciones de su juzgado.

Felipe IV no se complacía con tribunales muy numerosos. Por eso en la Pragmática fundacional del Consulado de Madrid señaló: «porque si los dichos quatro Cónsules huviesen de tener voto en todas las materias de justicia, no se conseguiría el fin que se pretende de abreviar la determinación de los pleitos mercantiles, y se podrán seguir otros inconvenientes; ordeno y mando, que los dichos negocios y causas se juzguen por el Prior y dos Cónsules, en esta manera: de los quatro que han de ser eligidos, los dos que primero lo fueren han de juzgar con el Prior el primer año de los dos que han de durar los oficios, y los otros dos han de entrar a juzgar el segundo año, con que los votos serán siempre tres, y todas las naciones participarán de los dichos oficios, y cesarán las dilaciones y encuentros que de juzgar cinco podrían resultar»[352].

Sin embargo, todo parece indicar que la Real Cédula que regulaba la erección del Consulado de la Corte no encontró cumplida aplicación y por tanto la cuestión quedó en un mero deseo de las autoridades, reflejado en un texto normativo, sin proyección en la realidad[353].

En síntesis, eran las universidades de mercaderes verdaderas corporaciones gremiales formadas por grandes comerciantes, generalmente ligados al comercio exterior. Su finalidad inicial descansó en la prestación de auxilios mutuos entre sus miembros y la regulación de sus transacciones comerciales. Sin embargo, sus actuaciones en las plazas marítimas se extendieron también a la conservación de puertos, creación de escuelas de navegación y pilotaje, etc. En cuanto Consulados, esto es, como tribunales de justicia constituyeron la primera instancia en cuestiones mercantiles, reservándose las apelacio-

351. *Nueva Recopilación* III, 13, 2.
352. *Nueva Recopilación* III, 13, 2.
353. BERMEJO CABRERO, J. L.: *Estudios de Historia del Derecho y de las Instituciones*. Madrid, 1989. pp. 192 a 194.

nes para la justicia ordinaria, asistida por elementos pertenecientes a la corporación mercantil.

Por tanto, no tuvieron nunca los Consulados competencias en materia penal, aunque en algunas ciudades, como en Sevilla, los comerciantes dispusieron de un protector, elegido por la ciudad entre los miembros de su cabildo, el cual les ayudaba en todos sus pleitos, particularmente cuando eran apresados. Los propios mercaderes extranjeros, residentes en Sevilla, apoyaron la iniciativa de la ciudad, y, concertándose entre sí por naciones, señalaron a su protector 2000 ducados anuales de salario. Un manuscrito anónimo del primer tercio del siglo XVII planteó ante la Corona la extensión de la institución a todo el territorio castellano: «Parece que convendría nombrar un protector que lo fuese en todo el reino y que este protector nombre tenientes en los puertos y demás partes del reino donde pareciere, como Sevilla, Cádiz, San Lúcar, Málaga, Granada, Murcia, Cartagena, y San Sebastián». La creación de tal protectorado se justificaba por la necesidad de salvaguardar los grandes tratos en aquellos momentos de decadencia económica[354].

Reales Sitios

Los Reales Sitios gozaban de una jurisdicción especial, adscrita en principio a las autoridades gubernativas de los mismos que habían sido nombradas por el Rey. Dicha jurisdicción se extendía a lo que hoy llamaríamos primera instancia, pues de las apelaciones se encargaba la Junta de Obras y Bosques. Las materias a las que se refería la administración de justicia en los Sitios Reales se extendía a los delitos ordinarios y a materias de caza, pesca y aprovechamientos indebidos dentro de sus límites.

4. LAS ACTUACIONES DE LA JUSTICIA DEL REY

A) Las escasas Medidas de Prevención de la Delincuencia

En aquella sociedad de rígida estratificación y muy cerrada a la movilidad interestamental, la política penal era fundamentalmente represiva y aterrorizadora. No existía, por supuesto, una actuación social contra los delitos generados por la miseria. El derecho penal no defendía a todos los súbditos por igual. La ley no era la misma para todos. Las penas se imponían con independencia del daño social causado por las acciones delictivas y de la gravedad de las infracciones. La salvaguarda de la desigualdad jurídica y social, y el utilitarismo al servicio de la Corona se anteponían a otros principios. No obstante, lo antedicho no significa que la justicia reservase todas sus actuaciones para los momentos posteriores a la comisión de los delitos. Un ejemplo de esto lo encontramos en el tratamiento de los menesterosos. Desde mediados del siglo XIV varió la actitud colectiva hacia los pobres. Más tarde, en el siglo XVI, el poder político se preocupó

354. R.A.H., Colección Salazar y Castro, K-20, fols, 117 a 119.

del control de este segmento de población potencialmente delictivo. A estos efectos se limitó su movilidad espacial, se estableció la obligatoriedad del trabajo para todos los individuos útiles, y, finalmente se intentó encerrar a los mendigos, bien fuera en hospitales o en casas de misericordia.

La Corte por ser residencia del Soberano, en cuyo nombre se administraba la justicia en todo el reino, era objeto de atención especial entre los responsables del orden público. Por otra parte no se puede olvidar que había en ella una gran multiplicidad de jurisdicciones, además de acudir a la misma una gran concurrencia de gentes diversas. En su seno se refugiaba una multitud de mendigos, animados por las expectativas de limosna ofrecidas por la mayor urbe del reino, donde moraban los más poderosos señores. Sin embargo, los recelos del poder hacia los indigentes fueron acrecentándose con el paso del tiempo, y en el siglo XVII se completó el proceso de acriminación de los pobres.

Quevedo se mostraba partidario de una política de prevención del delito cuando manifestaba que «las repúblicas se administran bien cuando envían ministros a las provincias distantes que procuran antes estorbar los robos que castigar los que roban»[355] Estos testimonios y otros que iremos exponiendo sucesivamente demuestran que en la Edad Moderna las diferentes justicias no se limitaban a reprimir y castigar los delitos una vez cometidos, sino que también procuraban anticiparse a ellos con la adopción de medidas tendentes a evitarlos. Ciertamente aquella prevención excluía de sus objetivos el tratamiento social de la marginalidad y de la delincuencia. Igualmente quedaba fuera de su alcance el establecimiento de un control social como el difundido hoy en las civilizaciones industriales de nuestro tiempo. En la Castilla moderna los usos profilácticos contra la criminalidad eran meramente disuasorios y realmente se limitaban a obstaculizar la acción de los eventuales delincuentes , o a facilitar su represión si, pese a todo, el hecho delictivo llegaba a consumarse. No nos encontramos, por tanto, frente a un sistema inspirado por el control social, sino ante una estructura punitiva que apuntaba hacia un incipiente control policial. De este modo, la Corte fue dividida en varios distritos —llamados cuarteles—. También con el propósito de establecer una vigilancia más satisfactoria, la Sala de Alcaldes de Casa y Corte puso en marcha ciertas medidas inspectoras sobre la población, especialmente sobre los transeúntes.

Por otra parte, en todas las ciudades de importancia las justicias hacían rondas nocturnas para dificultar la comisión de crímenes durante los momentos que parecían más propicios para ello. Todo esto sin perjuicio de otras providencias practicadas con el fin de tener pronta noticia de los delitos e inquirir a los sospechosos. En este sentido cabe destacar que en Madrid, por auto de la Sala de Alcaldes de Casa y Corte de 24 de noviembre de 1609 se obligó a médicos, y cirujanos a informar al alcalde de su cuartel de la identidad de los heridos y calidad de sus lesiones en el plazo de seis horas, contadas a partir del momento de la prestación de la primera asistencia[357].

355. Ruiz de la Cuesta, A.: *El legado doctrinal de Quevedo: su dimensión política filosófico-jurídica.* Madrid, 1984.

356. Véase a este respecto, Melossi, D.: «Las estrategias de control social en el capitalismo», en *Papers, Revista de Sociología.* nº 13. pp. 191 a 193. También Baratta, A.: «Criminología y dogmática penal. Pasado y futuro del modelo integral de ciencia penal», en *Papers, Revista de Sociología.* nº 13, p. 25.

357. A.H.N., Consejos Suprimidos, Sala de Alcaldes, libro-año 1610, fol. 497.

División de la Corte en Cuarteles para su Vigilancia y Control

Representación realizada sobre la reducción de 1623 del plano de Texeira, publicado en Amberes en 1656. Los datos relativos a la sectorialización de la Corte se han tomado del documento titulado descripción de los seis cuarteles en que está dividida la Corte (A.H.N. Consejos Suprimidos. Sala de Alcaides. libro año 1600, fol. 404.

En el mismo orden de cosas, el año 1703 se impartieron precisas instrucciones para que las justicias de las villas y lugares comprendidos en el ámbito de la Corte procediesen eficazmente a la investigación y castigo de los delitos, principalmente robos y hurtos. En primer lugar, se les encargó el reconocimiento mensual de los términos de su jurisdicción, llevando para ello un escribano y la gente necesaria. Si en los caminos encontraban personas «que por su traje, andar por caminos extraviados o campo travieso, parecieren sospechosos de ladrones, los prenderán, poniendo por diligencia e inventario las armas que llevaren, dinero, ropa, alhajas, etc». Después las conducían a la cárcel, les tomaban declaración, inquiriendo de dónde eran vecinos, cuánto tiempo hacía que salieron de sus lugares de origen, etc. Y caso de incurrir en contradicciones o «no dando razón bastante de sus personas», las remitían a la cárcel de Corte. Con los gitanos hallados sin pasaporte o licencia de viaje, cuyo despacho correspondía a la justicia del lugar de avecinamiento, se hacían idénticas diligencias.

Sin embargo, cuando sucedía algún hurto, las justicias lo investigaban en el ámbito de su jurisdicción. Tomaban declaración a las personas robadas para informarse de los bienes hurtados y circunstancias de los hechos. Una vez identificados los ladrones, se despachaban requisitorias a los lugares circunvecinos solicitando su prisión. Tras conseguir ésta, los reos se remitían a la cárcel real de Corte, acompañados de los autos originales y cuantos objetos tuviesen en su poder en el momento de su detención, pues algunos de ellos podrían ser robados.

Si los ladrones causaban heridos, éstos eran reconocidos por un cirujano, el cual testimoniaba sobre el instrumento causante de las lesiones, parte del cuerpo afectada, calidad y estado de las heridas. Si por desgracia fallecía el doliente por causa de ellas, se pasaba a comprobar el cuerpo del delito. Se interrogaba al cirujano que le había asistido y a dos o tres testigos que declararan «haber visto el cadáver muerto por las heridas que recibió». Por último, todas las causas tocantes a hurtos las remitían las justicias originalmente a la Sala, e igualmente todas las semanas enviaban testimonio de haber reconocido el término de su jurisdicción[358].

Según hemos referido, desde el siglo XVII la Corte fue dividida en seis cuarteles o sectores, cuyo centro de convergencia era la Plaza Mayor. En el gráfico adjunto realizado sobre la reducción de 1683 del plano de Texeira publicado en Amberes en 1656 puede observarse la representación de estos cuarteles[359].

Las denominaciones de estos cuarteles correspondían a las siguientes: Palacio, Santo Domingo el Real, San Luis, San Francisco, La Merced, y El Barranco. En la Nueva Recopilación encontramos «La orden que han de tener los alcaldes, y demás ministros en el rondar la Corte por quarteles». Felipe III dispuso en 1604 que para las rondas y visitas se distribuyese la Corte en seis distritos. En aquel entonces había en Madrid seis alcaldes de Corte, y se preceptuó que en cada uno de ellos residiese un alcalde, «lo más en medio dél

358. Instrucción de lo que han de guardar los alcaldes mayores y ordinarios, regidores y demás justicias de las villas y lugares que sean requeridas en virtud de provisión de la Sala en conformidad de las órdenes del Consejo de 12, 14 y 17 de septiembre de 1703, por las cuales se le dio comisión para conocer y proceder a la averiguación y castigo de robos, hurtos y delitos. A.H.N., Colección de Reales Cédulas, n.º 5.243.

359. Los datos necesarios para su ejecución los hemos tomado del documento titulado: «descripción de los seis cuarteles en que está dividida la Corte» (A.H.N., Consejos Suprimidos, Sala de Alcaldes, libro-año 1600, fol. 404). Ver también MOLINA CAMPUZANO, M.: *Planos de Madrid de los siglos XVII y XVIII*. Madrid, 1960.

que fuere posible, y en parte, que con facilidad, y comodidad se pueda acudir a él, y hallarse con brevedad a la prisión, y averiguación de todos los delitos que sucedieren en su quartel». Igualmente en cada uno de los seis sectores se instalarían diez alguaciles de los sesenta existentes en aquellos momentos, «con tal orden, y proporción, que cojan, y cierren todas las calles del dicho quartel, para que en ninguna pueda suceder delito, ni escándalo, que no se halle alguacil que lo averigüe y prenda a los culpados». Del mismo modo, en cada distrito se fijó la residencia de un escribano del crimen, con dos de sus oficiales, «en parte donde los dichos alcaldes, y alguaciles puedan acudir a ellos para hacer las causas, averiguaciones y prisiones que se ofrecieren».

También se obligó a los seis porteros de vara que tenía cada alcalde a vivir en su cuartel, «cerca de la posada del dicho alcalde dél, para que le acompañen en las rondas, anden con los alguaciles, den noticia de lo que se ofreciere, y los ayuden a la buena execución de lo que se ordena»[360]. Posteriormente, por auto acordado del Consejo, fechado en 1613, se modificó el número de alguaciles residentes en cada cuartel. A partir de entonces se ordenó que al servicio de cada alcalde se dedicasen doce alguaciles. Además en 1641 el Consejo autorizó a la Sala de Alcaldes para nombrar en «cada puerta de la Corte dos vecinos honrados que tengan cuidado de saber las personas que entran en ella y les avisen dónde posan y les hagan registrar y visitar»[361].

En las ciudades de cierta entidad la justicia organizaba rondas nocturnas para impedir la comisión de delitos durante las horas de oscuridad. En Madrid, estaba perfectamente regulado el modo de efectuarlas. «Cada uno de los dichos seis alcaldes esté obligado todas las noches a rondar por su persona por su quartel las horas, y por las calles convenientes, visitando las casas de posadas, tabernas, y bodegones dél, con los Alguaciles, Porteros, y Escribano que señalare para cada noche». En todo caso, los alguaciles y porteros estaban obligados a acudir ante su respectivo alcalde antes de que éste se retirase a su domicilio. Allí recogían las órdenes relativas a la ronda concreta de esa noche: horas y calles que cada uno había de rondar, etc. Los alcaldes repartían diariamente entre sus alguaciles y porteros las horas de la noche. De modo que siempre estuviese vigilante hasta el amanecer, al menos un alguacil. Cada agente, al terminar sus horas reglamentarias de ronda se dirigía al domicilio de su relevo y le llamaba. Por la mañana, cuando el alcalde llegaba a la sede de la Sala, sus alguaciles le rendían cuenta puntual «de todo lo que en su ronda hubieren hallado, y visto; á quien toparon, dónde, y a qué hora; y de las tabernas, casas de posada, bodegones que visitaron, y lo que hallaron». A su vez, los seis alcaldes antes de marchar a sus casas a mediodía, estaban obligados a presentar ante la Sala todas las eventualidades sucedidas, «para que la Sala conozca muy menudamente todo lo que cada noche huviere pasado, y remedie lo que conviniere». En teoría, el alcalde más antiguo tenía que informar diariamente al Presidente del Consejo de las incidencias ocurridas en el transcurso de la ronda nocturna de la madrugada anterior. En la práctica, este período se dilataba algo más, pues las notificaciones al Consejo se pasaban habitualmente una vez a la semana[362].

360. *Nueva Recopilación* II, 6, 20.
361. A.H.N., Consejos Suprimidos, Sala de Alcaldes, libro-año 1641, fol. 293.
362. *Nueva Recopilación* II, 6, 20.

Durante las rondas nocturnas, los alguaciles reconocían a cuantas personas transitaban las calles. Examinaban sus armas, y cuando encontraban algunas prohibidas, las incautaban y sus portadores eran detenidos en la cárcel. Sin embargo, con los caballeros y «personas de calidad» se procedía de modo distinto, pues hallados en idéntica falta, no eran conducidos directamente a la cárcel, sino que, trasladados ante el alcalde responsable de la ronda, éste disponía lo conveniente al caso.

Igualmente, a fin de favorecer la identificación de las personas por las patrullas nocturnas de alguaciles, la Sala de Alcaldes de Casa y Corte mandó pregonar en marzo del año 1620, que ninguna persona anduviese a caballo por la noche, pues ello dificultaba la identificación por la ronda. La referida prohibición entraba en vigor a las ocho de la tarde en invierno y en verano a las nueve[363].

En algún momento el Consejo Real estableció cierta prima para estimular la dedicación de los alguaciles y escribanos encargados de la vigilancia nocturna. En 1608 se depositaron en las escribanías de los alcaldes de Casa y Corte 100 ducados, procedentes de condenas, para premiar a los oficiales que efectuasen importantes detenciones de facinerosos[364].

Hacia 1643 las rondas nocturnas se repartían entre los alcaldes mediante un sistema rotatorio. Cada noche permanecían de guardia en Madrid dos alcaldes de Casa y Corte, y con cada uno de ellos: ocho alguaciles y un escribano. Pero el año 1655 ordenó el Consejo Real que todos los alcaldes rondasen cada noche en su distrito auxiliados por los alguaciles que tenían asignados. Estos ministros inferiores descansaban merced a la división de la plantilla en dos partes, una de las cuales rondaban una noche y la otra la siguiente[365].

Durante el reinado de Carlos II, Don Antonio de Sevil Santelices, a la sazón consejero real y presidente de la Sala de Alcaldes de Casa y Corte dio instrucciones para estructurar de forma muy detallada todo lo concerniente a las rondas nocturnas: «Siendo tan continuados y graves los delitos que estos días han sucedido en la Corte, reconociendo que ello lo ocasiona el excesivo número de gente ociosa y mal entretenida que hay en la Corte y que con lo largo de las noches de invierno, además del mal natural de algunos y la injuria de los tiempos por las necesidades que padecen muchos; para evitar los hurtos y capeamientos se ha tenido por conveniente mandar formar las rondas, que antes llamaban de Dragones y que estaban compuestas de cuatro alguaciles. En adelante fórmense con seis alguaciles y dos oficiales de la Sala, eligiendo los de mejor crédito, nombrando por cabo de cada una de ellas al alguacil que fuere de mayor experiencia y seguridad dándoles las órdenes convenientes para que con toda precisión las ejecuten sin ocasionar ningún motivo de queja ni exceso, pues al amparo de que serán recompensados según cumplieren con su obligación, se les castigará rigurosamente si faltaren a ella, aunque sea en cosa muy leve. Y estas rondas se han de compartir, de manera que cada noche salgan dos divididas por diferentes partes cada una compuesta de seis alguaciles y dos oficiales de la Sala y que estén a la orden del cabo» . Al mismo tiempo para hacer más

363. A.H.N., Consejos Suprimidos, Sala de Alcaldes, libro-año 1.620, fol. 149.

364. A.H.N., Consejos Suprimidos, Sala de Alcaldes, libro-año 1.608, fols. 347 y 348. Libro-año 1.610, fol. 347.

365. A.H.N., Consejos Suprimidos, Sala de Alcaldes, libro-año 1.655, fol. 306.

soportable el trabajo de los alguaciles se estableció un sistema rotativo de turnos, pero asegurando en cualquier caso la presencia de dos patrullas de ronda todas las noches. En cuanto al horario de ronda, éste se extendía desde media noche hasta el amanecer. Después, al llegar la mañana las patrullas entregaban en la Sala de Alcaldes el testimonio de sus actuaciones[366].

A principios del siglo XVIII el sistema de rondas estaba muy relajado. Corriendo el año 1704, existían dos rondas cada noche: una perteneciente a un alcalde y otra que corría a cargo de alguaciles. Pero el alcalde Juan Elezárraga nos ha informado de que entonces el sistema estaba ya «muy viciado, tanto porque los alguaciles no acudían, como porque algunos señores no salían»[367]. No obstante, el mismo alcalde nos ha aclarado que cuando había «delitos continuados de noche», se designaban dos alcaldes de ronda, uno que se encargaba de ella hasta la media noche y el otro a partir de entonces hasta el alba. Este último quedaba excusado de ir por la mañana a la Sala. Por aquellas fechas, los llamados barrios altos: Lavapiés y Rastro se vigilaban con especial cuidado y se aconsejaba a los alguaciles transitar por ellos en grupos algo más numerosos.

Existía una modalidad de ronda conocida con el nombre de parada, equiparable en cierta medida a los controles callejeros que realiza la policía en nuestro tiempo: «En estas rondas se reparten los ministros y están escondidos. Y el alcalde en su paraje y van llevándole los que pasan». Al parecer este procedimiento era de gran eficacia, pues evitaba que los delincuentes reconociesen la ronda desde lejos, como ocurría cuando andaba toda junta. Solían establecerse este tipo de controles en «las cuatro calles», Plazuela de Antón Martín, Mentidero, Plaza Mayor, Puerta de Guadalajara, Plazuela de la Cebada y Puerta Cerrada.

Las noches de víspera de toros, como la de San Juan y San Pedro, rondaban todos los alcaldes, cada uno por su cuartel. De igual manera se procedía en las demás fiestas grandes y luminarias. Pero debe indicarse que en las noches festivas no se hacían las rondas para reconocer gente, sino para «excusar inquietudes». En verano, se consideraba de gran interés la vigilancia de El Prado, «hacia la rondilla de San Gerónimo», y El Retiro, «porque se acogen muchos delincuentes»[368].

Pero no sólamente la capital del reino tenía organizadas las rondas, todas las ciudades importantes poseían un servicio de vigilancia nocturna. Desde 1510 los monarcas castellanos otorgaron diversas disposiciones a este respecto. En la fecha mencionada D. Fernando y Dña Juana dieron instrucciones a los presidentes y oidores de las Chancillerías para que eventualmente mandasen rondar a los alcaldes del Crimen y a las justicias ordinarias: «Porque para evitar los delitos que de noche se cometen, conviene que las nuestras justicias ronden: mandamos al nuestro Presidente, y Oidores, que quando pareciere que conviene, manden a los Alcaldes del Crimen, y a los Corregidores, y sus Tenientes que ronden de noche por las calles, así de la ciudad de Granada, como de la villa de Valladolid: de manera, que por falta, y diligencia de las dichas justicias no cese el castigo, y no se cometan más delitos»[369].

366. A.H.N., Consejos Suprimidos, Sala de Alcaldes, libro-año 1.678, fol. 33.

367. Noticias para el gobierno de la Sala, compuesto por el alcalde D. Juan Elezárraga el año 1704. A.H.N., Consejos Suprimidos, libro 1.173, fol. 7.

368. Noticias para el gobierno de la Sala, compuesto por el alcalde D. Juan Elezárraga el año 1704. A.H.N., Consejos Suprimidos, libro 1.173, fol. 7.

369. *Nueva Recopilación* IV, 23, 20.

Ciertamente, ninguna localidad llegó a tener unas rondas tan estructuradas y permanentes como la Corte; porque en fecha tan avanzada como la de 1624, Valladolid, que por aquel entonces la habitaban alrededor de 20.000 almas, cubría su vigilancia nocturna con un simple alguacil y un receptor[370]. Veinte años antes, estando instalada la capital en la ciudad del Pisuerga, el casco urbano se había dividido en seis cuarteles, los cuales eran patrullados diariamente por los alguaciles desde las siete de la tarde hasta las doce de la noche. De la composición de los cuarteles se nos informa en un auto de la Sala de Alcaldes del año 1604:

a) Primer Cuartel: Santa Clara, Huerta Perdida y San Pedro.
b) Segundo Cuartel: Palacio, Barrio Nuevo, San Miguel y San Agustín.
c) Tercer Cuartel: La Magdalena, La Iglesia Mayor, La Antigua y San Esteban.
d) Cuarto Cuartel: San Juan y San Andrés
e) Quinto Cuartel: La Plaza, San Salvador y Puerta de Teresa Gil.
f) Sexto Cuartel: Puerta del Campo y Santiago[371].

En Sevilla, como la primera instancia correspondía a la justicia ordinaria, y a la Audiencia de los Grados pertenecían sólo las apelaciones, las rondas nocturnas las efectuaban los ministros dependientes del corregidor, aunque eventualmente también intervinieron en ellas los alcaldes de la Audiencia. Esto ocurrió en el año 1639, en cuyo mes de enero el Regente escribió al Consejo Real y le expuso «que la ciudad estaba muy escandalizada e inquieta con muchos capeamientos que ocurrían cada noche, desnudando a los vecinos y entre ellos a personas de calidad que habían enviado a sus casas en calzones blancos y llegaban a hacer estos robos a coches de mujeres (...) y que aunque en anocheciendo no osaban los vecinos a salir de sus casas, tampoco en ellas estaban seguros, porque a las siete de la noche entraron a robar una casa, y en otra a las ocho de la mañana».

De la misma información se desprenden los motivos causantes de situación tan conflictiva. El origen de este problema residía en la «mucha gente que había acudido a Cádiz y a aquella ciudad a esperar la flota y galeones; y como no vinieron se hallaron necesitados y sin socorro y hacían estos delitos». A la vista de estas informaciones el Consejo Real mandó rondar a los alcaldes de la Audiencia hasta la llegada de los galeones, respetando a la ciudad en todo caso los privilegios concernientes a la primera instancia. Según parece, con esto no se instituyó ninguna novedad, pues anteriormente en ocasiones similares se había actuado de la misma forma. No obstante, contra esta resolución del Consejo alegó la ciudad la posesión de determinados privilegios. Pero el Consejo entendió que una provisión concedida en el año 1621 ordenaba a los alcaldes de la Audiencia no rondar, «mientras no se mandaba otra cosa, con que siempre quedó facultad para mandarlo cuando convenga, porque no sólo las provisiones, sino aún las ejecutorias, en materia de Gobierno no hacen cosa juzgada, sino que reciben alteración como convenga y el tiempo lo pida». «Demás que cuando tuviera privilegio absoluto de que nunca rondasen los alcaldes, cuando la observancia de un privilegio se hace nociva y redunda en gran perjuicio

370. A.R.Ch. de Valladolid, libro becerro de la Sala del Crimen de la Chancillería de Valladolid, libro-criminal caja 38-1, fol. 145.

de la quietud pública y seguridad de los vasallos de V.M., como en este caso, no debe guardarse».

Por tanto, el Consejo determinó que los alcaldes rondasen hasta la llegada de los galeones «con calidad que las causas que hicieren remitan la primera instancia al Asistente»[372]. Más tarde, tras una consulta celebrada con el Rey el Consejo Real se ratificó en sus instrucciones anteriores y ordenó que los alcaldes rondasen, pero que siempre remitiesen los presos y procesos que causasen a la justicia ordinaria. Finalmente, el 9 de mayo del mismo año, el Consejo, tras reconocer que las rondas efectuadas por los alcaldes de la Audiencia ya no eran necesarias, por encontrarse la ciudad «muy quieta y segura», mandó suspender la actividad de las patrullas nocturnas organizadas por la Audiencia de los Grados[373].

El crecimiento demográfico de la Corte y el gran aumento de visitantes preocupó a la Corona en el siglo XVII. Desde su punto de vista estos dos factores representaban un peligro considerable para el orden público. Por ello, Felipe III instituyó en 1604 que cada uno de los seis alcaldes de Casa y Corte visitase con la ayuda de sus alguaciles las posadas existentes en su cuartel y averiguase quién vivía en ellas, qué motivo había movido a sus huéspedes hasta la Corte y desde qué fecha se encontraban en Madrid. Estas visitas debían efectuarlas con una periodicidad mensual, anotando su resultado en un libro específico. Como en el Antiguo Régimen no se reconocía el derecho de las personas a circular libremente por el reino, quien estaba en la villa «sin justa causa, o mal entretenido, o huviere acabado el negocio a que vino, o el tiempo que se le señaló para él», le hacían salir de la Corte. Además, se obligaba a los dueños de las posadas a informar sobre la vida de sus huéspedes: «si salen de noche, si llevan mujeres a la posada, o tienen algún mal trato». Del mismo modo, con objeto de simplificar la labor de los alcaldes, se conminó a los hosteleros a registrar los nuevos clientes ante el alcalde o alguacil más próximo: «de manera, que no pueda entrar en la Corte persona de nuevo, que el Alcalde del cuartel no lo sepa, y a qué viene»[374].

En julio de 1618, el Presidente de Castilla, a la sazón el Arzobispo de Burgos, ordenó a la Sala de alcaldes de Casa y Corte visitar los distintos cuarteles de la Corte y registrar todos sus habitantes. En un libro reservado al efecto se inscribiría, «la calidad, el oficio, el modo y orden de vivir que tienen en la Corte, de dónde son naturales, qué tanto ha que viven y asisten en ella; si son casados o solteros...»[375]. Un año después, en 1619, la Sala mandó a todos los mesoneros de la Corte registrar en lo sucesivo a todos los huéspedes en el plazo máximo de seis días, bajo pena de cuatro años de destierro y 10.000 mrs. En 1624 se vuelven a censar por este sistema todos los vecinos[376].

La preocupación de los sucesivos monarcas por controlar la población transeúnte de la capital fue una tónica constante a lo largo del siglo XVII. Faltando pocos meses para su fallecimiento, Felipe IV escribía en junio de 1665 en respuesta a una consulta del Consejo de Castilla:

371. A.H.N., Consejos Suprimidos, Sala de Alcaldes, libro-año 1.604, fol. 272.
372. A.H.N., Consejos Suprimidos, leg. 7.155, n.º 3.
373. A.H.N, Consejos Suprimidos, leg. 7.155, n.º 39.
374. *Nueva Recopilación* II, 6, 20.
375. A.H.N., Consejos Suprimidos, Sala de Alcaldes, libro-año 1.618, fol. 56.
376. A. H. N., Consejos Suprimidos, Sala de Alcaldes, libro-año 1.623 y 1624, fol. 671.

«Al Consejo tengo mandado ponga particular cuidado en que tengan muy distintas y frecuentes noticias de las personas que entran en la Corte y se sepa de dónde son, qué negocios traen; y que se encargue a todos los puertos de estos reinos que las justicias inquieran lo mismo de los que pasan por ellos, y lo avisen precisamente. Y porque sin embargo de ello crece cada día más el exceso que en esto se experimenta con que se ve Madrid lleno de gente ociosa y mal entretenida a que es conveniente aplicar en todo caso remedio muy prompto y efectivo. Vuelvo a mandar se vele muy atentamente en que se observe muy puntualmente lo que en esto he resuelto. De manera que se consiga el tenerse individuales noticias de todos los forasteros que hoy se hallan aquí y qué negocios o ocupación tienen, de que se pondrá en mis manos relación por menor con toda brevedad. Y la misma diligencia se hará con los que vinieren de fuera por los medios y caminos que más puedan asegurar el logro de que yo me halle enterado de todo lo que en esto se ofreciere para poder prevenir lo que fuere conveniente. Y a las justicias de los puertos se repetirán las órdenes dadas con tal aprieto, que no puedan faltar al cumplimiento. Y de lo que se obrare se me dará luego cuenta»[377].

Entre las medidas de profilacia social tendentes a la reducción de la criminalidad en la Corte siempre ocupó un lugar destacado la persecución del vagabundeo y la ociosidad. En diversos momentos se pregonaron bandos por calles y plazas, ordenando el abandono de la capital para todos «los vagabundos y ociosos», bajo la pena de servicio en un presidio cerrado[378]. La repetición constante de tales bandos indica que su eficacia no debió ser completa. Sin embargo, su sola existencia supuso por sí misma un factor intimidatorio para la población marginal de la Corte. Aparte, de que estos bandos sirvieron también para nutrir los destacamentos militares del norte de Africa, donde las condiciones de vida eran bastante penosas.

En una sociedad como la castellana de los tiempos modernos, en la cual la práctica religiosa se asimilaba a la honradez y honestidad alcanzadas en grado sumo, vestirse de peregrino o romero suponía un excelente disfraz que disolvía las prevenciones y reservas de las víctimas. Al mismo tiempo este hábito evaporaba sospechas y allanaba escollos para cualquier forajido. De ahí el interés de la Corona por distinguir los auténticos peregrinos de los fingidos. Felipe II otorgó una pragmática en 1590, por la cual se prohibió a los castellanos «hazer las dichas romerías, si no fuere llevando licencia para ello de la justicia ordinaria del lugar donde fuere vecino». En esta licencia se hacía figurar el día de la solicitud, edad, y descripción identificativa del titular. En una cláusula de la misma, se apercibía al peregrino para que se dirigiera directamente a su destino, «sin divertirse del dicho camino pidiendo limosna, ni para otro efecto, si no fuere hasta quatro leguas del un cabo o del otro del dicho camino. Y demás de las dichas licencias, ayan de llevar y lleven dimisorias firmadas y selladas con la firma y sello del Prelado, en cuya Diócesi estuviere el lugar de donde fueren vezinos»[379].

En cuanto al uso y tenencia de armas, dado que la Corona no estaba en condiciones de garantizar la plena seguridad de todos los súbditos, y a fin de promover el espíritu castrense, se reconocía a todas las personas el derecho a poseer ciertas armas con las que defenderse de eventuales agresiones. En este sentido, los Reyes Católicos fueron quienes

377. A.H.N., Consejos Suprimidos, leg. 7.175, nº 59.
378. A.H.N., Consejos Suprimidos, Sala de Alcaldes, libro-año 1.678, fol. 15.
379. *Nueva Recopilación,* I, 12, 22.

practicaron una política más armamentista en cuanto a la población civil se refiere. Por una pragmática dada en Tarazona el año 1495 se dispuso que todos los súbditos poseyesen armas ofensivas y defensivas acordes al estado de cada uno. Únicamente los pobres «que conocidamente demandaban limosna para mantenerse» quedaron libres de esta obligación[380].

Carlos V entendió el derecho a la posesión de armas por parte de sus súbditos como el derecho de éstos a su autodefensa. Por eso limitó el tipo de armamento del que podían disponer y prohibió el de carácter agresivo y el que brindaba a su portador una clara ventaja sobre sus rivales. A este respecto, en el año 1523, Carlos V reguló la cuestión de la siguiente manera: «cada uno en nuestros Reinos y Señoríos pueda traer una espada y un puñal, excepto los nuevamente convertidos del Reyno de Granada, con tanto que los que así la traxeren no puedan traer acompañamiento de armas de más de dos o tres personas ni trayan las dichas armas en las mancebías, y que en la Corte no traya armas hombre de pie, ni mozos de espuelas, como está mandado»[381].

Poco tiempo después el propio Carlos V impidió a los transeúntes llevar armas por la noche si no portaban al mismo tiempo alguna luz encendida: «a causa de traer de noche las dichas armas, muchas personas rebuelven ruydos y questiones, y se cometen delitos, y suceden otros inconvenientes, queriéndolos evitar: Mandamos y declaramos, que persona alguna no pueda traer las armas contenidas en la dicha ley, de noche, después de tañida la campana de queda, en ningún lugar que sea, la qual se taña después de dadas las diez horas de la noche, y si después de tañida la campana a la dicha hora, persona alguna traxere las dichas armas, las aya perdido, y las nuestras justicias se las quiten, excepto si las tales personas llevaren hacha encendida»[382].

A su vez, Felipe II vedó las armas que no se llevaban manifiestamente. Así ordenó «que ninguna persona de qualquier estado, preeminencia, o calidad que sea no pueda traer, ni traiga daga, ni puñal, si no fuere trayendo espada juntamente, so pena que haya perdido y pierda la dicha daga o puñal, la qual aplicamos a la justicia que con ella le tomare»[383].

En cuanto a las armas de fuego, dada su especial peligrosidad, fueron objeto de un tratamiento más restrictivo. Los mismos Reyes Católicos prohibieron sacar este tipo de armas en el transcurso de alborotos urbanos, bajo la pena de pérdida de la mitad de los bienes y destierro perpetuo del lugar. Pero si el agresor matare con ellas a alguien, hiriere a alguna persona, o simplemente disparare se hacía acreedor de la pena capital y la Cámara le confiscaba un tercio de sus bienes[384].

La fabricación y tenencia de armas de fuego cortas fue objeto de la mayor preocupación entre los monarcas de los siglos XVI y XVII, pues no en vano eran armas eficaces y fáciles de ocultar. No obstante, a juzgar por la reiteración de las disposiciones, el grado de cumplimiento de estos mandatos debió ser mínimo. El primer monarca que las prohibió fue Felipe II en 1558. En la ley octava, título sexto del libro sexto de la *Nueva Reco-*

380. *Nueva Recopilación* VI, 6, 12.
381. *Nueva Recopilación* VI, 6, 4.
382. *Nueva Recopilación* VI, 6, 5.
383. *Nueva Recopilación* VI, 6, 10.
384. *Ordenamiento de Montalvo* VIII, 18, 51.

pilación se sanciona con la pérdida del armamento y multa de 10.000 mrs. a las personas que fabricasen o importasen armas de fuego, cuyo cañón midiera menos de cuatro palmos. Además por la ley duodécima, título sexto del libro sexto de la misma Recopilación, dada el año 1591 se previeron penas aún más severas para los súbditos que portasen este tipo de armas, aún cuando fuesen caminantes en tránsito.

Por su parte Felipe III por pragmática publicada el 2 de junio de 1618 incrementó las penas correspondientes a estos delitos. Acerca de los pistoletes dispuso este Rey «que el que los trajere o tirare con ellos en riñas o pendencias, aunque no mate ni hiera, incurra en pena de muerte y perdimiento de sus bienes, y sea tenido por alevoso; y el que le tuviere en su casa, aunque no le haya sacado a riña ni pendencia, por sólo hallársele incurra en pena de destierro del reino y confiscación de la mitad de sus bienes; y los oficiales que los labraren o aderezaren y no manifestaren y los mercaderes que los metieren y los vendieren incurran en pena de vergüenza pública y de seis años de galeras y perdimiento de la mitad de sus bienes aplicada la tercia parte de las penas pecuniarias al denunciador»[385].

Felipe IV en 1632, además de ratificar lo dispuesto por su padre al declarar alevosos a quienes portaren o usaren dichas armas, autorizó a las justicias ordinarias a proceder contra los inculpados en este tipo de delitos sin excepción de personas, quedando explícitamente afectados por la disposición los caballeros de las órdenes militares, capitanes, soldados, artilleros, criados de la Casa Real, oficiales titulados, familiares del Santo Oficio y demás exentos de la jurisdicción ordinaria[386].

Más tarde, en 1663 el propio Felipe IV mandó retirar estas armas. Desde tiempo atrás estaban prohibidas con carácter general, pero en virtud de ciertos alegatos un sin fin de personas había obtenido licencia real para poseerlas. El Soberano justificó esta medida con la razones siguientes: «las pistolas y arcabuces menores de una vara de medir y cuatro palmos de cañón turban la paz y quietud de los reinos, y los tienen sin sosiego ni seguridad, porque son armas traidoras que matan y ofenden seguramente y sin riesgo, y ponen en mucho peligro a todos». En estas fechas reconocía Felipe IV que la contravención de las leyes en esta materia era muy frecuente. Por causas muy leves se sacaban las armas referidas, y se lamentaba este Monarca de que su uso antecediera al de las espadas. «Cada día se cometen muchas muertes alevosas y tienen a esta nuestra Corte en grandes inquietudes y riesgos, debiendo estar sin ellos y más segura que los demás lugares, por ser fuente de justicia para todos y asistir la nuestra persona real». Y añade el Monarca «considerando que la puntual ejecución de estas leyes es precisa para la vida, concordia y sociedad común, en que consiste la duración de nuestros reinos y reconociendo que las licencias dadas a las Guardas de Castilla y a otros para llevar estas pistolas han sido el motivo de la contravención general de tan justas leyes, porque con el uso de las pistolas han obligado a los demás a llevarlas para su defensa, ordenamos y mandamos que se guarden las dichas leyes». Incluidas en esta disposición se declararon todas las personas, sin consideración de estado, calidad, dignidad, preeminencia u ocupación. Como se ha indicado, por ella se anularon todas las licencias concernientes al uso de estas armas. Pero en tal ocasión el Rey no se conformó con formular la prohibición y anunciar severas

385. A.H.N., Consejos Suprimidos, Sala de Alcaldes, libro-año 1.632, fols. 493 a 496.
386. A.H.N., Consejos Suprimidos, Sala de Alcaldes, libro-año 1.632, fols. 493 a 496.

penas para los contraventores de la norma. Esta vez, se ordenó la recogida del extenso arsenal existente. Los poseedores de dichas armas fueron conminados a inscribirlas en el plazo de diez días ante la justicia ordinaria. Después, el armamento recogido sirvió para pertrechar a los reales ejércitos[387].

No obstante lo anterior, el problema prosiguió planteado en iguales o similares términos durante el resto de siglo. Buena prueba de ello es que el contenido de la citada pragmática fue publicado en la Corte por medio de un bando fechado el 6 de febrero de 1685. Otra pragmática posterior del año 1687 volvió a ratificar su vigor y añadió que la persona aprehendida con estas armas fuera remitida a un presidio durante seis años si era noble, o se la condujese a galeras por el mismo período si era plebeya, «sin que juez ni tribunal pudiere arbitrar en ello, sino sólo ejecutar la pena». Aún en 1691, Carlos II hubo de recordar el contenido de estas disposiciones y anunció que los infractores incurrían en pena de privación de oficio, y quedaban desposeídos de los títulos honoríficos de la república e inhabilitados para el ejercicio de cargos oficiales. Por lo demás, los oficiales artesanos que los fabricaban incurrían en la sanción de seis años de galeras y doscientos azotes. El Rey Hechizado, para evitar la continuación de estos usos, previó la realización de inspecciones mensuales en las tiendas de los arcabuceros y autorizó la ejecución de la pena con el único requisito de aportar «la fe del escribano que dé cuenta de cómo ha sido aprehendido el reo en posesión del arma prohibida»[388].

A juzgar por las licencias de armas concedidas en la segunda década del siglo XVIII a visitadores, guardas de las reales rentas, ministros y oficiales del asiento de la pólvora, visitadores y guardas de las sisas y millones, etc., mucho nos tememos que el problema trascendió ampliamente los límites cronológicos de la Dinastía Austriaca, sin que tampoco los Borbones acertasen a hallar medidas más vigorosas para atajarlo[389].

Pero la inseguridad para las personas no procedía únicamente de las armas de fuego. En el siglo XVII se afianzó entre los castellanos la costumbre de usar vainas especiales para las espadas. Unos las utilizaban abiertas y otros con agujas incrustadas en su extremo. Igualmente se convirtió en moda por aquellas fechas la sustitución de la daga por cuchillos acanalados. Tales innovaciones en la hechura de las vainas permitían a los poseedores de las mismas herir al rival sin necesidad de sacar el arma de su funda. En cuanto a la acanaladura de la hoja de los puñales, agravaba la peligrosidad de las heridas. Ambos ingenios hubieron de ser reiteradamente prohibidos por la Corona[390].

El estilo tradicional entre los castellanos de acudir armados a todas las actividades cotidianas, favoreció la proliferación de altercados y pendencias callejeras, que a menudo se saldaban con la muerte de algunos participantes. Para la resolución de pequeños contenciosos surgidos al hilo de una conversación se recurría con demasiada frecuencia a las armas. De ahí que la Sala de Alcaldes de Casa y Corte se viese en la necesidad de anunciar despiadadas penas contra quien hiciese uso de sus armas sin causa justificada. En 1636 mandó pregonar este tribunal que ninguna persona echase mano a la espada, daga,

387. A.H.N., Consejos Suprimidos, Sala de Alcaldes, libro-año 1663, fol. 272.
388. A.H.N., Consejos Suprimidos, libro-año 1.510, n.º 11.
389. A.H.N., Consejos Suprimidos, libro 1.475, fols. 345, 350 y 354.
390. A.H.N., Consejos Suprimidos, libro-año 1.633, fol. 340; libro-año 1.634, fol. 328; libro-año 1.639, fol. 119; libro-año 1.641, fol. 168; libro-año 1.679, fol. 96; libro-año, 1.680, fol. 250.
391. A.H.N., Consejos Suprimidos, Sala de Alcaldes, libro-año 1.636, fol. 268.

cuchillo, puñal o alfanje bajo pena de 200 ducados para la Cámara y cuatro años de destierro si fuere noble, o vergüenza pública, clavar la mano y cuatro años de galeras si fuere plebeyo[391].

B) Los medios al Servicio de la Investigación de los Delitos y Procedimientos de Depuración de las Responsabilidades de los Reos

La investigación de los delitos pertenecía a los jueces. Pero, en la práctica, las averiguaciones las efectuaban casi siempre oficiales subalternos: los alguaciles. Eran los alguaciles ministros auxiliares de las justicias, cuya misión consistía en prender a los delincuentes, hacer ejecuciones y cobranzas, y rondar las calles para cortar escándalos y evitar la comisión de delitos. Enterados de la perpetración de alguna infracción, la denunciaban al juez competente. Igualmente, tenían confiada la salvaguarda del orden público en las grandes aglomeraciones de masas: procesiones, festejos taurinos, etc. Actuaban como fieles de los abastos. Esto es, vigilaban la exactitud de los pesos despachados en el mercado, el estado de conservación de los productos, y aseguraban las ventas a los precios fijados por la tasa. Su signo distintivo era una vara de palo. No podían usarla de junco, pues si así fuera podrían enroscarla fácilmente y ocultarla.

Entre los funcionarios más fácilmente corruptibles, deben ser citados en lugar destacado los alguaciles. Todos los testimonios apuntan a una generalización en ellos de las prácticas abusivas. Castillo de Bovadilla escribió acerca de sus excesos: «En las rondas que de noche hazen los alguaciles adviertan mucho de no usar lo que algunos malos han hecho, que es, topando algunas veces personas con armas, adelantarse, y poner ellos o sus criados mano a las espadas, y obligar a las tales personas a que sobresaltados hagan lo mismo para defenderse, entendiendo que los quieren matar, y no conociendo la justicia, hasta que en el discurso con sus aclamaciones pidiendo favor a la justicia, los reconocen, a los quales prenden y calumnian, testificando contra ellos que se resistieron, por llevarles las armas, y la pena de la ley, no aviéndoles passado tal por el pensamiento: y esto es maldad digna de gran castigo contra los alguaziles que lo hazen, o consienten»[392].

De los cargos formulados por los visitadores contra los alguaciles se desprende la enorme propagación de otras demasías en las que incurrían estos ministros. Entre todas ellas sobresalen la administración de palizas y malos tratos a los detenidos, los abusos sexuales con las mujeres detenidas, cohechos pactados con delincuentes, a los cuales no detenían por recibir de ellos recompensas económicas.

Cuando ejercían como fieles de los abastos llevaban productos a crédito de las tiendas y la realidad es que no los pagaban nunca, pues si al comerciante se le ocurría reclamar el cobro, recibía del alguacil un sin fin de amenazas y vejaciones.

Como no se reconocía la inviolabilidad de los domicilios y las garantías jurídicas de los súbditos eran ciertamente precarias, entraban reiteradamente en algunas viviendas sin otro propósito que el de molestar a sus moradores.

392. Castillo de Bovadilla, J.: *Política para corregidores y señores de vasallos*. Madrid, 1978. I, 13, 58.

Otro de sus desafueros consistía en asistir al examen de los testigos presentados por ellos mismos para probar sus denuncias. Ello, pese a corresponderles parte en las condenas que se ejecutasen en tales delincuentes.

Del mismo modo, cuando los jueces condenaban a tormento a algún reo, éste se ejecutaba en presencia del alguacil denunciador. Como tenían interés en el resultado del juicio, a veces, se enconaban con el presunto delincuente y le maltrataban en presencia del juez. Le metían la vara por la boca y las narices.

A todo ello han de añadirse otras infraciones de similar naturaleza, como detenciones ilegales y aplicación privada de torturas en establecimientos ajenos a la cárcel.

Dados los criterios de patrimonialización de los oficios, imperantes en la época no todos los alguaciles servían la vara personalmente. Eventualmente el titular de la misma alcanzaba licencia del Monarca para desempeñar su cargo a través de un sustituto, bien porque el propietario fuese persona inhábil —viuda, menor, etc.—, bien porque se hallase incapacitado, viejo o enfermo. En 1648, el 74% de los alguaciles de Corte desempeñaban el cargo personalmente, el 23% ostentaban la vara en régimen de arrendamiento, y el 3% eran sustitutos[393]. Aunque en 1626 y en 1632 se habían prohibido los arrendamientos de alguacilazgos, la medida nunca llegó a ser efectiva.

Las varas de alguacil fueron uno de los pocos oficios de justicia que fueron objeto de venta por parte de la Corona. En 1644, Florián González pagó al Rey 884.000 mrs. para convertirse en alguacil de Corte. Por aquel entonces estos oficios eran bienes en alza. En cuatro años su precio había experimentado un incremento próximo al 18%. Francisco Ordóñez entregó a la Real Hacienda, en 1640, 750.000 mrs. para tomar posesión de una vara de Corte[394]. Según se indica en su título de propiedad, la quitación anual del cargo eran 30.000 mrs. Aparte se percibían otras cantidades correspondientes a derechos derivados de los actos en los que se interviniese. Como la cantidad pagada a la Corona era alta y los emolumentos fijos percibidos anualmente eran relativamente bajos, el único medio de rentabilizar la inversión se cifraba en el cobro de derechos por ejecuciones, detenciones, etc. Este sistema de remuneración condujo a los alguaciles a inclinarse en sus preferencias por los asuntos civiles en perjuicio de los criminales, pues encargándose de ellos obtenían mejores ingresos con mayor comodidad y menor riesgo de sus personas. Para evitar que los asuntos criminales quedaran totalmente relegados por la falta de interés, la Sala de Alcaldes nombraba anualmente siete u ocho alguaciles entre la plantilla de la Corte, a los cuales les asignaba con carácter exclusivo la materia penal.

En consonancia con la naturaleza patrimonial de los oficios, éstos podían ser traspasados a terceros, ya fuera por vía hereditaria o por pago al titular de un precio a convenir. En ambos casos era preceptiva la autorización del Monarca, el cual otorgaba su consentimiento a través de la Cámara de Castilla. Un caso notable de solicitud para trasferir una vara de alguacil de Corte, lo representó Diego Velázquez, pintor de Cámara de Felipe IV. El autor de «Las Meninas» obtuvo del Rey la merced para traspasar su vara. Pero, como

393. A.H.N., Consejos Suprimidos, Sala de Alcaldes, libro-año 1.648, sin fol.

394. A.H.N., Consejos Suprimidos, Sala de Alcaldes, libro-año 1.640, fol. 244; y libro-año 1.644, fol. 465.

por una de las condiciones de la concesión del servicio de millones se prohibían tales cesiones, hubo de suplicar la venia de las Cortes[395].

Además de los alguaciles de Corte existían otros tipos de alguaciles: alguaciles de las Audiencias y Chancillerías, alguaciles de los Corregidores y justicias ordinarias, alguaciles del campo —en la Corte y Chancillerías—, alguaciles de vagabundos, alguaciles ejecutores, alguaciles de las comedias y alguaciles de comisión. Desde la promulgación de las ordenanzas de Medina del Campo, en el año 1489, las Chancillerías de Valladolid y Granada estuvieron dotadas con un alguacil mayor cada una, cuyo nombramiento correspondía al Rey[396]. Este puesto estuvo frecuentemente en manos de personalidades que no lo ejercieron personalmente, sino por medio de tenientes. Tal sucedió mientras D. Rodrigo Calderón ostentó el alguacilazgo de la Chancillería de Valladolid.

De igual forma, algunas ciudades de cierta entidad contaban con un alguacil mayor en su plantilla de funcionarios[397]. En la capital el número de alguaciles de Corte sobrepasó muchas veces el centenar. En 1648, había en Madrid 146 alguaciles de Corte nombrados[398]. Esta cantidad siempre se consideró excesiva y las Cortes pugnaron durante todo el siglo XVII para que se redujeran a 60. Incluso, alguna vez consiguieron que esta reducción figurara entre las condiciones del servicio de millones[399]. Sin embargo, nunca se alcanzó este objetivo, y, cuando se hicieron intentos serios orientados en este sentido, las penurias económicas de la Real Hacienda acabaron por convertirse en obstáculos insalvables. Tras el pleito litigado por siete alguaciles de Corte reformados, en 1663 el Consejo Real concedió, mediante fallo judicial, un plazo de dos años a la Real Hacienda para indemnizar a los ministros afectados por una reducción de la plantilla. Al vencer dicho plazo, éstos oficiales hubieron de ser restituidos en sus puestos, pues el fisco no pudo, o no quiso, hacer frente a las compensaciones correspondientes.

En Madrid, además de los alguaciles de Corte que actuaban bajo las órdenes de la Sala de Alcaldes, había varios alguaciles de la Villa al servicio del Corregidor. En 1569 el Corregidor podía nombrar tres de ellos y uno más para el campo. En 1619, por auto acordado del Consejo el número de los autorizados se amplió hasta 42, pero dos años después otro auto del Consejo limitó la cifra a 20[400]. No obstante, a mediados de siglo se aprecia una tendencia en orden al aumento general de la burocracia en todos los niveles, sin que los inferiores constituyeran una excepción. Así, en 1648, el fiscal del Consejo Real se quejaba de que, no pudiendo nombrar el Corregidor más de 15 alguaciles de la Villa y 14 de las parroquias, había nombrado para estos cometidos más de 80 personas[401].

En julio de 1641 se crearon 100 plazas de alguaciles ejecutores para atender las comisiones de todos los Consejos, Juntas y Sala de Alcaldes, salvo las concernientes al

395. *Actas de las Cortes de Castilla.* Cortes de Madrid de 1.633. Madrid, 1874 a 1974. T. LV, p. 20.
396. *Nueva Recopilación* IV, 23, 1.
397. Citemos a título de ejemplo las ciudades de Plasencia y Requena. A.G.S., Cámara de Castilla, leg. 2.771, fols. 1.015 y 1.016; y leg. 2.777, sin fol.
398. A.H.N., Consejos Suprimidos, Sala de Alcaldes, libro-año 1.648, sin fol.
399. *Actas de las Cortes de Castilla.* Cortes de Madrid de 1.632. Madrid, 18.741-1988. T. L, pp. 143 y 144.
400. *Nueva Recopilación.* Autos Acordados del Consejo. Auto LVI, de 8 de julio de 1.569, y Auto CCIX, de 23 de septiembre de 1.621. También A.H.N., Consejos Suprimidos, Sala de Alcaldes, libro-año 1.619-20, fol. 160.
401. A.H.N., Consejos Suprimidos, Sala de Alcaldes, libro-año 1.648, fol. 135.

Consejo de Hacienda, en las cuales se excluyó lo tocante a asentistas y cobro de consignaciones . Estos oficios se instituyeron con la calidad de perpetuos por juro de heredad. No eran confiscables y podían ser vinculados, aunque fuera en perjuicio de tercero[402].

El orden público en los corrales de comedias lo asistían alguaciles especiales, los llamados alguaciles de las comedias. Su jurisdicción se circunscribía estrictamente al recinto de espectáculo[403]. En los núcleos urbanos importantes, la Corona erigió la figura del alguacil de vagabundos, cuyo salario se libraba sobre las condenas de penas de cámara y gastos de justicia. Su nombramiento correspondía a los Corregidores, pero las oligarquías municipales pretendieron participar en su designación a través de la intervención de los regidores. Las Cortes de Madrid de 1583-1585 representaron al Soberano: «Vuestra Majestad ha mandado crear y añadir en las ciudades y villas un alguacil de vagabundos (...), y el nombramiento de él está a cargo de los corregidores y lo dan y provehen a sus propios criados y personas forasteras que no conocen la tierra ni gente de ella, ni tienen noticia de tales vagabundos ni de las partes donde se acogen; y demás de esto, como el salario es poco, se ocupan en otras cosas y no atienden con la diligencia que deben a las del dicho cargo y oficio, con lo cual los vagabundos andan tan libres y valdíos como antes, sin castigo ni temor alguno». La solución propuesta por las Cortes planteaba «que la dicha vara y oficio la provean justicia y regidores de la ciudad o villa donde lo hubiere de haber, juntamente y en persona que sea natural y conozca la gente y los vagabundos que hubiere». Sin embargo, el Monarca no aceptó la sugerencia, pues no en vano la misma suponía una descentralización de poderes en beneficio de las ciudades: «A esto responde el Rey que no conviene hacer novedad y mandará advertir a los corregidores tengan la mano para que las personas sean de satisfación, y mucha cuenta con que hagan sus oficios como deben»[404].

Por debajo de los alguaciles aún había otros ministros subalternos, eran los porteros, los cuales ayudaban a los alguaciles en todas las funciones propias de su cargo, rondas, etc. No obstante, el aparato judicial contaba también con otros complementos fructuosos en la lucha contra el delito. Nos estamos refiriendo a los confidentes. Tomás y Valiente ha escrito sobre ellos:

> «Se hace preciso aludir de nuevo a otro importante elemento personal del sistema represivo penal, a un odioso personaje, tan odioso como eficaz: me refiero a los «soplones», «malsines» o delatores. También ellos, como dije, solían tener parte en las penas pecuniarias impuestas a los delincuentes por ellos denunciados»[405].

Entre los consejos de Castillo de Bovadilla a los corregidores puede leerse: «Para mejor saber quienes viven mal en la República, y en la provincia y distrito, tenga el Corregidor personas de secreto, demás de los Alguaciles, que le avisen y denuncien los delitos, y anden en espía y azecho de los ociosos y vagabundos, y aún de lo que se hace por las plaças y por los oficiales mecánicos y por otras personas particulares»[406].

402. A.H.N., Consejos Suprimidos, Sala de Alcaldes, libro-año, 1.642, fol. 468.

403. A.H.N., Consejos Suprimidos, Sala de Alcaldes, libro-año 1.650, fol. 288.

404. *Actas de las Cortes de Castilla.* Cortes de Madrid de 1.583-1.585. Madrid, 1.874-1.988. Pet. III. T. VII, p. 791.

405. TOMÁS Y VALIENTE, F.: *El Derecho Penal de la Monarquía Absoluta*. Madrid, 1969. pp. 168 y 169.

406. CASTILLO DE BOVADILLA, J.: *Política para corregidores y señores de vasallos*. Madrid, 1978. II, 13, 61.

¿Quiénes eran estos confidentes, a qué estrato social pertenecían? Las justicias reclutaban el núcleo de informadores entre personas pertenecientes a los bajos fondos, no pocas veces se trataba de hampones a los cuales se les consentían modos irregulares de vida. A este respecto nos parece especialmente esclarecedora la opinión de Tomás y Valiente:

> «Por mi parte, antes de escandalizarme con la contemplación de los ruines comportamientos que estamos describiendo, o con la defensa y aún la instigación legal de tan mezquinos intereses, pienso en los modos de actuar de la policía de cualquier país de nuestros días. ¿No cuentan los investigadores policíacos con sus confidentes profesionales? ¿No los reclutan precisamente, como es lógico, entre el hampa de cada gran ciudad? ¿No los premian con una tolerancia o benevolencia discretas cuando llega el caso? ¿No existen todavía premios en dinero o en especie para los denunciadores de determinados delitos, tales como el tráfico ilegal de ciertos productos? Acaso nuestro tiempo haya sabido cubrir con mayor disimulo estas operaciones ingratas pero reales; sin embargo sería ingenuo mantener una visión simplista según la cual el mundo del crimen y el de los perseguidores del mismo están o han estado separados por insalvables fronteras, como en alguna simplista novela de «buenos y malos», En la realidad tales fronteras o no existen o son muy permeables y permiten constantes fenómenos de ósmosis»[407].

Uno de los mejores mecanismos concebidos por la Corona para estimular la represión mutua de los súbditos fue la protección de los denunciantes. Se admitía la delación del cómplice de un delito o la de alguno de los autores principales. En tales supuestos se premiaba la acusación no sólo con la entrega de una parte de la condena pecuniaria, sino con una minoración de la pena que había de imponerse al delincuente delator, o incluso con una liberación total de la misma[408].

Cuando los delitos eran muy graves las justicias solían ofrecer una recompensa económica para las personas que revelasen la identidad del delincuente. «Y si el delito fuese atroz y calificado, puede el Corregidor mandar pregonar algún premio al que manifestare al delincuente, y pagarlo de gastos de justicia (...) y apercibir así mismo por el pregón que nadie le recepte ni tenga en su casa so graves penas»[409]. Una noche del año 1695 unos desconocidos desvalijaron el correo de Aragón en los alrededores de Madrid. Como no se pudo averiguar quiénes «fueron los agresores y perpetradores de este delito», la Sala de Alcaldes mandó publicar bando para que «cualquier persona que descubriese los agresores deste crimen y los pusiere (o algunos de ellos) en parte donde se pueda prender, se le darán por Su Majestad 1.000 doblones de a dos escudos de oro, luego que se haya ejecutado. Y así mismo a cualquiera de los cómplices en él, como no sea el mandatario y reo principal, que lo descubriere se le ofrece el perdón. Y para que con mayor seguridad lo pueda hacer, no se le descubrirá ni manifestará su delación»[410].

407. Tomás y Valiente, F.: *El Derecho Penal de la Monarquía Absoluta*. Madrid, 1969. pp. 169 y 170.
408. Tomás y Valiente, F.: *El Derecho Penal de la Monarquía Absoluta*. Madrid, 1969. p. 169
409. Castillo de Bovadilla, J.: *Política para corregidores y señores de vasallos*. Madrid, 1978. III, 15, 92.
410. A.H.N., Consejos Suprimidos, Sala de Alcaldes, libro-año 1.695, fol. 389.

Ya nos hemos referido a los jueces al describir los diferentes órganos de la administración de justicia. Pero detengámonos un momento para informar de algunas características generales, comunes a todos ellos. En Castilla, los reyes se negaron sistemáticamente a vender oficios de justicia, excepción hecha de ministerios inferiores como pudieran ser los alguacilazgos.

Si hemos de hacer caso de las opiniones vertidas en la literatura acerca del personal al servicio de la administración de justicia, la impresión que percibimos es ciertamente negativa. En este sentido Quevedo destacó entre los demás autores por sus acerbadas críticas a los juzgadores y a sus subordinados. En el desarrollo de la *Vida del Buscón*, hace decir al padre de Pablos que los jueces y alguaciles aborrecen a los ladrones «porque donde están no quisieran que hubiera otros del mismo género sino ellos»[411].

Desde una perspectiva teórica el oficio de juez sólo lo podían desempeñar personas cuya rectitud y formación estuviera fuera de toda duda[412]. En los pleitos criminales el juez que sentenciaba de forma maliciosa y condenaba a un inocente, recibía en su propio cuerpo la pena correspondiente al delito juzgado. Tratándose de la pena capital cabía el perdón real, pero en todo caso se le aplicaba la nota de infamia, el destierro y la confiscación de bienes[413].

A pesar de lo expuesto, en la *Hora de Todos* los miembros del tribunal deliberan antes de emitir la sentencia. De los cinco jueces, uno solo es docto y virtuoso; junto a él un magistrado maldito discurre la manera de perjudicar a las dos partes, otro incapaz está dispuesto a sentenciar a la buena de Dios; un cuarto física y mentalmente incapacitado dormita durante la relación de la causa, y el quinto, poseído por la mala justicia, contra la cual previene la ley de las Partidas, y comprometido en el resultado de la contienda, extrema sus recursos de captación hasta atraer a su partido al dormido, al tonto y al malvado. Similares alusiones sobre los defectos de los jueces, salpican los *Sueños* y la poesía satírica de Quevedo.

No obstante, hasta donde nosotros conocemos, los jueces eran los miembros de la administración judicial menos afectados por la corrupción general imperante. Sus excesos radicaban generalmente en el interés derivado para ellos de la imposición de penas pecuniarias. Eventualmente pecaban de rigurosos para condenar a gran cantidad de reos y con ello ganar la fama que les facilitase el ascenso. Un vicio muy extendido entre ellos, consistía en cobrar para sí un porcentaje de las penas pecuniarias, superior al legalmente establecido.

Por otra parte, también era muy común la anteposición de las causas en las cuales se presumía la imposición de sanciones económicas. Otras veces toleraban las irregularidades de sus ministros auxiliares, tales como el cobro de derechos abusivos o la presencia de los alguaciles durante la toma de confesiones a detenidos denunciados por ellos mismos.

411. QUEVEDO Y VILLEGAS, F. de: *La Vida del Buscón*. Ed. de F. Lázaro Carreter. Salamanca, 1980. pp. 18 y 19.
412. *Partidas* II, 9 y 18.
413. *Partidas*, III, 22 y 25.

Contra lo dispuesto en las leyes se dejaban regalar por personas con perspectivas de verse implicados en contiendas judiciales. Además, la primera medida que adoptaban los corregidores y gobernadores tras tomar posesión de sus cargos, era alquilar por el tiempo de su mandato las varas de sus tenientes, alcaldes mayores, alguaciles y carceleros. En razón de esto se despreocupaban de nombrar como auxiliares a las personas de mayor ciencia y conciencia, sino a quienes ofrecían cantidades más abultadas por los oficios:

> «Como en la Corte y fuera de ella, hay muchos muertos de hambre con título y hábito de letrados que no encuentran en qué ganar de comer, huelgan aceptar estos oficios con cualquier gravamen con tal de que les den campo para poder robar para sustentarse y pagar lo concertado. Como los corregidores y gobernadores están prendados de ellos, no les van a la mano»[414].

Desde el *Espéculo* hasta la *Novísima Recopilación*, cuatro impedimentos físicos y uno mental inhabilitaron para el ejercicio de la judicatura: la ceguera, la sordera, la mudez, la incapacidad física por enfermedad crónica y la enfermedad mental[415]. Las mujeres no podían ejercer oficios judiciales, salvo en el caso de reinas y señoras de vasallos que al heredar el trono o convertirse en titulares de señoríos se hacían cargo de la jurisdicción real o señorial, y por tanto asumían el deber de juzgar.

En cuanto a la edad exigida a los jueces, ésta variaba en función del nivel de estudios poseído por el magistrado. Si el magistrado era letrado, se exigió desde los tiempos de los Reyes Católicos tener cumplidos por lo menos 26 años. Pero esta edad quedaba reducida a 20 años cuando el juzgador era de «capa y espada».

La complejidad del Derecho Común y el importante avance registrado por éste a lo largo del siglo XVI obligará a los jueces a dotarse de una formación técnica específica, apareciendo la titulación universitaria como una necesidad perentoria. No obstante, esta titulación no se exigirá en oficios en los cuales las funciones judiciales queden en segundo plano respecto a la faceta política o militar del mismo. En las designaciones de personas para estos cargos, la Corona prefería tener más en cuenta otras cualidades más necesarias para el empleo que las dotes jurídicas: aptitud de mando y organización, firmeza y fidelidad, agudeza política, etc. Tampoco se exigía formación a los alcaldes ordinarios de villas y aldeas, los cuales fallaban pleitos de escasa entidad.

Un hito importante, en lo que se refiere a la exigencia de titulación en los jueces, lo constituyó la pragmática de Barcelona de 1493. Por medio de ella se advirtió a los rectores, doctores y estudiantes de los Estudios Generales de Salamanca y Valladolid que no serían nombrados para oficio de justicia quienes no hubieran estudiado leyes canónicas y civiles durante al menos 10 años[416]. La Pragmática respondía a una realidad de aquel tiempo como era la existencia de un mayor número de jueces letrados, pero al fijar en

414. «Sumaria relación de los abusos que hay en los gobernadores, corregidores, regidores, escribanos y otros ministros de justicia. Aviso de los remedios que puede haber para que haya buen gobierno en el reino. Año 1.555». A.G.S., Cámara de Castilla, leg. 2.763, sin fol.

415. *Espéculo* IV, 3, 1; *Partidas* III, 4, 4; *Ordenamiento de Alcalá* XXXII, 42; *Nueva Recopilación* III, 9, 7; *Novísima Recopilación* XI, 1, 4.

416. *Libro de las Bulas y Pragmáticas de Juan Ramírez*, fol. 118.

diez años el período de estudio introdujo una cierta exageración, pues en menor tiempo se podía obtener el más alto grado académico: el doctorado. En consecuencia esta ley que conculcaba el principio de proporción con la realidad, se incumplió con bastante frecuencia. Lo cual hubo de ser denunciado en las Cortes de Toledo de 1525[417]. Por otra parte, la pragmática de Barcelona de 1493 no resolvía totalmente el problema de la formación de los jueces, pues los estudios universitarios se limitaban al derecho común, y su cumplimiento no garantizaba conocer el Derecho Real que emanaba de la actividad legisladora de la monarquía. Para superar esta contradicción, la Corona ordenó en las Leyes de Toro que los letrados entendiesen con carácter principal en las leyes del Reino[418].

Los fiscales cumplían en el sistema judicial del Antiguo Régimen un papel distinto al desempeñado en la actualidad por el Ministerio Público. Desde la época de las Partidas el Fiscal fue, ante todo, el representante de los intereses económicos del Fisco en los juicios[419]. En consonancia con lo anterior, sólamente en los tribunales superiores existía el oficio de fiscal como cargo permanente. Las justicias inferiores no tenían fiscal; pero cuando la intervención de éste se hacía necesaria para el desarrollo de un proceso, nombraban a una persona que desempeñaba este cometido. Para designar a los nombrados ocasionalmente por los jueces inferiores se usó la denominación de promotor fiscal. Del carácter secundario del oficio da idea el hecho de que los nombrados como promotores fiscales no solían ser profesionales de gran cualificación. Las más de las veces el título recaía en un alguacil que ya estaba al servicio del juez que efectuaba el nombramiento[420].

Como hemos indicado, en principio el fiscal sólo intervenía en procesos de cuya resolución cabía esperar alguna repercusión para la cámara del Rey, ya se produjera ésta a través de la imposición de penas pecuniarias o confiscaciones de bienes subsiguientes a la ejecución de sentencias judiciales. De hecho, el fiscal sólo podía denunciar precediendo delación de un particular o de oficio del juez. En la Edad Moderna, lo más usual es encontrar al fiscal actuando al lado de la acusación particular. Sin embargo, siguiendo lo indicado en su día por Paz Alonso, poco a poco, «a medida que se va configurando la actividad del fiscal en el proceso como representante de la acción pública derivada del delito —y no sólo de los castigados con la pena pecuniaria—, el fiscal actúa en todos los procesos, al tiempo que se asiste a una decadencia de las acusaciones particulares. El resultado final del proceso es la Real Cédula dada el 8 de Noviembre de 1787: «en las (causas criminales) que haya acusación pública, es parte el Fiscal de S.M., y debe pedir y promover la administración de justicia... aunque dicha acusación se siga entre partes, y no de oficio, o sea incidente de otra causa principal... cuya regla quiere S.M. se observe en todos los casos de igual naturaleza, para que no se confundan las acciones privadas con las públicas»[421].

417. *Cortes de los Antiguos Reinos de León y Castilla.* Cortes de Toledo de 1525. T. IV. Pet. VII.

418. *Leyes de Toro* II; *Nueva Recopilación* II, 1, 4.

419. VILLAPALOS SALAS, G.: *Los recursos contra los actos de gobierno en la Baja Edad Media. Su evolución histórica en el Reino Castellano (1254 a 1504).* Madrid, 1976. pp. 239 a 244.

420. ALONSO, Mª P.: *El proceso penal en Castilla (siglos XIII a XVIII).* Salamanca, 1982. pp. 146 a 157.

421. ALONSO, Mª P.: *El proceso penal en Castilla (siglos XIII a XVIII).* Salamanca, 1982. p. 153.

En relación con posibles irregularidades cometidas por los fiscales, las visitas efectuadas a los distintos Consejos y Chancillerías no aportan mucha información al respecto. Si acaso, esta documentación alude de forma más o menos sistemática a negligencias en las actuaciones de los fiscales, lo cual había repercutido negativamente en la Real Hacienda. Únicamente ha de señalarse el caso de D. Gregorio Tobar, fiscal de la Chancillería de Valladolid, entre los sancionados en estas inspecciones. Pero en esta ocasión la razón del castigo no tuvo relación con el ejercicio profesional, sino con el mal ejemplo resultante del trato deshonesto mantenido con tres mujeres distintas[422].

Los abogados eran los peritos en derecho que llevaban la parte técnica del juicio, asesorando a las partes o a sus procuradores y realizando escritos, alegaciones e informaciones en favor de los intereses de éstas. Dña Isabel y D. Fernando ordenaron que nadie ejerciera de abogado sin aprobar previamente el examen e inscribirse en la matrícula correspondiente. Dicho examen se efectuaba ante el Consejo de Castilla, las Audiencias o las justicias inferiores, según el tribunal ante el cual pretendiese defender el aspirante[423].

Los defensores cobraban sus honorarios de las partes según la distribución que en la sentencia se hiciese de las costas. En pleitos criminales los abogados de los Consejos y de las Chancillerías no podían cobrar de minuta más de 30.000 mrs. Si el litigio se celebraba ante otro tribunal la tarifa máxima autorizada no podía exceder de 15.000 mrs. Por las cantidades indicadas, los abogados estaban obligados a llevar la defensa hasta el fenecimiento de la causa[424].

En los tribunales supremos existían abogados, llamados de pobres, cuya ocupación consistía en preservar el derecho de los humildes en sus contenciosos. Generalmente estos profesionales percibían sus salarios anuales con cargo a gastos de justicia. Desde el reinado de los Reyes Católicos los abogados con residencia en lugares donde no existía abogado de pobres hubieron de interceder gratuitamente por las personas carentes de recursos. Podía pleitear por pobre quien poseyese menos de 3.000 mrs. de hacienda. Cantidad ésta que las Cortes de Valladolid del año 1542 intentaron elevar a 20.000 mrs.[425].

A su vez, el procurador era el representante de la parte que lo había designado, haciendo en su nombre todas las solicitudes, peticiones, presentación de escritos y demás actuaciones. Para ello se valía de la ayuda del abogado, el cual le asesoraba y por lo general le confeccionaba los escritos que más tarde presentaría el procurador[426].

En los tribunales superiores el nombramiento de procurador estaba preceptuado por ley para todos los litigantes, y como en el caso de los abogados un procurador de pobres se encargaba de ayudar a los indigentes. Las procuraciones ante los tribunales se encontraron entre los oficios reales vendidos por la Corona. Margarita Cuartas nos ha dejado constancia de la venta de varios cientos de ellas ya en el siglo XVI. Concretamente entre 1557 y 1584 se enajenaron 407 de estas plazas, las cuales alcanzaron un valor global de 38 millones de maravedís[427].

422. A.G.S., Cámara de Castilla, leg. 2717, sin fol.
423. *Nueva Recopilación* II, 16, 1.
424. *Nueva Recopilación* II, 16, 20.
425. *Cortes de los Antiguos Reinos de León y Castilla.* Cortes de Valladolid de 1542. Cap. Generales, Cap. 24.
426. ALONSO, Mª P.: *El proceso penal en Castilla (siglos XIII a XVIII).* Salamanca, 1982. p. 144.
427. CUARTAS RIVERO, M.: «La venta de oficios públicos en el siglo XVI», en *Actas del IV Symposium de Historia de la Administración.* Madrid, 1983. pp. 245 a 247.

En cuanto a los principales vicios de abogados y procuradores, todas las fuentes coinciden en señalar una codicia desmesurada en sus actuaciones. Por lo que se refiere a los abogados y procuradores de pobres las quejas más frecuentes aluden a falta de diligencia en abogar y ayudar a los litigantes humildes, pues sus mejores esfuerzos los dedicaban a las causas de pago. A juicio de los oidores de la Chancillería de Valladolid estos problemas se remediarían si se les aumentasen los salarios o se estableciese un turno obligatorio de oficio para todos los letrados[428]. Pero no se modificó el sistema existente, porque en 1665, el licenciado D. Tomás de Oña, abogado en los reales Consejos, abandonó su título de abogado de pobres tras diez años de ejercicio. En la solicitud presentada ante la Sala de Alcaldes de Casa y Corte patentizó de forma elocuente sus razones:

> «respecto de las muchas enfermedades que he padecido y los cortos gajes de dicho oficio de abogado de pobres y la mucha dificultad de su paga, de que se me restan debiendo muchas cantidades, estoy imposibilitado de asistir a esta ocupación con la puntualidad necesaria, por lo cual, desde luego hago dejación en forma de dicho oficio en manos de V.A., a quien pido y suplico se sirva de admitirla y tenerme por exonerado de él, nombrando la persona que fuere servido para que le sirva»[429].

No obstante, algunos años más tarde, en 1687, la Corona aún no había logrado poner al día los haberes de sus funcionarios. En esta fecha Tomás Antonio de Prado, solicitador y procurador de los pleitos y causas de pobres reclamó 350.000 mrs. correspondientes a sus salarios de varios años. Así demandó de la Sala la adopción de las providencias «que le pareciere porque de otro modo no podrá continuar con la solicitud y defensa de las causas de pobres por el mucho gasto que tiene por el papel que pone para ellas»[430].

A pesar de lo indicado, el oficio de procurador de pobres siguió aumentando de precio durante todo el siglo XVII. El propio Tomás Antonio de Prado había pagado por él la considerable cifra de 2.950 ducados por juro de heredad.

En los tribunales superiores, los jueces no examinaban por sí mismos las actas judiciales antes de decidir los litigios. Para auxiliarles en esta función existían los relatores. El principal cometido de éstos estribaba en la confección del resumen final del proceso para que los magistrados emitieran su fallo. Por tanto, los juzgados superiores: audiencias y Consejos, dictaban sentencia sin estudiar las a veces interminables actas judiciales. Simplemente, sus dictámenes se publicaban después de escuchar en presencia de las partes la relación efectuada por estos oficiales. De este modo, la actividad de los citados profesionales incidía de manera directa en el resultado final del juicio. De ahí la ilegal, pero muy arraigada, costumbre de regalar presentes a los relatores para inclinarlos en favor de los intereses propios.

Alfonso X definió al escribano como «onme sabidor de escribir», es decir, que «sabe redactar documentos conforme a derecho». En cuanto a las cualidades que debían concurrir en él, el Rey Sabio indicó las siguientes: hombre libre, cristiano, de buena fama y costumbres, entendido en el oficio, leal en guardar el secreto de lo que pasara ante él, o sea, «onme de poridad»[431]. Básicamente son las mismas condiciones que se exigen al escribano en los siglos posteriores.

428. A.G.S., Cámara de Castilla, leg. 2.714, sin fol.
429. A.H.N., Consejos, Sala de Alcaldes, libro-año 1.665, fol. 180.
430. A.H.N., Consejos, Sala de Alcaldes, libro-año 1.687, fol. 159.
431. *Partidas* III, 19, 2.

Ya desde los tiempos de Alfonso X se distinguió entre escribanos de cámara, residentes en la Corte, encargados de la documentación regia y, escribanos públicos, residentes en las ciudades, villas y lugares, encargados de las funciones escriturarias y actuarias en las poblaciones[432].

Para ejercer el oficio de escribano era necesario estar en posesión del título real correspondiente. El que los reyes otorgaban era el de «escribano de cámara y escribano y notario público en su Corte, reinos y señoríos», o bien «escribano y notario público». Con el título se le concedía el signo que habían de usar personalmente en el otorgamiento de las escrituras con valor público. Pero, obtenido este primer requisito necesitaba además otro nombramiento para desempeñar una plaza concreta, por ejemplo, «escribano de cámara con residencia en el Consejo» si se trataba de una plaza del primer grupo, o «escribano del número» que le daba derecho a ejercer en una ciudad o villa concreta, o «escribano del Concejo», que le permitía desempeñar el cargo como fedatario en un concejo determinado.

No obstante, en torno a las escribanías existió en la Edad Moderna una casuística muy compleja de difícil enumeración. Baste decir que eran conocidas con el sobrenombre de la institución en la cual servían. Así tenemos «escribanos de cámara», «del juzgado», «del consistorio», «de rentas», «de la audiencia escolástica», etc.

Desde los siglos XIV y XV se asistió en Castilla a un proceso de patrimonialización de los oficios públicos. Para los reyes medievales los cargos públicos fueron una regalía de la que dispusieron a libre voluntad. Muchos de estos empleos solían otorgarlos como merced los monarcas. De este modo se privatizaron muchos empleos oficiales, pues la concesión de varios puestos a una misma persona llevaba implícito el arrendamiento del ejercicio de los mismos, y otro tanto ocurría cuando se concedían escribanías a personas sin la cualificación necesaria o legalmente incapacitadas: mujeres, menores de edad, etc. En circunstancias como las descritas fue necesario separar la titularidad del ejercicio del oficio. Por tanto, era frecuente que una persona poseyera el oficio y otra lo desempeñara.

Los oficios donados por el Rey podían ser vitalicios, es decir de duración igual a la vida del beneficiario. Otras veces se otorgaban por «juro de heredad», lo cual implicaba su adquisición a perpetuidad. A pesar de lo antedicho, aún cuando fueran concedidos de por vida, fácilmente se podían transmitir a otras personas en virtud del mecanismo de la renuncia. Para renunciar un oficio el titular estaba obligado a pedir licencia al Monarca. En la solicitud debía especificar las razones que le movían a tal acción y comunicar el nombre de la persona a quien deseaba transmitirlo. Los Reyes Católicos en las Cortes de Toledo de 1480 prohibieron la enajenación de oficios por juro de heredad, terminando así la concesión de oficios perpetuos.

Con la llegada a Castilla de Carlos V se reorganizó la Hacienda Real y se buscaron nuevas fuentes de ingresos con vistas a financiar su política imperial. En materia de oficios se operaron cambios decisivos en la política real, «pues de ser éstos simples objetos de una concesión real, gratuita, utilizada para premiar fidelidades y servicios, se pasa a considerarlos como una manera de obtener recursos, como otra renta de la Hacienda. A

432. CORTÉS ALONSO, V.: *La escritura y lo escrito. Paleografía y diplomática de España y América en los siglos XVI y XVII*. Madrid, 1986. pp. 20 a 22.

partir de esta premisa se organiza el sistema de la venta; venta que se encuentra con rechazo y oposición, sobre todo en los primeros momentos, aunque más tarde es asimilada por la sociedad de la época[433].

Tradicionalmente las concesiones de oficios por merced real siempre habían sido tramitadas por la Cámara de Castilla. Pero al introducirse el mecanismo de venta, la situación cambia. A partir de entonces será el Consejo de Hacienda quien lleve todo el peso de la negociación, ya que los oficios son considerados como una renta más. «El título, ya expedido y con el nombre del titular, tenía que ser señalado por un consejero de la Cámara, a continuación firmado por el Rey y finalmente refrendado por el secretario de la Cámara de Castilla, pues sin todas estas formalidades no era válido»[434]. Por este procedimiento, la Cámara de Castilla y en última instancia el Monarca, controlaban las ventas acordadas por el Consejo de Hacienda, aunque ello fuese a costa de un notable retraso en las tramitaciones. Las primeras escribanías se vendieron en el año 1543. En esta fechas el número existente de ellas se incrementó en 52 unidades y éstas se sacaron a la venta con las consiguientes protestas de las Cortes. Desde antiguo las escribanías habían servido para dar colocación a los hidalgos poco pudientes, salvo las de la poridad o concejo que por estar en el centro de decisión de los ayuntamientos eran apetecidas por personas de mayor calidad. Con el comienzo de las ventas se introducen en ellas comerciantes, artesanos y tratantes.

Las escribanías fueron de los pocos empleos de justicia que se vendieron en la Edad Moderna, y precisamente en razón de esta forma de acceso al ejercicio del empleo se suscitaron no pocos inconvenientes. Antonio Pérez se mostraba contrario a la venta de oficios de justicia, «porque autorizados entonces, lo primero que harán será ver cómo sacar de cualquier manera lo que costó el empleo; y lo segundo, que para mantenerse con decencia cometerán mil maldades»[435]. Ni más ni menos, esto sucedía en tiempos del propio Antonio Pérez con los escribanos, cuya avaricia les hacía cometer mil tropelías. Se apropiaban de los fondos pertenecientes a la Cámara Real, cobraban por su trabajo más derechos de los legalmente permitidos, pervertían la justicia y en general su comportamiento justificaba la circulación de una frase extendida entre el pueblo que decía «haga mi amigo el proceso y senténcielo quien quisiere».

Un juicio, igualmente negativo, se recoge acerca de ellos en el Quijote:

> «—yo voy por cinco años a las señoras guarapas por faltarme diez ducados.
>
> —yo daré veinte de muy buena gana —dijo Don Quijote— por libraros de esa pesadumbre.
>
> —Eso me parece —respondió el galeote— como quien tiene dineros en mitad del golfo y se está muriendo de hambre, sin tener adónde comprar lo que ha menester. Dígolo, porque si a su tiempo tuviera yo esos veinte ducados que

433. Cuartas Rivero, M.: «La venta de oficios públicos en el siglo XVI» en *Actas del IV Symposium de Historia de la Administración*. Madrid, 1983. p. 228.

434. Cuartas Rivero, M.: «La venta de oficios públicos en el siglo XVI», en *Actas del IV Symposium de Historia de la Administración*. Madrid, 1983. p. 236.

435. Máximas de Antonio Pérez dadas a Enrique IV, Rey de Francia. B.N., ms. 11.352, fol. 91.

vuestra merced ahora me ofrece, hubiera untado con ellos la péndola del escribano y avivado el ingenio del procurador, de manera que hoy me viera en mitad de la plaza de Zocodover, de Toledo, y no en este camino, atraillado como galgo; pero Dios es grande, paciencia, y basta»[436].

En materia judicial, los escribanos tenían a su cargo la custodia de los pleitos, ordenaban los documentos pertenecientes a los procesos y confeccionaban los autos relativos a las causas que pasaban ante ellos. También en las escribanías presentaban las partes los escritos y alegaciones necesarios para la defensa de sus intereses. En ellas se tomaban las declaraciones a los testigos, y se recogían las querellas. Por orden judicial, los escribanos con competencias en asuntos criminales daban mandamientos para apresar a los procesados y para liberar a los detenidos. Del mismo modo, las partes acudían a ellos para presentar todas las pruebas[437].

En su condición de auxiliares de los jueces, los escribanos les acompañaban en ciertas tareas como el reconocimiento de los términos de su jurisdicción. En Madrid, en cada cuartel residía un escribano del crimen, a cuyo domicilio acudían los alcaldes y los alguaciles para hacer las causas, realizar averiguaciones y efectuar las prisiones que se ofrecieren. Teóricamente, los escribanos debían acompañar a los alcaldes de Casa y Corte y a los alguaciles durante las rondas nocturnas. Sin embargo, normalmente sólo los alguaciles recorrían las calles en funciones de vigilancia.

En la Corte y en las Audiencias había también otros oficiales similares a los escribanos. Nos estamos refiriendo a los receptores, los cuales eran comisionados por estos tribunales para hacer cobranzas, recibir pruebas y efectuar otros actos judiciales fuera del marco de las cinco leguas del lugar de residencia del tribunal respectivo.

Por último, si prescindimos de los carceleros, de los cuales tendremos ocasión de ocuparnos al describir los establecimientos de reclusión de los detenidos, nos encontramos en el lugar más bajo de la escala jerárquica del personal al servicio de la administración de justicia una figura francamente denostada por la sociedad de la época: el verdugo.

Salido generalmente de las capas sociales más bajas de la sociedad, competía a este ministro la ejecución de las penas de muerte y todas las demás corporales determinadas por sentencia judicial, así como la aplicación de los tormentos.

Era un empleo que poseía un fuerte rechazo social. Castillo de Bovadilla justifica este repudio con las siguientes palabras: «Pero considerando después, quanto repugna a la naturaleza humana, que los hombres maten y despedazen a otros hombres, pues aún las fieras no lo usan con las de su género, como en otro lugar diremos, por instinto natural, se tuvo por cosa abominable el oficio de verdugo y carnicero de hombres, y se vino a tener por oficio vil, odioso e infame, de tal manera, que dize Cicerón, que se entristecía el pueblo y público espectáculo en la vista del verdugo».

El oficio de ejecutor de la justicia tenía tal descrédito que era el único alcanzable por los conversos declarados. En la vida del Buscón, Quevedo nos narra la colosal vergüenza sufrida por Pablos al encontrarse en las calles de Toledo a su tío el verdugo[438].

436. CERVANTES SAAVEDRA, M.: *D. Quijote de la Mancha*. Barcelona, 1978. pp. 152 y 153.
437. *Nueva Recopilación* II, 20, 13; II, 21, 5; II, 21, 6.
438. QUEVEDO Y VILLEGAS, F. de: *Vida del Buscón*. Ed. de F. Lázaro Carreter. Salamanca, 1980. pp. 132, 133, y 148.

Gozaba este quehacer profesional de algunos gajes y favores, pues los Reyes Católicos declararon a sus titulares exentos de pechos y tributos, y anteriormente Juan II había dispuesto lo mismo en el año 1435[439]. Por lo demás, el ejercicio del cargo les daba derecho a quedarse con los vestidos de los ajusticiados[440]

De todos modos, no era fácil encontrar personas dispuestas a desempeñar el papel de verdugo. En Madrid, hacia 1580 había dos ejecutores[441]. Pero a principios del siglo XVII el cargo lo tenía un preso al que se le había conmutado la pena capital a cambio de la prestación de estos servicios[442]. No fue éste un caso insólito, pues en Jerez de la Frontera encontramos uno del mismo estilo en 1572, y en Toledo otro similar en el año 1626[443]. Por la misma razón de no hallar personas dispuestas a servir este empleo, muchas veces hubieron de actuar en la Corte los titulares de otras plazas, como Alcalá de Henares, Palencia, Segovia, Santiago de Compostela y Cuenca[444].

Por el contrario, en otras ocasiones el verdugo de la Corte hubo de trasladarse a lugares más o menos circunvecinos de Madrid para ejecutar sentencias pronunciadas por las justicias locales[445].

A pesar de la ínfima categoría del cargo, en el desempeño del mismo no faltaban ocasiones para corromperse. Uno de los excesos más típicos consistía en ponerse de acuerdo con los pacientes para actuar con benignidad. Otras veces cobraban a sus conciudadanos algunos dineros por no tomarles las bestias so pretexto de necesitarlas para las ejecuciones[446].

Acorde con una organización judicial de tipo acumulativo, en la cual la administración de justicia era el resultado de un acopio histórico constituido por la superposición de estratos procedentes de muy diversos estadios evolutivos, y de acuerdo también con el principio de justicia retenida que mantenía los órganos judiciales ligados a la esfera personal del Monarca, la organización judicial establecida en la Edad Moderna carecía de una sistematización rígida. A lo largo del Antiguo Régimen no se conoce una independencia recíproca en las actuaciones de unos órganos con respecto a otros. Sin embargo, sí que existió un control jurisdiccional jerárquico, a través del cual los tribunales superiores conocían de causas que en principio pertenecían a los inferiores. Por medio

439. *Nueva Recopilación* IV, 32; *Ordenamiento de Montalvo* II, 14, 37.

440. CASTILLO DE BOVADILLA, J.: *Política para corregidores y señores de vasallos*. Madrid, 1978. III, 1, 138.

441. A.H.N, Consejos Suprimidos, Sala de Alcaldes, libro-año 1584, fol. 269; y libro-año 1589, fol. 269.

442. A.H.N., Consejos Suprimidos, Sala de Alcaldes, libro-año 1607, fol. 259. En este mismo sentido Castillo de Bovadilla se pregunta si es lícito que el corregidor conmute la pena a algún reo para ejercer de verdugo y su contestación a este respecto es afirmativa sin paliativos (CASTILLO DE BOVADILLA, J.: *Política para corregidores y señores de vasallos*. III, 1, 139 y 140.

443. A.G.S, Diversos de Castilla, leg. 28 (2), sin fol.; y A.H.N., Consejos Suprimidos, Sala de Alcaldes, libro-año 1625-1626, fol. 523.

444. A.H.N., Consejos Suprimidos, Sala de Alcaldes, libro-año 1612, fol. 207; libro-años 1621 y 1622, fol. 184; libro-años 1621 y 1622, fol. 403; libro-año 1638, fol. 361; libro-año 1696, fol. 127; libro-año 1696, fols. 75 y 76; y libro-año 1696, fol. 39.

445. Méntrida (A.H.N., Consejos Suprimidos, Sala de Alcaldes, libro-año 1629, fol. 133). Navalcarnero (A.H.N., Consejos Suprimidos, Sala de Alcaldes, libro-año 1651, fol. 15). Chinchón (A.H.N., Consejos Suprimidos, Sala de Alcaldes, libro-año 1651, fol. 18). Chinchón (A.H.N., Consejos Suprimidos, Sala de Alcaldes, libro-año 1660, fol. 1). Colmenar de Oreja (A.H.N., Consejos Suprimidos, Sala de Alcaldes, libro-año 1660, fol. 21). Toledo (A.H.N., Consejos Suprimidos, Sala de Alcaldes, libro-año 1673, fol. 109). Vicálvaro (A.H.N., Consejos Suprimidos, Sala de Alcaldes, libro-año 1684, fol. 12).

de mecanismos como la presentación de los reos o la retención de causas, la actuación de los jueces inferiores siempre se vio sometida al dictamen de los tribunales superiores de justicia. A consecuencia de lo antedicho los reos padecieron una inseguridad jurídica notable. Los justiciables no podían conocer con certeza qué juez iba a dirimir su contienda, ni el orden de actuaciones que iba a observar el juzgador, pues la elección del proceso a seguir también quedaba al libre arbitrio del magistrado que entendiese en el caso. Insistimos en que los órganos de la jurisdicción real ordinaria no gozaban de independencia ni tenían a su cargo atribuciones de competencias específicas con carácter exclusivo y excluyente. Sólamente la implantación en el siglo XIX de los principios del sistema liberal trajo consigo la reorganización del aparato judicial y la introducción de cambios radicales en los principios procesales[447].

Jean Imbert ha manifestado refiriéndose a Francia, que a partir del siglo XVI el proceso penal se marcó como principal objetivo la condena del reo y la subsiguiente imposición de una represión bien severa. Por ello importó menos la protección del acusado inocente y se perjudicó gravemente la averiguación de la verdad[448]. M. Paz Alonso ha señalado con respecto a Castilla que jueces, fiscales, y la propia parte ofendida concurrían en el proceso y aunaban esfuerzos hasta conseguir la condena del reo[449]. En cuanto al tipo de proceso imperante en la Edad Moderna, la misma autora lo ha calificado de mixto, pues a su entender en él se incluyen elementos del proceso acusatorio y del inquisitivo. En las Partidas se contemplaba una diferenciación tajante entre la forma acusatoria y la inquisitiva. Sin embargo, con el tiempo se impuso un proceso que en sí mismo sintetizaba los dos modelos anteriores, aunque con predominio de los principios informadores del proceso inquisitivo[450].

El tránsito del modelo dual —que distinguía netamente entre proceso acusatorio e inquisitivo— al procedimiento mixto se efectuó sin una normativa legal que lo respaldase, pues el sistema procesal instaurado en las Partidas nunca llegó a derogarse. Fue precisamente la práctica judicial la que mezclando actuaciones y principios de un esquema procesal y otro llegó a difuminar sus respectivos perfiles hasta configurar el nuevo modo procedimental[451].

En el Antiguo Régimen poco a poco fue tomando cuerpo la idea de que la conducta delictiva lesionaba no sólo derechos privados, sino que también ofendía al Soberano y a toda la sociedad. Por tanto, la comisión del delito reclamaba la reparación a la víctima y también la satisfacción de la *vindicta pública*. De este modo, el poder político no quiso dejar la iniciativa a los particulares y reclamó para sí las facultades necesarias para pro-

446. A.H.N., Consejos, libro 1173. Noticias para el gobierno de la Sala, compuesto por el alcalde D. Juan Elezárraga el año 1704.

447. ALONSO ROMERO, Mª P.: *El proceso penal en Castilla (siglos XIII-XVIII)*. Salamanca, 1982. pp. 371 a 381.

448. IMBERT, J.; LEVASSEUR, G.: *Le pouvoir, les juges et les Bourreaux (25 siècles de repression)*. Paris, 1972. p. 167.

449. ALONSO ROMERO, Mª. P.: *El proceso penal en Castilla (siglos XIII-XVIII)*. Salamanca, 1982. p. 391.

450. ALONSO ROMERO, Mª. P.: *El proceso penal en Castilla (siglos XIII-XVIII)*. Salamanca, 1982. pp. 95 y 96.

451. ALONSO ROMERO, Mª P.: *El proceso penal en Castilla (siglos XIII-XVIII)*. Salamanca, 1982. pp. 91 y 92.

ceder de oficio. Así pues, el pleito criminal podía iniciarse en Castilla por acusación o denuncia de los ofendidos y por intervención de oficio del juez. Cuando el proceso se iniciaba a petición de parte, las actuaciones de la acusación privada eran muy tenidas en cuenta, hasta el extremo de que si en un momento determinado ésta decidía retirarse del proceso, se suspendían todas las diligencias en curso[452].

De todos modos, a la parte ofendida se le ofrecían dos posibilidades a la hora de iniciar el proceso. Podía ejercer la acusación y solicitar el castigo de una persona o personas concretas y al mismo tiempo pedir la imposición para el autor de la pena correspondiente. En este caso, la parte permanece presente a lo largo de todo el juicio, proporcionando pruebas demostrativas de lo alegado en la acusación y colaborando con la actividad oficial del juez. En cambio, cuando los ofendidos optaban por ejercitar la denuncia se limitaban a poner en conocimiento del juez unos hechos, sin incluirse por ello en el proceso como parte. Por eso, el denunciante no pedía pena ni se obligaba a probar nada.

Para el reo la implicación en el proceso representaba un motivo de gran preocupación. No en balde, durante el desarrollo del mismo podía ser objeto de torturas, y en su culminación le cabía la posibilidad de terminar sus días en medio de un espectáculo sobrecogedor, en cuyo transcurso el penitenciado sufría castigo público para pagar sus faltas. Las penas al uso ciertamente eran rigurosas y la justicia no lo ocultaba. Antes, bien al contrario, buscaba la publicidad en su ejecución, porque a la vista del «ejemplo» se excitaba la conciencia de la concurrencia.

Además, a las numerosas tachas ya citadas habríamos de añadir otros vicios cardinales del procedimiento penal en la Edad Moderna, que en su día fueron subrayados por Tomás y Valiente en *El Derecho Penal de la Monarquía Absoluta*. A este respecto hemos de referirnos necesariamente a la falta de imparcialidad de los jueces, motivada por la circunstancia de ser el indagador de los hechos el encargado al mismo tiempo de suministrar las pruebas, sobre cuyo contenido habría de juzgar después él mismo. Por otra parte, dado el interés personal del propio juez en el resultado del proceso, se quebraba de raíz la necesaria neutralidad del juzgador[453].

En cuanto a los tipos de procesos existentes han de reseñarse dos distintos: el procedimiento ordinario y el procedimiento simplificado. El procedimiento ordinario complejo se componía de tres fases: una fase inicial o sumaria, el juicio plenario y la sentencia. Formalmente la fase inicial se orientaba a aclarar las circunstancias del delito e investigación de sus presuntos autores. Pero en la práctica, la sumaria se convertía ante todo en la búsqueda de datos inculpatorios contra el reo. A lo largo de ella, juez, fiscal y acusador aunaban esfuerzos para obtener noticias sobre la culpabilidad del reo. También, en su transcurso se adoptaban las medidas cautelares necesarias para asegurar el resultado del proceso. En suma, durante la fase sumarial el juez dictaba mandamientos de prisión, ordenaba el embargo y secuestro de bienes del reo, los cuales quedaban depositados «en persona abo-

452. En el año 1629 un tal Damián Alonso propinó una estocada a Francisco Domínguez en el desarrollo del juego de las pintas. El relator explica en sus apuntes «que no hubo sentencia contra él porque habiendo sido llamado por edictos y pregones, se apartó la parte y quedó la causa inconclusa». (Proceso contra Damián Alonso. A.G.S., Cámara de Castilla, leg. 2561, fol.2).

453. Tomás y Valiente, F.: *El Derecho Penal de la Monarquía Absoluta*. Madrid, 1969. p. 199.

nada para asegurar las consecuencias económicas del juicio: penas pecuniarias, cuando las hubiere, pago de costas e indemnización de daños y perjuicios al ofendido».

Los gastos causados por la información sumaria, se resarcían con cargo a los bienes del reo, salvo que éste fuera insolvente, en cuyo caso se cargaban en el capítulo de gastos de justicia.

El juez tomaba declaración al reo al ingresar en la cárcel. Aunque la doctrina sostenía que la confesión debía tomarse al final de la fase sumaria, en la práctica «el juez requería la declaración del reo en dos ocasiones, una inmediata a su captura y otra más en forma, con preguntas formuladas según el resultado de la información sumaria, al finalizar ésta».

La confesión se hacía bajo juramento. De este modo se presionaba al reo a declarar la verdad. Pero naturalmente, cuando el interrogado estaba implicado en graves delitos se perjuraba con facilidad. Esto indujo a las Cortes a proponer que no se tomase juramento a los presuntos delincuentes:

> «La experiencia demuestra que en las causas criminales, especialmente donde interviene pena de muerte o mutilación de miembro, los delincuentes se perjuran en las confesiones que les toman los jueces, lo cual es gran deservicio de Dios y detrimento de las conciencias.
>
> Suplican los procuradores mande que en semejantes causas criminales no se tome juramento a los delincuentes, sino que se juzgue por la información que de ello se hiciese, pues ordinariamente en delitos de esta calidad suele haber mucha gente que sean testigos de ello»[454].

Similar opinión vierte Castillo de Bovadilla respecto a la toma de juramento en las confesiones de los reos. Tras citar a San Agustín, expresa este autor que no se ha de tomar juramento a quienes se van a perjurar, pues «hacerlo es pecado de homicidio, porque el tal mata dos almas, la suya, y la del que haze perjurar»[455]. De todos modos, juramentado o no, Domingo de Soto sostenía que quien fuera «interrogado legítimamente de un crimen cometido por él, tiene obligación bajo pecado grave de confesarlo, aun en el caso en que en virtud de dicha confesión haya de ser llevado a la muerte»[456].

Para obtener información del reo cualquier estratagema era válida. La tortura apremiaba a los sospechosos y les hacía confesar, pero su eficacia dependía de la fortaleza del paciente, y su resultado no siempre era el esperado. De ahí que la astucia inspirase muchas veces los interrogatorios llevados a cabo por unos jueces, en general poco escrupulosos. Puede citarse a este respecto un caso ocurrido en Sevilla el año 1588. En aquellas fechas el alcalde Pedro Velarde investigaba el asesinato del propietario de unos baños y sospechaba que los autores del crimen habían sido la esposa del difunto y su esclavo. Comenzó por tomar declaración a la viuda, preguntándole por su amancebamiento con el esclavo. La mujer se disculpó alegando que esto había pasado mucho tiempo atrás. Tras obtener esta declaración, el alcalde Pedro Velarde interrogó al esclavo

454. *Actas de las Cortes de Castilla.* Cortes de Valladolid de 1555. Madrid, 1874 a 1988. Pet. XXXIX. T. XXXIX, p. 647.

455. CASTILLO DE BOVADILLA, J.: *Política para corregidores y señores de vasallos.* Madrid, 1978. III, 15, 61.

456. SOTO, D. de: *De Iusticia et iure libri decem.* Salamanca, 1566. *Tratado de la justicia y el derecho,* vertido al castellano por J. Torrubiano Ripoll. Madrid, 1922. T. III, pp. 449 y 450.

en razón de la muerte de su amo, pero éste negó enérgicamente su participación en el hecho. Por lo cual, el alcalde determinó de engañarle con la celada y le explicó cómo su ama había declarado contra él, respondiendo a ello el esclavo: «Bien escusada tuviera mi señora esa confesión, pues ha tanto tiempo que está eso olvidado». Tomóle el alcalde juramento acerca de «haberse mezclado carnalmente con su ama» y el esclavo, no imaginando que este delito estuviera penado con la muerte, reconoció su falta. Entonces, el alcalde se dirigió a él con estas palabras:

> «Mira, hermano Jerónimo por haberos mezclado tú y tu ama, tenéis entrambos pena de muerte de fuego, y así por solo ese delito habéis de morir, como lo podréis ver en esta ley de la Partida que está en romance castellano, y ahí os la puede leer quien quisiere. Pues morir por un delito o por dos, todo es morir. Por lo cual hermano Jerónimo, no hay sino hacer como hombre de buen entendimiento que sois, y como buen cristiano, diciendo la verdad de todo y confesando todos vuestros pecados al confesor, y a la justicia lo que os pregunte; y os libraréis del fuego del infierno, que ha de durar para siempre jamás, ya que de ese fuego temporal a que os condena esta ley no os podéis librar».

Turbado por las palabras del juez, Jerónimo confesó de plano el concierto realizado por él con unos moriscos para robar a su amo y cómo estos últimos habían matado al bañero al resistirse éste a la acción de los ladrones. Estas declaraciones obtenidas en la forma señalada sirvieron de base para ahorcar y descuartizar a los cuatro moriscos, para quemar a la viuda del bañero y para atenacear y quemar al esclavo Jerónimo[457].

Igualmente, en el curso de la sumaria, el juez, si había iniciado las actuaciones de oficio, debía formular el requerimiento a la parte ofendida por si deseaba personarse en el proceso para sostener la acusación.

Durante la segunda etapa procesal, esto es a lo largo del desarrollo del juicio plenario se fijaba la litis. A cada parte se le brindaba la oportunidad de fijar su posición. Al terminar la sumaria el juez daba traslado de las informaciones al acusador o al fiscal para que formalizasen la acusación, a la cual contestaba el reo y seguían los escritos de réplica y dúplica. Posteriormente, el juez recibía la causa a prueba y con ello se iniciaba la segunda fase del plenario, la probatoria. La prueba más frecuente era la testifical, a la que se unía ocasionalmente la tortura, considerada prueba plena por excelencia, y desde luego muy divulgada en los juzgados castellanos de la Edad Moderna.

Se admitía que bastaba el testimonio concordante de dos testigos para hacer prueba plena en cualquier delito por atrocísimo que fuera. Sin embargo, si el juez encontraba sólamente testimonios de personas inhábiles solía valorarlos, si no como prueba plena, sí al menos como indicios o «semiplena probatio»[458].

A las deposiciones de los testigos se les concedía un valor distinto según la calidad de los declarantes y la reputación de su inteligencia. Igualmente, los testimonios de las personas adultas eran considerados en mayor medida que los de los jóvenes, y quienes poseían mala fama social, o estaban tildados de algún vicio conocido, como el de ser bebedores, eran menospreciados en los juicios.

457. LEÓN, P. de: *Grandeza y miseria de Andalucía. Testimonio de una encrucijada histórica (1578 a 1616)*. Granada, 1981. pp. 466 a 475.
458. TOMÁS Y VALIENTE, F.: *El Derecho Penal de la Monarquía Absoluta*. Madrid, 1969. p. 176.

Los falsos testimonios estaban severamente penados. En las Cortes de Toro de 1505 se ordenó castigarlos con la pena de la ley del talión, y más tarde Felipe II, en 1566, dispuso que dicha ley se reservase para aquellos casos, en los cuales el testigo declarando contra la verdad hubiese comprometido la seguridad personal del reo, al exponerle al riesgo de ser condenado a la pena capital. En los demás asuntos fijó para ellos la pena de vergüenza pública, conjuntamente con la de galeras perpetuas[459].

Pese a todo, la corrupción de los testigos debía de ser frecuentísima y así las Cortes se quejaron muchas veces sobre el particular:

> «Notoria cosa es los grandes daños que resultan de los testigos falsos, y este delito es muy frecuente, y crece cada día; y en muchas partes hay mucha abundancia de personas que pagándoselo juran cualquier cosa»[460].

El tormento, formalmente, constituía uno de los elementos finales de la fase probatoria, aunque en la práctica la tortura se aplicaba generalmente durante la información sumaria, inmediatamente después de la confesión. La regulación normativa de la tortura fue muy escasa, prácticamente se redujo a lo dispuesto en las Partidas. Texto, en el cual se nos dice que «tormento es una manera de prueba que fallaron los que fueron amadores de la justicia para escodriñar, e saber la verdad por él, de los malos fechos que se hazen encubiertamente, e non pueden ser sabidos nin probados por otra manera. E tiene muy gran pro para complir la justicia. Ca por los tormentos los judgadores saben muchas vezes la verdad de los malos fechos encubiertos que non se podrían saber de otra guisa»[461].

En un proceso como el del Antiguo Régimen, que buscaba a toda costa la condena del acusado, la tortura constituía un elemento fundamental en orden a obtener la prueba por excelencia, o sea la confesión del reo. De este modo, la utilidad del tormento a la hora de arrancar confesiones se antepuso a cualquier otra consideración de tipo humanitario.

Al margen del citado texto alfonsino, ningún Monarca otorgó disposición alguna para corregir los abusos de los jueces en la aplicación de la tortura. En principio, según constaba en las Partidas, ningún castellano podía ser torturado si no estaba implicado en un proceso que llevase aparejada pena de muerte o corporal, pues de lo contrario se le haría padecer una pena mayor a la prevista para su delito. Sin embargo, en la época objeto de nuestro estudio vemos a los jueces aplicar suplicios según su personal arbitrio, sin cortapisas legales y sin garantías para la integridad personal de los reos, que a menudo salían del potro lisiados para el resto de su vida, cuando no medio muertos[462]. La edad

459. *Leyes de Toro*. Madrid, 1849. T. VI, ley LXXXIII. *Nueva Recopilación* VIII, 17, 4; y VIII, 17, 7.

460. *Actas de las Cortes de Castilla*. Cortes de Madrid de 1592 a 1598. Madrid, 1874 a 1988. Pet. XLV. T. XVI, p. 656. También Cortes de Valladolid de 1537. Pet. CXXXV. Cortes de Toledo de 1559. Pet. XCIII. Y Cortes de Valladolid de 1603 a 1604. Pet. XXXVIII.

461. *Partida* VII, 30, 1.

462. El padre León refiere el caso de un salteador torturado en el potro, a cuyas resultas se le gangrenaron los miembros y falleció camino del patíbulo, sin que esta última circunstancia fuera suficiente para librar al cadáver de la ignominia de la horca (LEON, P. de: *Grandeza y miseria de Andalucía. Testimonio de una encrucijada histórica (1578 a 1616)*. Granada, 1981. pp. 563 a 565). Al aplicar el «trampazo» en el potro era muy frecuente la amputación de los dedos gordos de los pies (Cabildo General de la Hermandad de Toledo. A.H.N., Diversos, Hermandades, leg. 64, n.º 4). A Bartolomé Luis, vecino de Granada, implicado en un homicidio, se le dio tormento el 22 de junio de 1632 por orden de la Sala del Crimen de la Chancillería de Granada. La sesión de tortura fue bastante recia, y aunque el reo se mantuvo negativo, murió poco tiempo después al no lograr superar los daños corporales sufridos en el transcurso de la misma (A.G.S., Cámara de Castilla, Leg. 2566, fol. 18).

mínima requerida en el paciente para ser sometido a tortura se fija en las Partidas en catorce años[463].

La finalidad del tormento era el quebramiento de la resistencia física y psíquica de los reos mediante actos de fuerza hasta obtener su reconocimiento de culpabilidad y la declaración de sus cómplices. Pero no sólo los indiciados de culpabilidad podían ser atormentados, también los testigos eventualmente quedaban a merced del verdugo hasta deponer satisfactoriamente. E incluso existía la tortura en cadáver. Figura ésta consistente en atormentar a los condenados en la pena capital antes de proceder a su ejecución con ánimo de hacerle evacuar los nombres de los cómplices[464].

El hecho de que la tortura fuera un instrumento legal para la averiguación de los delitos permitió su regularización. Sobre el papel, los reos gozaban de garantías contra los abusos judiciales en lo referente a sentencias de tormento. Las Partidas reconocían el derecho de apelación de los autos de tormento, y hasta tanto que los jueces superiores no resolviesen la apelación, no se podía ejecutar la tortura. Caso contrario, la confesión evacuada con anterioridad a la decisión sobre el recurso se consideraba nula. Pero en la realidad, la cuestión se desarrollaba en términos bien distintos. Los jueces se negaban sistemáticamente a conceder las apelaciones, o las concedían después de la ejecución material del tormento. Generalmente, los jueces pronunciaban el auto de tormento cuando el reo estaba ya en la sala de los suplicios, y tan pronto como era comunicado, se ejecutaba. En consecuencia, el auto sólo adquiría existencia formal después de ponerse por escrito en las actas, lo cual ocurría mientras el reo se encontraba en el lugar del tormento, y, por tanto, la apelación del mismo sólo podía presentarse después de que el reo hubiera sido realmente atormentado. En estas condiciones, la presentación del recurso revestía mucho menos interés para el interesado[465].

La tortura se practicaba en el Antiguo Régimen con arreglo a un ceremonial bien ajustado, que buscaba expresamente la intimidación psicológica del reo. En este contexto, muchas confesiones se producían durante el ritual preparatorio del suplicio. La coacción física durante los interrogatorios estaba autorizada, mas sin embargo, pese a que los textos legales no hablan en absoluto de ella, se usaba también la tortura blanca, especialmente en los prolegómenos del suplicio. Los jueces procuraban aprovechar el sobrecogimiento de los pacientes fuertemente impresionados por la vista de los aparatos de tortura. Así era muy frecuente la obten-

463. *Partida* VII, 30, 2.

464. Consulta del Consejo de 13 de mayo de 1666 sobre la implicación de Domingo Fernández en un delito de falsificación de moneda (A.H.N., Consejos Suprimidos, leg. 7176, n.º 93). El tormento en cadáver se practicaba sólo «por los tribunales superiores, estando fenecida la causa con algún reo y condenado a pena de muerte. Notificada la sentencia, cuando ven que conviene, por auto aparte (que pronuncian después) condenan al mismo reo a tormento para que descubra cómplices, lo cual se ejecuta inmediatamente y antes que los religiosos le dispongan para morir y se usa de este medio en los delitos atrocísimos y que en suposición de que hubo cómplices no se sabe cuáles fueron y es preciso tener noticia de ellos para extinguirlos» (Mariano Colón: *Disertaciones prácticas criminales*, B.N., ms. 2903, fol. 264).

465. Juan Ramírez, vecino de Chinchón, de profesión cerero, fue condenado «a rigurosa cuestión de tormento» por indicios de haber participado en la muerte de Andrés Romero. La sentencia de tormento le fue notificada al paciente junto al potro y en presencia del oficial ejecutor de la justicia —léase el verdugo—. El condenado apeló el fallo para «ante Su Majestad». Sin embargo el corregidor dijo que no había lugar la apelación, y se ejecutó la sentencia (A.G.S., Cámara de Castilla, leg. 2578, fol. 14).

ción de confesiones autoinculpatorias mientras el paciente estaba siendo desnudado al lado del potro.

En este sentido, a modo de paradigma podemos presentar el caso de un tal Juan, implicado en unos salteamientos ocurridos en el camino de San Lúcar al Condado. Fue detenido este individuo y se disponían a darle tormento. «Estaba el verdugo adereçando el potro, y él, como lo viese andar muy deprisa, volvióse al teniente y díjole: Señor para qué son estas cosas, qué piensa vuestra merced hacer conmigo». Contestóle el teniente que darle tormento. Entonces meditó un poco éste Juan y dijo: «mas ¡por Dios, que será razón dezir verdad sin tormento y que lo que se ha de hazer tarde, se haga temprano y a menos costa!»[466].

En las formalidades anteriores a la tortura, después de notificar la sentencia al reo en la sala del suplicio, se le conminaba por tres veces a decir la verdad y se le advertía de que si por no decirla, se le rompiera algún miembro o sufriera otro menoscabo en su persona, sería «por su cuenta y riesgo» y no por la del juez. El carácter amenazante de estas advertencias es patente desde el momento que la última de ellas se hacía con el reo tendido sobre el potro[467].

Otra forma de aplicar la tortura blanca consistía en privar del sueño a los interrogados. Dado que entonces estas modalidades de suplicio psicológico, no estaban reconocidas como tales a efectos legales, no la hemos encontrado reflejada en las actas de los procesos. Sin embargo Castillo de Bovadilla la cita entre las modalidades de tormentos existentes, añadiendo que «daña poco y aflige mucho»[468].

Por lo demás, la tortura mental y la corporal no estaban completamente separadas como lo demuestra el hecho de que muy frecuentemente la tortura física se aplicaba a horas intempestivas, en las cuales la resistencia del paciente estaba disminuida. Si no siempre, al menos era muy frecuente ejecutar los suplicios por la noche o a altas horas de la madrugada aprovechando el cansancio del paciente[469]. Igualmente era práctica común dejar en ayunas durante un buen número de horas a las personas que habían de padecer en el suplicio[470].

En relación con los tipos de tormento practicados, Castillo de Bovadilla nos informa también del uso de la garrucha, consistente en suspender al reo de una cuerda que pasaba por una garrucha. La víctima, con las manos atadas por detrás de la espalda, era colgada de una polea fija al techo. Se trataba de un tormento muy duro que se reservaba para

466. LEÓN, P. de: *Grandeza y miseria de Andalucía. Testimonio de una encrucijada histórica (1578 a 1616)*. Granada, 1981. pp. 512 a 519. Un caso similar ocurrió con una mujer, la cual fue desnudada en la estancia del potro y con este único motivo confesó de plano lo que sabía acerca de un homicidio (A.G.S., Cámara de Castilla, leg. 2567, fol. 18).

467. A.G.S., Cámara de Castilla, leg. 2581, fol. 24.

468. CASTILLO DE BOVADILLA, J.: *Política para corregidores y señores de vasallos*. Madrid, 1978. V, 3, 21.

469. Esta circunstancia se dio entre otros casos en los siguientes: Bartolomé Luis (A.G.S., Cámara de Castilla, leg. 2566, fol. 1); Francisco de León (A.G.S., Cámara de Castilla, leg. 2581, fol. 24); Juan Ramírez (A.G.S., Cámara de Castilla, leg. 2578, fol. 14); Bernardino Vizcaíno (A.G.S., Cámara de Castilla, leg. 5578, fol. 3); y Fernando Martín Ortiz (A.H.N., Diversos (Hermandades), leg. 38, fol. 5).

470. El Duque de Híjar, por ejemplo, se dio cuenta de que iba a ser atormentado al serle negada la comida. «Mala señal es ésta: ¿Las cinco de la tarde sin darme de comer y día en que se ha visto mi causa? malo modo: tormento me parece que me dan» (EZQUERRA, R.: *La conspiración del duque de Híjar*. Madrid, 1934. pp. 371 y 372. También en Francia el reo era puesto en ayunas desde ocho horas antes de ser torturado (IMBERT, J.; LEVASSEUR, G.: *Le pouboir, les juges et les Bourreaux*. Paris, 1972.

delitos muy atroces. Los húmeros se desarticulaban, junto con la escápula y la clavícula. Las dislocaciones producían deformaciones, a menudo permanentes[471].

Mucho más frecuentes en Castilla eran los tormentos de agua y de cordeles. El de agua se efectuaba poniendo una gasa o tejido fino sobre la boca del paciente y a continuación se vertía agua sobre el tejido. Con ello se provocaba la asfixia de la víctima, a la vez que se inundaban de líquido las vías respiratorias.

Seguramente, el tormento más usado en Castilla fue el potro en su versión de escalera. Después de las formalidades jurídicas de rigor, se ponía en hora el reloj con objeto de computar el tiempo, pero la duración del tormento quedaba al arbitrio del juez, el cual tenía en cuenta la robustez de la víctima y la naturaleza de los indicios existentes contra ella.

Se comenzaba por atar los brazos del paciente a las patas superiores de la escalera, las cuales eran el doble de largas que las inferiores. Después se comenzaban a aplicar los garrotes en las extremidades superiores. Esto es, sirviéndose de cordeles gruesos atados flojamente sobre el brazo se daban vueltas a modo de torniquete con un palo corto hasta incrustar el cordel en los músculos del paciente. A continuación se pasaba a dar los «trampazos» en los pies. «Estos trampazos son fuertísimos y a muy pocos reos se encuentra con tolerancia para dárselos, y se reducen a tirar con fuerza el ejecutor de la cuerda que él tiene echada al dedo gordo de cada pie, donde está sostenido y pendiente. Demás que juntando las espinillas y huesos de las piernas contra las tablas del potro, padece un gran dolor, maltratándosele también muy mucho los dos dedos gordos en que está anzado y pendiente»[472].

El último lance en la realización del suplicio de los cordeles eran las vueltas de mancuerda, consistían en «echar una cuerda a los brazos y tirar de ella el ejecutor, de manera que al miserable reo se le remuevan otra vez los dolores de las ligaduras y garrotes, hiriéndole todas a un tiempo, por eso se llama mancuerda. Igual ejecución se hacía en los dos pies, donde acababa de sufrir los trampazos»[473].

Más allá de los hechos reflejados en las actas judiciales la tortura se practicó en Castilla en medio de un clima de terror y de agresividad, claramente degradatorio para los reos, en el cual abundaban los insultos y las vejaciones. Este clima se patentiza en el lenguaje empleado por los jueces en obras literarias como «Fuente Ovejuna». En ella, Lope de Vega narra la tortura de un niño con las siguientes palabras:

> «Juez: Ese muchacho
> aprieta. *Perro,* yo sé
> que lo sabes. Di quién fue.
> ¿Callas? Aprieta, *borracho.*
> Niño: Fuente Ovejuna, señor

471. Castillo de Bovadilla, J.: *Política para corregidores y señores de vasallos.* Madrid, 1978. V, 3, 21.

472. Mariano Colón: Disertaciones prácticas criminales en que con arreglo al Derecho de España, estilo de los tribunales superiores y ordenanzas de S.M. para el régimen, disciplina, subordinación y servicio de sus ejércitos, publicadas el año 1768 se dan reglas de perfeccionar un sumario y conocer la naturaleza de las pruebas y de los delitos y las excepciones justas que los excluyen o minoran para proceder sin error en la aplicación de las penas legales. (B.N., ms. 2903, fols. 250 y ss., 257 y ss.)

473. Mariano Colón: Disertaciones prácticas criminales (B.N., ms. 2903, fol. 250 y ss.). Según parece, el método descrito se practicaba en la Chancillería de Granada.

Juez: *¡Por vida del rey, villanos,*
que os ahorque con mis manos¡
¿Quien mató al comendador?»[474].

De la lectura de la documentación se desprende que la tortura no era un mecanismo excepcional de investigación de los delitos, sino que las fuentes demuestran su dilatada extensión en la Castilla de los Austrias. Sobre el papel, el tormento se aplicaba a los indiciados en delitos graves, pero en la realidad, dada la inspiración utilitarista que presidía el uso de la tortura, se prefería aplicarla en primer lugar a los sospechosos en quienes cabía esperar menor resistencia a la buscada confesión. En este sentido, los jueces optaban por torturar antes a los individuos de apariencia física más débil y a los menos comprometidos en el delito, quienes tenían menos razones para ocultar los hechos a la justicia: «si hay muchos reos en una causa y a todos se les ha de tormentar se comienza el tormento por el más flaco y pusilánime, o por la mujer, si la hay»[475].

En oposición al testimonio indicado arriba que presupone una cierta debilidad de las mujeres en el tormento, otras fuentes consideran lo contrario: «Concluyamos esta historia con una cosa que tengo mucho tiempo ha considerada y ponderada, y es que de veinte mujeres a quien se da tormento, las dieciocho no confiesan el delito; y que si ellas se dejan desnudar hasta medio cuerpo para darles tormento, como se suele, y no confiesan, no hay peligro de que ellas hayan de confesar, porque sufriendo lo que es más para ellas, que es el dejarse desnudar, sufrirán lo menos. Demás y allende de que si una vez dicen tijeretas, no hayáis miedo de que sean tijeretas. Y Dios os libre de que se aferren con una cosa, que no les sacarán de ella cuantos aran y cavan»[476].

En las actas judiciales se patentiza la crueldad reinante en las sesiones de tortura. Sin embargo, las autoridades judiciales no siempre conseguían su propósito. Es decir la confesión inculpatoria del reo. Del examen de los procesos criminales conservados en la sección Cámara de Castilla del Archivo de Simancas se desprende que un 45% de los torturados aguantaban los sufrimientos sin aportar a la justicia datos nuevos que no hubiesen declarado antes. El costo de esta resistencia era sufrir dolores atrocísimos hasta desmayarse en el suplicio. Entonces los torturadores rociaban con vino la cara del paciente y le reanimaban para proseguir el interrogatorio y continuar infringiéndole horribles daños.

Entre la gente del hampa se repudiaba al compañero que confesaba en el tormento. En cambio, los presos homenajeaban a quien mantenía su negativa: «y si le dan tormento y niega, le reciben con sábanas rociadas con vino, y con vigüelas y con panderetes. Por el contrario, si confiesa, no le admiten en su alojamiento que llaman rancho y trátanlo de manera, que se viene a acomodar con la peor gente de la prisión. A este le llaman músico»[477].

En el Quijote se refleja de igual manera la mala estima que acompañaba a quienes confesaban en el tormento:

> Preguntó Don Quijote al segundo galeote que por qué pecados iba de aquella guisa, «el cual no respondió palabra, según iba de triste y melancólico; mas respondió por él el primero, y dijo:

474. Lope de Vega: *Fuente Ovejuna.* Navarra, 1970. Acto III, escena XVIII.
475. Práctica de la Chancillería de Granada. B.N., ms. 309, fol. 366.
476. León, P. de: *Grandeza y miseria de Andalucía. Testimonio de una encrucijada histórica (1578 a 1616).* Granada, 1981. p. 584.

—Este, señor, va por canario, digo, por músico y cantor.

—Pues ¿cómo? —repitió Don Quijote— ¿Por músicos y cantores van también a galeras?.

—Sí, señor —respondió el galeote— que no hay peor cosa que cantar en el ansia.

—Antes he yo oído decir — dijo Don Quijote— que quien canta, sus males espanta.

—Acá es al revés —dijo Don Quijote.

Mas una de las guardas le dijo:

—Señor caballero, cantar en el ansia se dice entre esta gente "non sancta» confesar en el tormento. A este pecador le dieron tormento y confesó su delito, que era ser cuatrero, que es ser ladrón de bestias, y por haber confesado le condenaron por seis años a galeras, amén de doscientos azotes, que ya lleva en las espaldas; y va siempre pensativo y triste, porque los demás ladrones que allí quedan y aquí van le maltratan, y aniquilan, y escarnecen, y tienen en poco, porque confesó y no tuvo ánimo de decir nones. Porque dicen ellos que tantas letras tiene un «no» como un «sí» y que harta ventura tiene un delincuente, que está en su lengua su vida o su muerte, y no en la de los testigos y probanzas; y para mí tengo que no van muy fuera de camino.

—Y yo lo entiendo así —respondió Don Quijote—»[478].

En el ambiente de inhumanidad que presidía las salas de tortura se desesperaba el reo a menudo, llegando a pedir en ocasiones al juez que «sacase el cuchillo y le matase», «pero que no continuase el tormento»[479]. Como tampoco era raro que el reo profiriese frases heterodoxas: «¡mal haya el ama que me crió!», «¡quiero morir por Dios!», etc[480].

La confesión arrancada por la fuerza de la tortura debía ser ratificada veinticuatro horas después sin la presión del suplicio[481]. Pero en las propias Partidas se prevé la posibilidad de torturar de nuevo al reo que no ratificase la declaración efectuada en el tormento. Y aún más, los jueces solían utilizar una trampa legal para burlar el espíritu de lo dispuesto en el texto alfonsino a este respecto, pues generalmente no terminaban la sesión de tortura, sino que la suspendían para continuarla cuando creyeran conveniente, con lo cual el nuevo tormento era considerado continuación del anterior.

Ya se ha indicado que la confesión del reo era entendida como la prueba perfecta, pero ¿qué ocurría si a pesar de todo el torturado no confesaba? En este punto la doctrina no alcanzó un acuerdo unánime y en el plano normativo este aspecto tan importante no llegó a regularizarse. Algunos autores defendieron la tesis de que el reo negativo purgaba los indicios anteriores en el tormento y por tanto debía ser absuelto. Otros se mostraban partidarios de no resolver la causa hasta encontrar pruebas legítimas y verdaderas, suficientes para condenar al reo. Una tercera corriente del pensamiento jurídico defendía que

477. CHAVES, C. de: «Relación de la cárcel de Sevilla» en *Ensayo de una biblioteca española de libros raros y curiosos formado con los apuntamientos de D. Bartolomé José Gallardo. Coordinados y aumentados por D. M. R. Zarco del Valle y D. J. Sancho Rayón.* Madrid, 1968 y 1969. pp. 1344 y 1345.

478. CERVANTES SAAVEDRA, M. de: *Don Quijote de la Mancha*. Barcelona, 1978. p. 152.

479. A.H.N., Consejos Suprimidos, leg. 5578, fol. 3.

480. A.H.N., Diversos (Hermandades), leg. 38, fol. 5; y leg. 35, fol. 1.

481. *Partidas* VII, 30, 4.

la negativa del reo carecía de valor y en consecuencia el juez podía condenar en base a los indicios y pruebas antecedentes.

En la realidad, los jueces tomaban precauciones para que la resistencia del reo en el suplicio no se convirtiera en una prueba en su favor, y en las sentencias condenatorias de tormento incluían una cláusula, por medio de la cual el juez advertía que se ejecutaría la tortura «sin perjuicio de las probanzas hechas hasta el momento y dejándolas en el estado y firmeza anterior»[482]. Generalmente la solución práctica adoptada por los jueces en tales circunstancias —al amparo del arbitrio judicial imperante— era condenar en una pena extraordinaria, esto es, distinta y menor que la pena legal ordinaria[483].

Las Partidas dejaban a salvo la responsabilidad de los jueces en lo referente a lesiones causadas a los reos en el suplicio. La única condición exigible en la aplicación de esta norma era que el tormento se aplicara conforme a derecho: «Dándose el tormento jurídicamente, aunque el reo muera, o salga lisiado dél, no puede ni deve el juez ser calumniado por ello, según común opinión y ley de Partida, que dize estas palabras: si el juzgador metiere algún hombre a tormento con Derecho por algún yerro que huviesse fecho, para averiguar verdad, no deve ser fecha emienda por las feridas que le diesse. Y yo me acuerdo, que en la cárcel de Corte murió un assasino de un tormento, y a otro le quebraron un braço, y no se trató dello. La razón es, porque lo que se haze lícitamente y con permisión de la ley no merece pena. Y el daño que uno siente por su culpa, a sí se lo deve imputar, como dize la regla del Derecho»[484].

Teniendo en cuenta el grado de arbitrio existente en la administración de la tortura y la impunidad de los errores judiciales cometidos en aplicación de la misma, el propio Castillo de Bovadilla llama a la prudencia de los juzgadores en esta cuestión: «miren mucho los jueces temerosos de Dios, en especial los moços, que ni la vanidad de adquirir fama y acrecentamiento de oficios averiguando y castigando los delitos, los ciegue, ni el pensar que tienen largo poderío en arbitrar los indicios, los engañe, sino que procedan con mucho tiempo y consideración, porque después no se vean en aflición en la estrecha cuenta y Residencia del cielo, y en la del suelo; pues aún el mismo Rey no podría mandar atormentar a uno sin preceder suficientes indicios»[485]. Pese a lo expuesto anteriormente por él mismo, Castillo consideraba que en casos de delitos enormes y atroces, en los cuales se hallasen implicados personas facinerosas y de mala fama, se podía torturar a éstas aunque contra ellas no existiesen suficientes indicios[486].

La tortura se demostraba como un elemento particularmente eficaz en orden a obtener confesiones autoinculpatorias de los reos, prescindiendo de criterios de humanidad. Pero lo confesado en los padecimientos del tormento, no siempre coincidía con la verdad, y entonces un error judicial podía conducir a otro. El padre Pedro de León mismo apuntó en su obra un total de diez personas que a su juicio eran inocentes, pero las cuales

482. A.G.S., Cámara de Castilla, leg. 2578, fol. 14.

483. Tomás y Valiente, F.: *La tortura en España*. Barcelona, 1973. pp. 77 y 78.

484. Castillo de Bovadilla, J.: *Política para corregidores y señores de vasallos*. Madrid, 1978. V, 3, 25.

485. Castillo de Bovadilla, J.: *Política para corregidores y señores de vasallos*. Madrid, 1978. V, 3, 12.

486. Castillo de Bovadilla, J.: *Política para corregidores y señores de vasallos*. Madrid, 1978. V, 3, 16.

fueron ajusticiadas en virtud de declaraciones arrancadas bajo la presión de la tortura. Así pues, más de un tres por ciento de los condenados asistidos espiritualmente por el mencionado jesuita perdieron la vida a manos del verdugo por causa de la imputación de delitos que no habían cometido, y en todos estos casos jugaron un papel decisivo las declaraciones efectuadas en el tormento[487].

El colofón de la fase probatoria lo integraba la vista oral, en la cual las partes o sus abogados alegaban verbalmente acerca de sus respectivos derechos. La tercera y última fase procesal venía representada por la sentencia. Esta la pronunciaba el juez después de un examen de las actas procesales. En los tribunales superiores el análisis de las actas se sustituía por la síntesis del proceso que hacía el relator. Es característico de las sentencias castellanas el hecho de ser escuetas y no constar en ellas los fundamentos jurídicos aplicados por el juez en su dictamen final. En ninguna de ellas aparece citada, interpretada ni aplicada ley real alguna.

La no división de poderes favoreció que las sentencias no fueran sólo un acto de justicia sino también un acto de gobierno. En función de ello se introdujeron en el acto judicial una serie de consideraciones ajenas al caso procesalmente tratado y resuelto. Así la política militar llevada a cabo en el Mediterráneo influyó decisivamente en el número de penas de galeras impuestas por los jueces. La Corona remitió a lo largo del tiempo sucesivas instrucciones a los Corregidores, en las cuales se anteponían los intereses coyunturales de la Corona a la estricta administración de justicia.

Los fallos judiciales podían ser apelados ante los tribunales superiores. Gustavo Villapalos ha precisado que lo característico de la apelación es su carácter de recurso contra un acto injusto pero válido[488]. La apelación era el recurso que hacía efectiva la ordenación jerárquica de los órganos de administración de justicia. Por medio de él la jurisdicción sobre el conocimiento de cada causa volvía de los órganos inferiores a los superiores de los que derivaba[489]. Sólo se admitía la apelación de sentencias definitivas o de interlocutorias que causasen un perjuicio irreparable en la definitiva. Pero no todas las sentencias definitivas eran apelables. Las Partidas ya habían prohibido la apelación a los reos de ciertos delitos, cuya culpabilidad se hubiese probado suficientemente. La práctica de denegar las apelaciones llegó a estar muy extendida entre los jueces reales, únicamente la posibilidad de ser capitulados en las residencias frenó la tendencia judicial favorable a la denegación de las apelaciones. De este modo, el otorgamiento de las apelaciones constituyó una más de las innumerables cuestiones dejadas al libre arbitrio de los jueces.

Cuando la sentencia era dictada por un tribunal superior no cabía apelación sino suplicación ante él mismo. La doctrina coincide en señalar que la suplicación es un recurso extraordinario, o subsidiario, que reemplaza a la apelación y se interpone ante aquellos órganos que por representar directamente al Monarca, no consienten la apelación. La suplicación no era un recurso establecido por derecho natural, sino que se introdujo por gracia y merced regia. En virtud de este procedimiento, los altos órgano de justicia, como

487. León, P. de: *Grandeza y miseria de Andalucía. Testimonio de una encrucijada histórica (1578 a 1616).* Granada, 1981. pp. 536, 545, y 571.

488. Villapalos Salas, G.: *Los recursos contra los actos de gobierno en la Baja Edad Media. Su evolución histórica en el reino castellano (1252 a 1504).* Madrid, 1976. pp. 280 a 286.

489. Alonso Romero, Mª P.: *El proceso penal en Castilla (siglos XIII-XVIII).* Salamanca, 1982. pp. 277 y 278.

los Alcaldes del Crimen de las Audiencias, los Alcaldes de Casa y Corte y el Consejo Real tenían la oportunidad de enmendar sus propias actuaciones mediante un nuevo examen del proceso.

Otro de los medios previstos para impugnar las sentencias definitivas era el recurso de nulidad. Mediante el mismo se podían anular las sentencias que no hubiesen observado en su procedimiento el orden y las solemnidades prescritas en las leyes. El efecto del reconocimiento de la nulidad era la anulación y revocación de la sentencia anterior y la absolución de la instancia. El proceso se retrotraía al estado del momento en el cual se hubiere producido la causa de nulidad, siendo válidas las actuaciones anteriores y nulas las posteriores. Si la nulidad era por defecto de jurisdicción, todo el proceso se consideraba nulo. En la práctica éste recurso apenas tuvo uso[490].

Además del conjunto de recursos citados existía también la revisión extraordinaria. Se trataba de una medida de gracia, ajena a la vía de justicia que permitía al Soberano en ejercicio de su potestad de gracia, ordenar la apertura de una nueva instancia en procesos ya ejecutoriados.

Por otra parte, las posibilidades reales de recurrir las sentencias estaban disminuidas por el hecho de que los condenados en causa criminal debían permanecer detenidos durante la revisión de su proceso. De este modo, los condenados en penas relativamente ligeras renunciaban ordinariamente a la presentación del recurso y así perdían la ocasión de ser repuestos en su derecho. Para obviar este problema y con objeto también de introducirse en el campo de la administración de justicia, las ciudades propusieron insistentemente al Rey que a los condenados por causa criminal en pena inferior a 6.000 mrs. se les ofreciese la posibilidad de apelar ante el regimiento de la ciudad. Con esto, los condenados evitarían los cuantiosos gastos subsiguientes a la apelación ante un tribunal foránea[491]. Pero el Monarca, celoso de la salvaguarda de sus derechos exclusivos en materia de administración de justicia, nunca accedió a compartirlos con las ciudades.

Otro inconveniente importante que tenía el procedimiento penal ordinario en Castilla era su elevada duración. Las Partidas disponían que las causas criminales no podían durar más de dos años[492]. Sin embargo, esta disposición fue quedando en desuso sin que en su lugar se diese otra norma que viniera a sustituirla. En la Edad Moderna, la dilación de los procesos era ciertamente exagerada y las gentes de aquel tiempo eran conscientes de ello. Antonio Pérez recomendó a Enrique IV de Francia en sus *Máximas* que fijase «un término limitado para la decisión de todos los procesos», y a su entender creía que nueve meses bastarían para determinar las causas criminales[493].

Las Cortes, por su parte, solicitaron en 1532 un aumento del arancel de los jueces en lo referente a los derechos correspondientes a la pronunciación de sentencia con objeto de ponerles incentivos para que sentenciasen los procesos brevemente[494]. Igualmente las

490. ALONSO ROMERO, Mª P.: *El proceso penal en Castilla (siglos XIII-XVIII)*. Salamanca, 1982. pp. 283 y 284.

491. *Actas de las Cortes de Castilla*. Cortes de Toledo de 1538. Pet. XXVIII. T. V. p. 118. También Cortes de Valladolid de 1542, cap. generales, n.º 53. T. V. p. 243. Cortes de Madrid de 1583 a 1585. Pet. VIII. T. VII. p. 794; y pet. LIV. T. VII. p. 827.

492. *Partida* VII, 29, 7.

493. PÉREZ, A.: Máximas de Antonio Pérez dadas a Enrique IV de Francia. B.N., ms. 11352, fol. 94.

494. *Cortes de los Antiguos Reinos de León y de Castilla*. Madrid, 1861 a 1903. Cortes de Segura de 1532. Pet. LXXXVIII bis.

Cortes celebradas en Valladolid el año 1537 refieren cómo en las Chancillerías de Valladolid y de Granada, algunas personas padecían en la cárcel durante cuatro o cinco años hasta que los Alcaldes del Crimen veían su pleito[495].

Junto al procedimiento penal ordinario, se utilizó en Castilla el proceso sumario para castigar el contrabando, la usura y los delitos de Hermandad. La facultad para ordenar la sumarización del procedimiento era prerrogativa del Monarca, y a través de éste se hacía extensiva a sus tribunales superiores. Así pues, los ámbitos principales en los cuales se implantó el procedimiento sumario fueron los tribunales superiores, ciertos delitos graves, las jurisdicciones penales especiales y la justicia comisarial.

Ciertamente una duración desmesurada del proceso no favorecía al reo, pero al menos en el orden complejo el acusado tenía más oportunidades para destruir las pruebas presentadas contra él. Sin embargo, con el procedimiento simplificado el reo se veía en una situación de clara inferioridad defensiva.

Según se practicaba en la Sala de Alcaldes de Casa y Corte, lo más característico de este modo de proceder era que una vez concluida la información sumaria, el tribunal pronunciaba la siguiente fórmula: «A confesión y prueba, hasta la primera con denegación y todos cargos». «A confesión y prueba hasta la primera con denegación» quería decir que en el término de tiempo transcurrido entre una audiencia y la siguiente, sin posibilidad de prórroga debían realizarse las siguientes actuaciones procedimentales: confesión del reo, ratificación de los testigos de la información sumaria, acusación formal del fiscal, contestación del reo, presentación de interrogatorio y de los testigos del reo para destruir los cargos presentados contra él en la información sumaria, y examen de dichos testigos y de los nuevos que pudiera presentar la parte acusadora. Con «todos cargos significaba que en el mismo plazo quedaba conclusa la causa y se consideraban citadas las partes para sentencia definitiva».

Normalmente en un término tan corto no podían realizarse todas las actuaciones prescritas. Por esta razón solía ampliarse algo el plazo. Tal forma de sustanciar los procesos penales se desarrolló sin el respaldo de ninguna disposición legal. Al decir de M. Paz Alonso se nos ofrece «como una síntesis del orden complejo y supone una sustancial alteración a la división en fases y términos preclusivos establecida en aquel. Desaparece la subdivisión del juicio plenario, que se sintetiza de manera considerable, a la vez que se incluye en él también la confesión del reo que, en principio, en el orden complejo tenía lugar en la fase sumaria. No existen conclusiones y es en un auto del juez en el que al final de la información sumaria, se ordena recibir la confesión al reo, se abre el período probatorio y se cita ya a las partes para sentencia»[496].

Muchas veces el reo se encontraba en paradero desconocido cuando se iniciaba el proceso, entonces era llamado por sucesivos pregones. Si no se personaba voluntariamente y tampoco podía ser capturado, continuaba el proceso en rebeldía sin su presencia. Las justicias ordinarias inferiores efectuaban el emplazamiento del reo ausente mediante tres edictos consecutivos, dictados de nueve en nueve días. Estos eran leídos primero en los estrados, después eran comunicados en el domicilio del interesado y finalmente se fijaban en algún lugar público.

495. *Cortes de los Antiguos Reinos de León y de Castilla.* Madrid, 1861 a 1903. Cortes de Valladolid de 1537, pet. III.

496. ALONSO ROMERO, Mª P.: *El proceso penal en Castilla (siglos XIII-XVIII).* Salamanca, 1982. p. 168.

Por su parte, los alcaldes de Casa y Corte y los alcaldes del crimen de las Chancillerías pronunciaban sus edictos cada tres días. Para agilizar los trámites de formalización de las rebeldías en los tribunales superiores, Felipe II, en 1564, ordenó que para concluir los pleitos en los Consejos y en las Audiencias no se esperase a la tercera rebeldía. A partir de la citada fecha lo que anteriormente se concluía con tres rebeldías, tanto para sentencia definitiva como para autos interlocutorios, bastó con la declaración de una sola rebeldía.

La incomparecencia del pregonado durante el primer plazo ocasionaba su condena en las penas del «desprez» y secuestro de sus bienes. La no presentación al segundo reportaba la condena del «homecillo» si el delito merecía muerte. Por último, cuando el reo tampoco acudía al tercer plazo era condenado en las penas de «desprez», «homecillo» y costas. En tales circunstancias, acusada la rebeldía, el juez ordenaba que se le impusiera acusación en forma y mandaba responderla al reo ausente. Al acusarse de nuevo la rebeldía, el juez daba el pleito por concluso y lo recibía a prueba. Transcurrido el plazo correspondiente, se publicaban las pruebas para permitir la presentación de tachas y la alegación de bien probado, a continuación se concluía para definitiva.

Se comprueba que la rebeldía del reo se convertía en un importante indicio en su contra y unido a otros, aunque fueran leves, bastaban para condenarle. Eventualmente el reo podía ser apresado, o presentarse voluntariamente, antes de la sentencia definitiva. En este caso, debían ser tenidas en cuentas las pruebas que desease presentar en su descargo, pero se tenían por válidas las actuaciones efectuadas hasta entonces en su ausencia. Si aparecía después de pronunciarse la sentencia, pero antes de transcurrido un año de la fecha de la misma, debía ser oído y se aceptaba su defensa tanto en lo relativo a las penas corporales como a las penas pecuniarias que le hubiesen sido impuestas. Pasado un año, la sentencia era ejecutiva en lo referente a las penas pecuniarias y ya sólo podía aspirar a librarse de las corporales[497].

En la práctica, los reos rebeldes eran condenados en penas mayores que los personados en el juicio. La no presentación se consideraba por sí misma un indicio de culpabilidad, y a esto se añadía la pérdida de sus posibilidades de defensa.

Felipe IV, preocupado por el auge del bandolerismo, negó a los salteadores el derecho a ser oídos después de la sentencia. Este Monarca, aparte de reducir la publicación de pregones a tres plazos de tres días cada uno en todos los órganos de justicia, dispuso que los condenados por estos motivos, no fueran oídos aunque se les capturase después, y «las penas corporales en que fueren condenados en rebeldía, se ejecuten en sus personas luego que los dichos bandidos fueren presos, sin oírles ni formar nuevo proceso, y las pecuniarias en sus bienes luego que se pronunciase la sentencia, sin esperar a que pase el año»[498].

En la Edad Moderna se firmó el primer acuerdo conocido en Castilla sobre extradición de malhechores. A finales del siglo XV coincidieron dos circunstancias que favorecieron la suscripción de un tratado de este tipo. Por una parte, en la frontera

497. ALONSO ROMERO, Mª P.: *El proceso penal en Castilla (siglos XIII-XVIII)*. Salamanca, 1982. pp. 175 y 176. *Nueva Recopilación* IV, 10, 3; y V, 3, 51.

498. ALONSO ROMERO, Mª P.: *El proceso penal en Castilla (siglos XIII-XVIII)*. Salamanca, 1982, p. 478. Pragmáticas de 15 de junio y 6 de julio de 1663.

galaico-portuguesa existía un fenómeno de bandolerismo, caracterizado por la utilización del territorio de uno de los Reinos como base general de operaciones, mientras que los delitos eran cometidos al otro lado de la frontera. En segundo término, propició la rúbrica del acuerdo el hecho de que la corona portuguesa estuviese en manos de Manuel I, casado entonces con Isabel, la hija mayor de los Reyes Católicos.

En un clima de entendimiento general entre los titulares de ambos reinos, los Reyes Católicos confirmaron el siete de junio de 1499 el acuerdo alcanzado entre el licenciado Maldonado, alcalde mayor del reino de Galicia, y los «desembargadores» del Rey de Portugal. En virtud del mismo se previó que los naturales de los reinos castellanos, delincuentes en Portugal, serían entregados a las autoridades portuguesas. Recíprocamente, la corona portuguesa se comprometió a transferir a Castilla los malhechores infractores en este último reino, con independencia de la nacionalidad de los mismos[499].

Más tarde, en el año 1569, es suscrito por Felipe II un nuevo tratado con Portugal. A la sazón el reino vecino estaba gobernado por don Sebastián, un sobrino del monarca castellano. Desde esta fecha los requerimientos signados por los tribunales superiores de justicia, tales como el Consejo, las Audiencias y los alcaldes de Casa y Corte, causaban la entrega inmediata del delincuente reclamado. El único requisito exigible para ello consistía en acompañar la solicitud con la información del delito cometido por el reo. Por el contrario, las requisitorias emanadas de jueces inferiores, como eran los corregidores, debían ir acompañadas del proceso y las pruebas acumuladas hasta entonces contra el acusado[500].

En 1520 el reino de Navarra representó a Carlos V «que muchas personas del dicho Reyno» cometían «cada día muchos delitos, y a causa que los dichos delincuentes» pasaban a tierras castellanas, «los delitos» quedaban «impunidos». Ante ello, el Emperador resolvió que las justicias de los reinos de Castilla entregasen a sus homólogas navarras los delincuentes reclamados por éstas a fin de que fueran castigados en el lugar donde cometieron sus infracciones. Recíprocamente el Regente, el Consejo de Navarra y los alcaldes de la Corte Mayor estaban obligados a entregar a las justicias castellanas cuantas personas hubieren infringido las leyes de Castilla. Ello con independencia del lugar donde hubieren nacido los reos reclamados[501].

La normativa sobre remisión de delincuentes del reino de Castilla al de Aragón y viceversa estuvo marcada por las alteraciones ocurridas en el reino aragonés durante el desarrollo del caso de Antonio Pérez. Recordemos que el ex-secretario de Felipe II logró fugarse de la cárcel de Corte en julio de 1590, tomando inmediatamente el camino de Aragón, reino de donde era natural. Allí se acogió a la jurisdicción del Justicia Mayor, y, dada la situación que se creó tras la huida, el Soberano se vio obligado a recurrir a la Inquisición para procurar su castigo.

Pero la movilización general del pueblo aragonés en defensa de sus fueros forzó la liberación de Pérez y en 1591, poco antes de la llegada de los ejércitos reales encargados

499. GIL AYUSO: *Noticia bibliográfica de textos y disposiciones legales de los reinos de Castilla impresos en los siglos XVI y XVII*. Madrid, 1935. pp. 402 y 403. También *Libro de las bulas y pragmáticas de Juan Ramírez*. Toledo, 1550. fol. 172 y ss. Igualmente A.G.S., Cámara de Castilla, leg. 2763, fol. 28; y *Nueva Recopilación* VIII, 16, 5.

500. *Nueva Recopilación* VIII, 16, 6.

501. *Nueva Recopilación* VIII, 16, 7.

de reprimir el conflicto, Pérez logró pasar la frontera francesa y zafarse de la persecución de Felipe II. Poco tiempo después, cuando estos sucesos estaban aún recientes y todavía vibraban los ecos del castigo, en las Cortes de Tarazona de 1592 se expuso:

> «Por experiencia se ha visto, que hombres estrangeros muy facinerosos, que han cometido graves delictos en otros Reynos convecinos, se han venido a receptar a éste, confiados que no han de poder ser sacados dél. Los quales continuando en su mala vida y costumbres han perturbado la paz pública y universal deste reyno y inquietado gravemente a los naturales dél».

En este clima, marcado por la derrota de los fueristas y el temor a las represalias de la autoridad, Felipe II instituyó por «voluntad de la Corte» reunida en Tarazona el primer fuero sobre remisión de delincuentes de Aragón a Castilla. Dos años después, en 1594, el propio Felipe II por una pragmática, fechada en Madrid, ordenó lo concerniente a la extradición recíproca de delincuentes desde el reino de Castilla al de Aragón. Con ello se dio satisfacción a lo estipulado en el fuero de las Cortes de Tarazona que exigía correspondencia por parte de ambos reinos en la entrega de malhechores.

De este modo, a partir de la fecha señalada de 1594 se estableció un sistema de intercambio de delincuentes entre dos de los reinos con mayor peso específico en el seno de la monarquía hispánica. Según el mismo, los malhechores pasaron a ser juzgados conforme a las leyes propias del sitio donde hubieren delinquido y por los jueces competentes en tal lugar[502].

Respecto al reino de Valencia, éste padeció en el siglo XVII un persistente fenómeno de bandolerismo. Lo cual movió a Felipe IV a otorgar una pragmática alusiva a la entrega de delincuentes entre las autoridades castellanas y las valencianas. El contenido de esta pragmática de 1624 es análogo a la de 1594 que reguló la cuestión para el reino de Aragón. Sin embargo en la relativa al reino de Valencia de 1624 se incluyó una novedad; pues, dado que en Castilla no se podían ejecutar penas corporales en los reos condenados en rebeldía sin antes oír sus alegaciones, y como en Valencia no se observaba esta norma, Felipe IV declaró que en los delincuentes remitidos a Valencia no se ejecutasen inmediatamente las penas dictadas en rebeldía, sino que los tribunales escuchasen previamente sus descargos[503].

C) Relación de la Justicia Real con otras Jurisdicciones

En un sistema plurijurisdiccional como el establecido en tiempos de los Austrias, el correcto ensamblaje de las piezas integrantes de los aparatos de la administración de justicia revestía una importancia capital. Lo cual no significa que al marchar cada una de la partes en una órbita específica no surgiesen múltiples fricciones y encuentros entre ellas. En los archivos están recogidos numerosos testimonios acreditativos de la enorme proliferación de conflictos surgidos por esta razón. Pese a ello, no se puede deducir sin más un estado caótico de la organización judicial o una disfunción permanente en la marcha de la misma.

502. *Fueros, observancias, y actos de Corte del Antiguo Reino de Aragón*. Zaragoza, 1866. T. I. pp. 430 y 431. *Nueva Recopilación* VIII, 16, 8.

503. *Nueva Recopilación* VIII, 16, 9. También A.H.N., Colección de Reales Cédulas, n.º 4898.

La realidad es que la sociedad del privilegio requería una pluralidad jurisdiccional y creó las estructuras necesarias para llevarla a cabo. El estudio de cada uno de los componentes de la totalidad exigiría un trabajo monográfico preciso, cuyos límites excederían de las posibilidades reales de nuestra investigación. En este sentido debemos indicar que al aproximarnos a cada una de las jurisdicciones no pretendemos hacer una descripción pormenorizada de todas ellas, sino simplemente aludir a la idea de conjunto que la inspiraba.

El elemento integrador de todo el sistema era la Corona. A todos los efectos la administración de justicia era una regalía que el Rey ostentaba junto con otras, tales como el derecho a hacer la guerra, la potestad de promulgar leyes, la administración de la gracia, la designación de los funcionarios, y la acuñación de moneda. No obstante, en virtud de este principio el Soberano podía delegar algunos fragmentos de sus facultades jurisdiccionales en otras personas, y de hecho lo hacía así. Un buen ejemplo de ello lo constituía la jurisdicción señorial. Los señores administraban justicia por encargo regio, y no puede hablarse en los señoríos de soberanía compartida, pues la única soberanía reconocida en todas partes es la del Monarca. La jurisdicción de la Corona era suprema. Por el contrario, la de los señores era limitada y en ella podían actuar los agentes del soberano en casos de mengua de justicia, es decir, cuando el señor haciendo dejación de sus funciones dejase sin reprimir los delitos. Por lo demás, la Corona se reservaba la última instancia y el enjuiciamiento privativo de los casos de corte. Pero no sólamente esto, también debe tenerse en cuenta la potestad del Monarca para enviar pesquisidores a los territorios señoriales y para residenciar a los oficiales designados por el señor.

No podemos, por tanto, referirnos a los señoríos como entidades contrapuestas al realengo. Desde el punto de vista jurisdiccional, el señorío y el realengo son partes integrantes de la misma globalidad, cuya realidad no se puede comprender sin tener en cuenta la estrecha relación existente entre ellas.

A la luz de los textos legales es indiscutible el derecho de los vasallos para apelar de las sentencias señoriales ante las Chancillerías reales. Sin embargo, se ha sospechado que tal derecho en la realidad tuvo una vigencia dudosa. Ciertamente, en una sociedad tan desigual como la castellana de la Edad Moderna, oponerse a la voluntad de los poderosos no era tarea fácil, pues los vínculos de dependencia existentes entre las personas no favorecían el desarrollo siquiera de los derechos reconocidos nominalmente. Los mecanismos de presión sobre los vasallos eran tan poderosos que eventualmente éstos desistían de emprender iniciativas contrarias a los intereses de su señor[504].

Pese a lo expuesto, la información conservada en los archivos atestigua que acudir a los tribunales superiores del Rey era no sólo una posibilidad teórica recogida en las leyes sino también una práctica diaria. Como prueba de ello podemos citar los 12 procesos provenientes de los territorios del Conde de Benavente y los 17 procesos originarios de

504. El profesor Fernández Alvarez nos consigna el caso de los vasallos del Conde de Ureñas que no se atrevieron a denunciar ante la Corona a su señor por el hecho de haber dado garrote a su secretario Robledo (*La sociedad española del Renacimiento.* Salamanca, 1974. pp. 110 y 111. También *Corpus Documental de Carlos V.* Salamanca, 1973 a 1981. T. I. p. 422.

los estados del Condestable que en un sólo año —el de 1580— llegaron en apelación a la Chancillería de Valladolid[505].

El señor había recibido la jurisdicción de manos del Rey. En tiempos de la Reconquista estas transferencias se efectuaban en atención a las necesidades militares y fueron una concesión graciosa. Posteriormente las cesiones jurisdiccionales sirvieron para recompensar servicios prestados por la nobleza a la Corona. Pero durante muchos siglos se conservaron como mercedes gratuitas otorgadas por el Soberano, después Carlos V comenzaría a vender jurisdicciones.

De todos modos, aunque la facultad de administrar justicia la recibía el señor, éste solía encomendar la misión a terceras personas, las cuales desempeñaban el encargo en nombre del titular de la concesión. En la práctica, la estructuración del sistema judicial correspondiente a los señoríos se asemejaba bastante a la organización establecida para los territorios de realengo. Por tanto, en ellos encontramos corregidores, alcaldes mayores, alcaldes ordinarios, etc.

Al igual que en el realengo, los corregidores eran nombrados sin intervención alguna de los vasallos. Los designaba el señor personalmente, y, aparte de administrar justicia, asumían el control del gobierno de los concejos[506].

Por lo que se refiere a los alcaldes, cargos de naturaleza estrictamente judicial, existían tres modalidades de nombramiento. En primer lugar, podía designarlos directamente el señor o su representante. Otras veces los lugareños proponían una lista de candidatos que generalmente contenía un número de nombres dos veces superior a la cifra de puestos a cubrir, y finalmente el señor escogía o confirmaba los de mayor confianza. Por otra parte, en ciertos lugares, los vecinos elegían libremente a sus jueces, sin la intervención del señor[507].

En Fermoselle, villa señorial cuya jurisdicción en primera y segunda instancia pertenecía al obispo de Zamora, la dignidad elegía el alcalde mayor. Pero en la elección de los regidores y alcaldes ordinarios la participación del obispo se reducía a la confirmación de los escogidos por los oficiales salientes de esos mismos cargos. Todos los años, el día de año nuevo, se reunían los alcaldes y los regidores para escoger los cuatro nuevos alcaldes, los cuatro nuevos regidores, los cuatro nuevos procuradores y los dos nuevos mayordomos. Después, los así nominados se presentaban ante el prelado y éste elegía entre ellos los que le parecían convenientes para cada oficio, les daba su provisión y en virtud de ella el alcalde mayor les entregaba las varas al regresar a la villa[508].

505. En la Chancillería de Valladolid, dentro de la sección de Libros de Criminal, se encuentran los libros de «Repartimientos de Pleitos». En estos volúmenes se registraban todos los asuntos criminales al llegar al citado tribunal, declarándose al mismo tiempo cómo se repartían entre los distintos escribanos. Igualmente se indicaba el nombre de los litigantes, de qué lugar eran, la fecha de la llegada del asunto a la Chancillería, y una alusión breve al delito en cuestión: muerte, malos tratos, riña, rapto, etc. Los referidos datos sobre litigios provenientes de tierras del Condestable y del conde de Benavente han resultado del vaciamiento del libro del año 1580 (A.R.Ch. de Valladolid, libros de repartimiento de criminal, caja 2, 1).

506. Hernández Vicente, S.: *El concejo de Benavente en el siglo XV*. Zamora, 1986. pp. 154 a 157.

507. Calonge Matellanes, García Zarza y Rodríguez Sánchez: *La España del Antiguo Régimen*. Salamanca, 1967. p. 49. Igualmente Salomón, N.: *Vida rural campesina en tiempos de Felipe II*. Barcelona, 1973. pp. 199 a 203.

508. Averiguación de las rentas temporales de la villa de Fermoselle y sus aldeas (15 de septiembre de 1575). A.G.S. Expedientes de Hacienda, leg. 275, fol. 3. Debo la noticia de esta documentación al Dr. Rueda Fernández.

Los alcaldes ordinarios juzgaban los pleitos criminales en primera instancia. Después las apelaciones de sus fallos podían presentarse ante la Chancillería o ante el alcalde mayor, según las preferencias de la parte apelante. Además para resolver en primera instancia causas civiles menores —es decir las de cuantía inferior a 100 mrs.— existían en la villa de Fermoselle los jurados, oficiales judiciales sin competencias en lo criminal.

En otros estados señoriales de mayor entidad, como los de la Casa de Osuna, los asuntos judiciales eran numerosos y por tanto poseían una organización judicial más compleja, algunos de cuyos órganos funcionaban colegiadamente. Tal ocurría con la Audiencia, la cual estaba facultada para entender en asuntos de primera instancia, pero sobre todo se hacía cargo de todas las apelaciones provenientes de los diversos jueces del señorío, si es que los interesados no preferían presentarlas ante las Chancillerías reales[509].

Dentro de la jurisdicción señorial, el titular de la misma tenía conferidas facultades que en el realengo competían al Soberano. Así los señores jurisdiccionales podían intervenir en cualquier momento procesal y avocar el pleito para sí, o podían cambiar el juez de una causa sin mediar explicación de ninguna índole[510]. En el mismo orden de cosas gozaban de los beneficios de las penas aplicadas por sentencia judicial a su cámara y fisco.

Con objeto de fiscalizar la labor de los oficiales señoriales, incluidos los cargos de justicia: alcaldes mayores y ordinarios, alguaciles, escribanos, procuradores, etc., los señores nombraban jueces de residencia. El procedimiento seguido en estas inspecciones era análogo al practicado en el realengo, con la salvedad de que al concluir las residencias en los señoríos éstas pasaban a las Chancillerías. Generalmente, los oficiales residenciados apelaban contra el fallo del juez residenciador. Pero de todos modos la supervisión de estas causas por la Chancillería era preceptiva y se efectuaba siempre. En este organismo las residencias eran revisadas por el fiscal, el cual solicitaba su reforma o su confirmación.

La revisión de las residencias suponía un significativo factor de control ejercido sobre los señoríos. González Alonso nos ha explicado a este respecto: «Los hechos hablan por sí mismos. El tribunal regio conoce automáticamente de las residencias llevadas a cabo en los estados de los más destacados miembros de la nobleza, aún sin mediar apelación de las partes; fiscaliza la aplicación de las leyes reales; modifica libremente sin posibilidad de recurso ulterior, salvo el de suplicación ante la propia Chancillería, las sentencias de los jueces designados por los señores»[511].

La Corona controlaba igualmente la justicia administrada por los responsables de la jurisdicción eclesiástica. En consecuencia con el carácter confesional de la Monarquía austriaca los soberanos castellanos asumían la defensa de la Iglesia y garantizaban la integridad de sus bienes. A cambio de ello la Iglesia renunciaba a la posesión de fuerza armada propia, pues su jurisdicción estaba asegurada por el brazo seglar.

509 ATIENZA HERNÁNDEZ, I.: *Aristocracia, poder y riqueza en la España moderna. La casa de Osuna (siglos XV-XIX)*. Madrid, 1987. p. 171.

510 A.G.S., Cámara de Castilla (Procesos y expedientes), leg. 1605, fol. 4.

511 GONZÁLEZ ALONSO, B.: «Notas sobre las relaciones del Estado con la administración señorial en la Castilla moderna» en *Anuario de Historia del Derecho Español*. T. LIII. pp. 366 a 396.

El anterior era el modelo teórico que avalaba las relaciones entre la Iglesia y la monarquía en materias jurisdiccionales. En la práctica, la Corona sintió desde siempre un gran temor a que la dirección de Roma se impusiese absolutamente. Con objeto de dominar a la alta jerarquía eclesiástica la Corona impuso el derecho de presentación de candidatos a las sillas episcopales, y en materia de administración de justicia se reservó la resolución de los recursos de fuerza y el derecho de retención de bulas.

Desde los tiempos medievales las altas dignidades eclesiásticas ejercieron facultades jurisdiccionales. El breviario de Alarico reconoció a los obispos potestad para actuar como árbitros en asuntos civiles, si las partes de común acuerdo acudían a ellos para dirimir sus diferencias.

Tras la conversión de Recaredo al catolicismo, el obispo asumió un papel destacado como juez ordinario. En el tercer concilio de Toledo, celebrado bajo los auspicios del monarca visigodo, se dispuso que el prelado de la diócesis fuera la única autoridad válida para sustanciar los pleitos de los clérigos sometidos a su jurisdicción, quedando asimismo facultado para intervenir en diversas materias juntamente con los jueces seculares. Por tanto, desde el año 589, a comienzos del reinado de Recaredo se desarrolló una jurisdicción eclesiástica específica, la cual se consolidó plenamente con Recesvinto en el siglo siguiente.

En razón de las personas el obispo juzgaba las causas civiles y criminales de los clérigos. Por razón de la materia, el obispo era competente en las causas que versaban sobre la fe y disciplina eclesiástica. No obstante, quedaban exceptuadas de su conocimiento ciertas materias relativas a la seguridad y a los derechos de la Corona, tales como el crimen de lesa majestad y la falsificación de moneda. En todo caso los jueces eclesiásticos carecían de facultades para entender en causas de legos, aún cuando la víctima del delito estuviera ordenada.

La jurisdicción eclesiástica se ejercía a través de los ordinarios diocesanos y en segunda instancia, en apelación, la ejercía el Nuncio, el cual poseía además la delegada del Vaticano, en cuyo ámbito era tenido por ordinario de los exentos.

Desde la época de Carlos V funcionó el tribunal de la Nunciatura, órgano de apelación de las causas eclesiásticas constituido en 1537, dependiente del nuncio y compuesto por un auditor y seis protonotarios. La pretensión de este tribunal de resolver asuntos en primera instancia provocó un sin fin de conflictos hasta que a mediados del siglo XVII, con el nombramiento de César Fachinetti como nuncio y después de una clausura temporal del organismo, se estableció un acuerdo duradero con la Corona. Este acuerdo es conocido con el nombre de Concordia Fachinetti y sirvió para reorganizar la estructura del tribunal y reducir sus atribuciones. Posteriormente el organismo llevaría una existencia bastante dificultosa por causa de los embates regalistas de los últimos Austrias y sobre todo de los primeros borbones. Finalmente, en 1771, un breve papal transformó el Tribunal de la Nunciatura en Tribunal de la Rota, que de hecho quedó bajo control del Rey y disfrutó de amplias atribuciones civiles y criminales, entendiendo de las apelaciones de metropolitanos y sufragáneos.

En las órdenes religiosas correspondía a los superiores de las mismas la corrección de las faltas cometidas por sus miembros. Por su parte, el concilio tridentino encomendó a cada concilio diocesano la designación de cuatro personas encargadas de entender, junto a los ordinarios de los lugares, en las causas pertenecientes al fuero eclesiástico. Los elegidos de este modo recibían su nombramiento de manos del obispo, el cual se encargaba a su vez de comunicarlo al Sumo Pontífice.

A los tribunales reales se podía acudir por medio de Recursos de Fuerza cuando el juez eclesiástico intentaba conocer en una causa extraña a su jurisdicción, cuando no observaba en la sustanciación el orden y método prescrito en el derecho, y cuando no otorgaba una apelación que era admisible según derecho. El conocimiento de los Recursos de Fuerza correspondía a los tribunales superiores del Rey: Audiencias, Chancillerías y Consejo Real.

Otro medio de control empleado por el poder político en su afán de someter a la Iglesia fue el derecho de retención de bulas. Con este nombre se conoce la facultad ejercida por los reyes castellanos, consistente en el examen de las bulas y demás disposiciones llegadas de Roma y en retenerlas cuando el Soberano estimaba que lesionaba sus derechos o los de un tercero[512]. De este modo, los acuerdos del propio Concilio de Trento no entraron en vigor en Castilla hasta que Felipe II, por medio de una real cédula fechada el 12 de julio de 1564, mandó que se guardasen en sus reinos[513]. Además, el Monarca disponía también de vías sutiles, pero eficaces, para doblegar las posibles renuencias de los eclesiásticos. La Corona podía desnaturalizar a los clérigos y con ello les privaba del disfrute de todo beneficio o renta de la Iglesia.

Eventualmente los representantes de la jurisdicción real presentaban sugerencias a los jueces eclesiásticos en orden a castigar los crímenes de los clérigos. A título de ejemplo podemos citar un grave suceso ocurrido en Valladolid el año 1651. El 23 de agosto del mencionado año don Alonso Ceballos, cura de la parroquia de San Salvador y ex-secretario del obispo, disparó contra su prelado cuando éste último transitaba en su coche por una vía pública. Afortunadamente para la autoridad episcopal, el tiro no llegó a herirle, «aunque le tocó el taco y alguna pólvora».

Por consulta del Consejo Real de 1 de septiembre de 1651 sabemos de la detención del delincuente por el provisor, efectuada con la ayuda de un alcalde de la Chancillería. Sin embargo el Consejo de Castilla temía que «por la bondad y piedad del obispo» y por la benignidad característica de los tribunales eclesiásticos, no se diese «al reo de tan execrable atentado el castigo conveniente». En consecuencia de ello el Consejo propuso al nuncio apostólico el despacho de una comisión en favor de un ministro real, el cual fuera eclesiástico al mismo tiempo y estuviera adornado con virtudes de entereza y severidad. A tales efectos se pensaba en la persona del oidor don Francisco Salgado, pues no se quería dejar el castigo en manos de ministros del prelado. El Rey se conformó con ello y escribió: «Hágase como parece y por hoy importa castigar con todo rigor un delito tan cruel»[514].

A la hora de sentenciar, los jueces eclesiásticos preferían los castigos de orden moral, dentro de los cuales el más grave de todos era la excomunión. La pena de reclusión se empleaba más en esta jurisdicción que en la real. Servía para punir delitos graves y los períodos de encarcelamiento eran más prolongados en los fallos de los eclesiásticos, pues

512. Tomás y Valiente, F.: *Manual de Historia del Derecho Español*. Madrid, 1980. p. 380.
513. Tomás y Valiente, F.: *Manual de Historia del Derecho Español*. Madrid, 1980. p. 379
514. A.H.N., Consejos Suprimidos, leg. 7109, sin fol.

los jueces reales sólo aplicaban esta sanción en casos de faltas leves y por períodos de internamiento muy cortos.

Así como la justicia real buscaba en la ejecución del castigo la máxima publicidad, con una intencionalidad marcadamente ejemplificante, los juzgadores eclesiásticos preferían la discreción en la condena de los clérigos a fin de evitar escándalos. Por este motivo la prisión se utilizó muy frecuentemente en la represión de los eclesiásticos, y sobre todo en la de los religiosos.

Reproduciremos a continuación unos fragmentos de un memorial anónimo del siglo XVII que refleja la opinión existente en las órdenes acerca de la discreción en el castigo de los religiosos. El mismo se manifiesta contra la utilización de un orden procesal similar al aplicado en la jurisdicción real:

> «Verdad es que algunos religiosos escandalizan con sus vidas, pero los que así viven son pocos y no pueden hacer sus pecados tanto estrago en la Iglesia cuanto hace el publicarlos».
>
> «Las leyes sagradas quieren que en los monasterios se hagan castigos y se averigüen las causas de los religiosos sin estruendo, ni ruido ni aparato de juicio seglar, porque no se infamen y desasosieguen las casas ni las personas y hasta agora no sabíamos qué cosa eran fiscales ni notarios ni abogado ni letrados ni treslados ni términos de derecho ni audiencia para nuestros defectos. Los perlados solos sumariamente y por sus propias personas o por sus visitadores dentro de sus casas castigaban y enmendaban lo que convenía y desta suerte se procedía en los monesterios de mill y quinientos años a esta parte, pero lo que en estos reinos introducen agora los italianos es todo lo contrario para tener en sus memoriales perpetuo pasquín contra los religiosos de España para llevar mañana a su tierra nuestra infamia por triunfo».
>
> «Los ordinarios castigos que agora se platican son cárcel pública y galeras que parece va ordenado, no a enmienda, pues en aquellos lugares tienen poca, sino a venganza y pública deshonra. Y sacar de su monasterio a las cárceles y galeras al fraile que hallan culpado no puede servir sino de un pregón contra su orden y contra todas las otras y hacer que los enemigos de la fe se confirmen en su engaño y los católicos reciban en ello escándalo y tentación»[515].

La ejecución de penas corporales sólo podía llevarla a efecto el brazo seglar. De ahí que los jueces eclesiásticos hubieran de entregar a las justicias reales dichos reos. Pero previamente procedían a la degradación del ordenado en cuestión.

Seguramente el asunto que más diferencias jurisdiccionales suscitó fue la inmunidad de los recintos sagrados. En la alta Edad Media parece que sólo algunos templos singulares gozaron del privilegio. Sin embargo, en la Edad Moderna todas las iglesias y conventos castellanos podían acoger delincuentes. No obstante desde la época del Fuero Real se exceptuaron de la inmunidad algunos delitos:

> «La iglesia no defienda robador conosçido, ni home que de noche quemare mieses, o dereygare viñas, o árboles, o arrancare mojones de las heredades; ni home que quebrante la iglesia, ni su cimiterio, matando, o feriendo a otro: por cuidar que será defendido por la Iglesia; e si estos tales en la iglesia se metieren, mandamos que los saquen dende»[516].

515. R.A.H., Colección Salazar y Castro, K-11, fols. 289 a 294.
516. *Fuero Real* I, 5, 8. *Ordenamiento de Montalvo* I, 2, 6. *Nueva Recopilación* I, 2, 3.

La citada norma pasó literalmente al *Ordenamiento de Montalvo* y posteriormente a la *Nueva Recopilación*. Pero en la realidad se excluyeron también de la inmunidad los delitos contra la Corona y los homicidios alevosos.

La ligereza con la cual se apelaba a la inmunidad eclesiástica y el crecido número de edificios sagrados existentes en Castilla provocaron con frecuencia pintorescas escenas en las proximidades de los templos. Hernando de Sevilla, tras cometer un delito se recluyó en una iglesia, y allí se llevó todos sus bienes muebles, sin duda con una doble finalidad: en primer lugar para servirse de ellos en su nuevo alojamiento, y en segundo lugar para evitar que la justicia se los secuestrase[517].

Ciertamente los reos tenían a su alcance grandes posibilidades de acogerse a uno de los innumerables recintos sagrados. Pero la justicia real, por su parte, usaba de ciertas estratagemas para obligar a los facinerosos a entregarse. Los jueces reales, cuando no violaban abiertamente la inmunidad —cosa que ocurría con harta frecuencia—, ponían costosas guardas en la iglesia a costa del recluido, y a buen seguro el pleito suscitado por motivos jurisdiccionales terminaba con algún quebranto para la hacienda del reo.

Francisco de Moya, responsable de una muerte, se encerró en la iglesia después de cometer su delito. Del sagrado fue sacado por la fuerza, sin el permiso de las autoridades eclesiásticas. Hecho por el cual el fiscal eclesiástico acusó formalmente a las autoridades civiles, haciéndose algunos gastos en esta causa, y como de todos modos la causa civil contra Francisco Villalta prosiguió, el juez real le condenó por la comisión de su delito en varias penas, entre las cuales llama la atención la expresada de la siguiente forma:

> «Además nos reservamos el poder vender la parte o totalidad de sus bienes necesaria para pagar cualesquier gastos que se han hecho o hicieren en defensa de la jurisdicción de Su Magestad y de nos los dichos alcaldes sobre la causa que se sigue por el fiscal de la Iglesia»[518].

El mayor incidente entre la Corona y la Santa Sede por causa de la extracción de un fugitivo de la iglesia se produjo cuando D. Fernando de Valenzuela, marqués de Villasierra, fue detenido el 22 de enero de 1677 en El Escorial por D. Antonio de Toledo, primogénito del Duque de Alba, y por D. Juan Carlos Pérez de Guzmán, duque de Medina Sidonia. El suceso se produjo en medio del clima de intrigas palaciegas reinante en los primeros años del gobierno de Carlos II. Estos jóvenes aristócratas, tras protagonizar un ruidoso altercado con el prior del monasterio, prendieron al caído valido. Lo cual provocó la expedición por Inocencio XI de un breve de queja redactado en términos tan graves como los siguientes:

> «Con el sentimiento del intenso dolor que nos ha excitado el celo de la iglesia de Dios que nos ha encomendado a nuestra custodia, escribimos las presentes letras a V. M., no tanto con tinta cuanto con las lágrimas que corren incesantemente de nuestros ojos, con ocasión de haber recibido la tristísima nueva de que el Real y Santísimo templo de San Lorenzo ha sido violado y profanado con horrible sacrilegio a vista de V. M. y contra su real intención»[519].

517. Proceso contra Hernando de Sevilla. A.G.S., Cámara de Castilla (Procesos y expedientes), leg. 1605, fol. 2.
518. Proceso contra Francisco de Moya. A.G.S., Cámara de Castilla (Procesos y expedientes), leg. 1605, fol. 3 bis.
519. R.A.H., Colección Salazar y Castro, N-53, fols. 240 y 241.

Las repetidas fricciones entre la jurisdicción eclesiástica y la real suscitaron en la Corona deseos de restringir la inmunidad de los lugares sagrados. A estos efectos el embajador en Roma suplicó al Papa en 1618 la adopción de una serie de medidas, las cuales finalmente no llegaron a plasmarse en acuerdos. En primer lugar se pidió al Pontífice que ningún juez eclesiástico examinase testigos en razón de la inmunidad de la Iglesia sin notificar antes el plazo para la presentación de pruebas al fiscal real o a los responsables de la justicia ordinaria. En segundo lugar se solicitó a la Santa Sede que los aspirantes a los beneficios de la inmunidad la pidiesen en el plazo de un mes, contado a partir de su detención. En tercer lugar se instó al Vaticano para que en las ciudades grandes se limitase a tres, cuatro o cinco el número de templos favorecidos por el fuero[520].

En todo momento fue intención de la Corona dejar constancia de la prevalencia de su autoridad sobre todas las demás. Así cuando en la ciudad de Salamanca se celebró una ceremonia ignominiosa y vejatoria para los agentes reales, la Corona actuó con la máxima energía.

Ocurrió que la justicia real había reclamado en vano un reo apresado por el obispo. Entonces decidió sacarlo por la fuerza de la cárcel episcopal. Pero el prelado reaccionó poniendo «cessatio a divinis», y de este modo consiguió que el teniente de corregidor, el alguacil, el escribano y los demás ministros que habían intervenido en aquel acto le pidieran público perdón en la catedral en traje de penitentes y con velas en las manos. el obispo antes de absolverles, dio a cada uno de estos oficiales tres golpes con una varita. Tal humillación sentó muy mal en Madrid: el Consejo envió un juez pesquisidor, el cual encarceló al teniente de corregidor por haber consentido en dicha ceremonia. El obispo, a su vez, fue condenado en costas y al año siguiente trasladado a Calahorra[521].

La Inquisición en tanto que institución político-religiosa fue un instrumento de la Corona, sometido al Soberano. No obstante, no podemos referirnos a ella como un tribunal puramente secular:

> «su finalidad primaria (la represión por causas religiosas) y su dependencia del Papa en algunas cuestiones de importancia fundamental configuraron siempre a dicha institución como una entidad mixta, de doble vertiente y en cierto modo ambigua».
>
> «Si el Estado y la Iglesia hubieran sido en el siglo XV entidades separadas, cabría plantearse la naturaleza de la Inquisición como un dilema y tendría sentido pronunciarse sobre si era política o eclesiástica, eligiendo un término con lógica y necesaria exclusión del otro». Sin embargo, lo que explica la existencia misma de la Inquisición es la no separación radical durante los siglos XV al XVIII entre Estado e Iglesia[522].

520. A.R.Ch. de Valladolid, Secretaría del Acuerdo (Cédulas y pragmáticas). 27 de octubre de 1618.

521. DOMÍNGUEZ ORTIZ, A.: *La sociedad española en el siglo XVII*. Madrid, 1963-1970. T. II, p. 221. También VILLAR y MACÍAS, M.: *Historia de Salamanca 1973-1975*. T. II, pp. 480 a 483.

522. TOMÁS Y VALIENTE, F.: *Gobierno e Instituciones en la España del Antiguo Régimen*. Madrid, 1982. pp. 16 y 17.

523. TESTÓN NÚÑEZ, I.: *La mentalidad del hombre extremeño en el siglo XVII*. Tesis leída en la Facultad de Filosofía y Letras de la Universidad de Extremadura. Cáceres, 1982. T. IV, pp. 1418, 1421-1423. «Antonio de Aguilar, de oficio mantelero, natural y vecino de la villa de Villamiel, de cincuenta años poco más o menos, fue testificado por çinco testigos mayores, cuatro de vista, y los tres contestes, de aber dicho que tener un hombre parte con mujer del mundo pagándole su trabajo no era pecado, y otro dixo que no estaba bien acordado si el susodicho abía dicho que tener un hombre parte con una mujer dándole quatro cuartos o no es muy gran pecado, o no es pecado. Votóse a prisión y que lo fuese el susodicho recluso en las cárceles deste Santo Oficio, con secuestro de bienes, y que el fiscal siguiese con él su causa, y en 21 días del mes de abril del año pasado

La preservación de la unidad religiosa tenía una importancia capital para la monarquía austriaca. En este orden de cosas recordemos que bajo la misma dinastía se reunió un conglomerado de pueblos y territorios cuyo único nexo de unión entre sí era el gobierno por el mismo Soberano. Es comprensible, pues, el afán de los monarcas —desde la época de los Reyes Católicos— por establecer una institución cuyo ámbito de actuación se extendiese a todos sus reinos y cuyo objetivo central fuese la defensa de la religión oficial. Planteado el problema en estos términos, la represión comenzó con la expulsión de los afectos a credos diferentes del autorizado y terminó purgando las filas de los propios cristianos.

El potencial represivo puesto en manos de la Inquisición fue tan enorme y el control impuesto sobre ella por parte de otros organismos políticos fue tan exiguo, que la institución igual sirvió a las conveniencias de Estado —persecución de Antonio Pérez—, o a rivalidades internas entre grupos de poder —procesamiento del obispo Carranza—.

En cuanto a los delitos comprendidos en el campo específico de su actuación se contaban entre ellos las herejías, la profanación de sacramentos, las prácticas de hechicería, y en un sentido general todos los actos atentatorios contra la religión católica.

Otros delitos contrarios a la moral y costumbres establecidas, tales como la sodomía, bestialidad, bigamia, amancebamiento y blasfemia pertenecían en principio a la jurisdicción real ordinaria. Pero, cuando su comisión indicaba una desviación en el credo religioso del delincuente se hacían cargo de su castigo los tribunales inquisitoriales. Es decir la Inquisición no procesaba a nadie por la comisión de actos opuestos a las normas de la conducta social dominante. El Santo Oficio lo que perseguía era la heterodoxia ideológica. Por eso, por ejemplo, castigaba a quien afirmaba que fornicar con mujer pública no era pecado si se le pagaba su dinero, y sancionaba a quien creía que el amancebamiento con mozo soltero no constituía culpa moral[523].

La Inquisición llegó a disponer en los dominios de los Austrias de un potencial represivo verdaderamente terrible. Sólo invocar su nombre se infundía pavor. Los monar-

de 1627, y entró preso en 17 días del mes de mayo del dicho año, y a diez y ocho del mesmo se tubo con él la primera audiencia, que pidió de su voluntad, y en ella dixo que abría un año poco más o menos que estando hablando con Esteban Redondo, cuñado de un hijo deste reo, y diciéndole que no se casase con una mujer con quien se quería casar y, abiendo respondido el susodicho que no podía dejar de casarse porque quería dormir con mujer, dixo este reo que con cuatro cuartos tendría mugeres del mundo y lo que le pedía, y el dicho Esteban Redondo dixo que aquello era pecado que más quería casarse, este reo dixo a esto que le parecía que pagándoselo a una mujer de el mundo no era tanto pecado, y que no abía pasado otra cosa».

La sentencia del Tribunal de Llerena fue condenatoria de este buen Antonio de Aguilar: «Y abiendose visto esta causa en consulta y vista de proçeso en conformidad, dixeron que el susodicho en la sala de la audiencia de este Santo Oficio se le lea su sentencia y la oiga en forma de penitente asistiendo a la misa que se dixere en ella y abjure de levi y sea reprehendido grabemente y desterrado desta çiudad y de la villa de Villamiel por un año preçiso, y que salga a cumplirlo dentro de diez días después de la notificación de la sentencia y no lo quebrante pena de cumplirlo doblado. Executóse en onçe días del dicho mes de setiembre de 1627». (A.H.N., Inquisición de Llerena, leg. 1987, exp. 23, fols. 16 y 17. Año 1627).

El otro caso al que nos hemos referido es el de «Antonia Gómez, soltera, natural de la çiudad de Lamego en el reino de Portugal, y vezina de Truxillo, de hedad de 23 años, fue testificada por dos testigos mugeres mayores contestes de que reprehendiéndola una de ellas porque estava amançebada, respondió la dicha Antonia Gómez que no era pecado mortal pecar con un moço soltero como no fuese casado. Mandóse prender y hízose con ella su causa y, aviéndole puesto el fiscal la acusación, respondiendo a ella, confesó lo testificado. Y conclusa vista en consulta de fe, fue votada a que en auto público salga en forma de penitente a donde le sea leída la sentençia y abjure de levi y le sean dados çien azotes. Executose». (A.H.N., Inquisición de Llerena, leg. 1988, exp. 57, fol. 2. Año 1603).

523 DOMÍNGUEZ ORTIZ, A.: *La sociedad española en el siglo XVII*. Madrid, 1963 - 1970. T. II. pp. 232 y 233.

cas conocían bien esta circunstancia y cuando se encontraron con algunos delitos especialmente nocivos para sus intereses políticos, o de erradicación muy difícil, procuraron pasarlos a la jurisdicción inquisitorial. De este modo, el Santo Oficio llegó a conocer en las falsificaciones de moneda; usura; contrabando de salitre, azufre y pólvora; saca de caballos, etc.

En principio el Papa se negó a despachar los breves necesarios para que el Santo Tribunal sancionase estos delitos, pues «más parecía que se usaba de la Inquisición por razón de Estado que por la de la Fe». Sin embargo, la insistencia de los reyes en defender que estas faltas «fortalecían a los enemigos de Dios y de la Corona en ofensa común de la causa católica» terminó por arrancar del Vaticano el necesario placet[524]. Por lo demás el Santo Oficio, en tanto que garante del orden ideológico, confeccionaba el índice de libros prohibidos y perseguía las lecturas heréticas.

Algunos delitos podían presentar un doble perfil. Por esta razón eran mirados desde dos perspectivas diferentes: la real y la inquisitorial. A pesar de ello, no siempre se suscitaba el consabido conflicto de jurisdicciones, pues al ser la Inquisición un organismo muy controlado por la Corona su actuación podía resultar complementaria de la de los tribunales reales. Eventualmente los jueces reales y los inquisitoriales coincidían en la investigación de los mismos hechos. El Corregidor para imponer una pena acorde con el delito, y los inquisidores para averiguar si el delincuente se había conducido con una intencionalidad herética.

El día de la Cruz de mayo del año 1696, el capitán D. Gaspar de Yelves, acompañado por Antonio Domingo Núñez y Simón Núñez entró en la ermita del Nra. Sra. del Puerto, en la jurisdicción de Plasencia. Mataron al cura y a su familia, y después robaron las joyas, lámparas, frontal, candeleros, vinajeras, arañas y demás plata de la ermita.

Detenidos Simón y Domingo Núñez, fueron condenados por el corregidor de Plasencia a muerte de horca. Se consultó la sentencia con el Consejo de Castilla y este organismo la confirmó plenamente. Sin embargo, en virtud de distintos despachos suscritos por el tribunal de la Inquisición de Llerena, el cual deseaba investigar los aspectos del delito que le correspondían, se suspendió la ejecución de la sentencia.

El Consejo Real en consulta de 22 de septiembre recomienda al Soberano que encargue al Consejo de la Suprema Inquisición el envío de las órdenes oportunas a Llerena a fin de agilizar las diligencias en curso y pasar a la ejecución de la sentencia, por la cual «esta clamando la causa pública». El Rey se conformó con lo expresado por el Consejo e impartió al Consejo de la Suprema las instrucciones antedichas[525].

Por otra parte, los inquisidores conocían igualmente de las causas que afectasen a los familiares del Santo Oficio, aún cuando la motivación de las mismas fuera privada (riñas, etc.). Pero hubo en este campo numerosos abusos, sobre todo por la cantidad de familiares existentes. Por ello, Carlos V en 1535 suspendió a la Inquisición el ejercicio de la jurisdicción temporal y anuló el privilegio jurisdiccional de los auxiliares del Santo Ofi-

524. A.H.N., Consejos Suprimidos, leg. 7122, exp. 26 C.

525. B.N., ms. 5547, fol. 1 a 51. «Consulta de 12 de mayo de 1696 hecha por D. Joseph de Ledesma al Rey Carlos II por una junta de ministros de los Consejos de Estado, Castilla, Aragón, Italia, Indias y Ordenes sobre el procedimiento de los tribunales de la Santa Inquisición en lo que perjudican a la jurisdicción real ordinaria».

cio. La interrupción duró 10 años, hasta que Felipe II, siendo príncipe y gobernador, volvió a autorizar al Santo Oficio el uso de sus antiguas competencias en este campo[526].

Más tarde, en el año 1553, se vuelven a producir nuevos recortes. Reunidos algunos miembros del Consejo Real con otros pertenecientes al de la Santa Inquisición, consultaron el asunto con Carlos V y a resultas de ello se incapacitó a los inquisidores para juzgar las causas civiles de los familiares del Santo Oficio.

En virtud de la misma concordia se exceptuaron de la jurisdicción inquisitorial ciertos delitos criminales pertenecientes a familiares del Santo Oficio. Entre los crímenes excluidos se mencionan atentados contra el poder real, delitos de naturaleza sexual, contra la propiedad y contra la iglesia.

En el apartado de faltas contrarias a la Corona se exceptuó del conocimiento inquisitorial el delito de lesa majestad, levantamiento de pueblo, rebelión, desobediencia de las reales órdenes y resistencia cualificada a las justicias del Rey. Así mismo, se reservó para la jurisdicción ordinaria el conocimiento de las infracciones cometidas por los familiares en el ejercicio de oficios públicos.

Entre los delitos de naturaleza sexual cometidos por familiares aparecen excluidos del ámbito inquisitorial el «crimen nefando contra natura» y el «forzamiento de mujer». Con las faltas contra la propiedad se citan «los robadores públicos», el «quebrantamiento de casa» y la quema de bienes con dolo. A su vez, las transgresiones antirreligiosas aludidas en dicho documento son el «quebrantamiento de iglesia y de monasterio».

Antes de la promulgación de la cédula de 10 de marzo de 1553, el número de familiares inquisitoriales no tenía límites. Principalmente los familiares constituían una legión de confidentes al servicio del Santo Oficio. En muchos casos su identidad se mantenía en secreto para favorecer su actividad. Otros familiares desarrollaban una labor de fuerza policial encargada de la detención de los herejes y de la provisión de las escoltas. Ninguno de ellos gozaba de salario, pero en contrapartida gozaban de privilegios y exenciones.

El secreto en la identidad de los agentes y la abultada nómina de ellos favorecía, sin duda el éxito de las delaciones. Pero por otra parte causaba no pocos problemas a la normal administración de justicia. Carlos V fue consciente de ello y así se lo hizo saber a Felipe II en correspondencia fechada en Augsburgo el año 1551. El Emperador se refería a la situación existente en el reino de Valencia. Sin embargo, a nuestro entender, la cuestión presentaba perfiles similares en Castilla:

> «no sólamente los dichos familiares son en número excesivo que pasan de quinientos, entre los cuales hay nobles y cavalleros, pero se extienden aún a otros exercicios muy impeditivos de la justicia y en derogación de nuestra real jurisdicción, por tener, como diz que tienen, tribunal formado de las causas civiles de los familiares y por despacharse por aquel officio mandamientos executorios contra qualesquier personas, como quier que ni el que pide, ni el convenido sean familiares , y que también van con armas licenciosamente, así de noche como de día, demás que con color de la Inquisición se ponen en rehusar, como rehusan de pagar el

526. A.G.S., Estado, leg. 308, sin fol. Publicado por FERNANDEZ ALVAREZ, M.: *Corpus documental de Carlos V*. Salamanca, 1973 - 1981. T. III, pp. 326 y 327.

servicio que se nos haze en las Cortes, y que la mayor parte de los familiares son hombres de no buena vida ni limpia sangre»[527].

En consecuencia con lo anterior, en los reinos de la corona de Castilla también se limitó el número de familiares inquisitoriales. La cédula de 1553 dispuso que en Sevilla, Toledo y Granada hubiese 50 familiares como máximo. En Valladolid, Cuenca y Córdoba 40 familiares. En Murcia 30; y en Llerena y Calahorra 25. En las poblaciones de 3.000 vecinos o más los tribunales inquisitoriales podían nombrar hasta 10 familiares. En los pueblos de más de 500 vecinos y menos de 3.000 seis familiares. En los de 500 vecinos cuatro familiares. Y en los lugares de menos de 500 vecinos que a juicio de los inquisidores hubiere necesidad, se nombrarían dos familiares. Con la salvedad de que si dicho lugar fuese puerto de mar o estuviese situado en la frontera, el número de familiares podría aumentarse hasta cuatro[528].

De todos modos, el límite de separación entre las actuaciones de la justicia real y las específicamente inquisitoriales no siempre se mostraba absolutamente claro. Con frecuencia el inquisidor y el corregidor concurrían en una misma causa y dudaban sobre quien de ellos debía dirigir el pleito. En estos casos, se enviaban las informaciones sumarias a la Corte y allí dos miembros del Consejo Real reunidos con otros dos del Consejo de la Inquisición dictaminaban el asunto. Pero por componerse esta junta de un número par de miembros eventualmente surgían empates, en cuyo caso se consultaba al Monarca sobre el particular[529]. Por otra parte, las competencias entre la justicia eclesiástica y los inquisidores las resolvía el Consejo de Inquisición y no Roma como pretendieron a veces los clérigos[530].

Las fricciones entre jurisdicciones podían complicar un proceso y paralizarle durante años. Por ello, algunos reos de la justicia ordinaria viéndose perdidos procuraban implicarse en algún negocio inquisitorial con el único propósito de vivir algo más tiempo. Hasta donde llegan nuestras noticias sus pretensiones siempre fueron en vano y alguna vez recibieron castigo por partida doble: Inquisición y justicia ordinaria.

Un hombre entró en la cárcel de Sevilla por impago de una deuda bien pequeña, pero estando detenido en ella mató a otro preso. «Fue muy travieso, grande blasfemador, y pareciéndole que ya estaba su negocio para concluirse y que un día de aquellos saldría sentencia de muerte pensó escabullirse de las manos de la justicia seglar y dio en echar blasfemias por vidas y pesetes a Dios, reniegos y descreos; y él mismo enviaba algunos

527. Información sobre la cédula de 1553 puede consultarse en *Nueva Recopilación* IV, 1, 18. También A.R.Ch. de Valladolid, Libro Becerro de la Sala del Crimen de la Chancillería de Valladolid, libros-criminal, caja 58 - 1, fol. 18. Del mismo modo, A.H.N., Colección de Reales Cédulas, nº 5121. Igualmente A.H.N., Consejos Suprimidos, leg. 7122, nº 1. Finalmente B.N., ms. 309, fol. 115: «Práctica de la Chancillería de Granada».

528. *Nueva Recopilación* IV, 1, 18. Real Cédula de 30 de diciembre de 1532 dirigida a los inquisidores de Granada, por la cual se regulan las competencias entre la Inquisición y la Chancillería de Granada (A., R. Ch. de Granada, Sección Chancillería, libro 184, fol. 3).

529. Cédula despachada en Madrid el 21 de enero de 1611 por Felipe III y dirigida a los prelados de Castilla, Aragón e Indias, disponiendo que cuando ubiere diferencia o competencia de jurisdicción con los ministros del Santo Oficio presenten la queja ante el Inquisidor General y Consejo de Inquisición, pero no en Roma ni en otro tribunal. Lo cual era conforme a lo ordenado por Fernando el Católico, Carlos V y Felipe II (A.H.N., Colección de Reales Cédulas, nº 5128).

530. LEÓN, P. de: *Grandeza y miseria de Andalucía. Testimonio de una encrucijada histórica (1578 a 1616)*. Granada, 1981. pp. 404 y 405.

billetes a los señores inquisidores en que se delataba y pedía que viniese algún secretario a hacer información de su vida y milagros (...)». «Lleváronlo al Santo Oficio y confesó de plano las blasfemias que avía dicho y bolvieronlo a la cárcel hasta que ubo auto de la fe, y la noche antes lo bolvieron a llevar sacáronlo con una mordaza al cadalso y con soga a la garganta se le leyó su sentencia que fue de que saliese allí de esta manera por tales blasfemias y el día siguiente le diesen ducientos azotes (como se los dieron muy bien pegados) y que luego lo tornasen a la cárcel pública, remitiéndolo a su juez para que allá se ubiesse con él y con sus delitos. De manera que lo que tomó por medio para no ser castigado de su juez, lo fue para ser castigado dos veces tan justamente»[531].

El proceso inquisitorial tenía características propias, se abría con el edicto de gracia y se cerraba con el auto de fe. El edicto de gracia consistía en la concesión de un plazo de treinta o cuarenta días, durante el cual quienes se confesaban herejes recibían una penitencia de orden espiritual o material, sin exponerse al castigo público ni a la confiscación de bienes. El edicto se publicaba mediante un sermón general de asistencia obligatoria para todos los fieles. Bajo pena de excomunión las autoridades juraban prestar su apoyo a los inquisidores, y los asistentes se obligaban a denunciar a los sospechosos de herejía[532]. En la jurisdicción civil nadie podía ser torturado para esclarecer un delito cometido por un pariente comprendido dentro del cuarto grado. Sin embargo, en el ámbito inquisitorial los familiares tenían que delatar obligatoriamente a sus deudos más allegados. Más tarde, durante los siglos XVII y XVIII el edicto de gracia fue sustituido por el edicto general de la fe, el cual era leído, a lo menos una vez al año en todas las iglesias.

El proceso propiamente dicho se iniciaba en el momento que por la Inquisición de oficio, por querella, por denuncia o delación se instruían las primeras diligencias para averiguar la implicación de los sospechosos en la cuestión investigada. La denuncia de la herejía ante el Santo Oficio era secreta y obligatoria. Quien conocía la existencia de conductas heterodoxas y no las denunciaba en su debido momento se arriesgaba a ser inculpado junto con el reo.

El secreto constituía una característica consustancial con el procedimiento empleado en la Inquisición. La reserva afectaba no sólo a las denuncias, las cuales eran anónimas para el reo, con los consiguientes perjuicios para su defensa, sino a todas las diligencias practicadas durante la fase sumarial. El contenido de los autos instruidos durante la primera etapa procesal quedaba oculto para el reo. Lo cual no era óbice para que fuera examinado por los inquisidores en la celebración de tres audiencias, en cuyo transcurso se le sometía a un interrogatorio muy general, siendo instado a decir la verdad de sus culpas, sin concretar nunca a cuales de ellas se refería el proceso ya abierto. De todos modos los reos estaban obligados a mantener un secreto estricto sobre su propio proceso.

La falta de tratados procesales dejaba al libre arbitrio de los Inquisidores la dirección del proceso. El margen de discrecionalidad atribuido a los juzgadores en esta jurisdicción superaba a la concedida en el proceso penal ordinario. En manos del tribunal estaba la

531. Todo lo relacionado con el procedimiento inquisitorial puede consultarse en LEA, H. Ch.: *Historia de la Inquisición Española.* Madrid, 1983. T. III. pp. 349 a 752.

532. TOMÁS Y VALIENTE, F.: *Gobierno e instituciones en la España del Antiguo Régimen.* Madrid, 1982. p. 35.

aceleración y el retraso del ritmo de las actuaciones procesales, pues éstas no tenían unos plazos fijados ni una duración establecida. «Por ello puede afirmarse que el proceso inquisitorial no era ni lento ni rápido: podía ser una u otra cosa según arbitrio judicial»[533].

La Inquisición disponía de cárceles propias distintas de las utilizadas por las justicias reales. En ellas el aislamiento de los presos era prácticamente total. Al detenido no sólo se le privaba de todo contacto con el exterior de la prisión, sino de la relación con otros presos. Contrastan estas prácticas carcelarias con las imperantes en las cárceles públicas, donde las condiciones higiénicas eran deficientes y las incomodidades grandes, pero donde el preso podía recibir diariamente numerosas visitas y relacionarse bastante libremente con los restantes reclusos. Las prolongadas detenciones de los reos y la incomunicación de las celdas inquisitoriales dejaba considerables secuelas síquicas en los internos. Las propias actas procesales dejan constancia eventualmente de trastornos mentales sobrevenidos al arrestado durante su encarcelamiento y nos reflejan la existencia de algunos suicidios.

La cárcel y el proceso inquisitorial causaban además graves perjuicios sobre la fama de quien los padecía. A este respecto las Cortes solicitaron en diferentes ocasiones que los inquisidores no conociesen en las blasfemias pronunciadas incidentalmente en el transcurso de juegos o riñas; como tampoco de causas privadas, no relativas a la fe, en las cuales se hayase implicado algún familiar del Santo Oficio «porque los que saben de la prisión y no la causa de ella, échanlo a la peor parte y se publica y dice que es por cosas tocantes a la fe y queda esta memoria y fama de que estuvieron presos por la inquisición, lo cual causa mucho daño en informaciones que después se hacen para colegios u otras pretensiones que las mismas partes o sus sucesores tienen»[534].

A la detención preventiva del reo le seguía inmediatamente el secuestro de sus bienes, llevado a cabo por el alguacil y el notario de secuestros. Este último levantaba un detallado inventario de los mismos. Pese a lo cual, dada la desprotección en la que estaba sumido el procesado, abundaron las irregularidades y se produjeron apropiaciones abusivas de pertenencias. Los secuestros de bienes promovieron un capítulo incesante de quejas. De tal modo que la historiografía liberal del siglo pasado creyó ver en ello una de las razones primordiales de la Inquisición.

La parte central del proceso la componía la fase probatoria, en cuyo transcurso se tomaban las declaraciones de los testigos y el reo intentaba demostrar su inocencia. En cierto momento de ella al procesado se le entregaba un traslado resumido de la sumaria, mediante el cual se le comunicaban por primera vez los cargos existentes.

Previamente los inquisidores habían tomado la precaución de suprimir de la copia los nombres de los testigos que habían depuesto contra él, y los detalles necesarios para su identificación. Teóricamente el acusado podía tachar a sus acusadores y recusar a los jueces, pero ciertamente sus posibilidades de éxito estaban muy mermadas por su deficiente información. El procesado por el Santo Oficio no conocía hasta la fase probatoria

533. *Cortes de los Antiguos Reinos de León y de Castilla.* Cortes de Madrid de 1534. Madrid, 1881 a 1903. Pet. XXVI. *Actas de las Cortes de Castilla.* Cortes de Madrid de 1579 a 1582. Madrid, 1874 a 1974. Pet. XXXV. Cortes de Madrid de 1586 a 1588. Pet. XXXV. Cortes de Madrid de 1588 a 1590. T. XI. pp. 520 y 521. Cortes de Madrid de 1607 a 1611. Pet. LXI.

534. EYMERIC, N.: *Manual de Inquisidores.* Según la ed. del abate Marchena. Barcelona, 1982. p. 82.

el motivo concreto de su acusación e incluso en esta etapa se le negaba a él y a su defensor —nombrado con la intervención del Santo oficio— el acceso directo a las actas instruidas en la fase sumaria. El secreto, seguramente fundamentó la eficacia inquisitorial, pero provocó también la desigualdad del reo y como resultado de ello su indefensión.

Como en los procesos civiles, la prueba reina la proporcionaba la autoinculpación del reo. Para arrancarla no se descartaba ningún medio, y en aquel contexto se hacía realidad la tortura. Su valor se estimaba definitivo.

La sentencia se daba por votación secreta. En el momento de leerla públicamente los inquisidores no olvidaban conceder a todos los asistentes 40 días de indulgencia, y tres años a quienes hubieren contribuido a la prisión, abjuración, condenación, etc. de los herejes[535]. Las apelaciones de las sentencias de los tribunales inquisitoriales de todos los reinos dependientes de la monarquía austriaca iban a parar al Consejo de la Suprema.

Las penas variaban desde la reprensión y advertencia hasta la muerte de fuego aplicada en su versión más cruenta. Con mucha frecuencia, como sucedía en la jurisdicción civil, el fallo inquisitorial ordenaba la ejecución combinada de varias penas al mismo tiempo. En este orden de cosas la confiscación de bienes y las multas en favor del Santo Oficio quedan reflejadas en numerosas sentencias, contribuyendo estos ingresos, junto con las demás rentas de la institución, al sostenimiento de los tribunales. La confiscación de los bienes del hereje como resultado de su condena, constituyó en Castilla una novedad introducida primero por Enrique III que alcanzó su continuación en las prácticas inquisitoriales de la Edad Moderna[536]. Con anterioridad, las Partidas habían prohibido expresamente las incautaciones de propiedades por tales motivos[537].

Pero la Inquisición no sólo condenaba la herejía probada, también las sospechas en torno a un reo merecían en su ámbito una sanción. Cualquiera que fuese el castigo impuesto en tales casos, se hacía indispensable la abjuración de la herejía en general, y en particular de los puntos objeto de duda. A las sospechas leves le correspondían una abjuración *de levi* y a las sospechas vehementes una abjuración *de vehementi.*

La abjuración podía desarrollarse en la cámara de audiencia o en público auto de fe, y constituía una impresionante ceremonia. Ante una cruz y con la mano sobre los evangelios, el reo juraba que aceptaba la fe católica y detestaba y anatematizaba toda especie de herejía, en especial aquella de la cual era sospechoso. Se comprometía a guardar siempre la fe de la Iglesia y obedecer al Papa y los decretos pontificios. Declaraba que todo lo que se oponía a la fe católica era merecedor de condena, prometiendo no aceptarlo nunca, sino perseguirlo y denunciarlo a los prelados e inquisidores. Juraba recibir con paciencia y humildad todas las penitencias que le fuesen impuestas, y cumplirlas con todas sus fuerzas.

En la abjuración de sospecha vehemente, el penitente consentía y deseaba que, si fallaba en algo, debía ser considerado y tenido por impenitente y se sometía a la corrección y severidad de los cánones, de modo que las penas prescritas en ellos fuesen ejecutadas en su persona. Por el contrario, en la abjuración de sospecha vehemente, el

535. *Nueva Recopilación* VIII, 3, 1.
536. *Partidas* VII, 26, 2.
537. EYMERIC, N.: *Manual de Inquisidores*. Barcelona, 1982. p. 92.

penitente consentía y deseaba que si fallaba en sus promesas, debía ser tenido y considerado como relapso y sufrir las penas establecidas para el relapso. Esta era la diferencia entre la abjuración *de Levi* y la abjuración de *vehementi.* Aún existía otra distinción entre las dos formas de abjuración: quienes abjuraban *de vehementi* estaban sujetos a la desgracia de comparecer en un auto de fe y de llevar un *sambenito de media aspa*, o sea, con una banda encarnada cruzada delante y detrás.

Los tribunales inquisitoriales estaban autorizados para imponer destierros y ordenar el derribo de edificios que hubieran servido de lugar de congregación de herejes (sinagogas, etc.). Por otra parte, a las penas corporales y materiales solían acompañar otras de naturaleza espiritual, consistentes en ayunos, oraciones, peregrinaciones, misas, etc.

Al igual que los destierros, los servicios de campañas en el ejército —de aplicación muy excepcional— solían imponerse a personas principales. En cambio, los azotes, la vergüenza pública y las galeras se reservaban para los plebeyos. La pena de vergüenza se administraba de modo casi inseparable de los azotes. El reo, desnudo hasta la cintura y sujeto con el pie de amigo, desfilaba por las calles con la insignia correspondiente a su falta mientras el pregonero proclamaba su sentencia.

Algo verdaderamente temido por la Inquisición y que intentaba evitar a toda costa era el escándalo durante la ejecución pública de las sentencias. Por ello se solía amordazar a los penitentes inclinados al escándalo, y a los pertinaces en la herejía.

El apóstata o hereje que había abandonado la Iglesia después de ser admitido en ella por las aguas del bautismo sólo podía ser reincorporado si abjuraba de sus errores y solicitaba la reconciliación. Esta solicitud de reconciliación se imponía como una obligación en muchas sentencias.

La cárcel inquisitorial no sólo servía para garantizar la disponibilidad del reo durante el desarrollo del proceso, sino también para cumplir en ella las condenas de prisión —con frecuencia perpetua— dictadas por los inquisidores. De estos establecimientos ya hemos hablado anteriormente. Baste con volver a recordar la fuerte inclinación del Santo Oficio a aislar a sus presos. Eufemísticamente estas instalaciones son denominadas en la documentación con el nombre de casas de la penitencia o casas de la misericordia.

Otros aditamentos de las ceremonias inquisitoriales eran los sambenitos, o sea vestidos de arpillera marcados con la cruz en forma de aspa o de San Andrés, que cubrían el cuerpo de los condenados por el Santo Oficio durante las ceremonias de ejecución de las sentencias. Con el mismo nombre se designaban los símbolos desplegados en las iglesias para perpetuar ante las futuras generaciones la memoria del crimen y el castigo del delincuente.

La pena de muerte se administraba por medio de la cremación del cuerpo del hereje. La Inquisición no condenaba directamente a los disidentes sino que se limitaba a declarar su condición de herejes, indicando que no cabía alimentar esperanzas sobre su conversión. Por tanto, los separaba de la Iglesia y los abandonaba «o relajaba» al brazo secular para el condigno castigo.

El hereje pertinaz era condenado a ser quemado vivo. Sin embargo el temor a esta eventualidad forzaba la conversión, aunque fuera al pie del cadalso, de muchas personas que se habían mantenido firmes en sus postulados hasta los últimos instantes. Quienes se arrepentían después de sentenciados tenían la «ventaja» de ser agarrotados antes de ser lanzados a las llamas. Así la terrible alternativa de la inminente muerte a fuego determinaba numerosas conversiones en el camino del brasero.

La Inquisición, que era un tribunal de persecución ideológica, no se conformaba con castigar a los herejes. Buscaba al mismo tiempo con las solemnes ceremonias sancionatorias el fortalecimiento de la fe y mostrar la superioridad moral y material de la institución encargada de preservarla. Por ello se esforzaba en convertir a los herejes ya condenados. Nada podía impresionar tanto la conciencia del pueblo, convulsionada por la herejía, como el público arrepentimiento del disidente en los dramáticos momentos que precedían a su muerte.

De este modo, el auto de fe se convirtió en una compleja solemnidad, cuidadosamente estudiada para inspirar en el público congregado un tremendo espanto ante el omnipotente aparato inquisitorial. Con su celebración se pretendía excitar en el pueblo el más absoluto horror a la herejía, parodiando con su representación el tremendo suceso del juicio final.

Eymeric recomendaba celebrar los autos de fe los domingos y días festivos para propiciar la solemnización del acto y favorecer la mayor afluencia de público[538]. El auto público general impresionaba grandemente la imaginación popular, pero en realidad representaba sólo una pequeña parte de la actividad inquisitorial. Era una solemnidad de gran magnitud con la cual el Santo Oficio magnificaba su acción. Sin embargo, el mayor número de casos se despachaban en «autos particulares» o «autillos», celebrados en iglesias, en las salas de audiencias de los tribunales o donde las circunstancias lo aconsejasen. Finalmente como pena accesoria de las condenas inquisitoriales, los reconciliados y los descendientes de quemados quedaban incapacitados para el ejercicio de cualquier cargo público[539].

En lo referente a la determinación de las causas de los caballeros de las órdenes militares, resulta sintomática la actitud de la Corona hacia estas instituciones, pues mientras las órdenes fueron independientes estuvo establecido que sus asuntos seculares se vieran en los tribunales reales, en tanto que después de la incorporación en 1523, entendió el de Ordenes de todos los pleitos relativos a estos caballeros, con prohibición expresa de actuación de las audiencias en los mismos.

Ya desde época anterior al reinado de Felipe IV, el conocimiento de las causas civiles de los caballeros de las órdenes se devolvió a la justicia ordinaria[540]. Por el contrario, sus causas criminales eran remitidas por los jueces ordinarios al Consejo de Ordenes, el cual pronunciaba sentencia. No obstante, las determinaciones del Consejo de Ordenes podían apelarlas los interesados ante el Rey como administrador que era de estas milicias. El Soberano por su parte cometía las apelaciones en segunda instancia a cuatro jue-

538. *Nueva Recopilación* VIII, 3, 3.

539. «No obstante lo que tengo resuelto sobre las competencias que se han ofrecido entre ese Consejo y los alcaldes de Corte, habiéndome informado más de lo que se ha practicado en mi reinado y en el de mi padre y abuelo, me ha parecido declarar que el conocimiento de todas las causas civiles de caballeros de Orden, toca a la justicia ordinaria, sin que en esto haya competencia, porque lo demás sería en daño del gobierno público, y más habiendo crecido tanto el número de los caballeros de Orden». (A.H.N., Consejos, leg. 7125, nº 8).

540. A.H.N., Ordenes Militares, Archivo Secreto, leg. 7104, antiguo 14; A.H.N., Colección de Reales Cédulas, nº 1 A.

ces: dos del Consejo Real y otros dos del Consejo de Ordenes. A pesar de todo, si las partes se sentían agraviadas, podían apelar al Rey por segunda vez, en cuyo caso el Monarca debería conocer de dichas causas en tercera y última instancia.

Paulo V en 1608 autorizó que los pleitos de los caballeros de las órdenes se encargasen en segunda y última instancia a dos jueces del Consejo Real —preferentemente caballeros de alguna de las órdenes— y dos miembros del Consejo de Ordenes[541].

En las poblaciones, cuya jurisdicción pertenecía a las órdenes militares de Santiago, Calatrava y Alcántara, los alcaldes ordinarios de los lugares administraron la justicia civil y criminal en primera instancia hasta 1566. A partir de esa fecha, los distritos de las respectivas órdenes se dividieron en varias demarcaciones más pequeñas, a la cabeza de cada una de las cuales se situó un alcalde mayor, dotado de facultades para determinar cualquier pleito de su zona en primera instancia, y para resolver las apelaciones de las sentencias pronunciadas por los alcaldes ordinarios. Posteriormente, en marzo de 1587, los lugares de las órdenes negociaron con la Corona la recuperación de su jurisdicción en primera instancia en los mismos términos que la poseyeron con anterioridad a la promulgación de la cédula de febrero de 1566. A cambio de ello sirvieron al Soberano con ciertas cantidades de dinero[542]. De este modo un total de 146 poblaciones pertenecientes a órdenes militares concretaron antes del año 1596 pactos con la Corona al respecto[543].

Como en las demás jurisdicciones privilegiadas, en caso de resistencia a la justicia no se respetaban los beneficios del fuero del Consejo de Ordenes. En 1645, un consejero de Ordenes fue detenido en relación con la muerte de un oficial auxiliar de la justicia. Después el Consejo de Ordenes arrebató el preso por la fuerza a los alcaldes de Casa y Corte, con la pretensión de tener jurisdicción sobre el reo por el hecho de ser éste miembro del citado Consejo. Cuando se enteró el Soberano de lo ocurrido, no sólo censuró ácidamente la acción del Consejo de Ordenes sino que dejó en manos del Consejo Real el castigo del mismo[544].

Al igual que el Consejo Real, el Consejo de Ordenes podía actuar contra las personas sometidas a su jurisdicción por vía de justicia y por vía de gobierno. En este último caso no se seguía orden procesal alguno, sino que en virtud de su condición de superior de las Ordenes, el Soberano habiendo conocido de la falta de algún caballero daba a éste las instrucciones precisas para la ejecución de un determinado servicio. Con lo cual el susodicho era castigado «breve y ejecutivamente»[545].

La existencia del sistema plurijurisdiccional garantizaba la pervivencia de los privilegios jurídicos, pero daba lugar a innumerables conflictos jurisdiccionales cuya resolución se demoraba, a menudo, más allá de todo plazo aconsejable. En principio, las cuestiones de jurisdicción eran resueltas por el Consejo Real, máximo órgano de representación del Rey en estos territorios. Sin embargo, cuando en la disputa se veían implicadas instituciones correspondientes a Coronas diferentes, el Soberano resolvía la

541. A.G.S., Consejo y Juntas de Hacienda, leg. 240, fol. 14.
542. A.G.S., Consejo y Juntas de Hacienda, leg. 240, fol. 14.
543. A.H.N., Consejos Suprimidos, leg. 7125, nº 9.
544. A.H.N., Consejos Suprimidos, leg. 7146, sin fol.
545. A.H.N., Consejos Suprimidos, leg. 7122, nº 1; Juan de Moriana, portero de cámara del Consejo: «Discursos generales y particulares del gobierno general y político del Consejo Real y supremo de justicia de los reinos de Castilla y León», R.A.H., Colección Salazar y Castro, 9 / 684, fol. 91.

cuestión personalmente. No obstante, con el paso del tiempo arraigó la costumbre de dilucidar los temas jurisdiccionales mediante la constitución de comisiones mixtas integradas por dos miembros de cada Consejo afectado, reservando para consulta al Rey los casos en los cuales la comisión no alcanzara acuerdo.

Posteriormente, en el año 1625, Olivares creó un órgano específico encargado de determinar los conflictos jurisdiccionales que recibió el nombre de Junta de Competencias. Dicha Junta celebraba sus reuniones en la sede del Consejo de Estado y estaba compuesta por un miembro de cada Consejo de los que residían en la Corte. Los primeros nombramientos del nuevo organismo recayeron en D. Agustín Mejía, del Consejo de Estado; el Comisario General de la Santa Cruzada; el licenciado Melchor de Molina, del Consejo Real y del de Cámara; el Conde de la Puebla, consejero de Guerra; D. Francisco Miguel Pueyo, regente del Consejo de Aragón; D. Pedro de Cifuentes, del Consejo de Inquisición; D. Jerónimo Caimo, regente del Consejo de Italia; D. Mendo de Mora, del Consejo de Portugal; el licenciado Sancho Flores Melón, integrante del Consejo de Indias; el licenciado D. Miguel de Carbajal, miembro del Consejo de Ordenes y D. Miguel de Ipeñarrieta, del Consejo de Hacienda.

Como secretarios y relatores actuaban los originarios que tuviesen en su poder la documentación original de la competencia. En primer lugar votaban los miembros de los Consejos implicados en el contencioso para salir a continuación de la sesión y no coaccionar el voto de los restantes miembros de la Junta. El procedimiento empleado por la Junta para la resolución de los casos, era sumario y no podía prolongarse más de ocho días desde el inicio de la competencia. Por otra parte, de las resoluciones de la Junta no cabía suplicación ni recurso alguno. El conocimiento de los recursos de fuerza en materias eclesiásticas, en los cuales no se quiso «hacer novedad», se excluyó explícitamente del ámbito de actuación de la Junta[546].

De este modo, el Consejo Real vio menguadas sus facultades en lo referente a la resolución de las competencias, pues recuérdese que con anterioridad a la creación de la citada Junta, el Consejo Real era el órgano competente para determinar los conflictos jurisdiccionales surgidos en el marco de la Corona de Castilla. Por el contrario, tras el nacimiento de la Junta de Competencias, el Consejo de Castilla recibió el tratamiento de un órgano más de la polisinodia austriaca que a su vez aparecía rivalizando con otros organismos por el conocimiento de las causas. No extraña por tanto que el Consejo Real formulase ante la Corona una serie de objeciones abiertamente opuestas al funcionamiento de la Junta de Competencias. Los alegatos del Consejo se basaban en la existencia de personas legas en Derecho entre los componentes de la Junta, caso de los teólogos de Inquisición y Cruzada, y de los representantes de los Consejos de Estado, Guerra y Hacienda. Además —añadía el Consejo de Castilla— los miembros de los Consejos de Aragón, Italia y Portugal estaban acostumbrados a juzgar por un derecho diferente al de Castilla.

Pese a todo lo expuesto, no aceptó Felipe IV las razones del Consejo Real y ordenó ejecutar lo estipulado acerca de la Junta de Competencias[547]. Permaneció vigente esta primera Junta de Competencias hasta poco después de la caída de Olivares, concretamen-

546. A.H.N., Consejos Suprimidos, leg. 7121, nº 1.
547. A.H.N., Consejos Suprimidos, leg. 7121, nº 1.

te hasta el año 1645 que Felipe IV ordenó su extinción y proveyó la vuelta al sistema anterior en la resolución de los conflictos jurisdiccionales surgidos entre los distintos Consejos.

Sin embargo, nuevamente por decreto de 12 de noviembre de 1656 se volvió a constituir la Junta de Competencias con resultados similares a los de la primera vez. Dada la composición de esta comisión, sus reuniones no podían ser frecuentes. En el mejor de los casos llegaba a reunirse una vez a la semana y poco a poco los casos pendientes ante ella fueron amontonándose. De tal manera que seis años después de su segunda constitución esperaban allí algunos conflictos llegados en los primeros días de su renovada existencia. Hecho poco extraño si se tiene en cuenta que en el decreto de creación de la Junta del año 1656 se ordenó que todas las declaraciones de competencias, se consultasen con el Rey antes de su publicación[548]. No conocemos con exactitud la fecha de desaparición de esta segunda Junta de Competencias. Pero en todo caso tenemos constancia de que la entidad había desaparecido en los primeros años del reinado de Carlos II[549].

El sistema de administración de justicia en el Antiguo Régimen estuvo constituido por un extenso complejo plurijurisdiccional, erigido para garantizar los privilegios jurídicos de las personas, estamentos y corporaciones que gozaban de tratamientos especiales. En dicho complejo jurisdiccional la pieza clave estuvo representada por la Corona, la cual se atribuía la calidad de fuente principal, si no única, de emanación del Derecho. De este modo, en todas las jurisdicciones —incluida la eclesiástica— se juzgó con arreglo a las normas establecidas en el Derecho real.

Por otra parte, mecanismos como la apelación, avocación de procesos, remisión de jueces comisarios y pesquisidores quedaron reservados al Monarca y se demostraron en la práctica como elementos muy eficaces para controlar las jurisdicciones enajenadas de la Corona. Aparte de ello, la Corona podía actuar por vía de gobierno contra las personas privilegiadas, lo que pone de manifiesto la sumisión de éstas al poder del Monarca y la articulación de la jurisdicción señorial en una estructura más amplia a cuya cabeza se encontraba el Soberano.

A lo ya expuesto sobre la supremacía de la Corona, debemos añadir además las facultades del Monarca en lo referente a ordenar la celebración de residencias y visitas en otras jurisdicciones distintas de la real. Las causas eclesiásticas eran juzgadas por jueces de la Iglesia, pero éstos no podían ampliar su jurisdicción en perjuicio de la Corona, pues sus sentencias podían ser recurridas por la vía de fuerza a los altos tribunales del Rey. En cualquier caso, la Corona poseía el derecho de retención de bulas, con lo cual se hacía prevalecer la autoridad legal del Soberano sobre las disposiciones emanadas de Roma, y finalmente tampoco puede olvidarse que desde el reinado de los Reyes Católicos, los monarcas castellanos participaron en la elección de obispos a través del derecho de propuesta; con lo cual, las personas a cuyo cargo quedaba el nombramiento de los jueces eclesiásticos eran individuos de su total confianza que gozaban de crecidas rentas y beneficios eclesiásticos, pero que podían perder el derecho a la percepción de las mismas, si el Rey los desnaturalizaba. Finalmente en jurisdicciones mixtas, como la inquisitorial o la de Ordenes el control de la Corona estaba asegurado por el hecho de contar con un entramado jurídico y administrativo regido en su cúspide por oficiales designados por la Corona.

548. A.H.N., Consejos Suprimidos, leg. 7124, nº 8.

IV. Los Delitos, las Penas y su Cumplimiento

1. ACERCA DE LOS DELITOS, LAS TRANSGRESIONES DE LAS LEYES; LAS PENAS Y LAS SANCIONES REALES

Tomás y Valiente en *El Derecho Penal de la Monarquía Absoluta* aludió a la escasa preocupación, tanto de las leyes como por parte de la doctrina, en lo referente a conceptualizar la noción de delito en abstracto. Así mismo, este autor nos indicó en su día las insuficiencias existentes en los textos legales y doctrinales para definir los delitos concretos y tipificar las distintas figuras delictivas contempladas en la época[1].

La mayoría de las leyes penales del Antiguo Régimen eran puramente descriptivas. Eludían una aclaración precisa y de naturaleza científica acerca de la idea general de delito. Normalmente, se limitaban a enumerar una serie de casos concretos considerados delictivos, o describían formas particulares del mismo delito, siendo el conjunto de todas ellas el que perfilaba la figura delictiva general.

Obviamente, entonces como ahora, no todas las acciones reprimidas por las leyes eran consideradas delitos, pues algunas de ellas no pasaban de ser meras transgresiones de mandatos reales sancionados por la legislación regia. Es decir, de facto se distinguía entre actos «malos per se» y otros merecedores de sanción porque estaban prohibidos. Los actos malos «per se» no sólo se consideraban delito sino que además eran estimados como pecado. Así la ley penal, propiamente dicha, recibía entre los teólogos el nombre de mixta, porque era moral (mandaba cosas justas y prohibía las injustas), y además penal «stricto sensu», pues imponía una pena. Tal ley obligaba externamente bajo pena temporal, y moralmente bajo pena de conciencia. La acción contraria a tal ley pasaba por ser el verdadero delito. Delito que al mismo tiempo reunía la condición de pecado.

Según la opinión dominante, las leyes meramente penales no obligaban directamente en conciencia, ya que su transgresión era sólo una contravención de las normas vigentes, pero no un pecado ni tampoco un delito.

En consonancia con la mentalidad teologista imperante en la época, la gravedad de los delitos derivaba en buena medida de su dimensión en tanto que pecados. Sin embar-

1. TOMÁS Y VALIENTE, F.: *El derecho penal de la Monarquía Absoluta (siglos XVI, XVII y XVIII)*. Madrid, 1969. pp. 203 a 294.

go, el criterio religioso-moral no era el único elemento integrante de la noción de delito, también se tenían en cuenta los daños sufridos por la víctima y los perjuicios sociales derivados de la acción del delincuente.

Con la imposición de las penas, la Corona se proponía castigar al delincuente para absolver su culpa, e intimidar a los súbditos con el rigor de las sanciones. Así mismo sacaba importantes rendimientos dinerarios y en servicios, e indemnizaba a la parte perjudicada en la medida de lo posible. En tiempos de los Austrias no se aspiraba a la corrección de los delincuentes con ánimo de reintegrarlos socialmente. De ahí que el encierro como pena apenas tuviese importancia[2].

Las penas corporales y los destierros servían para causar aflicción en el reo de forma análoga como la penitencia sirve para mortificar al pecador arrepentido. La ejecución pública de las penas y el rigor de las mismas garantizaba el respeto de los súbditos a la justicia y el aborrecimiento colectivo del delito. Las condenas en masa a servicios de galeras o servicios en el ejército no constituían sino el testimonio más concluyente del móvil utilitario que entrañaban ciertas penas en la época. Las pecuniarias, por su parte, implicaban para la Corona otra buena fuente de aprovechamientos, pues no en vano con ellas se pagaban muchos salarios de jueces y oficiales. Obviamente, la indemnización de la parte perjudicada también se cargaba sobre el peculio del delincuente, cuyo patrimonio debía soportar una sanción que con frecuencia se repartía entre la Corona, la víctima y el denunciador.

Existían factores que hacían aumentar o disminuir las penas según los casos. Tales cosas o circunstancias eran, además de la enormidad del delito: la condición social del delincuente, su edad, la persona del ofendido; el momento de la ejecución (noche o día), el lugar de la misma, tanto en lo relativo a la frecuencia del delito en un sitio determinado, como a que se cometiera en lugares que por su naturaleza o por alguna otra razón agravasen el hecho (la corte, el palacio real, una iglesia, etc.) , la traición o alevosía, la cuantía del «yerro» (es decir, la importancia del daño causado a la parte, o la cuantía del hurto), la riqueza o pobreza del reo[3].

Con respecto a los delitos no consumados, las leyes y la doctrina distinguían entre los delitos gravísimos y los menos graves; en los primeros se podía castigar el intento de delinquir con la pena ordinaria. En todos los demás casos, el simple conato no se castigaba o se le imponía pena inferior a la ordinaria.

Los actos estrictamente internos no se consideraban punibles, pues la ley humana sólo puede castigar los actos externos en los cuales se manifiesta el pensamiento o el acto mental, pero no éste en sí mismo.

Cuando se trataba de un delito de traición, homicidio agravado, y rapto o fuerza de mujer; aunque el responsable de los mismos no completase su ejecución, se imponía la pena ordinaria. No así en los demás casos, en los cuales habiéndose iniciado la acción, si

2. Castillo de Bovadilla sólamente recomienda los procedimientos correctivos en el caso de «mancebos traviesos», y esclavos «porque las penas pecuniarias de los hijos y esclavos, y el destierro destos, sus padres y amos la pagan y padecen y no ellos». Por tanto, Castillo aconseja emplear con ellos la prisión rigurosa y de breve tiempo (*Política para corregidores y señores de vasallos*. Edic. facs. de la de Amberes de 1704. Madrid, 1978. II, 13).

3. TOMÁS Y VALIENTE, F.: *El Derecho Penal de la Monarquía Absoluta (siglos XVI, XVII y XVIII)*. Madrid, 1969. p. 334.

el delincuente se arrepentía antes de finalizarla cabalmente, no se le consideraba acreedor de pena alguna[4].

En la práctica, como ni las leyes ni la doctrina perfilaban adecuadamente el tratamiento a emplear contra los delitos imperfectos, los jueces los condenaban arbitrariamente, según su criterio.

En las Partidas se castiga con la misma pena al autor del delito y a quien prestaba la colaboración necesaria para su comisión[5]. La explicación que se daba en la Edad Moderna para conservar esta norma es que si alguien prestaba al autor de un delito «auxilio cooperativo» para la ejecución, de manera que concurriera a ésta junto con el autor material, más se le debía llamar coautor que ayudador o auxiliador, y por tanto se le castigaba de modo similar al autor material.

Por el contrario, si el grado de complicidad con el delincuente fue tal que sin ella también se hubiera llevado a cabo el delito, se imponía generalmente una pena extraordinaria e inferior a la legal. Lo cual no fue óbice para el otorgamiento de alguna pragmática relativa a delitos muy arraigados que equiparó a los autores, encubridores y cómplices en los hurtos, imponiéndoles la misma pena[6].

Normalmente, se consideraba una eximente la legítima defensa realizada frente a cualquier fuerza exterior sufrida por una persona en sí misma o en sus bienes. Del mismo modo, quedaban exentos de responsabilidad penal quienes padecían enfermedad mental, sonambulismo y los menores de 10 años.

Además, otras circunstancias modificaban igualmente la responsabilidad de los reos. A los mayores de 10 años y medio que no hubieran cumplido los diecisiete se les imponía una pena inferior a la ordinaria, y al mayor de ésta edad y menor de veinticinco, aunque no existía precepto legal sobre ello, los jueces le solían aminorar la pena un poco. Sin embargo, en la práctica este aspecto como tantos otros quedaba al arbitrio judicial, como se demuestra por un caso ocurrido en Sevilla en el año 1596, fecha en la cual fue quemado un mozo de 22 años por el «pecado nefando» y «pasaron por el fuego dos muchachos de ocho o nueve años y después les dieron cincuenta açotes a la aldavilla»[7].

La embriaguez atenuaba la pena cuando no eximía totalmente de responsabilidad penal, dependiendo una cosa y otra, tanto del grado etílico alcanzado por el delincuente como de la supuesta intencionalidad del reo al ingerir la bebida.

Aparte de las circunstancias confluyentes en el delincuente, la víctima y el delito, se atendía no obstante a otras consideraciones del tipo de «si el yerro que han de escarmentar es mucho usado de fazer en la tierra a aquella sazón», siendo castigado más duramente en este caso[8].

4. *Partidas* VII, 31, 2.
5. *Partidas* VII, 14, 4.
6. Tomás y Valiente, F.: *El Derecho Penal de la Monarquía Absoluta (siglos XVI, XVII y XVIII)*. Madrid, 1969. p. 293.
7. León, P. de: *Grandeza y miseria en Andalucía. Testimonio de una encrucijada histórica (1578 a 1616)*. Edic., introduc. y notas de Pedro Herrera Puga. Granada, 1981. p. 520. Un manuscrito de la misma obra puede consultarse en la biblioteca de la Universidad de Salamanca bajo el título «Compendio de algunas experiencias en los ministerios de que usa la Compañía de Jesús con que prácticamente se muestra con algunos acontecimientos y documentos el buen acierto en ellas». Copia de 1628. Archivo de la Universidad de Salamanca, ms. 573, fol. 343.
8. *Partidas* VII, 31, 8.

En la ejecución de las penas se buscaba una proximidad espacial y temporal entre la acción delictiva y el castigo. Así se pretendía grabar en la mente de espectadores y viandantes la imagen de una justicia victoriosa en su lucha contra el delito. La búsqueda de la proximidad temporal obligaba a abreviar los trámites procesales en los delitos llamados atroces hasta conseguir la condena por vía sumaria del reo y la pronta ejecución de la pena capital. Por otra parte, la intención de vincular el lugar del crimen y el de ejecución de la justicia hacía que muchas veces el cadalso se levantase en el mismo sitio donde se cometió la culpa[9].

2. TIPOLOGÍA DE LOS DELITOS

A) Delitos contra Dios y la Religión

Dentro del sistema teocrático gobernado por los Austrias, la defensa de la fe católica cobraba una importancia de primer orden. Significativamente la Nueva Recopilación abre sus páginas instando a los fieles a creer en el misterio de la Santísima Trinidad y ordenando el seguimiento de las enseñanzas emanadas de la Iglesia Católica.

En este orden de cosas, el castigo de los pecados que ofenden a Dios no quedaba reservado para la vida eterna, pues la Corona se atribuía la obligación de hacer guardar los mandamientos divinos y encargaba a los responsables de la jurisdicción real la persecución de ciertas faltas de naturaleza estrictamente religiosa, como jurar el nombre de Dios en vano o blasfemar.

Jurar poniendo a Dios por testigo se consideraba una costumbre viciosa y se castigaba con una pena de 10 días de cárcel[10]. Sin embargo, la blasfemia se castigaba con mayor severidad. En época de Enrique IV ya se prescribió para los blasfemos la amputación de la lengua[11]. Pena que por otra parte era similar a la que se aplicaba en Francia[12]. Más tarde, Felipe II aumentó la pena para estos supuestos, añadiéndoles a mayores la de diez años de galeras.

Respecto a las blasfemias se daba además la circunstancia de que cualquier persona podía detener al culpable, y conducirlo a la cárcel[13].

Según el parecer de Castillo de Bovadilla, contra los blasfemos podían proceder tanto los jueces de la jurisdicción real ordinaria como los eclesiásticos, con la salvedad de reservar para los tribunales inquisitoriales el conocimiento de aquellas blasfemias que anunciaban algún fondo herético[14].

Por otra parte, otras frases carentes del contenido injurioso propio de las blasfemias, pero que denotaban una actitud irreverente hacia los asuntos religiosos (descreo de Dios,

9. Proceso contra Hernando de Sevilla. A.G.S., Cámara de Castilla, leg. 1605, fol. 2.
10. *Nueva Recopilación* I, 1, 10.
11. *Ordenamiento de Montalvo* VIII, 8, 2; y *Nueva Recopilación* VIII, 4, 2.
12. En Francia la justicia clavaba la lengua a los blasfemos (Imbert, J.; Levasser, G.: *Le Pouvoir, les Juges et les Bourreaux*. Paris, 1972. p. 277).
13. *Cortes de León y de Castilla*. Cortes de Madrigal de 1476, pet. XXXIII.
14. Castillo de Bovadilla: *Política para corregidores y señores de vasallos*. Edic. facs. de la de Amberes de 1704. Madrid, 1978. II, 17, 77.

despecho de Dios, mal grado haya Dios, pese a Dios, etc.), se penaban con un mes de prisión[15].

B) Delitos contra los Derechos e Intereses de la Corona

La Corona defendía celosamente su poder e imponía severas penas a quienes causaban algún menoscabo en su dominio político. Sin embargo, el bajo número de casos sucedidos durante los reinados de los Habsburgo habla elocuentemente de la estabilidad vivida por el absolutismo en esta época[16].

De hecho, los procesos políticos más famosos del período son debidos al surgimiento de rivalidades en el seno de la alta burocracia gobernante —casos de Antonio Pérez y de Rodrigo Calderón— o causados por el descontento de algunos nobles desmoralizados por los síntomas de hundimiento de la Monarquía —casos del Duque de Híjar y del Duque de Medina Sidonia—. Es decir, se trata de sucesos perfectamente localizados, muy famosos por la elevada personalidad de los implicados en ellos, pero que de ninguna forma revelan un alto grado de contestación al absolutismo. Sobre todo, si se tiene en cuenta que estos «disidentes» no cuestionaron en ningún momento los principios absolutistas, sino sólamente las medidas concretas adoptadas por quienes recibieron del Rey las responsabilidades concretas del Gobierno.

Significativo también de cuanto venimos diciendo es que los textos legislativos dedican especial atención a preservar la figura del Rey de ataques individualizados, y en pocas ocasiones encontramos disposiciones alusivas a la represión de complots colectivos atentatorios contra la persona del Monarca.

En cualquier caso, desde la época del Ordenamiento de Alcalá, los atentados contra el Rey y los miembros de la familia real recibían el nombre de traición y se castigaban con la pena de muerte y la confiscación de sus bienes. Bajo el mismo título se escondían también otras figuras delictivas, tales como pasarse al ejército enemigo, deshonrar al Soberano o promover el levantamiento de alguna de sus provincia[17]. Nos encontramos en una época en la que no existe el delito político. La familia real es protegida en razón de los valores trascendentes que encarna. Sus imágenes y símbolos cuentan con la misma protección, al igual que los oficiales que le representan[18]. En la práctica, las penas dispuestas por las leyes no tenían una aplicación automática, pues el Absolutismo se reser-

15. *Nueva Recopilación* VIII, 4, 5.

16. Del examen del inventario de causas criminales de la Sala de Alcaldes de Casa y Corte se deduce que sólamente el 0'8 % de los procesos incoados por la Sala entre los años 1542 y 1700 pueden encuadrarse en este apartado. Por otra parte, entre ellos son excepcionales los que manifiestan una intencionalidad netamente política. Más bien abundan aquéllos en los cuales el propósito del delincuente no es otro que obtener un provecho personal: fraudes en las rentas reales, falsificación de moneda, deserción del ejército, contrabando, caza en los reales bosques, etc. El citado inventario se conserva en la sección de Consejos Suprimidos del Archivo Histórico Nacional (libros 2783, 2784, 2785, 2786 y 2787). Se ignora la fecha exacta de su elaboración, pero hubo de hacerse necesariamente entre 1754 y 1767, período en el cual fue consejero de Castilla el Sr. Valcárcel Dato, por cuya orden se llevo a cabo.

17. *Ordenamiento de Alcalá* XXXII, 5; *Ordenamiento de Montalvo* VIII, 7, 1; VIII, 7, 2; y VIII, 19, 1; *Nueva Recopilación* VIII, 18, 1.

18. Clavero, B.: «Delito y pecado. Noción y escala de transgresiones» en *Sexo barroco y otras transgresiones premodernas*. Madrid, 1990. pp. 73 y 74.

vaba un amplio margen de arbitrio en sus resoluciones, y eventualmente atendía a criterios de conveniencias políticas. Ejemplos de lo antedicho los encontramos durante el reinado de Felipe IV en las conspiraciones llevadas a cabo en Aragón por el Duque de Híjar, y en Andalucía por el Duque de Medina Sidonia. En ambos casos, los principales responsables de las conjuraciones conservaron la vida, mientras sus primeros colaboradores terminaban sus días en el cadalso.

En consonancia con el carácter teocrático del régimen, las injurias contra el Rey y su familia son calificadas de «blasfemia» en las leyes reales. Si el infractor era hombre de «mayor guisa» las justicias debían detenerlo y remitirlo al Monarca para que éste dictaminase al respecto. Pero cuando se trataba de hombres de otra condición, la justicia le confiscaba directamente la mitad de sus bienes[19].

La casi totalidad de los escritores políticos de los siglos XV al XVIII condenaron el derecho de resistencia de los súbditos contra el mal Príncipe. Sólamente lo admitieron algunos eclesiásticos, pero como reserva teórica en que apoyarse contra un poder político amenazador de los intereses de la Iglesia. Por ello, el derecho de resistencia quedó registrado únicamente entre escritores en quienes el problema religioso ocupaba el centro de su atención[20]. Juan de Mariana fue, sin duda, el mejor paradigma de lo referido.

Sin embargo, más allá del planteamiento de supuestos teóricos excepcionales, el pensamiento prevaleciente en la Edad Moderna defendía que toda sublevación contra el Príncipe era contraria al derecho divino.

Numerosos testimonios indican que en la época se vieron con malos ojos las teorías de los autores menos displicentes con los tiranicidas. A este respecto, Antonio Pérez expone: «La doctrina de la tiranía y regicidio que se ha introducido en el reino con la aprobación de la corte de Roma, es muy peligrosa en todos los Estados, y puede producir muchos efectos malos: mande V. M. conjurar esta doctrina como merece, o imponga penas temibles contra los que la enseñan y practican»[21].

Como ya hemos apuntado, entre los delitos más frecuentes contra los derechos e intereses de la Corona se encontraban la falsificación de moneda, las usurpaciones de las rentas reales, y el contrabando.

La fabricación de moneda era un atributo regio exclusivo de la Corona. El Fuero Real castigó con la pena de muerte a los detractores del mencionado derecho, y las Partidas prescribieron la ejecución en la hoguera para los responsables de tales delito[22]. Aparte de esto, las propias partidas arbitraron algunos medios para fomentar las denuncias contra los falsificadores de moneda. Así por ejemplo, el denunciante de este tipo de delitos no incurría en pena alguna aunque no lograse probar el delito denunciado[23], y además cualquiera podía detener a los falsificadores[24].

Enrique III dispuso que el delito de falsificación de moneda se considerase caso de aleve y fuese penado accesoriamente con la confiscación de la mitad de los bienes poseí-

19. *Ordenamiento de Montalvo* VIII, 8, 3 y 4; *Nueva Recopilación* VIII, 4, 3.
20. MARAVALL, J. A.: *Estudios de Historia del Pensamiento Español (siglo XVII)*. Madrid, 1975. pp. 194 y 195.
21. Máximas de Antonio Pérez. B. N., ms. 11.352, fol. 156.
22. *Fuero Real* IV, 4, 21. *Partidas* VII, 7, 9.
23. *Partidas* VII, 7, 5.
24. *Partidas* VII, 7, 5.

dos por el falsificador. Sin duda, la Corona ya había tomado conciencia de que los implicados en estas infracciones eran personas con bastante potencial económico, pues para su perpetración se necesitaban importantes desembolsos en utensilios[25]. En 1627, Felipe IV confió a la Inquisición el conocimiento de los delitos de falsificación de moneda[26].

En las leyes, la falsificación de los sellos reales aparece asimilada con la falsificación de moneda y en consecuencia es penada análogamente[27].

Con relación a los delitos de usurpación de las rentas reales, se distinguía entre apropiación con violencia y sin ella. Cuando para la perpetración del delito el delincuente actuaba violentamente, se le imponía la pena capital y se le confiscaban todos sus bienes. Por el contrario, la apropiación ejecutada sin violencia se penaba con la restitución de la cantidad usurpada y una sanción equivalente a cuatro veces la misma. No obstante, si el responsable de la misma resultaba ser un funcionario real, se agravaba la pena hasta imponerle la confiscación de todos sus bienes y el destierro de todos los reinos gobernados por el monarca[28].

Para combatir el contrabando Juan I estableció la confiscación de bienes[29]. Más tarde, Enrique III modificó la pena al referirse a quienes sacasen ganados del reino. La primera vez se le confiscaban los ganados que pretendía exportar ilegalmente; la segunda vez se le confiscaban todos sus bienes; y la tercera se hacía acreedor de la pena capital[30]. Pero más aún, en virtud del interés militar de los équidos, las penas se agravaban notoriamente si la mercancía enviada a otros reinos eran «caballos, rocines, yeguas o potros». En tales circunstancias, la primera infracción se castigaba ya con la pena capital y la confiscación de bienes[31].

Con idéntica severidad se castigó otro delito especialmente nocivo para la Corona como era la exportación ilegal de metales preciosos y la introducción sin licencia de moneda de vellón[32].

C) Delitos contra la Vida e Integridad de las Personas

Los atentados contra la vida e integridad de las personas, junto con los delitos contra la propiedad, fueron sin duda los que más preocuparon a los agentes de la justicia. Examinemos el inventario de causas criminales incoadas por la Sala de Alcaldes de Casa y Corte y comprobaremos que el 36% del total se encuadran en este epígrafe, siendo claramente el delito que más veces aparece en los procesos instruidos por la Sala[33].

25. *Ordenamiento de Montalvo* VIII, 19, 23; *Nueva Recopilación* VIII, 17, 5.
26. Domínguez Ortiz, A.: *La Sociedad Española en el siglo XVII*. Madrid, 1963. pp. 232 y 233.
27. *Ordenamiento de Montalvo* VIII, 19, 22.
28. *Nueva Recopilación* IX, 8, 1-2 y 3.
29. *Ordenamiento de Montalvo* VI, 9, 38.
30. *Nueva Recopilación* VI, 18, 23.
31. *Libro de las Bulas y Pragmáticas de los Reyes Católicos*. Dada en Granada a 15 de octubre de 1499. fol. 288 y ss. *Nueva Recopilación* VI, 18, 12.
32. *Nueva Recopilación* VI, 18, 60.
33. El citado inventario se conserva en la sección de Consejos Suprimidos del Archivo Histórico Nacional (libros 2783, 2784 , 2785, 2786 y 2787). Se ignora la fecha exacta de su elaboración, pero hubo de hacerse necesariamente entre 1754 y 1767, período en el cual fue consejero de Castilla el Sr. Valcárcel Dato, por cuya orden se llevó a cabo.

Por otra parte, si hacemos caso a la documentación relativa a galeotes, cuyo estudio realizaremos más adelante, debemos entender que la proporción entre procesos motivados por delitos contra la vida e integridad de las personas y los causados por delitos contra la propiedad se invertía en otros tribunales. Pero de todos modos ambos tipos absorvían la mayor parte de la actividad de los jueces.

La pena capital, si bien no se reservaba únicamente para los casos de homicidio, sí que, en general, parecía la más adecuada para sancionar estos delitos. En definitiva, la tendencia imperante al respecto suponía un vivo ejemplo de la aplicación del «ojo por ojo y diente por diente». Ya en el Fuero Real se prescribió la pena capital para quienes mataren alguna persona con pleno conocimiento[34]. Además dicha pena se agravaba con el arrastramiento del cuerpo del culpable, si la acción era cometida a traición o alevosamente[35].

Las Partidas siguieron conservando la pena de muerte contra el hombre vil responsable de un homicidio, sin embargo suavizaron la pena del homicida cuando éste pertenecía al estamento nobiliario.

Por lo demás, las propias Partidas autorizaron a todos los súbditos a eliminar al asesino responsable de una muerte cometida a traición, si existía imposibilidad para la justicia de castigarlo[36].

En las Cortes de Alcalá de 1348 se reimplantó la pena capital para todos los homicidas, independientemente de su estatuto nobiliario[37]e incluso se ordenó la pena máxima para los responsables de muertes ocasionadas en pelea[38]; pero al mismo tiempo se exculpó el homicidio realizado en defensa personal, para resguardo de los bienes propios, en auxilio del señor natural o en venganza por el familiar asesinado[39].

Las mencionadas disposiciones del Ordenamiento de Alcalá pasaron a la Nueva Recopilación. Una nueva modificación en materia de homicidios la introdujo Felipe II al tipificar de alevosa toda muerte realizada con arma de fuego, y al añadir a las penas correspondientes la confiscación de bienes[40].

De la lectura de las leyes se deduce la imposición de la pena de muerte por motivos varios. Sin embargo, comparativamente con las previsiones legales, la pena de muerte fue menos aplicada de lo que cabía esperar. Se consideraba un castigo extraordinario que por ir acompañado en su ejecución de una gran pompa teatral iba mucho más destinado a impactar las conciencias de los asistentes a la ceremonia que a purgar la culpa del condenado. Por eso, se reservó principalmente para los delitos escandalosos.

A los parricidas se les aplicaba la pena de muerte de modo especial. Alfonso X ordenó en las Partidas que el parricida fuera introducido en el interior de un odre junto con un perro, una víbora y una mona para ser arrojado de este modo al río o al mar[41]. Con este tipo de ejecución se pretendía significar «que del mismo modo que el hijo vio la luz

34. *Fuero Real* IV, 17, 1.
35. *Fuero Real* IV, 17, 2.
36. *Partidas* VII, 27, 3.
37. *Ordenamiento de Montalvo* VIII, 13, 4.
38. *Ordenamiento de Alcalá* XXII, 2.
39. *Ordenamiento de Montalvo* VIII, 13, 4.
40. *Nueva Recopilación* VIII, 23, 15.
41. *Partidas* VII, 8, 12.

por su padre, por el hecho de haberle matado era privado de ella; y como el cuerpo y carne del padre fue parte eficiente para la formación del suyo, así en aborrecimiento de su mala acción y para su vituperio moría introducido en la piel de un animal»[42].

Pero no sólo se castigaba el atentado contra la vida de los semejantes, también el suicidio se penaba. Cuando este delito se consumaba, el cadáver se exponía públicamente «en un lugar vergonzoso» para condenar la memoria del difunto, pasando sus bienes a disposición de la Corona si no existían descendiente[43].

Salvo en lo relativo al homicidio, la tradición jurídica de los delitos contra las personas proviene de los textos romanos alusivos a las injurias. De este modo, las ofensas corporales se trataban como una especie de injuria. Esto explica la existencia de castigos rigurosos contra acciones que, desde el punto de vista de la ofensa física eran casi irrelevantes. Es el caso de las bofetadas o las amenazas de darlas.

Igualmente se castigaba con dureza la deformación del rostro, pues en éste se reflejaba la hermosura de Dios. En cierto sentido, el cuerpo se consideraba como un soporte de la honra[44].

En lo referente a cuestión de heridas, la legislación distinguía entre las resultantes de riñas y las ocasionadas premeditadamente con intención de matar. En el primer caso, el suceso quedaba saldado con la indemnización económica a la víctima, una sanción pecuniaria y probablemente una pena corporal o cierto destierro. Sin embargo, en los demás casos —a menos que las heridas se causasen de modo accidental y fortuito— los jueces se inclinaban a creer que la intención del agresor era matar a la víctima; y en consecuencia solían fallar la pena capital, como pena ordinaria correspondiente a cualquier suceso de homicidio[45].

De todos modos, las agresiones contra las personas se consideraban agravadas cuando entre el agresor y la víctima existía una relación de fidelidad obligada[46].

La pervivencia del carácter «privado» en el régimen de las ofensas corporales se manifiesta con el establecimiento en las sentencias de una pena en favor del ofendido[47].

Acerca del aborto las Partidas distinguían entre el provocado cuando la criatura estaba ya viva y el causado con el feto en un estadio de desarrollo menos avanzado. El problema es que el texto alfonsino no precisa en qué momento se podía considerar vivo el feto[48].

42. B.N., ms. 722, fol. 250.

43. Máximas de Antonio Pérez dadas a Enrique IV, rey de Francia. B.N., ms. 11.352, fol. 115. Por contra las *Partidas* absolvían a los suicidas (VII, 27, 1 y 2). *Ordenamiento de Montalvo* VIII, 13, 9 y VIII, 19, 19. *Nueva Recopilación* VIII, 23, 8.

44. HESPANHA, M. A.: Da «Iustitia» a «Disciplina». Textos, poder *e política penal no Antigo Regime. Anuario de Historia del Derecho Español,* LVII. 1987. pp. 564 y 565.

45. *Ordenamiento de Alcalá* XXII, 1 y *Ordenamiento de Montalvo* VIII, 13, 2.

46. «Los que injuriaren a sus amos de hecho, poniendo en ellos las manos, además de las penas en que incurren sean habidos por aleves; y si tomaren armas o sacaren la espada contra el amo, si fueren hidalgos, además de otras penas estén presos en la cárcel 30 días y sean desterrados por dos años; y si no fueren hidalgos, además de dichas penas sean traídos a la vergüenza» (*Nueva Recopilación* VI, 20, 3).

47. *Partida VI,* 6.

48. «Mujer preñada, que beuiese yeruas a sabiendas, o otra cosa cualquier, con que echase de si la criatura, o se firiese con puños en el vientre, o con otra cosa, con intención de perder la criatura, e se perdiese porende, dezimos, que si era biva en el vientre estonce, quando ella esto fiziere, que deue morir por ello. E si por auentura non fuesse aun biua, estonce non le deuen dar muerte por ello; mas deue ser desterrada en una isla por cinco años» (*Partidas* VII, 8, 8).

No obstante, el aborto no era el sistema más empleado en la Edad Moderna para desprenderse de los hijos no deseados. El hecho de que no se conociera un medio eficaz y al mismo tiempo inocuo para la vida de la madre influía sin duda en ello. Una buena parte de los casos de aborto que conocemos fueron descubiertos por la justicia al provocar en la madre grandes hemorragias.

Con mayor frecuencia los hijos no deseados terminaban en la inclusa; o lo que es peor, algunas madres obsesionadas por el problema de la honra personal y de la familia, incurrían eventualmente en el infanticidio al dar muerte a sus propios hijos.

D) Delitos contra el Patrimonio

Es sabido que el derecho romano clásico tendía a considerar los atentados contra el patrimonio como un delito privado y lo trataba con medidas «civilistas». Así se justificaba el establecimiento de una pena en favor de la víctima. Pena que solía consistir en el equivalente de varias veces el valor de lo hurtado. Posteriormente, el derecho común verá en estos delitos una ofensa a la paz del Rey, acumulando a la pena civil una sanción criminal[49].

De este modo, las Partidas establecieron pena corporal y una fuerte sanción económica para combatir las usurpaciones de bienes ajenos[50]. Usurpaciones que se consideraban más graves si eran cometidas en los caminos, siendo lícito en estos casos imponer pena de muerte o de mutilación de miembro. Con similar rigor eran castigados los incendiarios, los cuales debían ser quemados[51].

En fecha posterior, los legisladores se dieron cuenta de que los autores de delitos contra la propiedad resultaban ser insolventes la mayor parte de las veces, y por tanto el cobro de las sanciones económicas era inviable. Por eso, se establecieron penas sustitutorias para penar a los desheredados.

Hasta 1522 el primer hurto cometido por una persona se castigaba con vergüenza pública y pago de las setenas —es decir el séptuplo del valor del bien indebidamente apropiado—, pero en sustitución de la pena pecuniaria podían ejecutarse algunas decenas de azotes si el condenado carecía de bienes. Para el segundo hurto cometido por la misma persona se imponía pena de vergüenza y algunos años de galeras. El tercer hurto cometido por la misma persona era definitivo, porque se pagaba con la pena capital.

A partir de 1522 se agravaron las condenas contra los amigos de lo ajeno, convirtiéndose la pena de galeras en el castigo más ordinario contra los autores de robos y hurtos. Desde la fecha señalada el primer hurto se penó ya con vergüenza y cuatro años de galeras perpetuas. Entonces la pena de muerte quedó reservada para los «ladrones famosos» y para los casos agravados[52].

En 1566, una pragmática de Felipe II impuso mayor severidad en los castigos de estos delitos. Las galeras no se volvieron a imponer en defecto del pago de las setenas,

49. *Partidas* VII, 14, 17.
50. *Partidas* VII, 14, 18.
51. *Partidas* VII, 10, 9.
52. *Nueva Recopilación* VIII, 11, 7.

sino que por el primer hurto ya se impondría indefectiblemente la pena de vergüenza y seis años de galeras[53]. Recordemos que un año antes se había producido una importante confrontación contra turcos y argelinos frente a las costas de Malta, la cual resolvieron satisfactoriamente las tropas de Felipe II y por otra parte el 7 de octubre de 1571 se celebraría la legendaria batalla de Lepanto.

En la Edad Moderna, el precario sistema de archivos y la dificultad en la identificación de las personas cuando se trasladaban de una ciudad a otra, junto con la obligación de penar más severamente la reiteración en los hurtos, movió a las Cortes en veces sucesivas a solicitar del Rey la imposición de marcas indelebles sobre el cuerpo de los ladrones[54].

La calidad de los hurtos y robos en despoblado no se medían por su reiteración sino por su cuantía, y el puro hecho de delinquir en despoblado se consideraba un agravante serio. A este respecto, los Reyes Católicos ordenaron que si el robo o hurto fuere inferior a 150 mrs. se desterrara al culpable, se le azotase y además se le hiciese pagar siete veces la cantidad apropiada.

Si el valor de lo robado o hurtado ascendiese a más de 150 mrs. y menos de 500 mrs. el culpable recibiría 100 azotes y se le cortarían las orejas. Por contra si lo robado valiese entre 500 y 5.000 mrs. el delincuente sería mutilado de un pie y se le prohibiría montar a caballo el resto de su vida.

Los robos en despoblado de cuantía superior a 5.000 mrs. —cantidad que a fines del siglo XVI resultaba verdaderamente importante— se consideraban muy graves y el responsable del mismo recibía muerte de saeta[55].

Entre los bienes más apetecidos por los ladrones figuraban los objetos preciosos. En 1612, los alcaldes de Casa y Corte propusieron al Consejo de Castilla la adopción de algunas medidas que prohibiesen a los plateros la compra de oro o plata a personas desconocidas. Así mismo, se obligó a estos profesionales a tener un libro, en el cual irían anotando los objetos comprados por ellos, describiendo en cada caso su forma externa y características, el precio pagado y la fecha de compra.

Por otra parte, los objetos comprados por dichos establecimientos debían permanecer durante 10 días en su estado originario, «sin deshacer, fundir o vender», y expuestos en sus aparadores. Con ello se pretendía asegurar que no procedieran de hurtos[56].

Similares medidas se habían adoptado años atrás con respecto a las ropas de segunda mano comparadas por los ropavejeros, aunque según los testimonios de la época siguieron hurtándose numerosas prendas de vestir[57]. En este sentido podemos encontrar en la correspondencia de los padres jesuitas algunas referencias al enorme atrevimiento de los capeadores en Madrid:

> «La necesidad debe de ser grande de algunos que capean aquí, y no se contentan con menos que de las de los señores. Algunos han aguardado al salir de Palacio y les han pedido buenamente el dinero que llevan y lo han dado, y luego la capa, y esta la han defendido. Uno ha sido el Duque de Híjar y otro el hijo del de Mirabel,

53. *Nueva Recopilación* VIII, 11, 19.

54. *Actas de las Cortes de Castilla.* Cortes de Valladolid de 1544. Cap. XVII. T. V, p. 312. Cortes de Madrid de 1563. Cap. XXXIV. T. I, p. 351.

55. *Nueva Recopilación* VIII, 13, 3.

56. A.H.N., Consejo de Castilla, Sala de Alcaldes, libro-año 1612, fol. 382.

y otros también se ha dicho de ellos lo mismo. Ya les andan a los alcances y tienen a siete presos, que pagarán y darán cuenta de los demás»[58].

Además de los objetos preciosos y las prendas de vestir, los productos alimenticios y los ganados también suscitaban la codicia de los apropiadores de lo ajeno.

La condición social de quienes atentaban contra la propiedad era baja. Lo cual no implica forzosamente que el robo se cometiera para satisfacer necesidades primarias, pues la literatura alude a acciones de este tipo protagonizadas por «pícaros», y los documentos se refieren a la existencia de numerosos vagabundos en las ciudades causantes de numerosos excesos. Tanto la figura del pícaro, como la del vagabundo, no coinciden tanto con la marginación social como con la inadaptación de algunos individuos a un sistema productivo que remuneraba en corta medida el trabajo y exigía una relación de estrecha dependencia personal, bajo las órdenes del amo o el maestro del taller.

Con razón o sin ella, los gitanos tenían fama de causar muchos robos en los lugares por donde pasaban. Así, podemos leer en un escrito del Corregidor de Cáceres: «en lo de los gitanos siempre he tenido particular cuidado que no viviesen en esta villa y su tierra, ni aún de paso, porque su vivienda no es sino para robar y hurtar»[59].

Dentro también de los delitos contra la propiedad cabe citar la usura. Delito que al mismo tiempo era un pecado condenado por la iglesia. El Ordenamiento de Alcalá de 1348 disponía que el fiador usurario perdiese lo prestado y pagase otro tanto en concepto de sanción. En caso de reincidencia se le confiscaban la mitad de sus bienes, y en la segunda reincidencia la totalidad de sus propiedades[60].

En esencia, esta disposición sería ratificada por los Reyes Católicos en las Cortes de Toledo de 1480, matizándose en esta ocasión que la mayor parte de la sanción se aplicase en beneficio del perjudicado por el contrato usurario. De este modo, se querían fomentar las denuncias en este tipo de delitos.

La venta de cereales estaba regulada en la época por precios de tasa fijados por las autoridades reales. El trigo desempeñaba un papel fundamental en la alimentación de la época, y en términos de política exterior se consideraba un producto de interés estratégico. La contravención de la tasa estaba penada por las leyes. La multa consistía en confiscación de la cuarta parte de sus bienes y destierro de seis años del lugar de donde fuere vecino y de la Corte. La reincidencia en el mismo delito se penaba con 10 años de destierro de los reinos de Su Majestad y pérdida de la mitad de sus bienes. Finalmente la comisión de la tercera falta de esta misma naturaleza llevaba aparejado el destierro perpetuo y la pérdida de todos sus bienes[61].

Significativamente en los supuestos referidos no se mencionan las penas más extendidas en el castigo de las clases populares: las corporales y las galeras. Obviamente nos encontramos ante una falta en la que sólo podían incurrir los pudientes.

57. *Actas de las Cortes de Castilla.* Cortes de Valladolid de 1548. Pet. LXXXIII. T. V. p. 403.
58. Sebastián González al P. Rafael Pereyra en Sevilla. *Cartas de algunos padres de la Compañía de Jesús, sobre sucesos de la Monarquía entre los años 1634 y 1648.* M.H.E. Madrid, 1861 a 1865. T. XIV. pp. 5 y 6.
59. A.G.S., Diversos de Castilla, leg. 28, sin fol.
60. *Ordenamiento de Alcalá* XXIII, 1 y 2. *Ordenamiento de Montalvo* VIII, 2, 1.
61. *Nueva Recopilación* V, 25, 5.

En la misma línea de contención de los precios de los cereales, se promulgó en 1530 una ley contra los especuladores. En virtud de la misma se condenaba a los revendedores en la pérdida del género y destierro del lugar de su vecindad por seis meses, prolongándose el destierro para los reincidentes por un año la primera vez y por tres años la segunda[62].

E) Delitos contra la Verdad

En cada época, el poder ha garantizado que ciertas cosas son lo que parecen ser. Este mínimo de verdad garantizada afectaba en la época a la autenticidad de los escritos reales, testamentos, sellos y cualificación de los oficiales. Igualmente, siguiendo en el campo de la verdad garantizada, se protege la identidad familiar y estamental. Se castigan los partos supuestos y la apropiación indebida de títulos. Se prohibía vestirse de clérigo o lucir hábito de las órdenes militares a quien no tenía legitimidad para ello.

Las leyes preservaban la autenticidad de la moneda, los metales, piedras preciosas, alimentos, medidas. Poco a poco, la parte económica del delito de falsedad fue teniéndose más en cuenta hasta aproximarse a un lucro ilegítimo con perjuicios para el prójimo. Por nuestra parte hemos preferido agrupar estos delitos con claras repercusiones económicas entre los ataques contra la propiedad, pues ya en la época se tenía conciencia de la proximidad de estas falsedades con el hurto.

Teniendo en cuenta lo antedicho, el porcentaje de los delitos clasificados por nosotros como contrarios a la verdad, alcanzaría seguramente el 0'5% del total de las actuaciones de un juzgado. Las Partidas definieron la falsedad como el «mudamiento de la verdad» y con el estilo característico de este texto legal citan algunos casos tipificados así, tales como el fedatario que confecciona documento sin veracidad, el funcionario que no guarda el secreto debido , el abogado que traiciona a su cliente, el juez que falla contra derecho, quien declara falsamente en juicio, quien falsifica sellos y quien defrauda en la calidad o en la cantidad a los consumidores[63].

Sobre las falsas deposiciones en los juicios hubo frecuentes quejas en las Cortes. Sin embargo, estos hechos siempre estuvieron reprimidos por las leyes. Así por ejemplo las Leyes de Toro de 1505 dispusieron que quien declarase sin verdad en causa criminal se le condenase en la pena reservada al reo en principio[64].

Durante los primeros tiempos de la Edad Moderna, los testigos falsos en causas civiles fueron condenados a quitarles los dientes. En el año 1566, Felipe II ordenó conmutar esta pena por la de 10 años de galeras. El mismo Monarca en el año referido dispuso que los testigos falsos en las causas criminales, no siendo caso por el cual mereciesen pena de muerte, se les condenase a galeras perpetuas[65].

La falsificación de sellos reales o eclesiásticos se penaba con la confiscación de la mitad de los bienes en beneficio de la Cámara[66].

62. *Nueva Recopilación* V, 11, 19.
63. *Partidas* VII, 7, 1 y 4.
64. *Nueva Recopilación* VIII, 17, 4.
65. *Nueva Recopilación* VIII, 17, 7.
66. *Nueva Recopilación* VIII, 17, 3.

F) Delitos contra el Honor de las Personas

En una estructuración social como la que venimos estudiando, en la cual las materias relativas a la honra se tenían en un alto grado de aprecio, se cuidó en sumo grado la preservación de tan estimado bien personal y familiar. Así se prescribió una fuerte sanción económica para quienes llamasen leproso, sodomita, cornudo, traidor o hereje a un semejante[67]. Además, si el injuriador no gozaba de los beneficios de la hidalguía, era obligado a desdecirse.

Las palabras referidas constituían el peor insulto en aquellos días y no pocas veces las encontramos en el inicio de pendencias finalizadas trágicamente.

En lo referente a las mujeres, el insulto capital era tildarlas de «putas». Denuesto castigado con rigor análogo al de los cinco insultos citados anteriormente, pero únicamente si la mujer era casada. De donde deducimos que la ley no protegía tanto la honra de las mujeres como la de sus respectivos maridos y la paz social de los súbditos.

La transgresión de algunos usos sociales de respeto, conducta que en nuestros días calificaríamos simplemente de poco cortés, se consideraba en la época un atentado grave contra la organización social vigente porque presuponía en su autor la intención de trastocar el orden asignado por Dios a cada uno de los mortales. Entre la documentación judicial se encuentran numerosos pleitos litigados para resolver el lugar correspondiente a varias personas en una ceremonia religiosa, o para dilucidar qué carruaje debía ceder el paso en una calle estrecha.

La pronunciación de otros improperios más livianos se castigaba con penas menos pesadas y además en estos casos la justicia no podía proceder de oficio sino sólo por queja de parte[68].

A semejanza de otro tipo de delitos no sólo se tenía en cuenta la intensidad del ultraje sino también la «calidad» del ofensor y del ofendido, acrecentándose la falta cuando el autor del insulto estaba vinculado al receptor del mismo por lazos que implicaban obediencia obligada[69].

G) Delitos contra la Moral Sexual Dominante

Dentro de este capítulo incluimos algunos delitos que en la época se consideraban atentados contra la honra. Tal es el caso del estupro, las violaciones y los raptos de mujer que en conjunto alcanzaron el 5% del total de delitos perseguido[70]. Las restantes infracciones recogidas bajo este epígrafe supusieron el 7'7% del conjunto de faltas reprimidas. Entre ellas proliferaban los amancebamientos, adulterios, tratos ilícitos, inquietar casadas, «solicitar mujeres» y «perseguir doncellas». Cifras más moderadas alcanzaban la alcahuetería, la homosexualidad, la bigamia, los rufianes, el incesto y la bestialidad.

En la legislación estos delitos tuvieron un tratamiento muy duro, unas veces en atención a la afrenta que causaban y otras por su condición de pecado.

67. *Nueva Recopilación* VIII, 9, 1.
68. *Nueva Recopilación* VIII, 11, 4.
69. *Nueva Recopilación* VI, 10, 3.

En este orden de cosas, la homosexualidad y el pecado de bestialidad causaban el mayor escándalo. Las Partidas condenaban a muerte a los «nefandistas», tanto al que lo «facía» como al que «consentía»[71]. Por su parte el Fuero Real penaba la homosexualidad con la castración pública de los implicados en estos actos. Tres días más tarde los así castrados eran colgados por las piernas hasta expirar.

Más tarde, los Reyes Católicos instituyeron que sin perjuicio de las facultades de los jueces competentes en cada jurisdicción, se condenara a los culpables a morir en las llamas, como se hacía en los delitos de herejía y en el crimen de lesa majestad. Además dada la dificultad probatoria de estos actos realizados en la intimidad, se estableció que los supuestos responsables de los mismos pudieran ser condenados tras la averiguación de actos próximos a la conclusión del delito[72].

Una pragmática despachada en 1598 precisó aún más cómo se podía tener por probado «el pecado nefando contra natura». A partir de entonces se dio por válido y se consideró concluyente el testimonio de tres testigos, aunque cada uno depusiera sobre acto particular y diferente; o el de cuatro cuando los declarantes fueran partícipes en el delito[73].

Tanto la homosexualidad como la bestialidad eran delitos-pecados castigados con el máximo rigor porque existía la creencia de que los «sodomitas» constituían un peligro colectivo y atraían sobre los pueblos tolerantes con ellos, pestes y toda clase de desgracias públicas.

Igualmente eran quemados los alcahuetes de nefando[74], mientras quienes consentían tocamientos con personas de su mismo sexo solían ser condenados a azotes y galeras[75]. A partir de las últimas décadas del siglo XVII no se ejecutarán sentencias en la hoguera contra los sodomitas[76]En cuanto al delito de bestialidad, ya las Partidas fijaron pena de muerte para los hombres y mujeres que yacieran con bestia, y además éste mismo texto preceptuó el sacrificio del animal «para amortiguar la remebrança del fecho»[77].

El incesto era entendido en la época en un sentido muy lato. En 1572 fue condenado en la villa de Brozas un tal Alonso Durán por haberlo cometido al pernoctar en diferentes

70. A.H.N., Consejos Suprimidos, lib. 2784, 2785, 2786 y 2787. Inventario de las causas criminales mandado hacer por D. Andrés de Valcárcel Dato. Años 1542 a 1700.

71. *Partidas* VIII, 21, 2.

72. *Nueva Recopilación* VIII, 21, 1; A.G.S., Diversos de Castilla, leg. 1, fol. 4; *Libro de las Bulas y Pragmáticas de los Reyes Católicos* fol. 148 y ss.

73. A.H.N., Osuna, leg. 571, fol. 51.

74. León, P. de: *Grandeza y miseria en Andalucía. Testimonio de una encrucijada histórica (1578 a 1616).* Ed., introd. y notas de Pedro Herrera Puga. Granada 1981. pp. 438 y 439. Un manuscrito de la misma obra puede consultarse en la biblioteca de la Universidad de Salamanca bajo el título «Compendio de algunas experiencias en los ministerios de que usa la Compañía de Jesús con que prácticamente se muestra con algunos acontecimientos y documentos el buen acierto en ellas». Copia de 1628. Archivo de la Universidad de Salamanca, ms. 573, fols. 280 a 282.

75. León, P. de: *Grandeza y miseria en Andalucía. Testimonio de una encrucijada histórica (1578 a 1616). Ed., introd y notas de P. Herrera Puga, Granada, 1981. pp. 463.*

76. Cf. García Carcel, R.: *Herejía y sociedad en el siglo XVI. La Inquisición en Valencia: 1530 a 1609.* Barcelona, 1980. pp. 288 a 294.; También Tomás y Valiente, F.: «El crimen y pecado contra natura», en *Sexo barroco y otras transgresiones premodernas.* Madrid, 1990. pp. 54 y 55.

77. *Partidas* VII, 21, 2.

noches con una madre y con su hija[78]. Las Partidas habían dispuesto que quien tuviese trato carnal con parienta hasta de cuarto grado recibiese la pena de los adúlteros, es decir pena de muerte[89]. En el Ordenamiento de Montalvo se recoge esta infracción como caso de herejía[80] y en la Nueva Recopilación se mantiene una fórmula ambigua al respecto que no nos aclara la postura regia ante este delito. Dentro de las faltas de naturaleza sexual el incesto era de los menos frecuentes en los archivos judiciales. Superado en rareza sólo por el de bestialidad.

La violación —llamada en las fuentes forzamiento— se penaba con pena de muerte y confiscación de bienes, los cuales eran adjudicados a la víctima[81]. Sin embargo una pena tan severa no se ejecutaba casi nunca en la práctica, pues muchas veces estos desaguisados terminaban con la concertación de un matrimonio o con el perdón de la víctima ajustado en cierta cantidad de dinero. Por tanto, una buena dote podía resarcir el menoscabo sufrido por la doncella en su honra.

Alfonso X tenía la violación por «yerro y maldad muy grande» si se realizaba contra mujeres que vivían honestamente. En segundo lugar la afrenta no sólo afectaba a la persona violada sino que deshonraba también a sus parientes y suponía además gran atrevimiento contra el Señor de la tierra donde ocurría el hecho[82].

El adulterio suponía no sólo una transgresión de la moral sexual vigente, sino también sobre todo un ataque contra el honor de los maridos. Las propias Partidas explican que aunque un hombre casado yaciese con la mujer de otro varón, no lo podía acusar su mujer ante el juez seglar por este motivo, sino sólamente el marido afrentado. Las razones que inspiraban esta normativa las expresa el Rey Sabio de este modo: «La primera, porque del adulterio que faze el varón con otra mujer non nace daño nin deshonra a la suya. La otra porque del adulterio que faze su mujer con otro finca el marido deshonrado, recibiendo la mujer a otro puede venir al marido gran daño. Ca si se empreñase de aquel con quien fizo el adulterio, vernía el fijo estraño heredero en uno con los sus fijos; lo que non avernía a la mujer del adulterio que el marido fiziese con otra»[83].

En consecuencia con lo anterior las Partidas prescribieron la pena de muerte para el varón culpable y para la mujer azotes, encierro en un monasterio y pérdida de la dote en favor del marido[84]. En cambio, si el adulterio lo cometía la esposa con el siervo, ambos adúlteros eran condenados a la hoguera[85].

El marido de la mujer adúltera estaba facultado para matar al causante de tal afrenta si éste era hombre vil. Sin embargo, siendo hombre de gran condición debía demandárselo en juicio[86]. Pero no ocurría lo mismo con el padre que hallase a su hija cometiendo adulterio, pues el progenitor debía matar a los dos adúlteros o respetar la vida de ambos[87].

78. A.G.S., Diversos de Castilla, leg. 28, sin fol.
79. *Partidas* VII, 18, 3.
80. *Ordenamiento de Montalvo* VIII, 19, 7.
81. *Partidas* VII, 20, 3.
82. *Partidas* VII, 20, 1.
83. *Partidas* VII, 17, 1.
84. *Partidas* VII, 17, 5.
85. *Partidas* VII, 17, 15.
86. *Partidas* VII, 17, 3.
87. *Partidas* VII, 17, 14.

Respecto a los adúlteros el Fuero Real declaró que fueran puestos «en poder del marido y éste faga dellos lo que quisiera», pero obligó al esposo a dar idéntico trato a su mujer y al adúltero. Es decir debía matar a los dos o dejarlos vivos[88].

En la Edad Moderna, si bien es cierto que el marido estaba facultado nominalmente para matar a los dos adúlteros —y más si existía una sentencia judicial al respecto— también es constatable la condena social existente acerca de estas ejecuciones. «Los cronistas sevillanos han relatado más de una vez un curioso espectáculo que tuvo lugar en la plaza de San Francisco, lugar de las ejecuciones capitales. En el tablado que allí se alzó cierto día faltó poco para que se representase a lo vivo un drama de Calderón: una pareja adúltera se hallaba maniatada y frente a ellos, cuchillo en mano el marido burlado pretendía ejercer el papel de vengador de su honra que una ley arcaica le concedía. En torno, la turba pedía clemencia para los reos. (Hay que advertir que, con arreglo a la ley, el marido había de matar o perdonar conjuntamente a los dos). Sobre el cadalso, los frailes multiplicaban sus exhortaciones al improvisado verdugo, que permanecía sordo a ellas, pero tampoco acababa de hacer uso de la cuchilla fatal. De pronto sonó el clamor de «¡Ha perdonado!», y, aunque el marido denegaba con gestos y voces que nadie escuchaba, los frailes, ayudados por el gentío, desataron a la pareja culpable y la metieron a toda prisa en el inmediato convento de San Francisco»[89].

Además de los adúlteros también eran perseguidos judicialmente los maridos consentidores: «Los cabrones consentidos por la primera vez se les castigue con vergüenza pública y 10 años de galeras y por la segunda con 100 azotes y galeras perpetuas»[90]. Generalmente estos consentidores pertenecían a grupos sociales con pocos recursos económicos y los regalos del amante de la esposa permitirían salvar situaciones familiares difíciles.

Por otra parte, los potentados y los eclesiásticos, a veces, casaban a sus amantes con personas dependientes de ellos. Así, la justicia no podía perseguir su relación ilícita de oficio y como el marido no denunciaba la infidelidad, el trato pecaminoso quedaba impune. Con la imposición de 10 años de galeras para los «cabrones», el legislador pretendió combatir la tolerancia de quien permitía la ruina de su honra a cambio de una existencia un poco más desahogada.

Entre los delitos sexuales más frecuentes habría que citar el amancebamiento. La pena por esta infracción recaía casi siempre en la mujer, tanto en forma de sanción pecuniaria como de destierro. Distanciando físicamente a los miembros de la pareja que cohabitaban ilegítimamente, se pretendía evitar la continuación en el delito.

La mujer amancebada públicamente con casado o clérigo era multada con un marco de plata. La segunda vez sufría un destierro del lugar de su residencia de un año de duración, y la tercera vez recibía 100 azotes[91].

Contra los varones amancebados existían leyes que les sancionaban con la pérdida de un quinto de sus bienes con un límite máximo de 10.000 mrs.[92]. La mencionada pena

88. *Fuero Real* IV, 7, 1. *Leyes de Toro*, ley LXXXII. *Nueva Recopilación* VIII, 20, 1. También acerca del tema del adulterio en las *Partidas* y en el *Fuero Real* puede verse García Marín: «La legítima defensa hasta fines de la Edad Media», en *Anuario Histórico del Derecho Español*. Madrid, 1980, T. L. pp. 436 a 438.

89. DOMÍNGUEZ ORTIZ, A.: *La sociedad española en el siglo XVII*. Madrid, 1963. T. II, p. 224.

90. *Nueva Recopilación* VIII, 20, 9.

91. *Ordenamiento de Montalvo* VIII, 15, 4, y I, 3, 24.

92. *Ordenamiento de Montalvo* VIII, 15, 3. *Nueva Recopilación* VIII, 20, 5.

pecuniaria se aplicaba en beneficio de la manceba si ésta aceptaba casarse o comenzaba a vivir honestamente.

En la práctica, la pena de los amancebamientos se pronunciaba muchas menos veces contra los hombres que contra las mujeres, y con frecuencia la acción de la justicia se limitaba a presionar sobre los amancebados hasta hacerles contraer matrimonio, si es que las circunstancias personales se lo permitían[93].

La justicia seglar podía actuar contra los eclesiásticos implicados en este delito si concurría la circunstancia de publicidad. En caso contrario el castigo pertenecía a los jueces eclesiásticos. Los solteros amancebados sólo podían ser condenados en pena extraordinaria, aunque muchos jueces llevados de la avaricia les condenaban en el marco de plata.

La masturbación, en tanto que acto contrario al orden de la procreación, era un pecado castigado por la ley moral y por la ley civil. Dada la naturaleza individual de este acto, no fueron muchos los casos perseguidos. Pero no obstante nos consta la imposición de alguna pena por tal motivo. El padre León nos refiere a este respecto: «No quiero dejar de contar lo que pasó en uno de estos años que estando un hombre viejo preso por deudas lo acusaron de que había hecho este pecado de la polución consigo mismo y lo sentenciaron a azotes por las calles públicas. Y el pregón decía por sucio y deshonesto consigo mismo»[94].

La bigamia alcanzaba la cifra de un 2% de los delitos de naturaleza sexual. «Ocurría algunas veces que algunos hombres sin temor de Dios ni de las justicias reales se casaban dos veces». En un principio, la pena que se imponía en estos casos era la de destierro en un isla, azotes y marcas en la frente con un hierro ardiente[95]. Más tarde, Carlos V en las Cortes de Valladolid de 1548 dispuso que la pena de destierro en una isla, anticuada ya, se conmutase por galeras[96]. Posteriormente Felipe II declaró que la pena correspondiente a estos casos fuese la de vergüenza pública y 10 años de galeras[97].

En una sociedad que no prodigaba precisamente los contactos entre hombres y mujeres, la figura del intermediario, es decir el alcahuete, era imprescindible para que las parejas clandestinas pudieran juntarse. La pena más frecuente contra ellos era corporal y/o galeras. Pero en casos muy graves podían sufrir la pena capital. Así el padre León nos ha relatado unos hechos en los cuales una criada de un convento de monjas fue ejecutada por facilitar el trato carnal de unos hombres con las citadas religiosas:

> «Lucía, criada, ahorcada; y otras dos moças criadas también del mismo monasterio por lo mismo açotadas. La historia de éstas fue que eran alcahuetas de las monjas y encubridoras de los males que hacían las dichas monjas y la Lucía, por-

93. Así en consulta del Consejo de 9 de abril de 1611 se incluyen las relaciones de lo obrado por los alcaldes de Casa y Corte en orden a castigar y evitar pecados públicos. Entre lo obrado por D. Tomás de Valdés, correspondiente al cuartel de San Ginés, se cita la detención de Juan García, receptor de los Consejos, y de Dña. Alfonsa de León, amancebados desde hacía siete años y con tres hijos nacidos de sus ilícitas relaciones. Cuando llegó el momento de sentenciar su causa fueron absueltos porque poco antes se habían casado. (A.H.N., Consejos Suprimidos, leg. 7171, fol. 20).

94. León, P. de: *Grandeza y miseria en Andalucía. Testimonio de una encrucijada histórica (1578 a 1616)*. Ed., introduc. y notas de Pedro Herrera Puga. Granada, 1981. p. 463.

95. *Ordenamiento de Montalvo* V, 1, 3; y VIII, 15, 6.

96. *Nueva Recopilación* V, 1, 7.

97. *Nueva Recopilación* VIII, 20, 8.

que allende de ser alcagüeta y encubridora dio lugar por su aposento que estaba fuera del monasterio y pared en medio dél para que un mançebo se aprobechase de una monja y la echase a perder en su propio aposento».

«Dezía el pregón: a esta mujer por alcagüeta y porque dava lugar a cierto escalamiento de un monasterio desta ciudad».

«Dio noticia deste desmán a la justicia su mismo provincial dellas y después de presas las mujeres se arrepintió, pero no lo pudo remediar. De todo lo cual se causó mucho escándalo porque se pudiera remediar y castigar con menos publicidad e infamia del monasterio»[98].

H) Delitos contra las Libertades Personales

El sistema del privilegio ciertamente no era pródigo en la defensa de las libertades personales. Todo su aparato legal aparece preocupado sobre todo por la protección de las diferencias jurídicas reconocidas en las personas y corporaciones. Lo cual no era óbice para que otros derechos, como el derecho de propiedad y el derecho a la vida estuviesen igualmente bien salvaguardados.

En el capítulo de los delitos contra las libertades personales sólo se recoge en la legislación el sometimiento a esclavitud por fuerza e ilegalmente de hombres libres . Infracción que se penaba con trabajos forzados perpetuos si el culpable era hidalgo, y en el caso de los plebeyos con pena de muerte[99]. En la práctica este delito se producía pocas veces y aparece entre los menos frecuentes de todos: 0'2%.

La idea existente en la época sobre el rapto nos aproxima a un mundo poco considerado con las libertades individuales. El rapto se castigaba en tanto que suponía un atentado contra la honra de los parientes de la víctima. Otras veces esta acción se perseguía por abusos sexuales, pero nunca como un ataque a la libertad individual de la mujer raptada.

En el mismo orden de cosas, se entiende que realizar cárcel privada se persiguiera como un acto suplantatorio de las facultades propias de las justicias, sin aludir al mismo tiempo a los derechos conculcados al encarcelado.

I) Delitos contra la Administración de Justicia

La justicia protegía su propia acción y reprimía todo aquello que pudiera dificultarla. El apoyo a sus oficiales era total. Por eso un 13% de los delitos contrarios a la administración de justicia lo constituían desacatos, insultos y agresiones a sus ministros. Las transgresiones más corrientes eran el quebrantamiento o incumplimiento de condena —aproximadamente un tercio de las de esta naturaleza—. Lo cual apunta sin duda hacia uno de los puntos débiles del sistema penal.

Del mismo modo, eran muy abundantes las resistencias a las detenciones efectuadas por agentes autorizados (28%). Las fugas de detenidos, bien fuera con auxilio exterior o sin él, acumulaban el 12% de los casos de esta especie.

98. Pedro de León: *Grandeza y miseria en Andalucía. Testimonio de una encrucijada histórica (1578 a 1616)*. Ed., introduc. y notas a cargo de Pedro Herrera Puga. Granada, 1981. pp. 354 y 355.
99. *Partidas* VII, 14, 22.

En cambio, bajaban sensiblemente los delitos de obstaculización de la acción de la justicia (1%) y negación de auxilio a sus ministros (1%).

Los delitos contra la justicia se consideraban graves, pero en un sistema penal que no dudaba en imponer la pena máxima por delitos menores no cabía exigir una gradación perfecta entre penas y delitos. El asesinato de un miembro del Consejo Real en el ejercicio de su cargo no se podía castigar con pena mayor que la capital y pérdida de bienes, ya establecidas para otras acciones de menor rango. Por otra parte, si en lugar de ser asesinada, la alta magistratura era herida sólamente, la pena no se reducía en nada[100].

En tiempos de Felipe II se ordenó castigar las resistencias a las justicias con vergüenza pública y ocho años de galeras. Sin embargo, cuando la resistencia era calificada se podían imponer castigos mayores al arbitrio del juez[101].

Los quebrantamientos de destierros se sancionaban con la imposición doblada del tiempo contravenido[102].

J) Delitos cometidos por Oficiales Reales

Antonio Pérez recomendaba no disimular las faltas y delitos cometidos por los ministros de justicia porque «cualquier cosa en ellos es grave, debiendo ser el espejo del público; un castigo vergonzoso será el mejor para manifestar el horror a estos delitos»[103].

La monarquía era consciente del trascendental papel de la administración de justicia para la buena marcha de los asuntos políticos en el interior del Reino, y en la medida de sus posibilidades vigilaba por su correcto funcionamiento. Sin embargo, los innumerables testimonios recogidos en las páginas de este trabajo parecen contradecir la preocupación de la Corona por estas cuestiones . La venalidad acreditada por jueces, y sobre todo por alguaciles, escribanos y carceleros se compadecen mal con esta imagen ideal de la justicia.

No obstante, el hecho de que cerca de un 1% de los procesos instruidos en tribunales importantes, como la Sala de Alcaldes de Casa y Corte, correspondiesen a oficiales públicos con actuaciones irregulares, negligentes o corruptas refleja en la Corona una intención depuradora clara y contraria a estos vicios.

Pero ocurría que el propio sistema, basado en la patrimonialización de los cargos y en las retribuciones a los funcionarios por acto efectuado llevaba consigo la lacra de los excesos señalados, sin que los mecanismos de control existentes: residencias y visitas, alcanzasen a evitarlos.

En este capítulo de prevaricaciones de los oficiales públicos debemos indicar que casi se repartían a partes iguales entre los oficiales de justicia (46%) y las de otros oficiales (53%).

El importante número de agentes judiciales procesados, tiene más relación con el gran desarrollo de la administración judicial respecto a otros sectores del Estado que con una mayor inclinación a las corruptelas por parte de estos funcionarios.

100. *Nueva Recopilación* VIII, 22, 1.
101. *Nueva Recopilación* VIII, 22, 7.
102. *Partidas* VII, 31, 10.
103. Máximas de Antonio Pérez dadas a Enrique IV, rey de Francia. B.N., ms. 11.352, fols. 94 y 95.

Además tampoco podemos olvidar la existencia de una considerable cantidad de representantes regios investidos de facultades judiciales, aunque las tuviesen compartidas con funciones de gobierno en muchos casos.

K) Delitos contra el Orden Público

Dentro de los delitos contra el orden público cabe destacar en primer término por su importancia política los alborotos, tumultos, alteraciones, etc.

En el reinado de los Austrias la alteración más importante ocurrida en los territorios de la Corona de Castilla fue sin duda la provocada por el Movimiento Comunero, en cuyo transcurso se cuestionó seriamente la orientación imperial propugnada por Carlos V. Desde entonces, no volverían a ocurrir en Castilla movilizaciones sociales de gran importancia.

Fuera de Castilla, pero en territorios vinculados a esta Corona debemos citar los protagonizados por los vizcaínos en 1632 —conocido en la Historia como el conflicto de la sal—, y los desarrollados a mediados del siglo XVII en Andalucía. Afortunadamente, estos levantamientos son bien conocidos por los historiadores por cuanto existen buenas monografías sobre ellos[104]. En virtud de esta circunstancia nos ahorraremos los detalles sobre los pormenores de estos eventos. Por otra parte, nuestro cometido no es el estudio de los movimientos sociales y de los factores que los suscitaron, sino la actitud del poder hacia los mismos y las pautas generales seguidas en su represión.

Por lo que se refiere a las Comunidades de Castilla, dada la profundidad social alcanzada por el movimiento y en virtud del papel desempeñado por la Junta comunera durante la crisis que se apoderó de funciones reservadas al Soberano en el Antiguo Régimen, han sido valoradas, con razón, como revolución política.

En atención a estas circunstancias nosotros deberíamos haber tratado el tema cuando nos hemos referido a los delitos contra la Corona, pues es evidente que la tipificación correspondiente a las actividades desarrolladas por los dirigentes del movimiento castellano encajan perfectamente en la figura de la lesa majestad. Sin embargo, en consideración a que la Corona, tras su victoria en Villalar, siguió unas pautas en la represión de los vencidos similares a las practicadas en el ahogamiento de otras protestas sociales, nos ha parecido oportuno citarlas en este apartado.

Tras la derrota castellana en Villalar, los primeros en sufrir el castigo real fueron los tres jefes militares capturados en el campo de batalla. Al día siguiente, Juan Padilla, Juan Bravo y Francisco Maldonado comparecieron ante los jueces Cornejo, Salmerón y Alcalá. Tras un proceso extraordinariamente breve, en el cual los jueces se limitaron a formular unas pocas preguntas a los acusados, éstos fueron condenados e inmediatamente decapitados.

104. Gutiérrez Nieto, J. I.: *Las comunidades de Castilla como movimiento antiseñorial*. Barcelona, 1973; Pérez, J.: *La revolución de las Comunidades de Castilla (1520 a 1521)*. Madrid, 1977; Maravall, J. A.: *Las Comunidades de Castilla. Una primera revolución moderna*. Madrid, 1979; Haliczer, S.: *Los comuneros de Castilla. La forja de una revolución (1474-1521)*. Valladolid, 1987. Por lo que se refiere a los movimientos sociales de Andalucía, puede consultarse Domínguez Ortiz, A.: *Alteraciones Andaluzas*. Madrid, 1973.

Igualmente poco después de Villalar, el deán de la catedral de Burgos arrestó al licenciado Urrez, a quien la Junta comunera había nombrado corregidor de la Merindad de Campos. Según todos los indicios Urrez fue juzgado y condenado en breve tiempo, pues en el curso de la semana siguiente a la derrota, estaba ya muerto.

En el mes de agosto, y también en la región de las merindades, Alonso de Saravia, uno de los agitadores de Valladolid fue ejecutado en Burgos donde había sido juzgado.

En abril de 1522 fueron ejecutados otros dos comuneros de Valladolid: Diego Pacheco y el licenciado Alonso Rincón.

En conjunto, desde el 24 de abril de 1522 hasta el 16 de julio de 1522, fecha en que se produjo el regreso del Emperador, la represión de los realistas no se había cobrado más que siete víctimas. Habría que añadir el nombre de Francisco Pardo, exceptuado de Zamora, que se suicidó en su celda en junio de 1521, y sobre todo a los comuneros condenados por jueces comisarios —como el doctor Zumel— y por la justicia señorial. Conocemos, en efecto, datos del castigo de los implicados en las luchas antiseñoriales desarrolladas con motivo de la rebelión comunera. En esta represión se destacaron el Condestable, el Conde de Chinchón y el Conde de Buendía. Sin embargo, ignoramos por el momento el número de víctimas de estas represalias.

En lo fundamental la estrategia represiva del poder real se fundamentó en la idea de que era imposible castigar a todas las personas relacionadas con las Comunidades. Lo contrario era políticamente inconveniente y materialmente imposible por el carácter masivo alcanzado por la sublevación. En virtud de este análisis, los Virreyes optaron por amedrantar a los implicados con la ejecución de castigos ejemplificantes en algunas de las cabezas más visibles. Con este propósito recabaron información de las ciudades durante los meses de abril y mayo de 1521 para averiguar quiénes habían sido en cada una de ellas las personas más comuneras.

Se perdonó a las ciudades como colectivo, pese a sus mayoritarios pronunciamientos en favor de la «Comunidad», pero en cada población se exceptuaron del perdón regio a los más comprometidos con la sublevación. Pese a todo, algunos de éstos conservaron la vida gracias al padrinazgo de personas influyentes, como ocurrió con D. Pedro Maldonado, noble salmantino que se libró de la pena capital merced a las gestiones de su tío, el Conde de Benavente. En sustitución suya ocupó su puesto en el cadalso de la plaza de Villalar D. Francisco Maldonado, su primo, contra el cual existían cargos importantes pero algo menos graves que los imputados a D. Pedro.

Aparte de las condenas a muerte seguidas de ejecución, ya mencionadas, sólo tenemos constancia de otras tres sentencias pronunciadas contra exceptuados durante este período. Una de ellas fue la del Doctor Zúñiga, profesor de la Universidad de Salamanca, cuyos bienes fueron confiscados y su cátedra declarada vacante. Las otras dos fueron la de Francisco de Ocampo, alcalde comunero de Zamora, y la de Juan Osorio, comendador de Dosbarrios, ambos condenados a muerte. Según Joseph Pérez, el alcance de esta primera etapa represiva fue limitado: «pocos procesos y aún menos ejecuciones»[105].

Carlos V desembarcó en la península Ibérica el 16 de julio de 1522. Bajo la dirección personal del Emperador, la represión contra los comuneros adquirió un ritmo más

105. PÉREZ, J.: *La revolución de las Comunidades de Castilla (1520 a 1521)*. Madrid, 1977. p. 583.

intenso. En tres meses se pronunciaron casi 100 condenas y más de 15 exceptuados perecieron en el cadalso. Poco tiempo después, Carlos V promulgó solemnemente en la comunera Valladolid el Perdón de Todos los Santos para reconciliarse con los súbditos.

Entre los ejecutados de esta segunda hora debemos citar a D. Pedro Maldonado el capitán salmantino salvado de la degollina de Villalar por los favores de su tío, el Conde de Benavente, el cual fue decapitado finalmente en la plaza de Simancas un día del mes de agosto de 1522.

Del mismo modo, fueron condenados a muerte y ejecutados en la plaza de Medina del Campo, siete miembros de la Junta comunera, detenidos al ocupar Tordesillas las tropas realistas. Además de los ya citados, otras personas figuran como «justiciadas» en el Perdón de todos los Santos.

En resumen, Joseph Pérez estima que fueron «21 comuneros los que pagaron con su vida la participación en la revuelta; ocho fueron ejecutados por orden de los virreyes, y los demás un mes después del regreso de Carlos V. En esta relación no se incluyen las sentencias condenatorias pronunciadas por la justicia señorial, sobre las que no podemos pronunciarnos con objetividad al no existir la documentación necesaria. Por lo que respecta a la justicia real, el número de ejecuciones parece muy moderado si tenemos en cuenta la gravedad de la rebelión. No podemos estar de acuerdo con la afirmación de algunos historiadores liberales del siglo XIX que denunciaron con vehemencia el espíritu vengativo del Emperador, el carácter sanguinario de la represión». El Emperador decidió castigar y lo hizo de modo inmediato y con cierta moderación. «Se podría objetar, en todo caso, que sus víctimas fueron escogidas un tanto al azar; los jueces castigaron los comuneros que tuvieron la desgracia de encontrarse en prisión al regreso del rey. Los más hábiles, los parientes o protegidos de los Grandes, corrieron mejor suerte, aunque el ejemplo de don Pedro Maldonado prueba que las recomendaciones no influyeron para nada en el Monarca. Pese a ello, hemos de reconocer que en conjunto los protegidos de la aristocracia dejaron que se disipara la tormenta y finalmente escaparon al castigo supremo»[106].

Con la promulgación del Perdón General de Todos los Santos, Carlos V renunciaba a infringir castigos colectivos a las ciudades. Hasta entonces, las poblaciones comuneras y corporaciones como la Universidad vivían con el temor de que el Monarca revocase sus privilegios. En el caso de Valladolid se especulaba con la pérdida de la Chancillería. Desde aquel momento se aclaró que sólo serían castigados algunos de los responsables individuales del movimiento. Todos los demás crímenes cometidos durante la guerra civil fueron perdonados, desde el delito de lesa majestad hasta los asesinatos y ejecuciones sumarias.

La amnistía sirvió para conciliar a los sublevados con la Corona, pero dejó inalterados los derechos de reclamación inherentes a los particulares perjudicados por la acción de los rebeldes. Así las personas privadas pudieron seguir reclamando las indemnizaciones correspondientes. Capítulo, éste de los resarcimientos por daños, al que tampoco renunció la Corona en ningún momento.

Por lo demás, «el Perdón General era mucho más riguroso que las amnistías parciales concedidas por los virreyes después de Villalar. En la lista fatal figuraban varios co-

106. PÉREZ, J.: *La revolución de las Comunidades de Castilla (1520 a 1521)*. Madrid, 1977. p. 588.

muneros arrepentidos que habían abandonado la Junta o la habían traicionado. Nos referimos especialmente a don Pedro Girón y don Pedro Laso de la Vega. A causa de ello, el almirante de Castilla guardaría un profundo rencor a Carlos V. Doscientos noventa y tres rebeldes quedaron excluidos nominalmente del beneficio de la amnistía, pero en realidad el número de exceptuados era más elevado, ya que el perdón especificaba que la amnistía no se aplicaría a quienes hubieran sido condenados por rebelión hasta el 28 de octubre de 1522, incluso aunque la sentencia no hubiera llegado a ejecutarse»[107].

De los 293 rebeldes exceptuados, 22 habían sido ejecutados ya en el momento en que se proclamó la amnistía de Todos los Santos. Sus nombres aparecían en el Perdón con la anotación de «justiciado». Además 73 comuneros habían sido condenados a muerte por rebeldía. De estos, los que fueron encarcelados o se entregaron voluntariamente a las autoridades con posterioridad al 1 de noviembre de 1522 se beneficiaron a menudo de una benignidad. A partir de entonces, los acusados ya no fueron condenados a muerte, salvo el caso particular del obispo de Zamora que vio agrandadas sus culpas por matar al alcaide de la fortaleza de Simancas en su intento de fuga.

Con el paso del tiempo la represión fue suavizándose, y un año después de la proclamación del Perdón, el Emperador ofreció a los antiguos comuneros la posibilidad de reparar sus faltas a cambio del pago de multas más o menos elevadas, según los casos. En palabras de Pérez «el Perdón General inauguró, pues, el camino del apaciguamiento mucho más que el de la venganza»[108].

Después de 1525 hubo nuevos indultos para algunos de los exceptuados y por último en 1527, con motivo del nacimiento de Felipe II se volvió a revisar la suerte de algunos más.

Aunque el movimiento comunero llegó a constituir en los momentos de su mayor apogeo una alternativa castellanista de profundos contenidos sociales, también es cierto que en sus orígenes las motivaciones antifiscales jugaron un papel de primer orden en el estallido de las primeras protestas. La naturaleza antifiscal del movimiento en sus orígenes no fue un mero accidente, sino que esta circunstancia es patente en muchas de las revueltas del Antiguo Régimen. En la propia Sala de Alcaldes existía la convicción en el siglo XVIII de que «las causas por que el Pueblo con más facilidad se inquieta suelen ser faltas de pan y de otros bastimentos, muchas imposiciones, precios crecidos y mudanzas de moneda»[109]. Quien escribía de este modo, no sólo conocía bien los comportamientos sociales de sus contemporáneos, sino que tenía presente la historia de los siglos anteriores, pues estos factores sociales aparecen en mayor o menor medida en todos los movimientos de protesta de los siglos anteriores, independientemente del marco geográfico en el que surjan.

En el caso del conflicto de la sal de Vizcaya del año 1632, a las motivaciones de índole tributario habría que añadir la defensa de los privilegios del señorío. Olivares, obligado por los dispendios de su política belicista hubo de introducir nuevas contribuciones para recomponer las maltrechas arcas reales. El 3 de enero de 1631 una real cédula estableció la fundación de un estanco de la sal que debería sustituir el im-

107. PÉREZ, J.: *La revolución de las Comunidades de Castilla (1520 a 1521)*. Madrid, 1977. p. 595.
108. PÉREZ, J.: *La revolución de las Comunidades de Castilla (1520 a 1521)*. Madrid, 1977. p. 596.
109. KAMEN, H.: *La España de Carlos II*. Barcelona, 1981.

puesto de los millones. A través de una junta de la sal, la Corona se proponía monopolizar todo el proceso de distribución de éste producto, el cual sería almacenado en alfolíes. Al mismo tiempo se fijaron nuevos precios para la sal.

Cuando el señorío tuvo noticia de la cédula que creaba el estanco de la sal, comenzó a discutirse la cuestión de si constituía o no una contravención de sus fueros.

En una reunión de la Junta General celebrada en Guernica el 24 de septiembre de 1631. La multitud allí congregada denunció que se estaban contraviniendo los fueros «y que eran unos traidores los del gobierno y todos los de capa negra, que era mejor matarlos y acabar de una vez con ellos, y que Vizcaya fuese gobernada por sus verdaderos y originarios vizcaínos, los caseros de las montañas, que no la venderían como aquellos que allí estaban por sus particulares fines y acrecentamientos»[110].

La reunión de la Junta General hubo de ser suspendida y no se llegó a tomar ninguna decisión. Finalmente el conflicto vasco alcanzó la mayor gravedad un año más tarde, en el otoño de 1632.

Hacia la primavera de 1632 se sabía ya con certeza que la recaudación del impuesto sobre la sal no podía igualar la recaudación de los millones, Olivares optó entonces por bajar los precios de la sal y reanudar el cobro de los millones.

Por lo que respecta al País Vasco, los precios de la sal habían bajado en Vizcaya hacia agosto de 1632, de 59 reales la fanega a 11 reales. Pero el estanco continuó existiendo.

A principios de octubre llegó a Bilbao el teniente de corregidor don Juan Calderón de la Barca y declaró abiertamente la intención de la Corona de continuar con la percepción del impuesto.

Cuando Calderón decidió hacer cumplir sus órdenes, los bilbaínos se echaron a la calle. Entre el 20 y el 22 de octubre de 1632 se produjeron numerosos incidentes. La muchedumbre entró en las casas de los funcionarios reales, rompió las cédulas reales, amenazó a los delegados regios y cometió otras extorsiones del mismo estilo.

La multitud exigía la venta de la sal sin sobretasa y manifestaba igual ira contra las medidas gubernamentales y contra la oligarquía local.

En el Consejo de Castilla se estudió exhaustivamente el tema y se discutió largamente acerca de quien era la persona más idónea para encomendarle el castigo de los vizcaínos. Quisieron enviar un alcalde de Corte como juez comisario, pero enseguida se desechó la idea, porque a los consejeros les pareció más adecuado que el castigo lo ejecutase «alguno de la nación, con el auxilio y resguardo de los nobles, porque no reclamasen segunda vez sus fueros y privilegios y que se les castigaba con justicias forasteras»[111].

El Consejo de Castilla finalmente decidió enviar al corregidor del señorío, el cual hubo de abandonar el servicio que a la sazón estaba prestando en las Cortes de Castilla como procurador de Soria. Al mismo tiempo, se preparó el terreno con los nobles más afectos a la Corona. Se les reprendió por su pasividad ante la contravención de órdenes regias por los hombres plebeyos.

110. ELLIOTT, J. H.: «El programa de Olivares y los movimientos de 1640», en *Historia de España. La España de Felipe IV*. Dir. por Jover Zamora. Madrid, 1982. T. XXV, pp. 429 a 436.
111. NOVOA, M. de: *Historia de Felipe IV*. Madrid, 1881. T. I. pp. 370 a 376.

Cuando el Consejo creyó haber recabado los apoyos suficientes, encargó al Duque de Ciudad-Real, personaje muy destacado de la nobleza vasca, que colaborase en la apaciguación del conflicto. Este entró en Bilbao el 20 de abril de 1633, aparentando interesarse sobre todo por recibir una pomposa bienvenida de sus paisanos.

El 23 de mayo, el corregidor, con el apoyo activo del grueso de la oligarquía foral, organizó una gran redada. Publicó de madrugada un bando que prohibía a los vecinos salir de sus casas, so pena de la vida. Los accesos de la villa quedaron controlados, e inmediatamente comenzaron los registros domiciliarios y las detenciones de los supuestos culpables.

A las siete de la mañana entraba el corregidor en la cárcel, y enseguida fulminó proceso. Concluida la causa condenó a muerte a seis de los inculpados.

Al licenciado Morga y Sarabia, a Juan de la Puente y al secretario del señorío: Martín Ochoa de Jaravide, ejecutaron el 24 de mayo en la plaza. Habían sido acusados de ser los incitadores del movimiento.

Por otra parte, Juan de la Rabaster y dos hermanos llamados Vizcainaga, «los más valientes del común», recibieron garrote en la cárcel.

Respecto a las ejecuciones manifiesta nuestra fuente: «Fue ejecutado este castigo, no sin miedo ni confusión de los naturales, a 24 de mayo, antes de anochecer, en la plaza pública y en la cárcel, con gran quietud y silencio de la gente popular, hallándose el Idíaquez a la vista de todo para mediar cualquiera accidente y dar autoridad a la justicia».

Después del escarmiento dado a la plebe con estas ejecuciones, el Rey comunicó a los vizcaínos a través de un decreto remitido al Diputado General y fechado el 12 de mayo de 1634 «que S.M. les relevaba del decreto de la sal y quería no se entendiese, y que de nuevo les confirmaba sus fueros inviolablemente y daba perdón general a los demás culpados; con que se alegró la tierra y ellos lo celebraron con fiestas»[112].

De los beneficios del referido perdón se excluyeron doce personas, citadas nominalmente en el mismo. Entre ellas figuraban los seis ejecutados.

Al margen de las medidas represivas y de orden público adoptadas contra la plebe bilbaína, Olivares ejecutó simultáneamente otras providencias de naturaleza económica con el objeto de quebrantar las exenciones tributarias del señorío. Con este fin se proyectó el boicot económico de la provincia.

Los vizcaínos, amparándose en sus fueros se habían negado a registrar las mercancías introducidas por sus puertos. Sin embargo desde Madrid se hizo ver a los mercaderes que no podrían seguir importando mercancías por Bilbao o por otros puertos del País Vasco, pues serían confiscadas al entrar en Castilla como géneros no registrados que eran. A finales de marzo de 1633 se dieron las órdenes y el bloqueo económico comenzó a paralizar Vizcaya.

Contrasta la actitud de la Corona en 1633 con la prudencia demostrada por Felipe II en la conducción de otro conflicto surgido en Vizcaya con motivo del envío de algunos marineros bilbaínos a las Islas Terceras.

112. NOVOA, M. de: *Historia de Felipe IV*. Madrid, 1881. T. I. pp. 375 y 376.

En el contencioso del año 1582 participó la nobleza junto a la plebe y acaso por ello —y por la estratégica situación del territorio— Felipe II dio órdenes de no proceder judicialmente contra nadie, recomendando a sus delegados la resolución del problema con los mejores modos.

Para erradicar el núcleo de resistencia establecido por D. Antonio, prior de Crato, en las mencionadas islas atlánticas, se organizó una expedición marítima que asegurase la anexión de Portugal.

Intentaron reclutar marineros en Bilbao, pues los vascos tenían merecida fama de buenos profesionales de la mar.

Quisieron enrolar 300 marineros, a los cuales les ofrecieron sus correspondientes pagas; pero como los hombres de mar prefiriesen alistarse en navíos mercantes y de particulares, el corregidor del señorío convocó a la Junta General. En ella leyó la cédula y la Junta acordó buscar 100 marineros, los cuales se repartieron entre las villas y lugares marítimos. Igualmente acordó la Junta ayudar a los alistados con una paga extraordinaria suplementaria de la del Rey.

Sin embargo, cuando ya se habían encontrado algunos marineros, el Procurador General de la villa de Bilbao: Juan Martínez de Zurbarán se opuso a ello. Basaba su alegación en que era «pecho para Vizcaya y contrario a sus antiguas libertades».

Después, este mismo individuo promovió una Junta General que se celebró en Guernica sin la presencia del corregidor, sino bajo la de D. Juan Gómez de Butrón, diputado del señorío por los caballeros hijosdalgo.

La actitud del Consejo Real cuando tuvo conocimiento de estos hechos fue ciertamente cauta. En consulta de diciembre de 1582 recomendó al Soberano:

> «que en este negocio se proceda con mucho tiento y se procure que se averigüe, castigue y componga lo contenido en este memorial con los mejores y más suaves medios que fuere posible»
>
> «y ansí teniendo en esto la consideración que es justo se acordó que se enviase un traslado de este memorial al alcalde D. Alonso de Agreda que está en una misión en Oñate y ha de ir a otra a Bilbao; y otro a D. Lope de Avellaneda y otro a Cristóbal de Baros. Y se les escribiese que con mucho recato y secreto procurasen, como de suyo, sin dar a entender que tienen orden del Consejo para hacerlo y sin escribir cosa alguna en ello, informarse de todo lo que en esto ha pasado y pasa y si se puede con algún fundamento temer que puede subçeder alguna de las cosas que el corregidor dice y apunta y de adónde han procedido y quiénes son los culpados en ellas...»
>
> «Ansimismo, conviene escribir al corregidor para que entretanto que V. Majestad manda lo que en este particular se ha de hacer, sobresea en las averiguaciones que tiene comenzadas a hacer y por lo contenido en este memorial no proceda contra persona alguna, antes procure componer y quietar los ánimos de estos hombres»[113].

Por último, —¡cosa sorprendente!— recomendaba el Consejo el relevo del corregidor. A juicio de este organismo, el hecho de que llevara ya cuatro años en el cargo y estar mal visto entre los vecinos le incapacitaba para conducir adecuadamente el asunto.

113. A.G.S., Guerra Antigua, leg. 140, fol. 215. Igualmente, A.G.S., Guerra Antigua, leg. 240, fol. 213 a 216.

A continuación vamos a referirnos a las alteraciones andaluzas, las cuales responden a un modelo muy clásico de conflicto social en el que suelen confluir «faltas de pan y de otros abastecimientos, muchas imposiciones, precios crecidos y mudanzas de moneda»[114].

La actitud de las autoridades frente a estos movimientos de masas no varió a lo largo de todo el Antiguo Régimen:

> «Alborotado el pueblo no han de acudir los alcaldes a sosegarle ni prender ni castigar culpados, salvo yendo con una buena prevención de ministros y gente porque si una vez les pierden el respeto y maltratan como sucede muchas veces en estas ocasiones no se le podrá oponer ni obrar sin mano armada, cosa que debe procurar evitar la justicia, pues llegando a esto deja de serlo, y se hace batalla reñida lo que ha de ser respeto y obediencia.
>
> Muchos grandes gobernadores han atajado grandes tumultos valiéndose de maña, y han platicado cuando veían que el pueblo se inquietaba y sacado a castigar algunos delincuentes que tuvieren presos por otros delitos y diciendo el pregón que los castigaban por la causa que conmueve al pueblo y con esto le han sosegado y atemorizado, de manera que en las demás ocasiones está obediente y temeroso del castigo y al reo que le cambia el pregón tal vez se le hace algún tipo de gracia si es ladrón famoso o facineroso, diciendo el pregón que se le castiga porque alborotaba al pueblo»[115].

Los párrafos anteriores ponen al descubierto una represión al servicio de los intereses políticos de la Monarquía, en la cual las conveniencias coyunturales del poder y la razón de Estado prevalecen por cima de los estrictos criterios, consustanciales con la correcta administración de justicia.

Detrás de cada motín o revuelta no hubo nunca en el Antiguo Régimen una depuración exhaustiva de responsabilidades personales y en consecuencia la imposición de unas penas individualizadas acordes con los actos cometidos por cada uno.

La represión en los tiempos modernos era ejemplificante y buscaba sobre todo el sometimiento popular al orden establecido aunque sólo fuera por temor a la ira regia. Así se comprende que después de cada alteración se ejecutasen penas brutales en unos pocos individuos, sobre los cuales se hacía recaer toda la responsabilidad de lo sucedido, sin importar en absoluto que los más culpados hubiesen escapado a la acción de la justicia, o que para ajusticiar con brevedad a los supuestos culpables hubieran de celebrarse juicios sumarísimos, carentes de las garantías más elementales para los procesados.

Acerca de estos juicios sumarísimos hemos de añadir además otra lacra habitual en ellos: la inclinación de los jueces a ceder a los deseos de venganza, presentes siempre entre los perjudicados por los disturbios.

Las alteraciones andaluzas se concentraron en los años centrales del siglo XVII y tuvieron un carácter antifiscal bien marcado. Una de las más tempranas fue la de Lucena. El 16 de enero de 1647 llegaron varios ejecutores y ministros de la justicia a la ciudad con intención de repartir y cobrar un servicio extraordinario de 8.000 ducados.

114. Noticias para el gobierno de la Sala, compuesto por el alcalde D. Juan Elezárraga el año 1704. A.H.N., Consejos Suprimidos, libro 1173, fols. 81 y 82.

115. Noticias para el gobierno de la Sala, compuesto por el alcalde D. Juan Elezárraga el año 1704. A.H.N., Consejos Suprimidos, libro 1173, fol. 81.

Se hizo el reparto por vecinos sin mayores incidentes, pero al efectuar el cobro «se alborotaron» varios centenares de ellos. Un alguacil fue herido y los demás se refugiaron en el convento de San Francisco.

Entre las primeras acciones llevadas a cabo por los amotinados cabe citar la puesta en libertad de dos hombres detenidos por la justicia el día anterior «por dezir a un juez de éstos que sería un cabrón quien pagare».

Acudió el Duque de Carmona a tranquilizar los ánimos de la plebe. Ante ésta prometió suspender la cobranza de los impuestos extraordinarios y de las levas de los soldados. Tuvo que permitir la destrucción de los documentación portada por los comisionados y el destrozo de todas las existencias de papel sellado.

Los refugiados en el convento de San Francisco hubieron de ser evacuados en coche, pues el pueblo se proponía asaltar el edificio.

> «Desde mi refugio —escribía el duque a la Chancillería de Granada— oigo el ruido y griterío que anda por las calles, y a juicio de los que me han asistido, que son los vecinos de más obligaciones, será el número de la gente acuadrillada más de 500 hombres, todos gente trabajadora, y algunos con las caras tiznadas para no ser conocidos»[116].

Ese mismo año de 1647 hubo alteraciones no sólo en Lucena, sino también en Loja, Montefrío, Comares, Albuñuelas y Alhama de Granada.

En esta ocasión el Consejo dividió sus opiniones en cuanto al tratamiento a aplicar. El Presidente del organismo y los licenciados: D Joseph González, D. Antonio de Valdés, D. Cristóbal de Moscoso, D. Diego de Ceballos y D. Juan de Morales, «son de parecer que el remedio más eficaz para quietar los movimientos de la Andalucía ha de ser enviar uno del Consejo con título de superintendente de la justicia, con comisión y facultad para ajustar los encabezamientos de los servicios, reconocer el estado de los concejos, remediar los agravios que reciben de las justicias y otros poderosos, deshacer los fraudes y usurpaciones de los propios y arbitrios, ver los oficios que se han vendido y aumentado y tratar de su consumo; consolar a aquellos vasallos, representarles el estado en que se halla la Monarquía, el sentimiento que V. Majestad tiene de los inexcusables tributos que pagan y procurar por todos los caminos disponer los ánimos y quietar los movimientos de los que han tratado de inquietarse.

Y este punto no le tienen por arbitrario sino por obligación, porque notoriamente se sabe la opresión que padecen los pueblos, la desigualdad con que se administra la justicia, la imposibilidad de castigar los excesos que cometen los corregidores y otros ministros della, y que aunándose con los poderosos, no permiten que los pobres se quejen y el medio de las residencias que se introdujo para averiguar y castigar y dar satisfacción a los querellosos ya no sirve de nada».

Por el contrario, los licenciados D. Antonio de Campo Redondo, D. Antonio de Contreras, D. Gregorio López de Mendizábal, D. Lorenzo Ramírez de Prado y D. Francisco de Robles fueron de la opinión opuesta al envío de un consejero, «porque los ministros, particularmente de tribunal tan superior, saliendo a las provincias en tiempos tan turbados suelen ser más temidos de lo que conviniera para conciliar el amor y confianza

116. DOMÍNGUEZ ORTIZ, A.: *Alteraciones andaluzas*. Madrid, 1973. p. 50.

de los vasallos». «Que las conveniencias que se consideran por el voto contrario se podrían conseguir sin ningún peligro encargando esta diligencia al obispo de Córdoba por la veneración de su dignidad y el amor que los súbditos tienen a sus prelados mirándolos como padres».

Así como en los planteamientos de algunos miembros del Consejo se contemplaba la posibilidad de rebajar impuestos. En la respuesta real se excluyó tajantemente esta posibilidad, alegando que si bien convenía aliviar a los súbditos de tan pesadas cargas, reconocía no poder excusarles de las contribuciones ya consignadas a los negociantes acreedores de la Corona. Sobre el repartimiento que se les había hecho par la compra de juros —realizado por concesión de las Cortes— el monarca estimaba que las quejas no nacían del impuesto en sí, sino de la poca igualdad existente en su cobro. A este respecto mandó revisar los repartimientos y adecuarlos a las posibilidades de los pueblos y particulares. En cuanto al envío de un consejero a Andalucía, el Rey se pronuncia en contra porque los andaluces no creerían que iba sólo a reajustar los encabezamientos de los servicios y pensarían que portaría una comisión secreta para castigarles[117].

Por su parte, la ciudad de Granada se alteró en el año 1648. La causa de este movimiento fue el desencadenamiento de un fuerte movimiento especulativo en el precio del trigo tras pasar por dos años calamitosos de malas cosechas. El malestar de la población se vio incrementado esta vez por la llegada de noticias sobre la peste que se acercaba desde tierras levantinas.

A mediados de marzo de ese año el precio real del trigo superaba cuatro veces la tasa vigente. No obstante, la última tendencia apuntaba a la baja del producto porque estaba entrando cereal de fuera. Sin embargo, se rumoreaba que los regidores habían impedido la entrada de varias conducciones para evitar una caída mayor del precio.

Los panaderos a su vez, que tenían órdenes para vender el pan a un precio tres veces superior al habitual, decían que no podían dar el pan a tal precio porque habían comprado el trigo muy caro. No sólo amasaban un pan malísimo mezclado con sustancias heterogéneas, sino que los días 16 y 17 de marzo dejaron desabastecida la ciudad.

El lunes 19 de marzo comenzaron a formarse grupos levantiscos que proferían los gritos habituales en estos casos de «¡Viva el Rey y muera el mal gobierno!».

Entre los amotinados hubo diversidad de pareceres en sus preferencias sobre la persona que debía ocupar el corregimiento. Algunos eran partidarios del oidor D. Francisco Vergara, otros querían a Vicencio Levanto, miembro de una rica familia de origen genovés, y unos terceros se declararon favorables a D. Luis de Paz . Este último sería quien finalmente obtuviera un nombramiento escrito de la Chancillería, al cual ayudaría en sus funciones de corregidor el Sr. Vergara como alcalde mayor.

Respecto al anterior corregidor, el Sr. Arévalo debemos informar que había huido de la ciudad al tener conocimiento de la gravedad adquirida por los acontecimientos. En este contexto se inscribe la designación por la Chancillería de una nueva persona para ejercer el cargo. Naturalmente esta designación venía promovida por el temor a una mayor alteración del orden público y tenía un carácter puramente provisional hasta tanto no llegase el nombramiento legal firmado por el Rey.

117. A.H.N., Consejos Suprimidos, leg. 7.159, año 1647, n.º 20.

El nuevo corregidor ordenó a cuantos tuviesen trigo oculto que lo declarasen y a los panaderos mandó abastecer el mercado[118].

Con las medidas adoptadas por el nuevo corregidor se sosegó la ciudad, pero a finales de junio existía un clima de preocupación en la misma porque se temían represalias reales, ya que por esas fechas no se había recibido aún el perdón regio por las alteraciones ocurridas. De esta inquietud tuvo noticia el propio Consejo Real y este organismo recomendó al Soberano que se enviase al Presidente de la Chancillería una carta general de indulto a fin de que la publicase en caso de necesidad. El Rey se conformó con la recomendación del Consejo, pero matizando lo siguiente: «hágase como parece, remitiendo el perdón al Presidente para que precediendo comunicación con el corregidor y otros ministros de prudencia y partes que hubiere más a propósito, resuelvan la ocasión y el tiempo en que se debe publicar, pero con advertencia que no se aguarde a los extremos esta publicación»[119].

No consta en ninguna parte que esta alteración tuviese el final trágico de otras. Seguramente el Monarca se mostró comprensivo con las penalidades de unos súbditos muy azotados por las maniobras especulativas de una oligarquía local que se valía del poder de sus regimientos perpetuos —adquiridos por compra a la Corona— para favorecer sus particulares intereses.

El motín de Córdoba del año 1652 se produjo tras un año de escasez por la sequía, en el cual faltó el trigo en toda Andalucía. Córdoba era habitualmente el granero de Andalucía y como los dueños del trigo, estimulados por las carencias de otras ciudades obtenían grandes ganancias con la venta del cereal en otros mercados, desabastecieron la propia ciudad.

El origen del tumulto estuvo en la parroquia de San Lorenzo, que tenía bastante proporción de trabajadores del campo. Con motivo de la falta de pan un grupo empezó a dar gritos de ¡Viva el Rey y muera el mal gobierno! dirigiéndose hacia las carnicerías y plaza de San Salvador. Por el camino se les iba agregando gente hasta formar una masa de unos 500, que empuñaban espadas, pistolas, piedras y palos. Cerca de la catedral encontraron a don Ceferino Tomás, alcalde de Corte de la Chancillería de Granada que a la sazón se hallaba en la ciudad con una comisión del resello de moneda, razón ésta que lo hacía antipático a los ojos de los cordobeses, por lo cual se vio en peligro. El obispo al saberlo salió en su ayuda. Trató de calmarlos y se les ofreció para acompañarles a buscar trigo por las casas. No obstante, antes hubo de escuchar en boca de algunos de los revoltosos ciertas frases que le tildaban de logrero.

Más tarde, un grupo de amotinados se dirigió a la casa del Corregidor, derribaron las puertas, pero no pudieron hallarlo porque había huido por los tejados. Despechados por no haberlo atrapado, le saquearon la vivienda.

Otros caballeros también acompañaron a los revoltosos en sus requisas de trigo con ánimo de que no generasen violencia. Ninguno de los visitados osó negarse a la entrega del cereal, por lo que no hubo actos violentos.

Sólo hubo de lamentarse una muerte casual. Pero el vacío de poder hacía temer a todos lo peor; porque además de la fuga del corregidor, los dos alcaldes, el mayor y el de

118. Domínguez Ortiz, A.: *Alteraciones Andaluzas*. Madrid, 1973. pp. 57 y ss.
119. A.H.N., Consejos Suprimidos, leg. 7.160, n.º 71.

la justicia, se refugiaron también en el convento de San Pablo. Los amotinados, por su parte, exigieron que don Diego Fernández de Córdoba se hiciera cargo del corregimiento. Ante esto la Junta de autoridades accedió a nombrarle y después el Rey acabaría dándole su aprobación cuando hasta él llegaron las noticias del motín.

El día siguiente, 7 de mayo, amaneció con miles de hombres sobre las armas. Muchos campesinos entraron en la ciudad no sólo para apoyar la revuelta sino para aprovecharse de la momentánea abundancia y baratura de los mantenimientos, pues los amotinados habían bajado el precio del trigo.

Como el clima social reinante era muy tenso, muchos caballeros se ausentaron de la ciudad. Mientras, los sublevados intentaban comprometer a toda la población con el evidente propósito de eludir posibles acciones represivas. Así fueron casa por casa obligando a todos los varones a empuñar las armas y a unirse a ellos.

También el día 7 se celebró una reunión en el ayuntamiento presidida por el obispo. A la misma asistieron algunos capitulares, el prior de San pablo y otras personas relevantes. En su transcurso se acordó constituir una Junta de Gobierno y pedir al Rey que sancionara la elección de don Diego Fernández de Córdoba.

Al terminar la reunión, el nuevo corregidor y el obispo salieron al balcón para exhortar a las masas que depusiesen las armas y se reintegrasen a sus ocupaciones habituales. A cambio de ello les prometían un perdón general y la continuación de la baratura de los alimentos.

Ante las informaciones remitidas por el obispo y el nuevo corregidor, el Rey expidió varios decretos apaciguadores: perdón general, sanción del nombramiento de nuevo corregidor, anuncio del envío de 6.000 fanegas de harina y garantías en la provisión de pan hasta la próxima cosecha.

El 16 de mayo se concedió un perdón general, en el cual el Rey explicaba que los amotinados habían obrado «sin intención de faltar a mi obediencia, obligados a la necesidad que les causó el hambre y falta de providencia en haber dejado sacar el trigo que para su sustento se debiera retener, y el exceso que muchas personas han tenido en vender el trigo a excesivos precios».

El movimiento parecía haber terminado con éxito para los amotinados cordobeses. La resonancia del acontecimiento fue inmensa en toda Andalucía. A su vez, el movimiento de Sevilla fue consecuencia directa del de Córdoba; en Bujalance, Osuna y otras muchas poblaciones se realizaron o proyectaron otros a su ejemplo. Estos hechos determinaron en los amotinados una sensación de triunfo. Por el contrario, en el gobierno y en todas las clases propietarias, suscitaron un sentimiento de pánico. A su vez, el fracaso de los movimientos en otras poblaciones inclinó a los cordobeses a radicalizar sus posiciones. Córdoba en aquellos momentos era un islote de abundancia en medio de una Andalucía hambrienta; resultaba muy lógico que acudieran gentes de los pueblos vecinos, «unos llegados a la *fama de pan barato, otros a dar calor a los inquietos»*. Los bandos promulgados para expelerlos debieron tener escasa eficacia. Las autoridades se esforzaban por abastecer la ciudad, pero las requisas en las casas de los pueblos próximos cada vez eran menos positivas.

La noticia de la represión de un movimiento hermano en Sevilla antes de que acabara el mes de mayo, infundió en unos temor y en otros deseos de venganza. Los populares se daban cuenta de que el corregidor que habían elegido se inclinaba cada vez más hacia el bando de los caballeros.

El día 3 de junio un hombre tuvo un altercado con un jurado y en el transcurso del mismo profirió algunos insultos contra la autoridad. Ambos interpelantes llegaron a sacar las espadas; pero viendo el atrevido muy comprometido el asunto, corrió a refugiarse en la catedral.

Fueron a dar cuenta a D. Diego, quien entró en el templo, sacó al refugiado arrastrando, lo hizo llevar a la cárcel y en brevísimo plazo lo condenó a muerte. Al saber esto los hombres de San Lorenzo se alborotaron, llegando en gran número hasta las casas del cabildo. Allí estaba don Diego, acompañado de bastantes caballeros y de hombres del «estado medio». Un choque armado parecía inminente. La desproporción de fuerzas era muy grande, porque había quien cifraba los hombres del pueblo en 6.000 y los caballeros en solo 200. El corregidor, asistido por algunas otras personas, habló a unos y a otros, exhortó a todos a dar favor a la justicia y les invitó a seguirle hasta la plaza de la cárcel donde hizo poner en una horca el cadáver de aquel desdichado a quien terminaban de dar garrote.

A continuación ordenó a todos que se disolviesen so pena de la vida; y el pueblo, aterrorizado, obedeció. Los caballeros comenzaban a vengarse de los temores y humillaciones pasadas. Y el corregidor, tan imprudentemente elegido por el pueblo, cubría con una apariencia de legalidad aquellas iniquidades. Comenzó el desarme de los barrios populares. El de San Lorenzo se dejó para el final porque se temía que hubiera resistencia.

Entre tanto, en la Corte se seguían los acontecimientos con honda preocupación, y, cosa que era verdaderamente poco frecuente se reconocía la culpabilidad del anterior corregidor, el Vizconde de Peña Parda. En consecuencia el Monarca ordenó su castigo: «Me ha hecho novedad, —escribía el Soberano al presidente de Castilla—, *que teniendo tanta culpa en el suceso de Córdoba su desatención y falta de providencia en aquel gobierno no se haya hecho demostración con él»*. Tras esto, fue desterrado de la Corte.

Por otra parte, el Consejo, que se había visto obligado a ratificar el irregular nombramiento del nuevo corregidor, tampoco aprobaba todas sus actuaciones, en especial la muerte apresurada y sin forma de juicio de un «hombre de porte y caudal» ejecutado por hablar mal del gobierno local.

Acerca de la situación interior de la ciudad, D. Francisco Ortiz de Requena, uno de los medianos con representación en el cabildo de jurados, escribió al presidente de Castilla en 11 de julio: Las compañías de milicias creadas por el nuevo corregidor sólo sirven para tener la ciudad alborotada, e impiden que los oficiales acudan a su trabajo. «Sólo sirven de que estos caballeros, que se sienten agraviados de la turbación pasada, dando ellos la causa con haber retirado el trigo, se venguen con ahorcar y azotar a tantos, que a no faltar de una parroquia sola más de 300 hombres fuera mayor el número, de forma que está la gente tan escandalizada y temerosa que no hay quien se tenga seguro, y así se ausentan muchos, porque ven que el Cabildo de la ciudad, que es el padre que había de amparar estos sus hijos se compone todo de estos caballeros».

El propio D. Diego Fernández de Córdoba, promotor de la represión, después de enviar lista de los castigados, añade: «la justicia está en todo crédito y estimación, y en temor increíble el pueblo, que ya hacen falta los vecinos que se han ausentado, y muchos con muy leves causas». Por eso, se recomendaba publicar la cédula de perdón, puesto que los más inculpados habían sido ya condenados.

El Consejo mandó un nuevo corregidor a finales de julio, D. Sebastián Hurtado de Corcuera. Este hombre portaba la real cédula de perdón. Soltó en virtud de ella a todos los que estaban ya presos, y condenados a azotes y galeras, «lo que ha causado mucho júbilo, excepto en los partidarios del rigor». Hizo inventario del trigo existente en la ciudad y puso guardas en las puertas para evitar su salida ilegal.

Pocos días antes de la concesión de este segundo perdón el Consejo escribía al Rey: «porque no siendo posible que el castigo caiga sobre todos, habiendo sido más de ocho miles de la plebe que se inquietaron, basta para el escarmiento que el temor los haya comprendido a todos y por la carta que hoy se ha recibido de D. Diego Fernández de Córdoba representa que se hallan ya todos los culpados en este delito tan atemorizados que los más se han ausentado, no sólo de la ciudad despoblándose algún barrio, sino también de los campos faltando la gente necesaria para las labores de ellas. Daño que se hará irreparable si no se excusa prontamente por tener en las manos la siega y cosecha de los granos. Y así es de parecer el Consejo que V. Majestad debe servirse de conceder luego perdón general por esta causa hasta el día de la fecha, exceptuando sólo hasta dos o tres, los que al corregidor parecieren más culpados, declarándolos luego para que los demás se aseguren y vuelvan a sus casas y a las haciendas del campo en que pueden hacer tanta falta»[120].

Tras la concesión del Perdón General, ni el corregidor de Córdoba ni los caballeros bajaron la guardia ante los impulsos de la plebe oprimida. Entre las medidas adoptadas por Hurtado de Corcuera destaca la compra de armas en Vizcaya para las compañías ciudadanas reclutadas urgentemente para sofocar el motín cuando se hallaba en sus momentos más álgidos. De este modo, el señor Hurtado de Corcuera dio a estas compañías un carácter permanente. Algunos días de fiesta las sacaba a ejercitar las armas poniendo a sus integrantes «en escuadrón», «con que se enseñaban a tener obediencia militar y los facinerosos a temer el castigo que sus desórdenes merecían». También reunió una compañía de caballería con los caballeros y personas de calidad que podían sostener un caballo y comprar un arcabuz. «Procuraba ejercitar los unos y los otros de modo y forma que tuvieran por fiesta pública el día que así se ejercitaban»[121].

Reprimido el levantamiento, las aguas volvieron a su cauce. El pueblo retornó a su tradicional resignación y los poderosos a sus seculares abusos. El año siguiente se recogió una cosecha bien escasa por la sequía. Sin embargo, no hubo el más mínimo movimiento. «La lección había sido dura, y aunque hubo otras épocas de hambre y carestía no vuelven a señalarse tumultos en Córdoba durante el Antiguo Régimen»[122].

Como hemos referido el mismo año de 1652 se alborotó Sevilla. El motín tuvo principio en la Feria, plaza espaciosa en la cual todos los jueves del año se hacía un mercado donde se podían encontrar comestibles, artículos de vestir, herramientas, etc.

120. A.H.N., Consejos Suprimidos, leg. 7.162, n.º 64.
121. A.H.N., Consejos Suprimidos, leg. 7.162, n.º 64.
122. DOMÍNGUEZ ORTIZ, A.: *Alteraciones Andaluzas*. Madrid, 1973. pp. 80 y 81.

Las casas de esta parroquia y sus calles eran muy espaciosas y en ellas se acomodan muchos tejedores y oficiales del sector sedero. La seda ocupaba entonces infinita gente y por ello acudían a Sevilla muchos oficiales de Córdoba, Granada, Toledo, Murcia y Valencia, ciudades todas ellas muy activas en el ramo. Algunos de los dirigentes del motín de Sevilla parece que habían participado en los motines de Granada y Córdoba.

Los años precedentes a la revuelta —el de 1650 y 1651— fueron extraordinariamente estériles. Subió el pan, la carne, el vino y el aceite. «Nadie podía buenamente comer ni sustentar su familia y casa con su trabajo».

A lo anterior se sumó en el año 52 la subida de la moneda de vellón. Fenómeno éste que desencadenó una fuerte subida de precios y desajustó el comercio, pues nadie confiaba que la subida del vellón se mantuviera durante mucho tiempo y cesaron las ventas. Al paralizarse los negocios, particularmente los relativos a la plata y al oro, quedaron sin trabajo muchos oficiales.

Apremiados por las circunstancias salían muchas personas a los caminos a quitar el pan a los panaderos. Por ello muchos de este oficio se negaron a llevar pan a Sevilla. El primer y el segundo día de la pascua del Espíritu Santo no entró nada de pan en Sevilla. La gente comenzó a alborotarse y a hablar mal del gobierno. El tercer día de Pascua comenzaron en la Feria a formarse corrillos para preparar el motín. Informado el asistente, fue a la Feria y prometió remediar la situación con brevedad y al mismo tiempo detuvo a los que consideró más comprometidos.

El miércoles 22 de mayo a las 8 de la mañana no había llegado el pan a la ciudad. Comenzó la gente a alborotarse y sabiéndolo el asistente fue a tranquilizarles. Cuando llegó donde estaba la muchedumbre, le dijeron, «que si su señoría les ayudaba, que ellos sacarían mucho trigo de personas que lo tenían escondido». Aceptó el asistente y fue una tropa de gente con su señoría a buscar trigo por las casas de los mercaderes, caballeros y canónigos.

Otra cuadrilla fue a buscar a otros jueces para que les ayudasen a lo mismo. Cuando encontraban grano lo llevaban a la alhóndiga. Una tercera cuadrilla salió hacia el Alcázar Real en busca de D. García de Porres, prometiendo hacer con él lo mismo que D. García había hecho con cuantos había atormentado. Era el señor García de Porres fiscal del Consejo Real, y se encontraba en Sevilla desde principios de año con dos comisiones. La primera dada para impedir el resello clandestino del vellón y la segunda para sacar todo el dinero posible a los mercaderes de Indias. La primera comisión la llevó a cabo prendiendo a los sospechosos de resellar por su cuenta. En el tormento les arrancaba una confesión autoinculpatoria e inmediatamente los conducía a la horca. De este modo perecieron en el cadalso varios desgraciados a los que la necesidad y el ansia de un dinero fácil movieron a la perpetración de este delito.

La segunda comisión de García de Porres tenía mucha relación con la primera. La Hacienda Real, que ya en 1649 había obligado a los mercaderes a realizar un empréstito forzoso de un millón de ducados, en 1652 pretendía que toda la plata que recibieran aquel año la entregasen a cambio de moneda de vellón. Si la primera comisión hizo de D. García de Porres un hombre impopular entre todos, pero sobre todo entre los más humildes a los que persiguió con más saña, esta segunda le enemistó con las capas altas sevillanas.

Pero habíamos dejado a D. García de Porres acosado por la muchedumbre en el Alcázar. Cuando D. García oyó el ruido salió armado con rodela y estoque con ánimo de presentar cara al tumulto. Mas viendo que era mucho el tropel se recogió dentro y se salió por una puerta falsa.

En la alhóndiga consiguieron los amotinados dos cosas: trigo que pusieron en manos de los panaderos a bajo precio, y las armas de la ciudad que se guardaban en la primera planta del edificio. De este modo se armó la muchedumbre, aunque bien precariamente pues buena parte del armamento obtenido estaba fuera de uso.

La Feria se convirtió en el lugar de concentración de todas las cuadrillas de amotinados. Allí, en la plaza, instalaron cuatro piezas de artillería, con las cuales defendieron las cuatro bocacalles que dan entrada a la citada plaza.

Mientras tanto, el Regente y los oidores de la Audiencia de los Grados se reunieron con el Cardenal de Sevilla para determinar lo que había de hacerse. Los miembros del gobierno secular querían salirse de la ciudad, pero el Arzobispo les convenció para que no lo hiciesen.

Estando reunidos, como se ha dicho, llegó a la plaza de San Francisco un gran tropel de amotinados, llevando por su protector al Marqués de San Miguel. Pidieron la baja de la moneda, y desde la ventana de la Audiencia se la concedieron el Arzobispo y el Regente. Entonces los amotinados insistieron en que se publicase la noticia mediante pregones, cosa que también aceptaron las autoridades para evitar mayores problemas.

Con esto bajó el pan, la carne de vaca, el vino y el aceite. Pero no obstante volvieron para pedir al Arzobispo y Regente que se quitasen los millones y todos los demás tributos, excepto la alcabala. Todo se concedió en nombre del Rey y volvieron muy contentos a la Feria, su plaza de armas.

Una cuadrilla de amotinados salió para la parroquia de San Marcos para contactar con sus habitantes. Allí casi todos eran metedores. Les recibieron Francisco de León y Francisco Bueno, los cuales eran los jefes de la mayor red de contrabandistas. Dijeron ofrecer su ayuda en todo. Sin embargo, como ambos estaban cargados de delitos y vieron que entre los amotinados no había más que «gente llana y humilde», creyeron haber encontrado la ocasión de granjearse el favor de los ministros de la justicia. Con este propósito avisaron secretamente al Asistente y acabaron poniendo la parroquia a disposición de las autoridades para reprimir a los revoltosos.

El jueves 23 de mayo los señores del gobierno echaron un bando público, cuyo texto era el siguiente:

> «Mandan los señores Arzobispo de Sevilla, Asistente, Regente y demás señores de la Audiencia que todos los vecinos de Sevilla se recojan en sus parroquias, debajo de las banderas de sus capitanes, dentro de un cuarto de hora; y a los forasteros y viandantes que no tienen parroquia se les señala la de la Feria para que acudan al cuerpo de guardia que está en casa del Marqués de la Algaba y que no salgan fuera pena de la vida, aunque sea por pan, porque allí les será conducido y llevado».

Las autoridades dieron a entender que se quería reunir a la gente en las parroquias para confeccionar un censo y repartir por él los panes. Lo cierto fue que deseaban reunir a todo el mundo y conocer quiénes eran los obedientes y quiénes los rebeldes.

En estos días la ciudad gastaba 80.000 reales diarios en sufragar la diferencia existente entre el precio percibido por los panaderos y el pagado por el público. Sin embargo, la corrupción de los funcionarios hacía que los poderosos y los grandes comiesen y los «pequeños no alcanzasen un pedazo de pan». Esta circunstancia obligó a algunos amotinados a efectuar algunos saqueos en casas de mercaderes.

Aparte de estos incidentes, el tumulto iba apagándose poco a poco y no se hubiera reavivado si no hubiera sido porque un alguacil llamado Gonzalo de Córdoba, que había efectuado las detenciones de los falsificadores de moneda y de papel sellado, no hubiese matado a dos integrantes de una cuadrilla en un encuentro casual ocurrido en el puente de Triana.

Con este suceso se avivaron de nuevo los ánimos. Fueron los amotinados a casa del citado alguacil y la saquearon. De allí se dirigieron a la de Juan Páez, escribano de la justicia e hicieron lo mismo. Acometieron la cárcel y dieron libertad a cuantos estaban en ella. Entre los liberados se hallaban ocho personas ricas acusadas de haber usado papel falso durante más de diez años, las cuales estaban condenadas a muerte, pero «tenían compradas las vidas y estaban detenidas hasta pagarlas».

Había otros muchos por resello de moneda, galeotes y delincuentes diversos. De allí fueron a la cárcel de la Audiencia e hicieron lo mismo y luego a la de la Hermandad, dando libertad a cuantos salteadores estaban presos. No olvidaron a los clérigos y pasaron a la cárcel del eminentísimo señor Cardenal y soltaron sus presos. Liberaron igualmente a los de la cárcel de la contratación y a las mujeres que estaban en las recogidas.

Como los amotinados exigían la entrega de Gonzalo de Córdoba y amenazaban con incendiar la ciudad. Los señores del gobierno, por tranquilizarlos, mandaron pregonar por la ciudad que al que entregase a Gonzalo de Córdoba vivo o muerto le darían 500 ducados. A pesar de ello la multitud no se aquietó y continuaron los saqueos de las escribanías del crimen.

Quemaron la horca, escalera, potro de dar tormento, cepo, ballesta y otros instrumentos usados por el verdugo. Abrasaron los libros en los que se inscribían los presos de las cárceles y el papel sellado.

El viernes, 24, «viendo los amotinados que sin cabeza a quien obedecer no podían lograr sus intentos decidieron nombrar Gobernador a D. Juan de Villasís», hijo del Conde de Peñaflor, el cual no quiso ejercer el cargo sin el consentimiento de las autoridades oficiales. Pero el Asistente y el Regente le suplicaron que aceptase, porque si de verdad le obedecían los amotinados pensaban que era el camino más seguro para aquietarlos y reducirlos.

Este mismo día se celebró una negociación entre los amotinados y las autoridades, en la cual los amotinados se comprometieron a deponer su actitud a cambio de un perdón general para todos los estamentos sin excepción de personas. Por parte de las autoridades la negociación la llevó el Arzobispo y por parte de los alterados un presbítero portugués llamado Dr. Figueiras. La negociación quedó cerrada el sábado.

La misma tarde del sábado las autoridades echaron un bando en el que se ordenaba la entrega de las armas tomadas por la plebe. A estas alturas ya estaban ultimados todos los preparativos para deshacer por la fuerza los focos de resistencia que iban a subsistir.

Como parte de esta estrategia que pretendía desmoralizar a los más tenaces en la revuelta, D. Juan de Villasís abandonó a los amotinados so pretexto de que no obedecían su recomendación de entregar las armas.

Por último, a las 3,45 de la madrugada cuando el cuerpo de guardia de la Feria estaba más desguarnecido, se arrojaron los asaltantes sobre este barrio en una operación sorpresa. El grito de los asaltantes fue ¡Viva el Rey y mueran los traidores!

Tan pronto como terminó la operación arcabucearon a tres amotinados y después los colgaron de las rejas de la casa del Marqués de la Algaba.

Al tener noticias de que Juan Portilo —uno de los más atrevidos de la Feria y con antecedentes delictivos—, estaba en su casa, fueron a buscarle. Lo trasladaron a la plaza y aunque alegó no haber participado en el motín, pues acababa de llegar a la ciudad —cosa que era verdad—, fue arcabuceado ipso facto por órdenes del asistente.

Casualmente entró en la plaza en aquellos momentos iniciales de la represión un desgraciado cochero que había sido enviado por su amo al lugar para herrar un caballo. Mas tuvo la mala suerte este hombre de que según entraba, dijo uno de los participantes en el asalto: «Este es de ellos». Fueron completamente inútiles los alegatos del cochero, pues el licenciado D. Pedro Treviño, relator de la audiencia y auditor general de la milicia de la ciudad de Sevilla, haciendo caso al testimonio de algunos presentes le condenó a arcabucear e inmediatamente se ejecutó la sentencia.

El lunes siguiente a la festividad de la Trinidad, la justicia puso en conocimiento de todos que la moneda no se había bajado, porque las declaraciones anteriores se habían realizado para aplacar el motín.

Las cárceles se llenaron de nuevo y entre los detenidos se encontraban algunos de los más comprometidos con el movimiento, los cuales acabarían pagando sus culpas en la horca.

El Rey cuando tuvo noticia de lo sucedido envió a la ciudad 200.000 ducados para ayuda a la costa del pan. «La lástima era que gozaba lo barato quien tenía mano y brazo largo para alcanzarlo y había casas donde se llevaba el pan a cargas y los pobres y aún los ricos que no tenían valimiento con quien lo repartía se les pasaban los tres y cuatro días sin comer pan». Por eso, un día amaneció en las casas del Arzobispo, Asistente y Regente un libelo que decía «peor está que estaba».

La ciudad premió la colaboración de Francisco de León y Francisco Bueno con sendos nombramientos de capitanes de infantería. Quienes esperaban que con ello abandonarían su antiguo ejercicio, se equivocaron, pues cuando llegaron noticias de la llegada de los galeones de Indias, dejaron sus plazas y «volvieron a su loable costumbre de usurpar al Rey su hacienda, siendo capitanes de metedores»[123].

123. B.N., ms. 2383, fols. 147 a 156, sucesos del año 1652. Además B.N., ms. 2383, fols. 157 a 163. También B.N., ms. 6014, fols. 13 a 29 «Tratado verdadero del motín que hubo en la ciudad de Sevilla en este año de 1652, dedicado al Excmo. Sr. Marqués de Aitona D. Josef Maldonado Dávila y Saavedra, natural de ella».

El 12 de junio se publicó un perdón general de las características habituales en estos casos. Del mismo fueron exceptuados los detenidos cuyas causas estaban pendientes y los que estando fugitivos parecían más culpados. Primero se pregonó el perdón y después se publicó el nombre de los exceptuados. En total, 62 personas no podían acogerse a los beneficios del perdón. De muchos de ellos conocemos sus profesiones: buñoleros, herradores, doradores, albañiles, aguardienteros, barberos, zapateros, galafate, panadero, sombrereros, y cerrajeros. También un alguacil apellidado Trujillo.

De todos modos el otorgamiento del perdón no fue óbice para que varias personas fuesen ajusticiadas después de la publicación del mismo. Concretamente perdieron la vida en estas circunstancias otros tres individuos, y al menos en otros 20 se ejecutaron penas de azotes, vergüenza y galeras[124].

Después de cada motín, el Monarca recibía numerosas peticiones de mercedes por parte de quienes creían haberse destacado en el servicio de la Corona. Dado que los participantes en la represión de estos movimientos eran muy numerosos no resultaba factible la recompensa de todos y cada uno. Por ello, la Cámara solía desatender este tipo de peticiones. Sin embargo, en el caso de Sevilla un puñado de súbditos insignes fueron premiados con algunos hábitos[125].

A la vista de la serie de coincidencias concurrentes en el comportamiento de las autoridades cuando de ahogar estas revueltas se trataba, podemos deducir que si bien no existía una legislación especial contra ellos, sí que había en la práctica unas orientaciones que los gobernantes seguían en todos los casos. El Conde-Duque nos las refiere así:

> «Cuando llega a desenfrenarse el pueblo conviene mucho al principio poner severamente los medios de rigor y castigo; pero si no cede a esto no hay otro camino que alargar la rienda y dejarlos obrar disimulando, que su confusión y falta de cabezas y de orden los reduce luego a estado en que con gran facilidad y sin riesgo ninguno se puede hacer el castigo y escarmiento que conviene. Y con este medio se han gobernado estos accidentes con buen logro y sin los inconvenientes que se han experimentado de querer apretar el primer ímpetu[126].

La recomendación del Conde-Duque a las justicias de no enfrentarse al movimiento en el instante de su mayor empuje era obligado seguirla para un aparato judicial que no contaba con ninguna fuerza de choque, pues los alguaciles podían ser elementos válidos para efectuar la detención de delincuentes individuales, pero obviamente no eran capaces de enfrentarse a un colectivo numeroso.

En el desencadenamiento de estos movimientos populares de la Edad Moderna, que carecían de unos objetivos a largo plazo y no disponían de una organización propia, influían notoriamente los eclesiásticos locales. Unos porque en sus predicaciones criticaban las deficiencias del gobierno. Otros, porque eran los «primeros en bocear por las plaças y calles y hasta los acompañan y acaudillan y se hallan en sus juntas secretas»[127].

124. B.N., ms. 6014, fol. 94 a 98.

125. Domínguez Ortiz, A.: *Alteraciones andaluzas*. Madrid, 1973, p. 130.

126. B.N., ms. 997. «Gaspar de Guzmán, Conde Duque de Olivares: papeles que a la majestad del Sr. Felipe IV dio el ...».

127. A.H.N., Consejos Suprimidos, libro 1173. Noticias para el gobierno de la Sala compuesto por el alcalde D. Juan Elezárraga en el año 1704, fols. 81 y 82.

La Corona era consciente de la ascendencia ideológica de la Iglesia sobre los pueblos y solía impartir instrucciones a las jerarquías eclesiásticas para resolver situaciones conflictivas.

Aparte de las revueltas masivas, a la Corona le preocupó un fenómeno que alteraba gravemente la vida de las poblaciones y que además fue endémico en ciertos territorios de la Corona de Castilla. En general toda la Europa Mediterránea conoció los efectos del bandolerismo a lo largo de la Edad Moderna[128].

En la península ibérica los reinados de Felipe III y Felipe IV, tan pródigos en problemas económicos, fueron un caldo de cultivo para el desarrollo de bandas armadas que actuaban preferentemente en el campo, en los lugares más deshabitados. El bandolerismo catalán lo conocemos a fondo gracias al trabajo de Joan Reglá: *El bandolerisme catalá del Barroc*[129]. Reglá, como Braudel, participa de un enfoque socio-económico del bandolerismo. Según estos autores el fenómeno sería el fruto de la miseria, consecuencia del desfase entre población y recursos. Para Hobsbawm, sin embargo, el bandolerismo sería una manifestación primitiva de protesta de la comunidad campesina frente al «Estado». En el caso catalán cabe además una interpretación nacionalista: el bandolerismo sería en dicho país la representación de los intereses nacionales catalanes contra la Monarquía. El propio Elliott coincide en resaltar que el bandolerismo catalán termina cuando comienza la revolución política de 1640. No obstante, a este modelo se le puede objetar que la conciencia nacional es mucho más tardía, y no podemos admitir en la primera mitad del siglo XVI la existencia de una conciencia nacional cristalizada en un supuesto brazo armado como el bandolerismo[130]. Eva Serra, y Víctor Ferro[131], representantes de la historiografía catalanista actual, destacan como crítica vertida en Cataluña contra el Absolutismo, la ausencia del Rey. Mucho más sentida por los catalanes que la presencia de un hipotético «Estado opresor» señalada por la historiografía romántica catalana.

De todos modos, el bandidaje no fue un fenómeno exclusivo de Cataluña. También Aragón, Valencia y numerosos territorios de la Corona de Castilla lo padecieron a gran escala. Cobarruvias nos dice que bandolero es: «El que se ha salido a la montaña llevando en su compañía algunos de su bando. Estos suelen desamparar sus casas y lugares por vengarse de sus enemigos, los quales, siendo nobles, no matan a nadie de los que topan, aunque para sustentarse les quitan parte de lo que llevan. Otros vandoleros ay que son derechamente salteadores de caminos y estos no se contentan todas veces con quitar a los passageros lo que llevan, sino maltratarlos y matarlos»[132].

Según lo anterior, bandolero se hacía la persona que por temor al castigo de un sistema judicial muy severo, huye de su pueblo al monte y para sustentarse roba a los

128. BRAUDEL, F.: *El Mediterráneo y el mundo mediterráneo en la época de Felipe II*. Madrid, 1976. T. II. pp. 115 a 139.

129. REGLA, J.: *El bandolerisme catalá del Barroc*. Barcelona, 1966.

130. GARCÍA CARCEL, R.: El bandolerismo catalán en los siglos XVI y XVII, en *El bandolero y su imagen en el Siglo de Oro*. 9, 10 y 11 de octubre de 1989 (Casa de Velázquez, Centre de Recherche sur l'Espagne des XVI et XVII siècles Sorbonne Nouvelle, Seminario Edad de Oro Universidad Autónoma de Madrid, Universidad Internacional Menéndez Pelayo).

131. SERRA, E.: *La guerra dels Segadors*. Barcelona, 1966. FERRO, V.: *El Dret Públic Català. Les Institucions a Catalunya fins a la Nova Planta*. Vic, 1987.

132. COBARRUVIAS OROZCO, S.: *Tesoro de la lengua castellana*. Madrid, 1979. Facs. de la de Madrid de 1611.

caminantes. Bandidos eran también los salteadores de caminos organizados en grupos más o menos numerosos. Otras veces, los bandoleros eran un conjunto organizado de contrabandistas, perfectamente armado para repeler la acción de la justicia[133].

La palabra bandolero deriva de bando. En Cataluña es sinónimo de malhechor. Bandido alude al delincuente agrupado en bando. Pero también puede referirse al delincuente rebelde, es decir, a quien no acudió a los bandos de justicia para presentar sus alegaciones.

Si bien es verdad que el móvil inmediato de los bandoleros era apoderarse del dinero y mercancías que transitaban por los caminos, y por tanto sus acciones están directamente relacionadas con los delitos contra la propiedad, también es cierto que el bandolerismo constituía una delincuencia específica, particularmente peligrosa por el alto grado de organización logrado en ocasiones. Por ello, la constitución de estas bandas, por sí misma se convirtió en una figura delictiva perfectamente tipificada en las leyes.

Es indiscutible que un fenómeno social como el bandolerismo estuvo vinculado a los aspectos económicos y sociológicos particulares de cada país, los cuales merecerían ser estudiados en cada caso. En la Corona de Castilla ya encontramos bandolerismo a mediados del siglo XVI —concretamente en Murcia, durante el reinado de Carlos V, llegando a cobrar especial fama el bandolero llamado Jaén—. Más tarde, en la segunda mitad del siglo XVI aparece algún foco bandolero importante en Andalucía, y el fenómeno cobro más envergadura aún en el siglo XVII. A ello contribuyó la crisis política y económica del siglo, pero es evidente también que los bandoleros aprovechaban las insuficiencias de un sistema judicial fragmentado en múltiples jurisdicciones y carente de una fuerza armada disuasoria. De ahí que en los núcleos con un bandolerismo muy enquistado fuera necesario enviar jueces comisarios; los cuales aglutinaban en torno a sí el potencial represivo existente en cada jurisdicción, y coordinaban todas las acciones persecutorias hasta erradicar totalmente las partidas bandoleras existentes[134]. Excepcionalmente, cuando el problema estaba muy arraigado la Monarquía recurriría al ejército para batir las sierras y limpiarlas de bandoleros[135].

Generalmente, la organización bandolera no solía superar la decena de miembros, pero a veces alcanzaba tal desarrollo que las partidas superaban el número de 100 hombres, repartían entre sus capitanes las zonas de actuación de cada una de ellas e imitaban el funcionamiento del ejército real hasta el extremo de percibir sus miembros «sueldos y ventajas»[136].

La financiación de estas empresas ilegales se hacía a costa de los pobres caminantes forasteros que eran despojados de sus bienes; y en algunos casos, a base de imposiciones obligatorias con las cuales eran gravados los vecinos de poblaciones pequeñas y apartadas.

Bartolomé Bennassar, basándose en relatos de los viajeros, ha afirmado que la seguridad de los caminos castellanos descendió a partir de la segunda mitad del siglo XVII. Expone este autor:

> «Basta comparar las relaciones de los viajeros extranjeros por España de 1500 a 1650-1660 con las de 1660-1680 a 1850 por la otra. Los primeros raramente son inquietados por los bandidos salvo en Cataluña y en la región valenciana...

133. *Actas de las Cortes de Castilla*. Cortes de Madrid de 1633. T. LIV. pp. 50 y 51.
134. A.G.S., Cámara de Castilla, leg. 2565, fol. 3. Persecución de bandoleros en las sierras de Jerez y la Sauceda.
135. A.H.N., Consejos Suprimidos, leg. 2565, fol. 3.
136. A.G.S., Guerra Antigua, leg. 198, fol. 94.

Los viajeros después de 1650 presentan la amenaza de los bandidos como una de las principales dificultades de su viaje y esta vez en el reino de Castilla, tanto como en el de Aragón, presentan el catálogo de lugares de alto riesgo. Multiplican los consejos para prevenir el peligro: armas cargadas al alcance de la mano, viaje en convoy, etc.»[137].

Fernand Braudel ya señaló en su momento cuáles eran las zonas de actuación preferente de los bandoleros: las montañas y las zonas fronterizas[138]. Por nuestra parte hemos constatado la presencia de focos bandoleros en Galicia, Montes de Toledo, Sierra Morena, Sierra Nevada, Murcia, Albacete —en la frontera con el reino de Valencia—, Soria —en la frontera con el reino de Aragón—, etc.

El aumento de la osadía de los bandoleros obligó a la Corona, en momentos críticos, a tomar medidas especiales para combatirle. En 1643, Felipe IV promulgó una serie de normas que constituyen una verdadera normativa de excepción contra el bandolerismo.

Los acusados de este delito que hubieren sido llamados por edictos y pregones, si no comparecieren ante el juez del caso, serían declarados rebeldes, contumaces y bandidos públicos. Desde ese mismo momento cualquier persona, sin importar estado ni condición, quedaba facultada para matarlos o detenerlos.

En segundo lugar, por esta pragmática de 15 de junio de 1643 se facultaba a todas las justicias, incluidas las de señorío, a salir de su circunscripción si fuere necesario para perseguir bandoleros.

Por otra parte, caso de ser detenidos estos delincuentes, no obstante lo dispuesto por las leyes 3, 4 y 10 del libro IV de la *Nueva Recopilación*, alusivas a que el reo condenado en rebeldía debía ser oído preceptivamente antes de la ejecución en su persona de penas corporales; se les aplicaban dichas penas nada más ser apresados, sin atender sus alegatos. Además, en el caso de estos bandidos se podían ejecutar las penas pecuniarias nada más sentenciarse, sin esperar el plazo de un año preceptivo en todos los demás casos.

Por otra parte, la pragmática de 1643 no solamente endurecía el trato judicial contra los bandoleros, sino que intentaba sembrar disensiones en el seno de las bandas. A estos efectos, se ofreció la condonación de todos los delitos al bando que matare o entregare a la justicia un bandido «merecedor de pena de muerte».

Consciente además la Corona de que estas bandas de forajidos recibían informaciones, ayuda, etc. de familiares y otras personas insertadas en el grupo de población normalizado, estableció que el súbdito que matase un bandolero, si no era delincuente fuese recompensado con un indulto, del cual podría beneficiarse la persona designada por él.

En el mismo orden de cosas, se dispusieron medidas para romper los vínculos del bandolero con el resto de la sociedad, estableciéndose también para los colaboradores de la banda la pena capital:

> «Y porque la experiencia ha mostrado, que si los salteadores no tuviesen quien los receptase, encubriese y socorriese, no podrían conservarse mucho tiempo. Or-

137. BENNASSAR, B.: *Un siècle d'or espagnol.* Paris, 1982. p. 78.
138. BRAUDEL, F.: *El Mediterráneo y el mundo mediterráneo en la época de Felipe II.* Madrid, 1976. T. II. p. 126.

denamos y mandamos que ninguna persona de cualquiera condición que sea pueda recebtar ni encubrir en su casa, guerta, cortijo o heredad a ninguno de los dichos salteadores, ni los pueda socorrer ni socorra voluntariamente con bastimentos, vestido, pólvora, balas, ni otro género de armas, ni les dé avisos ni les sirva de espía, pena a los que contrario hicieren de muerte natural»[139].

La pragmática de 1643 fue desarrollada poco después por un auto del Consejo Real de 31 de julio del mismo año, por medio del cual se facultó a las justicias a convocar a los concejos y a todos los particulares para ayudarles en la persecución del bandolerismo. A través de este auto, los jueces fueron investidos de poderes suficientes para proceder contra quien no otorgase la ayuda solicitada. Igualmente se ordenó que todas las justicias colaborasen con el juez cuando éste fuese persiguiendo a este tipo de delincuentes, «juntándose todas, cercando y previniendo los caminos y veredas, haciendo todas las diligencias para que la citada pragmática tenga cumplido efecto»[140].

Es evidente que la Corona no ahorró esfuerzos para combatir el bandolerismo. Al arsenal citado de medidas represivas habría de añadirse el establecimiento de premios en favor de confidentes que facilitaban la información necesaria para efectuar las detenciones[141].

Otras veces, en casos extremos, la Corona renunció a liquidar por la fuerza algunos focos bandoleros y prefirió canalizarlos hasta colocarlos a su servicio. De este modo, ofreció el perdón a partidas completas a cambio de integrarse en el ejército real.

Sobre el problema del vagabundeo, Castillo de Bovadilla se preguntaba si podían asimilarse los vagabundos a ladrones y llegaba a la conclusión de que sí. «Ladrón es propiamente del pan de los pobres el holgazán que está sano y mendiga de puerta en puerta, por este tal dize la glossa sobre San Mateo y otros, que más justa cosa sería corregirle, que darle limosna: porque demás de tomar lo que es de los pobres, se dispone a hazer otras maldades, que estos questores han reduzido en arte de mal vivir». Más adelante continúa el propio Castillo: «Acuérdome que el año pasado de sesenta y ocho en la ciudad de Badajoz, llegándome a pedir limosna un pobre muy acuytado con un braço vendado y alçado con un sosteniente, pareciéndome que era simulado y fingido, hize que le mirase un cirujano, y pareció estar sano y muy bueno, y le embié a exercitar los braços al remo en las galeras, para que allí desentomeciesse aquel braço»[142].

Ciertamente las argumentaciones de Castillo de Bovadilla servían muy bien para justificar la equiparación de penas existente para el autor de un robo y para el pobre trotamundos «mal entretenido». Con explicaciones de este tipo se comprende por qué ambos llegaban a ocupar asiento en los bancos de la misma galera.

Sin embargo, no se puede ocultar que el verdadero interés de la Corona en relación con el vagabundeo era aprovisionarse de brazos en los momentos que las necesidades militares los reclamaban con más urgencia. Podemos citar a este respecto la resolución

139. A.H.N., Consejo de Castilla, Sala de Alcaldes, libro-año 1643, fols. 272 a 275 (impresa). Copias de la misma pragmática pueden consultarse en A.H.N., Osuna, leg. 2269, fol. 33. A.H.N., Consejos Suprimidos, libro 1228, fols. 192, 272, 280 y 284. Del mismo modo, tenemos constancia de la publicación de la misma pragmática el 15 de junio de 1663 (A.H.N., Colección de Reales Células, n.º 4693).

140. A.H.N., Consejo de Castilla, Sala de Alcaldes, libro-año 1643, fol. 298. Impreso.

141. A.G.S., Guerra Antigua, leg. 68, n.º 149.

142. Castillo de Bovadilla: *Política para corregidores y señores de vasallos*. Ed. facs. de la de Amberes de 1704. Madrid, 1978. II, 12, 38.

de una consulta real de fecha 2 de septiembre de 1648, por la cual el Rey ordenó que para sacar de la Corte dos o tres mil hombres necesarios en el ejército se detuviese «a la gente mal entretenida, ociosa y vagabunda; y por la mano de los mismos alcaldes, fiscal de la cárcel, corregidor y tenientes, rondando continuamente sin cesar y procurando cuanto sea posible ajustar las penas, vayan a servir al ejército, a lo cual el Consejo asistirá para que no haya dispensa con ninguno de los que fueren condenados»[143].

Tiempo atrás, Alfonso X había promulgado una disposición para proteger el derecho a la limosna de los verdaderos pobres frente a las apropiaciones practicadas por los inválidos fingidos[144]. En otra época, concretamente en el siglo XIV, durante una fase de agudos problemas demográficos, Juan I quiso forzar la laboriosidad de sus súbditos y le pareció que el mejor modo de hacerlo era poner los vagabundos al servicio de quien desease tomarlos a su servicio por un período de un mes con la única contrapartida de darles de comer y de beber. En defecto de un amo, la justicia les propinaba 60 azotes y los expulsaba de la ciudad.

Formalmente, esta normativa continuaba vigente en la Edad Moderna. De hecho se incluyó en la *Nueva Recopilación*, pero no tenemos constancia de su aplicación en ningún caso. Lo que a nuestro juicio es síntoma de su desfasamiento[145].

Por otra parte, en la Nueva Recopilación se recogen también otras medidas contra los vagos. Carlos V, a petición de las Cortes de Madrid de 1528 dio una pragmática, por la cual se les dio un plazo de 10 días para salir de la Corte y pasado este tiempo serían desterrados del citado lugar durante un año. La reincidencia se castigaba con destierro de todos los reinos bajo dominio del Soberano[146].

El mismo Carlos V endureció las penas contra los inactivos de pocos recursos económicos —que no otra cosa eran los llamados vagabundos—. A partir de 1552, la primera falta de este tipo se penaba con vergüenza y cuatro años de galeras. La segunda, se saldaba con 100 azotes y ocho años de galeras; y la tercera con 100 azotes y galeras perpetuas[147].

No sabemos en qué medida influyó la represión de la vagancia en el incremento de la mano de obra disponible. Seguramente, sectores como el artesanado, el servicio doméstico y la agricultura saldrían beneficiados por la persecución de los vagos. Sin embargo, en las instrucciones de la Corona a las justicias no se refleja tanto el interés por la protección de estos sectores como la necesidad de apropiarse de brazos para las actividades militares.

Más tarde, en el siglo XVIII, las demandas productivas de la época forjaron la idea de que la vagancia era un atentado contra el potencial económico de la sociedad. Esta filosofía es el pensamiento motriz de la política de los Borbones contra los vagos[148]. Lo cual no era óbice para que la Corona continuase empleando vagos como mano de obra forzada en las obras públicas, construcciones militares y en las filas del propio ejército.

143. A.H.N., Consejo de Castilla, Sala de Alcaldes, libro-año 1648, fol. 154.
144. *Partida* II, 20, 4.
145. *Ordenamiento de Montalvo* VIII, 14, 1. *Nueva Recopilación* VIII, 11, 1.
146. *Nueva Recopilación* VIII, 11, 3.
147. *Nueva Recopilación* VIII, 11, 6.
148. PÉREZ ESTEVE, R. Mª: *El problema de los vagos en la España del siglo XVIII*. Madrid, 1976. p. 66.

En la Edad Media los vagabundos habían sido perseguidos también por el temor de la población a que tales personas fueran portadores y transmisores de enfermedades. Pero en la Edad Moderna el vagabundo es temido porque se le creía autor de delitos que nunca se llegaban a descubrir por culpa de la movilidad de estas gentes. En cierta ocasión el corregidor de Córdoba escribió a la Corte, explicando «que con la mucha población de aquella ciudad, acuden a ella muchos forasteros y gente mal entretenida, y por la facilidad con que se esconden de la justicia quedan los delitos sin castigo y los reos dentro de la ciudad, por lo cual será bien se haga leva para algún presidio con que quedarán ellos con castigo y el pueblo purgado de gente tan perniciosa». El rey, en atención a estas razones y a la conveniencia de reforzar los presidios de Africa, resolvió que el Consejo de Castilla enviase al corregidor de Córdoba la orden conveniente para ejecutar lo propuesto[149].

La primera normativa castellana sobre el juego se remonta al reinado de Alfonso X. Este monarca prohibió a sus vasallos jugar dinero cuando estuviesen a su servicio en las guerras[150]. Años después Juan I vedó los juegos de naipes y dados para todos los súbditos, y estableció fuertes multas para los contraventores de la norma[151].

La citada prohibición se mantuvo en los reinados posteriores. Sin embargo, la penalización del juego por los diferentes monarcas, no consiguió extirpar la afición de los castellanos a los mismos.

El juego de la pelota, por el contrario, sí estaba permitido, del mismo modo que otros también legales. En todos ellos se toleraban apuestas hasta un límite máximo de 30 ducados por día[152].

Digamos que la política de la Corona en torno al juego se regía por dos criterios fundamentales. En primer lugar se querían evitar los trasiegos de grandes sumas por los tableros; y en segundo lugar, impedir que los oficiales abandonasen sus trabajos por culpa de tales entretenimientos[153].

De ambas cosas se quejaron las Cortes más de una vez: «En estos reinos hay gran desorden en el juego de naipes y dados de lo cual Dios nuestro señor es muy deservido y los súbditos y naturales de estos reinos destruyen y gastan sus haciendas, y los hijos a los padres». Para remedio de lo susodicho, las Cortes pidieron al Rey que mandara guardar las leyes existentes y ordenase que nadie jugase «sobre palabra», porque acerca de su cobro habían sucedido «muchos alborotos y muertes de hombres, y perder los hombres las haciendas que les dejaron sus padres y suceden otros muchos inconvenientes como es notorio»[154].

Otras veces, las quejas de las Cortes sobre los juegos se centraron en los pecados que se cometían con ocasión de ellos:

> «hay tanto desorden en los juegos de naipes y dados, que no se pueden enumerar los daños y ofensas que con ello se hacen a Dios Nuestro Señor y las decisiones de las leyes y pragmáticas de estos reinos que acerca de esto disponen más habrán

149. A.H.N., Consejos Suprimidos, leg. 7175, papeles sin registrar. Real Decreto de 7 de diciembre de 1665, dirigido al Presidente del Consejo.
150. *Nueva Recopilación* VIII, 7, 1.
151. *Nueva Recopilación* VIII, 7, 2.
152. *Nueva Recopilación* VIII, 7, 9.
153. *Nueva Recopilación* VIII, 7, 15.
154. *Actas de las Cortes de Castilla*. Cortes de Toledo de 1548, pet. CXXII. T. V. p. 424.

de aprovechar a los oficiales de la justicia que las ejecutan que de remediar los casos y sus inconvenientes»[155].

Felipe II por su parte acrecentó las penas contra el juego en el año 1568. Desde dicha fecha, los hidalgos que hacían, vendían o jugaban con dados fueron penados con cinco años de destierro y 200 ducados de multa. Los plebeyos eran castigados por la misma infracción con 200 azotes y cinco años de galeras.

Pese a las innumerables prohibiciones estamos en condiciones de afirmar que en los territorios de la Corona de Castilla, hombres de todas las clases sociales ocuparon buenos ratos de ocio entretenidos en juegos, que a menudo eran de los ilegales.

Ni siquiera los reyes escapaban de esta afición. Felipe III, por ejemplo parece haber tenido una gran entrega por los naipes: «juega a los naipes y dicen se enciende en el gusto de este juego y que le han hecho algunas ganancias grandes los que le sirven en su cámara de veinte y treinta mil escudos; y una le ganó el Conde de Galves, sobrino del Duque de Lerma de ciento y tantos mil y el de Barajas otras de otros tantos»[156].

Otros testimonios, como la amonestación a un procurador en Cortes por tener juego en su casa, las reiteradas prohibiciones a los escribanos para que no jugasen en sus escritorios, la vigilancia en los alrededores de Palacio para impedir los referidos entretenimientos, y la regulación del horario de las casas de juego para no interferir en la asistencia de feligreses a la misa mayor del domingo, reflejan elocuentemente la animosidad de nuestros antepasados por dichos ejercicios recreativos[157].

Los desafíos que hasta el reinado de Alfonso XI se venían celebrando libremente, fueron sometidos a una regulación específica por este Monarca[158]. Antes, Alfonso X se había limitado a proteger la libertad de los retados para aceptar la lid o rechazarla, y había impuesto el papel arbitral de la Corona entre las partes para garantizar la limpieza de la lucha[159].

En el Ordenamiento de Montalvo se nos explica que el origen de los desafíos es de naturaleza nobiliaria: «Antiguamente los fijos dalgo con consentimiento de los Reyes pusieron entre sí amistad, y diéronse fe unos a otros de se la tener, y de no fazer mal unos a otros a menos de se tornar en enemistad, e desafiar según se contiene en este libro en el título de los fidalgos»[160].

Las Partidas, por el contrario, al definir la lid dicen que es una manera de prueba mandada hacer por el Rey en «razón del riepto que es fecho ante él, auiéndose amas las partes a lidiar. Ca de otra guisa el Rey non la mandaría fazer. E la razón, por la que fue fallada la lid, es esta: que tuvieron los fijosdalgo de España, que mejor les era defender su derecho, e su lealtad o armas, que meterlo a peligro de pesquisa, o de falsos testigos[161].

155. *Actas de las Cortes de Castilla.* Cortes de Toledo de 1538, pet. LXX. T. V. p. 136.
156. B.N., ms. 11.085, fol. 5. «Relación que hizo a la República de Venecia Simón Contarino al fin del año 1605 de la embajada que había hecho en España y todo lo que entendía en las cosas de ella».
157. A.H.N., Sala de Alcaldes, libro-año 1620, fol. 142. A.H.N., Sala de Alcaldes, libro-año 1614, fol. 216. A.H.N., Sala de Alcaldes, libro-año 1616, fol. 291. A.H.N., Sala de Alcaldes, libro-año 1610, fol. 30. A.H.N., Sala de Alcaldes, libro-año 1617, fol. 496.
158. *Nueva Recopilación* VIII, 8, 8.
159. *Fuero Real* IV, 17, 7 y 8.
160. *Ordenamiento de Montalvo* IV, 9, 1.
161. *Partidas* VII, 4, 1.

A pesar del origen nobiliario de estas ceremonias, las clases plebeyas imitaron en esto, como en tantas cosas, el comportamiento de los privilegiados y su uso se extendió por toda la sociedad. Los Reyes Católicos en las Cortes de Toledo de 1480 tomaron una serie de medidas para suprimir la generalización de los duelos. Quien enviase un cartel de desafío a otra persona sería castigado con la pena de aleve y pérdida de todos los bienes a favor de la Cámara. Si el retado aceptase el desafío también incurriría en la pérdida de sus bienes. Al retador superviviente de la lid se le condenaba a la pena capital y si el retado sobrevivía se le desterraba perpetuamente.

Mas no sólo se contemplaron penas en esta ley de Toledo para los contendientes, también sus colaboradores eran sancionados gravemente. Los mensajeros y padrinos incurrían en la pena de aleve y perdían sus bienes. Los asistentes por su parte perdían los caballos, mulas y armas[162].

Del mismo modo existían penas canónicas contra el duelo: excomunión, privación de sepultura eclesiástica, entredicho... Algunas procedían de épocas medievales, pero fueron confirmadas por el Concilio de Trento en su sesión 25, capítulo 19, y posteriormente por Alejandro VII en 1665 y por Benedicto XIV en 1752. Los juristas del siglo XVI entendieron que tan duras penas sólo eran aplicables en casos de duelos solemnes autorizados por los reyes o príncipes, y hechos «señalando campo, y combatiendo con trompetas y en estacadas, y con padrinos y juezes, partiendo el sol, y concordando en las armas con que se ha de combatir»; pero no afectaban ni concernían a los simples desafíos informales, a los simples «duelos privados». Contra éstos, en Castilla sólo era aplicable la ley de los Reyes Católicos, con las penas temporales citadas arriba; ley que siempre fue interpretada muy restrictivamente o no aplicada[163].

Entre los desafíos más célebres de la época cabe destacar en primer lugar el protagonizado por Carlos V y Francisco I en el año 1528 por razón del incumplimiento del tratado de Madrid. Tras cruzar sendos carteles no llegó a celebrarse la lidia que pretendía resolver al modo de la caballería feudal las diferencias existentes entre las dos Coronas[164].

Años antes, en 1522, Carlos V había presidido en Valladolid un duelo entre dos jóvenes caballeros aragoneses que habían tenido algunas palabras durante el juego de pelota. La ceremonia fue suspendida por el Monarca, cuando después de ver la valentía de ambos contrincantes, mandó cesar la pelea[165].

En el siglo XVII no mejoró este asunto, sino más bien, a juzgar por los testimonios de las fuentes, debemos suponer cierto empeoramiento. Al Conde-Duque de Olivares se le ocurrió combatir estos usos con las propias armas del honor: propuso que quien desafiase a otra persona se obligase a matar o quitar la espada al desafiado, so pena de quedar infame[166].

162. *Ordenamiento de Montalvo* IV, 9, 11 y *Nueva Recopilación* VIII, 8, 10.

163. Tomás y Valiente, F.: *El Derecho Penal de la Monarquía Absoluta*. Madrid, 1969. pp. 61 a 63.

164. Sandoval, P.: Historia de la vida y hechos del Emperador Carlos V. B.A.E. Madrid, 1955 y 1956. T. LXXXI. pp. 274 a 300. También Fernández Alvarez, M.: *Historia de España: La España del Emperador Carlos V*. Madrid, 1979. T. XX. pp. 331 a 434.

165. Sandoval, P. de: *Historia de la vida y hechos del Emperador Carlos V*. B.A.E. Madrid, 1955 y 1956. T. LXXXI. pp. 15 a 18.

166. *Cartas de algunos padres de la Compañía de Jesús, sobre los sucesos de la Monarquía entre los años 1634 y 1648*. Memorial Histórico Español. T. XIV. p. 408.

Aunque existía la ley de Toledo promulgada por los Reyes Católicos, las justicias no solían intervenir en estas materias de desafíos sino cuando a resultas de ellas sucedía la muerte de alguno de los contendientes. Había, por tanto, una actitud tolerante en esta materia. La Corona teniendo noticia de algún desafío entre personas importantes no lo castigaba por vía de justicia y se conformaba con enviar un árbitro particular, que aceptado previamente por las partes, se encargase de componer el suceso sin mayores incidentes[167].

A finales del siglo XVII aún puede leerse en una consulta del Consejo de Castilla: «este delito, como nacido de la mala y vana opinión que supersticiosa y diabólicamente le ha querido introducir a pundonor, tiene echadas muy hondas raíces en todo género y suerte de hombres, sin que haya alcanzado a borrar este tan execrable abuso la severidad de las penas canónicas en que incurren los reos, ni la justa providencia de las leyes reales de V. M., concurriendo en la causa de su origen la menos puntual observancia que estas han tenido por no verse ni oírse practicar en los tribunales las penas en ellas establecidas».

A continuación propuso el Consejo la republicación de la ley 10, título 8 del libro VIII de la *Nueva Recopilación* con ciertas modificaciones, entre ellas algunas alusivas a la reforma de los estatutos de la Orden de Santiago: «Punto que juzga el Consejo por muy necesario para extinguirse esta venenosa semilla por la mala y siniestra inteligencia en que vulgarmente está concebida la pregunta, que por sus estatutos tiene la Orden de Santiago de si habiendo sido retado no ha salido al desafío; sin alcanzar a penetrar a que habla en diferentes retos, y pasando a equivocarla con los desafíos ordinarios, de cuyo error resultan tan nocivas y detestables consecuencias, dignándose su santidad de expedir sus breves apostólicos a uno y otro fin como se debe presumir lo hará de su ardientísimo y vigilantísimo celo en todo lo que mira al servicio de Dios y ser tan conforme esta representación a lo dispuesto por los sagrados cánones y Concilio Tridentino»[168].

Tomás y Valiente ha descrito con acierto la carga que suponía para los hombres de la época y particularmente para la nobleza la vigencia social del duelo: «Pese a todos los esfuerzos más o menos sinceros y certeros, la ley social del duelo siguió vigente. Y en contra de cualquier idealización estético-literaria en la que con frecuencia incurre el teatro de la época, pensemos que en la realidad los mismos hombres que la acataban, por ser incapaces de rebelarse contra tan imperativo uso social, se sentían agobiados por su peso y víctimas de sus estúpidos y brutales preceptos»[169].

En tiempos de los Austrias, los hombres dirimían muchas diferencias en riñas y cuestiones. Evidentemente, este rudimentario procedimiento no servía para dilucidar y sopesar las razones de cada uno, pero en general la sociedad creía más honrosa la muerte en la contienda que la vida sin reputación. Por ello, cualquier injuria imponía al afrentado la obligación de defender su honor con la espada.

Tan angosta concepción de la fama tendía a manifestarse con mayor frecuencia en los lugares donde los varones acostumbraban a ser más fanfarrones: tabernas, mesones, casas de juegos, etc.

167. B.N., ms. 1322, fols. 9 a 11.
168. B.N., ms. 1322, fols. 109 a 112.
169. TOMÁS Y VALIENTE, F.: *Derecho Penal de la Monarquía Absoluta*. Madrid, 1969. p. 68.

> «Claro que a veces el ofendido se conforma con elevar una queja ante la justicia. Pero con la misma frecuencia echa, sin duda, mano de la espada o del puñal y se produce el enfrentamiento despiadado que termina con una herida grave o la muerte de uno de los dos adversarios. En el caso de Toribio García, habitante de Medina del Campo, y Juan García, zapatero en Valladolid, o de Antonio Hernández, un trabajador procedente de la montaña, y Rodrigo de Valdés, el asunto concluye con una herida grave: en el brazo para Toribio, en la cabeza para Antonio. Y con la muerte concluirá la pelea entre el carpintero Diego Martín y el trabajador Juan López; o la del labrador Juan de Carrión y Francisca Hernández: ambos fallecieron a consecuencia de sus heridas»[170].

De estas peleas con espadas resultaban numerosas muertes con las cuales la sociedad se mostraba comprensiva en extremo porque las consideraba meros accidentes. Reflejo de esta actitud transigente hacia estos homicidas es una ley recopilada que condenaba a pechar la pena del homicidio al principiador de la pelea mientras imponía al causante de la muerte medio homicidio[171].

Sin embargo, no siempre se saldaban estas refriegas con algún muerto. Otras veces paraban en un simple intercambio de golpes. En estos casos, la actuación de la justicia se limitaba a impedir que el resentimiento del perdedor del encuentro desembocase en nuevas agresiones contra su adversario.

En el año 1584, dos secretarios del crimen de la Sala de Alcaldes de Casa y Corte riñeron con ocasión de una partida de naipes. Uno de ellos, llamado Enrique, le tiró un doblón al que tenía por nombre el de Gaspar. Este último, a su vez, tomó los naipes y los arrojó contra su colega. Ante el cariz tomado por los acontecimientos, intervino un alguacil para mediar entre ellos; y parecía que la cosa no pasaría a mayores, cuando los dos escribanos se separaron. Pero inesperadamente, un día el mencionado Enrique se personó en casa de Gaspar López y le propinó algunos palos, a los cuales respondió Gaspar con un «bofetón y ciertas coces».

Acerca de este hecho narra nuestro informante: «Esta es la suma de esta hazaña. El apaleado está preso y el otro en San Francisco de Biera. Toda la Corte está alborotada no se pierdan estas dos casas de mayorazgos». Al mismo tiempo, el autor de la carta informaba al Soberano que estaba interviniendo ante los dos interesados para obtener la reconciliación de ambos[172].

Entre las pendencias más llamativas, podemos citar una ocurrida en las Cortes en el año 1646. Sus protagonistas fueron un jurado de Toledo y un procurador de Avila. El motivo de enfrentamiento llegó con ocasión de otorgar el Rey un escaño preferente al Conde de Lemos, el cual tenía el título de Grande. Los procuradores de Toledo y Avila protestaron por este hecho, pues alegaban que el Conde de Lemos asistía como representante de Galicia y debía ocupar el asiento que le correspondía por su representación sin atender a la calidad de su persona.

Sin embargo, la pendencia no afectó al Conde de Lemos sino sólo a los representantes de Avila y Toledo. El incidente se desató un día en la antecámara de la sala de reu-

170. BENNASSAR, B.: *Valladolid en el Siglo de Oro*. Valladolid, 1983. pp. 492 y 493.
171. *Nueva Recopilación* VIII, 23, 12.
172. A.G.S., Guerra Antigua, leg. 165, fol. 198.

niones, cuando el jurado de Toledo picó al procurador de Avila, acusándole de filtrar información al Conde sobre las iniciativas realizadas para recuperar la precedencia de los asientos. El representante de Avila por su parte «dijo que quien dijese no cumplía con sus obligaciones mentía». Con esto, ambos echaron mano a las espadas y pelearon hasta que salió el presidente del Consejo de Hacienda y los apresó a la espera de que el Soberano dispusiese acerca de ellos[173].

Igualmente a consecuencia de unos graves incidentes ocurridos en Palacio durante el reinado de Felipe IV fueron sancionados numerosos cortesanos. El día del estreno de una comedia en el salón de Palacio y en presencia del Soberano un noble dio un bofetón a otro, dando comienzo una dura conflagración en la cual participaron numerosas espadas. «las condenaciones de los que están presos y huidos por la pendencia que hubo en Palacio, en el salón, son las siguientes: Al marqués del Águila, que fue el que dio el bofetón y echó luego mano a la espada para defenderse, le condenaron a cortar la cabeza y a 10.000 ducados para la Cámara y gastos. A D. Juan de Herrera que fue el paciente, a la Mamora por diez años a su costa y desterrado de la Corte y 20 leguas perpetuamente, y 1000 ducados para la Cámara y gastos. Al Conde de Cantillana le envían a Orán por diez años, con cuatro lanzas a su costa, y cumplidos, destierro de la Corte y 20 leguas, y en 2.000 ducados para la Cámara y gastos y en privación de la llave de la Cámara del Sr. Infante. Al Conde de Sástago a perpiñán por seis años, con cuatro lanzas a su costa, y que no quebrante el destierro, pena de muerte, y cumplidos, destierro perpetuo del Reino y 20 leguas, y privación de capitán de la Guardia Alemana, de la llave de gentil hombre a merced de S.M. y en 2.000 ducados para la Cámara y gastos. A los soldados alemanes, suspensión por cuatro años y en 40.000 maravedís para Cámara y gastos»[174].

El delito de escándalo, como tal, no lo encontramos definido en las leyes de tiempos de los Austrias; pero sí aparecen en ellas algunas acciones de este tipo penadas por disposiciones reales:

> «Mandamos, que de aquí adelante ninguna persona sea osado a dezir, ni cantar de noche, ni de día por las calles, ni plazas, ni caminos, ningunas palabras sucias, ni deshonestas, que comúnmente llaman pullas, ni otros cantares que sean sucios, ni deshonestos, so pena de cien azotes, y desterrado un año de la ciudad, villa o lugar donde fuere condenado»[175].

En Valladolid surgió hacia 1629 una «diabólica» cofradía que la falta de sentido del humor imperante en la época, condenó por referirse a los valores sociales dominantes con un atrevimiento bien considerable. El Consejo de Castilla tuvo noticias de la existencia de tal cofradía por una carta de Fray Francisco de Vivar. En ella podemos leer:

> «En este lugar pasa la mayor disolución que han visto los católicos. Hase erigido una cofradía por cuatro hombres desalmados con título de Santa Cofradía en que se hacen juntas perniciosísimas, en que se tratan y pierden muchas honras. Hay prior, fiscal y capellán. Echase petición para ser admitidos y pídeseles ciertas calidades, particularmente haber tenido enfermedades y achaques de sensualidad y

173. *Cartas de algunos padres de la Compañía de Jesús sobre los sucesos de la Monarquía entre los años 1634 y 1648*. Memorial Histórico Español. T. XVIII. pp. 421 y 422.

174. *Cartas de algunos padres de la Compañía de Jesús sobre los sucesos de la Monarquía entre los años 1634 y 1648*. Memorial Histórico Español. T. XIII. pp. 397 y 398.

175. *Nueva Recopilación* VIII, 11, 5.

es calidad haber conocido dos hermanas y hubo quien echase petición de que debía ser admitido por cuanto había conocido tres, nombrándolas».

«El color es holgarse en banquetes y entretenimientos, pero el estilo es fuera de la modestia cristiana. Hazense sermones semejantes a los de los luteranos porque ha habido persona que ha predicado animando a los oyentes a todo desenfrenamiento y diciendo que no es para cofrade el que tiene cuenta con buenas costumbres, que no se ha de mirar más que al gusto y deleite, y otros desatinos a este tono».

«Esto es señor lo que pasa en Valladolid y lo que tiene enredada toda la juventud noble o rica, o casi toda, y escandalizado todo el pueblo. Los inventores son los cuatro colegiales de Santa Cruz que delinquieron en la brega pasada —D. Jerónimo de Fuenmayor, D. Juan de Zárraga, D. Diego de Murillo y el doctor Cieza— que si los hubieran castigado entonces como merecían, no vinieran ahora a deshonrar al colegio y los colegios»[176].

Tras recibir la carta, el cardenal presidente llevó la misiva a la Sala de Gobierno del Consejo. Allí refirió «las buenas partes de virtud y religión y letras del autor de la carta que es religioso de San Bernardo, docto y retirado que ha escrito algunos libros». Informó, así mismo, de haber tenido noticias por el padre Oreña, rector del colegio de la Compañía de Valladolid, de que el asunto pasaba como el padre Vivar lo había referido. Las «juntas se hacían en casa del Almirante de Castilla», y habiendo asistido a una el Marqués de Avilafuente se salió de ella escandalizado.

«Hale parecido a la Sala de Gobierno el caso gravísimo por todas las circunstancias que él representa, y por ser estas juntas principios de desenfrenados efectos en todas materias y en la de fe bien sospechosa y digna de censura la proposición de que no se ha de atender a las virtudes, sino al gusto, principio del ateísmo y secta de Epicuro y porque todo esto conviene remediarse en sus principios pero con el recato que la materia y personas piden».

Tras estudiar el tema, la Sala de Gobierno del Consejo propuso al Monarca el envío a la ciudad del Pisuerga de un juez comisario: el licenciado D. Gabriel de Céspedes Maldonado, oidor de Granada y maestre— escuela de Salamanca. El Rey se conformó con esta propuesta, recomendando «evitar por cualquier camino esta Junta diabólica y castigar muy rigurosamente los que se hallaren culpados». El 22 de febrero de 1629 se despachó provisión secreta en favor de D. Gabriel de Céspedes, en la cual se contenían las instrucciones convenientes para llevar a cabo su cometido y castigar los mencionados escándalos. Desgraciadamente desconocemos el alcance final del correctivo impuesto a los implicados.

Llama la atención encontrarse entre las infracciones contra el orden público numerosas alusiones a la celebración de pedreas. Sobre todo los madrileños parecen haber sido muy aficionados a este arriesgado pasatiempo. El hecho sorprende aún más cuando nos encontramos entre los participantes no sólo muchachos sino también adultos.

En 1584, la Sala de Alcaldes hubo de sacar un bando especial contra las pedreas. En el mismo se mandaba «que ningún muchacho, ni otra persona alguna ande con hondas en la villa ni en sus arrabales, ni tiren con ellas pedradas, ni hagan ruido con ellas. Los

176. A.H.N., Consejos, leg. 7146, sin fol.

padres de los muchachos ni sus amos no las consientan traer ni tirar con ellas so pena de pagar 10 ducados para los pobres de la cárcel real de Corte».

Por su parte, a los muchachos responsables de estas infracciones se les llevaba a la cárcel y allí les daban 50 azotes. El castigo se elevaba a 100 azotes para los hombres y mozos culpables de esta falta[177].

Años después, en 1610, la Sala mandó pregonar un bando similar, en el cual se habían subido las penas considerablemente. A partir de entonces, se penó con 100 azotes y cuatro años de destierro de la Corte la participación en estos desórdenes; y a los padres y amos se les impuso la obligación de no consentirlos bajo pena de 10.000 mrs. para la Cámara[178].

En 1681 se elevaron las penas a seis años de galeras y vergüenza pública para los participantes en pedreas; y para los padres de los muchachos detenidos en ellas, 50 ducados[179].

Pese a todo, las medidas no alcanzaron a atajar el problema. El 3 de junio de 1683, el Consejo escribía a la Sala:

> «Estos días se ha experimentado grande desorden en las pedreas y en particular en la puerta de Santa Bárbara, que ha llegado a la Real noticia de Su Majestad.
>
> La Sala dará toda la providencia conveniente para que no las haya y el mayor medio parece será encargar a ministros de satisfacción procuren prender algunos de los de más edad que concurran en ellas para que enviándolos a un presidio escarmienten los demás. Y si no se puede antes, se podrá ejecutar cuando vuelvan del campo y se dividen, siguiendo a los que pareciere con disimulo para lograr las prisiones»[180].

Aún tres años después los vecinos de las vistillas de San Francisco se dirigieron a la Sala para pedir una solución al problema de las pedreas:

> «Pedro Fernández, en nombre de todos los vecinos de las vistillas de San Francisco, puestos a los pies de Vª Illmª dicen como en dichas vistillas de San Francisco se ha formado una pedrea de muchachos y mozos ya grandes que ciñen espadas, que ni días de fiesta ni días de trabajo en llegando las tardes no puede nadie bajar por allí como son las lavanderas que necesitan de bajar al río ni otras personas de cualquier grado que sean que se bajan a pasear. Y no sólo eso sino que se suben apedreando por todas aquellas calles hasta San Francisco y hasta llegar muy cerca de la puerta de moros, no respetando casas de señores ni a nadie ni dejan vidrieras en las ventanas que no quiebren; y entre ellos hay descalabrados cada día, y se han muerto ya dos o tres de las descalabraduras. Y porque se teme que los vecinos del barrio se amotinen hostigados desto contra ellos y subzedan algunas desgracias, suplicamos a Vra. Illma. se sirva de mandar se ponga remedio en esta maldad, en que recibiremos particular favor de Vra. Ilma[181].

Mas aún, en 1689 encontramos un nuevo pregón del bando contra las pedreas, anunciándose en esta ocasión penas de 100 azotes y seis años de galeras para los participantes. Contra los padres y amos de los detenidos en ellas se estableció la pena de cuatro años de destierro a los que acompañaba una multa de 100 ducados[182].

177. A.H.N., Consejo de Castilla, Sala de Alcaldes, libro-año 1584, fol. 122.
178. A.H.N., Consejo de Castilla, Sala de Alcaldes, libro-año 1610, fol. 639.
179. A.H.N., Consejo de Castilla, Sala de Alcaldes, libro-año 1681, sin fol.
180. A.H.N., Consejo de Castilla, Sala de Alcaldes, libro-año 1683, fol. 158.
181. A.H.N., Consejo de Castilla, Sala de Alcaldes, libro-año 1686, fol. 106.
182. A.H.N., Consejo de Castilla, Sala de Alcaldes, libro-año 1689, fol. 110.

Dentro también de los delitos contra el orden del Rey podemos incluir otros tales como la contravención de pragmáticas y autos de gobierno, desobediencia de las reales órdenes, etc. De todas estas medidas, las más conocidas son seguramente las relativas a minorías étnicas y a los trajes.

Los judíos fueron obligados a convertirse al cristianismo en 1492. Fecha en la cual los Reyes Católicos pusieron a esta minoría religiosa en la disyuntiva de bautizarse o abandonar los reinos de la Corona de Castilla. A partir de entonces el problema judío se convirtió en un asunto del Santo Oficio.

Como se sabe, en lo referente a los musulmanes, el año 1502 se dio una pragmática ordenando su abandono de la península si no abjuraban del islamismo. Hecho éste que forzó la cristianización de la mayor parte de ellos.

Más tarde, por disposición de la reina Juana I se concedió un plazo de seis años a los moriscos para abandonar el uso de sus trajes habituales, plazo que luego se amplió por diez años más.

En 1525, Carlos V les prohibió salir del lugar de su residencia. El año 1566 se les prohibió usar la lengua árabe. Lo que motivó la sublevación de las Alpujarras, donde después de tres años de lucha, fueron reducidos finalmente por D. Juan de Austria. Por último, los moriscos fueron expulsados por Felipe III en 1609. Algunos contraventores de esta orden fueron ejecutados[183].

Otra minoría étnica contra la que se promulgaron numerosas pragmáticas la constituyeron los gitanos. En este caso, el motivo de la persecución no se debió tanto a razones de tipo político-religioso como a motivos estrictos de orden público.

Las primeras medidas contra los gitanos datan de época de los Reyes Católicos. En 1499 D. Fernando y Dña. Isabel prohibieron la tradicional vida errante de los gitanos y les impusieron la obligación de tomar oficio en el plazo de 60 días[184]. Más tarde, Carlos V incrementó la pena a los infractores de esta norma, penándolos con seis años de galeras[185].

A los gitanos se les atribuía la comisión de numerosos robos, sobre todo de ganado. Por ello Felipe II publicó una disposición para que no pudiesen vender ningún objeto sin mostrar testimonio de escribano público en el cual constase la propiedad del mismo[186].

Felipe III reguló que las únicas profesiones ejercitables por los gitanos fueran las relacionadas con la agricultura[187]. Este mismo Monarca les obligó a fijar su residencia en poblaciones de más de 1000 vecinos, les prohibió el uso de su ropa tradicional y de su lengua. Además de vedarle la compra-venta de ganados[188].

Felipe IV les obligó a mezclarse con el resto de la población y les prohibió realizar «juntas ni en público ni en secreto». Para extirpar la denominación de gitano ordenó que nadie se atreviera a llamar por este nombre a ninguna persona. Lo contrario se calificó de injuria muy grave castigable como tal. Igualmente en la citada disposición de 1633 se

183. LEÓN, P.: *Grandeza y miseria en Andalucía. Testimonio de una encrucijada histórica (1578 a 1616)*. Ed. introduc. y notas de Pedro Herrera Puga. Granada, 1981. p. 546.
184. *Nueva Recopilación* VIII, 11, 12.
185. *Nueva Recopilación* VIII, 11, 13.
186. *Nueva Recopilación* VIII, 11, 4.
187. *Nueva Recopilación* VIII, 11, 17.
188. *Nueva Recopilación* VIII, 11, 15.

prohibió a los gitanos salir de su lugar de residencia, y cuando alguno fuese sorprendido en un camino podía ser esclavizado por quien lo cogiese[189].

Casi toda la legislación aludida fue otorgada a petición de las Cortes. Toda ella fue tan racista como ineficaz. La Corona no tenía el mismo interés en la persecución de esta minoría —bastante intrascendente desde el punto de vista político— cuanto en asimilar o eliminar las otras dos minorías más peligrosas.

Por otra parte, la inclinación de los gitanos a desenvolverse por el mundo rural les permitió esquivar la acción de una justicia que tenía establecidos sus corregimientos y tribunales en un ámbito más urbano.

En lo relativo a trajes y vestidos, la Corona promulgó una serie de leyes que han sido calificadas con frecuencia de antisuntuarias. En realidad no se trataba únicamente de una normativa contra el lujo, sino de una regulación de la vestimenta correspondiente a cada persona según su estatus social. Así se reservaron para los miembros de la familia real los brocados, y las telas de plata y oro[190]. Se estableció que los grandes pudiesen alumbrarse con cuatro hachas y no más, mientras a las demás personas se les permitía iluminarse con dos hachas como máximo[191].

Por motivos diferentes de los mencionados, Felipe IV prohibió los rizos, copetes y guedejas en los varones, pues en opinión de muchas personas esta moda, tan del gusto de algunos cortesanos, resultaba demasiado afeminada. A este respecto no se olvide que cada sexo tenía atribuido un rol social, y la transposición del orden establecido en cuestiones de esta índole se penaba con la hoguera si el asunto llegaba a la comisión del «pecado nefando».

Se pensaba que ciertos aderezos podían fomentar la homosexualidad y en consecuencia se prohibieron:

> «Por cuanto el abuso de las guedejas y copetes con que andan algunos hombres, y los rizos con que componen el cabello ha llegado a hacer escándalo en estos reinos, ningún hombre pueda traer copete o jaulilla, ni guedejas con crespo o otro rizo en el cabello, el cual no pueda pasar de la oreja; y los barberos que hicieren cualquiera de las cosas susodichas, por la primera vez caigan e incurran en pena de 20.000 mrs y 10 días de cárcel; y por la segunda vez, la dicha pena doblada y cuatro años de destierro de esta Corte o del lugar donde viviere; y por la tercera sea llevado por cuatro años a un presidio para que en ellos sirvan.
>
> Y a las personas que trajeren copete o guedejas y rizos en la forma dicha, no se les dé entrada en la Real presencia de su Magestad, ni en los Consejos, y los porteros se lo prohíban; y los ministros no les puedan dar audiencia, ni oigan sobre sus pretensiones, reservando a los señores del Consejo poder hazer la demostración que convenga según la calidad y el estado de la persona y el exceso»[192].

189. *Nueva Recopilación* VIII, 11, 16.
190. *Nueva Recopilación* VII, 12, 1.
191. *Nueva Recopilación* VII, 12, 2.
192. A.H.N., Consejo de Castilla, Sala de Alcaldes, libro-año 1639, fol. 88.

3. LAS PENAS Y SU CUMPLIMIENTO

Ya hemos comentado cómo los objetivos penitenciarios de la Corona se resumían en la cláusula de las sentencias: «para que al reo sirva de castigo y a los demás de ejemplo». Mediante la pena el delincuente purgaba su delito y la Corona sacaba alguna utilidad con el castigo, no tanto porque pretendiera resarcirse del daño recibido con la infracción como porque la Monarquía tenía una visión productivista de la Administración de Justicia. La imposición de penas servía para pagar el mantenimiento de los organismos judiciales y abastecer de remeros las galeras reales.

La vertiente ejemplificadora era uno de los componentes esenciales de las sentencias condenatorias. De ahí que en la medida de lo posible, la ejecución de las penas fuera pública y realiazada con gran despliegue propagandístico.

En algunos casos, la propia naturaleza de las penas no permitía el pleno desarrollo del mencionado aspecto publicitario. Tal ocurría con el encarcelamiento o los trabajos forzados. Para compensar dichas limitaciones, se acompañaba a estos castigos de otros complementarios, que sí permitían su ejecución pública. Las condenas a galeras, por citar unas de las más frecuentes, iban indefectiblemente unidas a cierta cantidad de azotes y vergüenza pública.

Los destierros por su parte, solían vincularse con alguna multa, y dado que éstos solían imponerse a personas de cierto relieve, bastaba con esta circunstancia para obtener el comentario general de la población.

A) El Sistema Carcelario

A nosotros hombres del siglo XX, acostumbrados a ver en la prisión la pena por excelencia del arsenal punitivo, nos llama poderosamente la atención el carácter marginal representado por la misma en el transcurso del Antiguo Régimen.

En el marco de un sistema punitivo tan utilitarista como el de los Austrias, encarcelar a los delincuentes suponía un gasto absurdo. De ahí que la pena de prisión se impusiese en un número muy limitado de casos, en los cuales servía para sancionar delitos leves, y duraba un período corto de tiempo.

Por otra parte, la cárcel como pena reina sólo tiene sentido en un sistema jurídico liberal, basado en el reconocimiento de los derechos individuales y no en un sistema social basado en el privilegio, en el cual cada persona recibía un tratamiento jurídico diferente.

Igualmente, sería absurdo que la Corona, con el nivel de desarrollo administrativo y financiero alcanzado en tiempos de los Austrias, erigiese un vasto complejo de edificios, sin más propósito que el de retener en su interior a millares de delincuentes y marginados.

Por todo ello, en la jurisdicción real las penas de prisión representaban la excepción. Fundamentalmente las cárceles acogían entonces a los detenidos en espera de proceso, los criminales enfermos o de constitución física muy frágil, los perturbados mentales, los prisioneros políticos y los deudores insolventes.

Acorde con esta función, Cobarruvias nos definió la cárcel como «el lugar en el qual tienen en custodia los malhechores presos por delitos o por deudas, y qualquier otro lugar a donde tengan alguno contra su voluntad, prohibiéndole que no salga dél»[193].

Por su parte, la jurisdicción eclesiástica —menos preocupada por criterios de utilidad material, y, sobre todo muy sensible al escándalo consiguiente a la ejecución pública de las penas— optó por aceptar la reclusión como elemento correctivo ordinario en el castigo de los clérigos. Significativamente, en la jurisdicción real las faltas castigadas con encarcelamiento son las más representativas del binomio castigo-pecado: juramentos, reniegos, etc.[194].

En la Edad Media, cuando se redactaron las Partidas, se prohibió expresamente sancionar los delitos con la pena de prisión. Sin embargo, el hecho de que en dicho texto legal se ordene que probada la culpabilidad del reo, «non le debe el judgador mandar meter a la prisión después, mas mandar que fagan dél aquella justicia que la ley manda»[195], nos hace pensar en una práctica extendida entonces entre los jueces.

En consonancia con el carácter de regalía que poseía toda la administración de justicia, el derecho de encarcelar se consideraba también un atributo exclusivo de la Corona. De este modo, las Partidas castigaban con la pena de muerte a los responsables de encarcelamientos privados[196].

Con ello no se pretendía reprimir tanto un ataque contra la libertad individual de la víctima como la apropiación de un derecho regio por un particular. No obstante, al igual que ocurría con las transferencias jurisdiccionales, el Rey podía delegar en otras personas sus facultades relativas a encarcelamientos. De hecho, cuando concedía la jurisdicción a algún señor particular o a alguna institución, facultaba al destinatario de la transferencia a designar el carcelero correspondiente.

Dentro de la jurisdicción real la Corona nombraba directamente los alcaides de las cárceles, muchos de los cuales accedían al oficio por compra o arrendamiento del cargo. En cuyo caso, los alcaides constituían una especie de asentistas privados cuya motivación esencial residía en la búsqueda de su provecho particular. De esta circunstancia se derivaban casi todos los abusos de la vida carcelaria en el Antiguo Régimen. En palabras de Pierre Deyon, el alcaide ofrecía la imagen de un solícito hostelero para quienes vivían en celdas de pago, los cuales recibían libremente a sus familiares, comunicaban con el exterior, eran asistidos por sus servidores particulares, etc. Por el contrario, los desdichados sin medios de pago vivían en el recinto carcelario expuestos al hambre, el frío, la enfermedad y a veces al olvido[197].

193 COBARRUVIAS OROZCO, S.: *Tesoro de la lengua castellana.* Madrid, 1979 (facsímil de la de Madrid 1611).

194 MARTÍNEZ DE BURGOS, A.: *Repertorio de todas las premáticas y capítulos hechos por su magestas desde el año de mil y quinientos y veinte y tres hasta el año de mil y quinientos y cuarenta y cuatro. Hecho por el licenciado Andrés Martínez de Burgos, vecino de Astorga, dirigido al muy alto y muy poderoso príncipe D. Felipe, nuestro señor.* Medina del Campo, 1547. Lib. VIII, tit. VI, ley I y II.

195 *Partida* VII, 29, 7.

196 *Partida* VII, 29, 15.

197 DEYON, P.: *Le temps des prissons. Essai sur l'histoire de la délinquance et les origines du systeme pénitentiaire.* Paris, 1975. p. 32.

Seguramente el encarcelamiento sería una medida eficaz para presionar a los morosos solventes porque les obligaba a saldar sus deudas, pero en el caso de los deudores sin recursos, la prisión se manifestaba como una acción gratuita. El artesano o el comerciante encarcelado veía interrumpida su actividad productiva. Con ello las dificultades de su familia aumentaban y las posibilidades de pagar a su acreedor disminuían.

Mirada de este modo, la prisión del deudor sólo servía para satisfacer las mezquinas aspiraciones de los fiadores deseosos de venganza, los cuales veían con alborozo las penalidades sufridas en la cárcel por el responsable del impago.

Para paliar —en la medida de lo posible— las penalidades propias de estas situaciones, algunas asociaciones gremiales dedicaban fondos a atender las necesidades de los miembros que tuvieren la desgracia de entrar en prisión[198].

La quiebra del sistema en lo tocante al encarcelamiento por deudas era tan notoria que forzaba al otorgamiento de libertades provisionales durante las pascuas. Con ello se facilitaba la renegociación de la deuda y la búsqueda de una salida al contencioso existente entre las partes[199].

En los testamentos de los reyes también se reflejaba eventualmente esta problemática y junto a la ejecución de otras obras pías se asignaba en ellos cierta cantidad de dinero para lograr la liberación de algunos deudores. Dña Margarita de Austria, esposa de Felipe III fallecida el año 1611, «mandó sacar veinte presos de la cárcel de Corte que lo estuviesen por deudas de cinquenta ducados abajo o que otras deudas mayores se quisiesen componer hasta la dicha cantidad y que para este efecto se entregasen luego a su secretario mil ducados»[200].

Sin duda, la acción de la reina sólo tenía el valor de un gesto testimonial, pues el número de deudores encarcelados era elevado y el grupo de beneficiarios sumamente reducido. Aunque los datos a nuestro alcance son fragmentarios por carecer de una fuente de información sistemática y completa, es probable que en las grandes prisiones el número de malos pagadores no bajaría del 10% de la cifra total de recluidos[201].

198. El hospital y cofradía de San José de Sevilla, creado en 1578, por el gremio de carpinteros, asumió las funciones de montepío y asistía a los cofrades en el caso de que éstos fueran encarcelados. (Carmona García, J. I.: *El sistema de hospitalidad pública en la Sevilla del Antiguo Régimen*. Sevilla, 1979. p. 137).

199. Castillo de Bovadilla, J.: *Política para corregidores y señores de vasallos*. Madrid, 1978 (edic. facsímil de la Amberes de 1704). III, 15, 107.

Esta práctica era muy frecuente y existen numerosos testimonios acerca de su observancia. Por ejemplo, en la navidad de 1585 el corregidor de Salamanca mandó soltar bajo fianzas a todos los presos detenidos por deudas (Archivo Histórico Provincial de Salamanca, protocolo 3718, fol. 179. Debo esta referencia a mi exalumno Luis Durán Solís).

200. A.H.N., Consejo de Castilla, Sala de Alcaldes, libro-año 1612, fol. 328.

201. Sirvan como ilustración de lo antedicho unas pocas referencias relativas a distintas épocas y establecimientos diversos:

> En diciembre de 1529 el visitador de la Chancillería de Granada inspeccionó la cárcel dependiente de este tribunal. En aquellos momentos los encarcelados por no pagar deudas suponían el 12% de los internos (A.G.S., Cámara de Castilla, leg. 2734 (1)).
>
> El memorial de los presos que había en la cárcel de la Chancillería de Granada en abril de 1554, registra un 12% de detenidos por deudas, sobre un total de 139 (A.G.S., Cámara de Castilla, leg. 2733 (2), fols. 54 a 58).
>
> Al ser nombrado Diego de Villabona como alcaide de la cárcel de Cuenca en 1576, había 36 detenidos en total, más de la tercera parte de ellos eran deudores (A.G.S., Cámara de Castilla, leg. 2772, fols. 2398 y 2399).

Respecto a la prisión preventiva las Partidas habían dispuesto que sólo fuesen sometidos a ella los reos implicados en delitos merecedores de pena de muerte o corporal. Los procesados por faltas sancionadas con pena pecuniaria, debían asegurarse mediante el depósito de fianzas. Sin embargo, de hecho los jueces fueron ordenando cada vez con mayor frecuencia la prisión preventiva en casi todos los casos, siendo ésta la práctica general de la Edad Moderna.

Al afianzamiento de esta costumbre no fue ajeno el interés personal de los juzgadores, pues no se olvide que éstos llevaban cierta parte en las condenaciones dinerarias. Por ello, a los reos se les abrumaba con las fatigas de la prisión, y de este modo consentían fácilmente la imposición de sentencias condenatorias injustas. Muchas veces era preferible no apelar el fallo condenatorio y pagar la multa que permitiera salir del encierro, porque de otra forma el litigio podría dilatarse en el tiempo, y mientras tanto se sufrían los rigores de una prisión muy dura[202].

En los textos legales y en la doctrina, la cárcel se orientaba fundamentalmente a la retención de los presos hasta la culminación de los trámites procedimentales y la ejecución de la sentencia. Los establecimientos carcelarios carecían entonces de la función reformadora que acabó por introducir el pensamiento ilustrado. Tampoco poseían una intención degradatoria como la que inspira las prisiones de alta seguridad de los Estados tecnocráticos actuales, en las cuales los reclusos permanecen aislados entre sí y privados de toda relación sensorial. Hecho éste que termina por causarles perjuicios síquicos irreparables.

Con todo, la prisión del Antiguo Régimen también infringía al interno padecimientos muy severos. El sustento diario no se le aseguraba institucionalmente y debía procurárselo su familia o en su defecto la caridad pública. Igualmente, si no compraba el favor de los carceleros, se arriesgaba a permanecer largo tiempo en lúgubres calabozos, cargado con estrechas prisiones.

No existían normas legales reguladoras del régimen interno de las cárceles, por lo cual jueces y carceleros actuaban de manera muy arbitraria. En teoría, el aposento de cada recluso debía asignarse atendiendo a su condición social y a la calidad del delito imputado. Pero realmente se atendía a otros miramientos. Los carceleros acomodaban adecuadamente a las personas que les gratificaban y acrecentaban dolosamente los sufrimientos de los miserables.

Fuera de esto, los internos de las cárceles reales —salvo orden expresa en contrario— gozaban de un fluido contacto con el exterior que contrastaba con el aislamiento al que eran sometidos los presos en las cárceles inquisitoriales. A este respecto, Cristóbal de Chaves nos ha referido sobre la cárcel de Sevilla:

> «Las puertas nunca están cerradas de día ni de noche hasta las diez que se recojen los presos y el alcaide toma las llaves; y todo el día y noche, como hormiguero y procesión, entran y salen hombres y mujeres con comida y camas, y hablan con los presos sin preguntarles a qué entran, ni detenerlas»[203].

202. ALONSO ROMERO, Mª P.: *El proceso penal en Castilla (siglos XIII a XVIII)*. Salamanca, 1982. p. 197.

203. CHAVES, C. de: «Relación de la cárcel de Sevilla». Publicada por Gallardo, B. en Ensayo de una biblioteca española de libros raros y curiosos formado con los apuntamientos de don Bartolomé José Gallardo, coordinados y aumentados por don M. R. Zarco del Valle y don J. Sancho Rayón. Madrid, 1968 y 1969. p. 1344.

En este modelo carcelario los internos recibían visitas de familiares y amigos sin apenas restricciones. El motivo de tales entradas estaba justificado muchas veces por la necesidad de llevar la comida a los presos, pero en otras ocasiones se acudía a la cárcel sin mayor intención que entretener al compañero en unas partidas de naipes. Igualmente estaban permitidas las entrevistas de los presos con mujeres y entre las visitantes asiduas de la cárcel abundaban las damas de vida alegre.

La presencia de mujeres en los establecimientos carcelarios era normal durante el día, pero a menudo varias de ellas se las ingeniaban para pernoctar con los presos: «suelen dormir de noche en la cárcel de ordinario ciento y más mujeres, sin las que de día entran a ver los demás sus conocidos, sin que la justicia lo pueda remediar ni quitar; porque como si fuese virtud, lo defienden el alcaide y los presos[204].

El desarrollo de una peripecia nocturna de éstas nos la narró con tono simpático el padre Pedro de León, confesor de los presos de Sevilla:

> «Suelen entrar más de cien mujercillas cada noche a quedarse a dormir con sus amigos. Y una noche dieron aviso a un juez, que después de haber banqueteado más de cincuenta de éstas con sus amigos se quedaron en la galera, uno de los aposentos de la cárcel; y el juez, más por entretenimiento que por el remedio que había de poner quiso ir después de las diez acompañado por un escribano y otra gente que gustaba de ir a ver esta emboscada».

Al parecer, cuando entró en la cárcel el juez, alguien dio unos golpes con la llave en la reja. Lo cual significaba a aquellas horas que un ministro se proponía visitar el establecimiento o deseaba efectuar alguna averiguación. Ante esto los presos reaccionaron con una destreza increíble, acomodando unas camas junto a las otras pero separadas de la pared y todas las cabeceras del mismo lado. Encorvaron las piernas y así hicieron hueco; después se taparon las rodillas y los pechos con las mantas, dejando al descubierto parte de las piernas porque era verano:

> «y en el hueco de las piernas metieron a la hila a las mujeres, como si fuera tarugo de madera. Las cuales tendidas cupieron muy bien sin que el juez ni otra persona advirtieran en ello, aunque entraron con un hacha encendida y miraron muy bien. Y aún salió el juez injuriando al que le daba el soplo, y los presos dieron grita, y corrido desto el que había dado el aviso, tornó a decir que las buscase bien, que dentro estaban».

Con esto, volvió a entrar el juez al aposento de los presos y miró a la cara a todos los detenidos uno por uno, sin que localizara mujer alguna. Entonces, el soplón se decidió a acompañar al juez para ayudarle a buscarlas. En esta tercera inspección hicieron levantar de la cama a todos los presos y al quitar la ropa fueron descubiertas. Pero como los presos se quejasen a voces diciendo que si las detenían se quedarían ellos sin comer, y como dos de ellas estaban casadas con presos, fueron dejadas en libertad[205].

La situación de permisividad varió ligeramente en el siglo XVII. Por auto de 17 de septiembre de 1631, la Sala de Alcaldes de Casa y Corte mandó notificar al alcaide de la

204. CHAVES, C. de: «Relación de la cárcel de Sevilla». Publicada por Gallardo, B. en *Ensayo de una biblioteca española de libros raros y curiosos*. Madrid, 1968 y 1969. p. 1345.

205. LEÓN, P. de: *Grandeza y miseria de Andalucía. Testimonio de una encrucijada histórica (1578 a 1616)*. Ed., Introd. y notas de P. Herrera Puga. Granada, 1981. p. 386.

El mismo pasaje es narrado por C. de CHAVES: «Relación de la cárcel de Sevilla», en *Ensayo de una biblioteca española de libros raros y curiosos*. Madrid, 1968-69. p. 1349.

cárcel que no consintiera la entrada de ninguna mujer, casada ni soltera, aunque fuera mujer o hermana de algún recluso[206]. Mucho nos tememos que la prohibición no tendría apenas cumplimiento, pero al menos sirvió para dejar constancia de que en el ánimo de los jueces existió a partir de la fecha señalada la intención de controlar más los accesos al recinto carcelario, y de preservar con ello la conducta moral de los internos.

En el mismo sentido, la propia Sala de Alcaldes ordenó en 1669 que no traspasasen las puertas de la prisión sino los parientes más próximos y los criados de los presos[207]. A pesar de ello, la ideología carcelaria seguía siendo idéntica, aunque en aras de la seguridad se restringía la irrupción de visitantes en la prisión.

En contraste con los planteamientos de la ilustración burguesa, que pretenden actuar sobre la mente del preso para reformarla, la prisión de la Edad Moderna renuncia al empleo de recursos espirituales, distintos de los religiosos ordinarios. Las atenciones pías recibidas por los presos no iban más allá de las preceptuadas por la iglesia católica para todos sus fieles: celebración de misa en las fiestas de guardar, confesión en las pascuas y algún sermón de cuando en cuando[208].

Por el contrario, la cárcel Inquisitorial no tenía una finalidad exclusiva de custodia. Perseguía la doblegación de la voluntad y el quebrantamiento de la capacidad de resistencia del reo hasta obligarle a aceptar las creencias religiosas oficiales con objeto de mostrarle en público renunciando a sus credos anteriores. De este modo, el poder inquisitorial salía muy fortalecido ante los atónitos ojos de los espectadores congregados en el auto de fe.

En la cárcel inquisitorial no se sufrían penalidades por efecto del abandono y la miseria. El prisionero recibía unas atenciones austeras pero suficientes. Sin embargo, las secuelas síquicas de este modelo carcelario se dejaban sentir patentemente sobre los encerrados. La sensación de tener controlados todos los movimientos, el aislamiento prolongado, la oscuridad y la dieta estricta terminaban por alterar el equilibrio mental de los presos.

El aislamiento de los reclusos en la cárcel inquisitorial estaba garantizado por el hecho de que cada preso era ubicado en una celda individual y tenía anulada su relación con el exterior. Ni siquiera se les permitía escribir cartas. La persona encargada de llevar la comida al detenido —generalmente algún criado de la familia— debía ser de plena confianza de los inquisidores, además era juramentada sobre la guarda del secreto y controlada para que no llevase cartas o avisos. Los propios inquisidores y carceleros no estaban autorizados para permanecer a solas con el recluso. En todas las conversaciones que mantuvieren con él, debían estar presentes varios de ellos.

Finalmente otro aspecto muy característico de la cárcel inquisitorial era la existencia de un control ideológico completo sobre el detenido. Así por ejemplo, no se permitía a los apresados tener libros sin licencia del tribunal encargado del caso[209].

206. A.H.N., Consejo de Castilla, Sala de Alcaldes, libro-año 1631, fol. 293.

207. A.H.N., Sala de Alcaldes, libro-año 1669, fol. 236.

208. Castillo de Bovadilla, J.: *Política para corregidores y señores de vasallos*. Madrid, 1978 (Ed. facs. de la de Amberes de 1704). III, 15, 65.

209. Pinta Llorente, M. de la: *Las cárceles inquisitoriales españolas*. Madrid, 1949. pp. 2 a 48.

En nuestra opinión, el patrón inquisitorial tiene un mayor grado de coincidencia con la prisión capitalista contemporánea que el tipo seguido en las cárceles reales en tiempos de los Austrias. Seguramente a ello no es ajeno el hecho de que ambos modelos carcelarios intentan modificar las pautas de comportamiento de los reos.

La mayor diferencia entre ambos sistemas carcelarios —aparte, claro está, de las disimilitudes en sus concepciones arquitectónicas— estriba en su diferente actitud ante el trabajo. Los penalistas de la ilustración, obsesionados por la productividad capitalista, introdujeron las obligaciones laborales para los reclusos[210]. Circunstancia ésta que en las cárceles de nuestros días es cada vez más irrelevante, pues en el capitalismo tardío desarrollado, el trabajo manual ha perdido importancia, y consecuentemente en las modernas prisiones de alta seguridad no se practica.

No obstante, existía también otra disparidad entre las prisiones del siglo XX y las inquisitoriales de la Edad Moderna. Pese a su fracaso, el ideal del penal contemporáneo es transformar al preso para reintegrarle de un modo productivo a la sociedad. Por el contrario, la prisión inquisitorial servía para debilitar la conciencia del reo, doblegar su voluntad y quebrar sus convicciones, lo cual finalmente permitía exponerle públicamente como manifestación de la victoria del Santo Oficio sobre la herejía.

Juan Antonio Llorente nos describió las cárceles secretas de la Inquisición —o sea las más características de este tribunal, en las cuales no se toleraba comunicación con persona alguna, salvo con los integrantes del tribunal— como «las más formidables que se pueden imaginar, no porque sean calabozos profundos, húmedos, inmundos y malsanos, como sin verdad escriben algunos engañados por relaciones inciertas y exageradas de los que padecieron en ellas, pues por lo común son buenas piezas, altas, sobre bóvedas, con luz, secas y capaces de andar algo, sino porque (...) produce la tristeza más imponderable por la continua soledad, la ignorancia del estado de su causa, la falta del alivio de hallar a su abogado y la oscuridad de quince horas en el invierno, pues no se permite al preso tener luz desde las cuatro de la tarde hasta las siete de la mañana, tiempo capaz de producir una hipocondria mortal, además del frío que deberá mortificarle, pues también se le niega el fuego»[211].

La construcción de cárceles reales se financiaba principalmente con dineros procedentes de condenas, aunque también se destinaban a este fin fondos provenientes de gravámenes extraordinarios percibidos temporalmente durante el período de ejecución de la obra. Así, para construir la cárcel de Corte se ordenó por la Sala de Alcaldes el cobro de un maravedí de sisa por cada azumbre de vino vendido en Madrid[212]. Por otra parte, el mantenimiento de los edificios se sufragaba con fondos denominados de gastos de justicia, cuyo origen eran las sanciones pecuniarias satisfechas por los reos[213].

210. Cierto que en la prisión inquisitorial también se permite eventualmente el trabajo de los reos. Sin embargo, el planteamiento es muy distinto. La Inquisición consiente el trabajo de algunos artesanos prisioneros con objeto de que obtengan los recursos necesarios para su supervivencia (B. Vincent: «Un espace d'exclusion: La prison Inquisitoriale au XVIè siècle». *Les problémes de l'exclusion en Espagne (XVIè et XVIIè siècle)*. Paris, 1983. pp. 115 117). Por el contrario, en las prisiones del capitalismo industrial se obliga a trabajar al recluso para fomentar su laboriosidad y reintegrarlo de nuevo a la sociedad.

211. LLORENTE, J. A.: *Historia crítica de la Inquisición en España*. Madrid, 1980. T. I. pp. 229 y 230.

212. A.H.N., Consejos, Sala de Alcaldes, libro-año 1630, fol. 268.

213. A.H.N., Consejos, Sala de Alcaldes, libro-año 1583, fol. 73. Libro-año 1614, fols. 268, 270 y 296.

Como ya hemos indicado arriba, la manutención de los reclusos corría por cuenta de ellos mismos. La Corona se desentendía totalmente de las obligaciones alimenticias.

La cantidad de mobiliario existente en una cárcel era reducidísima. Ni siquiera una cama se facilitaba a los presos[214]. Estos debían optar por traerla de sus casas o alquilársela al alcaide. Sólamente la enfermería disponía de algunos camastros. Por lo demás el Rey no aportaba más que los utensilios necesarios para la celebración de los oficios religiosos y las prisiones necesarias para asegurar a los internos: cadenas, grillos, cepos, candados, etc.[215].

En todos los pueblos no existía cárcel. Las poblaciones más pequeñas carecían de ella, o a veces el lugar habilitado no se correspondía con la categoría social del detenido. En estas circunstancias una casa particular podía servir como cárcel[216].

También —por razones diferentes— era frecuente detener a los sospechosos en domicilios particulares de oficiales al servicio de la administración de justicia. Pero como esta práctica propiciase la comisión de algunos abusos, el Consejo Real se preocupó de controlarla más estrechamente en el siglo XVII. En auto de 30 de enero de 1616 el Consejo de Castilla expuso a la Sala de Alcaldes de Casa y Corte que habiendo tenido noticias de la detención de algunas personas en las casas de los alguaciles y otros particulares, «de que se siguen muchos gastos a las partes», ordenaba a los alcaldes ubicar a los detenidos en la cárcel real de Corte; «y ofreciéndose *caso que parezca que deben ser depositados en casas particulares, antes de hacerlo den cuenta al Consejo para que sabida por éste la calidad del caso y de la persona provean lo que convenga*»[217].

Por último, la falta de centros siquiátricos juntaba en las cárceles a delincuentes y enfermos mentales. En Madrid no existía ningún hospital reservado para estos pacientes. Por ello, los psicópatas permanecían largo tiempo en la cárcel de Corte hasta que finalmente eran trasladados a la «Casa de los Locos de Toledo[218].

Las Partidas impusieron a los carceleros mayores de cada lugar la obligación de dar cuenta mensual ante el juez respectivo de los presos encarcelados. En estas relaciones los guardianes debían expresar el número de presos, nombre de cada uno de ellos, razón de su encarcelamiento y tiempo transcurrido desde el inicio de su prisión[219].

214. En las ordenanzas de los Adelantamientos de Burgos, León y Palencia del año 1555, se mandó a los alcaldes mayores de los mismos comprar, con fondos de gastos de justicia, camas para ponerlas a disposición de los presos pobres. Similar medida puede leerse en «La nueva orden para los tres Adelantamientos de Castilla» del año 1600 (Cadiñanos Bardeci, I.: *El adelantamiento de Castilla. Partido de Burgos: sus ordenanzas y archivo.* Madrid, 1989. pp. 105 y 186 a 187). En otras cárceles debieron seguirse usos semejantes. Pero los carceleros debieron encargarse de corromper esta práctica para no perder los ingresos que obtenían del alquiler de las camas.

215. Inventario de bienes de la capilla de la cárcel de Cuenca en el momento del nombramiento de Diego de Villabona como alcaide (26 febrero 1576). Inventario de las prisiones existentes en la cárcel de Cuenca en la misma fecha (A.G.S., Cámara de Castilla, leg. 2772, fols. 2390 y 2398).

216. Con motivo de haber aparecido el cadáver del cura de Cubillas fueron detenidas varias personas. En el documento que nos da las noticias, se nos explica que en el lugar no se disponía de prisiones suficientes, sino que habían de traerse de Rueda, y como estaban los ríos muy crecidos y no se podían cruzar los puentes, introdujeron a los sospechosos en una casa privada (A.G.S., Cámara de Castilla, Procesos y Expedientes, leg. 1605, fol. 4).

217. A.H.N., Consejos Suprimidos, Sala de Alcaldes, libro-año 1616, fol. 115.

218. A.H.N., Consejos Suprimidos, Sala de Alcaldes, libro-año 1612, fol. 402.

219. *Partida* VII, tit. XXIX, ley VIII.

Más tarde, la *Nueva Recopilación* prescribió confeccionar un libro, donde se anotasen los presos «que vinieren a la cárcel, declarando cada uno por qué fue preso, y por cuyo mandado, y los bienes que hobiere traído; y quando se soltare, se ponga al pie del dicho asiento el mandamiento por que fue suelto»[220].

Igualmente en la *Nueva Recopilación* se determinó que en todas las cárceles hubiese un libro reservado para visitas de presos[221]. Castillo de Bovadilla nos habla de estos libros de presos, indicándonos que debía existir uno para registrar las entradas y otro para las salidas[222].

Hemos buscado infructuosamente tales volúmenes en Madrid, Simancas y las dos Chancillerías sin que hayamos encontrado el menor rastro de ellos. Personalmente nos inclinamos a pensar que en la mayor parte de las cárceles no se llevaba un estricto control de las entradas de presos; pues de otro modo se aludiría al tema en la documentación relativa al traspaso de poderes en los momentos de sucesión de los alcaides.

Por otra parte, esta tesis estaría avalada por el hecho de que en fecha tan tardía como la de 1674 todavía se recuerde por la Sala de Alcaldes la conveniencia de que el alcaide de la cárcel de Corte mantenga un libro de presos y otro de detenidos[223].

Por tanto, nos vemos obligados a reconstruir el panorama de la población carcelaria con una documentación fragmentaria y menos sistemática que la señalada. Pero, afortunadamente, los legajos 28 y 29 de la sección Diversos de Castilla del Archivo General de Simancas nos brindan una buena instantánea de la situación de los encarcelados en los años 1572 y 1573 en las prisiones de la Corona de Castilla[224].

Los citados legajos contienen las respuestas de los corregidores y demás justicias a una real cédula fechada en diciembre de 1572, por medio de la cual Felipe II mandó comunicar a las autoridades judiciales la relación de presos condenados a galeras o susceptibles de serlo en un futuro próximo.

A nadie se le oculta que el motivo del envío de la cédula era calcular la fuerza disponible en los remos de las galeras para planificar las campañas militares venideras. Por ello, las respuestas judiciales de finales de 1572 y primeros meses de 1573 no son un listado completo de la población carcelaria existente en aquellas fechas en la Corona de Castilla, pues los escritos de contestación de muchas ciudades testimonian que hay otros presos detenidos —aparte de los referenciados— los cuales estaban encausados por motivos menos graves, no merecedores de la pena de galeras. Otras muchas veces se nos hace constar explícitamente la no inclusión en la lista de los apresados por impago de deudas.

No se pueden establecer con rigor comparaciones acerca de la situación carcelaria en las diferentes zonas geográficas, pues la información remitida por las autoridades locales

220. *Nueva Recopilación* III, 6, 26. Recogido también en *Novísima Recopilación* XII, 32.

221. *Nueva Recopilación* II, 9, 8.

222. Castillo de Bovadilla, J.: *Política para corregidores y señores de vasallos*. Madrid, 1978 (ed. facs. de la de Amberes de 1704). III, 15, 52, 53 y 54.

223. A.H.N., Consejos Suprimidos, Sala de Alcaldes, libro-año 1674, fol. 275.

224. Por nuestra parte, debemos el primer contacto con esta documentación a la Dra. Díaz Medina, la cual siendo el que suscribe estudiante de Paleografía, puso en sus manos estos materiales durante las prácticas de lectura de las letras procesales. Después, con el transcurrir de los años ha ido arraigando en nosotros el interés por el conocimiento de la historia de la administración de justicia y hemos vuelto sobre ella.

no sigue unos criterios uniformes y todo intento de realizar un mapa sobre esta base quedaría distorsionado.

Además, señalemos también que el mayor número de internos se concentra en los puertos de embarque de los galeotes: Cartagena, Málaga y Sevilla. Así como en las ciudades del interior: Soria, Valladolid y Toledo, cuyas cárceles son utilizadas como depósito de tránsito para concentrar a los forzados y formar cadenas de galeotes con un número alto de miembros, que eran finalmente conducidos hasta la costa.

El número total de presos era reducido. En las relaciones judiciales sólo se citan 1093 detenidos entre una población que ya entonces rondaba los seis millones de personas[225]. Este dato se muestra en plena consonancia con el carácter utilitarista de la administración de justicia, la cual sólo veía en el encierro un medio de evitar la fuga de procesados y condenados, porque prefería castigar a los delincuentes con otras penas más ventajosas para la política imperial de la Corona, tales como la ejecución de servicios en la armada y el ejército.

A juzgar por las edades de los reclusos inscritos en las relaciones, no conoció aquella época una delincuencia específica en cada período de la vida. Hemos podido comprobar cómo los más jóvenes cometieron delitos similares a los perpetrados por las personas más maduras. El promedio de edad de quienes cometieron actos contrarios a la vida e integridad de las personas era de 27 años. Veintiocho tenían los responsables de atentados contra el patrimonio, veintiséis los transgresores de la normativa contra la honra,

225. A estos detenidos han de sumarse para completar la cifra global, 74 condenados a galeras que procedentes de distintas ciudades, se encontraban en Málaga a la espera de ser embarcados. No obstante, creemos que la cifra global de detenidos está infravalorada en esta fuente, pues, contrastada con otras, resulta una cantidad de encarcelados tres o cuatro veces superior. A pesar de ello, el número de encarcelados seguiría siendo escaso y la reflexión que nos hemos hecho sobre el bajo índice de encarcelados debe ser mantenida.

Como contrapunto de los legajos 28 y 29 de Diversos de Castilla hemos empleado las siguientes fuentes en las cuales fundamentamos nuestra creencia de que la población carcelaria era en realidad superior:

CHAVES, C. de: «Relación de la cárcel de Sevilla» en *Ensayo de una biblioteca española de libros raros y curiosos*. Madrid, 1968 y 69. p. 1341.

Número de presos en la cárcel pública de Zamora en el año 1611 (A.H.P. de Zamora, protocolo 631, fols. 66 y 67).

Visita de los presos de la cárcel de la Chancillería de Granada, efectuada a dicha Audiencia por el Rmo. D. Tristán Calvete, obispo de Oviedo en 1529 (A.G.S., Cámara de Castilla, leg. 2734, pieza 1).

Memorial de los presos que hay en la cárcel de la Chancillería de Granada (A.G.S., Cámara de Castilla, leg. 2733, tomo II, fols. 54 a 58).

Presos de la cárcel de la Chancillería de Valladolid que se soltaron con motivo de la llegada del príncipe Felipe a la ciudad. 1551. (A.G.S., Cámara de Castilla, leg. 2712, sin fol.).

Presos de la cárcel de la Chancillería de Granada, 25 de mayo de 1668 (A.R.Ch. de Granada, sección Chancillería, cabina 321, leg. 4315, pieza 1).

Presos de la cárcel de la Chancillería de Granada, febrero de 1686 (A.R.Ch.de Granada, sección Chancillería, cabina 321, leg. 4315, pieza 1).

Visita de la cárcel de la ciudad de Granada, 5 de octubre de 1585 realizada por los muy ilustres señores Luis Laso de Cepeda y el licenciado Cervantes (A.G.S., Cámara de Castilla, leg. 2772, sin fol.).

Memoria de los que han confesado en esta cárcel de Corte (A.G.S., Expedientes de Hacienda, leg. 121, parroquia de Santa Cruz).

Memoria de todos los presos y presas que se hallan en la cárcel de Corte el día de la fecha, 18 diciembre de 1710 (A.H.N., Consejos, Sala de Alcaldes, libro-año 1711, fol. 4).

Presos detenidos en la cárcel de la ciudad de Cuenca, 26 de febrero de 1576 (A.G.S., Cámara de Castilla, leg. 2772, fols. 2398 y 2399).

veintiocho los autores de actos contra la moral sexual y veinticuatro los alteradores del orden público.

La edad media de los reclusos era de 26 años y casi todos los individuos se incluían en un segmento de edades comprendido entre los 17 y los 35 años. Los detenidos más jóvenes eran dos gitanos de 11 y 13 años respectivamente. El apresado más anciano estaba procesado por ladrón y contaba con 90 años de edad. A éste le seguían en longevidad un hurtador y un blasfemo septuagenarios.

En cuanto a las faltas cometidas por estos delincuentes, debemos señalar que la mayor parte de ellos debía su prisión a infracciones relacionadas con ataques a la propiedad ajena. El 35% de los encarcelados estaba implicado en delitos contra el patrimonio —generalmente robos y hurtos—. Se trata de personas de baja extracción social, como correspondía a quienes tenían en su futuro más inmediato la perspectiva de ocupar plaza en los bancos de las galeras.

Delitos cometidos por los detenidos en las cárceles de la Corona de Castilla

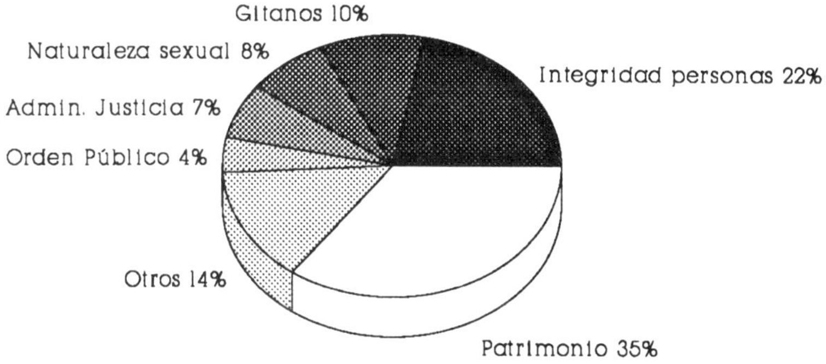

A.G.S., Diversos de Castilla, leg. 28-9

Otro grueso importante de los reclusos (22%) estaba acusado de atentar contra la vida e integridad de las personas. Entre ellos debemos citar a 166 homicidas sobre un total de 237 individuos encuadrados en este apartado.

El 10% de los procesados eran gitanos acusados de contravenir las pragmáticas que les prohibían vagar y andar en cuadrillas. Aparte de los citados también existían otros gitanos privados de libertad, pero éstos debían su encarcelamiento a otros motivos, tales como la comisión de delitos contra la propiedad. Por tanto, en estas circunstancias no los hemos computado entre los transgresores de la normativa legal contra los usos de una raza, sino en el apartado correspondiente al delito que se les atribuía.

Igualmente se desprende de la documentación analizada que los gitanos solían frecuentar más bien los pueblos pequeños, y según el corregidor de León preferían las jurisdicciones de señorío[226]. Información ésta coincidente con la emanada del Partido de Campos en el Adelantamiento de Castilla, en la cual se quejan de que por los lugares pequeños del partido andaban gitanos que hacían «grandes vellaquerías y hay cuadrillas de ellos de cincuenta y más y ándanse en los lugares más lejanos, cerca de los límites de la jurisdicción y como son muchos y los pueblos son pequeños no les osan resistir, ni pueden prenderlos y habiendo yo nombrado alguaciles y gente para haberlos, tienen sus espías y pásanse luego a otras jurisdicciones y hacen allá otro tanto»[227].

A 85 detenidos (7'7% del total) se le imputaban delitos de naturaleza sexual. Cabe citar en este apartado 20 violadores, 17 rufianes, 12 estupradores, 12 incestuosos y 9 homosexuales. Además, hemos encontrado adúlteros, amancebados, alcahuetas, bestiales y rameras.

Sobre la relativamente elevada cifra de incestos debemos aclarar que esta tipificación se empleaba con un sentido muy lato. De este modo, se calificaba de tal el contacto sexual con la cuñada, y más aún, en Santisteban un individuo se hallaba detenido por haber tenido acceso carnal con una mujer que había realizado el coito con su primo.

En todas las épocas la administración de justicia ha procurado reprimir las acciones de quienes han obstaculizado su acción represora. En el momento de realizarse las relaciones, 75 individuos fueron inscritos en ellas por resistir la actuación de la justicia, agredir a sus ministros, quebrantar condenas o declarar falsamente en juicio.

Los recluidos por cuestiones relacionadas con el orden público eran 47. Entre ellos abundaban los vagos (veinticuatro) y los pendencieros (quince).

Más adelante nos referiremos a las responsabilidades de los carceleros en materia de custodia de los detenidos, pero adelantemos ahora que por algunos descuidos en esta materia, ciertos responsables de las cárceles pagaron sus negligencias no sólo con el cargo sino también con su libertad. Cinco alcaides nos aparecen inscritos como presos por su implicación en la fuga de detenidos.

Otra virtualidad importante de las relaciones judiciales de los años 1572 a 1573 es la de ofrecernos la situación procesal de los detenidos. Aproximadamente el 50% de los encarcelados en aquel momento carecía de sentencia. Por lo demás, sobre un total de 1093 detenidos, 259 reos habían apelado su sentencia y estaban pendientes de la resolución del recurso. Finalmente 16 reclusos se hallaban en el trámite de suplicación.

Por tanto, nos encontramos con una elevada cifra de encarcelados, cuyo proceso se había estancado durante la apelación. La explicación de tal fenómeno nos la brindan Alfaro y otras ciudades que exponen: «Cuando los reos son condenados a galeras, apelan a la Chancillería y como son pobres o esperan ver confirmada la sentencia anterior, no hacen ninguna diligencia y sus causas permanecen pendientes durante mucho tiempo».

Lo anterior es ratificado igualmente por las informaciones procedentes de la Chancillería de Granada. Esta Audiencia computó 98 individuos apelantes ante el mencionado tribunal entre los años 1568 y 1572, que no llegaron siquiera a presentar sus causas en la

226. A.G.S., Diversos de Castilla, leg. 28, 2, sin fol.
227. A.G.S., Diversos de Castilla, leg. 28, sin fol.

Situación procesal de los detenidos en las cárceles de la Corona de Castilla

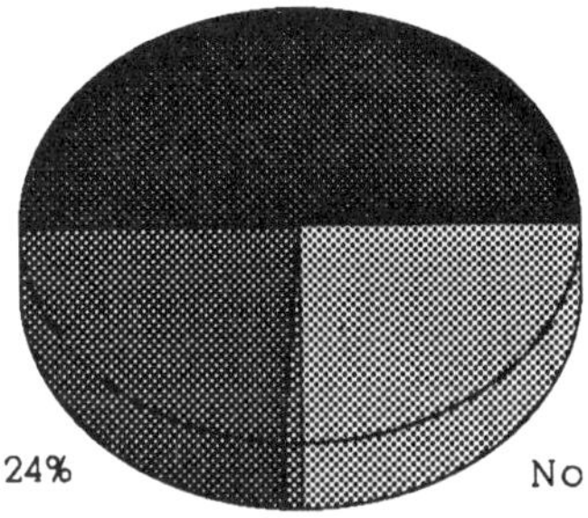

A.G.S., Diversos de Castilla, leg. 28-29

sede del tribunal. No obstante, debemos señalar que las circunstancias de Granada eran un poco especiales en aquellos momentos, pues por «las ocupaciones del levantamiento del Reino de Granada y ausencias que han hecho los alcaldes han podido las partes descuidarse de estos negocios»[228].

Los propios funcionarios reales que examinaron las respuestas de las ciudades, se dieron cuenta de los retrasos procesales sucedidos en la fase de apelación. Por ello en una cédula de febrero de 1573 se tomó una drástica determinación al respecto. No se arbitraron medidas para agilizar los procesos sino que por medio de una decisión abusiva, se mandaron embarcar los condenados a galeras sin esperar la resolución de sus apelaciones. Para salvar escrúpulos jurídicos sólamente se adoptó una precaución al respecto: la Corona se comprometió a pagar sueldo de «buena boya» a quien fuese absuelto al resolverse la apelación[229].

Los tribunales más atascados eran las dos Chancillerías. Entre ambas agrupaban el 68% de las causas apeladas. A bastante distancia le seguían la Audiencia de Sevilla (9%), la Audiencia de Galicia (6%) y el Consejo de Ordenes (6%).

La eficacia del Consejo de Castilla se demuestra en el hecho de tener a su cargo únicamente dos detenidos con la apelación pendiente.

Finalmente, resaltemos que a la espera de la determinación del conflicto de competencia entre la jurisdicción seglar y la eclesiástica se encontraban en aquellas fechas 15 presos, o sea poco más del 1%.

228. A.G.S., Diversos de Castilla, leg. 28, 2, sin fol.
229. Diversos de Castilla, leg. 28, sin fol.

Distribución por tribunales de las causas pendientes de apelación (1572-73)

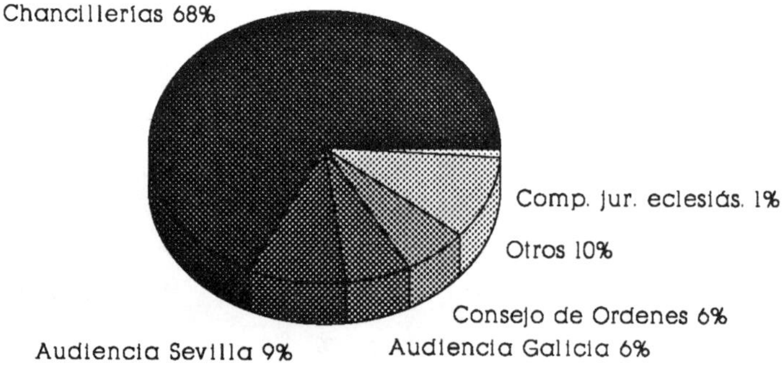

A.G.S., Diversos de Castilla, leg. 28-29

Condenas impuestas a los detenidos en las cárceles de la Corona de Castilla

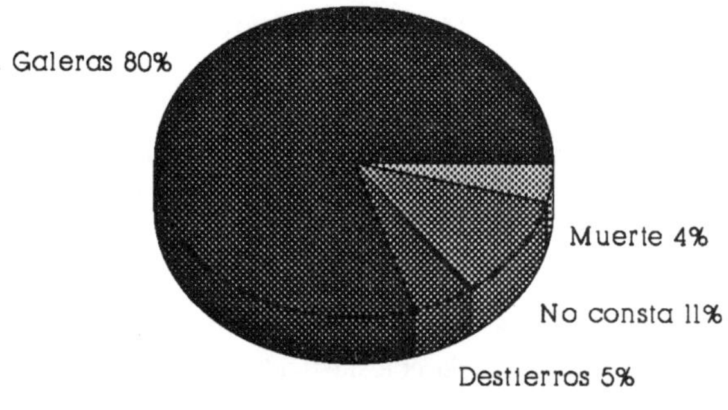

En cuanto a los castigos señalados en las sentencias condenatorias hemos de subrayar la preponderancia absoluta de la pena de galeras. El 80% de los presos condenados tenía impuestos servicios militares en las galeras, el 5% destierros y el 4% la pena capital.

No todas las penas de galeras eran de remo, aunque desde luego la inmensa mayoría sí. Las personas de condición social más elevada servían militarmente en las naves, mientras los más humildes eran obligados a hacer fuerza en los bancos. En la plantilla de personal carcelario destacaba la figura del alcaide, el cual respondía ante los jueces de cuanto ocurría en el interior de la prisión.

Los alcaides, antes de ejercer su oficio, juraban guardar las leyes y depositaban fianzas para asegurar el resarcimiento de la parte perjudicada en caso de fuga de un recluso. De este modo, el alcaide de la Chancillería de Granada avaló en 1684 el ejercicio de su cargo con bienes valorados en la estimable cifra de 10.200 ducados[230].

Según una ley de los tiempos de Juan II, al carcelero a quien se le imputase culpabilidad en la fuga de un detenido se le castigaba con la pena que hubiese correspondido al huido, bien fuera ésta pecuniaria o corporal[231].

A una alcaidía se podía acceder mediante la compra del oficio. El año 1569, la Corona vendió por primera vez un cargo de este tipo. Los precios pagados fueron en general más altos que los de los regimientos. El mayor precio pagado por un oficio de esta clase correspondió a la alcaidía de la cárcel de Corte, vendida en 1576. Por ella se pagaron más de dos millones de maravedíes[232].

Estos cargos tenían una asignación anual consignada sobre penas de cámara o gastos de justicia, y sus titulares percibían además los derechos de carcelaje pagados por los presos. Con todo, la cuantía del salario no guardaba relación con los altos precios pagados.

Por otra parte, a diferencia de otros oficios públicos, no era el prestigio social la causa de su apetencia. El gran atractivo de las alcaidías radicaba en las grandes posibilidades de enriquecimiento que encerraban al permitir la práctica de extorsiones ilegales a los presos. Las cuales se efectuaban diariamente en todas las cárceles con la más absoluta impunidad; porque los detenidos, privados de libertad y a merced de su carcelero, no podían denunciarlas.

En las cárceles grandes existían tabernas y bodegones, donde los presos podían comprar vino y comida. Como dichas tiendas las explotaban los alcaides, bien directamente o en arrendamiento, los presos carecían de facultad para comprar fuera de la prisión y se veían obligados a pagar precios carísimos por productos de una calidad deleznable:

> «Son provechos del sota-alcaide, que de las tiendas de fruta y aceite le den de cada una tres reales cada día. Y como el vino que se vende en los bodegones es suyo, y el señor Asistente los visita los martes, y mira el vino que tienen, para ver si está aguado, y el precio a que se vende, hay cuidado de poner cuatro jarricos de vi-

230. El 10 de octubre de 1684 Joseph Aranda es designado para desempeñar el oficio de alcaide de la cárcel de la Chancillería de Granada durante seis años. En tales circunstancias ofreció en concepto de fianza bienes raíces por valor de 10.200 ducados. Para ello, hubo de hipotecar dos casas principales, propiedad del aspirante, y además le avalaron otros fiadores hasta completar la mencionada cantidad (A.R.Ch. de Granada, cabina 321, leg. 4315, pieza 1).

231. *Nueva Recopilación* IV, 23, 12.

232. Cuartas Rivero, M.: «La venta de oficios públicos en el siglo XVI», en *Actas del IV Symposium de Historia de la Administración*. Madrid, 1983.

> no riquísimo uno en cada bodegón y de aquel hacen muestra, dando a entender que aquel es el que se vende a los pobres; siendo el que se les da, pura hiel y vinagre. El cual por fuerza se ha de gastar, por haber en esto una manera de estanco, porque nadie lo puede vender allí sino él; escepto si lo envían los presos a comprar fuera de la cárcel, que por auto de los señores alcaldes de la real audiencia, litigado por los presos con los alcaides que han sido, han sacado ejecutoria desta libertad: la cual se guarda mal, porque en entrando la mujer o muchacho con la limeta o jarro de vino, se hace el herradizo el portero de cada puerta por donde pasa, y deja caer las llaves sobre la limeta y se la quiebran: así por que les sea más caro y no envíen por ello lo hacen, y beben de la caña y esponja»[233].

Las ventas de las alcaidías de las cárceles fueron contestadas por las ciudades, la cuales se opusieron a estas enajenaciones en las Cortes de Madrid de 1573, en las de 1576 y en las de 1588 a 1590, proponiendo que fueran las mismas ciudades las encargadas de nombrar los carceleros[234].

Otro testimonio más imparcial que el de las ciudades, nos informa de nuevos inconvenientes representados por la venta de alcaidías de las cárceles. En 1569, cuando se empezaban a vender las primeras alcaidías, el Consejo de Hacienda pidió informes al corregidor de Ciudad Rodrigo sobre los problemas que podrían derivarse de la venta de la alcaidía de aquella población. A juicio del corregidor mirobrigense, este modo de cubrir la plaza era desatinado porque tras la enajenación, los ministros de justicia perdían la facultad de remover al carcelero poco diligente en el cumplimiento de sus obligaciones. Por otra parte, entendía el corregidor que si se vendía la alcaidía de Ciudad Rodrigo, ésta quedaría en posesión de uno de los dos bandos existentes en la ciudad, el cual la aprovecharía para «dar gusto o disgusto a quien quisiere»[235].

Donde las alcaidías no estaban vendidas correspondía a las justicias el nombramiento de los carceleros, salvo en las ciudades que poseían el privilegio de hacerlo ellas directamente, como era el caso de Zamora, ciudad que cuando vio peligrar esta prerrogativa por la pretensión del Consejo de Hacienda de enajenar su alcaidía optó por comprarla ella misma en la suma de 375.000 mrs.[236]. El alcaide de la cárcel de Corte lo escogieron los alguaciles de Corte desde los tiempos de Juan II hasta 1576 que se vendió la citada alcaidía[237].

También se podía detentar un cargo de carcelero mediante arrendamiento del mismo a un propietario. El alquiler de las alcaidías estaba prohibido por las leyes, salvo que el oficio estuviese en posesión de viuda, menor, o persona incapacitada para su ejercicio. Sin embargo, en la práctica estos empleos se alquilaban con mucha frecuencia. El alcaide de la Audiencia de los Grados de Sevilla cobraba en el año 1626 cuatrocientos ducados anuales en concepto de arrendamiento de su oficio[238].

233. CHAVES, C. de: «Relación de la cárcel de Sevilla» en *Ensayo de una biblioteca española de libros raros y curiosos*. Madrid, 1968 y 1969.

234. *Actas de las Cortes de Castilla*. Cortes de Madrid de 1573, pet. 41, T. IV, p. 452; Cortes de Madrid de 1576, pet. 30, T. V, p. 47; Cortes de Madrid de 1588 a 1590, pet. 23, T. XI, p. 522 y 523.

235. A.G.S., Consejo y Juntas de Hacienda, leg. 97, fol. 39.

236. A.G.S., Consejo y Juntas de Hacienda, leg. 117, fol. 1.

237. *Nueva Recopilación* IV, 23, 12.

238. A.G.S., Cámara de Castilla, leg. 2807, sin fol.

En Torredonjimeno (actual provincia de Jaén) los alcaldes de justicia gestaron la peregrina idea de imponer el oficio como carga a los labradores, a los cuales se lo repartían por semanas. Ante las quejas de los vecinos, la Chancillería de Granada dio orden para que el concejo nombrase un alcaide y cesasen las molestias a los habitantes[239].

Los alcaides vivían con su familia en los edificios carcelarios, y tenían derecho al cobro de los carcelajes. Por este concepto quienes más pagaban eran los hidalgos, los rufianes, las prostitutas, los judíos y los moros, los cuales abonaban 48 mrs. al alcaide de Corte si llegaban a pasar alguna noche en la cárcel, independientemente del tiempo que permaneciesen después en ella[240]. El resto de las personas detenidas en la cárcel de Corte abonaban por este mismo concepto 36 mrs.

En las cárceles de las Audiencias y Chancillerías las tarifas más altas se aplicaban a los hidalgos, los clérigos, los rufianes y las prostitutas, desembolsando todos ellos por su carcelaje 46 mrs., mientras los pecheros satisfacían sólamente 23 mrs. al carcelero. Las cárceles vinculadas a las justicias inferiores eran más baratas. En ellas se cobraba a todas las personas que llegaran a pernoctar en la cárcel, al menos una noche, 12 mrs.

Con carácter general se aplicaba una reducción del 50% sobre el precio señalado en la tarifa a quienes no llegasen a pernoctar una sola noche en el recinto carcelario. En cualquier caso, los pobres no pagaban derechos, pero precisamente por ello se hacían acreedores de la cólera del carcelero y recibían numerosas vejaciones. No obstante, los demás presos también se convertían en víctimas de la avaricia de sus guardianes. Los testimonios acerca del incumplimiento de éstos aranceles son casi ilimitados y los presos no se atrevían a denunciar la situación por temor a represalias.

Por su parte, los alguaciles que eran los ministros de la justicia más asiduos de las cárceles recibían una generosa comisión de los alcaides, la cual era completamente ilegítima, pero servía para acallar las voces delatoras e incentivar el celo de los responsables de efectuar las detenciones. Hecho este último que sin duda originaba no pocas tropelías.

Aparte de los derechos de carcelaje —y eventualmente del sueldo— los alcaides gozaban de otras fuentes saneadas de ingresos. En este punto debemos citar el alquiler de camas a los presos. Si damos crédito a un memorial remitido por los internos de la cárcel de Corte a D. Pedro Portocarrero, miembro del Consejo Real, el alcaide del establecimiento poseía aproximadamente 50 camas, valoradas por los presos en cinco ducados, porque los colchones eran pequeños y viejos; las sábanas y mantas estaban sucias y piojosas, etc. Pese a todo ello, estos camastros eran alquilados diariamente por el precio de un real. «Así, si un hombre está detenido algunos días, ha menester vender la cama de su casa para pagar el alquiler, y aún quedarse sin comer él y su familia»[241].

La carestía de las camas obligaba a muchos presos a compartir el lecho con otros reclusos. En un arancel otorgado por Felipe II a los carceleros de las Chancillerías se proveyó que el usuario de una cama abonase 10 mrs. por noche. Pero, si durmiesen dos

239. A.R.Ch. de Granada, cabina 321, leg. 4359, pieza 67.
240. *Nueva Recopilación* IV, 28, ley única.
241. Memorial de los presos de la cárcel de Corte contra el alcaide de ella, Gerónimo Maldonado (A.G.S., Cámara de Castilla, leg. 2786, sin fol.).

personas en la misma cama, el precio a abonar por cada una de ellas sería el de 6 mrs. Finalmente, en el caso de que tres detenidos usasen el mismo lecho, cada uno de ellos desembolsaba 4 mrs.[242].

El negocio del alquiler de camas daba lugar a otras extorsiones muy sangrantes. Los carceleros no permitían llevar la cama de su casa a nadie. De todos modos, si algún interno se empeñaba en trasladarla, le negaban el aposento, le encerraban en un calabozo y le aprisionaban con incómodos grillos. Por el contrario, hombres facinerosos, acusados de delitos muy graves, los cuales debían pernoctar en los calabozos, arrendaban la cama al alcaide y conseguían dormir en un aposento libre de prisiones. Los abusos en este orden de cosas provocaron que en 1697 el alcaide de la cárcel de Corte perdiese la facultad de asignar aposento a los presos. A partir de la fecha señalada, esta misión quedó reservada a la Sala de Alcaldes de Casa y Corte[243].

La percepción de los derechos de carcelaje y demás gajes anejos al oficio de carcelero, obligaba a los alcaides, en primer lugar, a custodiar los presos, barrer la cárcel dos días a la semana, proveer a los detenidos de agua potable y mantener una lámpara que permanecía encendida toda la noche. Por último, para atender al buen estado de los grillos, cepos, cadenas y demás prisiones existentes en la cárcel, el alcaide percibía cierta cantidad anual con cargo a gastos de justicia.

A la vista de los innumerables atropellos perpetrados por los alcaides no sorprenderá que la opinión general acerca de estos oficiales fuera francamente negativa. El testimonio de Quevedo es un buen exponente de cuanto venimos refiriendo: «la cárcel servía de heredad y bolsa a los que la tenían a cargo, que de los delitos hacían mercancía y de los delincuentes tienda, trocando los ladrones en oro, y los homicidas en buena moneda»[244].

Entre los abusos más frecuentes cometidos por los carceleros, aparte de los ya citados, las fuentes mencionan a menudo los malos tratos a los presos y las extorsiones económicas. Al entrar los presos en la cárcel empezaban a contribuir al carcelero con ánimo de aplacarle su insaciable avaricia. Después, para aliviar algo sus prisiones debían entregar cierta cantidad de dinero al alcaide. Quevedo narra la entrada de Pablos en la cárcel con el siguiente párrafo:

> «Echáronnos, en entrando, a cada uno dos pares de grillos, y sumiéronnos en un calabozo. Yo que me vi ir allá, aprovechéme del dinero que traía conmigo y, sacando un doblón, díjele al carcelero: —"Señor, oígame v.m. en secreto"—. Y para que lo hiciese, dile escudo como cara. En viéndolos, me apartó. «Suplico a v.m.» —le dije— «que se duela de un hombre de bien». Busquéle las manos, y como sus palmas estaban echas a llevar semejantes dátiles, cerró con los dichos veinte y seis, diciendo: —"Yo averiguaré la enfermedad y, si no es urgente, bajará al cepo"—. Yo conocí la deshecha, y respondíle humilde. Dejóme fuera, y a los amigos descolgáronlos abajo»[245].

De igual forma era habitual que los carceleros se dejasen regalar de los presos y recibiesen de ellos algunos préstamos, los cuales no reintegraban nunca. Pedían albricias

242. *Nueva Recopilación* IV, 24, 3.
243. A.H.N., Consejos, Sala de Alcaldes, libro-año 1697, fol. 446.
244. Citado por Tomás y Valiente en «Las cárceles y el sistema penitenciario bajo los borbones» en *Historia 16*, Extra VII, octubre 1978. p. 70.
245. QUEVEDO, F. de: *La vida del buscón*. Edic. de F. Lázaro Carreter. Salamanca, 1980. pp. 193 y 194.

a los detenidos cuando les salían sentencias favorables. Retenían en la cárcel con cualquier subterfugio a presos exentos del pago del carcelaje hasta obligarles al pago del mismo. Permitían la celebración de juegos prohibidos y por ello cobraban una comisión a cada uno de los jugadores. Dejaban pernoctar a algunos presos en sus casas y a cambio recibían dádivas. Abusaban sexualmente de las detenidas. Nombraban personal subalterno a su servicio sin pagarle salarios, y les permitían mantenerse de las extorsiones que efectuaban en perjuicio de los presos.

A la luz de las fuentes consultadas, estamos en condiciones de ratificar el gran alcance de estos abusos, y, de hecho, varios alcaides fueron suspendidos o inhabilitados al concluir las visitas a los tribunales de los que dependían. Sin embargo, estas medidas de inhabilitación se demostraron insuficientes para refrenar tan difundidos desmanes.

En la *Nueva Recopilación* se había ordenado a todos los jueces que visitasen las cárceles y se informasen acerca del trato dado a los presos[246]. Y efectivamente los jueces cumplieron con esta obligación de manera bastante puntual. Pero ocuparon sus permanencias carcelarias en oír a los presos, determinar sobre la continuidad de su prisión e impulsar las causas detenidas de largo tiempo. Desgraciadamente para los reclusos los jueces rara vez se introdujeron en otra dependencia carcelaria que no fuera la sala de audiencias de la prisión. A ella acudían todos los presos que se visitaban y en ella declaraban los reclusos en presencia del alcaide; el cual, por cierto, tenía encomendada la misión de hacer mantener la compostura a los reos durante su comparecencia ante el juez[247]. Así se comprenderá la escasa virtualidad de las visitas judiciales a las cárceles en lo referente a erradicar los atropellos de los carceleros.

Aparte del alcaide, en las prisiones podía haber un sotoalcaide, nombrado por el alcaide para sustituirle y desempeñar el oficio en su lugar, o para ayudarle en el cumplimiento de sus obligaciones. La sustitución enmascaraba muchas veces un arrendamiento del oficio.

En las cárceles con mucha población reclusa, como la de Madrid y la de Sevilla, existía un médico, un cirujano sangrador o barbero, y un boticario en cuyo establecimiento se adquirían las medicinas que necesitaban los presos. Del mismo modo, la plantilla de la cárcel incluía un cocinero encargado de aderezar la comida de los presos pobres, un despensero, un mayordomo, y un capellán.

El mayordomo de los presos de la cárcel se ocupaba de socorrer a los pobres en sus necesidades. Procuraba que se pidiera limosna para ellos, administraba los ingresos procedentes de la caridad pública y atendía sus demandas en lo referente a camas, alimentación, medicinas, etc.

Por principio, los presos debían pagar su asistencia espiritual, al igual que todos los demás gastos necesarios para su mantenimiento. Pero en atención a los presos pobres que por carecer de recursos económicos se quedarían sin oír misa si se aplicasen rigurosamente estos criterios, los tribunales responsables de un número importante de detenidos, pagaban salario a un capellán, con cargo a penas de cámara o gastos de justicia, para

246. *Nueva Recopilación*, II, 7, 9 y 14.

247. CHAVES, C. de: «Relación de la cárcel de Sevilla». Publicada por Gallardo, B. en *Ensayo de una biblioteca española de libros raros y curiosos*. Madrid, 1968 y 1969. pp. 1352 y 1353.

decir las misas[248]. El capellán de la cárcel de la Chancillería de Granada cobraba en 1575, 15.000 mrs. anuales. Cantidad calificada por el interesado de insuficiente para su sustento y que sólo le alcanzaba para la tercera parte del año. Por esta razón no decía misa en la cárcel todos los días, sino sólamente tres días a la semana. Aparte de esto, los presos pedían limosna entre ellos mismos y le pagaban una cuarta misa, que decía los sábados. En la visita efectuada a dicha Chancillería por don Juan de Acuña, del Consejo Real, se prohibieron explícitamente las actividades petitorias para tales fines[249].

Aparte del personal de servicio en la cárcel, los presos también colaboraban con el funcionamiento de la prisión: «Tiene esta cárcel enfermería con su portero el qual es preso y está siempre sentado a la puerta guardándola y por esto tiene ración competente, hay barbero que tiene su mujer y casa dentro de la enfermería en un quarto, el qual acude a curar los heridos, echar ventosas y sangrar y tiene salario competente de la çiudad. Tiene un bastonero el qual es también preso y acompaña al capellán quando entra y sale por la enfermería y anda por la cárçel y ba a deçir missa y acompaña también a la salida y entrada a los médicos, y çirujano. Tiene un enfermero mayor y dos menores que todos son presos y acuden al regalo de los enfermos, y a darles de comer y a los demás y también tienen su ración y también assí mismo la enfermería su coçinero, y despensero de fuera, y cocina a donde se adereça la comida a los enfermos y labandera que laba la ropa de ellos. Hay en esta cárçel dos bastoneros, los quales con sus bastones asisten a la puerta de la sala de vissita al tiempo que se haçe y el uno guarda la puerta, y el otro entra con los presos que entran a visitarse y con los que los juezes y escribanos piden para tomarles la confesión»[250].

En la misma cárcel de Sevilla otros siete u ocho internos se ganaban el alimento mediante el cobro de uno o dos ochavos por la localización de los presos que tenían visita[251]. Del mismo modo, un barbero se ganó el sustento mientras estuvo preso con el ejercicio de su oficio. Después, cuando alcanzó la libertad, siguió viviendo y trabajando en la cárcel[252].

Cada juzgado poseía su propia cárcel y como existía una enorme cantidad de jurisdicciones y tribunales, el número de locales utilizados con fines carcelarios fue casi innumerable. Únicamente los tribunales de la Corte compartieron el mismo lugar de encierro: la cárcel real de Corte, donde eran recluidos los detenidos de todos los Consejos del Rey.

En los lugares pequeños no existían cárceles permanentes, pues sólo eventualmente había detenidos. Así, cuando los alcaldes de la justicia capturaban delincuentes peligrosos buscaban un sitio idóneo para retenerlos, y en estas improvisadas prisiones —a me-

248. Ordenanzas de la Chancillería de Valladolid de 1502. *Recopilación de las Ordenanzas de la Real Audiencia y Chancillería de Su Magestad que reside en la villa de Valladolid.* Valladolid, 1765. III, 6, 2. También Cadiñanos Bardeci, I.: *El adelantamiento de Castilla. Partido de Burgos: sus ordenanzas y archivo.* Madrid, 1989. p. 105.

249. A.G.S., Cámara de Castilla, leg. 2743, sin fol.

250. León, P. de: *Grandeza y miseria de Andalucía. Testimonio de una encrucijada histórica (1578 a 1616).* Granada, 1981. p. 387.

251. Chaves, C. de: «Relación de la cárcel de Sevilla», en *Ensayo de una biblioteca española de libros raros y curiosos.* Madrid, 1968 y 1969. pp. 1356 y 1357.

252. Chaves, C. de: «Relación de la cárcel de Sevilla», en *Ensayo de una biblioteca española de libros raros y curiosos.* Madrid, 1968 y 1969. p. 1369.

nudo domicilios particulares de oficiales de la justicia— permanecían los reos hasta la resolución final de su proceso.

Por el contrario, las Audiencias, Chancillerías y Corregimientos edificaban inmuebles que acogían al mismo tiempo las dependencias del juzgado y la cárcel. En el caso de los Corregimientos, también era muy usual la ubicación del domicilio del corregidor en el mismo edificio[253]. Al mismo tiempo, por herencia de la tradición medieval, se siguieron empleando como lugares habituales de encarcelamiento las viejas torres y fortalezas.

Durante los siglos XVI y XVII las cárceles se construyeron siempre en lugares céntricos de las poblaciones, pues con ello se facilitaba el acceso de los súbditos a los juzgados y se propiciaba la caridad de los viandantes con los presos pobres[254]. Los gastos de edificación se afrontaban con dineros procedentes de los propios de las ciudades, penas de cámara e impuestos extraordinarios autorizados al efecto, tales como sisas sobre productos de consumo[255].

Durante la Edad Moderna no existió un criterio de ordenación espacial en la arquitectura carcelaria: dependencias administrativas, judiciales, penitenciarias, sanitarias, religiosas e higiénicas se mezclaban en un estado de confusión muy considerable.

Entre los edificios carcelarios de la época descuellan por su importancia el de la cárcel de Sevilla y el de la cárcel de Corte de Madrid —ocupado actualmente por el Ministerio de Asuntos Exteriores—. La distribución interior y los alzados de la cárcel de Sevilla son bien conocidos gracias a la descripción de Cristóbal de Chaves y a los planos de Juan Navarro conservados en el Archivo Histórico Nacional. El edificio fue levantado en 1418 y ampliado en 1569. Su ordenación interior es semejante a la de otras construcciones de la época destinadas a albergue, como eran los hospitales[256].

Situado en la céntrica calle de las Sierpes, esquina con la plaza de San Francisco, se levantaba el edificio de la cárcel de Sevilla compuesto de tres plantas al que rodeaban numerosos inmuebles colindantes de propiedad particular. Su fachada de ladrillo estaba adornada en la puerta principal con un frontispicio coronado por las estatuas de la Justicia, la Fortaleza y la Templanza.

Según la descripción del padre León al inmueble se penetraba a través de tres puertas:

> «Tiene la cárcel tres puertas, a la primera llaman de oro porque le ha de tener y no poco el que ha de quedarse en la casa, puerta o aposento del alcaide que están antes que la primera reja de arriba; a mano derecha como subimos por la escalera, porque para contentar al alcaide y porteros de la puerta de la casa es menester todo eso y más.

253. Edificio representativo de las instalaciones de un corregimiento es la plateresca Casa de Corregidores, hoy Ayuntamiento de Baeza, erigida en 1559 por Francisco del Castillo (BONET CORREA, A.: «Arquitectura carcelaria en España», en *Historia 16*, Extra VII, octubre 1978. p. 140. También LAMPÉREZ Y ROMEA, V.: *Arquitectura civil española*. Madrid, 1922. p. 99.

254. A.G.S., Consejo Real, leg. 138, fol. 3.

255. En 1675 se impuso una contribución especial sobre treinta corregimientos pertenecientes al distrito de la Chancillería de Valladolid con objeto de pagar las obras de la cárcel y archivo de la Audiencia (MARTÍN POSTIGO, S.: *Historia del Archivo de la Real Chancillería de Valladolid*. Valladolid, 1979. pp. 574 a 576.

256. Sobre el edificio de la cárcel de Sevilla puede consultarse: HERAS, J. L. de las: «El sistema carcelario de los Austrias en la Corona de Castilla», en *Stvdia Historica*, Vol. VI. 1988. pp. 523 a 559; y COPETE, M. L.: «Criminalidad y espacio carcelario en una cárcel del Antiguo Régimen. La cárcel real de Sevilla a finales del siglo XVI», en *Historia Social*, n.º 6, 1990. pp. 105 a 125.

A la segunda puerta que es la primera reja de hierro, al cabo de la escalera, llaman de hierro o de cobre porque basta a los que entran por allí que tengan dineros de cobre o vellón.

> A la tercera reja también de hierro que es la tercera puerta que sale a los corredores llaman de plata porque ha menester plata el que ha de quedar allí sin grillos»[257].

En la parte central del edificio tenía la prisión de Sevilla un patio rodeado de galerías. Desde la entrada, un largo zaguán, con el rastrillo, conducía al patio y escalera. En la planta baja se hallaban la oficina del escribano de las entradas, dos salas ocupadas por los presos acusados de leves delitos y 14 calabozos situados en torno al patio. En esta planta se ubicaba también otro patio mucho menor que servía de núcleo a las instalaciones reservadas para las mujeres presas.

En el piso principal estaban los dormitorios de los presos detenidos por delitos importantes, la capilla, la enfermería, la sala de visitas y las dependencias ocupadas por los reclusos de alta calidad social. La tercera planta albergaba la vivienda del carcelero, algunas estancias que no se usaban por su precaria seguridad, y las habitaciones donde pasaban sus últimos momentos los ajusticiados[258].

Las condiciones higiénicas de la prisión venían determinadas por unas instalaciones higiénicas y sanitarias poco desarrolladas. Una fuente situada en el patio central de la prisión y otra alojada en el patio de la cárcel de mujeres aprovisionaban del líquido elemento a todos los presos y carceleros. Ambos surtidores servían para beber, realizar la higiene personal y lavar la ropa. Su salida era subterránea y atravesaba los muros de la cárcel. En el resto del edificio no había agua corriente, ni siquiera en las letrinas, que eran comunitarias:

> «Y porque he dado cuenta de todo y no se me quede en el tintero, diré lo postrero, que es la servidumbre que tiene esta cárcel o infierno: la cual es tan grande, como un estanque grandísimo de la forma dél, con escalones de piedra; está cubierta (la cual cae debajo de las cámaras altas y del güeco) con sus arcos y mármoles por delante, es muy honda, y con toda la grandeza y anchura que tiene, se saca cada dos meses que no la pueden agotar cien bestias en otro tanto tiempo: de que resulta que alrededor de la cárzel nunca deja de haber mucha inmundicia»[259].

La distribución de los presos —salvo excepciones convenientemente remuneradas al carcelero— se realizaba en grandes salas que agrupaban, a veces, a varios centenares de reclusos. Para alojar a cada preso en un lugar adecuado no se seguía otro criterio de clasificación que el de ubicar en los lugares reputados de más seguros a los internos amenazados con sentencias más severas. Por ello, los acusados de mayores delitos eran encerrados en lúgubres calabozos y aprisionados con pesadas cadenas.

257. León, P. de: *Grandeza y miseria de Andalucía. Testimonio de una encrucijada histórica (1578 a 1616)*. Granada, 1981. p. 373.

258. A.H.N., Consejos, planos que se guardan en sus procedencias, n.º 79: planos de la cárcel de Sevilla. Navarro, J., n.º 78: fachada de la cárcel que mira al Sur.

259. Chaves, C. de: «Relación de la cárcel de Sevilla». Publicada por Gallardo, B., en *Ensayo de una biblioteca española de libros raros y curiosos*. Madrid, 1968 y 1969. pp. 1351-1352.

En cuanto a la cárcel de Corte, la construcción carcelaria más importante del Barroco, desconocemos su división interior. El proyecto es atribuido a Juan Gómez de Mora y Juan Bautista Crescensi[260]. Las obras fueron comenzadas en 1629.

El 14 de septiembre de dicho año, día de la exaltación de la Cruz, se procedió a colocar la primera piedra a cuyo acto asistió D. Gabriel de Trejo y Paniagua, presidente del Consejo de Castilla:

> «la qual pusieron en el hondo de los cimientos a la esquina de la torre que está hacia el monasterio de Santo Tomás desta villa, en la calle de Atocha; en la qual dicha piedra se metió en ella una caja de plomo en la qual iban metidas dentro de ella un doblón de oro de a dos y un escudo sencillo también de oro y un real de a ocho y otro de a cuatro y otro de a dos y dos reales sencillos y medio real , todos de plata y un quarto y un ochavo y un maravedí, hechas y labradas todas las dichas monedas en la ciudad de Segovia, en la casa de la moneda de ella. Y ansímismo se metió en la dicha caja de plomo un pergamino, en el qual estaba escrito lo siguiente: La Magestad del Rey Don Felipe nuestro señor, cuarto de este nombre, Rey de las Españas y de las Indias, mandó hacer este edificio para cárcel real de su Corte, octavo año de su reinado y 1629 del nacimiento de Christo Nuestro Señor, siendo Sumo Pontífice Urbano VIII y presidente de Castilla el Illmo. y Reverendísimo Sr. Cardenal de Trejo, obispo de Málaga, que se halló personalmente a ver poner esta primera piedra a 14 de septiembre del año referido y sean patronos de esta obra la sacratísima madre de Dios y el arcángel San Miguel y Santiago, patrón de las Españas[261].

La inauguración se efectuó en el año 1634 como se indica en la inscripción de su fachada. En esta prisión hubo presos hasta el año 1850, fecha en la cual los reclusos fueron trasladados al «Saladero», donde ya se habían instalado «provisionalmente» desde 1831 los presos de la cárcel de la villa. Era el «Saladero» un edificio construido a mediados del siglo XVIII en la plaza de Santa Bárbara para matadero de reses, en especial porcinas, y salazón de tocino. Fue uno de los penales más duramente criticados por la ausencia de las más elementales condiciones de una cárcel contemporánea.

En el exterior, contrasta el aparejo modesto, a base de ladrillo, con la noble portada realizada en piedra. Dos torres con chapiteles, en línea con el resto del edificio, flanquean la fachada principal y le dan un cierto aire castrense. El interior nos ofrece dos patios comunicados entre sí mediante arquerías, cuyo antecedente concreto fue el Hospital Tavera de Toledo.

El conjunto del edificio ofrece un estilo intensamente emparentado con otros ejemplos de la arquitectura civil de tiempos de los Austrias, y carece de elementos evocadores de su uso como prisión. Los mismos contemporáneos se dieron cuenta de que el inmueble servía mejor como sede administrativa de la Sala de Alcaldes de Casa y Corte que como lugar de custodia de presos. A este respecto, es relevante la opinión de D. Pedro de Amezqueta, miembro del Consejo Real, acerca de estas instalaciones carcelarias:

> «Desde que vine a esta Corte y vi la disposición con que se fabricaba este edificio he dicho muchas veces y en día a todo el Consejo junto en una visita de cárcel

260. BONET CORREA, A.: «Arquitectura carcelaria en España», en *Historia 16*, Extra VII, octubre 1978. p. 143.

261. A.H.N., Consejos, Sala de Alcaldes, libro-año 1629, fol. 367.

general más ha de diez y seis años que ésta no tenía de cárcel más de el nombre; y para nada es menos a propósito que para guarda de presos por tener tantas rejas a las calles hasta en los calabozos mismos por donde fácilmente se pueden hacer rompimientos y darles limas, armas y pistolas para que de un calabozo donde hay muchos forzados y presos de importancia, cuando entran a deshora dos o tres ministros a la ronda de después de media noche, puedan maniatarlos y quitarles las llaves de toda la cárcel y causar una fuga general fuera de que la cárcel no tiene de guarda más que una puerta porque la primera es paso para la Sala y Audiencia»[262].

El párrafo anterior refleja de manera patente cómo el edificio más representativo de la arquitectura carcelaria de los Austrias carece —como sus homólogos de la época— de una ordenación espacial definida. Lo cual se corresponde perfectamente con el hecho de que el encierro no tuviese una filosofía penitenciaria concreta.

No existieron en las prisiones de la Edad Moderna reglamentos de régimen interno. A los reclusos no se les programaba el tiempo y pasaban la mayor parte del día entretenidos en juegos[263]. Los detenidos, una vez que declaraban ante el juez, podían recibir visitas sin apenas restricciones: En la prisión de Sevilla «Las puertas nunca en todo el día se çierran ni de noche hasta que han dado las diez que se recogen los presos y el alcaide toma las llaves, y todo el día hasta estas horas están como hormigueros o procesión entrando y saliendo hombres y mujeres con comidas y camas, y a hablar a los presos sin preguntarles a qué entran ni qué quieren»[264].

Por su parte, la cárcel de Corte se cerraba un poco antes. En este establecimiento, a partir de las 7 de la tarde en invierno y de las nueve en verano, los porteros no permitían a nadie entrar a hablar con los presos y desde ese momento tampoco se admitían cenas[265].

Durante el día, todos los presos —salvo los encerrados en los calabozos— deambulaban libremente por los patios, las galerías y las distintas dependencias de la cárcel. Únicamente por la noche eran obligados a permanecer encerrados en sus aposentos, los cuales eran debidamente candados para evitar fugas.

De los delitos cometidos por los reclusos durante su permanencia en la cárcel entendían los jueces; pero las pequeñas faltas que perturbaban el orden de la prisión las reprimían directamente los carceleros con la ayuda de sus bastoneros. Por pequeñas infracciones de este tipo no era raro asestarles recios palos o dejarlos suspendidos largas horas de una reja de hierro[266].

Pero no obstante la existencia de cierta tolerancia en lo referente a movimientos en el interior del establecimiento carcelario, la prisión conllevaba un cúmulo de penalidades que hacían muy sacrificada la vida del recluso. Ciertamente, para las personas económicamente solventes el paso por la cárcel era un trance mucho más llevadero; Sin embargo, la aflicción causada por la pérdida de la libertad afectaba a todos los encarcelados. Castillo de Bovadilla reconocía las fatigas inherentes a la detención, y por ello

262. A.H.N., Consejos, Sala de Alcaldes, libro-año 1651, fol. 44.

263. HERRERA PUGA ha citado los siguientes juegos como los más frecuentes entre los presos: naipes, dados, representación del desfile de los ajusticiados —ensayo para la muerte— y juego de las cañas (*Sociedad y delincuencia en el Siglo de Oro*. Madrid, 1974. pp. 99 a 106).

264. LEÓN, P. de: *Grandeza y miseria de Andalucía. Testimonio de una encrucijada histórica (1578 a 1616)*. Granada, 1981. p. 378.

265. A.H.N., Consejos, Sala de Alcaldes, libro-año 1669, fol. 158.

266. CHAVES, C. de: «Relación de la cárcel de Sevilla». Publicada por Gallardo, B., en *Ensayo de una biblioteca española de libros raros y curiosos*. Madrid, 1968 y 1969, p. 1.357.

recomendaba moderar las condenas de quienes hubieran sido apresados largo tiempo, en atención a la pena padecida en la prisión[267].

Ni siquiera un personaje cortesano como Quevedo, encarcelado en el convento de San Marcos, pudo escapar de los rigores propios de la prisión:

> «fui traído en el rigor del invierno sin capa y sin una camisa, de 61 años, a este convento de San Marcos de León, donde he estado todo el dicho tiempo con rigurosísima prisión, enfermo por tres heridas que con los fríos y la vecindad de un río que tengo a la cabecera, se me han cancerado. Y por falta de cirujano, no sin piedad, me las han visto cauterizar con mis manos. Tan pobre que de limosna me han abrigado y entretenido la vida».
>
> Los que me ven, no me juzgan preso, sino con sumo rigor ajusticiado. Por esto no espero la muerte, antes la trato. Proligidad suya es lo que vivo. No me falta para muerto sino la sepultura, por ser el descanso de los difuntos[268].

Si el encarcelamiento resultaba penoso para los cortesanos, a los pobres se les hacía insoportable. Hasta tal punto era cierto esto que algunos detenidos pedían su conducción a galeras con tal de salir de la prisión[269].

Todos los sufrimientos tenían cabida en la cárcel; pero además, como la Corona no asumía los costos de la manutención de los presos y cada detenido debía procurarse el sustento por su cuenta, la vida de los pobres corría serio peligro durante el encierro. Carecemos de base estadística para calcular el índice de mortalidad existente en aquellas prisiones. Sin embargo a la luz de otros datos aportados por las fuentes históricas podemos apuntar que la salud de los detenidos se deterioraba seriamente en la cárcel.

Los presos sin recursos —que eran casi todos, pues quien no era pobre al ingresar en la cárcel acababa arruinado por efecto del procesamiento— se veían obligados a vivir de la caridad pública. La cual ciertamente existía, pero no en la cuantía suficiente para satisfacer completamente las necesidades de los reclusos. En la Chancillería de Granada, la ración diaria de los presos pobres consistía en una libra de pan y media libra de carne. Dieta ésta, que aparte de carecer de nutrientes básicos, no aportaba siquiera el mínimo de calorías necesario para mantener la actividad vital[270].

Y tampoco en la cárcel de Corte fue mejor la situación alimentaria, pues hasta el año 1674 que se ordenó dar cena a los pobres, únicamente se dispensaba a los encarcelados una sola comida cada 24 horas[271]. Con todo, pese a lo insuficiente de la dieta, existieron

267. CASTILLO DE BOVADILLA, J.: Política para corregidores y señores de vasallos. Madrid, 1978 (edic. facs. de la de Amberes de 1704). III, 15, 8.

268. Carta de D. Francisco de Quevedo Villegas al Conde-Duque de Olivares para suplicarle la salida «de su larga y miserable prisión» (Biblioteca Nacional, ms. 10.927, fols. 164 a 169).

269. En diciembre de 1529, el Rmo. D. Tristán Calvete, obispo de Oviedo, visitador de la Chancillería de Granada procedió a inspeccionar la cárcel de la citada Audiencia. Entre otros presos fue visitado Melchor de Vargas, vecino de Granada, detenido por un homicidio desde hacía cuatro años. Estaba condenado a pagar 24.000 mrs. a la familia del difunto, pero carecía de medios económicos. Durante la entrevista con el visitador, solicitó servir en las galeras o en su defecto ser liberado bajo fianza «que irá ganando y pagando poco a poco lo adeudado a la parte, pues se siente perdido en la cárcel».

Su caso no fue el único. Igualmente fue visitado Franco Juárez, vecino de Toledo, detenido por ladrón. Llevaba éste 10 meses en la cárcel y estaba condenado a tres años de galeras. Manifestó al visitador sus deseos de ser conducido con prontitud a las naves (A.G.S., Cámara de Castilla, leg. 2734, 1ª).

270. Práctica de la Chancillería de Granada (Biblioteca Nacional, ms. 309, fols. 524 a 528).

271. A.H.N., Consejos, Sala de Alcaldes, libro-año 1674, fol. 236.

dificultades para reunir los fondos indispensables para costearla. Las limosnas de particulares, a las cuales se añadían ciertas cantidades aplicadas por los jueces en las condenas y también la aportación extraordinaria de eventuales ayudas procedentes de otros organismos como las Cortes, difícilmente podían poner en manos del mayordomo de los presos pobres las cantidades necesarias y con la regularidad requerida para atender las penurias de alimentación y vestido de todos los encarcelados[272].

Además, la mala alimentación y el descuidado seguimiento de las normas higiénicas permitían el anidamiento de epidemias en las cárceles. Las cuales constituían un foco infeccioso, peligroso no sólo para quienes ingresaban en la prisión sino para toda la población de la ciudad[273].

Sin embargo, los presos no sólo debían soportar los atropellos de los carceleros, la miseria de la cárcel, los riesgos de enfermedad y la angustia de la pérdida de libertad, pues, con la tolerancia de los responsables de las cárceles, funcionaban bandas constituidas por presos veteranos que explotaban a los presos nuevos hasta dejarlos literalmente sin camisa[274].

B) Las Penas Pecuniarias y la Confiscación de Bienes

M. Paz Alonso ha resumido el sentido y la finalidad de las sanciones económicas con las siguientes palabras: «Fueron, por sus funciones de incentivo y autofinanciación, el prototipo de pena utilitaria al servicio de la justicia real; unas penas que provechosamente sirvieron al rey para castigar, reprimir y atemorizar al delincuente, a su familia y a la sociedad que contemplaba su castigo y su desgracia, que sirvieron para obtener la colaboración de los particulares en la lucha contra el crimen, estimular el celo profesional de sus jueces u oficiales y, además, por si esto no fuera ya de por sí razón suficiente

272. Por otra parte, a veces ocurría que por atender objetivos carcelarios diversos se desviaban hacia otras partidas recursos dedicados tradicionalmente al sustento de los pobres. Tal pasó en la Chancillería de Valladolid a principios del siglo XVII que para amortizar la deuda correspondiente a la construcción del nuevo edificio de la Chancillería, se suprimieron las ayudas que percibían los presos, cuya procedencia eran las cantidades aplicadas a obras pías por los jueces (A.Ch. Valladolid, Secretaría del Acuerdo, cédula real de 17 de septiembre de 1609).

273. En la cárcel de Málaga, donde se remitían buena parte de los galeotes condenados en una amplia zona de la Corona de Castilla, las justicias no se atrevían a detener en ella a los naturales de la tierra por temor a los contagios (A.G.S., Guerra Antigua, leg. 65, fol. 228).

De igual forma, en la cárcel de Corte se declaró el año 1614 una epidemia de tifus exantemático. La enfermería de la cárcel se saturó, los fondos recaudados para el cuidado de los enfermos se agotaron enseguida y los efectos del contagio fueron desastrosos, pues en una enfermedad como la citada, en la cual los parásitos actúan como vector de la misma, se generó una situación insostenible que congregó en las mismas salas a personas sanas y enfermas (A.H.N., Consejos, Sala de Alcaldes, libro-año 1614, fol. 289).

274. Ver Gacto Fernández, E.: «La vida en las cárceles españolas de la época de los Austrias», en *Historia 16*, extra VII, octubre 1978. pp. 17 y 18.

También Quevedo, F. de: *La vida del buscón*. Edic. de F. Lázaro Carreter. Salamanca, 1980. pp. 196 a 200.

Sobre el mismo tema del aprovechamiento de los presos recientes por los encallecidos en la prisión, Cristóbal de Chaves y el padre León nos aportan otros testimonios que ratifican la veracidad de los hechos narrados en la literatura de la época sobre este particular (CHAVES, C. de: «Relación de la cárcel de Sevilla». Publicada por Gallardo, B. en *Ensayo de una biblioteca española de libros raros y curiosos*. Madrid, 1968 y 1969. p. 1344. Igualmente León, P. de: *Grandeza y miseria de Andalucía. Testimonio de una encrucijada histórica (1578-1616)*. Ed., introduc. y notas de P. Herrera Puga. Granada, 1981. p. 380).

de su utilidad, para aligerar el peso del sostenimiento del aparato judicial sobre su hacienda»[275].

Efectivamente, con las sanciones económicas cobradas de los delincuentes se recompensaban confidentes, se sostenían ministros; se indemnizaba a la parte perjudicada, se realizaban acciones piadosas y se ejecutaban obras públicas. Si aún sobraba algún excedente, quedaba a disposición de la Corona para realizar con él alguna merced.

En muchas sentencias encontramos la siguiente distribución de las penas pecuniarias: acciones piadosas u obras públicas —según los casos—, penas de cámara y gastos de justicia. Sin embargo, como vamos a ver, esta distinción entre penas de cámara y gastos de justicia era, a menudo, puramente teórica; pues con frecuencia nos encontramos gastos de justicia sufragados con penas de cámara y viceversa. Así por ejemplo, en 1523 la Chancillería de Valladolid costeó la leña necesaria para quemar a un nefandista de los fondos de penas de Cámara[276].

Castillo de Bovadilla nos dice acerca de las penas de cámara: «Estas penas no se pueden gastar en cosa alguna sin expresa licencia Real o del Señor cuyas son». Nuestro instructor de corregidores dudaba, por otra parte, si a falta de gastos de justicia podría el juez tomar fondos de penas de cámara para defender la jurisdicción real de las intromisiones de otras, porque la ley sólo otorgaba licencia expresa para ello a las reales audiencias. La solución aportada por don Jerónimo a los corregimientos, consistió en tomar el dinero prestado de penas de cámara, defender la jurisdicción real con las diligencias legales necesarias, y finalmente restituir la cantidad prestada cuando la situación lo permitiese.

Igualmente, a falta de gastos de justicia, se podían cubrir con fondos de cámara los haberes del escribano enviado por el Consejo de Castilla con el juez de comisión encargado de residenciar al corregidor. Las leyes ordenaban sufragar con fondos de cámara las conducciones de galeotes desde las cárceles generales de agrupamiento hasta los puertos de embarque. Por el contrario, el propio Castillo de Bovadilla nos advirtió que el costo de remitir galeotes procedentes de las cárceles de los pueblos —tanto de realengo como de señorío—, hasta los centros de agrupamiento debía cargarse en las partidas de gastos de justicia[277]. Por el mismo capítulo de penas de cámara corrían las ayudas de costa que la Corona pagaba a los jueces. Aparte también de otros gastos del real servicio, como correos del corregidor, etc.

Como la Corona no se hacía cargo de la manutención de los presos, los fondos de gastos de justicia quedaban libres de este asunto. Pero a veces se hacía necesaria la concurrencia de la Corona con la caridad pública para evitar la muerte de los detenidos. En esos momentos se acudía por vía de merced al remedio de dicha necesidad y en consecuencia la Cámara libraba una cantidad a su arbitrio en favor de los encarcelados[278]. Los fondos de gastos de justicia podían emplearse en el seguimiento y detención de de-

275. ALONSO ROMERO, Mª P.: «Aproximación al estudio de las penas pecuniarias en Castilla (siglos XIII a XVIII)», en *Anuario de Historia del Derecho Español*. Madrid, 1985. p. 93.

276. A.R.Ch. de Valladolid, Secretaría del Acuerdo, caja 30, libro 86.

277. CASTILLO DE BOVADILLA, J.: *Política para corregidores y señores de vasallos*. Madrid, 1978 (Ed. facs. de la de Amberes de 1704). V, 6, 19.

278. A.R.Ch. de Valladolid, Cédulas y Pragmáticas. Valladolid, 3 de diciembre de 1554.

lincuentes cuando no había parte interesada y los culpados carecían de bienes. Cada corregidor podía asignar, sin licencia del Consejo, hasta quince o veinte mil maravedís anuales a un alguacil de vagabundos con cargo a gastos de justicia. Los premios entregados a las personas que capturaban delincuentes famosos se cubrían con dineros procedentes de gastos de justicia[279].

Otros gastos típicos de la administración de justicia venían representados por la adquisición de hachas —necesarias para alumbrarse durante las rondas nocturnas—, obtención de los utensilios de tortura, gratificación a chivatos, etc.

Hemos estudiado la dedicación dada a los fondos de gastos de justicia en Murcia desde el 14 de abril de 1554 hasta el 10 de febrero de 1557. Durante este período, el total consumido de gastos de justicia ascendió a 79.556 mrs. La distribución de este consumo fue la siguiente: el capítulo fuerte del gasto lo constituyó el mantenimiento de la cárcel y de las instalaciones para la administración de justicia (50'8%). El siguiente apartado en importancia fue la defensa de la jurisdicción del corregidor frente a otras (34%). Llama la atención la exigüidad de los fondos dedicados a la investigación de los delitos (2'6%). Otros apartados estaban representados por gastos de residencia (6'4%), transporte de galeotes (3'5%), y ejecuciones de justicia (2'9%).

Efectuados los pagos de las cajas de penas de cámara, era muy poco el dinero restante disponible. Modesto Ulloa nos dice que no se hallan las partidas de estos ingresos entre las grandes cuentas de la Corona del siglo XVI. Raramente se las nombra en las relaciones generales de cuentas, «cuando se lo hace, es como en las de los años 1587 a 1588 en que al final de ellas se añade: "Hácese memoria... de las penas de cámara», como si tal vez algo de ellas pudiera quedar disponible para atenciones distintas de las usuales. En 1598 se estimaban en 8.500.000 maravedíes los ingresos por penas de cámara»[280].

En el siglo XVII no varió notoriamente la valoración de esta renta real, pues Domínguez Ortiz ha documentado que entre el 1 de enero de 1591 y el 15 de septiembre de 1623 las penas de cámara importaron 286.419.000 mrs. de lo que resulta una media anual muy similar a los ocho millones y medio de maravedís que se recaudaban a finales del siglo XVI[281].

Desde el punto de vista de los ingresos globales de la Corona, ésta no era una de las mayores rentas del Soberano, pero si se tiene en cuenta que la cantidad mencionada era líquida y antes se habían pagado las ayudas necesarias para el sostenimiento del aparato judicial, entenderemos la importancia de las sanciones económicas pagadas por los delincuentes.

Por no existir en la hacienda de los Austrias unos criterios centralizadores, no podemos conocer el monto total de lo recaudado por la Cámara en este concepto. Del estudio de las «condenaciones aplicadas a la Cámara y Fisco de S.M. hechas por los alcaldes del crimen de la Chancillería de Valladolid entre los años 1523 y 1527», se desprende que

279. CASTILLO DE BOVADILLA, J.: *Política para corregidores y señores de vasallos*. Madrid, 1978. V, 6, 5 y ss.

280. ULLOA, M.: *La Hacienda Real de Castilla en el reinado de Felipe II*. Roma, 1963. p. 341; 2ª ed. Madrid, 1977. p. 542.

281. DOMÍNGUEZ ORTIZ, A.: *Política y Hacienda de Felipe IV*. Madrid, 1960. p. 214.

Dedicación de fondos de Gastos de Justicia en Murcia (1554-1557)

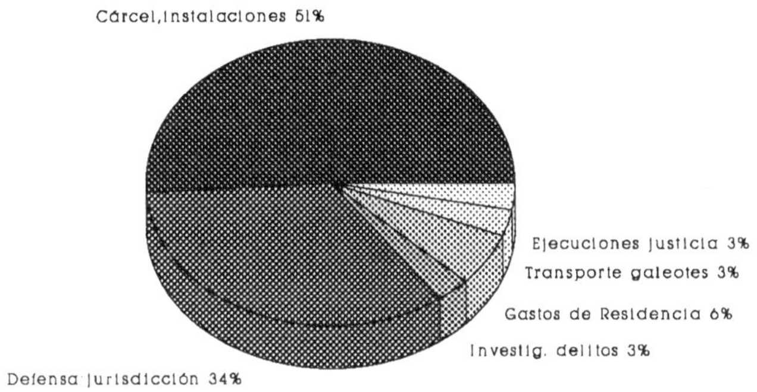

una buena parte de las condenas hechas por los jueces en favor de la Cámara no llegaban a hacerse efectivas, bien porque el condenado careciese de bienes o porque la Corona le liberase de esta carga en atención a servicios prestados anteriormente. Por otra parte, el cobro de estas penas ocasionaba importantes gastos en concepto de salarios de ejecutores y escribanos, los cuales habían de desplazarse en ocasiones hasta la población de residencia del reo. En el caso que nos ocupa, más del 14% de la suma teórica de penas de Cámara que habría de haberse puesto en manos del receptor Juan Páez, no llegó a ingresarse por insolvencia del condenado, por favor especial recibido del Monarca para no pagar, o se consumieron en salarios de los funcionarios reales ocupados en su cobro[282].

En época anterior los gastos de gestión de los fondos de penas de Cámara eran aún más elevados, pues las ordenanzas de la Chancillería de Valladolid de 1489 autorizaban al receptor de este organismo a quedarse con la cuarta parte de los ingresos, deducidos los gastos necesarios para su cobro[283].

Durante el reinado de Carlos V había existido la costumbre de otorgar numerosas mercedes sobre las penas de Cámara, llegando un momento que por ser tantas, ya no se podían satisfacer todas. Por ello, el Emperador hubo de impartir instrucciones para no otorgar libranzas de pago sobre estas cajas más que para abonar los salarios y ayudas de costa acostumbrados, restringiéndose mucho la mano en la concesión de limosnas, mercedes y otras gratificaciones[284].

282. A.R.Ch. de Valladolid, Secretaría del Acuerdo, caja 30, libro 86.

283. *Libro de las bulas y pragmáticas de Juan Ramírez*, fols. 57 y 58. *Nueva Recopilación* II, 14, 8.

284. Fernández Alvarez, M.: *Corpus documental de Carlos V*. Salamanca, 1973 a 1981. T. II. p. 85. A.G.S., Patronato Real, leg. 26, fol. 83. Instrucciones públicas de Carlos V a Felipe II para el gobierno durante su ausencia. Barcelona, 1 de mayo de 1543.

Sin embargo la presión de los peticionarios pudo más que la intención restrictiva del Emperador. Años más tarde el propio Carlos V reconocía que la Cámara no podía pagarlas todas. Esto explica que los beneficiarios las «malbarataban»[285].

Poco tiempo después el príncipe Felipe daba una instrucción regulando el orden a seguir en los pagos: En primer lugar se abonarían los salarios ordinarios, englobándose en este concepto las ayudas de costa. En segundo término se pagarían las deudas «contraídas con gentes de armas», prefiriendo las deudas antiguas a las modernas. A continuación se atenderían las limosnas y mercedes hechas en favor de iglesias, monasterios y hospitales. Tras esto, se abonarían los compromisos contraídos con los particulares: antes los que constase el motivo de la concesión y después los demás[286].

La dinámica de cobro de las penas de cámara era la siguiente: En la Corte existía una persona designada por el Rey, el Receptor General de Penas de Cámara, que recogía todas las condenas de todas las justicias. Junto al Receptor General estaba el Contador de Penas de Cámara.

Cuando un tribunal de la Corte condenaba a un reo en beneficio de la Cámara, el escribano encargado de la causa extendía la carta ejecutoria necesaria para el cobro y la entregaba al Contador de Penas de Cámara, el cual tomaba nota de ella y la ponía en manos del Receptor General de Penas de Cámara, quien ordenaba su percepción.

En las Audiencias y Chancillerías también había un receptor para cobrar las condenas de cámara sentenciadas por los juzgados de estos organismos. Estos receptores de las audiencias mandaban una vez al año sus cuentas al Receptor General[287]. En 1604, Felipe III nombró un segundo contador de penas de cámara. Ambos quedaron subordinados al Consejo de Hacienda, y concretamente a su Contaduría Mayor[288].

De todos los lugares de la Corona se remitían anualmente al Receptor General las penas de cámara de su demarcación. Lo cual ocasionaba problemas en los pueblos pequeños, «porque de lugares que están 50 y 60 leguas de esta Corte les obligaban a venir con 20 reales o menos, que durante el año ha habido de penas de cámara, como se ha visto este año, que de Valparaíso, tierra de Cuenca, vino un Juan Martínez, receptor de ella, a traer 260 mrs., y de la villa de Baldacones trajo Pedro Gil 250 mrs., y de otros muchos lugares a este respeto, que en traerlos gastan más de 200 reales, y después de llegados a esta Corte, en despachar las cartas de pago que se les dan, que aunque sean de poca cantidad se pasan por todos los oficios, como personas que no tienen experiencia, se tardan 6 u 8 días, y todas las costas y gastos que en esto hacen lo reparten entre los vecinos del lugar, que tienen más necesidad de ser relevados y aliviados, por las muchas sisas y repartimientos que se les echan».

El Rey, ante este alegato presentado por las Cortes de Valladolid de 1603 a 1604 se avino a ordenar que todos los lugares mandasen las penas de cámara a la cabecera de su

285. FERNÁNDEZ ALVAREZ, M.: *Corpus documental de Carlos V*. Salamanca, 1973-1981. T. III. pp. 175 y 176. A.G.S., Estado, leg. 504, fols. 13 a 17. Carta de Carlos V a Maximiliano y María. Bruselas, 25 de enero de 1550. FERNÁNDEZ ALVAREZ, M.: *Corpus documental de Carlos V*. T. III. p. 308. A.G.S., Patronato Real, leg. 26, fol. 119. Carlos V a Felipe II. Restricciones sobre el poder general para el gobierno de Castilla. Augsburgo, 23 de junio de 1551.

286. A.G.S., Consejo y Juntas de Hacienda, leg. 25, fol. 317.

287. *Nueva Recopilación* II, 14, 13.

288. A.R.Ch. de Valladolid, Secretaría del Acuerdo, Cédula Real de 2 de febrero de 1610.

partido y desde allí se remitiesen todas las reunidas a la Corte[289]. Pero al parecer no se cumplió la palabra dada ante las Cortes de Valladolid, porque en las celebradas en Madrid de 1607 a 1611 vuelve a repetirse la misma queja de las ciudades y después no encontramos ninguna disposición al respecto hasta llegar al año 1702 que se otorgó un auto acordado del Consejo disponiendo lo demandado en otro tiempo por las Cortes[290].

Para analizar el tipo de delitos penados con sanción pecuniaria hemos analizado las penas de cámara de Murcia del año 1555, Burgos de los años 1572 a 1574, Córdoba 1574, Granada 1590, y Trujillo 1597. En todos los casos los delitos contra el orden público fueron una de las fuentes principales de ingreso de la Cámara, superando en Murcia más de la mitad de lo recaudado. Los delitos contra el orden público más representados son las «cuestiones y riñas», los cuales pagaban una multa relativamente baja —entre 400 y 500 mrs.—. También muy frecuentes eran las sanciones por juego, cuya sanción ordinaria eran 600 mrs., de los cuales percibía la Cámara 400. Pero tratándose de tablajeros, o sea de las personas que proporcionaban los instrumentos para el juego ilícito, la condena se elevaba a 5.000 mrs., de los cuales percibía la Cámara las dos terceras partes. Sin embargo, las condenas más fuertes de este capítulo solían pagarlas los contraventores de pragmáticas relativas al vestido, recepción de criados que se habían despedido de sus amos anteriores, ventas de paños sin las garantías de calidad requeridas, juntar yegua para la crianza con caballo no aprobado por la autoridad correspondiente, lidiar toros sin permiso, etc. Todas estas faltas pagaban con frecuencia cantidades que superaban los 1000 mrs.

Igualmente estaban fuertemente gravadas la caza y la pesca durante las épocas vedadas o con instrumentos prohibidos. Por el contrario, echar mano a la espada o estar en posesión de armas prohibidas no puede decirse que estuviese muy castigado, porque las cantidades abonadas por estos infractores solían ser inferiores a las pagadas por los participantes en juegos prohibidos.

Otros delitos contra el orden público, como «la mala vida», sólo tienen en este capítulo una presencia que apenas si alcanza el nivel de lo testimonial[291]. Más delitos sancionados con multas son los relativos a la honra, el patrimonio, la integridad de las personas, y la moral sexual. Entre los delitos contra el honor y la honra de las personas, los que aparecen más veces son los calificados de «palabras mayores» sancionados con 600 mrs., de los cuales solían ingresar en la Cámara 400 mrs.

289. *Actas de las Cortes de Castilla*. Cortes de Valladolid de 1603 a 1604. T. XXII. p. 247.

290. *Nueva Recopilación*, auto acordado de 10 de noviembre de 1702.

291. En Murcia a 27 de febrero de 1555 el corregidor Juan Rodríguez de Villafuerte, tomó cuenta a Garci Pérez, escribano del cabildo y receptor de las penas aplicadas a la Cámara, obras públicas y pías, y gastos de justicia que se habían hecho en la ciudad por D. Nuño del Aguila, ex-corregidor, desde 14 de abril de 1554 hasta 10 de febrero de 1557 que expiró su mandato. En este período la Cámara recaudó 270.838 mrs. que pagaron 522 individuos, más dos gremios —el de sastres y calceteros por reunirse a elegir veedores sin cumplir los requisitos exigidos por las pragmáticas—. La media de las condenas rondó los 500 mrs. A efectos del estudio hemos tomado como año de referencia el de 1555. (A.G.S., Consejo Real, leg. 154, fol. 8).

El último día de octubre de 1572 tomó posesión de la vara de corregidor de la ciudad de Burgos D. Fernando Solís. La primera condena que aparece durante su mandato data de 4 de noviembre de 1572 y la última de 4 de junio. Como año testigo hemos tomado el de 1573 (A.G.S., Cámara de Castilla, leg. 2.773, fol. 281).

El 9 de junio de 1574 el corregidor de Córdoba expuso que por cuanto tenía obligación de tomar al principio de cada año las cuentas de penas de Cámara para enviarlas a poder del Receptor General de dichas penas, mandaba parecer ante sí a Gonzalo Gutiérrez, a cuyo cargo ha estado la cobranza de las penas de Cámara desde

Los delitos contra el patrimonio sancionados con pena pecuniaria no fueron muchos en número, pero las sanciones solían ser elevadas. Dentro de este apartado, los que tenían una condena mayor eran las ventas a precio superior a la tasa, sancionadas con varios miles de mrs. Condenas muy importantes, sobre todo si tenemos en cuenta que en muchas ocasiones las cantidades ingresadas suponían la cuarta o la quinta parte de los bienes del encausado, y esto no era el monto total de la multa sino sólo la mitad o la tercera parte de la condena. Otras infracciones muy penadas económicamente eran las apropiaciones indebidas de bienes de los pósitos, los fraudes al consumo: vender oveja por carnero, uso de pesas y medidas incorrectas, echar agua al vino, etc.

Debemos llamar la atención sobre la escasez de hurtos y robos penados económicamente. En principio, parece lógico que los delitos con motivación económica fueran sancionados con pena de igual naturaleza y superior a la utilidad esperada de la transgresión; sin embargo, la carencia de bienes de los transgresores no permitía la penalización con multas.

Por otra parte, muchos poderosos cometían numerosos fraudes en un marco de economía regulada; mas rara vez eran castigados. Se optó por penalizar a los medianos y sólo en los casos más notorios. Por eso, la Cámara no obtuvo ingresos mayores por razón de delitos contra el patrimonio; y el problema de los fraudes, lejos de irse aminorando, se acrecentó en el transcurso del Antiguo Régimen. La tónica general en la penalización de este tipo de delitos, fue condenar a pocas personas, aunque desde luego se les cargó con multas graves.

Dentro de la sección de delitos contra la vida e integridad de las personas, correspondió a los homicidios las sanciones mayores. Por razón de la muerte de una persona la Cámara solía ingresar una media de 2.000 mrs, a los cuales el condenado debía añadir la indemnización a los herederos de la víctima y otra cantidad semejante para gastos de justicia. Pero ciertamente el abanico de cantidades abonado por estos delincuentes a la cámara es muy amplio, abarca desde los 300 mrs. hasta los 6.000 mrs. Como siempre, se tenía en cuenta la calidad de la víctima, del delincuente y las circunstancias de los hechos. Pero las sanciones económicas no eran las únicas que se imponían a los homicidas, junto a ellas aparece la pena capital, las galeras y el destierro. La imposición de algunas multas bajas en las sentencias por homicidio nos refleja, tanto la debilidad económica de la familia del reo, como la intención de la Corona de cobrar alguna cantidad de dinero en todos estos casos.

A los homicidios siguieron en importancia las sanciones motivadas por heridas y lesiones, las cuales se saldaban con la correspondiente indemnización a la víctima y unos 600 mrs. para la Cámara. Llama la atención la violencia reinante en aquella sociedad. A este respecto, traemos a colación los hechos protagonizados en Murcia por unos individuos que azotaron a un muchacho y no contentos con ello, le quebraron las piernas.

1 de enero de 1573 hasta 31 de diciembre. Debemos destacar que en las penas de Córdoba se incluyen las de los lugares circunvecinos adscritos a su distrito: Bujalance, Almodóvar, Posadas, Peñaflor, Hornachuelos, etc. (A.G.S., Cámara de Castilla, leg. 2.800, sin fol.)

Con la signatura abajo referenciada se encuentran las cuentas de penas de Cámara aplicadas por la justicia ordinaria el año 1590. Fueron tomadas por D. Alonso de Cárdenas, corregidor en Granada. En el mismo lugar se encuentran las del año 1591 (A.G.S., Consejo Real, leg. 262, fol. 1).

Cuentas de penas de Cámara de la ciudad de Trujillo correspondientes al año 1597. Se tomaron el 2 de julio de 1598 (A.G.S., Cámara de Castilla, leg. 2.762, sin fol.).

Los malos tratos infligidos a semejantes se consideraban una agresión menor que las heridas y en consecuencia se castigaban con una pena más benigna: unos 200 mrs. de multa. A menudo la persona maltratada era el cónyuge del agresor. Generalmente el varón aparece como sujeto agente y la esposa es la paciente.

Entre los delitos contra la moral sexual predominan abrumadoramente los amancebamientos. En este campo se constata una tremenda discriminación sexual, pues en una infracción que se requiere la colaboración de personas de ambos sexos para su comisión, nos encontramos con cerca de un 70% de los casos, en los cuales aparece condenada únicamente la mujer. Además, la pena pagada por las mujeres era generalmente superior a la abonada por los hombres y a éstos sólo se les multó cuando reincidieron. Ciertamente hubo hombres sancionados con más de 3.000 mrs., e incluso alguna vez se nos explica en los documentos que dicha cantidad representaba la quinta parte de sus bienes; sin embargo, se trata de casos singulares, significados por alguna razón.

Los demás delitos sexuales apenas si aparecen de una manera esporádica: adulterios, incestos, algún individuo multado con 200 mrs. para la Cámara y otros 200 para gastos de justicia , porque los agentes de la justicia «le hallaron en su casa con una moza»...

En las penas de cámara de la Chancillería de Valladolid sobresale el hecho de que un porcentaje alto del monto de todas las penas impuestas, corresponde a sanciones contra funcionarios de justicia que o bien cometieron abusos en el ejercicio de su oficio o lo ejercieron negligentemente. Sabemos por otras fuentes de las innumerables corruptelas de estas personas, por lo que sobraban motivos para sancionar sus irregulares conductas, pero sorprende la falta de eficacia de los correctivos. Esto nos hace pensar que los beneficios obtenidos con los comportamientos ilegales superaban con creces los riesgos derivados de los mismos.

Los delitos contra Dios y la Religión aparecen pocas veces entre las cuentas de penas de Cámara, y casi siempre los encontramos en relación con personas que no cumplieron el precepto eclesiástico de la confesión anual, siendo multados con 200 mrs.

Las transgresiones contrarias a la administración de justicia, ni fueron muchas ni severas las penas, por lo que, supuesta la importancia de reprimir tales excesos, podemos pensar en su penalización con castigos distintos de los económicos.

En algunas poblaciones las penas de cámara se hallaban enajenadas. Las de Sevilla y Salamanca pertenecían a las respectivas ciudades. Las de Guadalajara las percibía el Conde de Priego[292]. En otras ciudades el Rey las dedicaba a fines específicos predeterminados. Las de Granada se aplicaban a la reparación de la Alhambra[293]. Las de Mujácar, Almería, Guadix, Baza y Purchena a las obras de sus respectivas fortalezas[294]. Las de Melilla se concedieron con carácter temporal para la iglesia de la ciudad[295].

Las confiscaciones de bienes, que se contemplaban en la legislación, aparecen entre las cuentas de penas de cámara de forma muy excepcional, y, además, en la mayor parte

292. Castillo de Bovadilla, J.. *Política para corregidores y senores de vasallos*. Madrid, 1978 (Ed. facs. de la de Amberes de 1704). Libro I. A.G.S., Consejo Real, leg. 72, fol. 10.
293. A.G.S., Consejos y Juntas de Hacienda, leg. 174, fol. 7.
294. A.G.S., Guerra Antigua, leg. 149, fol. 45; leg. 147, fol. 218; y leg. 80, fol. 381.
295. A.G.S., Guerra Antigua, leg. 215, fol. 185.

de estos casos no se llegaron a cuantificar los bienes, lo cual nos da pie para pensar que no llegó a ejecutarse la sentencia.

C) Penas Corporales, Azotes y Vergüenza Pública

La pena de vergüenza pública actuaba como un mecanismo restablecedor de la honra colectiva mancillada por la trasgresión de la ley. Los delincuentes, por sus faltas o por sus formas de vida escandalosas, atentaban contra los valores sociales instituidos; y de igual modo que el honor individual se restituía mediante el duelo, la honra pública se recuperaba en una ceremonia, mediante la cual la justicia mostraba su victoria frente al delincuente. Por otra parte, una sociedad con tan alto sentido del honor veía en la pérdida de la honra un grave perjuicio; por eso, la supresión de la estima de los demás se introdujo en el duro arsenal de penas del Antiguo Régimen.

En Castilla, a diferencia de Francia y otros países, la pena de vergüenza pública iba casi indefectiblemente unida a la de azotes. La flagelación del reo se hacía en la vía pública y con el refuerzo publicitario del pregón anunciador del motivo del ajusticiamiento. Aquí no existía la costumbre de exponer al culpable con la cabeza y manos pasadas por agujeros redondos perforados en una tabla con el propósito de infamarle. A partir del siglo XVI, en la Corona de Castilla, los rollos no se emplean más que para simbolizar la facultad de hacer justicia que tienen las autoridades en cuya jurisdicción se levantan[296].

Lardizábal aconsejaba administrar con prudencia la pena de infamia, de tal modo que no recayese sobre muchas personas al mismo tiempo, pues en caso contrario perdería eficacia, «porque la infamia de muchos se resuelve en no ser infame ninguno»[297].

La pena corporal más ordinaria eran los azotes administrados en cantidad proporcional a la gravedad del delito. Su número más habitual oscilaba entre los 100 y los 400 golpes. Este castigo era acompañado de otros en las transgresiones graves.

En la época ya se dudaba de la conveniencia de azotar a algunos delincuentes. Por ejemplo, acerca de flagelar a las alcahuetas Lope de Vega expresa su opinión contraria:

> «Que lo que a las alcahuetas
> le ha sucedido advertid:
> que no ganan de comer
> hasta haberlas azotado,
> que habiéndolas afrentado
> las han dado de comer»[298].

La pena de azotes era tan infamante que el gremio de plateros de Madrid prefirió la imposición de fuertes multas antes de correr el riesgo de ser azotados. En el año 1579 un bando de la Sala de Alcaldes prohibió a los plateros y roperos vender fuera de sus tiendas so pena —entre otras sanciones— de 100 azotes.

296. González Blanco, A.: *Horcas y picotas en La Rioja.* Barcelona, 1984. p. 65.
297. Lardizábal, M.: *Discurso sobre las penas.* Madrid, 1782. p. 224.
298 Arco y Garay, R.: *La sociedad española en las obras dramáticas de Lope de Vega.* Madrid, 1942. p. 833.

Cuando se enteraron los plateros, se sintieron muy agraviados: primero, por haberles dado el mismo trato que a los roperos, y segundo, por imponerles «una pena tan infame como la de azotes, siendo todos ellos gente noble e hijosdalgo y su arte y oficio es de los principales de la república».

Tras hacer algunas gestiones ante la Sala de Alcaldes, los plateros consiguieron ser «desmembrados» del capítulo de los roperos en el pregón general y cambiar la pena imponible en los casos señalados por la de 20.000 mrs para la Cámara y dos años de destierro de la Corte[299].

Desde tiempos medievales se aplicó en Castilla la mutilación de miembros, aunque hemos de reconocer que en los tiempos modernos no fue de los castigos más usuales. Cuando se aplicaba solía ser una pena accesoria, previa a la pena de muerte. A veces —no siempre— un médico acompañaba al ejecutor y asistía sanitariamente al reo mutilado. Sabemos que Daza Chacón, un médico de la Corte nacido en Valladolid durante el siglo XVI, «asistía a los suplicios de los criminales para hacer menos cruel la actuación del verdugo; y así, por ejemplo, cuando la sentencia mandaba amputar la mano del ladrón o del asesino. Daza acudía, tiraba hacia el codo de la piel del reo, ligaba fuertemente el brazo y dibujaba en la muñeca la línea por donde el verdugo debía dar el hachazo. Entonces estiraba la piel retraída, cubría con ella el tajo y cosía el muñón; y para evitar la hemorragia, metía este muñón en el vientre de una gallina viva, método que parece bárbaro, pero que hoy vuelve a aparecernos lleno de lógica y de justificaciones»[300].

Alfonso X, al referirse a las penas corporales, prohibió a los jueces marcar a los reos en la cara y aludió a algunas formas de hacerlo que se habrían practicado hasta entonces:

> «Pero algunas maneras son de penas, que las non deuen dar a ningún ome, por yerro que aya fecho; assí como señalar a alguno en la cara quemándole con fuego caliente, o cortándole las narices, nin sacándoles los ojos, nin dándole otra manera de pena en ella de que finque señalado. Esto es, porque la cara del ome fizo Dios a su semejança; e porende, ningún juez non deue penar en la cara, ante defendemos que lo non fagan»[301].

En otras partes del cuerpo, sí se utilizaron las marcas, aunque con poca profusión. Su uso quedó circunscrito al sellado de ladrones y vagabundos para poder distinguir a los reincidentes y castigarlos adecuadamente[302].

Previa también a la ejecución de la pena capital, y con ánimo de agravar este castigo, se practicaba en ocasiones el atenazamiento del reo. Consistía esta pena en sacar pedazos de carne del pecho con tenazas de hierro encendidas en fuego. Estos sufrimientos horribles se reservaban para los autores de delitos atrocísimos.

En la Edad Media, Alfonso X, en atención a las festividades religiosas, había restringido notablemente los días hábiles para ejecutar los castigos corporales. Hasta el extremo

299. A.H.N., Sala de Alcaldes, libro-año 1579, fol. 7.
300. MARAÑÓN, G.: «La vida en galeras en tiempos de Felipe II» en *Vida e Historia*. Madrid, 1980. p. 121.
301. *Partida*, VII, 31, 6.
302. A.H.N., Consejo de Castilla, Sala de Alcaldes, libro-año 1619, fol. 445.

de que la tercera parte del año no era idónea para ello[303]. No tenemos constancia de cómo quedó este asunto en la Edad Moderna, pero todo apunta hacia una mayor flexibilidad.

D) Destierro

Decía Foucault que el «poder feudal se ejerce sobre los hombres en la medida en que pertenecen a cierta tierra: la inscripción geográfica es un medio de ejercicio del poder». En este sentido, la pena de destierro, entendida como exclusión de un individuo del resto de la colectividad, tendría relación con el hecho de que esa persona atacó las relaciones de poder imperantes en dicho lugar, y por tanto la autoridad agredida actuaba contra él y lo expulsaba de sus dominios[304]. En la pena de destierro existía una gradación espacial y temporal del castigo acorde con el delito cometido. Las faltas más graves se castigaban con un destierro más lejano y más largo.

En la Edad Media, el destierro más riguroso era el que se cumplía en alguna isla. En los primeros tiempos de la colonización americana, la falta de voluntarios fue suplida por la conmutación de pena a los desterrados en islas, expulsados de los reinos bajo dominio de los Reyes Católicos, y a los forzados de las minas. A todos ellos se les ofreció la posibilidad de viajar al continente americano y establecerse en él durante un número —en teoría— limitado de años[305].

El destierro, que en un principio, había sido un castigo esencialmente nobiliario, fue extendiéndose y se aplicó con frecuencia a personas de las capas medias. No era pena infamante, por lo que se aplicaba a personas honorables a las cuales no se les quería perjudicar en su honra. En muchas sentencias aparece el destierro de los poderosos como el equivalente de la pena de galeras entre los miembros del pueblo llano.

No obstante, las penalidades del destierro no eran comparables con las de las galeras. El destierro causaba perjuicios morales, pero raramente físicos. Hubiera sido una pena muy dura para el súbdito sin recursos económicos porque le habría privado de sus medios de subsistencia; sin embargo, en una sociedad en la que sus clases dominantes eran rentistas, el destierro de personas pertenecientes a estas clases no planteaba problemas económicos irreversibles, aunque sí un menoscabo de sus cuotas de disfrute de poder, pues se le privaba de los servicios de su clientela originaria.

Por otra parte, liberarse de una condena de destierro era relativamente fácil si se podía pagar a la Corona y a la parte contraria una suma de dinero considerable. Además, zafarse del cumplimiento de esta pena era mucho más sencillo. Había poco control sobre los desterrados. Este se limitaba a obtener de una autoridad fronteriza la constancia escri-

303. Bernaldo de Quirós, C.; Ardila, L.: *El bandolerismo andaluz*. Madrid, 1978. p. 51.
304. Foucault, M.: *La verdad y las formas jurídicas*. Barcelona, 1980. p. 130.
305. *Libro de las bulas y pragmáticas de los Reyes Católicos*. Madrid, 1973. Pragmática dada en Medina del Campo a 22 de junio de 1497. fol. 181 y ss. *Nueva Recopilación*, VIII, 24, 1. *Libro de los privilegios del Almirante D. Cristóbal Colón (1498)*. Madrid, 1951. pp. 86 y ss.

ta de la fecha en la cual el reo salía a cumplir su destierro. Después era fácil regresar y permanecer en las proximidades de los propios dominios sin ser descubierto.

Ciertamente en las sentencias de destierro se solía anunciar el doblamiento de la pena por la violación de su cumplimiento, pero en la práctica se prefería imponer una multa rigurosa a los quebrantadores del fallo judicial[306].

E) Servicio en el Ejército

Los ejércitos de los Austrias se abastecían fundamentalmente de mercenarios. pero con carácter complementario ingresaban en él algunos condenados por la justicia.

En algunas sentencias se imponía el castigo de servir gratuitamente en los ejércitos de la Corona y costeando el reo los gastos de su mantenimiento, salvo cuando fuera tan pobre que no pudiera sostenerse[307].

Altos personajes de la nobleza hubieron de cumplir importantes servicios militares por condena —o simple orden— de los organismos superiores de la Monarquía. Con un carácter más general, los vagabundos fueron los más firmes candidatos a ocupar plazas en la milicia que nadie deseaba, las de los presidios de Africa. A propósito de los presidios, debemos distinguir dos tipos de condenas: las condenas a servicios armados, referidas a los grupos privilegiados de población, de hidalgos para arriba; y las condenas a trabajos en los presidios —fortificación y acondicionamiento fundamentalmente— que cumplía el común de la población, bajo el expresivo nombre de «desterrados»[308].

La vida en los presidios era muy dura. Los víveres se pudrían con la humedad y la gente era diezmada por las fiebres. Los soldados pasaban hambre todo el año. Los abastecimientos sólo llegaban por mar. Un ejemplo de defunción mientras cumplía condena en un presidio lo encontramos en un nieto de Colón llamado Luis. Apresado en Valladolid por trigamia y condenado a 10 años en Orán, llegó a esa plaza en 1563 y murió en ella el 13 de febrero de 1573[309].

A otras unidades del ejército, donde los enrolados disponían de mayor libertad de movimientos solían ir personas de mayor estatus social; a veces por conmutación de otras penas tras pagar alguna cantidad de dinero, y a menudo entregando una fianza para asegurar el cumplimiento del servicio completo.

Eventualmente se pedían para el ejército personas de oficios concretos y se instaba a los tribunales a castigarles con cumplimiento de servicios castrenses. El 9 de julio de 1687 «los moros» atacaron el presidio de Orán y perecieron los albañiles, carpinteros, cerrajeros, alpargateros, sastres, barberos, etc. Por ello, el Consejo de Castilla dio órde-

306. A.G.S., Cámara de Castilla, leg. 1.604, fol. 4. Proceso contra Antonio Rodríguez de Ocampo.

307. *Ordenanzas para el buen gobierno de la Armada del Mar Océano*. Ed. facs. de la de 1633. Madrid, 1974. Cap. 25.

308. Bermejo Cabrero, J. L.: *Estudios de Historia del Derecho y de las Instituciones*. Madrid, 1989. pp. 79 y 80. Ver igualmente Palop, J.M.: «La condena a presidio en Melilla. Aproximación a la criminalidad valenciana del setecientos», en *Estudis*, nº 15. Valencia, 1989. pp. 271 a 288.

309 Braudel, F.: *El Mediterráneo y el mundo Mediterráneo en tiempos de Felipe II*. Madrid, 1976. T. II, pp. 278 y 280.

nes a las Chancillerías, audiencias y justicias para que aplicasen a la citada plaza presidiarios de los oficios referidos, así como también algún herrador y algún sillero[310].

F) Trabajos Forzados

La Corona cubría la mano de obra en algunas actividades productivas —especialmente peligrosas— con mano de obra forzada. Dentro de éstas destacaban por su importancia las extracciones mineras.

En el derecho romano ya se contemplaba la pena de trabajos forzados en las minas del Estado. En Castilla es recogida esta pena en las Partidas del Rey Sabio. Sin embargo, en los primeros tiempos de la Edad Moderna este castigo había perdido casi toda su vigencia. Los trabajos forzados se reimplantaron con la reactivación de las extracciones en Almadén durante el siglo XVI. Sabido es, que antes de 1554, el azogue tenía un interés secundario. Pero al introducirse ese año en América la amalgama del azogue con la plata, se intensificó la explotación de las minas de mercurio.

Faltó la mano de obra en el pozo porque los trabajadores sabían que el tajo en un yacimiento de azogue era no sólo arriesgado y penoso, sino también nocivo para la salud. En 1559, los agentes de los Fúcares para el Campo de Calatrava propusieron al Rey que asignase 30 galeotes al servicio de Almadén. En un principio, el Monarca se resistió y no accedió a la demanda de los concesionarios mineros; pero después, al no conseguir los banqueros de Augsburgo la extracción de la cantidad de azogue pactada en el asiento, la Corona accedió en 1566 a enviar cierto número de galeotes a las minas de Almadén[311]. En un principio, la duración de los trabajos forzados en la mina sería análoga al tiempo de condena que los galeotes hubiesen de servir al remo.

Ordinariamente los forzados trabajaban en la mina de sol a sol, menos cuando algún veedor les alargaba la jornada laboral en perjuicio del descanso. Según parece, el trabajo más duro y al que se aplicaban preferentemente los galeotes, era el torno de sacar agua. Pero lo más perjudicial era la inhalación de los vapores de azogue, que hacía enfermar mortalmente a los forzados, produciéndoles antes graves alteraciones del sistema nervioso, las cuales se manifestaban en temblores por todo el cuerpo y pérdida del juicio.

En 1593, Mateo Alemán, el autor del Guzmán de Alfarache, fue nombrado visitador para informar al Consejo de Ordenes de la explotación de las minas de azogue. Esto ocurría seis años antes de la publicación del Guzmán de Alfarache. Sin duda, el relato de los forzados impresionó profundamente a Mateo Alemán. Su situación era tan desgraciada que envidiaban la suerte de los galeotes[312].

Conforme aumentaba la demanda de azogue, se elevaba el número de galeotes. De los treinta iniciales se pasó a cuarenta en torno al año 1570. Por estas fechas, el Consejo Real ya tenía algunos reparos en el envío de galeotes a Almadén:

310. A.H.N., Sala de Alcaldes, libro-año 1687, fol. 205.

311. Bleiberg, G.: «Mateo Alemán y los galeotes. En torno a documentos inéditos del siglo XVI». *Revista de Occidente*. Madrid, 2ª época, n.º 39, junio de 1936. p. 339.

312. En relación con la visita a Almadén de Mateo Alemán, cf. Tomás y Valiente, F.: «Delincuentes y pecadores», en *Sexo Barroco y otras transgresiones premodernas*. Madrid, 1990. pp. 11 a 33.

«Teniendo entendido el Consejo que el riesgo de la salud y de la vida con que sirven los reos condenados a la mina de Almadén es de género que no a todos los que tienen sentencia de galeras parecerá alivio que se les mande cumplirla sirviendo en aquella mina y fábrica de azogue, ha parecido representar a V. Magestad que no cabe en los términos de justicia alterar a los reos la pena que tienen ejecutoriada, ya que tienen adquirido derecho, agravándosela o conmutándosela en otra que por cualquiera consideración pueda tenerse por mayor»

Los escrúpulos del Consejo se salvaron enviando a la mina 40 forzados «que voluntariamente lo consintiesen»[313].

En algunos momentos hubo más galeotes de los concedidos por el asiento. Cuando Mateo Alemán visitó la mina en el año 1593 sólamente había once forzados. A mediados del siglo XVII se incendió la explotación de Almadén, lo que provocó su abandono por el poderoso complejo bancario de Augsburgo. Años más tarde se reanudó su actividad bajo la dirección del Consejo de Hacienda. En 1683, había en Almadén 106 forzados que atendían el desagüe de la mina[314].

A finales de 1690 se dieron órdenes para remitir a Almadén con brevedad cierto número de galeotes, a los cuales se les bajó un año de condena por entender que era mayor la pena[315]. En 1701 se ofreció a unos condenados a galeras la posibilidad de cumplir sus condenas en Almadén con una rebaja de dos años en las mismas, y no aceptaron. Sabían que ir a trabajar el azogue era marchar a una muerte cierta[316].

La administración de la mina era consciente del valor representado por los forzados e intentaba no acortar su vida gratuitamente. La dieta proporcionada no era mala para la época. la ración diaria consistía en una libra de carnero o de vaca —según la época del año—, dos libras y media de pan, y cuartillo y medio de vino[317].

Para evitar la muerte de los mineros forzados, un comunicante anónimo del Consejo de Guerra arbitró el siguiente medio. Como cuatro o cinco meses después de llegar a Almadén, los forzados se azogaban y comenzaban a temblar, sugirió el autor de la misiva que todos los condenados a galeras pasasen tres meses en la mina y después fuesen llevados a las naves, descontándoles por los tres meses de Almadén un año de su condena[318].

No podemos indicar cuántos forzados pasaron por Almadén a lo largo de este siglo y medio de actividad. Desde luego, su número fue sensiblemente menor que en las galeras, pues en la época de mayor concurrencia pasó en poco del centenar. Sin embargo, a este dato debemos añadir la continua renovación de los trabajadores por los fallecimientos prematuros.

Hubo también otros destinos para los forzados, pero de carácter transitorio, pues los militares eran reacios a la aplicación de forzados a trabajos distintos de los establecidos en las galeras. Uno de ellos fueron las obras del puerto de Málaga. En 1594 había 150 forzados en ellas. La Junta de la fábrica del muelle de Málaga relataba así sus actividades:

313. A.H.N., Consejos, leg. 7.180, n.º 123.
314. A.H.N., Sala de Alcaldes, libro-año 1683, fol. 82; A.R.Ch. de Valladolid, Secretaría del Acuerdo (Cédulas y pragmáticas), 30 de agosto de 1683.
315 A.R.Ch. de Valladolid, Secretaría del Acuerdo (Cédulas y Pragmáticas). 18 de diciembre de 1690.
316 A.H.N., Consejos, Sala de Alcaldes, libro-año 1701, fol. 194.
317 BLEIBERG, G.: «Mateo Alemán y los galeotes. En torno a documentos inéditos del siglo XVI». *Revista de Occidente*. Madrid, 2ª época, n.º 39. Junio de 1966. p. 352.
318 A.G.S., Guerra Antigua, leg. 345, fol. 22.

«Los 150 forçados que aquí se truxeron para trabajar en la fábrica deste muelle vinieron tan maltratados y flacos que sin duda es de creer que era la más ruín gente que había en las galeras y así desde luego començaron a enfermar, que de ordinario nunca ha dejado de haber quince o veinte y más enfermos. Aunque se ha tenido cuidado de procurarles su salud con médico y medicinas y otros refrigerios hasta el día de hoy se han muerto nueve de ellos, y se han huido del muelle por descuido de los soldados que los guardaban otros dos. Los demás han ido trabajando y trabajan en el muelle en esportear tierra, limpiar y escombrar las canteras, que es en lo que se han ocupado. Y de los más recios y fuertes hemos dado orden que trabajen en las canteras con picos, cuarenta de ellos y se irán introduciendo más para que se habiliten y sepan sacar y catar piedra». «Y los unos y los otros se van ocupando en los trabajos que pueden sobrellevar, porque como andan de dos en dos atados a un ramal de cadena no pueden servir en llevar piedra a la mar ni andar sobre las escalas ni en otras faenas que requieren gente suelta»[319].

G) Galeras

No conocemos con exactitud la fecha concreta de introducción de la pena de galeras en los reinos hispánicos, aunque todo parece indicar que inventada en Francia a mediados del siglo XV, fue adoptada por la Armada aragonesa en fecha posterior e implantada en Castilla por Fernando de Aragón[320]. De hecho, en alguna ley del año 1510 se alude a condenados a galeras[321]. Pero, no obstante, se suele considerar la pragmática del Emperador de 31 de enero de 1530 como la primera disposición reguladora de los servicios forzosos de remo. Por medio de dicha pragmática Carlos V facultó a las justicias para conmutar ciertas penas por galeras. A partir de entonces, los castigos corporales de mutilación de miembro y los destierros perpetuos pudieron cambiarse al arbitrio de los jueces por servicios de galeras de duración superior a dos años. No se permitían condenas al remo de menor duración porque todos los remeros tardaban alrededor de un año en instruirse[322].

En 1552, el Emperador volvió a recordar a los jueces la posibilidad de conmutar las penas ordinarias por la de galeras, y mencionaba como delitos especialmente aptos para ello: los hurtos calificados, robos, salteamientos y fuerza[323].

Algunos años antes de la Batalla de Lepanto, en 1566, Felipe II promulgó una pragmática, por medio de la cual se incrementó la duración de las condenas a galeras, y se introdujeron en el catálogo de delitos sancionables con ellas, varios punidos anteriormente con penas corporales muy graves.

319. A.G.S., Guerra Antigua, leg. 403, fol. 26.

320. Rodríguez Ramos, L.: «La pena de galeras en la España Moderna», en *Estudios penales*, libro homenaje al profesor Antón Oneca. Salamanca, 1982. pp. 526 a 528. Sobre la introducción de la pena de galeras en el campo inquisitorial, consúltese LEA, H. C.: *Historia de la Inquisición Española*. Madrid, 1983.

321. Alejandre García, J. A.: «La función penitenciaria de las galeras», en *Historia 16*. Extra VII, octubre 1978. pp. 50 y 51.

322. *Nueva Recopilación* VIII, 24, 4.

323. *Nueva Recopilación* VIII, 11, 8.

Como puede verse, en un principio no se estableció una lista de delitos sancionables con pena de galeras. La conmutación se aplicó a hechos delictivos castigados con penas corporales, destierro perpetuo u otras similares.

Un recorrido por la legislación penal de los Austrias revela que un amplio abanico de motivos cubrían la condena de remo: ladrones, blasfemos, testigos falsos, desertores, huidos de prisión, vagabundos, bígamos y resistentes de la acción de la justicia llenaban los bancos de las galeras reales[324].

Primitivamente, los ladrones no reincidentes eran azotados y multados con las setenas. En aquel entonces sólo terminaban en las galeras cuando carecían de bienes para pagar la multa. Sin embargo, a partir de 1552, estos delincuentes serían condenados a cuatro años de remo.

Tras la promulgación de la citada pragmática de 1566, el primer hurto cometido por un ladrón se penó ya con seis años de galeras. Recordemos que un año antes se había producido una importante confrontación contra los turcos y los argelinos frente a las costas de Malta, la cual resolvieron satisfactoriamente las tropas de Felipe II.

Los vagabundos fueron asimilados por Castillo de Bovadilla a ladrones, porque «ladrón es propiamente del pan de los pobres el holgazán que está sano y mendiga de puerta en puerta»[325]. Ésta era la opinión de la época sobre los inactivos de pocos recursos económicos —que no otra cosa eran los vagabundos— y así se comprende que desde 1552 comenzaran a ser penados con cuatro años de galeras[326].

Igualmente vieron incrementado su castigo entre 1552 y 1556, los rufianes que de seis años de galeras pasaron a cumplir diez. Los bígamos, castigados anteriormente con pena corporal, acabaron haciendo diez años de galeras. También los resistidores de la acción de la justicia vieron transformada la corporal en ocho años de galeras.

Los adúlteros, los alcahuetes, y los homosexuales que no llegaban a merecer tanta pena como la hoguera, acabaron recibiendo sistemáticamente el correctivo del remo a lo largo del siglo XVI[327]. Los testigos falsos en causas civiles penados desde la Edad Media con la extracción de sus dientes, fueron condenados a partir de 1556 en vergüenza pública y diez años de galeras. Por su parte, los falsos testimonios en causas criminales purgaron desde entonces con galeras perpetuas. Del mismo modo, los blasfemos comenzaron a cumplir diez años de remo, y, a los juradores, castigados hasta entonces con el clavamiento de la lengua, les empezaron a poner seis años de galeras[328].

Tras las primeras medidas de los Reyes Católicos contra la vida errante de los gitanos, Carlos V agravó —el año 1539— el castigo de los contraventores de esta norma, penándolos con seis años de galeras[329]. Felipe II, a su vez, acrecentó en 1568 las penas contra el juego. Desde dicha fecha, los hidalgos jugadores de dados fueron penados con

324. ALEJANDRE GARCÍA, J. A.: «La función penitenciaria de las galeras», en *Historia 16*, Extra VII, octubre de 1978. pp. 51 y 52.
325. CASTILLO DE BOVADILLA, J.: *Política para corregidores y señores de vasallos*. Ed. facs. de la de Amberes de 1704. Madrid, 1978, II, 12, 38.
326. *Nueva Recopilación* VIII, 11, 6.
327. *Nueva Recopilación* VIII, 20, 9.
328. Una reproducción íntegra de la citada pragmática de 1556 se halla en TOMÁS Y VALIENTE, F.: *El Derecho Penal de la Monarquía Absoluta*. Madrid, 1969. pp. 455 a 463.
329. Nueva Recopilación VIII, 11, 13.

Delincuentes Penados en las Galeras

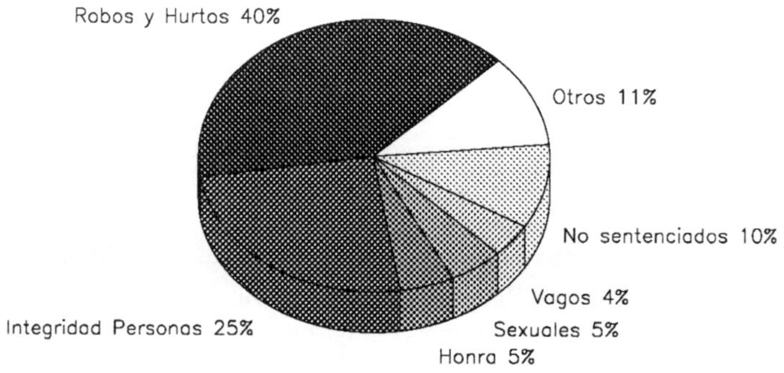

cinco años de destierro y 200 ducados de multa. Mientras los plebeyos implicados en la misma falta incurrían en pena de 200 azotes y cinco años de galeras.

En la estadística de delincuentes penados con servicio al remo destacan de modo particular los atentados contra la propiedad. Cerca del 40 por cien de los bancos de las naves estaban ocupados por hombres implicados en robos y hurtos. En la Edad Moderna, este tipo de infracciones se purgaban preferentemente en las galeras, aunque en circunstancias agravadas podían ser sancionadas con la pena capital.

La cuarta parte de los remos se cubrían con los responsables de atentados contra la vida y la integridad de las personas: homicidios, heridas, etc. El 5 por cien de los galeotes estaban condenados por delitos contra la honra. Una cantidad similar por atentar contra la moral sexual establecida. Había menos vagos en los remos de los que cabía esperar por el continuo otorgamiento de pragmáticas contra ellos —sólo un cuatro por cien, y sorprende la existencia de un elevado índice de no sentenciados —próximo al 10 por cien—.

Después de analizar más de 40 listas de galeotes, pertenecientes a diferentes años de los siglos XVI y XVII, las cuales recogen información sobre la condena de cerca de 3.500 forzados, hemos logrado averiguar que un 20 por cien del total de condenados lo estaban a perpetuidad, y entre los restantes la duración media de las condenas rondaba los seis años. Las condenas más breves no solían bajar de los tres años[330].

330 Todas las listas a las que nos referimos se hallan custodiadas en A.G.S., Varios, Galeras. En la serie, Galeras de la sección de Varios se encuentra información diversa y riquísima acerca de todo lo relacionado con estas naves. De ella destacamos las listas de remeros, medicinas y alimentos. Toda la documentación se refiere a las galeras de la familia Doria, Spínola, Centurión, Duque de Tursis, Grimaldo y otras que estaban al servicio de la Corona.

A raíz de una disposición del Concilio de Trento la duración máxima de la pena de galeras quedó establecida en diez años, aún cuando el texto de la sentencia aludiera a la perpetuidad. Sin embargo, la carencia de brazos en el año 1611, forzó a suspender la aplicación de esta medida, ordenando el Rey el cumplimiento íntegro de la condena[331]. Pero antes de 1611 encontramos en las naves forzados que llevaban bogando 15 ó 20 años. Las numerosas peticiones de libertad formuladas por los interesados así lo atestiguan[332].

La demanda de remeros constituyó para la Corona una necesidad de primer orden, incrementada a lo largo de los años. El número de naves creció y también la cifra de remadores por remo. Si en 1539 una galera ordinaria precisaba 144 remeros; en 1564, eran necesarios 164. Según una relación remitida en el año 1584 al Consejo de Guerra por Juan Andrea Doria, el ideal de fuerza era colocar cuatro remeros en cada pala. Pero como esto era inviable por el alto costo, se conformaba el marino genovés con llevar tres remeros por banco, lo que suponía un mínimo de 170 remeros por nave[333]. Además, dentro de la escuadra hubo siempre algunas naves mejor dotadas. Así la galera Patrona o Real, buque insignia de la Escuadra, exigía ya en 1568 unos 400 remeros. Igualmente otras naves que cubrían los flancos de la formación, y las galeras dedicadas a actividades de caza se reforzaban con algunas decenas más de remeros[334].

Como consecuencia de la penuria de mano de obra, la Corona adoptó eventualmente recursos legales muy expeditivos para dotarse de brazos. Por una real cédula de 15 de septiembre de 1640 —ejemplo admirable de utilitarismo en la administración de justicia y de explotación de la delincuencia en provecho de la Corona— se facultó a D. Pedro de Amezqueta, miembro del Consejo Real, para supervisar las causas pertenecientes a bandoleros y gitanos. Incluso estuvo investido este consejero de prerrogativas para suprimir las penas de los reos acreedores de otras inferiores a la de galeras, siempre y cuando aceptaran servir como «buenas boyas[335]. Nos atrevemos a asegurar que la ecuanimidad en la administración de justicia sufriría algún menoscabo como consecuencia de hallarse el juez mediatizado por las carencias de la Armada. Máxime cuando las resoluciones adoptadas en estas circunstancias tenían como tribunal de apelación la Junta de Galeras, órgano que indiscutiblemente adolecía de idéntica tacha.

Ya había sido despachada la misma cédula anteriormente, concretamente en los años 1637, 1638 y 1639; e incluso éste de 1640 se había dado primeramente el 28 de marzo. Nos sentimos inclinados a pensar que la cédula aludida no constituyó una respuesta excepcional a los gravísimos problemas financieros y político-militares de la Monarquía en aquel momento. Efectivamente se trataba de un recurso extraordinario, pero hemos de reconocer que no insólito, pues tampoco eran nuevos los motivos de su despacho. En el año 1629, cuando la Guerra por la Sucesión de Mantua aún estaba viva, y después de caer el tesoro de la flota de Indias en manos de los enemigos de la Corona, se arbitraron medidas similares. Felipe IV remitió cartas a las ciudades, villas, lugares, prelados, cabil-

331. A.G.S., Varios, Galeras, leg. 119, fols. 266 y 267.
332. A.G.S., Guerra Antigua, leg. 210, fol. 139; leg. 211, fol. 13.
333. A.G.S., Guerra Antigua, leg. 175, fol. 89. Cf. también FERNÁNDEZ ALVAREZ, M.: *España y los españoles en los tiempos modernos*. Salamanca, 1979. p. 364.
334. A.G.S., Guerra Antigua, leg. 175, fol. 90.
335. A.G.S., Cámara de Castilla, leg. 2.569, fol. 8. Proceso contra Antonio Badillo.

dos y comunidades eclesiásticas apercibiéndoles del envío de personas encargadas, entre otras cosas, de visitar cárceles y avocar para sí tanto causas civiles como criminales[336].

La cuantificación del número de súbditos de la Corona de Castilla penados en las galeras se ve dificultada por una costumbre al uso entonces, según la cual los remeros se destinaban a las naves que primero los necesitasen. Así podemos encontrar forzados naturales de reinos castellanos en las galeras italianas y viceversa. No obstante, las llamadas Galeras de España se nutrían, casi en su totalidad de forzados nacidos en tierras de la Corona de Castilla, por lo cual podemos afirmar que el número de forzados de éstas, coincide aproximadamente con el total de penados de los reinos castellanos.

Los condenados de la Corona de Aragón solían cumplir sus penas en las galeras de Nápoles o en las de Sicilia. Por ello, los castellanos que podamos hallar en galeras italianas constituyen casos excepcionales, contrarrestados —al menos en parte— por los pocos italianos ubicados ocasionalmente en las Galeras de España[337].

Según nuestros datos hacia finales del siglo XVI existían en las mencionadas galeras de España un total de 3.331 forzados que suponían el 72 por cien del total de sus remeros[338]. Dicha cifra de galeotes forzosos representaba el 0'59 por mil habitantes[339].

Por otra parte, el peso relativo de la población penal era aún mayor si tenemos en cuenta que el número de forzados muertos rondaba los 450, lo cual suponía un índice de mortalidad anual de 13 por cien. Este hecho obligaba a renovar cada siete años la totalidad de la fuerza disponible[340].

Esta tasa de mortalidad resulta sumamente elevada, máxime si tenemos en cuenta que la edad media de los galeotes era de 27 años y casi todos ellos estaban en un segmento de edades comprendido entre los 17 y los 40 años, pues sólo en casos extremos encontramos muchachos de 14 años u hombres de 60, 70, 80 y hasta de 90 años[341].

Aparte de las enfermedades, los combates y otros accidentes causaban grandes estragos entre los remeros. La táctica del abordaje, consistente en acometer con la proa de la nave propia el costado de la embarcación enemiga, causaba más muertos entre la gente de remo que entre los mismos soldados. En este mismo orden de cosas, debemos hacer referencia a las reducidas posibilidades de supervivencia de los remeros en los naufragios. Así, por ejemplo, en 1593 se incendió la galera capitana, «la gente que murió entre

336. Domínguez Ortiz, A.: *Política y Hacienda de Felipe IV*. Madrid, 1960. pp. 229 y 230.

337. Sabemos, por ejemplo, que el número total de forzados hispánicos de la escuadra de Nápoles en 1587 ascendía a 163, y casi todos ellos eran forzados de la Corona de Aragón embarcados en el puerto de Barcelona (A.G.S., Contaduría del Suelo, segunda serie, leg. 273, sin fol.).

338. Año 1583: 3.144 forzados; año 1584: 3.543 forzados; año 1585: 3.333 forzados; año 1589: 3.366 forzados; año 1590: 3.272 forzados (A.G.S., Guerra Antigua, leg. 143, fol. 169; A.G.S., Guerra Antigua, leg. 175, fol. 164; A.G.S., Guerra Antigua, leg. 178, fol. 181; A.G.S., Guerra Antigua, leg. 265, fol. 41; A.G.S., Guerra Antigua, leg. 302, fol. 95).

339. Tomamos la población de la Corona de Castilla y Reino de Navarra para finales del siglo XVI de Fernández Álvarez: «El siglo XVI. Economía, Sociedad, Instituciones», en *Historia de España. Menéndez Pidal*. Madrid, 1989. pp. 42 a 127.

340. Relación de todos los forzados y esclavos que se han muerto en las galeras de España en todo el año 1587. A.G.S., Contaduría Mayor de Cuentas, segunda época, leg. 1.218, sin fol. Debo el conocimiento de esta referencia a la gentileza del profesor Geoffrey Parker. En dicha relación figura el nombre del galeote difunto, lugar de procedencia, nombre del padre y fecha de fallecimiento, distribuidos por barcos.

341. A.G.S., Varios, Galeras, leg. 121, fols. 155 a 164; A.G.S., Guerra Antigua, leg. 214, fol. 122.

quemados y ahogados será hasta ciento sesenta, casi toda ella de remo, que por estar herrada en ramales y clavados a los bancos no se pudieron salvar»[342].

No obstante, se ha podido comprobar que los mayores enemigos de los galeotes no eran los accidentes de la guerra en sí, sino el frío y las malas condiciones de vida. El año de 1587, vísperas de la empresa de la Invencible, se dieron de baja 498 remeros por defunción —entre forzados y esclavos—, de ellos 400 murieron en los meses de otoño e invierno. Es decir, cuando la escuadra permanecía amarrada en puerto. El resto pereció en la primavera y el verano, única época en la cual se desarrollaba actividad en el Mediterráneo[343].

Entre las enfermedades más frecuentes de los galeotes caben citar los trastornos digestivos, las infecciones, la tuberculosis —de la que indudablemente morían muchos de estos infelices—; y las avitaminósicas, tales como el beriberi, la pelagra y el escorbuto.

Seguramente, la que provocaba mayor mortandad era la tuberculosis, pues es sabido que el escorbuto afectaba más a la navegación trasatlántica que a la mediterránea. A pesar de ello, en las galeras encontramos también algunas manifestaciones de su forma tórpida en sus primeros estadios. En la documentación se encuentran descripciones del tipo siguiente: «ha hechado y hecha en abundancia de sangre por las narices y la boca y queda tal que le quitan del banco como muerto»[344].

Con frecuencia, los médicos de la época aluden a una enfermedad denominada entonces «pasmo», que no era sino el terrible tétanos. Se adquiría por la infección de las heridas mal curadas, y en aquellos siglos era mortal de necesidad[345].

Las enfermedades infecciosas encontraban un buen caldo de cultivo en las desastrosas condiciones higiénicas de las galeras. Baste decir a este respecto que la chusma, aherrojada permanentemente, en los bancos no disponía de instrumento alguno para evacuar las inmundicias.

Igualmente la humedad causaba grandes molestias. Como es sabido, la galera sobresalía poco de la superficie del mar, pues era, esencialmente, una barca abierta, con una plataforma desbordando por ambos lados. Durante las fuertes marejadas, la galera se anegaba[346]. Del examen de las listas de galeotes inútiles se desprende asimismo la existencia de una gran cantidad de herniados, y muchos cojos y mancos[347].

Dentro de la organización sanitaria de la Armada, el cargo de mayor rango era el protomédico de las galeras, el cual tenía a su cargo la inspección de los servicios de enfermería de las naves. El cargo de protomédico de galeras era uno de los más destacados en la carrera profesional de un galeno[348]. Cristóbal Pérez de Herrera, el fundador del Hospital General de Madrid, lo ocupó durante algunos años y le sirvió de antesala al

342. A.G.S., Guerra Antigua, leg. 371, fol. 151.

343. A.G.S., Contaduría Mayor de Cuentas, segunda época, leg. 1.218, sin fol. Muy ilustrativa de las calamidades de la vida en galeras es la obra atribuida a VILLALÓN, C. de: *Viaje a Turquía... 1555*. Madrid-Barcelona, 1919, 2 vols.

344. A.G.S., Guerra Antigua, leg. 52, fol. 78.

345. MARAÑÓN, G.: *Vida e Historia*. Madrid, 1980. pp. 111 y 112.

346. Cf. LÓPEZ PIÑERO, J. M.: *El arte de navegar en la España del renacimiento*. Barcelona, 1986. pp. 219 y 220.

347. A.G.S., Guerra Antigua, leg. 282, fol. 208; A.G.S., Guerra Antigua, leg. 356, fol. 122 a 125.

348. Ver SÁNCHEZ-GRANJEL, L.: *La medicina española renacentista*. Salamanca, 1980. pp. 128 a 131.

protomedicato del Rey. Su sueldo, en el año 1587, ascendía a 400 ducados anuales y dos raciones diarias[349].

En el Hospital del Ferrol, donde se curaban los oficiales y soldados, había dos médicos; pero en el mar, no existía más personal sanitario embarcado que los cirujanos y barberos. En la Galera Real iba un cirujano con 34 ducados anuales de sueldo[350], y en los demás barcos asistía un barbero en cada uno de ellos[351]. El año 1591 se buscó algún médico dispuesto a embarcarse, pero no pudo hallarse ninguno[352].

En opinión de Gregorio Marañón, los conocimientos de los cirujanos de la época eran bastante más elevados que los de sus colegas internistas. Para emitir este juicio, el prestigioso médico se basó en las listas de medicinas incorporadas en los botiquines de las naves. Se componía dicho botiquín de aguas aromáticas, licores, ácidos, jarabes, electuarios, extractos, píldoras, espíritus, sales, bálsamos naturales, tinturas, polvos, escaróticos, aceites, ungüentos y simples. Al parecer, estos productos carecían de efectos beneficiosos[353]. Si algún alivio encontraban los enfermos para sus males, lo conseguían gracias al descanso, la mejora en la dieta, y el calor de los ladrillos templados en el fuego. Durante las enfermedades, los remeros recibían el regalo del pan reciente, la carne fresca, el vino, las pasas, las almendras, los huevos y la fruta.

Hacía las veces de hospital para remeros enfermos una galera vieja fondeada en Puerto de Santa María[354]. Más tarde, en 1668, por obstrucción temporal de la barra del río Guadalete, se ordenó el traslado del improvisado hospital a Cartagena[355]. De este modo, el hospital de galeotes siempre estuvo vinculado al lugar de invernadero de las Galeras de España. Por el nivel científico de la Medicina al uso, los éxitos curativos del hospital no podían ser muchos; sin embargo, su existencia era muy positiva para la evitación de contagios entre la chusma.

Ya hemos hecho alusión a la mejora de la dieta durante las enfermedades, y sin embargo aún no nos hemos referido a la alimentación ordinaria de los remeros. Es sabido que su base fundamental era el bizcocho, o galleta. Es decir, un pan de harina de trigo integral, medio fermentado. Su forma se asemejaba a una torta pequeña, la cual se cocía dos veces para evitar la fermentación durante la travesía. Todos los testimonios dan fe de su extremada dureza. Lo cual, obligaba a tomarlo remojado en agua.

Una vez al día, el bizcocho se acompañaba de una calderada de habas condimentadas con un poco de aceite. Por las noches cenaban un poco de mazamorra, especie de sopa preparada con el bizcocho más averiado.

La nutrición de los soldados y de los tripulantes era un poco mejor. Se les servían los mismos artículos que a los remeros, pero las raciones eran más generosas y disfrutaban además de otros artículos: atún, sardinas, queso, carne fresca, sal, tocino, garbanzos

349. A.G.S., Guerra Antigua, leg. 208, fol. 98.
350. A.G.S., Guerra Antigua, leg. 302, fol. 146.
351. A.G.S., Guerra Antigua, leg. 283, fol. 96.
352. A.G.S., Guerra Antigua, leg. 320, fol. 39.
353. Marañón, G.: *Vida e Historia.* Madrid, 1980. p. 115.
354. A.G.S., Guerra Antigua, leg. 199, fol. 31.
355. Fernández Duro, C.: *La Armada Española desde la unión de los reinos de Castilla y de Aragón.* Madrid, 1972 y 1973. T. V, pp. 335 a 337.

y arroz. En cualquier caso, el pan entregado a todos los embarcados estaba invariablemente podrido y el agua descompuesta.

Por otra parte, la acostumbrada parquedad de la comida aumentaba con múltiples pretextos, justificados con castigos individuales y colectivos. Estos muchas veces no eran sino el manto encubridor de la falta de alimentos a bordo o de la irrefrenable codicia de los administradores.

Por el contrario, la víspera de las batallas, y en general, cuando se pretendía obtener de los remeros un mayor trabajo, aumentaban las raciones; las cuales se acompañaban en estas ocasiones de medio azumbre de vino y un poco de vinagre.

La carne se administraba a los galeotes en días señaladísimos: Pascua de Navidad, Pascua de Resurrección, Pascua del Espíritu Santo y Carnes Tolendas. En estas fiestas recibía cada forzado una libra de carne fresca de vaca y medio azumbre de vino.

En concepto de vestido la Corona entregaba cada invierno a la chusma una almilla de paño, un capote de herbaje, dos camisas de tela, dos calzones, un bonete rojo y un par de zapatos de cordobán. Con este equipo, los remeros intentaban defenderse de una vida desarrollada prácticamente al aire libre, cubiertos únicamente por unos tendales[356]. El aspecto uniforme conferido por el citado atuendo se reforzaba más por el rapado de las cabezas y barbas.

Aparte de los penados, hacían fuerza en las galeras reales, los esclavos de Su Majestad y los remeros denominados Buenas Boyas[357]. Los esclavos solían ser musulmanes capturados en presas y cabalgadas, aunque a veces llegaban a ellas algunos individuos procedentes de compras y donaciones. El padre Pedro de León nos ha informado que el correctivo más penoso de cuantos solían infligirse a los esclavos consistía en venderlos al Rey como fuerza para las galeras[358].

En teoría, los buenas boyas eran remeros voluntarios que aceptaban servir a cambio de un sueldo. Realmente, como se trataba de un trabajo muy duro y arriesgado, apenas se encontraba quien quisiese ejercitarse en él de buena gana. Mas la política mediterránea de los Austrias exigía una armada poderosa, y la escasez de remeros les obligó a retener en galeras a personas que habían cumplido su condena judicial. Las autoridades militares solían prestar dinero al galeote, y así cuando éste cumplía el tiempo de su condena, estaba endeudado con la Corona. A consecuencia de lo cual, permanecía vinculado a la Armada por tiempo indefinido.

El sueldo de un buena boya ascendía a dos ducados mensuales a finales del siglo XVI, lo mismo que el de un proel. Pero sus trabajos y riesgos eran muy superiores[359]. Por otra parte, no faltan ejemplos de incumplimientos de pago de los sueldos. A este respecto, conocemos el caso de un condenado, ejercitado en las Galeras de España durante más de 20 años, el cual se dirigió en 1591 al Consejo de Guerra para reclamar el abono de 11 años servidos como buena boya, a mayores de los 10 años de su condena[360].

356. Mousnier, R.: *Los siglos XVI y XVII. El progreso de la civilización europea y la decadencia de Oriente*. Barcelona, 1981. p. 207.

357. Ver Fernández Álvarez, M.: *La Sociedad Española del Renacimiento*. Salamanca, 1974.

358. León, P. de: *Grandeza y miseria en Andalucía. Testimonio de una encrucijada histórica (1578 a 1616)* Granada, 1981, pp. 567 y 568..

359. A.G.S., Contaduría del Sueldo, Segunda Serie, leg. 273, sin fol.

360. A.G.S., Guerra Antigua, leg. 343, fol. 140; y leg. 344, fol. 359.

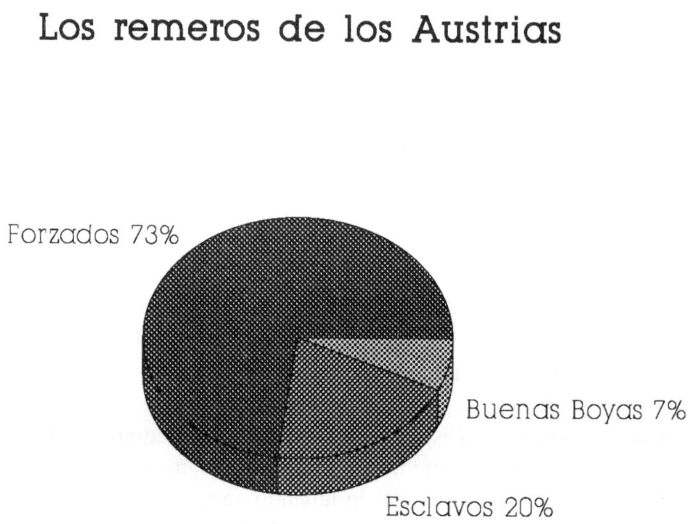

De la importancia de los condenados para el funcionamiento de la marina de los Austrias, da idea el hecho de que el 73 por cien de los remeros estuviera constituido por forzados, un 7 por cien eran buenas boyas y el 20 por cien restante esclavos. De estas cifras se deduce patentemente que la actividad militar en el Mediterráneo no podía llevarse a cabo sin la contribución de estos miles de desdichados. Las demás marinas del tiempo hubieron de afrontar análogos problemas y adoptaron soluciones similares.

Obligada por la necesidad de llenar los bancos de las galeras, la Corona se olvidó de los derechos de los condenados y restringió sus garantías jurídicas. El 2 de mayo de 1654, se dictó un decreto para que los condenados a galeras por sentencia de vista, aunque estuviesen pendientes de la resolución de sus apelaciones, fuesen conducidos a los puertos de embarque y «depositados» en las naves. Ello, sin perjuicio de la continuidad de recurso. En la práctica, esta disposición privaba a los condenados de las garantías necesarias para obtener la rectificación de una sentencia errónea[361].

Es cierto que muchos condenados apelaban a las Chancillerías; y, bien por falta de medios económicos o por temor a la ratificación de la sentencia, se abstenían de hacer diligencia procesal alguna, prefiriendo permanecer encarcelados durante años por no cumplir una pena de varios años en galeras. Por ello, en el año 1571 se concedió a los condenados un plazo de seis meses para resolver definitivamente sus casos en apelación. De lo contrario, serían «depositados» en los barcos[362]. Como la medida ocasionase algunos escrúpulos de conciencia, la Corona dio una orden en 1573; por medio de la cual, cuando los «depositados» en galeras salieren absueltos de sus apelaciones, recibirían el

361. A.H.N., Consejos Suprimidos, leg. 7.164, n.º 28.
362. A.G.S., Diversos de Castilla, leg. 28-2, sin fol.; A.G.S., Guerra Antigua, leg. 70, fol. 373.

sueldo de buenas boyas, porque «llevando dicho sueldo será poco o ninguno el agravio que en esto se les hará, principalmente siendo para la causa y fin que es»[363].

No obstante, hacia 1696, a Carlos II le debió parecer abusiva la remisión de forzados en «deposito» e impartió instrucciones a las justicias locales para enviar a los apelantes —junto con su respectivo proceso— a las cárceles de las Chancillerías. Así se pretendía resolver con brevedad estas causas, y debidamente concluidas se podrían embarcar los condenados por sentencia definitiva. Al parecer, esta medida tuvo escasa vigencia, porque en pocos días se colapsaron las cárceles de las Audiencia[364].

El transporte de galeotes desde las cárceles hasta las naves estaba reglado minuciosamente. Existían unos itinerarios fijos. Los condenados por los jueces inferiores de Galicia se enviaban a la cárcel real de la Audiencia de aquel reino, y cuando había 12 galeotes se enviaban a Toledo. Desde aquí, junto con los recibidos de otras procedencias se remitían a Málaga.

Los penitenciados de los obispados de León, Oviedo, Salamanca, Palencia, Ciudad Rodrigo y Zamora se despachaban a la audiencia de Valladolid. Esta, cuando juntaba 20 galeotes los enviaba a Málaga para su embarque.

Los procedentes de los obispados de Burgos, Calahorra, Osma, Sigüenza, Pamplona y reino de Navarra se expedían a Soria, y juntándose en esta ciudad 12 galeotes se mandaban a Cartagena.

Los condenados de los obispados de Avila, Segovia, Arzobispado de Toledo, Madrid, Alcalá y Guadalajara se concentraban en la ciudad de Toledo y después —como hemos explicado— eran conducidos hasta Málaga.

Los de los obispados de Plasencia, Coria, Badajoz, Cádiz y otros lugares de las Ordenes comprendidos entre ellos se enviaban a Sevilla. De donde finalmente partían hacia Puerto de Santa María.

Los obispados de Córdoba, Jaén, Reino de Granada y lugares de Ordenes comprendidos entre estos partidos, los llevaban directamente a Málaga.

Finalmente, los de las Islas Canarias eran transportados en barco a Sevilla.

Todas las justicias de las poblaciones por donde pasaban los galeotes tenían obligación de recibirlos en sus cárceles; y los propietarios de bestias y carretas debían proporcionar por un precio justo los útiles necesarios para su conducción[365]. Los lugares de señorío eran reacios a mandar galeotes por no costearles el viaje hasta el corregimiento más próximo.

A partir de 1588 los forzados de algunas comarcas limítrofes con el Tajo fueron embarcados en Lisboa, en lugar de hacerlo en Sevilla, pues el transporte por vía fluvial resultaba más rápido y más barato[366].

Con el paso del tiempo se introdujeron algunas reformas en el sistema de transporte. La Chancillería de Valladolid dejó de remitir sus forzados directamente hasta el puerto,

363. A.R.Ch. de Valladolid, Secretaría del Acuerdo, Cédulas y Pragmáticas. Madrid, 24 de febrero dc 1573.

364. A.R.Ch. de Granada, Sección Chancillería, cabina 322, leg. 4.438, pieza 56.

365. TOMÁS Y VALIENTE, F.: *El Derecho Penal de la Monarquía Absoluta*. Madrid, 1969. pp. 455 a 463. *Nueva Recopilación* VIII, 24, 9.

366. A.G.S., Guerra Antigua, leg. 227, fol. 135.

y comenzó a llevarlos a Toledo. El puerto de Cartagena, a su vez, dejó de ser punto de embarque, quedando como únicos puertos de destino: el de Málaga en tiempo de navegación, y los de Gibraltar y Puerto de Santa María en la invernada[367]. Aparte, claro está, del ya señalado puerto de Lisboa que tuvo suma importancia durante el dominio de los Austrias en el reino de Portugal.

Así pues, desde Toledo salían nutridas cadenas, compuestas a veces por 100 galeotes. Se evitaba hacerlas mayores por temor a las fugas. Como responsable de la conducción iba un alguacil que recibía cierta cantidad de dinero por cada galeote encomendado. Este oficial se encargaba de buscar y pagar algunas guardas auxiliares. Además, acompañando al alguacil iba un escribano encargado de repartir a cada forzado un real diario para su manutención.

A partir de 1630, después de ocurrir algunas evasiones, comenzaron a rapar las cabezas y barbas de los forzados antes de proceder a su conducción. Al mismo tiempo, se ofreció la importante cantidad de 50 ducados de premio a quien devolviese un galeote fugado[368].

Todo ello nos viene a confirmar que las conducciones y las salidas a tierras eran aprovechadas por estos infelices para huir del mundo infernal de las galeras[369]. Siempre se responsabilizaba a los vigilantes de las huidas; y en consecuencia, se les obligaba a indemnizar a la Corona[370].

Antes de comentar algunos aspectos sobre la disciplina de los forzados, debemos adelantar que los condenados tenían merecida fama de arrogantes:

> «Los que ya están rematados para galeras tienen por coselete y blasón el estar rematados y a voçes publican que son esclavos de Su Majestad, de donde naçen extraños atrevimientos como si fuesse dignidad y excepçión que luego son temidos y estafan y quitan la capa al que no les da de comer o lo que tiene»[371].

El galeote rematado tenía plena conciencia de que nada peor podía ocurrirle, pues la propia Corona estaba interesada en conservarle la vida para aprovecharse de su potencial de trabajo. Dentro ya de los barcos, el cómitre distribuía a los hombres según su fuerza y destreza. Si era robusto podía ser un buen «boga adelante», que así se denominaba al galeote que empuñaba el extremo del remo, al cual se le pedía el mayor esfuerzo y era quien dirigía a los demás. Si por el contrario era de una complexión mediana sería un «apostis» y se colocaría justo al lado del «boga adelante». El puesto de «tercerol» resultaba más cómodo que los dos anteriores; ocupaba la posición intermedia en el banco y

367. A.G.S., Guerra Antigua, leg. 225, fol. 193.

368. A.H.N., Consejo de Castilla, Sala de Alcaldes, libro-año 1.630. fol. 374.

369. El tema de la conducción de los galeotes inspiró a Cervantes el capítulo del *Quijote* titulado significativamente: «De la libertad que dio Don Quijote a muchos desdichados que mal de su grado, los llevaban donde no quisieran ir».

370. Por cada forzado huido los vigilantes debían pagar con un esclavo o en su defecto con 100 ducados (A.G.S., Diversos de Castilla, leg. 28, sin fol.). Unos alguaciles que conducían la cadena de galeotes desde Sevilla a Puerto de Santa María prefirieron no regresar a la ciudad del Guadalquivir para no rendir cuentas de la escapada de 12 condenados (CHAVES, C. de: «Relación de la cárcel de Sevilla» publicada por GALLARDO, B. en *Ensayo de una biblioteca española de libros raros y curiosos, formado con los apuntamientos de Don Bartolomé José Gallardo, coordinados y aumentados por Don M. R. Zarco del Valle y Don J. Sancho Rayón.* Madrid, 1968 y 1969. pp. 1.367 y 1.368).

371. LEÓN, P. de: *Grandeza y Miseria en Andalucía. Testimonio de una encrucijada histórica (1578 y 1616).* Granada, 1981. pp. 380 y 381.

por tanto no hacia tanto esfuerzo como un «boga adelante» ni doblaba el espinazo para seguir el recorrido del remo, como lo hacían los dos últimos remeros. Estos, llamados respectivamente cuarterol y quinterol, se escogían entre los forzados más enclenques[372].

La explotación de esta mano de obra se basaba en la coacción. De tal modo que los cómitres y sotacómitres golpeaban a sus hombres a voluntad hasta conseguir una velocidad de crucero de cuatro o cinco nudos y una velocidad punta de 6 a 7 nudos. La primera se podía mantener durante dos horas seguidas, la segunda, unos quince minutos, a costa de un esfuerzo enorme. Habitualmente no bogaban todos los remeros a la vez, sino que se prefería bajar un poco la velocidad de crucero y propulsar la nave alternativamente por un equipo de proa y otro de popa. Este sistema permitía alternar en cada equipo una hora y media de trabajo con otra hora y media de descanso. En cualquier caso, cuando las condiciones de navegación lo permitían se procuraba ir con vela.

Por lo demás, cuando los Capitanes Generales de las escuadras de galeras —como máximos administradores de la justicia civil y criminal en este ámbito— querían escarmentar ejemplarmente a la chusma, ahorcaban a algunos de sus miembros. Si todavía deseaban impacto mayor entre aquellos desgraciados, recurrían a la descuartización del reo por cuatro galeras[373].

Cualquier gesto de rebeldía entre los forzados era castigado con una dureza extrema, máxime en casos de levantamientos colectivos. Avala esta afirmación un suceso ocurrido en la cárcel de Toledo en tiempos de Felipe IV. En este lugar se hallaba detenido un sastre condenado a 200 azotes y galeras. Cuando le quisieron sacar del calabozo de los galeotes para azotarle, sus compañeros apedrearon a los ministros de la justicia hasta el punto de hacerles desistir de su propósito. Sin embargo, los ministros volvieron al día siguiente, originándose una peleona como la del día anterior, mas esta vez iban guarnecidos con rodelas y no lo pasaron tan mal. «Tiraron algunos arcabuzazos, con que a un galeote le llevaron la mitad de la cara, y a otro le echaron las tripas fuera», «y haciendo averiguación del caso; a seis de los mas culpados condenaron a la horca, a los demás a azotes; al sastre se tiene por cierto le ahorcarán por haberse amotinado por su ocasión»[374].

La Corona ponía especial énfasis en que no se concediese libertad a los condenados a galeras. A este respecto prohibió expresamente a los tribunales visitar a los sentenciados y ordenó a la Cámara de Castilla no indultar a los galeotes. No obstante, este último mandato padeció numerosas excepciones, sobre todo cuando el solicitante del perdón aceptaba pagar una importante cantidad de dinero por la condonación de la pena[375].

En la misma línea de evitar que los condenados eludieran el cumplimiento de la pena, estaba la encomendación de las resoluciones de las inutilidades a los Capitanes Generales, y no a las justicias[376]. Los no aptos para el remo, rechazados por las autoridades

372. Cf. ZYSBERG, A. y BURLET, R.: *Gloria y miseria de las galeras*. Madrid, 1989. pp. 106 y 107.

373. Cf. *Ordenanzas para el buen gobierno de la Armada del Mar Océano*. Edic. facs. de la de 1633. Madrid, 1974.

374. «Cartas de algunos padres de la Compañía de Jesús, sobre los sucesos de la Monarquía entre los años 1634 y 1648» en *Memorial Histórico Español*. Madrid, 1968 y 1969. T. XVIII. pp. 119 y 120.

375. Según nuestros cálculos el 10% de los indultados por la Cámara de Castilla estaban condenados a galeras. Cf. HERAS SANTOS, J.L. de las: «Indultos concedidos por la Cámara de Castilla en tiempos de los Austrias», en *Stvdia Histórica*. Vol. I, nº 3, 1983, pp. 115 a 141.

376. *Nueva Recopilación* VIII, 24, 11 y A.H.N., Consejos Suprimidos, Sala de Alcaldes, libros-años 1611 a 1613, fol. 475.

militares, eran entregados al corregidor o juez del pueblo más cercano, para que en presencia del veedor de las galeras o de su teniente, le conmutase la condena por otro castigo a su arbitrio[377].

La conmutación de la pena de galeras solía realizarse por la de varios años de destierro, pero también ocurría con frecuencia que algunos forzados inútiles conseguían la libertad tras abonar el precio de un esclavo sustituto[378].

La práctica existente de retener a los forzados tras el cumplimiento de sus condenas hacía difícil la soltura. Sólamente los galeotes impedidos, que no podían prestar servicio y comían su ración a costa del Rey, conseguían poner fin a sus penalidades con menos dificultades. Conocedores los forzados de estos usos administrativos, muchos de ellos buscaban la mutilación voluntaria. Por eso, en un asiento de las galeras de Sicilia del último cuarto del siglo XVI, la Corona incluyó una cláusula; según la cual, el asentista se obligaba a sustituir a su costa los esclavos y forzados inválidos. El propio documento expresa explícitamente la razón de tal novedad: «porque muchos toman remedos para mancarse»[379].

Al ser descubiertas las autolesiones, eran castigadas sin piedad. En el inventario de causas criminales de la Sala de Alcaldes de Casa y Corte puede leerse entre los apuntes del año 1585 lo siguiente: «El maestre Pedro sobre la muerte de Francisco Almazán, galeote y sobre que estando sentenciado a azotes y galeras, se cortó una mano, por lo cual fue ahorcado»[380].

Para concluir, expresaremos que la no división de poderes dotó a las sentencias de una doble vertiente. Estas no sólo fueron un acto de justicia sino también de gobierno. En función de ello se introdujeron en el acto judicial una serie de consideraciones ajenas al caso procesalmente tratado y resuelto. Así, la política llevada a cabo en el Mediterráneo influyó decisivamente en el número de penas de galeras impuestas por los jueces. La Corona remitió a lo largo del tiempo sucesivas instrucciones a los Corregidores en las cuales se anteponían los intereses coyunturales de la Corona a la estricta administración de justicia.

H) Pena Capital

La pena de muerte se reservaba para los llamados delitos atroces y los causantes de gran escándalo. Ya hemos referido las preferencias del poder político por la imposición de otras penas más productivas. Pero en un sistema penal regido no sólamente por criterios de utilidad sino también de ejemplaridad, el Rey se atribuía la potestad de quitar la vida a los autores de grandes ofensas.

El poder Real se mostraba en la ejecución de la pena de muerte como poder más supremo, soberano, absoluto e ilimitado que en ninguna otra parte. La teatralización y

377. Fernández Alvarez, M.: *Corpus Documental de Carlos V.* Salamanca, 1973 a 1981. T. III. p. 276.

378. A.G.S., Varios, Galeras, leg. 114, fols. 498 y 499. Castillo Solórzano, A. de: *La garduña de Sevilla y anzuelo de las bolsas.* Madrid, 1972. p. 241.

379. A.G.S., Estado, libro 454. Fotocopia facilitada por el Dr. Cuart Moner.

380. A.H.N., libro 2.783, fol. 55.

solemnidad en su administración no eran sino elementos reforzadores de la imagen triunfal de la justicia, vencedora de los transgresores del orden establecido. Esta representación impactaba profundamente a la concurrencia y permitía ocultar la realidad de una administración poco eficiente.

Si bien es verdad que la reparación del daño privado, causado por el delito, debía ser proporcionada en una sentencia equitativa, la ejecución pública de la pena capital no se realizaba para ofrecer el espectáculo de la mesura, sino el del desequilibrio. En la liturgia de la pena de muerte existía una afirmación enfática del poder monárquico y de su superioridad intrínseca. Superioridad que no pretendía circunscribirse al campo de lo moral, y alcanzaba su mejor reflejo en el cuerpo vencido y roto del condenado.

La justificación ideológica de la pena máxima corría a cargo de teólogos y juristas. «La influencia del Derecho romano, el sentido absoluto de la Monarquía, la herencia medieval representada por tantas leyes en las que se aplicaba, y por último el magisterio de Santo Tomás argumentando en favor de su licitud, forzosamente había de producir un estado de opinión unánimemente inclinado a su admisión»[381].

Sobre la legitimidad de la pena capital, Domingo de Soto decía: «Con el mismo derecho con que puede uno defenderse, aún con la muerte del enemigo, y permitir la amputación de un miembro para conservar la vida, puede la sociedad procurar su salvación dando muerte a un ciudadano»[382]. A su juicio, el quinto mandamiento «prohíbe lo que es lícito según el derecho natural, es decir: lo que por su género es malo, pero que por algún motivo puede convertirse en bueno. Y las causas que han de tenerse en cuenta son cuando uno se defiende justamente y cuando un juez juzga a los malhechores».

Un político práctico, como Antonio Pérez, era partidario de castigar con la pena de muerte los homicidios exclusivamente, pues según él existían otras penas contra los delincuentes, y el «hombre muerto es un hombre perdido para el Estado». En conclusión, se pronunciaba por la generalización de los trabajos forzados porque suponían para el Estado la política más útil, y para los reos la más vilipendiosa[383].

La pena de muerte se imponía principalmente para castigar delitos de lesa majestad o contrarios a la fe, homicidios, homosexualidad, bestialidad y delitos contra la propiedad. Estos últimos solían castigarse con la pena de galeras preferentemente, pero en ciertas circunstancias se castigaban con la pena capital para sancionar los agravantes de despoblado y reincidencia; para disipar el escándalo social de algunas acciones o simplemente para «escarmentar» a los ladrones y evitar la comisión de robos en el mismo lugar.

La mayor parte de los ejecutados por la justicia estaban implicados en homicidios y atentados contra el patrimonio. Mas también otras infracciones, no castigadas habitualmente con tanto rigor, podían ser objeto de la sanción suprema, si el juez de la causa convenía en penarlas más gravemente.

Existían diversas formas de aplicar la pena de muerte: horca, degollación, hoguera, asaeteamiento, garrote, encubamiento, y con carácter excepcionalísimo la rueda. Algunas formas eran específicas de cierto estamento, de un tipo determinado de delito o de un tribunal determinado.

381. TOMÁS Y VALIENTE, F.: *El Derecho Penal de la Monarquía Absoluta*. Madrid, 1969. p. 382.
382. SOTO, D. de: *De la Justicia y del Derecho*. Salamanca, 1566. Madrid, 1922. T. III. pp. 385 a 388.
383. B.N., ms. 11.352, fols. 67 y 68. Máximas de Antonio Pérez dadas a Enrique IV de Francia.

La degollación era un privilegio de los hidalgos. La horca, por el contrario, se aplicaba a todos los plebeyos y se consideraba pena infamante.

La Hermandad ejecutaba la pena de muerte por asaeteamiento, aunque desde el año 1532, por disposición de Carlos V, a petición de las Cortes de Segovia, se instituyó que antes de tirar las saetas contra los malhechores se les quitara la vida por ahogamiento[384].

Castillo de Bovadilla nos ha informado de que los caballeros de las órdenes militares tenían el privilegio de ser ejecutados en secreto y por el procedimiento del garrote[385]. Sin embargo, todo hace pensar que el garrote era una técnica poco usada. De ello da testimonio el hecho de que un verdugo no supiera aplicarlo en Alcalá de Henares en el año 1636[386].

Los parricidas y los uxoricidas eran introducidos en el interior de una cuba o de un odre, junto con una mona, un perro o una víbora, y se les arrojaba al mar o al río más próximo. De estos animales, se decía que mataban a sus padres, a sus hijos o a sus consortes. «La mona al monillo, brincándole y apretándole entre los braços; el perro, por quitarle el hueso arrojado a su padre, le mordisca y a vezes le degüella; el gallo pica a su padre y forma pelea mortal con él sobre tomar las gallinas; la bívora dizen que, concibiendo por la boca, corta la cabeza al macho, acabando de recebir la simiente, y después los bivoreznos vengan la muerte del padre, que no pudiendo salir a luz con la presteza que querrían, horadan la barriga de la madre y salen por ella, dexándola muerta. Y por esto encierran los tales animales con el parricida»[387].

En casos graves la justicia no se conformaba con quitar la vida al delincuente, y acrecentaba los sufrimientos de estos desgraciados hasta extremos increíbles. En el camino del cadalso los condenados podían ser atenazados en sus carnes con instrumentos candentes, o ser mutilados de alguno de sus miembros.

En muchas sentencias se mandaban exponer en sitios diversos los pedazos del cadáver descuartizado. Con la macabra imagen de la cabeza del condenado expuesta en una jaula, o un cuarto de su cuerpo pinchado en un palo se pretendían conservar y multiplicar los efectos aterrorizadores y ejemplificantes de la ejecución.

Similar grado de sadismo refleja el ahorcamiento de los cadáveres cuando el delincuente no lograba sobrevivir a la conclusión del proceso.

Además, en su intento de hacer perdurar la representación omnipotente de la justicia, los jueces no dejaban retirar del patíbulo el cuerpo del condenado, como mínimo hasta la caída del sol.

Lamentablemente, la existencia de la pena de muerte trascendió en mucho al período estudiado. Este castigo ha tenido en los dominios del Estado español dilatados siglos de vigencia. Nunca fue abolida hasta la promulgación del código penal de 1932, durante la Segunda República. Restablecida en 1938 por el General Franco, ha sido abolida de la

384. *Cortes de los Antiguos Reinos de León y de Castilla.* Madrid, 1861-1903. Cortes de Segovia de 1532. Pet. LXXVI. *Nueva Recopilación* VIII, 13, 46.

385. CASTILLO DE BOVADILLA, J.: *Política para corregidores y señores de vasallos.* Ed. facs. de la de Amberes de 1704. Madrid, 1978. II, 19, 25.

386. A.G.S., Cámara de Castilla, leg. 2568, fol. 1 y «Cartas de algunos padres de la Compañía de Jesús, sobre los sucesos de la Monarquía entre los años 1634 y 1648» en *Memorial Histórico Español.* Madrid, 1861 a 1865. T. XVIII. pp. 3 y 4.

387. COBARRUVIAS OROZCO, S. de: *Tesoro de la lengua castellana.* Madrid, 1979.

jurisdicción civil para tiempos de paz por la Constitución de 1978. Por lo que se refiere a la ejecución pública, ésta ha estado vigente hasta fecha tan tardía como la de 1900.

No obstante, la imposibilidad de ejecutar la pena con publicidad, nunca fue óbice para materializarla sin demora, pues conocemos algunos casos, en los cuales el temor a alborotos populares aconsejó a los jueces su aplicación en la cárcel[388].

El desfile del condenado desde la cárcel al lugar del suplicio se desarrollaba con arreglo al siguiente ritual. Tras despedirse de los demás presos, pasaba unos días en la capilla de la cárcel en compañía del confesor.

Normalmente había tolerancia sobre el hábito que debía lucir el ajusticiado durante la ceremonia. Quienes deseaban vestirse de luto, se les consentía. La Hermandad, por el contrario, les obligaba a llevar un hábito verde típico, y la Inquisición les cubría con los célebres sambenitos.

A la puerta de la cárcel le esperaba un cortejo formado por alguaciles de la justicia, un escribano y el pregonero encargado de la propagación del delito y de su sentencia.

Junto al cortejo de la justicia, un gentío acompañaba los últimos pasos del condenado, el cual, montado al revés en un jumento, escuchaba no pocas impertinencias proferidas por los congregados: «¡Ea, hermano mío, que habéis de cenar con Cristo esta noche!», etc.

Llegados al cadalso, el verdugo solía acercarse al paciente y le pedía perdón al oído, «pues él era un mandado». Antes de la muerte del reo, o después, el predicador que había asistido al condenado, dirigía unas palabras al público. El sermón solía girar en torno a un tema relacionado con el delito imputado al reo:

> «ya aveys oydo el pregón, ésta es la justicia contra este hombre porque... Oíd hermanos míos una palabra. Mirad lo que dize S. N. Mírate aquí que este es tu espejo, quántos por ventura están aquí mirando este castigo que mereçen ellos estar mejor en esta horca. No aguardes pecador a que se enoje Dios contigo y te entregue en las manos de la justicia. Pues yo para mí tengo que sería mayor misericordia suya el castigarte en esta vida y entregarte en las manos de la justicia de acá que no en las manos de los cruelísimos verdugos del infierno».

Cuando el escribano comunicaba al reo la sentencia de muerte, éste sufría una fuerte turbación que se manifestaba con grandes escalofríos. En determinada circunstancia, la impresión producida por tan adversa noticia causó la muerte súbita a un condenado[389].

Los reos eran conducidos al cadalso con gran aturdimiento. Cuenta el padre León el caso de un individuo, al cual le aplazaron la sentencia cuando ya se hallaba en el quemadero, y pasando el tiempo le dijo: «venid acá fulano, ¿deçíades de veras que os pesaba de que no os llevasen a quemar aquel día? Y él respondía que ni sabía si le pesaba ni se acordaba de aber dicho palabras que significasen pesar de que no se ejecutase la sentençia aquella tarde. Y refiriéndole yo las palabras que había dicho, en raçón de dar a enten-

388. «Cartas de algunos padres de la Compañía de Jesús, sobre los sucesos de la Monarquía entre los años 1634 y 1648», en *Memorial Histórico Español*. Madrid, 1861-65. T. XVIII. pp. 466 y 467.

389. D. Pedro de Amezqueta, a la sazón alcalde de Corte, estuvo comisionado en Alcalá y castigó a degollar —al parecer sin culpa— a un caballero, «El cual de pesadumbre, cuando lo supo se quedó muerto» (B.N., ms. 8.728, fol. 168. Avisos de Madrid desde 3 de enero a 26 de diciembre de 1637).

der que le pesaba, me respondió que debía de estar loco si tal deçía y que la turbaçión avía sido de manera que ni estaba en sí ni sabía más de repetir lo que le deçía»[390].

A otro condenado devuelto a la cárcel después de haber llegado al pie de la horca, preguntó el padre León por las sensaciones de aquellos momentos y «respondió que ni sabía si estaba en çielo, si en tierra. De donde se ve quán turbados están»[391].

Generalmente los reos morían confesados y dando profundas muestras de fe y religiosidad. A ello contribuía de forma decisiva la labor del confesor, el cual estaba acostumbrado a bregar con hombres encallecidos por los delitos y muy apartados de las prácticas cristianas.

En la cárcel de Sevilla, los ajusticiados rezaban una oración, poco antes de formarse el cortejo: «Basta ya, Señor, no más pecar. Ya, Señor, no más, que no había otro remedio para que me enmendara y dejara mi mala vida sino que me viera en una horca. Dichosa soga, dichosa horca o palo, que sois instrumento para que no peque más»[392].

Una mujer, llamada María, había sido azotada y desorejada dos veces «y como ya no tenía la justicia otro castigo que darle acordó de ahorcarla. Fue muy notable su contrición y lágrimas, y de manera que espantava a todos los que la veían y oían hablar de Dios y de detestación de su mala vida pasada y entre otras cosas que dezía con muy grande sentimiento y con muchas lágrimas, una era el dezir que Dios se lo pagase a los señores juezes porque la mandaban ahorcar y que le haçían muy grande caridad y que usaban con ella de muy grande misericordia mandando quitar la vida a una tan miserabilísima hembra tan indigna de vivir en el mundo, y que según ella era, nunca se enmendaría; y otras muchas cosas de muy grande conocimiento propio, llorando muchísimo su mala vida pasada. Y desta manera, murió dejando asombrados a todos que no parecía sino que toda su vida no avía tratado de otra cosa, sino de penitencia y aborrecimiento al pecado»[393].

Otro caso parecido fue el de un tal Jerónimo, esclavo implicado en la muerte de su amo. Le iban atenazando encima de un carretón, al pasar por el lugar del crimen le cortaron la mano. Pero lo más impresionante fue su paciente actitud. «Jamás hizo el menor movimiento del mundo, sino como si se hiciera aquello en un palo, sino sólamente: sea por amor de Dios, más merecía yo. Y cuando le dezía yo al berdugo que no le lastimase tanto con el fuego de las tenaças dezía el Gerónimo: déjelo Padre que haze su oficio y todo esto no es nada para lo que yo merezco y quando yo le iba a apretar las llagas con mi pañuelo, me dezía: dégelas padre que no es menester tanto regalo para quien mereçe estar en el infierno con otras llagas mayores para siempre y esto se ha de acabar presto y mi Sr. Jesús padeció más por mí, sin culpa ninguna, y yo tengo muchísimas de que quisiera hazer muy grande penitencia».

El padre León refiere acerca de este suceso: «Fue muy grande la edificación que causó en todos al verlo tan paciente y que también se savía aprovechar de aquella ocasión y que también acudía a todo lo que le iva diciendo sin atender a otra cosa alguna»[394].

390. León, P. de: *Grandeza y Miseria en Andalucía. Testimonio de una encrucijada histórica (1578 a 1616).* Granada, 1981. pp. 314 y 315.

391. León, P. de: *Grandeza y Miseria en Andalucía. Testimonio de una encrucijada histórica (1578 a 1616).* Granada, 1981. p. 315.

392. Herrera Puga, P.: *Sociedad y delincuencia en el Siglo de Oro.* Madrid, 1974. p. 156.

393. León, P. de: *Grandeza y Miseria en Andalucía. Testimonio de una encrucijada histórica (1578 a 1616).* Granada, 1981. p. 413.

394. León, P. de: *Grandeza y Miseria en Andalucía. Testimonio de una encrucijada histórica (1578 a 1616).* Granada, 1981. pp. 466 a 472.

Pero otras veces, no conseguían llevar al reo en actitud tan sumisa, y manifestaba rebeldía, cuando no hostilidad a la justicia. Ya en el momento de comunicarles las sentencias, algunos «valientes» no querían escuchar a los ministros y aparentaban no inmutarse mientras continuaban su partida de naipes. Un hombre, sintiéndose inocente, emplazó en el patíbulo al escribano de la causa para dar cuentas ante Dios en el plazo de 20 días por el agravio que le había hecho. A un morisco, acusado de un salteamiento se acercó el verdugo y le preguntó que si le perdonaba, que era un mandado. A lo cual respondió el morisco:

«qué tengo de perdonar, que no me parió mi madre pa que un tan grande bellaco como tú me ahorque».

> «Pues como el buen berdugo vio la buena disposición del paciente, o por mejor dezir del enternegado moro, y su grande desvergüença dióle un puntapié y le echó de la escalera abajo, el cual para no ir solo al infierno llamó a Mahoma. De manera que todos los circunstantes lo oyeron y el verdugo no quiso ponerse sobre él ni acavallo de ahogar. Pero no faltaron los que suele tener Dios por berdugo de su divina justicia: Allá para su alma a los demonios, y para su miserable cuerpo a los muchachos.
>
> Al punto, pues, que el verdugo lo echó de la escalera, parece que lo estaban esperando los muchachos con las piedras en las manos. Y llovió tanta piedra menuda sobre el desdichado morisco que no había quien parase allí. Y sin que nadie se lo estorbase, ni pudiese, se subieron los muchachos en la horca y lo desataron, y lo llevaron arrastrando, medio vivo y medio muerto por esas calles hasta la noche que dieron con él en la plaza de Arriba, esto es la Estanilla y lo medio quemaron con los cestos de las vendedoras, cuando ellas ya no estaban allí. Y después de bien socarrado, aunque mejor lo habrían socarrado en el infierno, dieron con él en la Puerta de Triana»[395].

Los teólogos, por su parte, justificaban la sumisión del reo condenado. Así, por ejemplo, Francisco Suárez se preguntaba si podía el reo eludir sin pecado la ejecución de la sentencia, y respondía: «La solución —brevemente— es que aunque esa sentencia de suyo no obligue al reo a la ejecución de la pena cuando fácilmente pueda eludirla sin resistencia ni escándalo público, sin embargo obliga a someterse a la ejecución del juez o de la ley cuando no puede eludirse sin una resistencia violenta y escandalosa: esta resistencia nunca es lícita cuando la sentencia es justa en conformidad con lo alegado y aprobado, porque entonces el juez hace uso legítimo de su poder y el súbdito está obligado a someterse»[396].

El único inconveniente de la ejecución pública de la pena de muerte eran los alborotos e incidentes que ocurrían muy de vez en cuando durante la ceremonia. En ellos solían estar implicados casi siempre algunos eclesiásticos. Varias veces arrebataron el reo a los ministros de la justicia. Ordinariamente el alboroto se provocaba cuando la cuerda fatal se rompía de una forma más o menos casual, pues existía la creencia popular de que el instrumento del suplicio se rompía por voluntad de Dios, en cuyo caso el reo debía ser liberado.

Los reos podían declarar al pie de la horca cosas relativas al proceso que hubieran callado hasta entonces. Cuando esto ocurría, los escribanos eran proclives a escribir los cargos sobre terceros, y rehusaban admitir los descargos.

395. LEÓN, P. de: *Grandeza y Miseria en Andalucía. Testimonio de una encrucijada histórica (1578 a 1616)*. Granada, 1981. pp. 430 y 431.

396. SUÁREZ, F.: *Las Leyes*. Madrid, 1968. p. 508.

Los responsables de incidentes ocurridos durante las ejecuciones eran severamente castigados. En una ocasión, estaban ajusticiando en Sevilla a un nefandista, y el padre León predicaba contra la homosexualidad, pero en cierto momento aludió a que tampoco les estaba permitido a los hombres pecar con las mujeres. A lo cual respondió a voces un espontáneo: «Pues qué quiere padre, que lo hagamos por el tal. De modo que todos los presentes se escandalizaron, de manera que me obligaron a dezir que aquella desvergüença no se sufría en tierra de cristianos, y que para eso había justicia en la tierra, para reprimir y castigar desvergüenças y atrevimientos desvergonçados. Y hize que se sosegase la gente porque se avía levantado contra él murmullo, que se lo quería comer. Prendiéronlo, y con gran tropel y vozería de hombres y de muchachos —que es la justicia que siempre trae consigo preparada ejecución—, y dieron con él en la cárcel. Diéronle los términos por horas, y antes que se cumplieran las veinticuatro, lo sacaron a vergüença y por cuatro años de destierro»[397].

De todos modos, rara vez ocurrían incidentes, pues en la época no existía oposición a la pena de muerte, y, como el paciente tras ser aconsejado por los religiosos, asumía la crueldad del suplicio, la imagen mostrada por la justicia en el patíbulo no podía ser más triunfal.

El papa Pío V concedió a los sentenciados a muerte —por medio de un Motu Propio del año 1568— licencia para recibir la comunión en la cárcel. Un año después, Felipe II transformó este Motu Propio en Real Pragmática. En virtud de ésta se dispuso que a demanda del reo, se administrase la Eucaristía la víspera de la ejecución[398].

El padre León, antes de ir a confesar a los ajusticiados, solía informarse acerca del proceso incoado contra él. Iba a casa del escribano y le preguntaba sobre lo probado en la causa. De este modo, evitaba que el penitente, movido por la secreta esperanza de convertir al confesor en abogado de su negocio, no declarase sus pecados con la veracidad debida.

Después de comunicada la sentencia de muerte, se cortaban las visitas y comunicaciones con el reo. Tras despedirse de sus familiares y amigos en unas breves entrevistas, el confesor se encargaba de ponerle en paz con Dios y convertirle en un piadoso súbdito capaz de sorprender a la concurrencia del ajusticiamiento por su inopinada transformación.

Comenzaba el confesor haciéndole ver que por cualquiera de sus pecados había merecido el infierno eterno, y sin embargo, la misericordia de Dios le permitía salvarse gracias al sacramento de la penitencia. Le explicaba que la muerte era el fin del pecado, que después de ganar el cielo o el purgatorio no se podía pecar, y por tanto nunca se perdía a Dios. La agonía de la muerte sólo duraba una hora, y en cambio tenía la oportunidad ponerse en paz con Dios, y evitar así las penalidades eternas del infierno[399].

Las dos noches precedentes al suplicio, el confesor dejaba al reo cilicios y disciplinas para mortificación de su cuerpo, «lo qual haçían siempre con mucho ferbor estos que

397. LEÓN, P. de: *Grandeza y Miseria en Andalucía. Testimonio de una encrucijada histórica (1578 a 1616).* Granada, 1981. p. 520.

398. LEÓN, P. de: *Grandeza y Miseria en Andalucía. Testimonio de una encrucijada histórica (1578 a 1616).* Granada, 1981. pp. 268 y 269. A.R.Ch. de Valladolid, Sección Secretaría del Acuerdo, pragmática de 27 de marzo de 1569. *Nueva Recopilación* I, 1, 9.

399. LEÓN, P. de: *Grandeza y Miseria en Andalucía. Testimonio de una encrucijada histórica (1578 a 1616).* Granada, 1981. pp. 283 a 287.

abían de morir, de que toda la cárcel se edificaba mucho y ellos se disponían para aquel trançe»[400].

En muchas ciudades existía una cofradía, cuya principal actividad era el consuelo de los condenados. En Barcelona se denominaba «La Santa Caridad». En Madrid había dos: «La Caridad y la Paz» y «La Misericordia». En Játiva, «La Vera Cruz». En Toledo, «La Santa Caridad», y en Zaragoza «La Hermandad de la Sangre de Cristo»[401].

La hermandad zaragozana visitaba al reo después de haberle comunicado la sentencia y se informaba acerca de los sacerdotes o congregación preferida por el condenado, se preocupaba de su testamento y le servía la última cena. Para ayudar al ajusticiado en el dificultoso trance se le servía vino, «pues por lo común suelen tomar algún refrigerio de esta naturaleza, a causa de la angustia que padecen en aquellos momentos»[402].

No faltó algún caso, en el cual la ingestión excesiva de morapio desembocó en un espectáculo trágico-cómico, protagonizado por la embriaguez de reos y acompañantes. Otra preocupación de estas cofradías, en relación con los condenados, era el encargo de misas en favor de los ajusticiados, y la recogida de los cuerpos para su inhumación.

No podemos cuantificar el número de ajusticiados del período, pero cabe pensar en una cifra bastante elevada. Baste indicar que sólamente en la ciudad de Sevilla se solían ejecutar ocho personas al año[403].

Entre todos estos individuos matados por vía judicial, parecen haber existido bastantes inocentes. Entre los 309 condenados asistidos por el padre León figuran 11 personas, de las cuales expresa el jesuita la convicción de su inocencia. De ser cierto esto, daría una elevada tasa de error judicial, equivalente al 3'5%.

La única exención de la pena capital reconocida por las leyes, era la del demente. Si a algún condenado a muerte le sobrevenía la locura después de la sentencia, no se le debía ejecutar, porque el reo no podía apreciar el castigo ni dolerse de él. Además, el reo demente no estaba en aptitud de confesar sus pecados. Por tanto, se corría el riesgo de condenarlo al fuego eterno[404].

A su vez con la mujer embarazada se hacía la excepción de aplazar su ajusticiamiento hasta después del parto. Más tarde, se le hacía «pagar lo que debía[405].

400. León, P. de: *Grandeza y Miseria en Andalucía. Testimonio de una encrucijada histórica (1578 a 1616)*. Granada, 1981. p. 301.

401. Gómez Urdáñez, J. L.: *La Hermandad de la Sangre de Cristo de Zaragoza. Caridad y ritual religioso en la ejecución de la pena de muerte*. Zaragoza, 1981. pp. 43 y 44.

402. Gómez Urdáñez, J. L.: *La Hermandad de la Sangre de Cristo de Zaragoza. Caridad y ritual religioso en la ejecución de la pena de muerte*. Zaragoza, 1981. p. 47.

403. En 38 años de dedicación a las cárceles, el padre León asistió a 309 ajusticiados.

404. Tomás y Valiente, F.: *El Derecho Penal de la Monarquía Absoluta*. Madrid, 1969. p. 338.

405. *Fuero Real* IV, 5, 2.

V. Conclusiones

Este trabajo se planteó con la intención de verificar el funcionamiento del sistema de administración de justicia en una sociedad marcada por las desigualdades jurídicas y sociales. De la propia naturaleza de la organización social, y como consecuencia del reconocimiento de privilegios individuales y corporativos, se derivaba la existencia de una notable pluralidad de jurisdicciones.

No obstante, no nos encontramos ante un universo formado por mundos completamente separados y autónomos, sino que el sistema de justicia sería más bien un mosaico de jurisdicciones entrelazadas, con un elemento: La Corona, que podía actuar libremente en la mayor parte de ellas, y disponía de resortes eficaces para controlar a las demás. A este respecto recordemos que en todos los territorios y en todas las jurisdicciones se aplicaba el derecho real, pues el Soberano era en tiempos del Absolutismo la fuente legisladora prevaleciente.

La sociedad del privilegio requería una pluralidad jurisdiccional para dar a cada súbdito el tratamiento legal correspondiente a su rango jurídico, el cual estaba a su vez relacionado con la categoría social.

El sistema penal de los Austrias no administraba una justicia neutral, ecuánime e igual para todos, cuya mejor expresión gráfica sería una balanza con el fiel en equilibrio. La sociedad señorial y corporativa regida por el Absolutismo exigía una justicia represiva y ejemplificadora.

La adhesión del súbdito al sistema de relaciones clientelistas imperante era obligatoria y la sumisión forzosa. El poder, pese a la imagen dulcificadora ofrecida por el erasmismo, no se proponía la captación de las voluntades de los gobernados, y en el marco de una organización poco eficiente contra el delito, aseguraba la paz interior con procedimientos verdaderamente terroríficos. No en vano, el cuchillo del verdugo representaba brillantemente la esencia de la justicia penal.

Pese a la diversidad jurisdiccional la Corona poseía la máxima potestad en materias de gracia y justicia. Estas facultades no siempre estaban completamente separadas entre sí, sino que la eficacia de una y otra se complementaba en ocasiones. Recuérdese a este respecto el tratamiento dado al problema del bandolerismo, fuertemente arraigado en ciertas zonas. Cuando la presión de la justicia y el ejército no bastaron para eliminarlo, se recurrió a la capacidad de indulto del Soberano en orden a debilitarlo.

Por otra parte, desde el punto de vista jurídico, los indultos constituían el contrapeso necesario a un sistema legal que dejaba en manos de los jueces amplísimos márgenes de arbitrio, y apenas distinguía entre delito doloso, culposo e involuntario.

Un sistema judicial implacable como el de los Austrias que buscaba afanosamente la condena del reo y tendía a dictar las sentencias más severas sin reparar en eximentes ni atenuantes, se reconciliaba con los numerosos justiciables huidos por medio de la institución del perdón.

En aquella sociedad de rígida estratificación y muy cerrada a la movilidad interestamental, la política penal era fundamentalmente represiva y aterrorizadora. No existía por supuesto una actuación social contra los delitos generados por la miseria. El derecho penal no defendía a todos los súbditos por igual. La ley no era la misma para todos. Las penas se imponían con independencia del daño social causado por las acciones delictivas y sin atender demasiado a una gradación de las infracciones. La salvaguarda de la desigualdad jurídica y social, y el utilitarismo al servicio de la Corona se anteponían a cualquier otro principio.

No obstante, lo antedicho no significa que la justicia reservase todas sus acciones para los momentos posteriores a la comisión de los delitos. Ciertamente en la Castilla moderna se adoptaron algunas medidas profilácticas contra la criminalidad, pero éstas eran meramente disuasorias y realmente se limitaban a obstaculizar la acción de eventuales delincuentes, o a facilitar su represión si, pese a todo, el hecho delictivo llegaba a consumarse. No nos encontramos, por tanto, frente a un sistema inspirado por el control social, sino ante una estructura punitiva que apuntaba hacia un incipiente control policial.

En cuanto a los diferentes tipos de procesos vigentes en la época, debemos indicar su tremenda dureza, no sólo por la práctica de la tortura judicial, sino también por el hecho de que el juez, el fiscal y la parte contraria aunaban esfuerzos para conseguir la condena del reo.

En un sistema plurijurisdiccional como el establecido en tiempos de los Austrias, el correcto ensamblaje de las piezas integrantes de los aparatos de la administración de justicia revestía una importancia capital. Lo cual no significa que al marchar cada una de las partes en una órbita específica, no surgiesen múltiples fricciones y encuentros entre ellas. Existen sobrados testimonios acreditativos de la enorme proliferación de conflictos surgidos por esta razón. Este era el precio a pagar por la sociedad del privilegio, condenada por otra parte a pleitear incesantemente.

La administración de justicia en el Antiguo Régimen estuvo canalizada a través de un extenso complejo de jurisdicciones erigido para garantizar los privilegios jurídicos y sociales de las personas, estamentos y corporaciones favorecidas.

En dicho complejo jurisdiccional la pieza clave estuvo representada por la Corona, la cual se atribuía la calidad de fuente principal de emanación del derecho en virtud de los principios absolutistas. Gracias a esto, en todas las jurisdicciones se juzgaba con arreglo a las normas establecidas en el Derecho Real.

Por otra parte, la Corona reservó para sí eficientes mecanismos en orden a controlar las jurisdicciones enajenadas. Entre ellos cabe citar la determinación de las apelaciones, avocación de los procesos, remisión de jueces comisarios y pesquisidores, residencias, visitas etc.

Además, el Soberano podía actuar por vía de gobierno, sin procedimiento judicial alguno, contra las personas privilegiadas. Ello evidencia la sumisión de éstas al poder real, y la articulación de la jurisdicción señorial en una estructura institucional más amplia.

Tampoco la jurisdicción eclesiástica podía ampliar su campo de actuación en perjuicio de la Corona, pues sus sentencias podían ser recurridas por la vía de fuerza a los altos tribunales del Rey. Del mismo modo, la Corona poseía el derecho de retención de bulas, con lo cual prevalecía la autoridad legal del Soberano sobre las disposiciones emanadas de Roma, y a través del derecho de presentación de Obispos controlaba el acceso a las plazas de la alta jerarquía de la Iglesia.

Las jurisdicciones mixtas, como la inquisitorial o la de Ordenes estaban dirigidas desde su cúspide por un entramado jurídico-administrativo constituido por oficiales al servicio de la Corona.

Con la imposición de penas, la Corona se proponía castigar al delincuente para absolver su culpa e intimidar a los demás súbditos con el rigor de las sanciones. Asimismo, obtenía importantes rendimientos dinerarios y en servicios, e indemnizaba a la parte perjudicada en la medida de lo posible.

En tiempos de los Austrias no se aspiraba a la corrección de los delincuentes con ánimo de reintegrarlos socialmente. De ahí que el encierro como pena careciese de importancia.

Por cuanto se refiere al cumplimiento de las penas, se observa cierta pérdida de control de las justicias en este campo. Los que salían a cumplir destierro, podían volver clandestinamente. Bastaba ser discretos y no pasearse públicamente por las calles del lugar donde hubieran sido condenados, pues la justicia se conformaba con la certificación de haber salido a cumplir su sentencia. Después se despreocupaba del caso e ignoraba de hecho el lugar donde se encontraba el desterrado durante la vigencia de la sanción.

Si la pena era de galeras, el penado pasaba a depender de las autoridades militares, y eran éstas finalmente quienes decidían sobre lo concerniente al caso: inutilidades, destino, régimen interno, libertad etc.

Por último, hemos de señalar que por efecto del sistema plurijurisdiccional, la administración de la justicia penal precisaba de una articulación compleja situada en el vértice alto de la pirámide administrativa. Esto necesariamente redundaba en perjuicio de la eficacia, máxime cuando el número de funcionarios era más bien exiguo y el sistema de retribuciones favorecía, por una parte la corrupción de los ministros y por otro lado la dedicación de éstos a tareas menos arriesgadas para sus personas que la persecución de la delincuencia.

Fuentes Inéditas

Se han consultado los fondos del Archivo General de Simancas, Archivo Histórico Nacional, Biblioteca Nacional, Biblioteca de la Real Academia de la Historia, Archivo de la Real Chancillería de Valladolid, Archivo de la Real Chancillería de Granada y Archivo General del Palacio Real de Madrid, y Archivo de la Universidad de Valladolid.

Dado que el ámbito geográfico elegido, se circunscribe a la Corona de Castilla, en el Archivo General de Simancas se localiza uno de los focos documentales más útiles para nuestro propósito. En este Archivo, dentro de la sección de Cámara de Castilla encontramos una serie titulada en la guía del centro *«Procesos y Expedientes»*, la cual es descrita con las siguientes palabras *«sobre toda clase de negocios administrativos, civiles y criminales. Años 1531 a 1700»*. Componen esta serie 505 gruesos legajos. En una primera inspección comprobamos que la serie albergaba miles de procesos criminales, de los cuales una buena parte contenían en su interior *«la relación de la causa»*; esto es, un resumen del pleito hecho de la mano del relator. Tras vaciar la información de varios cientos de procesos ha quedado demostrado un común denominador en todos ellos: el haber sido presentados por los interesados ante el Consejo de Cámara con objeto de beneficiarse de los indultos concedidos por este organismo. Esta fuente da cuenta de los perdones concedidos y denegados, pero no es una muestra representativa del universo de la delincuencia en la Castilla de los Austrias, sino un espectro muy concreto con características comunes muy marcadas. No obstante, han sido una base magnífica para estudiar la figura del indulto. Los números de los legajos abarcan desde el 1598 al 2103 de la sección, y la fecha de los procesos se extiende desde el año 1531 hasta el 1700. Pero debemos advertir que los de fecha más próxima a la primera señalada son pocos y la serie tiene cierta continuidad a partir del año 1573.

También se localiza en la misma sección la serie denominada *«Perdones de Viernes Santo»* que comprende los legajos 2556 a 2709. Aunque la guía del Archivo describe esta serie como *«Procesos presentados en solicitud del indulto regio que era costumbre conceder con motivo de esta festividad religiosa»*, en realidad, también existen en ella indultos del tipo *«al sacar»*. Todos ellos datan de fechas comprendidas entre los años 1587 1700. Esta serie es hermana de otra guardada en el Archivo Histórico de Madrid integrada en la sección de Consejos Suprimidos, que abarca los legajos 2575 al 2579, y se extiende desde el año 1640 al de 1834.

Del mismo modo, dentro de la sección de Cámara de Castilla existe la serie llamada *«Visitas»*. Sabido es que las visitas eran inspecciones realizadas por orden del Consejo

Real a funcionarios de todos los niveles. Por tanto, también a aquellos relacionados con la administración de justicia. Hay visitas pertenecientes a las Audiencias y Chancillerías, Sala de Alcaldes de Casa y Corte, alguaciles, escribanos etc. En esta misma serie hay documentación relativa a residencias de varios corregimientos y por consiguiente cuentas de penas de cámara pertenecientes a varias ciudades: Avila, Burgos, Baeza, Córdoba, Toledo, Trujillo y Salamanca. Esta documentación se hallaba en un cierto desorden y el archivo está procediendo a colocarla conforme a su organización originaria. Después de analizar la serie hemos llegado a la conclusión de que es un material desgajado de la sección de Consejo Real, a la cual debió pertenecer; pues estas inspecciones eran competencia típica del Consejo de Castilla. Acaso el mencionado traslocamiento de la serie sea un exponente más de lo mucho que sufrió el archivo durante la ocupación francesa. Abarca la documentación consultada los años 1572-1598. Se han visto los siguientes legajos: 2710- 2720; 2721-2743; 2745-2746; 2750-2754; 2762-2783; 2786- 2793; 2796-2797; 2804-2812; 2790; 2800-2801.

En la sección de Cámara de Castilla, dentro de la serie *«Diversos de Castilla»* se encuentran procesos célebres como el de Don Rodrigo Calderón y el del Duque de Híjar. Del mismo modo, hay en ella información sobre la población recluida en las cárceles de la Corona de Castilla en torno a 1580. La cual constituye una excelente instantánea de la delincuencia de aquel tiempo y de las presiones que sufría la justicia por culpa del interés del Rey en aprovisionar de forzados las galeras reales. Legajos consultados: 1, 28, 29, 32, 34-36.

Las prospecciones realizadas en los fondos militares del Archivo de Simancas han sido muy útiles para saber acerca de la vida de los galeotes y de la administración de justicia en la jurisdicción militar. A este respecto no podemos olvidar que una de las penas más difundidas en la época era el servicio como remero forzoso en las galeras reales. De estos fondos se han consultado con gran provecho la sección de Guerra Antigua. Así como la serie *«Galeras»* de la sección de Varios, cuyo inventario fue realizado por Margarita Cuartas.

En la sección Guerra Antigua, donde se recoge información militar de los siglos XVI y XVII hay mucho material sobre galeras y galeotes: visitas a las galeras, organización interna y gastos de las naves, altas y bajas de galeotes, relaciones de remeros, resolución de fricciones entre la justicia militar y la civil, cuestiones relativas al fuero militar, persecución de salteadores, peticiones de libertad de galeotes, etc. Se han consultado los legajos: 3-5; 7-9; 11; 13- 14; 16; 18; 20; 22; 26-27; 29-31; 34-39; 41-42; 44-45; 47; 49-51; 57; 59-74; 76-78; 80; 83-89; 91; 93; 95-96; 100-101; 105; 107; 109-112; 115-121; 124; 126; 128-129; 130; 132-134; 139-140; 143-157; 159; 163-171; 173-176; 178-191; 193-228; 230; 232-254; 260-262; 264-268; 270- 272; 274-276; 280-291; 301-308; 311-317; 319-321; 323- 326; 328; 334; 337-338; 341-346; 351-352; 355-359; 364- 365; 371; 388; 398-399.

En la serie *«Galeras»* sección Varios se encuentra información variada y riquísima acerca de todo lo relacionado con las galeras. A nosotros nos han interesado particularmente las listas de remeros, medicinas y alimentos. Toda la documentación se refiere a las galeras de las familias Doria, Spinola, Centurión, Duque de Tursis, Grimaldo y otras que estaban al servicio de la Corona. Se han consultado los legajos: 1; 8; 13; 17; 23; 25-26; 69; 72; 76; 78; 108-122; 194; 205; 216; 220; 224; 227-230.

En la sección de Secretaría de Guerra cuyos fondos proceden de la Secretaría de Estado y del Despacho de Guerra, una de las creadas por Felipe V al establecer el nuevo orden administrativo que en sucesivas transformaciones, ha terminado en el actual de ministerios, podemos encontrar multitud de copias de reales órdenes correspondientes a los años 1565 a 1707, en las cuales se reflejan las dificultades de la vida en el presidio de Orán. De fecha más tardía encontramos distintos papeles causados sobre reglamentos de los presidios de Melilla, Peñón y Alhucemas en los años 1715 a 1717. Legajos consultados 4696 a 4701.

Los fondos conservados del que fuera máximo órgano de gobierno y justicia en Castilla, son sólo una mínima parte de la ingente documentación generada en su día por esta institución. Por ello, el rastreo de la sección Consejo Real no ha generado los frutos que cabía esperar del alto rango del organismo. Toda la documentación es del siglo XVI, entre la que abundan los procesos. Se han analizado los legajos 1 a 106.

En la sección de Estado, están depositados varios documentos relacionados con el proceso de Antonio Pérez. Informes sobre los sucesos de Aragón (legajo 362), y causa sobre los sucesos de Aragón: 1591-1592 (legajo 339). Esta documentación ya fue estudiada en su día por Marañón para escribir *Antonio Pérez.*

Del mismo modo, en la sección de Estado se encuentra la Visita a la Chancillería de Valladolid efectuada por Diego de Córdoba, probablemente en 1552 (legajo 89, folio 139). También, el libro de la quilatación, aprecio y consignación de las 26 galeras del reino de Nápoles dadas en asiento a diversos particulares (legajo 460).

En la *«Serie K»* están la acusación fiscal contra Antonio Pérez y sentencia a que fue condenado en efigie por la Inquisición (K. 1708); resumen de las negociaciones entabladas con Francia para conseguir la libertad de los forzados a galeras de ambas Coronas. Francia estaba dispuesta a poner en libertad a los soldados apresados durante la guerra, pero se negaba a liberar los delincuentes de derecho común capturados (K. 1662).

En la sección de Patronato Real: Instrucciones para el despacho de los asuntos de Cámara. Madrid 23 de abril de 1528. En este documento hay referencias a las actuaciones de la Cámara en materia de indultos (legajo 26).

Los aspectos relacionados con sueldos y promoción del personal de justicia se han investigado en las secciones económicas del Archivo: Consejo y Juntas de Hacienda, Contaduría Mayor de Cuentas, Contaduría del Sueldo y Dirección General del Tesoro.

A través de la sección de Consejo y Juntas de Hacienda se averigua la distribución de lo recaudado en concepto de penas de cámara; nóminas del personal de los Consejos y las Chancillerías; pagos de transporte de galeotes; venta de escribanías y alcaidías de cárceles; venta de jurisdicciones etc. Legajos consultados 15; 25; 27; 31; 47; 54; 72- 74; 77-78; 84; 89-90; 92; 94-95; 97-98; 101-103; 110; 113; 117; 121; 124; 127-129; 131; 140-142; 152; 154; 157-158; 160-162; 164; 166; 169-172; 174-175; 179; 184; 189; 191; 194; 197; 203; 205; 212; 213; 220; 224-225; 227; 231; 233-237; 240-241; 243; 246; 252; 254-255; 258; 261; 263-264; 271; 276; 279; 281; 285; 293; 297; 301- 303; 308; 315-317; 327-328; 338-339; 352; 356; 372; 434; 441-443.

Contaduría Mayor de Cuentas (segunda época). Legajo 1218 sin foliar «Relación de forzados y esclavos muertos en 1587 en todas las galeras de España». Figura el nombre del galeote difunto, lugar de procedencia, nombre del padre y fecha del fallecimiento, distribuidos por barcos.

En Contaduría Mayor de Cuentas (tercera época) se encuentran numerosas listas pertenecientes a alardes de marineros y gente de remo de distintas galeras, gastos realizados por los galeotes, nóminas de los Consejos, Chancillerías y Corregidores. Legajos consultados: 763; 1704; 1872-1873; 1879; 1893; 1940; 1988; 1997; 2002; 2106; 2264; 2285; 2311; 2376; 2437; 2515; 2532; 2566; 2632; 2706; 2792; 2811; 2843; 2890; 2943; 2951; 2954; 2991; 3057; 3068; 3084; 3171; 3176; 3182; 3204; 3219; 3235; 3438; 3532.

Por referencia facilitada por el profesor G. Parker nos acercamos al legajo 273 de la Contaduría del Sueldo (segunda serie), donde se encuentran varias listas de forzados de los años 1587 a 1592.

En la Dirección General del Tesoro (inventario 24): relación de alcaidías de cárceles vendidas en el reino 1593-1603 (legajo 319).

Dentro de Contadurías Generales en los legajos 212 a 270 se encuentran los libros en los cuales se llevaba la razón de lo producido por las penas de cámara en los tribunales de la Corte y jueces comisarios. Asimismo, se consignaban las partidas que justificaban los diferentes cargos sobre ellas. Su cronología abarca desde el año 1565 hasta el final de los Austrias. En 1565 el Consejo Real impuso sanciones por valor de 276.141 maravedís, mientras los jueces comisarios elevaron la cifra de las suyas hasta 278.400 maravedís. Lo cual arroja cierta luz sobre los motivos de la impopularidad de los comisarios. Llamamos la atención sobre el legajo numerado con el 251, en el cual se encuentran los salarios de los corregidores de los años 1645 en adelante. Igualmente se reflejan los sueldos de los alcaldes mayores de los Adelantamientos. Figuran nominalmente todos los corregidores, con su tiempo de servicio.

En el Archivo Histórico Nacional de Madrid, se ha inspeccionado la sección titulada Consejos Suprimidos, donde se encuentra la documentación relativa a todos los Consejos integrantes del sistema polisinodal de los Austrias. Los volúmenes numerados con el 2768 y 2769, conocidos con el nombre de *«Libros de Matrículas»*, registran las consultas del Consejo Real (las hay de los siglos XVI y XVII). A través de ellos conocemos la solución dada por el Monarca a múltiples conflictos de competencias surgidos entre los diferentes consejos de la Monarquía. En algunos casos, por la referencia del libro podemos llegar a la documentación de la consulta, pero en la mayor parte de los casos ésta se ha perdido y debemos conformarnos con la reseña escrita en el libro de matrícula.

Los libros 2783 a 2787, *«Inventario General de las Causas Criminales que se hallan en el Archivo de la Sala de los Señores Alcaldes de Casa y Corte de Su Majestad, hecho por su mandato, siendo gobernador de ella Don Andrés de Valcárcel Dato, del Real y Supremo Consejo de Castilla. Años 1542 a 1700»*, han sido utilísimos para informarnos de los delitos perseguidos en la Corte. El proceso más antiguo de los registrados data de 1542. Por lo que a nosotros se refiere hemos vaciado la fuente hasta el año 1700.

Dado que la Sala, no era el único tribunal con competencias criminales en Madrid, pues también el corregidor actuaba en la villa, los datos del inventario no registran toda la delincuencia perseguida en la capital, sino sólo una parte. La Sala de Alcaldes veía una media de 106 causas por año. El libro 1171 y el 1173 contienen noticias varias y autos de la Sala de Alcaldes de Casa y Corte.

Ha sido muy fructífero el examen de los Libros de Acuerdos de la Sala de Alcaldes de Casa y Corte, órgano dependiente del Consejo Real y presidido por un consejero, cuya misión fundamental era encargarse del abastecimiento, urbanismo, higiene, administración de justicia y orden público en la Corte y cinco leguas alrededor. Gracias a este fondo documental hemos podido seguir la pista de las actuaciones concretas de uno de los órganos de justicia más elevados. Esta fuente gana en valor si tenemos en cuenta que la documentación penal de los grandes tribunales, como el Consejo Real o las dos Chancillerías, se conserva mal.

Entre los planos custodiados en la sección de Consejos Suprimidos se hallan los de la cárcel real de Sevilla reproducidos en este trabajo. A través de la serie *«Hermandades»* de la Sección de Diversos hemos podido analizar la administración de justicia en la Hermandad Vieja de Toledo y en la de Ciudad Real. Allí se encuentran procesos, resolución de encuentros de estos organismos con los titulares de corregimiento, persecución de malhechores, cuentas, libros de cabildos etc. Hay documentación de los siglos XVI y XVII. Se han consultado los legajos 1-4; 21; 24-38; 56-58; 63-67; 76-77; 80-83.

Entre los fondos de la sección de Ordenes Militares existe documentación relativa a la administración de justicia en sus territorios, nombramiento de jueces, competencias de jurisdicción entre este Consejo y el de Castilla. Destacan por su interés los legajos del llamado Archivo Secreto. Se han consultado los legajos: 7-8; 14; 57-58; 1134; 1182; 1184; 1188; 1190; 1194; 2444; 2479; 4222- 4223; 4710; 5336; 5339-5340; 5373-5374; 5629; 5974; 6124-6125; 6338; 6341; 6345; 6348; 6379-6380; 6403; 6549; 6581; 6620-6621.

En el propio Archivo Histórico Nacional existe una buena Colección de Reales Cédulas, consultadas con la ayuda del catálogo correspondiente.

Otros fondos documentales examinados han sido los custodiados en la Biblioteca Nacional de Madrid y en la Real Academia de la Historia. La mayor parte de estos manuscritos son reescritos de documentos importantes hechos en fecha posterior al de su elaboración cuyo original en muchos casos está perdido. Dada la naturaleza de estos fondos podemos encontrar en ellos datos acerca de los aspectos más insospechados, casi siempre relacionados con personajes de alto relieve.

De los pertenecientes a la Real Academia de la Historia destacaremos los de la Colección de Don Luis Salazar y Castro, y la Colección de Escritores de la Historia de España, formada por Don Manuel Abella.

En la sección Histórica del Archivo General del Palacio Real de Madrid consultamos los expedientes sobre indultos concedidos con motivo de alumbramientos de infantes, matrimonios de reyes y proclamaciones de Príncipe de Asturias.

Por último, no nos hemos olvidado, naturalmente, de los archivos de las dos Chancillerías: la de Valladolid y la de Granada. Desgraciadamente nos vemos obligados a lamentar enormes pérdidas en los fondos referentes a la administración de la justicia penal, los cuales han sido discriminados claramente en beneficio de las causas civiles. No obstante, aún se encuentran entre ellos algunos brillantes destellos de la enorme importancia que tuvieron estos organismos en la Edad Moderna.

En el Archivo de la Real Chancillería de Valladolid, dentro de la sección de Criminal, tenemos los Libros Inventarios de Causas Criminales. Se hizo este inventario en el siglo XVIII y registra los pleitos desde los primeros que entraron en el Archivo, cuando fue nombrado archivero Don Rodrigo Calderón. Están en libros diferentes los procesos fenecidos y los inconclusos. Únicamente consta el lugar donde se inició la causa y nombre de los pleiteantes. Cada escribanía tiene sus libros independientes.

Dentro de la misma sección podemos disponer de los Libros de Criminal, los cuales son libros de registros donde se recogían los asuntos que entraban en la Sala del Crimen de la Chancillería de Valladolid, explicándose como se repartían entre los distintos componentes de la Sala. Además se nos expresa explícitamente si se trata de una presentación, acusación, etc. También figuran los nombres de los litigantes, de qué lugar eran; día, mes y año de la entrada del asunto en la Chancillería. Además, en la mayoría de los casos, se expresa de una forma genérica el asunto: muerte, bofetón, fuerza, rapiña etc. Recogen información desde 1557 hasta 1730. Existen en total 243 libros, de los cuales hemos trabajado los de los años 1600 y 1680. Se comprueba en la práctica que a la Chancillería llegaban en apelación pleitos de todas las procedencias, sin que la distancia o la naturaleza señorial de la jurisdicción hiciese desistir a los pleiteantes en su deseo de proseguir su derecho.

Dentro de los propios Libros de lo Criminal destaca el Libro Becerro, el cual se comenzó a escribir en el año 1542 y llega hasta 1759. Recoge copias de resoluciones y nombramientos hechos por los Alcaldes del Crimen reunidos en acuerdo, cédulas reales, cartas acordadas del Consejo etc. (caja 58-1).

También en la Chancillería de Valladolid, pero en la sección de Secretaría del Acuerdo, se encuentra la serie *«Cédulas y Pragmáticas»*, colección documental con ejemplares de los siglos XVI y XVII (legajos 1-7). En la misma sección se sirven a la investigación los libros donde se asentaban las penas de cámara condenadas por la Chancillería y algunos otros de memorias de asuntos recogidos en los libros del acuerdo. Se han consultado las cajas 22-25; 28; 30 y 32.

En el Archivo de la Real Chancillería de Granada dentro de la sección de Gobierno y Administración, en la serie *«Libros de Chancillería»* se localiza un repertorio de ordenanzas de este organismo que van desde 1508 a 1792, y una buena colección de Reales Cédulas fechadas entre 1508 y 1567. Esta documentación se ubica en el despacho de Dirección y tiene numeración: libros 184-193. En la sección del Real Acuerdo se obtiene información sobre la cárcel, aranceles, competencias de jurisdicción, sueldos de ministros, distribución de los ministros por Salas etc. Se han consultado los legajos: 2141; 2143; 2145; 2148; 2150-2151; 2156; 2158-2160; 2163; 4335; 4337-4340; 4359; 4367; 4375; 4378; 4403; 4426; 4430; 4439; 4441; 4443; 4446-4447.

Por dificultades técnicas no se pudo consultar la documentación de la Audiencia Escolástica de la Universidad de Salamanca. Por esta causa, los procesos seguidos al amparo del Fuero Universitario a los que hemos hecho mención pertenecen a la Universidad de Valladolid, donde su directora: Dña. María Jesús Urquijo nos atendió con gran amabilidad. Se han consultado los legajos 1 a 57, todos ellos compuestos de procesos.

Fuentes Impresas

Actas de las Cortes de Castilla. Real Academia de la Historia. Madrid, 1862 a 1988.

AGUIRRE, Severo: *Prontuario alfabético y cronológico por orden de materias de las instrucciones, ordenanzas, reglamentos, pragmáticas, y demás reales resoluciones no recopiladas, que han de observarse para la administración de justicia y gobierno de los pueblos del reino.* Segunda ed. En la oficina de D. Benito Cano. Madrid 1894, 3 vols.

AGUIRRE, Severo: *Continuación y suplemento del prontuario.* Madrid, 1903.

ALCOCER MARTINEZ, M. *Historia de la Universidad de Valladolid. Bulas Apostólicas y Privilegios Reales otorgados a esta Universidad.* Valladolid, 1919.

ALFONSO X, rey de Castilla: *Setenario.* Barcelona, 1984.

ALVAREZ POSADILLA, Juan: *Práctica criminal por principios, o modo y forma de instruir los procesos criminales de las causas de oficio de justicia contra los abusos introducidos. Compuesta por ..., corregidor que ha sido de distintas poblaciones, villas y ciudades del Reyno.* 2ª edic. S. L., 1797.

ALVAREZ POSADILLA, Juan: *Comentarios a las leyes de Toro, según su espíritu y el de la legislación de España.* Madrid, 1826.

ARRIBAS ARRANZ, F. *Cédulas de los Reyes Católicos referentes a Valladolid.* Cuadernos de la cátedra de Paleografía y Diplomática, I. Valladolid, 1953.

BECCARIA, Cesare: *De los delitos y de las penas.* Madrid, 1980.

BELTRAN DE HEREDIA, Vicente O.P. *Bulario de la Universidad de Salamanca (1219 a 1549).* Salamanca, 1966 y 1967. 3 vols.

BELTRAN DE HEREDIA, Vicente O.P. *Cartulario de la Universidad de Salamanca.* Salamanca, 1970 a 1973. 6 vols.

BENTHAM, Jeremias: *El panóptico.* Madrid, 1979.

BERNALDEZ, Andrés. *Historia de los Reyes Católicos D. Fernando y Dña. Isabel.* Sevilla, 1870. 2 vols.

BERNI, Joseph: *Práctica criminal con nota de los delitos, sus penas, presunciones y circunstancias que lo agravan y disminuyen y ritual para juzgar, acriminar y defender en los Tribunales reales de España y en los particulares de Residencias.* Valencia, 1765.

BODINO: *Los seis libros de la República.* Caracas, 1966.

BOTERO: *Los diez libros de la razón de Estado.* Madrid, 1593.

CABRERA DE CORDOBA: *Relaciones de las cosas sucedidas en la corte de España. Desde 1599 hasta 1614.* Madrid, 1857.

CABRERA DE CORDOBA: *Felipe segundo, Rey de España.* Madrid, 1876 y 1877. 4 vols.

CANTERA BURGOS, Diego de. *Quaestiones criminales.* Salamanca, 1589.

CARBONERES, M. *La mancebía de Valencia.* Valencia, 1978. Edicción facsímil de la de 1876.

«Cartas de algunos Padres de la Compañía de Jesús, sobre los sucesos de la Monarquía entre los años 1634 y 1648», en *Memorial Histórico Español.* Tomo XIII a XIX. Madrid, 1861 a 1865.

CASTILLO DE BOBADILLA, J. *Política para corregidores y señores de vasallos.* Amberes, 1704. (Edición Facsímil editada por el instituto de Estudios de Administración Local). Madrid, 1978.

CASTRO, Pedro de. *Defensa de la Tortura.* Madrid, 1778.

Censo de la Corona de Castilla, 1591. Transcripción de Annie Molinie Bertrand. Madrid, 1985.

Cédulas y provisiones de Carlos I, Rey de España, conservadas en el Archivo General de la villa de Madrid. Madrid, 1985.

CELSO, M. de. *Repertorio de todas las leyes de estos Reynos de Castilla.* Edición a cargo de los doctores Aguilera y Victoria. Valladolid, 1547.

COBARRUVIAS OROZCO, Sebastián. *Tesoro de la Lengua Castellana o Española.* Madrid, 1979. Facsímil de la de Madrid, 1611.

Colección de Documentos Inéditos para la Historia de España. Publicada por Martín Fernández Navarrete, Miguel Salvá, Pedro Sáinz de Baranda, Marqués de Pidal, Marqués de Miraflores, etc. Madrid, 1842 a 1895. 112 vols.

Copilación de las Instrucciones del Officio de la Sancta Inquisición hechas por el muy Reverendo Señor Fray Thomas de Torquemada, Prior del Monasterio de Sancta Cruz de Segovia, primero Inquisidor general de los Reynos y Señorios de España. E por los otros Reverendissimos Señores Inquisidores generales que despues succedieron, cerca de la orden que se ha de tener en el exercicio del Sancto Oficio. Madrid, 1576.

Correspondencia del Conde de Tendilla (1508 a 1513). Biografía y transcripción de Emilio Meneses García. Real Academia de la Historia. Madrid 1973 a 1974. 2 vols.

Cortes de los antiguos reinos de León y de Castilla, publicadas por la Real Academia de la Historia. Madrid, 1882 a 1989.

COVARRUBIAS Y LEYVA. *Practicarum Quaestionum Liber.* Edición de M. Fraga. Madrid, 1957

Crónica incompleta de los Reyes Católicos (1469 a 1476), según un manuscrito anónimo de la época, ed. de J. Puyol. Madrid, 1934.

CUESTA GUTIERREZ, L. *Formulario notarial castellano del siglo XV.* Madrid, 1948.

CHAVES, Cristóbal de. «Relación de la cárcel de Sevilla», publicada por Gallardo, B. en *Ensayo de una Biblioteca española de libros raros y curiosos* formado con los apuntamientos de don Bartolomé José Gallardo, coordinados y aumentados por Don M.R. Zarco del Valle y don J. Sancho Rayón. Madrid, 1866; y Madrid, 1968 y 1969.

CHAVIER, Antonio. *Fueros del reyno de Navarra.* Pamplona, 1686.

DIAZ DE MONTALVO, Doctor Alfonso. «Ordenanzas Reales de Castilla», por mandado de los reyes don Fernando y doña Isabel. Recopiladas y compuestas por el doctor Alfonso Díaz de Montalvo, oidor de su audiencia y su referendario y de su consejo, en *Códigos Españoles.* Madrid, 1849.

Diccionario de Autoridades de la Real Academia. Madrid, 1969.

Documentos del Archivo General de la Villa de Madrid. Interpretados y coleccionados por T. Domigo Palacio. Madrid, 1808 a 1909. 4 vols.

ELIZONDO Y ALVAREZ, Francisco Antonio de. *Práctica Universal forense de los Tribunales de España y de las Indias.* Madrid, 1746.

ELLIOTT, John H. y PEÑA, José F. de la. *Memoriales y cartas del Conde Duque de Olivares.* Madrid, 1978 y 1981, 3 vols.

ELIZONDO, Francisco A. de. *Práctica universal forense de los tribunales de España y de las Indias.* Madrid, 1788 a 1892. 8 volúmenes.

«ESPECULO». en *Códigos Españoles.* Madrid, 1847. T. VI.

Estylo de las peticiones que se presentan y proveen en la Real Chacillería de Valladolid, assi en la Sala de Audiencia pública, como en las salas originales y en el Acuerdo y de las semanerias y otros despachos ordinarios. Burgos, 1605.

EYMERIC, Nicolau. *Manual de Inquisidores*. Barcelona, 1982.

FERNANDEZ ALVAREZ, Manuel. *Corpus Documental de Carlos V*. Salamanca, 1973 a 1981. 5 vols.

FERNANDEZ DURO, Cesáreo. «La mar descrita por los mareantes, más disquisiciones que comprenden la vida de la galera», en *Disquisiciones naúticas*. Madrid, 1876 a 1881. T. II.

FERNANDEZ DE NAVARRETE. *Conservación de Monarquías y Discursos políticos*. Madrid, 1805.

«Floreto de anécdotas y noticias diversas que recopiló un fraile dominico residente en Sevilla a mediados del siglo XVI». Publícalo con prólogo, notas e índices F. J. Sánchez Cantón. *M.H.E.* Madrid, 1948. T. XLVIII.

«Fuero Juzgo», en *Los Códigos españoles concordados y anotados*. Madrid, 1845. T. I.

«Fuero Real». En *Códigos Españoles*. Madrid, 1847. T. I.

Fueros, Observacias y Actos de Corte del Antiguo Reino de Aragón. Zaragoza, 1866, 2 vols.

«Fuero Viejo de Castilla». En *Los Códigos españoles concordados y anotados*. Madrid, 1847. T. I.

GARCIA MERCADAL, J. *Viajes de extranjeros por España y Portugal*. Madrid, 1952.

GIRON, Pedro. *Crónica del emperador Carlos V*. Madrid, 1964.

GONZALEZ, Tomás. *Censo de la población de las provincias y partidos de la corona de Castilla en el siglo XVI*. Madrid, 1829.

GONZALEZ DAVILA, Gil. *Historia de Felipe III*. Madrid, 1771.

GONZALEZ DAVILA, Gil. *Teatro de las grandezas de la villa de Madrid*. Madrid, 1623.

GUEVARA, Antonio. *Libro de los inventores del arte del marear, y de los travajos de la galera*. Copilado por el Ilustre señor don... Alcalá de Henares, 1592.

GUTIERREZ, José Marcos. *Práctica Criminal de España*. Madrid, 1824. 3 vols.

Instrucciones del Santo oficio. Copilación de las Instrucciones del Oficio de la Sancta Inquisición, hechas en Toledo, año de mil y quinientos y sesenta y uno. Madrid, 1574.

JOVELLANOS, Gaspar M. de. *Informe de la Real Sala al Consejo de Castilla, sobre indultos generales*. B.A.E. XLVI. Madrid, 1858, pp. 451 a 454.

LEON, Pedro de S.I. *Grandeza y Miseria en Andalucia. Testimonio de una encrucijada histórica (1578 a 1616)*. Edición, introducción y notas de Pedro Herrera Puga S.I., según el Ms. de la Universidad de Granada. Prólogo de Antonio Domínguez Ortiz. Granada, 1981.

«Leyes para los Adelantados Mayores», en *Los Códigos Españoles concordados y anotados*. Madrid, 1849. T. VI.

Leyes para la brevedad y orden de los pleitos (año 1499). Edición facsímil del Instituto de Historia del Derecho de la Universidad de Granada. Granada, 1973.

«Leyes del Estilo» en *Opúsculos Legales del Rey Don Alfonso el Sabio*, publicados por la Real Academia de la Historia. Madrid, 1836.

«Leyes de Toro», en *Códigos Españoles*. Madrid, 1849. T. VI, pp. 549 a 567.

Libro en que están copiladas algunas bullas de nuestro muy santo padre concedidas en favor de la jurisdición real de sus altezas, e todas las pragmáticas que están fechas para la buena governación del reyno. Edición facsímil de la primera edición de Alcalá de Henares, 1503 a cargo de A. García Gallo y M.A. de la Canal. Madrid, 1973.

Libro de las bulas y pragmáticas de los Reyes Católicos. Prefacio de Alfonso García-Gallo y de Miguel Angel Pérez de la Canal. Reproducción facsímil de la que terminó Lançalao Polono en Alcalá de Henares el 16 de Noviembre 1503, ejemplar que se encuentra en la Real Academia Española. 2 tomos. Madrid, 1973. (conocido vulgarmente como libro de bulas y pragmáticas de Juan Ramírez).

Libro de los Fueros de Castilla. Publ. por Galo Sánchez. Barcelona, 1924.

Libro de los privilegios del Almirante Don Cristobal Colón (1498), estudio preliminar, edición y notas por el excmo. señor Don Ciriaco Pérez-Bustamente de la Real Academia de la Historia. Madrid, 1951.

LIÑAN Y VERDUGO, Antonio. *Guía y avisos de forasteros que vienen a la Corte*. Real Academia Española. Madrid, 1923.
LOPEZ, Gregorio. «Glosas al Código de las Siete Partidas» en *Los Códigos españoles concordados y anotados*, T. II, III, IV y V. Impr. Rivadeneyra. Madrid, 1848.
LOPEZ DE CUELLAR, Juan. *Tratado jurídico-político: Práctica de indultos conforme a las leyes y ordenanzas reales de Castilla y Navarra*. Pamplona, 1690.
MARCOS RODRIGUEZ, Florencio. *Extractos de los libros de claustros de la Universidad de Salamanca. Siglo XV*. Salamanca, 1964.
MARIANA, Juan de. *Del Rey y de la institución Real*. B.A.E. Madrid, 1950. T. XXXI.
MARTIN PEREZ. *Relación verdadera que trata de todos los sucesos y tratos de la cárcel Real de la Ciudad de Sevilla*. Madrid, 1627.
MARTINEZ DE BURGOS, Licenciado Andrés. *Repertorio de todas las premáticas y capítulos de cortes, hechos por su magestas, desde el año de mil y quinientos y veinte y tres, hasta el año de mil y quinientos y cuarenta y cuatro: hecho por el licenciado Andrés Martínez de Burgos, vecino de Astorga: dirigido al muy alto y muy poderoso príncipe don Felipe nuestro señor*. Medina del Campo, 1547.
MEDINA, Juan de. *De la orden que en algunos pueblos de España se ha puesto en la limosna para remedio de los verdaderos pobres*. Salamanca, 1545.
MEXIA, Pedro. *Historia del emperador Carlos V*, escrita por su cronista el magnífico caballero... Edición y estudio por Juan de Mata Carriazo. Madrid, 1945.
MIGUEL VIGIL, C. *Colección Histórico-diplomática del Ayuntamiento de Oviedo*. Oviedo, 1889.
NOVOA, Matias de. «Historia de Felipe II». *Codoin*, T. LX y LXI.
NOVOA, Matias de. *Historia de Felipe IV* por Bernabé de Vivanco. Madrid, 1881. 4 vols.
Nueva Recopilación. *Recopilación de las leyes de estos Reinos*, hecha por mandato de la mag. católica del Rey D. Felipe V. Impresor Juan de Austria. Madrid, 1723.
ORDENAMIENTO DE ALCALA, en *Códigos Españoles*. Madrid, 1847. Tomo I, pp. 443 a 483.
Ordenanzas para el buen gobierno de la Armada del Mar Océano. Edición facsímil de la de 1633. Madrid, 1974.
«Ordenanzas Reales de Castilla», en *Los Códigos españoles concordados y anotados*. Madrid, 1849. T. VI.
Ordenanzas de la Real Audiencia de Sevilla. Sevilla, 1603.
Ordenanzas de la Real Audiencia y Chancillería de Granada. Granada, 1601.
Ordenanzas de la Audiencia de Sevilla. Es el libro segundo, y contiene las «Ordenanzas del año de 1609, que resultaron de la Visita que desta Audiencia hizo el licenciado Don Gonzalo Perez de Valençuela» y las Ordenanças del Año 1632, que resultaron de la visita que desta Audiencia hizo el Licenciado D. Fernando Remirez Fariña».
Ordenanzas de la Chancillería de Valladolid. Recopilación de las Ordenanças de la Real Audiencia y Chancillería de su Magestad, que reside en la Villa de Valladolid. Imprimiose por mandato de los señores Presidentes Oydores della. Sacada de lo que por las visitas passadas y por las Cedulas y Provisiones Reales, y por autos y proveymientos del Acuerdo, en los casos que por tiempo ocurrieron hasta oy. Está ordenado y proveydo, para la orden y buena governacion de la dicha Real Audiencia, y mas breve y mejor expedición y despacho de los pleitos y negocios. Impresso en Valladolid, por Francisco Fernández de Córdova, Impressor de su Magestad, en este año de 1566. Bib. Naci. 3/12328.
Ordenanzas. Recopilación de las de la Real Audiencia y Chancillería de Su Magestad que reside en la villa de Valladolid. Valladolid, 1765.
Ordenanzas de la Chancillería de Valladolid. Recopilación de las cedulas y provisiones, visitas y ordenanças que los Señores Reyes Catholicos de gloriosa memoria y Su Magestad del Emperador y Rey don Carlos su nieto nuestro Señor An embido ya proveydo para esta su Real audiencia y chancilleria de Valladolid y de los autos y mandamientos que para la buena

administración de la justicia y expedicion de los negocios se han hecho y mandado guardar por los Señores Presidente y Oydores d'la dicha audiencia: por cuyo mandato agora se han impresso. Impresso en la muy noble villa de Valladolid por mandado de los Señores e Oydores de la Audiencia de sus Magestades en casa de Francisco Fernández de Córdova junto a las escuelas mayores. Acabose a quince dias de Septiembre de 1545.

Ordenanzas de la Chancillería de Valladolid. Estilo de las peticiones que se presentan y proveen en la Real Chancillería de Valladolid, assi en la Sala de Audiencia publica, como en las salas originales, y en el Acuerdo: y de las semanerías, y otros despachos ordinarios. Por Juan Baptista. Varesio. Año 1605. Bib. Nac. 3/12328.

PELLICER Y TOBAR, José. «Avisos históricos que comprenden las noticias más particulares ocurridas en nuestra Monarquia desde el año de 1639», en el *Semanario Erudito de Valladares.* Madrid, 1790. T XXXI, XXXII, XXXIII.

PEREZ, Antonio. *Cartas y Relaciones* (publicadas primero anónimamente en 1592, reeditadas posteriormente en Paris en 1598 y numerosas veces después de esta fecha. CODOIN, XV, pp. 397 a 553.

PEREZ DE HERRERA, Cristóbal. *Discurso sobre el amparo de los legítimos pobres de estos reinos, reducción de los fingidos y amparo de la milicia de ellos.* Madrid, 1598.

PEREZ Y LOPEZ, Antonio Xavier. *Teatro de la legislación Universal de España e Indias por orden cronológico de sus cuerpos, y decisiones no recopiladas: y alfabético de sus títulos y principales materias.* Madrid, 1791 a 1798.

PEREZ, Martín. *Relación verdadera, que trata de todos los sucessos y tratos de la Carcel Real de la Ciudad de Sevilla. Compuesto por el Licenciado Martín Pérez, preso en dicha cárcel.* Madrid, 1627.

Provisiones Nuevas. Quaderno de algunas provisiones y Cédulas nuevas, que los señores del Consejo Real de su Magestad mandan que se impriman, este año de 1565. Alcalá 1565.

PULGAR, Hernando del. *Crónica de los Señores Reyes Católicos Don Fernando y Doña Isabel de Castilla y de Aragón.* BAE. Madrid, 1953. T. III.

PULIDO FERNANDEZ. *La pena capital en España.* Madrid, 1897.

PUYOL, Julio. *Crónica incompleta de los Reyes Católicos. Según un manuscrito anónimo de la época.* Madrid, 1934.

QUEVEDO Y HOYOS, Antonio. *Libro de indicios y tormentos; que contiene toda la práctica criminal, y modo de sustanciar el proceso indicativamente hasta descubrir el delito y delinquente y ponerle en estado de condenarle, o absolverle.* Madrid, 1632.

Recopilacion de las cédulas y provisiones, visitas y ordenanças que los Señores Reyes Cathólicos de gloriosa memoria y su Magestad del Emperador y Rey don Carlos su nieto nuestro Señor An embiado y proveydo para esta su Real audiencia y chancillería de Vallodolid y de los autos y mandamientos que para la buena administración de la justicia y expedicion de los negocios se han hecho y mandado guardar por los Señores Presidente y Oydores d'la dicha audiencia por cuyo mandado agora se han impuesto. Valladolid, 1545, 1566, 1765.

Recopilación de las Leyes destos Reynos, hecho por mandado de la Magestad Católica del Rey Don Phelipe V. Imp. Juan de Aritzia. Madrid, 1723.

Relaciones Histórico-Geografico-Estadísticas de los pueblos de España hechas por iniciativa de Felipe II. Ed. Carmelo Viñas y Ramón Paz. Madrid, 1949 a 1971.

RIVADENEYRA. *Tratado de la religión y virtudes del príncipe cristiano.* B.A.E. T. LX.

ROBLES O DE MEDINA, Fray Juan de. *Del remedio de los verdaderos pobres.* Reedición de Madrid, 1965.

SALGADO CORREA. *Libro nombrado regimiento de Juezes, scripto por el Licenciado... dirigido al Serenísimo, muy alto y muy poderoso príncipe Don Philippe. En el qual se contienen algunos acuerdos y avisos de las cosas que los buenos corregidores y jueces deben considerar y hazer y evitar para administrar bien sus oficios, y dar buena y loable cuenta de sí y dellos.* Sevilla, 1566.

SANDOVAL, Bernardino. *Tratado del cuydado que se deve tener de los presos pobres. En que se trata ser obra pía proveer a las necesidades que padecen en las cárceles.* Imp. Miguel Ferrer, Toledo, 1564.

SANDOVAL, *Historia de la vida y hechos del Emperador Carlos V, Máximo, fortísimo, Rey Católico de España y de las Indias, Islas y Tierra firme del mar Océano.* B.A.E. Tomos LXXX, LXXXI, LXXXII. Madrid, 1955 a 1956.

SANTA CRUZ, A. *Crónica del Emperador Carlos V.* Madrid, 1923.

SANTA CRUZ, A. *Crónica de los Reyes Católicos.* Edición y estudio por J. de M. Carriazo. Sevilla, 1951.

SANTINDER, Thomas de. *Recopilación de las Ordenanzas de la Real Audiencia y Chancillería... de Valladolid.* Valladolid, 1965.

SANTOS, Francisco. *La Verdad en el potro, y el Cid resucitado.* Madrid, 1686.

SANTOS, Francisco. *Día y noche de Madrid, discurso de lo más notable que en él pasa.* B.A.E. XXXIII. Madrid, 1854.

SEMPERE Y GUARINOS, Juan. *Observaciones sobre el origen, establecimiento y preeminencias de las Chancillerías de Valladolid y Granada.* Granada, 1796.

SOLER, Jaime. *Repertorio de todas las leyes de Castilla.* Toledo, 1529.

SORIA Y VERA. *Tratado de la justificación y conveniencia de la tasa del pan.* Toledo, 1633.

SOTO, Domingo de. *Deliberación en la causa de los pobres.* Salamanca, 1545.

SOTO, Domingo de. *De institia et iure* Fratris Dominici Soto, Segobiensis Theologi, Ordimis Praedicatorum, Caesareae Maiestati a sacris confessionibus, Salmantini professoris libri decem De Institia et Iure. Lugduni, apud Haeredes Iacobi Innuctae, 1558.

SOTO, Domingo de. *Tratado de la Justicia y el Derecho,* vertido al castellano por J. Torrubiano Ripoll. Madrid, 1922.

SUAREZ, Francisco. *Las Leyes.* Instituto de Estudios Políticos. Madrid, 1968. VI vols.

VALDES, Alfonso de. *Diálogo de Mercurio y Carón.* Madrid, 1954.

VALENCIA, Pedro de. *Discurso contra la ociosidad.* ed. de Viñas Mey. Madrid, 1945.

Viajes de extranjeros por España y Portugal. Recopilación, traducción al castellano, prólogo y notas por J. García Mercadal. Madrid, 1952, 3 vols.

VILANOVA Y MAÑÉS, Senén. *Materia criminal forense o tratado universal teórico y práctico de los delitos y delincuentes en género y especie para la segura y conforme expedición de las causas de esta naturaleza.* Madrid, 1807.

VILLADIEGO. *Instrucción política y práctica judicial, conforme al estilo de los Consejos, Audiencias y Tribunales de Corte, y otros ordinarios del Reyno.* Madrid, 1766.

VILLADIEGO DE VASCUÑANA y MONTOYA, Alonso de. *Instrucción política y práctica judicial conforme al estilo de los Consejos, Audiencias y Tribunales de Corte, y otros ordinarios del reyno, utilíssima para los Governadores, y Corregidores y otros Jueces Ordinarios, y de comisión, y para los Abogados, Escrivanos, Procuradores, y Litigantes.* Imp. Antonio Marín. Madrid, 1766.

VILLALON, Christoval de. *Viaje de Turquía... 1555.* Madrid-Barcelona, 1919, 2 vols.

VIVES, Luis. *De subventione pauperum.* Madrid, 1947.

Bibliografía

ABBIATECI, A.: «Les incendiaires en France au XVIIIè siècle. Essai de typologie criminelle», en *Annales E.S.C.*. 1970, XXV, 1, pp. 230-248.

ABRIL, V.: «Derecho, Estado, Rey: Monarquía y democracia en Francisco Suárez», en *Revista de Estudios Políticos*. 1976, 210.

ALBI, F.: *El corregidor en el municipio español bajo la Monarquía Absoluta (Ensayo histórico-crítico)*. Madrid, 1943.

ALEJANDRE GARCIA, J.A.: «El delito de falsedad testimonial en el derecho histórico español», en *Historia, Instituciones, Documentos*. Sevilla, 1976, 3, pp. 9-141.

ALEJANDRE GARCIA, J.A.: «Estudio histórico del delito de falsedad documental», en *Anuario de Historia del Derecho Español*. XLII, pp. 117-189.

ALEJANDRE GARCIA, J.A.: «La función penitenciaria de las galeras», en *Historia 16*. Oct. 1978, Extra VII, pp. 47-54.

ALEMAN, M.: *Guzmán de Alfarache*. Madrid, 1972. 5 vols.

ALONSO HERNANDEZ, J. L.: *Léxico del Marginalismo del Siglo de Oro*. Salamanca, 1976.

ALONSO HERNANDEZ, J. L.: *El lenguaje de los maleantes españoles de los siglos XVI y XVII: La Germanía*. Salamanca, 1979.

ALONSO ROMERO, M. P.: «Las Cortes y la Administración de la Justicia», en *Las Cortes de Castilla y León en la Edad Moderna*. Valladolid, 1989, pp. 501-564.

ALONSO ROMERO, M.P.: «Aproximación al estudio de las penas pecuniarias en Castilla (siglos XIII-XVIII», en *Anuario de Historia del Derecho Español*. 1985, pp. 9-94.

ALONSO ROMERO, M.P.: *El proceso penal en Castilla (siglos XIII-XVIII)*. Salamanca, 1982.

ALVAR EZQUERRA, A.: *Antonio Pérez, relaciones y cartas*. Madrid, 1986. 2 vols.

ALVAREZ ALONSO, C.: «Tendencias en la investigación del derecho penal histórico. Los casos de Gran Bretaña, Francia e Italia como excusa», en *Sexo barroco y otras transgresiones premodernas*. Madrid, 1990, pp. 197-213.

ALVAREZ DE MORALES, A.: «La Hermandades, expresión del movimiento comunitario en España», en *Estudios y Documentos*. Valladolid, 1974.

ALVAREZ DE TOLEDO, L. I. Duquesa de Medina Sidonia: *Historia de una conjura. La supuesta rebelión de Andalucía, en el marco de las conspiraciones de Felipe IV y la Independencia de Portugal*. Cádiz, 1985.

ALVAREZ-GENDIN, S.: «Dos documentos interesantes: I) De las cortes del reino de León. II) De las hermandades de León y de Galicia», en *Actas del I Simposium de Historia de la Administración*. Madrid, 1970, pp. 103-123.

ALVAREZ, J.Mª: *Instituciones de derecho real de Castilla y de Indias*. México, 1982. 2 vols.

ALVAREZ JUSUE, A.: «Guerra de justicias», en *Archivo Hispalense*. Sevilla, 1953, II época, 54-55-56, pp. 31-93.

ALVAREZ JUSUE, A.: «La Audiencia de Sevilla, creación de Carlos I», en *Anales de la Universidad Hispalense*. Sevilla, 1957-1958, 18-19, pp. 67-87.

ALVAREZ JUSUE, A.: «La justicia sevillana desde Alfonso XI hasta la Audiencia de los Grados», en *Archivo Hispalense*. 1953, 60, pp. 17-50.

ANDRES ARRATIBEL, Mª B.; OLARAN Y MUGICA, C.: «Estudios de la conflictividad a través de los pleitos del siglo XVI del Archivo del Corregidor de Guipúzcoa», en *Homenaje a J. Ignacio Tellechea Idígoras*. San Sebastián-Donostia, 1982-1983, I, pp. 452-464.

ANDREW, C. H.: «La Batalla de Lepanto y su lugar en la Historia del Mediterráneo», en *Poder y Sociedad en la España de los Austrias*. Barcelona, 1982.

ARCO Y GARAY, R.: *La sociedad española en las obras dramáticas de Lope de Vega*. Madrid, 1942.

ARCO Y GARAY, R.: «Posición de Cervantes ante el gobierno y la administración», en *Revista de Archivos, Bibliotecas y Museos*. 1953, LIV, 1-2-3, pp. 185-228.

ARCO Y GARAY, R.: *La sociedad española en las obras de Cervantes*. Madrid, 1951.

ARCO Y GARAY, R.: *La ínfima levadura social en las obras de Cervantes*. Madrid, 1952.

ARCO Y GARAY, R.: *La crítica social en Cervantes*. Madrid, 1951.

ARDIT, M.: «Bandolerisme i delinqüencia a les acaballes de l'Antic Régim», en *Recerques*. Barcelona, 1974, 3, pp. 137-152.

ARIAS DE BALBOA: «Glosas al Fuero Real de Castilla», en *Anuario de Historia del Derecho Español*. 1951, XXI-XXII, pp. 731-1139.

ARTIÑANO, G. de: «La vida de la Galera», en *Conferencias sobre Lepanto*. Madrid, 1947, II, pp. 87-124.

ARTOLA, M.: *La legislación del Antiguo Régimen*. Madrid, 1982.

ARVIZU, F. de: «El fiscal de la Audiencia en Indias y su paralelo castellano (siglos XVI y XVII)», en *VI Congreso del Instituto Internacional de Historia del Derecho Indiano: Poder y presión fiscal*. Valladolid, 1986, pp. 203-233.

ASENJO ESCUDERO, M.: «Funcionamiento y organización de la Real Chancillería de Valladolid», en *Hidalguía*. 1961, XI, 44, pp. 397-674.

ASSEO, H.: «Marginalité et exclusion: le traitement administratif des bohémiens dans la societé française du XVIIè siècle», en *Problémes socio-culturels en France au XVIIè siècle*. Paris, 1974, pp. 9-87.

ATIENZA HERNANDEZ, I.: «La «quiebra» de la nobleza castellana en el siglo XVII. Autoridad real y poder señorial: El secuestro de los bienes de la Casa de Osuna», en *Hispania*. Madrid, 1984, 156, pp. 49-81.

ATIENZA HERNANDEZ, I: *Aristocracia, poder y riqueza en la España Moderna. La Casa de Osuna. Siglos XV-XIX*. Madrid, 1987.

AYMARD, M.: «Chiourmes et galères dans la Méditerranée du XVIè siècle», en *Mélanges en l'honneur de Fernand Braudel*. 1973, I, pp. 49-64.

AZCONA, T. de; GARCIA ORO, J.; GONZALEZ NOVALIN, J. L.: *Historia de la Iglesia en España: La Iglesia en España de los siglos XV y XVI*. Madrid, 1980.

BARATTA, A.: «Criminología y dogmática penal. Pasado y futuro integral de la ciencia penal», en *Papers*. Barcelona, 1980, 13, pp. 13-49.

BARBERO SANTOS, M.: «La pena de muerte en el derecho histórico y actual», en *La pena de muerte, seis respuestas*. Madrid, 1978.

BARBERO SANTOS, M.: *Política y derecho penal en España*. Guadalajara, 1977.

BARBERO SANTOS; BERDUGO; BERISTAIN; COBO; GARCIA VALDES; GIMBERNAT: *La pena de muerte: seis respuestas*. Valladolid, 1975.

BARRIENTOS GARCIA, J.: *El tratado «De justitia et Jure» (1590) de Pedro de Aragón*. Salamanca, 1978.
BARRIOS, F.: *Los Reales Consejos. El Gobierno central de la Monarquía en los escritores sobre Madrid del siglo XVII*. Madrid, 1988.
BASAS FERNANDEZ, M.: *El Consulado de Burgos en el siglo XVI*. Madrid, 1963.
BATAILLON, M.: *Pícaros y picaresca*. Madrid, 1982.
BAUER LANDAUER, I.: *La marina española en el siglo XVI: D. Francisco de Benavides, Cuatralvo de las galeras de España*. Madrid, 1921.
BELTRAN DE HEREDIA, V.: *Cartulario de la Universidad de Salamanca. La Universidad en el Siglo de Oro*. Salamanca, 1970-73. 6 vols.
BENEYTO, J: *Historia de la Administración Española e Hispanoamericana*. Madrid, 1958.
BENEYTO PEREZ, J.: *Instituciones de derecho histórico español*. Barcelona, 1930-1931. 3 vols.
BENI Y CATALA, J.: *Instrucción de alcaldes ordinarios que comprenden las obligaciones de éstos y del Amotacen*. Madrid, 1988.
BENITEZ, R.; CISCAR, E.; DOMINGUEZ ORTIZ, A.; MESTRE, A.: *Historia de la Iglesia en España: La Iglesia en España de los siglos XVII Y XVIII.*. Madrid, 1979.
BENNASAR, B.; BRAULT-NOBLE, C.; DEDIEU, J.-P.; GUILHEM, C.; MARC, M.-J.; PEIRE, D.: *Inquisición española: poder político y control social*. Barcelona, 1981.
BENNASSAR, B.: *Estado, Hacienda y Sociedad en la Historia de España*. Valladolid, 1989.
BENNASSAR, B.: *La España del Siglo de Oro*. Barcelona, 1983.
BENNASSAR, B.: *Valladolid en el Siglo de Oro. Una ciudad de Castilla y su entorno en el Siglo de Oro*. Valladolid, 1989.
BERCE, Y. M.: «Aspectes de la criminalité au XVIIè siècle», en *Revue Historique*. 1968, 239, pp. 33-42.
BERCE, Y. M.: «De la criminalité aux troubles sociaux: La noblesse rurale du Soud-Ouest de la France sous Louis XIII», en *Annales du Midi*. 1964.
BERDUGO GOMEZ DE LA TORRE, I.: «Contribución al estudio de la desaparición de los derechos penales forales», en *Cuadernos de Política Criminal*. 1981, 13, pp. 5-23.
BERLINGUER, L.; COLAO, F. (A cura di): *Crimine, giustizia e societa veneta in Eta Moderna*. Milano, 1989.
BERMEJO CABRERO, J. L.: *Estudios de Historia del Derecho y de las Instituciones*. Madrid, 1989.
BERMEJO CABRERO, J. L.: *Aspectos jurídicos e institucionales del Antiguo Régimen en España*. Barcelona, 1985.
BERMEJO CABRERO, J. L.: *Derecho y administración pública en la España del Antiguo Régimen*. Madrid, 1985.
BERMEJO CABRERO, J.L.: «Duelos y desafíos en el derecho y la literatura», en *Sexo barroco y otras transgresiones premodernas*. Madrid, 1990, pp. 109-126.
BERMEJO CABRERO, J.L.: «Notas sobre las Juntas del Antiguo Régimen», en *Actas del IV Symposium de Historia de la Administración*. Madrid, 1983, pp. 93-108.
BERMEJO CABRERO, J.L.: *Estudios sobre la Administración central española (siglos XVII y XVIII)*. Madrid, 1982.
BERMEJO CABRERO. J. L.: «Tormentos, apremios, cárceles y patíbulos a finales del Antiguo Régimen», en *Anuario de Historia del Derecho Español*. 1986, 56, pp. 683-727.
BERMUDEZ AZNAR, A.: *El Corregidor en Castilla durante la Baja Edad Media (1348-1474)*. Murcia, 1974.
BERMUDEZ DE PEDRAZA, F.: *El Secretario del Rey*. Madrid, 1973.
BERNAL GOMEZ, B.: «Un aspecto más del régimen carcelario novohispano: La visita de cárcel», en *VI Congreso del Instituto Internacional de Historia del Derecho Indiano: Poder y presión fiscal*. Valladolid, 1986, pp. 255-279.

BERNAL MARTIN, S.: *La administración de justicia en la Segovia medieval*. Segovia, 1979.

BERNALDEZ, A.: *Memorias del reinado de los Reyes Católicos*. Madrid, 1962.

BERNALDO DE QUIROS, C.: *La picota y figuras delincuentes*. Madrid, 1975.

BERNARD0 ARES, J. M.: *Los Alcaldes Mayores de Córdoba (1750-1833)*. Córdoba, 1978.

BERNARDETE, J.: «Los galeotes», en *Revista Hispánica Moderna*. 1965, XXXI, pp. 57-70.

BERNARDO ARES, J.M.: «Gobierno municipal y violencia social en Córdoba durante el siglo XVII», en *Axerquia*. Córdoba, 1980, 1, pp. 13-52.

BERTELLI, S.: *Rebeldes, libertinos y ortodoxos en el Barroco*. Barcelona, 1984.

BERTRAN, J. L.: «Pobreza y marginación en la Barcelona de los siglos XVI y XVII», en *Historia Social*. Valencia, Otoño 1990, 8, pp. 101-122.

BILLACOIS, F.: «Criminalistes, penalistes et historiens», en *Annales E.S.C.* 1969, pp. 911-914.

BILLACOIS, F.: «Le parlament de Paris et les duels au XVIIè siècle», en *Cahiers des Annales*. 1971, 33.

BILLACOIS, F.: «Pour une enquête sur la criminalité dans la France d'Ancien Régime», en *Annales E.S.C. 1967, pp. 340-349.*

BISHKO, Ch. J.: «Sesenta años después: La Mesta de Julius Klein a la luz de la investigación subsiguiente», en *Historia, Instituciones, Documentos*. Sevilla, 1981, 8, pp. 9-59.

BLEIBERG, G.: «Mateo Alemán y los galeotes. En torno a documentos inéditos del siglo XVI», en *Revista de Occidente*. Madrid, 1966, II época, 39, pp. 330-363.

BLEIBERG, G.: *Antología de la Literatura Española de mediados del siglo XVII a mediados del siglo XVIII*. Madrid, 1980.

BLEIBERG, G.: *El «Informe secreto» de Mateo Alemán sobre el trabajo forzoso en las minas de Almadén*. London, 1985.

BLEIBERG, G.; MARIAS, J.: *Diccionario de Literatura Española*. Madrid, 1972.

BLEIBERG, G.: *Diccionario de Historia de España*. Madrid, 1981. 3 vols.

BONET CORREA, A.: «Arquitectura carcelaria en España», en *Historia 16*. Oct. 1978, Extra VII, pp. 139-144.

BOUTELET, B.: «Etude par sondage de la criminalité dans le bailliage de Pont de l'Arche XVIIè-XVIIIè siècles», en *Annales de Normandie*. 1962, pp. 235-262.

BRAUDEL, F.: «Misère et banditisme», en *Annales, E. S. C.*. 1947, 2.

BRAUDEL, F.: *El Mediterráneo y el mundo mediterráneo en la época de Felipe II*. México, 1976.

BREHN, B.: *Tiranías, cárceles y suplicios de todos los tiempos*. Barcelona, 1973.

BROCHERO, L.: *Discurso del duelo y desafíos*. Sevilla, 1629.

BRUFAU PRATS, J.: *El pensamiento político de Domingo de Soto y su concepción del poder*. Salamanca, 1960.

BULNES IBARRA, M. A.; GOMEZ RIVAS, F. A.; GIMENO VIGUERA, J. M.: *Historia de Castilla y León: La crisis del siglo XVII. De Felipe III a Carlos II*. Madrid, 1985.

BURKHOLDER, M. A.; CHANDLER, D. S.: *La corona española y las audiencias en América, 1687-1808*. México, 1984.

BUSTOS RAMIREZ, J.; HORMAZABAL MALLARE, H.: «Pena y Estado», en *Papers*. Barcelona, 1980, 13, pp. 99-128.

CABRERA DE CORDOBA, L.: *Relaciones de las cosas sucedidas en la Corte de España desde 1591 hasta 1614*. Madrid, 1857.

CABRERA DE CORDOBA, L.: *Felipe II, Rey de España*. Madrid, 1876-1877.

CADIÑANOS BARDECI, I.: *El Adelantamiento de Castilla, Partido de Burgos: sus ordenanzas y archivo*. Madrid, 1989.

CALDERON DE LA BARCA, P.: *Primera parte de comedias*. Madrid, 1981.

CALDERON DE LA BARCA: «El alcalde de Zalamea», en *Obras completas (dramas)*. Madrid, 1941, pp. 463-495.

CALDERON DE LA BARCA: «Las tres justicias en una», en *Obras completas (dramas)*. Madrid, 1941.
CALDERON DE LA BARCA: «A secreto agravio, secreta venganza», en *Obras completas (dramas)*. Madrid, 1941, pp. 239-269.
CALDERON DE LA BARCA: «El nuevo hospicio de pobres», en *Obras completas*. Madrid, 1952, III, pp. 1179-1185.
CALDERON DE LA BARCA: «El indulto general», en *Obras completas*. Madrid, 1952, III, pp. 1715-1722.
CALDERON DE LA BARCA: «La inmunidad del sagrado», en *Obras completas*. Madrid, 1952, III, pp. 1115 y ss.
CANAVAGGIO, J.: «Le galérien et son image dans l'Espagne du Siècle d'Or: quelques variations sur un discours d'exclusion», en *Les problèmes de l'exclusion en Espagne (XVIè-XVIIè siècles)*. Paris, 1983, pp. 258-271.
CANOSA, R.; COLONNELLO, I.: *Storia del carcere in Italia dalla fine del '500 all' Unità*. Roma, 1984.
CARABIAS TORRES, A. M.: «Notas sobre las relaciones entre el Estado y la Universidad en la España Moderna», en *Stvdia Historica (Homenaje al Dr. Fernández Alvarez)*. 1989, VII, pp. 707-721.
CARABIAS TORRES, A. Mª: *Colegios Mayores, centros de poder. Los Colegios Mayores de Salamanca durante el siglo XVI*. Salamanca, 1987. 3 vols.
CARABIAS TORRES, A.Mª: «La legislación universitaria en la España del siglo XVI», en *Revista Española de Derecho Canónico*. En-jun 1986, XLIII, 120.
CARBAJO, M.: «La inmigración a Madrid (1600-1850)», en *Revista Española de Investigaciones Sociológicas*. 1985, 32.
CARCELES DE GEA, B.: «La crisis de la Monarquía Judicial. La consulta del Consejo de Castilla de 1683», en *Norba*. 1984, 5, pp. 137-151.
CARDAILLAC, L.: «Vision simplificatrice des groupes marginaux par le groupe dominant dans l'Espagne des XVIè et XVIIè siècles», en *Les problèmes de l'exclusion en Espagne (XVI-XVII siècles)*. Paris, 1983, pp. 11-22.
CARMONA GARCIA, J. I.: *El sistema de hospitalidad pública en la Sevilla del Antiguo Régimen*. Sevilla, 1979.
CARO PETIT, C.: «La cárcel Real de Sevilla», en *Archivo Hispalense*. 1945, II época, 4 y 5, pp. 37-85; 317-48.
CARRASCO, R.: *Inquisición y represión sexual en Valencia. Historia de los sodomitas (1565-1785)*. Barcelona, 1985.
CASTAN, N.: «Le banditisme et l'Histoire Moderne», en *Aspects modernes du banditisme, XVè congrès français de criminologie*. Clermont-Ferrand, 1975, pp. 91-106.
CASTAN, N.: *Justice et repression en Languedoc a l'epoque des lumieres*. Paris, 1980.
CASTAN, N.: *Les criminels du Languedoc. Les exigences d'ordre et les voies du ressentiment dans une société pré-révolutionnaire (1750-1790)*. Toulouse, 1980.
CASTAN, N.: *Vivre ensemble. Ordre et désordre en Languedoc (XVIIè-XVIIIè siècles)*. Paris, 1981.
CASTILLO DE BOVADILLA, J.: *Política para corregidores y señores de vasallos en tiempo de paz y de guerra. Y para juezes eclesiásticos y seglares*. Madrid, 1978.
CASTILLO SOLORZANO, A. de: *La Garduña de Sevilla y anzuelo de las bolsas*. Madrid, 1972.
CASTILLO SOLORZANO, A. de: *Aventuras del bachiller Trapaza, quintaesencia de embusteros y maestro de embeleçadores*. Madrid, 1962.
CASTRO, A.: «Algunas observaciones acerca del concepto del honor en los siglos XVI y XVII», en *Revista de Filología Española*. 1916, III, pp. 1-50.
CASTRO, A.: *El pensamiento de Cervantes*. Barcelona, 1980.

CAVILLAC, M.: *Geux et marchands dans le Guzman de Alfarache*. Burdeos, 1983.
CAVILLAC, M.: *Introducción al «Amparo de pobres» de Cristóbal Pérez de Herrera*. Madrid, 1975.
CAVILLAC, N.: «La Reforma de la beneficencia en la España del siglo XVI: la obra de Miguel Giginta», en *Estudios de Historia Social*. 1979, 10-11.
CEPEDA ADAN, J.: *En torno al concepto de Estado en los Reyes Católicos*. Madrid, 1956.
CERDA RUIZ-FUNES, J.: «Dos ordenamientos sobre las penas pecuniarias para la cámara del Rey (Alfonso XI y Enrique III)», en *Anuario de Historia del Derecho Español*. 1947, XVIII, pp. 442-473.
CERDA RUIZ-FUNES, J.: «Para un estudio sobre los adelantados mayores de Castilla (siglos XII-XVI)», en *Actas del II symposium de Historia de la Administración*. Madrid, 1971, pp. 183-223.
CERDAN DE TALLADA, T.: *Visita de la Cárcel y de los presos*. Valencia, 1574.
CERVANTES SAAVEDRA, M.: *Don Quijote de la Mancha*. Barcelona, 1978.
CERVANTES SAAVEDRA, M.: *Entremés de la elección de los alcaldes de Daganso*. Madrid, 1971.
CERVANTES SAAVEDRA, M.: *Novelas Ejemplares*. Madrid, 1982.
CHARTIER, R.: «Pauvreté et assistance dans la France moderne», en *Annales E.S.C.* 1973.
CHAVES, C. de: «Relación de la Cárcel de Sevilla», en GALLARDO, B. J. *Ensayo de una Biblioteca Española de libros raros y curiosos*. Madrid, 1968-69.
CHIFFOLEAU, J.: *Les justices du Pape. Delinquance et criminalité dans la region d'Avignon au XIV siècle*. Paris, 1984.
CHUECA, F.: «El edificio de la carcel de Corte», en *Archivo español del arte*. 1945, pp. 368-375.
CLAVERO, B.: «Delito y pecado. Noción y escala de transgresiones», en *Sexo barroco y otras transgresiones premodernas*. Madrid, 1990, pp. 57-90.
CLAVERO, B.: «Derecho y Privilegio», en *Materiales*. 1979, 4, pp. 19-32.
CLAVERO, B.: «Institución política y derecho: acerca del concepto historiográfico de «Estado Moderno»», en *Revista de Estudios Políticos*. En-Feb 1981, 19, pp. 43-57.
CLAVERO, B.: «La Historia del Derecho ante la Historia Social», en *Historia, Instituciones, Documentos*. 1973, 1.
CLAVERO, B.: «Notas sobre el derecho territorial castellano, 1367-1445», en *Historia, Instituciones, Documentos*. Sevilla, 1976, 3, pp. 141-167.
CLAVERO, B.: *Mayorazgo, propiedad feudal en Castilla (1369-1836)*. Madrid, 1989.
CLAVERO, B.: *Tantas personas como estados. Por una antropología política de la historia europea*. Madrid, 1986.
CLAVERO, B.: *Usura. Del uso económico de la religión en la historia*. Madrid, 1984.
CLAVERO, B.; GROSSI, P.; TOMAS Y VALIENTE, F.: *Hispania entre derechos propios y derechos nacionales (Atti dell'incontro di studio. Firenze-Lucca 25, 26, 27 maggio 1989)*. Milano, 1990.
COCKBURN, J. S. (Ed.): *Crime in England 1550-1800*. London, 1977.
COCKBURN, J. S.; GREEN, T. A.: *Twelve Good Men and True: The criminal trial jury in England 1200-1800*. Princeton, 1988.
COLAS LATORRE, G.; SALAS AUSENS, V.A.: *Aragón en el siglo XVI: alteraciones sociales y conflictos políticos*. Zaragoza, 1982.
COLAS LATORRE, G.; SALAS AUSENS, J.A.: «La Revuelta Zaragozana», en *Historia 16*. 1981, 6, pp. 62-68.
COLAS LATORRE; SALAS AUSENS: «Delincuencia y represión en Aragón durante el siglo XVI», en *Estudios del Departamento de Historia Moderna*. 1976, pp. 79-146.
COLON DE LARRIATEGUI, F.: *Juzgados militares de España y sus Indias*. Madrid, 1817.
CONTRERAS, A. de: *Vida del capitán Alonso de Contreras*. Madrid, 1965.

CONTRERAS, J.: *El Santo Oficio de la Inquisición en Galicia. Poder, Sociedad y Cultura.* Madrid, 1981.
CONTRERAS, J.; DEDIEU, J. P.: «La geografía de la Inquisición Española: La formación de los distritos, 1478-1820», en *Hispania.* 1980, 144, pp. 37-93.
CONTRERAS, J.; DEDIEU, J. P.: «Las causas de fe en la Inquisición Española, 1540-1700. Análisis de una estadística», en *Simposium interdisciplinario de la Inquisición Medieval y Moderna.* Copenhague, 1978.
CONTRERAS, J.; DEDIEU, J. P.: «La Inquisición de Aragón: estructura y oposición, 1550-1700», en *Estudios de Historia Social.* 1977, 1.
CORDERO TORRES: *El Consejo de Estado. Su trayectoria y perspectivas en España.* Madrid, 1944.
CORONA GONZALEZ, S.: «La recusación judicial en el derecho histórico español», en *Anuario de Historia del Derecho Español.* 1982, pp. 511-615.
CORONAS GONZALEZ, S. M.: *Derecho Mercantil Castellano. Dos estudios históricos: La Jurisdicción Mercantil Castellana en el siglo XVI.* León, 1979.
CORRAL GARCIA, E.: *El escribano de Concejo en la Corona de Castilla (Siglos XI al XVII).* Burgos, 1987.
CORRAL, J. del: *Las Calles de Madrid en 1624.* Madrid, 1973.
CORTES LOPEZ, J. L.: *La esclavitud negra en la España península del siglo XVI.* Salamanca, 1989.
CORTES, V.: *La esclavitud en Valencia durante el reinado de los Reyes Católicos (1479-1516).* Valencia, 1964.
COS GAYON, F.: *Historia de la administración pública en España.* Madrid, 1976.
COSTA CLAVELL, X.: *Bandolerismo, romerías y jergas gallegas.* La Coruña, 1980.
COVARRUBIAS OROZCO, S.: *Tesoro de la lengua castellana. Dirigido a la Majestad Católica del Rey Felipe III.* Madrid, 1977.
CREMADES GRIÑAN, C. Mª (Ed.): *Estado y fiscalidad en el Antiguo Régimen. I Symposium Internacional.* Murcia, 1989.
CRIADO DEL VAL (Dir.): «Cervantes su obra y su mundo», en *Actas del I congreso internacional sobre Cervantes.* Madrid, 1981.
CRIADO DEL VAL, M. (Dir.): *Lope de Vega y los orígenes del teatro español.* Madrid, 1981.
CRIADO DEL VAL, M. (Dir. por): *La Celestina y su contorno social.* Barcelona, 1977.
CROSMAN, R. H.: *Biografía del Estado Moderno.* México, 1941.
CUART, B.; HINOJO, G.: *Nonnulla Memoratu Digna. Memorias de Don Bernardino de Anaya, Rector del Colegio de San Clemente de los Españoles de Bolonia (1512-1513).* Salamanca, 1985.
CUART MONER, B.: «Algunas notas sobre los colegiales de San Clemente en la Administración Americana (siglos XVI-XVIII)», en *Stvdia Historica (Homenaje al Dr. Fernández Alvarez).* 1989, VII, pp. 799-823.
CUART MONER, B.: «Colegiales y burócratas. El caso del Colegio de San Clemente de los Españoles de Bolonia en la primera mitad del siglo XVI», en *Stvdia Historica.* Salamanca, 1983, I/3, pp. 65-93.
CUART MONER, B.: «Lorenzo Alderete, colegial de Bolonia y catedrático de Salamanca (1497-1556)», en *Stvdia Albornotiana.* 1979, 37, pp. 93-107.
CUART MONER, B.: «Los Estatutos del Colegio de San Clemente como fuente para una aproximación al estudio de la burocracia (1485-1558)», en *Stvdia Albornotiana.* 1979, 35, pp. 581-696.
CUART MONER, B.: «Extracción social de los colegiales de San Clemente de los Españoles de Bolonia (1500-1800)», en *I collegi universitari in Europa tra il XIV e il XVIII secolo.* Milano, 1991.

CUARTAS, M.: «Los Tesoreros Generales de la Corona de Castilla en el siglo XVI. Orígenes de la Dirección General del Tesoro», en *Presupuesto y gasto público*. 1981, 9.

CUARTAS RIVERO, M.: «El Consejo de Hacienda: Su primera época», en *Hacienda Pública Española*. 1982, 74, pp. 255-266.

CUARTAS RIVERO, M.: «La venta de oficios públicos en el siglo XVI», en *Actas del IV symposium de Historia de la Administración*. Madrid, 1983, pp. 225-260.

CUARTAS RIVERO, M.: «Los corregidores de Asturias en la época de los Reyes Católicos», en *Asturiensia Medievalia*. 1975, 2.

CUENIN, M.: *Le duel sous l'Ancien Régime*. Paris, 1982.

CURIEL, L.: *Indice histórico de disposiciones sociales*. Madrid, 1946.

DEDIEU, J.-P.: «El modelo sexual: la defensa del matrimonio cristiano», en BENNASSAR, B. *Inquisición Española: poder político y control social*. Barcelona, 1981, pp. 270-295.

DEDIEU, J.-P.: «El modelo religioso: las disciplinas del lenguaje y de la acción», en BENNASSAR, B. *Inquisición Española: poder político y control social*. Barcelona, 1981, pp. 208-231.

DEDIEU, J. P.: «Les causes de la foi de l'Inquisition de Tolède (1483-1820). Essai statistique», en *Mélanges Casa Velázquez*. 1978, 14, pp. 143-171.

DEDIEU, J. P.: *L'administration de la foi. L'Inquisition de Tolède (XVIè-XVIIè)*. Madrid, 1989.

DEDIEU, J. P.: *L'Inquisition*. Paris, 1987.

DELEITO Y PIÑUELA, J.: *La mala vida en la España de Felipe IV*. Madrid, 1987.

DELEITO Y PIÑUELA, J.: *Sólo Madrid es corte (la capital de dos mundos bajo Felipe IV)*. Madrid, 1953.

DELEITO Y PIÑUELA, J.: *La sociedad española durante el reinado de Felipe IV*. Madrid, 1956.

DELGADO, B.: *El Colegio de San Bartolomé de Salamanca. Privilegios, bienes, pleitos, deudas y catálogo biográfico de colegiales, según manusc. de principios XVII*. Salamanca, 1986.

DEPAUW, J.: «Pauvres, pauvres mendiants, mendiants valides ou vagabonds? Les hésitations de la législation royale», en *Revue d'Histoire Moderne et Contemporaine*. Jui-Sep 1974, XXI, pp. 401-418.

DESDEVISES DU DEZERT, G.: «La Chambre des juges de l'Hotel et de la Cour en 1745», en *Revue hispanique*. 1916, 36, pp. 1-51.

DEYON, P.: «A propos du paupérisme au milieu du XVIIè siècle. Peinture et Charité chrétienne», en *Annales, E. S. C.*. 1967, pp. 137.

DEYON, P.: «A propos des rapports entre la noblesse française et la monarchie absolue pendant la première moitié du XVIIè siècle», en *Revue Historique*. 1964, pp. 341-356.

DEYON, P.: *Le temps des prisons. Essai sur l'histoire de la délinquance et les origines du systeme pénintentiaire*. Paris, 1975.

DIAZ MEDINA, A.: «La sociedad integrada: los grupos profesionales», en *Las Cortes de Castilla y León en la Edad Moderna*. Valladolid, 1989, pp. 249-282.

DIAZ MEDINA, A.: «La población zamorana en el siglo XVI», en *Stvdia Zamorensia*. 1980, 1, pp. 67-116.

DIAZ MEDINA, A.: «La sociedad del Siglo de Oro vista por el Biógrafo de Francisco de Yepes, fray José de Velasco», en *Stvdia Historica (Homenaje al Dr. Fernández Alvarez)*. 1988, VI, pp. 507-521.

DIEZ BORQUE, J. M.: *Sociología de la comedia española del siglo XVII*. Madrid, 1976.

DIEZ BORQUE, J. M.: *Sociología de la comedia lopesca*. Madrid, 1978.

DIEZ BORQUE, J. Mª (Coord.): *Historia de la literatura española: Edad Media y Renacimiento*. Madrid, 1980.

DIEZ BORQUE, J. Mª (Coord.): *Sociedad y teatro en la España de Lope de Vega*. Barcelona, 1978.

DIEZ BORQUE, J. Mª (Coord.): *Historia de la literatura española: Renacimiento y Barroco*. Madrid, 1980.

DIEZ BORQUE, J. Mª: *Estructura social de los corrales de comedias madrileños en la época de Lope de Vega*. Madrid, 1973.
DIEZ BORQUE, J. Mª: *La sociedad española y los viajeros del siglo XVII*. Madrid, 1975.
DIOS, S. de: «El derecho y la realidad social: reflexiones en torno a la Historia de las Instituciones», en *Historia, Instituciones, Documentos*. Sevilla, 1976, 3, pp. 187-223.
DIOS, S. de: «Sobre la génesis y los caracteres del Estado Absolutista en Castilla», en *Stvdia Historica*. 1985, III, 3, pp. 11-46.
DIOS, S. de: *El Consejo Real de Castilla (1385-1522)*. Madrid, 1982.
DIOS, S. de: *Fuentes para el estudio del Consejo Real de Castilla*. Salamanca, 1986.
DOMINGUEZ ORTIZ, A.: «Delitos y suplicios en la Sevilla imperial (la crónica negra de un misionero jesuita)», en *Crisis y Decadencia de la España de los Austrias*. Barcelona, 1969, pp. 11-72.
DOMINGUEZ ORTIZ, A.: «Instituciones políticas y grupos sociales en Castilla durante el siglo XVII», en *Instituciones y Sociedad en la España de los Austrias*. Barcelona, 1985, pp. 7-29.
DOMINGUEZ ORTIZ, A.: «La venta de cargos y oficios públicos en Castilla y sus consecuencias económicas y sociales», en *Anuario de Historia Económica y Social*. 1970, 2, pp. 105-137.
DOMINGUEZ ORTIZ, A.: «La crisis de Castilla 1677-87», en *Crisis y decadencia en la España de los Austrias*. Barcelona, 1969.
DOMINGUEZ ORTIZ, A.: «La Corona de Castilla a finales del siglo XVI», en *Manuscrits d'Historia Moderna*. 1985, 2, pp. 9-30.
DOMINGUEZ ORTIZ, A.: «La crisis de Castilla en 1677-1687», en *Crisis y decadencia de la España de los Austrias*. Barcelona, 1969.
DOMINGUEZ ORTIZ, A.: «La conspiración del Duque de Medina Sidonia y del Marqués de Ayamonte», en *Crisis y Decadencia de la España de los Austrias*. Barcelona, 1969, pp. 113-154.
DOMINGUEZ ORTIZ, A.: «La Corona de Castilla a finales del siglo XVII», en *Manuscrits*. 1985, 2, pp. 9-30.
DOMINGUEZ ORTIZ, A.: «La falsificación de moneda de plata peruana a mediados del siglo XVII», en *Homenaje a D. Ramón Carande*. Madrid, 1963, II.
DOMINGUEZ ORTIZ, A.: «La Galera o cárcel de mujeres de Madrid a comienzos del siglo XVIII», en *Anuario del Instituto de Estudios Madrileños*. 1973, 9, pp. 277-285.
DOMINGUEZ ORTIZ, A.: «La esclavitud en Castilla durante la Edad Moderna», en *Estudios de Historia Social de España*. 1952, II, pp. 369-428.
DOMINGUEZ ORTIZ, A.: «Los estamentos privilegiados», en *Las Cortes de Castilla y León en la Edad Moderna*. Valladolid, 1989, pp. 173-190.
DOMINGUEZ ORTIZ, A.: «Los extranjeros en la vida española durante el siglo XVII», en *Estudios de Historia Social de España*. 1960.
DOMINGUEZ ORTIZ, A.: «Sociedad e Instituciones en la España Moderna», en *Revista de Historia del Derecho*. Granada, 1976, pp. 201-215.
DOMINGUEZ ORTIZ, A.: «Venta de cargos y oficios públicos», en *Instituciones y Sociedad en la España de los Austrias*. Barcelona, 1985, pp. 146-183.
DOMINGUEZ ORTIZ, A.: «Ventas y exenciones de lugares durante el reinado de Felipe IV», en *Instituciones y Sociedad en la España de los Austrias*. Barcelona, 1985, pp. 55-96.
DOMINGUEZ ORTIZ, A.: «Vida y obras del padre Pedro de León», en *Archivo Hispalense*. Sevilla, 1957, II época, 83.
DOMINGUEZ ORTIZ, A.: *Alteraciones andaluzas*. Madrid, 1973.
DOMINGUEZ ORTIZ, A.: *Crisis y decadencia de la España de los Austrias*. Barcelona, 1969.
DOMINGUEZ ORTIZ, A.: *El Antiguo Régimen. Los Reyes Católicos y los Austrias*. Madrid, 1988.
DOMINGUEZ ORTIZ, A.: *Historia de Sevilla. La Sevilla del siglo XVII*. Sevilla, 1984.
DOMINGUEZ ORTIZ, A.: *Instituciones y sociedad en la España de los Austrias*. Barcelona, 1985.
DOMINGUEZ ORTIZ, A.: *La sociedad española en el siglo XVII*. Madrid, 1963-70.

DOMINGUEZ ORTIZ, A.: *Las clases privilegiadas en la España del Antiguo Régimen*. Madrid, 1973. 2 vols.

DOMINGUEZ ORTIZ, A.: *Política y Hacienda de Felipe IV*. Madrid, 1960.

DOMINGUEZ ORTIZ, A.: *Política fiscal y cambio social en la España del siglo XVII*. Madrid, 1984.

DOMINGUEZ ORTIZ, A.: *Política y Hacienda de Felipe IV*. Madrid, 1983.

DOMINGUEZ ORTIZ, A.: *Sociedad y Estado en el siglo XVIII Español*. Barcelona, 1976.

DOMINGUEZ ORTIZ, A.; FERNANDEZ VARGAS, V.: *Historia de España: La crisis del siglo XVII. La población, la economía, la sociedad*. Madrid, 1989.

DOMINGUEZ ORTIZ, A.; FEROS CARRASCO, A.; PEÑA GUTIERREZ, J. F.; PEREZ GARCIA, J. M.: *Historia de España: La crisis del siglo XVII*. Barcelona, 1988.

DOMINGUEZ ORTIZ, A.; SUBERBIOLA MARTINEZ, J.: *Política fiscal y cambio social en la España del siglo XVII*. Madrid, 1984.

DOMINGUEZ ORTIZ; FERNANDEZ VARGAS; GARCIA SANZ; CHACON JIMENEZ; CASTILLO PINTADO; DA SILVA: *Historia de España. La crisis del siglo XVII: La población. La economía. La sociedad*. Madrid, 1989.

DOMINIQUE, P.: *La Inquisición*. Barcelona, 1983.

DUBERT GARCIA, I.: «La conflictividad familiar en el ámbito de los tribunales señoriales y reales de la Galicia del Antiguo Régimen (1600-1830)», en *Obradoiro de Historia Moderna (Homenaje al prof. A. Eiras Roel)*. La Coruña, 1990, pp. 73-102.

DUFOUR, G.: *La Inquisición española. Una aproximación a la España intolerante*. Barcelona, 1986.

DURAND, G.: *Etats et institutions, XVI-XVIII siècles*. Paris, 1969.

EBERSOLE, A. V.: *Perspectivas de la comedia: Ensayos sobre la Comedia del Siglo de Oro Español*. Valencia, 1979.

ELLIOTT, J. H.: «Introspección colectiva y decadencia en España a principios del siglo XVII», en *Poder y Sociedad en la España de los Austrias*. Barcelona, 1982.

ELLIOTT, J. H.: «La decadencia de Castilla», en *Las Cortes de Castilla y León en la Edad Moderna*. Valladolid, 1989, pp. 393-414.

ELLIOTT, J. H.: «La decadencia de España», en *La decadencia económica de los imperios*. Madrid, 1973.

ELLIOTT, J. H.: «Revueltas en la Monarquía Española», en *Revoluciones y Rebeliones en la Europa Moderna*. Madrid, 1972.

ELLIOTT, J. H.; GARCIA SANZ, A. (Coord.): *La España del Conde-Duque de Olivares*. Valladolid, 1990.

ELLIOTT, J. H.; PEÑA, J. F.: *Memoriales y cartas del conde-duque de Olivares*. Madrid, 1978-1981. 2 vols.

ELLIOTT, J.H.: «El programa de Olivares y los movimientos de 1640», en JOVER ZAMORA (Dir.) *Historia de España*. Madrid, 1982, XXV, pp. 333-525.

ELLIOTT, J.H.: *España y su mundo. 1500-1700*. Madrid, 1990.

ELLIOTT, J.H.: *La España imperial*. Barcelona, 1964.

ELLUL, J.: *Historie des institutions (XVI-XVIII siècles)*. París, 1981.

«Entremés famoso de la cárcel de Sevilla», en GALLARDO, B. *Ensayo de una biblioteca española de libros raros y curiosos*. Madrid, 1968-1969.

ESCOLANO DE ARRIETA, P.: *Práctica del Consejo Real*. Madrid, 1976. 2 vols.

ESCUDERO, J. A. (Ed.): *Perfiles jurídicos de la Inquisición Española*. Madrid, 1989.

ESCUDERO, J. A.: «Inquisición y Cortes de Castilla», en *Las Cortes de Castilla y León en la Edad Moderna*. Valladolid, 1989, pp. 565-592.

ESCUDERO, J. A.: *Curso de Historia del Derecho, fuentes e instituciones político-administrativas*. Madrid, 1985.

ESCUDERO, J. A.: *Los orígenes del Consejo de Ministros en España. La Junta Suprema de Estado*. Madrid, 1979. 2 vols.

ESCUDERO, J. A.: *Los Secretarios de Estado y del Despacho (1474-1724)*. Madrid, 1976.

ESCUDERO, J.A.: «Cinco siglos de cárceles», en *Historia 16*. Oct. 1978, Extra VII, pp. 5-10.

ESCUDERO, J.A.: «Los orígenes del Consejo de la Suprema Inquisición», en *Anuario de Historia del Derecho Español*. Madrid, 1983, LIII, pp. 238-290.

ESCUDERO, J.A.: *Historia del Derecho: Historiografía y problemas*. Madrid, 1973.

ESPINEL: *Vida de Marcos de Obregón*. Madrid, 1969. 2 vols.

EVANS, R. T. W.: *La monarquía de los Habsburgos (1550-1700)*. Barcelona, 1989.

EZQUERRA, R.: *La conspiración del duque de Híjar (1648)*. Madrid, 1934.

FARGE, A.: *Délinquance et criminalité. Le vol d'aliments à Paris au XVIIIè siècle*. Saint-Amand, 1974.

FAVA, B.: *Le teorie dei monarcomachi e il pensiero politico de Juan de Mariana*. Reggio Emilia, 1953.

FAYARD, J.: *Los miembros del Consejo de Castilla en la época moderna, 1621-1746*. Madrid, 1982.

FERNANDEZ ALBALADEJO, P.: «Monarquía, Cortes y "Cuestión Constitucional" en Castilla durante la Edad Moderna», en *Revista de las Cortes Generales*. 1983, I, pp. 11-34.

FERNANDEZ ALBALADEJO, P.: «Las Cortes de Castilla y León en la Edad Moderna», en *Las Cortes de Castilla y León en la Edad Moderna*. Valladolid, 1989, pp. 481-499.

FERNANDEZ ALBALADEJO, P.: «Monarquía y reino en Castilla, 1538-1623», en *Atti della XIV Settimana di Studio (Prato)*. 25 ap. 1982. pp. 11-34

FERNANDEZ ALBALADEJO, P.; GELABERT, J. E.; FERNANDEZ ALVAREZ, M.; TRIADO, J. R.: *Historia de España: El Siglo de Oro (Siglo XVI)*. Barcelona, 1988.

FERNANDEZ ALMAGRO, M.: *Política naval de la España moderna y contemporánea*. Madrid, 1946.

FERNANDEZ ALONSO, J.: *Legaciones y nunciaturas en España de 1466 a 1521*. 1963. 2 vols.

FERNANDEZ ALVAREZ, M.: «El fracaso de la hegemonía española en Europa», en *Historia de España*. Madrid, 1982, XXV.

FERNANDEZ ALVAREZ, M.: «La Zamora Comunera en 1520», en *Stvdia Historica*. 1983, I, 3, pp. 3-28.

FERNANDEZ ALVAREZ, M.: «Las instrucciones políticas de los Austrias Mayores. Problemas e interpretaciones», en *Gesammelte aufsätze zur Kulturgeschichte spaniens*. 1967, 23.

FERNANDEZ ALVAREZ, M.: «Los Austrias Mayores, ¿Monarquía autoritaria o absoluta?», en *Stvdia Historica*. 1985, III, 3, pp. 7-10.

FERNANDEZ ALVAREZ, M.: «Pensamiento y acción en la política imperial de Carlos V», en *Revista de Archivos, Bibliotecas y Museos*. 1958, LXIV.

FERNANDEZ ALVAREZ, M.: «Valdés y el gobierno de Castilla a mediados del siglo XVI», en *Simposio Valdés-Salas*. Oviedo, 1970, pp. 84-110.

FERNANDEZ ALVAREZ, M.: *Carlos V: Memorias*. Madrid, 1960.

FERNANDEZ ALVAREZ, M.: *Carlos V. Un hombre para Europa*. Madrid, 1976.

FERNANDEZ ALVAREZ, M.: *Corpus Documental de Carlos V*. Salamanca, 1973-1981. 5 vols.

FERNANDEZ ALVAREZ, M.: *Don Gonzalo Fernández de Córdoba y la Guerra de Sucesión de Mantua y del Monferrato (1627-1629)*. Madrid, 1955.

FERNANDEZ ALVAREZ, M.: *Economía, sociedad y corona (ensayos históricos sobre el siglo XVI)*. Madrid, 1963.

FERNANDEZ ALVAREZ, M.: *El Madrid de Felipe II. (En torno a una teoría sobre la capitalidad)*. Madrid, 1987.

FERNANDEZ ALVAREZ, M.: *España y los españoles en los tiempos modernos*. Salamanca, 1979.

FERNANDEZ ALVAREZ, M.: *Felipe II, semblanza del Rey Prudente*. Madrid, 1956.
FERNANDEZ ALVAREZ, M.: *Historia de España. El Siglo XVI: Economía, sociedad e instituciones*. Madrid, 1989.
FERNANDEZ ALVAREZ, M.: *La sociedad española en el Siglo de Oro*. Madrid, 1989. 2 vols.
FERNANDEZ ALVAREZ, M.: *La sociedad española del renacimiento*. Salamanca, 1977.
FERNANDEZ ALVAREZ, M.: *La España del Emperador Carlos V*. Madrid, 1979.
FERNANDEZ ALVAREZ, M.: *La política mundial de Carlos V y Felipe II*. Madrid, 1966.
FERNANDEZ ALVAREZ, M.; DIAZ MEDINA, A.: *Los Austrias mayores y la culminiación del Imperio (1516-1598)*. Madrid, 1987.
FERNANDEZ ALVAREZ, M.; SECO SERRANO, C.; DOMINGUEZ ORTIZ, A.: *Testamentos de los Reyes de la Casa de Austria*. Madrid, 1982.
FERNANDEZ DE NAVARRETE: *Conservación de monarquías y discursos políticos*. Madrid, 1805.
FERNANDEZ DURO, C.: *La Armada Española desde la Unión de los Reinos de Castilla y de Aragón*. Madrid, 1972-73. 9 vols.
FERNANDEZ ESPINAR, R.: *Las fuentes del derecho histórico español. Esquemas y resúmenes*. Madrid, 1985.
FERNANDEZ, L.: «La venta de vasallos entre el Pisuerga y el Cea en los siglos XVI y XVII», en *Archivos Leoneses*. 1982, LXXII.
FERNANDEZ MOTA, Mª T.: «Las recopilaciones de ordenanzas en la Chancillería de Valladolid», en *Hidalguía*. 1962, 10, pp. 351-364.
FERNANDEZ NAVARRETE, P.: *Conservación de monarquías y discursos políticos*. Madrid, 1982.
FERNANDEZ SANTAMARIA, J. A.: *Razón de Estado y política en el pensamiento español del Barroco (1595-1640)*. Madrid, 1986.
FERNANDEZ SANTAMARIA, J.A.: *El Estado, la Guerra y la Paz. El pensamiento político español en el Renacimiento, 1516-1559*. Madrid, 1988.
FERNANDEZ SANTAMARIA, J.A.: *Razón de Estado y Política en el pensamiento español del Barroco*. Madrid, 1986.
FERNANDEZ UGARTE, M.: «Estatutos de la Universidad de Salamanca: la reforma de 1550-1551», en *Stvdia Historica (Homenaje al Dr. Fernández Alvarez)*. 1989, VII, pp. 687-705.
FERNANDEZ VARGAS, V.: «Noticias sobre la situación penal en León en 1572 y 1573. Un documento para la historia de la penalidad en España», en *Anuario de Historia del Derecho Español*. 1968, XXXVIII, pp. 629-634.
FERNANDEZ VEGA, L.: *La Real Audiencia de Galicia, órgano de gobierno durante el Antiguo Régimen, 1480-1808*. La Coruña, 1983. 3 vols.
FERNANDEZ Y FERNANDEZ DE RETAMA, L.: *España en tiempos de Felipe II (1556-1598). El hombre y la política*. Madrid, 1976.
FIESTAS LOZA, A.: «Las cárceles de mujeres», en *Historia 16*. Oct. 1978, Extra VII, pp. 89-100.
FIORELLI, P.: *La tortura giudiziaria nell diritto comune*. Roma, 1954. 2 vols.
FORONDA, V. de: *Colección de máximas, preceptos y consejos para los señores intendentes, corregidores y alcaldes*. Madrid, 1801.
FORTEA PEREZ, J. I.: «Aproximación al estudio de las actitudes sociales ante el fisco: el fraude fiscal en la Corona de Castilla en el siglo XVI», en *Stvdia Historica (Homenaje al Dr. Fernández Alvarez)*. 1987, V, pp. 99-110.
FORTEA PEREZ, J. I.: *Monarquía y Cortes en la Corona de Castilla. Las ciudades ante la política fiscal de Felipe II*. Valladolid, 1990.
FOUCAULT, M.: *La verdad y las formas jurídicas*. Barcelona, 1980.
FOUCAULT, M.: *Microfísica del poder*. Madrid, 1978.
FOUCAULT, M.: *Sexo, poder, verdad*. Barcelona, 1978.

FOUCAULT, M.: *Vigilar y castigar*. Madrid, 1978.
FRAILE, P.: *Un espacio para castigar. La cárcel y la ciencia penitenciaria en España (Siglos XVIII-XIX)*. Barcelona, 1987.
FRANCO SILVA, A.: «La esclavitud en Castilla durante la Baja Edad Media: Aproximación metodológica y estado de la cuestión», en *Historia, Instituciones, Documentos*. 1979, 6.
FRANCO SILVA, A.: *La esclavitud en Sevilla y su tierra a fines de la Edad Media*. Sevilla, 1979.
FRAY LUIS DE LEON: *«De legibus» o tratado de las leyes*. Madrid, 1963.
FRESCAROLI, A.: *Historia de la tortura a través de los siglos*. Barcelona, 1970.
FUERTES, J. L.: *Estatutos de la Universidad de Salamanca, 1529. Mandato de Pérez de Oliva, rector*. Salamanca, 1984.
FUSTER, J.: *El bandolerisme català*. Barcelona, 1962.
FUSTER, J.; GARCIA CARCEL, R.: *La Inquisició. Estudios*. Valencia, 1985.
GACTO, E.: «El delito de bigamia y la Inquisición española», en *Sexo barroco y otras transgresiones premodernas*. Madrid, 1990, pp. 127-152.
GACTO, E.: «Inquisición y censura en el Barroco», en *Sexo barroco y otras transgresiones premodernas*. Madrid, 1990, pp. 153-174.
GACTO, E.: «La pena de muerte», en *Cuadernos, Historia 16*. 134.
GACTO FERNANDEZ, E.: «La vida en las cárceles españolas de la época de los Austrias», en *Historia 16*. Oct. 1978, Extra VII, pp. 11-46.
GACTO FERNANDEZ, E.: *Historia de la Jurisdicción Mercantil en España*. Sevilla, 1971.
GALINDEZ CARVAJAL: «Anales breves del reinado de los Reyes Católicos don Fernando y doña Isabel, de gloriosa memoria que dejó manuscritos el doctor don...», en *Crónicas de los Reyes de España*. 1953, B.A.E. III.
GALINDEZ CARVAJAL: *El derecho vasco*. Buenos Aires, 1947.
GALINDEZ CARVAJAL: *La legislación penal en Vizcaya*. Bilbao, 1934.
GALINO, M. A.: *Los tratados sobre la educación de príncipes. Siglos XVI y XVII*. Madrid, 1948.
GALLARDO, B. J.: *Ensayo de una biblioteca española de libros raros y curiosos*. Madrid, 1968. 4 vols.
GALO SANCHEZ: *Curso de historia del derecho. Introducción y fuentes*. Valladolid, 1980.
GAN GIMENEZ, P.: «El Consejo Real de Castilla. Tablas cronológicas (1449-1552)», en *Chronica Nova*. 1968, pp. 9-31.
GAN GIMENEZ, P.: «Los presidentes del Consejo de Castilla 1500-1650», en *Chronica Nova*. 1969, pp. 5-179.
GAN GIMENEZ, P.: *El Consejo Real de Carlos V*. Granada, 1988.
GARCIA ARENAL, M.: *Inquisición y moriscos. Los procesos del Tribunal de Cuenca*. Madrid, 1978.
GARCIA ARENAL, M.: *Los Moriscos*. Madrid, 1975.
GARCIA BASALO, J.C.: «John Howard, el peregrino de la reforma carcelaria en España», en *Revista Penal y Penitenciaria*. Buenos Aires, 1981, XXXIII, pp. 5-38.
GARCIA, C.: *La desordenada codicia de los bienes ajenos*. Madrid, 1977.
GARCIA CARCEL, R.: «Notas sobre la represión de las Germanías», en *Cuadernos de Historia*. 1975, 5, pp. 241-267.
GARCIA CARCEL, R.: «Número y sociología de los familiares de la Inquisición valenciana», en PEREZ VILLANUEVA, J. (Dir.) *La Inquisición Española. Nueva visión, nuevos horizontes*. Madrid, 1980, pp. 271-284.
GARCIA CARCEL, R.: *Herejía y sociedad en el siglo XVI. La Inquisición en Valencia (1530-1609)*. Barcelona, 1980.
GARCIA CARCEL, R.: *La Revolta de les Germanies*. Valencia, 1981.
GARCIA CARCEL, R.: *La Inquisición*. Madrid, 1990.
GARCIA CARCEL, R.: *La Leyenda Negra*. Madrid, 1990.

GARCIA CARCEL, R.: *Las Germanías de Valencia.* Barcelona, 1981.

GARCIA CARCEL, R.: *Orígenes de la Inquisición española: el Tribunal de Valencia, 1478-1530.* Barcelona, 1985.

GARCIA CARCEL, R.; FUSTER, J.: *La Inquisición.* Valencia, 1985.

GARCIA CARCEL, R.; MARTINEZ RUIZ, M. V.: *Población, jurisdicción y propiedad del Obispado de Girona. Siglos XIV-XVII.* Gerona, 1976.

GARCIA-CUENCA, T.: «El Consejo de Hacienda (1476-1803). Los orígenes, establecimiento y afianzamiento de la institución», en ARTOLA, M. *La economía española al final del Antiguo Régimen: Instituciones.* Madrid, 1982, IV, pp. 403-502.

GARCIA DE VALDEAVELLANO, L.: *Curso de historia de las instituciones españolas. De los orígenes al final de la Edad Media.* Madrid, 1968.

GARCIA GALLO, A.: «Cuestiones y problemas de la Historia de la Administración Española», en *Actas del I Symposium de Historia de la Administración.* Madrid, 1970, pp. 39-59.

GARCIA GALLO, A.: «Historia, Derecho e Historia del Derecho», en *Anuario de Historia del Derecho Español.* 1953, 23, pp. 5-36.

GARCIA GALLO, A.: «La ley como fuente del derecho en Indias en el siglo XVI», en *Estudios de Historia del Derecho Indiano.* Madrid, 1972, pp. 169-285.

GARCIA GALLO, A.: «La división de competencias administrativas en España en la Edad Moderna», en *Actas del II Symposium de Historia de la Administración.* Madrid, 1971, pp. 289-307.

GARCIA GALLO, A.: «Las Audiencias de Indias. Su origen y caracteres», en *Memoria del II Congreso Venezolano de Historia.* Caracas, 1975, I, pp. 359-433.

GARCIA GALLO, A.: *Curso de Historia del Derecho Español.* Madrid, 1950.

GARCIA GALLO, A.: *La justicia municipal en sus aspectos histórico y científico.* Madrid, 1946.

GARCIA GALLO, A.: *Los orígenes españoles de las instituciones americanas. Estudios de derecho indiano.* Madrid, 1987.

GARCIA GALLO, A.: *Manual de Historia del Derecho Español.* Madrid, 1975.

GARCIA MARIN, J. M.: «En torno a la naturaleza del poder real en la monarquía de los Austrias», en *Historia. Instituciones y Documentos.* 1984, 11, pp. 154 y ss.

GARCIA MARIN, J. Mª: *La burocracia castellana bajo los Austrias.* Alcalá de Henares, 1986.

GARCIA MARIN, J.M.: «La legítima defensa hasta fines de la Edad Media», en *Anuario de Historia del Derecho Español.* Madrid, 1980, L, pp. 413-439.

GARCIA MARIN, J.M.: *El oficio público en Castilla durante la Baja Edad Media.* Sevilla, 1974.

GARCIA MARIN, J.M.: *El aborto criminal en la legislación y la doctrina (pasado y presente de una polémica).* Madrid, 1980.

GARCIA MARTIN, M.: *Cervantes y la comedia española del siglo XVI.* Salamanca, 1980.

GARCIA MARTINEZ, S.: «Bandolerismo, piratería y control de moriscos en Valencia durante el reinado de Felipe II», en *Estudis.* Valencia, 1972, pp. 85-167.

GARCIA MARTINEZ, S.: *Bandolerismo, piratería y control de moriscos en Valencia durante el Reinado de Felipe II.* Valencia, 1977.

GARCIA MARTINEZ, S.: *Bandolers, Corsaris i Moriscos.* Valencia, 1980.

GARCIA MERCADAL, J.: *Viajes por España.* Madrid, 1972.

GARCIA, R.; SANCHEZ, P.; COLAS, G.; SALAS, J. A.; PARKER, G.: «Antonio Pérez y su época», en *Cuadernos, Historia 16.* 60.

GARCIA SANZ, A. (Coord.): *Historia de Castilla y León: La época de la decadencia (siglo XVII).* Valladolid, 1986.

GARCIA SANZ, A.: *Desarrollo y crisis del Antiguo Régimen en Castilla la Vieja. Economía y Sociedad en tierras de Segovia de 1500 a 1814.* Madrid, 1977.

GARCIA VALDES, C.: *No a la pena de muerte.* Madrid, 1975.

GARCIA VALDES, C.: *Régimen penitenciario de España.* Madrid, 1975.

GARCIA VILLOSLADA, R. (Dir): *Historia de la Iglesia en España.* Madrid, 1977-1981. 4 vols.

GARCIA Y GARCIA, A.: *Iglesia, sociedad y derecho*. Salamanca, 1985.
GARRIGA, C.: «Observaciones sobre el estudio de las Chancillerías y Audiencias castellanas (siglos XVI-XVII)», en CLAVERO; GROSSI; TOMAS Y VALIENTE *Hispania entre derechos propios y derechos nacionales*. Milano, 1990, II, pp. 757-803.
GARZON PAREJA, M.: *La Hacienda de Carlos II*. Madrid, 1980.
GARZON PAREJA: *Historia de la Hacienda de España*. Madrid, 1984.
GASCON DE TORQUEMADA, J.: *Nacimiento, vida, prisión y muerte de don Rodrigo Calderón, marqués de Sieteiglesias, dada a la luz por don Antonio Valladares de Sotomayor*. Madrid, 1789.
GASCON, R.: «Economie et pauvreté aux XVIè et XVIIè siècles: Lyon, ville exemplaire et prophétique», en MOLLAT, M. *Etudes sur l'histoire de la pauvreté (Moyen Age-XVIè siècle)*. Paris, 1974, II, pp. 747-760.
GATRELL, V. A. C.; LENMAN, B.; PARKER, G. (Ed.): *Crime and the Law: the social history of crime in western Europe since 1500*. 1980.
GEGOT, J.-C.: «Storia della criminalità in Francia», en *Quaderni Storici*. Ap. 1981, 46, pp. 192-211.
GEGOT J.C.: «Etude par sondage de la criminalité dans la bailliage de Falaise, XVIIè-XVIIIè siècles. Criminalité diffuse ou société criminelle», en *Annales de Normandie*. 1966, XVI, 2, pp. 103-164.
GERBET, M. C.: «La population noble dans le royaume de Castille vers 1500. La repartition géographique de ses diferenttes composantes», en *Anales de Historia Antigua y Medieval*. Universidad de Buenos Aires, 1977-79, pp. 78-99.
GERBET, M. C.: *La nobleza en la Corona de Castilla. Sus estructuras sociales en Extremadura (1454-1516)*. Cáceres, 1989.
GEREMEK, B.: «Criminalité, vagabondage, paupérisme: La marginalité a l'aube des temps modernes», en *Revue d'Histoire Moderne et Contemporaine*. Jui-Sep 1974, XXI, pp. 337-375.
GEREMEK, B.: «Il pauperismo nell'età preindustriale (secoli XIV-XVIII)», en *Storia d'Italia*. Torino, 1973, V, 1, pp. 669-698.
GIBERT, R.: *Historia General del Derecho Español*. Madrid, 1981.
GIBERT Y SANCHEZ DE LA VEGA, R.: «El funcionario español de la época austríaca», en *Actas del I Symposium de Historia de la Administración*. Madrid, 1970, pp. 253-293.
GIBERT Y SANCHEZ DE LA VEGA, R.: «Contadores de Hacienda e intervención fiscal en el Antiguo Régimen castellano», en *Itinerario Histórico de la Intervención General de la Administración del Estado*. Madrid, 1976.
GIL AYUSO, F.: *Noticia bibliográfica de textos y disposiciones legales de los reinos de Castilla impresos en los siglos XVI y XVII*. Madrid, 1935.
GIL SANJUAN, J.: «Las cárceles inquisitoriales de Granada», en *Jabega*. 1980, pp. 18-28.
GIMENEZ SOLER, A.: *Las alteraciones de Aragón en tiempo de Felipe II*. Zaragoza, 1916.
GIRARD, T.: *Historia del Consulado y Casa de Contratación de Bilbao y del Comercio de la villa (1511-1880)*. Bilbao, 1972. 2 vols.
GIRON, P.: *Crónica del Emperador Carlos V*. Madrid, 1964.
GIVEN, J.B.: *Society and homicide in thirteenth century England*. Stanford, 1977.
GOIMARD, J. (Ed.): *Venise au temps des galères*. Paris, 1968.
GOMEZ MARIN, J. A.: *Bandolerismo, Santidad y otros temas españoles*. Madrid, 1972.
GOMEZ MOLLEDA, M. D.: *Bibliografía histórica española, 1950-1954*. Madrid, 1955.
GOMEZ MORENO, M. y CARRIAZO, J. de M.: *Memorias del Reinado de los Reyes Católicos que escribió el bachiller Andrés Bernáldez, cura de los Palacios*. Madrid, 1972.
GOMEZ-MORIANA, A.: «Derecho de Resistencia y Tiranicidio. Estudio de una Temática en las «comedias» de Lope de Vega», en *Biblioteca Hispánica de Filosofía del Derecho*. Santiago, 1968, I.

GOMEZ PARENTE, O.: *Hacia el IV centenario de fray Alfonso de Castro, fundador del derecho penal (1558-1598)*. Madrid, 1957.
GOMEZ URDAÑEZ, J.L.: *La Hermandad de la Sangre de Cristo de Zaragoza. Caridad y ritual religioso en la ejecución de la pena de muerte*. Zaragoza, 1981.
GONZALEZ ALONSO, B.: «Del Estado absoluto al Estado constitucional», en *Manuscrits*. Barcelona, Abr. 1987, 4/5, pp. 81-90.
GONZALEZ ALONSO, B.: «El juicio de residencia en Castilla. I. Origen y evolución hasta 1480», en *Anuario de Historia del Derecho Español*. 1978, XLVIII, pp. 193-247.
GONZALEZ ALONSO, B.: «La fórmula «obedézcase, pero no se cumpla»», en *Anuario de Historia del Derecho Español*. Madrid, 1980, L, pp. 469-487.
GONZALEZ ALONSO, B.: «La Justicia», en *Enciclopedia de Historia de España*. Madrid, 1988, II, pp. 347-417.
GONZALEZ ALONSO, B.: «Las Comunidades de Castilla y la formación del Estado Absoluto», en *Sobre el Estado y la Administración de la Corona de Castilla en el Antiguo Régimen*. Madrid, 1981.
GONZALEZ ALONSO, B.: «Notas sobre las relaciones del Estado con la administración señorial en la Castilla Moderna», en *Anuario de Historia del Derecho Español*. 1983, 52, pp. 368-380.
GONZALEZ ALONSO, B.: «Observaciones y documentos sobre la administración de Castilla a fines del siglo XV», en *Historia, Instituciones, Documentos*. Sevilla, 1976, 3, pp. 223-247.
GONZALEZ ALONSO, B.: *El corregidor castellano 1348-1808*. Madrid, 1970.
GONZALEZ ALONSO, B.: *Gobernación y Gobernadores. Notas sobre la administración de Castilla en el período de formación del Estado Moderno*. Madrid, 1974.
GONZALEZ ALONSO, B.: *Sobre el Estado y la Administración de la Corona de Castilla en el Antiguo Régimen*. Madrid, 1981.
GONZALEZ BLANCO, A.: *Horcas y picotas en la Rioja. (Aproximación al problema de los rollos y su significado)*. Logroño, 1984.
GONZALEZ DELEITO Y DOMINGO, N.: «La Jurisdicción penal-militar española en las edades antigua y media», en *Escritos en homenaje al profesor Prieto Castro*. Madrid, 1977, I, pp. 535-555.
GONZALEZ, E.: *Vida y hechos de Estebanillo González, hombre de buen humor*. Madrid, 1655.
GONZALEZ NOVALIN, J. L.: *El inquisidor general Fernando de Valdés (1483-1568)*. Oviedo, 1968-74.
GONZALEZ PALENCIA, A.: *Gonzalo Pérez. Secretario de Felipe II*. Madrid, 1964.
GORDON KIERNAN, V.: *State and Society in Europe 1550-1650*. Oxford, 1980.
GOUBERT, P.: «Un problème mondial: la venalité des offices», en *Annales E.S.C.*. 1953, pp. 210 y ss.
GOUBERT, P.: *El Antiguo Régimen*. Madrid, 1979. 2 vols.
GOURNAY, J. F. (Études réunies par): *La justice en Angleterre du XVIè au XIXè siècle*. Lille, 1988.
GRACIA BOIX, R.: *Colección de documentos para la Historia de la Inquisición*. Cordoba, 1982.
GRAND, R.: «Prison et notion d'emprisonnement dans l'Ancien Droit», en *Revue Historique du Droit Français et étranger*. 1940, pp. 58-87.
GRAULLERA SANZ, V.: «El verdugo de Valencia en los siglos XVI y XVII (ejecución de sentencias)», en *Estudios de Historia de Valencia*. Valencia, 1978, pp. 203-215.
GRAULLERA SANZ, V.: *La esclavitud en Valencia en los siglos XVI y XVII*. Valencia, 1978.
GUIA MARIN, L. J.: «La Guerra de Cataluña y el bandolerismo valenciano (1640-1652)», en *Actes du Ier Colloque sur le Pays Valencien à la époque Moderne*. Pau-Valencia, 1980, pp. 117-143.
GUIARD, T.: *Historia del Consulado y Casa de Contratación de Bilbao y del Comercio de la Villa (1511-1880)*. Bilbao, 1972. 2 vols.

GUILARTE, A. M.: «Un proyecto para la recopilación de las leyes castellanas en el siglo XVI», en *Anuario de Historia del Derecho Español*. 1953, XXIII.

GUILARTE, A. Mª: *El régimen señorial en el siglo XVI*. Valladolid, 1987.

GUILARTE ZAPATERO, A.: «Las Instituciones: El Gobierno y la Administración del Reino», en *Historia de Castilla y León*. Valladolid, 1985, VI, pp. 84-103.

GUTIERREZ NIETO, J. I.: «Violencia y sociedad en el pensamiento historiográfico de los humanistas españoles», en *Hispania*. 1978, 140, pp. 569-594.

GUTIERREZ NIETO, J. I.: *Las Comunidades como movimiento antiseñorial. La formación del bando realista en la guerra civil castellana de 1520-1521*. Barcelona, 1973.

HALE, J.R.: «Sixteenth-century explanation of war and violence», en *Past and Present*. 1971, 51, pp. 3-27.

HALICZER, S. (Ed.): *Inquisition and society in early modern Europe*. London, 1987.

HALICZER, S.: «Construcción del Estado, decadencia política y revolución en la Corona de Castilla (1475-1520)», en *Homenaje a Emilio Gomez Orbaneja*. Madrid, 1977, pp. 301-303.

HALICZER, S.: *Los Comuneros de Castilla. La forja de una revolución (1475-1521)*. Valladolid, 1987.

HANN, F. de: «Picaros y ganapanes», en *Homenaje a Menéndez Pelayo*. Madrid, 1899, II, pp. 149-190.

HARTUNG Y MOUSNIER: «Quelques problèmes concernant la monarchie absolue», en *Relazioni X Congreso Internazionale di Scienze Storische*. Roma, 1955, IV, pp. 16 y ss.

HENNINGSEN, G.: «El «banco de datos» del Santo Oficio. Las relaciones de causas de la Inquisición española (1550-1700)», en *Boletín de la Real Academia de la Historia*. 1977, 174, pp. 548-570.

HERAS, J. L. de las: «El sistema carcelario de los Austrias en la Corona de Castilla», en *Stvdia Historica (Homenaje al Dr. Fernández Alvarez)*. 1988, VI, pp. 523-559.

HERAS, J. L. de las: «Indultos concedidos por la Cámara de Castilla en tiempos de los Austria», en *Stvdia Historica*. 1983, I, pp. 115-141.

HERAS, J. L. de las: «La jurisdicción del Consejo de Hacienda en tiempos de los Austria», en *Actas del I Symposium Internacional: Estado y Fiscalidad en el Antiguo Régimen*. Murcia, 1989. pp. 117-128.

HERAS, J. L. de las: «Los galeotes de los Austrias: la penalidad al servicio de la Armada», en *Historia Social*. Invierno, 1990, 6, pp. 127-138.

HERBELLA, B.: *Derecho práctico, i estilos de la Real Audiencia de Galicia, ilustrado con las citas de los autores más clásicos que lo comprueban*. Santiago, 1768.

HEREDIA, A. de: *Dechado de jueces, en el cual se hallará la muestra de cómo ha de ser un buen juez*. Valencia, 1566.

HERNANDEZ ESTEVE, E.: «Creación del Consejo de Hacienda (1523-1525)», en *Estudios de Historia Económica*. 1983, 9.

HERNANDEZ ESTEVE, E.: *Contribución al estudio de las Ordenanzas de los Reyes Católicos sobre la Contaduría Mayor de Hacienda, y sus oficios*. Madrid, 1988.

HERNANDEZ ESTEVE, E.: *Creación del Consejo de Hacienda de Castilla (1523-1525)*. Madrid, 1983.

HERNANDEZ ROS, R.: «La pena de galeras», en *Conferencias sobre Lepanto*. Madrid, 1947, II, pp. 9-38.

HERNANDO ORTEGO, F. J.; HOZ GARCIA, C. de: *Relaciones topográficas de Felipe II. Relaciones inéditas de la provincia de Madrid*. Madrid, 1987.

HERRERA PUGA, P.: «La Andalucía negra», en *Anuario de Historia Moderna y Contemporánea*. Granada, 1979, 6, pp. 7-37.

HERRERA PUGA, P.: «La mala vida en tiempo de los Austrias», en *Anuario de Historia Moderna y Contemporánea*. Granada, 1974, 1.

HERRERA PUGA, P.: *Sociedad y delincuencia en el Siglo de Oro*. Madrid, 1974.

HESPAHNA, A. M.: *Visperas del Leviatan: instituciones y poder político. Portugal siglo XVII*. Madrid, 1989.

HESPANHA, A.M.: *Historia das Instituçoes. Epocas Medieval e Moderna*. Coimbra, 1982.

HESS, A.C.: «La batalla de Lepanto y su lugar en la historia del Mediterráneo», en Elliott, J.H. *Poder y sociedad en la España de los Austrias*. Barcelona, 1982, pp. 90-114.

HILLGARTH, J. N.: *Los Reyes Católicos (1474-1516)*. Barcelona, 1984.

HOBSBAWM, E. J.: *Bandidos*. Barcelona, 1976.

HOBSBAWM, E.J.: *Rebeldes primitivos*. Barcelona, 1967.

HORNEDO, R.M.: «Desaplicación y desórdenes estudiantiles en el Seisceintos español», en *Razón y Fe*. 1959, CLIX, 733, pp. 131-144.

HUERGA CRIADO, P.; MIGUEL GONZALEZ, Mª L.; MENDOZA GARCIA, J.; y otros: *Inquisición española. Nuevas aproximaciones*. Madrid, 1987.

IBARS, T.: «La delinqüència a Lleida al segle XVII», en *Manuscrits*. Dic. 1988, 7, pp. 167-188.

IMBERT, J.: «La peine de mort et l'opinion au XVIIIè siècle», en *Revue de Science Criminelle et de Droit Pénal Comparé*. 1964, pp. 509-525.

IMBERT, J.: *La peine de mort. Histoire, actualité*. Paris, 1967.

IMBERT, J.: *Quelques procès criminelles des XVIIè et XVIIIè siècles*. Paris, 1964.

IMBERT, J.; LEVASSEUR, G.: *Le pouvoir, les juges et les bourreaux (25 siècles de repression)*. Paris, 1972.

IÑIGUEZ, F.: «La cárcel de Sevilla», en *Revista bibliográfica y documental*. 1948, II, pp. 159-165.

JAGO, C.: «Habsburg absolutism and the Cortes of Castille», en *American Historical Review*. 1981, 86, pp. 307-326.

JAGO, Ch. J.: «Crisis sociales y oposición política: Cortes y Monarquía durante el reinado de Felipe II», en *Las Cortes de Castilla y León en la Edad Moderna*. Valladolid, 1989, pp. 315-342.

JAGO, Ch.: «La crisis de la aristocracia en la Castilla del siglo XVII», en ELLIOTT, J.H. *Poder y Sociedad en la España de los Austrias*. Barcelona, 1982, pp. 248-286.

JARQUE MARTINEZ, E. Mª: *Los procesos de limpieza de sangre en la Zaragoza de la Edad Moderna*. Zaragoza, 1983.

JARQUE MARTINEZ, E.; SALAS AUSENS, J. A.: «El «Cursus Honorum» de los letrados aragoneses en los siglos XVI y XVII», en *Stvdia Historica (Homenaje al Dr. Fernández Alvarez)*. 1988, VI, pp. 411-422.

JEDIN, H. (Dir): *Historia de la Iglesia, vols. VI al VIII*. Barcelona, 1973-1978.

JIMENEZ MONTESERIN, M.: *Documentos básicos para el estudio del Santo Oficio*. Madrid, 1981.

JONES, R. O.: *Historia de la Literatura Española. Siglo de Oro: Prosa y poesía (Siglos XVI y XVII)*. Barcelona, 1981.

JOUANNA, A.: «Recherches sur la notion d'honneur au XVIè siècle», en *Revue d'Histoire Moderne et Contemporaine*. 1968, XVI, pp. 597-623.

JOVER, J. M.: «Monarquía y nación en la España del XVII», en *Cuadernos de Historia de España*. 1950, XIII, pp. 101-150.

JOVER, J.M.: «Un proceso político en tiempo de Felipe III. Don Rodrigo Calderón, Marqués de Siete Iglesias. Su vida, su proceso y su muerte», en *Revista de Archivos Bibliotecas y Museos*. 1905, III época, año IX.

JOVER ZAMORA, J.M.: «Sobre lo castellano en la Monarquía española de los siglos XVI y XVII», en *Santa Cruz*. Valladolid, 1954, XI, 14, pp. 22-25.

JUAN Y COLON, J.: *Instrucción de escribanos en orden a lo judicial*. Madrid, 1787.

JULIA, S.: *Historia social, sociología histórica*. Madrid, 1989.

KAGAN, R. L.: «Las Universidades en Castilla, 1500-1700», en *Poder y Sociedad en la España de los Austrias*. Barcelona, 1982.

KAGAN, R. L.: *Lawsuits and Litigants in Castile, 1500-1700*. Chapel Hill, 1981.

KAGAN, R.: «Justicia y poder real en Castilla, siglos XVI y XVII», en *Cudernos de Investigación Histórica*. 1979, 3.

KAGAN, R.: «Pleitos y poder real. La Chancillería de Valladolid (1500-1700)», en *Cuadernos de Investigación Histórica*. 1978, 2, pp. 291-316.

KAGAN. R. L.: *Universidad y sociedad en la España moderna*. Madrid, 1981.

KAMEN, H.: «Galley Service and Crime in Sixteenth Century Spain», en *Economic History Review*. 1968, XXII, pp. 304-305.

KAMEN, H.: «Public Authority and Popular Crime: Banditry in Valencia 1660-1714», en *The Journal of European Economic History*. 1974, III, 3, pp. 654-687.

KAMEN, H.: *European society, 1500-1700*. London, 1984.

KAMEN, H.: *La España de Carlos II*. Barcelona, 1981.

KAMEN, H.: *La Inquisición Española*. Barcelona, 1985.

KAMEN, H.: *Una sociedad conflictiva, 1469-1714*. Madrid, 1984.

KENISTON, J.: *Francisco de los Cobos, secretario de Carlos V*. Madrid, 1980.

KIERNAN, V.: *State and Society in Europe, 1550-1650*. Oxford, 1980.

KLEIN, J.: *La Mesta. Estudio de la Historia Económica Española (1273-1836)*. Madrid, 1981.

LA ROSA OLIVEIRA, L. de; SERRA RAFOLS, E. de: «El adelantado don Alonso de Lugo y su residencia por Lope de Sosa», en *Fontes Rerum Canariarum*. La Laguna, 1949, III.

LA ROSA OLIVERA, L. de: «La Real Audiencia de Canarias. Notas para su Historia», en *Anuario de Estudios Atlánticos*. 1957, 3, pp. 91-161.

LACARTA SALVADOR, M.: *Felipe II. La idea de Europa*. Madrid, 1986.

LADERO QUESADA, M. A.: *La Hacienda Real de Castilla en el siglo XV*. La Laguna, 1973.

LADERO QUESADA, M. A.: *La Hacienda Real Castellana entre 1480 y 1492*. Valladolid, 1967.

LADERO QUESADA, M. A.: *El siglo XV en Castilla. Fuentes de renta y política fiscal*. Barcelona, 1982.

LADERO QUESADA, Miguel Angel: *España en 1492*. Madrid, 1978.

LALINDE ABADIA, J.: «Los gastos del proceso en el derecho histórico español», en *Anuario de Historia del Derecho Español*. 1964, XXXIV, pp. 249-416.

LALINDE ABADIA, J.: *Iniciación histórica al derecho español*. Barcelona, 1983.

LALINDE, J.: *Derecho histórico español*. Barcelona, 1981.

LAMPEREZ Y ROMEA, V.: «Arquitectura civil española: administración de justicia», en *Arquitectura civil española*. Madrid, 1922, pp. 93-114.

LANGBEIN, J.H.: *Torture and the law of proof*. Chicago, 1977.

LANHRERS, M.: «Crimes et criminels au XIVè siècle», en *Revue Historique*. 1968, CCXL, pp. 325-338.

LARDIZABAL URIBE, M.: *Discurso sobre las penas*. Madrid, 1789.

LARIO, D. de: *Sobre los orígenes del burócrata moderno. El Colegio de España en Bolonia durante la impermeabilización habsburguesa, 1568-1659*. Zaragoza, 1980.

LARQUIE, C.: «Un estudio cuantitativo de la pobreza: los madrileños y la muerte en el siglo XVII», en *Hispania*. Madrid, 1980, 146, pp. 577-603.

LASALA NAVARRO: *Galeotes y presidiarios al servicio de la marina de guerra en España*. Madrid, 1961.

LASTRES, F.: *La cárcel de Madrid (1572-1877)*. Madrid, 1877.

LAZARO CARRETER, F.: *«Lazarillo de Tormes» en la picaresca*. Barcelona, 1972.

LE ROY LADURIE, E.: «Révoltes et contestations rurales en France (1675-1788)», en *Annales E.S.C.*. Jan-Fev 1974, pp. 6 y ss..

LEA, H. C.: *Historia de la Inquisición española*. Madrid, 1983. 3 vols.

LECUIR, J.: «Criminalité et «moralité»: Montyon, statisticien du parlement de Paris», en *Revue d'Histoire Moderne et Contemporaine*. Jui-Sep 1974, XXI, pp. 445-493.
LIÑAN Y VERDUGO, A.: *Guía y avisos de forasteros que vienen a la Corte*. Madrid, 1980.
LLADONOSA, J.: *El bandolerisme a la Catalunya occidental*. Barcelona, 1972.
LLAMAS Y MOLINA: *Comentarios a las leyes de Toro*. Madrid, 1827.
LLORENTE, J. A.: *Historia crítica de la Inquisición en España*. Madrid, 1980. 4 vols.
LLOYD MOOTE, A.: *The revolt of the judges: the Parlement of Paris and the Fronde, 1643-1652*. Pricenton, 1971.
LLUIS Y NAVAS, J.: «Las características y tendencias generales de la política penal monetaria en la Corona de Castilla durante la Edad Moderna», en *Numisma*. 1959, IX, 36, 37 y 38. pp. 9-24, 9-33, y 9-53.
LOBO CABRERA, M.: *La esclavitud en las Islas Canarias Orientales en el siglo XVI*. Sta. Cruz de Tenerife, 1982.
LOPE DE VEGA CARPIO, F.: *Colección escogida de obras no dramáticas*. Madrid, 1926.
LOPE DE VEGA: «El castigo sin venganza», en HARTZENBUSCH, J.E. *Comedias escogidas de fray Lope Félix de Vega Carpio*. Madrid, 1853-1860, B.A.E. I.
LOPE DE VEGA: *Fuente Ovejuna*. Navarra, 1970.
LOPES, J. B. da Silva: *Historia do cativerio dos presos de Estado na Torre de S. Juliao da Barra de Lisboa durante a epoca da usurpaçao do legitimo governo de Portugal*. Mem Martins.
LOPEZ AMO, A.: «El Derecho Penal español de la Baja Edad Media», en *Anuario de Historia del Derecho Español*. 1956, XXVI, pp. 337-367.
LOPEZ CASTELLON, E. (Coord.): *Historia de Castilla y León: La crisis del siglo XVII. De Felipe III a Carlos II*. Madrid, 1985.
LOPEZ DE UBEDA, F.: *La pícara Justina*. Madrid, 1962.
LOPEZ GOMEZ, Mª A.: «Los Fiscales del Consejo Real», en *Hidalguía*. En-Feb 1990, 218, pp. 81-114.
LOPEZ GOMEZ, Mª A.: «Los relatores del Consejo de Castilla y de la Sala de Alcaldes de Casa y Corte», en *Hidalguía*. En-Feb 1990, 218, pp. 43-80.
LOPEZ GOMEZ, Mª A.: «Los Fiscales del Consejo Real», en *Hidalguía*. Mar-Ab. 1990, 219, pp. 193-260.
LOPEZ PIÑERO, J. M.: *El arte de navegar en la España del Renacimiento*. Barcelona, 1986.
LOPEZ-REY, M.: «La jurisdicción común castellana en el siglo XVI», en *Revista General de Legislación y Jurisprudencia*. 1935, IV, 166.
LORCIN, M.T.: «Les paysans et la justice dans la région Lyonnaise aux XIVè et XVè siècles», en *Moyen Age*. 1968, LXXIV, 2, pp. 269-300.
LOVETT, A. W.: *La España de los primeros Habsburgos (1517-1598)*. Barcelona, 1989.
LUBLINSKAYA, A. D.: *La crisis del siglo XVII y la sociedad del Absolutismo*. Barcelona, 1979.
LUJAN, N.: *La vida cotidiana en el Siglo de Oro español*. Barcelona, 1988.
LUJAN, N.: *Madrid de los últimos Austrias*. Barcelona, 1989.
LUNENFELD, M.: «Governing the cities of Isabella the Catholic: The corregidores, governors, and assistants of Castile (1476-1504)», en *Journal of Urban History*. 1982, IX, 1.
LUNENFELD, M.: *Los Corregidores de Isabel la Católica*. Barcelona, 1989.
LUNENFELD, M.: *The Council of the Santa Hermandad. A Study of the Pacification forces of Ferdinand and Isabella*. Florida, 1970.
LYNCH, J.: *España bajo los Austrias: Imperio y absolutismo (1516-1598)*. Barcelona, 1982.
MACIA MANSO, R.: *Derecho y justicia en Suárez*. Granada, 1968.
MALDONADO, J.: *La Revolución Comunera. El Movimiento de España, o sea, historia de la revolución conocida con el nombre de las Comunidades de Castilla*. Madrid, 1975.
MANDROU, R.: *L'Europe «absolutiste», Raison et raison d'Etat, 1648-1775*. Paris, 1977.

MARAÑON, G.: «La medicina en las galeras en tiempos de Lepanto», en *Conferencias sobre Lepanto*. Madrid, 1947, II, pp. 127-161.
MARAÑON, G.: «La vida en galeras en tiempo de Felipe II», en *Vida e Historia*. Madrid, 1980, pp. 94-124.
MARAÑON, G.: *Antonio Pérez. El hombre, el drama, la época*. Madrid, 1977.
MARAÑON, G.: *El Conde Duque de Olivares. La pasión de mandar*. Madrid, 1980.
MARAVALL, J. A.: «Ejército y Estado en el Renacimiento», en *Revista de Estudios Políticos*. 1961, 117, pp. 5-45.
MARAVALL, J. A.: «La historia del pensamiento político, la ciencia política y la historia», en *Revista de Estudios Políticos*. 1955, 84, pp. 25-65.
MARAVALL, J. A.: «Las etapas del pensamiento político de Carlos V», en *Revista de Estudios Políticos*. 1958, 100, pp. 93-145.
MARAVALL, J. A.: «Le origini dello Stato Moderno», en *Lo Stato Moderno*. Bologna, 1976.
MARAVALL, J. A.: «Maquiavelo y maquiavelismo en España», en *Estudios de Historia del Pensamiento Español. Siglo XVII*. Madrid, 1975.
MARAVALL, J. A.: «Pobres y pobreza del medievo a la primera modernidad», en *Cuadernos Hispanoamericanos*. 1981, 367-368.
MARAVALL, J. A.: *Carlos V y el pensamiento político del Renacimiento*. Madrid, 1960.
MARAVALL, J. A.: *El mundo social de «La Celestina»*. Madrid, 1976.
MARAVALL, J. A.: *Estado moderno y mentalidad social (siglos XV-XVII)*. Madrid, 1986. 2 vols.
MARAVALL, J. A.: *Estudios de historia del pensamiento español*. Madrid, 1973.
MARAVALL, J. A.: *La oposición política bajo los Austrias*. Barcelona, 1972.
MARAVALL, J. A.: *La cultura del Barroco*. Barcelona, 1980.
MARAVALL, J. A.: *La literatura picaresca desde la historia social (Siglos XVI y XVII)*. Madrid, 1986.
MARAVALL, J. A.: *La teoría española del Estado en el siglo XVII*. Madrid, 1944.
MARAVALL, J. A.: *Las Comunidades de Castilla. Una primera revolución moderna*. Madrid, 1979.
MARAVALL, J. A.: *Poder, honor y élites en el siglo XVII*. Madrid, 1979.
MARAVALL, J. A.: *Teatro y literatura en la sociedad barroca*. Madrid, 1972.
MARAVALL, J. M.: *Estudios de Historia del pensamiento español. Serie segunda. La época del Renacimiento*. Madrid, 1983-84. 3 vols.
MARAVALL, J.A.: *El concepto de España en la Edad Media*. Madrid, 1981.
MARAVALL, J.A.: *Estudios de historia del pensamiento español (s. XVII)*. Madrid, 1975.
MARCELLE, C.: «Bandolerismo y delincuencia en la Cataluña del siglo XVI», en *Historia 16*. 56, pp. 37-47.
MARCOS MARIN, A.: *Economía, Sociedad, Pobreza en Castilla: Palencia, 1500-1814*. Palencia, 1985. 2 vols.
«Marginalité, déviance, pauvreté en France XIVè-XIXè siècles», en *Cahiers des Annales de Normandie*. Caen, 1981, 13.
«Marginalité et criminalité à l'époque moderne», en *Revue d'Histoire Moderne et Contemporaine*. Jul-Sep.1974.
MARGOT, A.: «La criminalité dans le bailliage de Mamers (1695-1750)», en *Annales de Normandie*. Oct. 1972, XXII, 3, pp. 185-224.
MARIANA, J. de: *La dignidad real y la educación del Rey (De Rege et Regis Institutione)*. Madrid, 1981.
MARIANA, J.: *Del Rey y de la institución real.* , 1950.
MARTIN POSTIGO, M. S.: *Historia del Archivo de la Real Chancillería de Valladolid*. Valladolid, 1979.
MARTIN POSTIGO, M. S.: *La Cancillería Castellana de los Reyes Católicos*. Valladolid, 1959.

MARTIN POSTIGO, Mª S.: «La Cancillería castellana en la primera mitad del siglo XVI», en *Hispania*. 1964, 95, pp. 348-367.
MARTIN POSTIGO, Mª S.: «La Cancillería castellana en la primera mitad del siglo XVI», en *Hispania*. 1964, 96, pp. 509-551.
MARTIN RODRIGUEZ: «Figura histórico-jurídica del Juez Mayor de Vizcaya», en *Anuario de Historia del Derecho Español*. 1968, 38, pp. 641-671.
MARTINEZ BARA, J.A.: «Vicisitudes del Archivo del Consejo de Castilla en los siglos XVIII y XIX», en *Actas del III Symposium de Historia de la Administración*. Madrid, 1974, pp. 353-383.
MARTINEZ DIEZ, G.: «La tortura judicial en la legislación histórica española», en *Anuario de Historia del Derecho Español*. 1962, XXXII, pp. 223-300.
MARTINEZ DIEZ, G.: «Los oficiales públicos: De las Partidas a los Reyes Católicos», en *Actas II Symposium de Historia de la Administración*. Madrid, 1971, pp. 121-137.
MARTINEZ FERNANDO, J.E.: «Algunes noticies sobre Josep Artús, famós bandoler valencià del segle XVII», en *Homenaje a Jaime Vicens Vives*. Barcelona, 1967, II, pp. 383-387.
MARTINEZ GIJON, J.: *La Compañía Mercantil en Castilla hasta las ordenanzas del Consulado de Bilbao de 1737. Legislación y doctrina*. Sevilla, 1979.
MARTINEZ MARINA, F.: *Ensayo histórico crítico sobre la antigua legislación y principales cuerpos legales de los reinos de León y Castilla*. Madrid, 1845.
MARTINEZ MILLAN, J.: «Crisis y decadencia de la Inquisición», en *Cuadernos de Investigación Histórica*. 1983.
MARTINEZ MILLAN, J.: «Elites de poder en tiempos de Felipe II (1539-1572)», en *Hispania*. En-abr 1989, 171, pp. 111-149.
MARTINEZ MILLAN, J.: «En torno al nacimiento de la Inquisición medieval a través de la censura de libros en los reinos de Castilla y Aragón (1232-1480)», en *Hispania*. Madrid, 1980, 144, pp. 5-37.
MARTINEZ MILLAN, J.: «La formación de las estructuras inquisitoriales», en *Hispania*. 1983, 153, pp. 23-64.
MARTINEZ MILLAN, J.: *La Hacienda de la Inquisición (1478-1700)*. Madrid, 1984.
MARTINEZ RUIZ, J.: «Visita a todas las casas de cristianos viejos de Granada, en 1565. Inventario de armas (Hidalguía, profesiones, oficios)», en *Cuadernos de la Alhambra*. 1988, 24, pp. 151-182.
MARTINEZ SALAZAR: *Colección de memorias y noticias del gobierno general y político del Consejo: lo que se observa en el despacho de los negocios que le competen*. Madrid, 1764.
MAX, F.: *Prisoniers de l'Inquisitión*. Paris, 1989.
MAYER, E.: *Historia de las instituciones sociales y políticas de España y Portugal durante los siglos V a XIV*. Madrid, 1926.
MAZA ZORRILLA, E.: *Pobreza y asistencia social en España, siglos XVI al XX. Aproximación histórica*. Valladolid, 1987.
MEINECKE, F.: *La idea de la razón de Estado en la Edad Moderna*. Madrid, 1983.
MELOSSI, D.: «Las estrategias del control social en el capitalismo», en *Papers*. Barcelona, 1980, 13, pp. 165-197.
MELOSSI, D.; PAVARINI, M.: *Los orígenes del sistema penitenciario, (siglos XVI-XIX)*. México, 1980.
MENDIZABAL, F.: «Investigaciones acerca del origen, historia y organización de la Real Chancillería de Valladolid. Su jurisdicción y competencia», en *Revista de Archivos, Bibliotecas y Museos*. 1914, XXXI, pp. 61-72, 95-112, 243-264, 437-442, 445-467.
MENENDEZ PELAYO, M.: *Historia de los Heterodoxos Españoles*. Madrid, 1978.
MENESES GARCIA, E.: *Correspondencia del conde de Tendilla: 1508-1509*. Madrid, 1973.
MENESES GARCIA, E.: *Correspondencia del conde de Tendilla: 1510-1513*. Madrid, 1974.

MER, L.B.: «Criminalité et répression. 15mes journées d'Histoire du Droit des Pays de l'Ouest-Dinard (1978)», en *Annales de Normandie*. Déc. 1969, XXIX, 4, pp. 370-371.

MERCHAN FERNANDEZ, A. C.: *La administración local de Palencia en el Antiguo Régimen, 1180-1808 (fiscalidad, jurisdicción y gobierno)*. Palencia, 1988.

MIER, E. de: *El conflicto del poder y el poder del conflicto. (El familiar del Santo Oficio de la Inquisición, Toribio Sánchez de Quijano de Cartes)*. Santander, 1986.

MIGUET, F.: *Antonio Pérez y Felipe II*. Madrid, 1983.

MILLARES CARLO, A.: «La Cancillería Real en León y Castilla hasta fines del reinado de Fernando III», en *Anuario de Historia del Derecho Español*. 1926, III, pp. 226-306.

MIRANDA CALVO, J.: *Reflexiones militares sobre las Comunidades de Castilla*. Toledo, 1984.

MOLAS RIBALTA, P.: «La Chancillería de Valladolid en el siglo XVIII. Apunte sociológico», en *Cuadernos de Investigación Histórica*. 1979, 3, pp. 231-257.

MOLAS RIBALTA, P.: «Veinticinco años de historiografía sobre el Estado Moderno», en *Indice histórico español*. 1971, XVII, pp. XIII-LXXII.

MOLAS RIBALTA, P.: *Consejos y Audiencias durante el reinado de Felipe II*. Valladolid, 1984.

MOLAS RIBALTA, P.: *Edad Moderna (1474-1808)*. Madrid, 1988.

MOLAS RIBALTA, P.: *La burguesía mercantil en la España del Antiguo Régimen*. Salamanca, 1985.

MOLAS RIBALTA, P.: *La Monarquía española (siglos XVI-XVIII)*. Madrid, 1990.

MOLAS RIBALTA, P.; GIL PUJOL, J.; SANCHEZ MARCOS, F.: *Historia Social de la Administración Española. Estudios sobre los siglos XVII y XVIII*. Barcelona, 1980.

MOLINA, L. de: *Los seis libros de la justicia y el derecho*. Madrid, 1941.

MOLINA MELIA, A.: *Iglesia y Estado en el Siglo de Oro Español. El pensamiento de Francisco Suárez*. Valencia, 1977.

MOLNAR, E.: «Les fondements économiques et sociaux de l'absolutisme», en *XII Congreso Internacional de Ciencias Históricas*. Viena, 1965.

MONREAL CIA, G.: «El señorío de Vizcaya. Origen, naturaleza jurídica. Estructura institucional», en *Anuario de Historia del Derecho Español*. 1973, XLIII, pp. 113-207.

MONREAL CIA, G.: *Las Instituciones Públicas del Señorío de Vizcaya hasta el siglo XVIII*. Bilbao, 1974.

MONSALVO ANTON, J.Mª: «Poder municipal y mercado urbano precapitalista. Una introducción a las ordenanzas de la renta del peso mayor del concejo de Salamanca», en *Revista Provincial de Estudios*. Salamanca, 1983, 8, pp. 59-79.

MONSALVO ANTON, J.Mª: «Poder político y aparatos de Estado en la Castilla Bajomedieval. consideraciones sobre su problemática», en *Stvdia Historica*. Salamanca, 1986, IV, 2, pp. 101-167.

MONTALVO JARDIN, L.: *Hermandades de Castilla. Juicio de esta institución. Apoyo que prestaban a la unidad monárquica*. Madrid, 1862.

MORALES, A. de: *La batalla de Lepanto*. Madrid, 1987.

MORALES, A. de: *Viaje de Ambrosio de Morales por orden del Rey Phelipe II, a los reinos de León, Galicia y Principado de Asturias*. Madrid, 1985.

MORALES MOYA, A.: «El Estado Absoluto de los Reyes Católicos», en *Hispania*. 1975, 129, pp. 75-120.

MORALES MOYA, A.: *Reflexiones sobre el Estado Español del siglo XVIII*. Madrid, 1984.

MOREL, J.: «Le vagabondage et la mendicité au XVIè siècle», en *Bull. de la Societé Dauphinoise d'Ethnologie et d'Anthropologie*. 1901, VIII, pp. 104-122.

MORENO GARBAYO, N. (Edic. de): *Colección de Reales Cédulas del Archivo Histórico Nacional: año 1366-1801*. Madrid, 1977.

MORENO SEBASTIAN, A.: *Los señoríos de la Iglesia en la tierra de Zamora, siglos XVI-XIX. Los procesos desamortizadores de la riqueza señorial*. Zamora, 1984.

MORETA VELAYOS, S.: *Malhechores-feudales. Violencia, antagonismos y alianzas de clases en Castilla, siglos XIII-XIV*. Madrid, 1978.

MORONGIU, A.: «Soberanía e instituciones parlamentarias en la polémica política de los siglos XVI y XVII», en *Revista de Estudios Políticos*. 1963, 129-130.

MOUSNIER, R.: *L'assassinat d'Henri IV: Le problème du tyrannicide el l'affermissement de la monarchie absolue*. Paris, 1964.

MOUSNIER, R.: *La crisis del siglo XVII y la sociedad del absolutismo*. Barcelona, 1979.

MOUSNIER, R.: *La monarquía absoluta en Europa, del siglo V a nuestros días*. Madrid, 1986.

MOUSNIER, R.: *La Venalité des Offices sous Henri IV et Louis XIII*. Paris, 1971.

MOUSNIER, R.: *Les institutions de la France sous la Monarchie Absolue*. Paris, 1980. 2 vols.

MOUSNIER, R.; HARTUNG, F.: «Quelques problèmes concernant la Monarchie Absolute», en *X Congresso Internazionale di Scienze Storici, Relazioni*. Firenze, 1955, IV.

MOUSNIER, R.; y otros: *Les institutions de la France sous la monarchie absolue*. Paris, 1974-1980. 2 vols.

MOXO, S. de: «El derecho militar en la España cristiana medieval», en *Revista Española de Derecho Militar*. 1961, 12.

MOXO, S. de: «Los señoríos. En torno a una problemática para el estudio del régimen señorial», en *Hispania*. 1964, 94 y 95, pp. 185-236 y 395-430.

MOXO, S. de: *La incorporación de señoríos a la Corona*. Valladolid, 1959.

MOXO, S. de: *Los señoríos de Toledo*. Madrid, 1972.

MOXO, S. de: *Los antiguos señoríos de Toledo. Evolución de las estructuras jurisdiccionales en la comarca toledana desde la Baja Edad Media hasta fines del Ant. R*. Toledo, 1973.

MOXO, S.: *La disolución del régimen señorial en España*. Madrid, 1965.

MUCHEMBLED, R.: *La violence au village. Sociabilité e comportements populaires en Artois du XVè au XVIIIè siècle*. Turnhout, 1989.

MUCHEMBLED, R.: *Sorcières, Justice et Societé aux 16è et 17è siècles*. Paris, 1987.

MURILLO FERROL, F.: *Saavedra Fajardo y la política del Barroco*. Madrid, 1989.

MURO, G.: *Vida de la princesa de Eboli*. Madrid, 1887.

MURO OREJON, A.: «El Real y Supremo Consejo de las Indias. Antecedentes: la Junta de Indias», en *Anuario de Estudios Americanos*. 1970, pp. 195-218.

MUSI, A.: *Stato e pubblica amministrazione nell'Ancien Régime*. Napoli, 1979.

NÄF, W.: *La idea del Estado en la Edad Moderna*. Barcelona, 1973.

NASZALLYI, E.: *El Estado según Francisco de Vitoria*. Madrid, 1948.

NAVAGERO, A.: *Viaje por España, 1524-1526*. Madrid, 1983.

NOREÑA, C. G.: *Juan Luis Vives*. Madrid, 1978.

NOVO LOPEZ, J. E.: *Evolución histórica de la Medicina Naval*. Madrid, 1989.

OLARRA GARMENDIA, J. de; LARRAMENDI, Mª L.: *La Correspondencia entre la Nunciatura de España y la Santa Sede. Reinado de Felipe III.* , 1962-1967. 6 vols.

OLARRA GARMENDIA, J. de; LARRAMENDI, Mª L.: *Indices de la correspondencia entre la Nunciatura y la Santa Sede. Reinado de Felipe II*. Madrid, 1948-1949. 2 vols.

OLESA MUÑIDO, F. F.: *La organización naval de los estados mediterráneos y en especial de España durante los siglos XVI y XVII*. Madrid, 1968. 2 vols.

OLESA MUÑIDO, F.: *La galera en la navegación y el combate*. Barcelona, 1971. 2 vols.

ORTEGA LOPEZ, M.: «El Consejo Supremo de Aragón y la supervisión de la justicia del reino aragonés durante el siglo XVII», en *Manuscrits*. Enero 1990, 8, pp. 139-164.

OURVANTZOFF, M.: *Germanía: un aspecto de la sociedad española en los siglos XVI y XVII*. Madrid, 1976.

OWENS, J. B.: *Rebelión, Monarquía y Oligarquía Murciana en la época de Carlos V*. Murcia, 1980.

PALACIO ATTARD, V.: *España en el siglo XVII. Derrota, agotamiento, decadencia*. Madrid, 1987.
PALOMEQUE TORRES, A.: «Aportación al estudio del concejo señorial castellano durante los Reyes Católicos y los Austrias», en *V Congreso de Historia de la Corona de Aragón*. Zaragoza, 1962, IV, pp. 261-295.
PANDO, J. L. de: *La Administración en la Armada española*. Madrid, 1977.
PARKER, G.: *El Ejército de Flandes y el Camino Español, 1567-1659. La logística de la victoria y derrota de España en la guerra de los Países Bajos*. Madrid, 1985.
PARKER, G.: *España y los Países Bajos. Diez estudios*. Madrid, 1986.
PARKER, G.: *España y la rebelión de Flandes*. Madrid, 1989.
PARKER, G.: *Felipe II*. Madrid, 1984.
PASTOR, L. von: *Historia de los Papas*. Vols. V a XVI. Barcelona, 1910-1961.
PELORSON, J. M.: *Les letrados juristes castillans sous Philippe III. Recherches sur leur place dans la société, la culture et l'état*. Poitiers, 1980.
PEREZ, A.: *Relaciones y cartas*. Madrid, 1982. 2 vols.
PEREZ BALTASAR, Mª D.: *Mujeres marginadas. Las casas de recogidas en Madrid*. Madrid, 1984.
PEREZ BUSTAMANTE, C.: *La España de Felipe III. La política interior y los problemas internacionales*. Madrid, 1979.
PEREZ BUSTAMANTE, C.: *Libro de los privilegios del Almirante don Cristóbal Colón (1489)*. Madrid, 1951.
PEREZ BUSTAMANTE, R.: «Del sistema de Contadurías al Consejo de Hacienda, 1433-1525. Una perspectiva institucional», en *Historia de la Hacienda Española: Epocas Antigua y Medieval*. Madrid, 1982, pp. 681-739.
PEREZ BUSTAMANTE, R.: *El gobierno y la administración territorial de Castilla (1230-1474)*. Madrid, 1976. 2 vols.
PEREZ DE LA CANAL: «La justicia en la Corte de Castilla durante los siglos XIII a XV», en *Historia, Instituciones, Documentos*. Sevilla, 1975, 2, pp. 383-483.
PEREZ-EMBID, F; MORALES-PADRON, F.: *Bibliografía Española de Historia Marítima (1932-1962)*. Sevilla, 1970.
PEREZ ESTEVEZ, M. R.: *El problema de los vagos en la España del siglo XVIII*. Madrid, 1976.
PEREZ ESTEVEZ, R. M.: «Las Cortes y los marginados: pobres en Castilla en el siglo XVI», en *Las Cortes de Castilla y León en la Edad Moderna*. Valladolid, 1989, pp. 283-314.
PEREZ ESTEVEZ, R. Mª: «Delincuencia en la España del siglo XVIII: Los presidiarios de Marina», en *Cuadernos de Investigación Histórica*. 1979, III, pp. 259-273.
PEREZ GARCIA, P.: «Una magistratura de la Valencia Moderna: el justicia criminal (1598-1621)», en *Estudis. Revista de Historia Moderna*. 1985-86, 12, pp. 207-242.
PEREZ HERRERA, C.: *Amparo de pobres*. Madrid, 1975.
PEREZ, J.: «Pour une nouvelle interpretation des Comunidades de Castille», en *Bulletin Hispanique*. 1963, LXV.
PEREZ, J.: *Felipe II ante la Historia. Leyenda negra y guerra ideológica*. Valladolid, 1980.
PEREZ, J.: *Isabel y Fernando. Los Reyes Católicos*. Madrid, 1988.
PEREZ, J.: *La España de los Reyes Católicos*. San Lorenzo de El Escorial, 1986.
PEREZ, J.: *La revolución de las Comunidades de Castilla (1520-1521)*. Madrid, 1977.
PEREZ, J.: *Los Comuneros*. Madrid, 1989.
PEREZ MARTIN, A.; SCHOLZ, J. M.: *Legislación y Jurisprudencia en la España del Antiguo Régimen*. Valencia, 1978.
PEREZ PRENDES, J. M.: *Apuntes de historia del derecho español*. Madrid, 1964.
PEREZ-PRENDES, J.M.: «Fazer justicia. Notas sobre la actuación gubernativa medieval», en *Moneda y Crédito*. 128.

PEREZ PRENDES, J.M.: «Las leyes de los adelantados mayores», en *Hidalguía*. 1962, pp. 365-384.

PEREZ PRENDES, J.M.: *Curso de Historia del Derecho Español*. Madrid, 1984.

PEREZ ROYO, J.: *Introducción a la teoría del Estado*. Barcelona, 1980.

PEREZ VILLANUEVA, J. (Dirg. por): *La Inquisición Española. Nueva visión, nuevos horizontes*. Madrid, 1980.

PEREZ VILLANUEVA; ESCANDELL BONET (Dir.): *Historia de la Inquisición en España y América. El conocimiento científico y el proceso histórico de la Institución (1478-1834)*. Madrid, 1984.

PEREZ Y LOPEZ, A.X.: *Teatro de la legislación universal de España e Indias por orden cronológico de sus cuerpos, y decisiones no recopiladas: y alfabético de sus títulos*. Madrid, 1791-1798.

PEREZ ZAGORIN: *Revueltas y revoluciones en la Edad Moderna*. Madrid, 1985-1986.

PERRY, M. E.: *Crime and Society in Early Modern Seville*. London, 1980.

PETRIE, Ch.: *Felipe II*. Madrid, 1964.

PFANDL, L.: *Philippe II d'Espagne*. , 1981.

PI CORRALES, M. P.: *Felipe II y la lucha por el dominio del mar*. Madrid, 1989.

PIDAL, Marqués de: *Historia de las Alteraciones de Aragón*. Madrid, 1862-63. 3 vols.

PIERSON, P.: *Felipe II de España*. México, 1984.

PIKE, R.: «Crime and punishment in sixteenth century Spain», en *The Journal of European Economic History*. Roma, 1976, 3, pp. 689-704.

PIKE, R.: «Penal Servitude in Early Modern Spain: The Galleys», en *The Journal of European Economic History*. 1982, 11, 1, pp. 197-216.

PIKE, R.: *Aristócratas y comerciantes. La sociedad sevillana en el siglo XVI*. Barcelona, 1978.

PIKE, R.: *Penal servitude in early modern Spain*. Madison, 1983.

PINO REBOLLEDO, F.: *Ordenanzas de la ciudad de Valladolid, 1549-1818*. Valladolid, 1988.

PINTA LLORENTE, M. de la: *Las cárceles inquisitoriales españolas*. Madrid, 1948.

PINTO CRESPO, V.: *Inquisición y control ideológico en la España del siglo XVI*. Madrid, 1983.

PIÑERA, H.: *El pensamiento español de los siglos XVI y XVII*. New York, 1970.

«Pobreza y asistencia social en el XVIII español», en *Revista de Estudios de Historia Social*. Madrid, 1980, 12-13.

PONZ, A.: *Viaje de España: Siglos XIV-XVIII*. Madrid, 1989.

PORSHNEV, B.: *Los levantamientos populares en Francia en el siglo XVII*. Madrid, 1978.

POSTER, M.: *Foucault, el marxismo y la historia. Modo de producción versus modo de información*. Barcelona, 1987.

POSTIGO CASTELLANOS, E.: *Honor y privilegio en la Corona de Castilla. El Consejo de las Ordenes y los Caballeros de Hábito en el siglo XVII*. Soria, 1988.

PRIETO BERNABE, J. M.: *La venta de la Jurisdicción de Pastrana en 1541: La creación de un nuevo Señorío*. Madrid, 1986.

PRODI, P.: *Il sovrano pontefice. Un corpo e due anime: la monarchia papale nella prima età moderna*. Bologna, 1982.

PUDDU, R.: *Eserciti e monarchie nazionale nei secoli XV-XVI*. Firenze, 1975.

PUENTE, J.: *La visión de la realidad de España en los viajes de don Antonio Ponz*. Madrid, 1968.

PUIGDOMENECH FORCADA, H.: *Maquiavelo en España. Presencia de sus obras en los siglos XVI y XVII*. Madrid, 1988.

PULIDO FERNANDEZ: *La pena capital en España*. Madrid, 1897.

PURROY TURRILLAS, Mª del C.: «Jurisdicción en Indias de los capitanes generales en causas militares (Siglo XVII)», en *VI Congreso del Instituto Internacional de Historia del Derecho Indiano: Poder y presión fiscal*. Valladolid, 1986, pp. 339-359.

PUYOL Y ALONSO, J.: *Crónicas incompletas de los Reyes Católicos (1469-1476)*. Madrid, 1934.

QUATREFAGES, R.: *Los Tercios Españoles (1567-1577)*. Madrid, 1979.
QUEVEDO, F. de: *La vida del Buscón*. Salamanca, 1980.
QUINTERO OLIVARES, G.: «Economía e instrumentos represivos», en *Papers*. Barcelona, 1980, 13, pp. 197-215.
QUINTIN ALDEA: *Iglesia y Estado en el siglo XVII. Ideario político-eclesiástico*. Santander, 1961.
RAMOS, D.: «El problema de la fundación del Real Consejo de las Indias y la fecha de su creación», en *El Consejo de las Indias en el siglo XVI*. Valladolid, 1970, pp. 11-48.
RANKE, L. von: *La monarquía española de los siglos XVI y XVII*. México, 1946.
REAL DIAZ, J.J.: «El Consejo de Cámara de Indias: Génesis de su fundación», en *Anuario de Estudios Americanos*. Sevilla, 1962, XIX, pp. 725-758.
REAL PEREZ, A.: *Edición crítica y completa de los escritos del secretario de Felipe II: Cartas*. Madrid, 1982.
REAL PEREZ, A.: *Edición crítica y completa de los escritos del secretario de Felipe II: Relaciones*. Madrid, 1982.
REDONDO, A.: *Antonio de Guevara (1480-1545) et l'Espagne de son temps. De la carrière officielle aux oeuvres politico-morales.* , 1977.
REGLA, J.: «Felipe II y el bandolerismo catalán», en *Hispania*. 1955, LXI, pp. 545-588.
REGLA, J.: «Ocaso y captura del bandolero Serrallonga», en *San Jorge*. Barcelona, 1961, 42, pp. 48-51.
REGLA, J.: *Bandolers, pirates i hugonots a la Catalunya del segle XVI*. Barcelona, 1969.
REGLA, J.: *El bandolerisme catalá del Barroc*. Barcelona, 1966.
REGLA, J.: *La crisis del siglo XVII, 1621-1713*. Barcelona, 1970.
REGUERA, I.: *La Inquisición española en el País Vasco (El Tribunal de Calahorra, 1513-1570)*. San Sebastián, 1984.
RIBA GARCIA, C.: *Correspondencia privada de Felipe II con su secretario Mateo Vázquez, 1567-1591*. Madrid, 1959.
RIBA GARCIA, C.: *El Consejo Supremo de Aragón en el reinado de Felipe II*. Valencia, 1914.
RIBOT GARCIA, L.: «El fin de la Hegemonía Castellana y la Crisis del Estado», en *Historia de Castilla y Leon*. Valladolid, 1986, VII.
RIBOT GARCIA, L.: «La Corona de Castilla y la Monarquía Hispánica», en *Historia de Castilla y Leon*. Valladolid, 1985, VI, pp. 10-39.
RIBOT GARCIA; MARCOS MARTIN; GARCIA SANZ; GUILARTE ZAPATERO; CUART MONER: *La época de la expansión (siglo XVI)*. Valladolid, 1985.
RIBOT GARCIA; MARCOS MARTIN; YUN CASALILLA; GUILARTE ZAPATERO; CUART MONER: *Historia de Castilla y León: La época de la decadencia (siglo XVII)*. Valladolid, 1986.
RICO, F.: *La novela picaresca y el punto de vista*. Barcelona, 1970.
RIERA, J.; MONTERO CARTELLE, E.; ROJO VEGA, A.: *Ciencia, medicina y sociedad en el Renacimiento castellano*. Valladolid, 1989.
RINGROSE, D. R.: «Madrid y Castilla, 1560-1850. Una capital en una economía regional», en *Moneda y Crédito*. 1969, 111, pp. 65-112.
RINGROSE, D. R.: *Ensayos sobre historia económica de España (siglos XVI-XIX)*. Madrid, 1987.
RINGROSE, D. R.: *Madrid y la economía española 1560-1850. Ciudad, Corte y país en el Antiguo Régimen*. Madrid, 1985.
RINGROSE, D.R.: *Imperio y península. Ensayos sobre historia económica de España (siglos XVI-XIX)*. Madrid, 1987.
ROBERT, Ph.; et LÉVY, R.: «Histoire et question pénale», en *Révue d'histoire moderne et contemporaine*. 1985, pp. 481-526.

ROBERTSON, I.: *Los curiosos impertinentes. Viajeros ingleses por España desde la accesión de Carlos II hasta 1856*. Barcelona, 1988.

RODRIGUEZ AGUILERA DE PRAT, C.: «La teoría del Estado en la España de los Austrias», en *Revista de Estudios Políticos*. 1983, Nueva época, 36, pp. 131-158.

RODRIGUEZ CRUZ, A. Mª: *Colección documental. Selección de algunos de los documentos más importantes de la historia de la Universidad de Salamanca*. Salamanca, 1977.

RODRIGUEZ DE GRACIA, H.: *Asistencia social en Toledo, siglos XVI-XVIII*. Toledo, 1980.

RODRIGUEZ FERNANDEZ, A.: *Alcaldes y Regidores. Administración territorial y gobierno municipal en Cantabria durante la Edad Moderna*. Santander, 1986.

RODRIGUEZ FLORES, Mª I.: *El Perdón Real en Castilla (siglos XIII-XVIII)*. Salamanca, 1971.

RODRIGUEZ MARIN, F.: «El capítulo de los galeotes», en *Estudios Cervantinos*. Madrid, 1947, pp. 139-152.

RODRIGUEZ-MOÑINO SORIANO, F.: *Razón de Estado y dogmatismo religioso en la España del siglo XVII*. Madrid, 1976.

RODRIGUEZ MOURULLO: «La distinción hurto-robo en el derecho histórico», en *Anuario de Historia del Derecho Español*. 1962, XXXII.

RODRIGUEZ RAMOS, L.: «La pena de galeras en la España Moderna», en *Estudios penales. Libro homenaje al profesor Antón Oneca*. Salamanca, 1982.

RODRIGUEZ-SAN PEDRO BEZARES, L. E.: *La Universidad Salmantina del Barroco, período 1598-1625: Régimen docente y atmósfera intelectual*. Salamanca, 1986.

RODRIGUEZ-SAN PEDRO BEZARES, L. E.: *La Universidad Salmantina del Barroco, período 1598-1625: Aspectos sociales y apéndice documental*. Salamanca, 1986.

RODRIGUEZ SAN PEDRO BEZARES, L. E.: *La Universidad de Salamanca del Barroco, periodo 1598-1625: El modelo barroco, gobierno y hacienda*. Salamanca, 1986.

RODRIGUEZ SAN PEDRO BEZARES, L.E.: *Lo barroco: la cultura de un conflicto*. Salamanca, 1988.

RODRIGUEZ-SAN PEDRO BEZARES, L. E.: *Vida, aspiraciones y fracasos de un estudiante de Salamanca. El diario de Gaspar Ramos Ortiz (1568-1569)*. Salamanca, 1987.

RODRIGUEZ SANCHEZ, A.: «Inmoralidad y represión en Coria en el siglo XVI», en *Actas de las II Jornadas de Metodología y Didáctica de la Historia*. Cáceres, 1983, pp. 451-463.

RODRIGUEZ SANCHEZ, A.: *Cáceres: Población y comportamientos demográficos en el siglo XVI*. Cáceres, 1977.

RODRIGUEZ SANCHEZ, A.: *Morir en Extremadura. La muerte en la horca a finales del Antiguo Régimen (1792-1909)*. Cáceres, 1980.

RODRIGUEZ VILLA, A.: *La corte y la monarquía de España en 1636 y 1637. Colección de cartas inéditas publicadas por...*. Madrid, 1886.

ROLDAN VERDEJO, R.: *Los jueces de la monarquía absoluta*. Madrid, 1989.

ROMMEN, H.: *La teoría del Estado y de la Comunidad Internacional en Francisco Suárez*. Madrid, 1951.

ROSELL, C.: *Historia del combate naval de Lepanto y juicio de la importancia y consecuencias de aquel suceso*. Madrid, 1971.

ROTTELLI, P., SCHIERA, P.: *Lo stato moderno*. Bolonia, 1971-1973.

ROVITO, P. L.: *Respublica dei togati. Giuristi e società nella Napoli del Seicento: Le garanzie giuridiche*. Napoli, 1981.

RUBIO PARDOS, C.; GONZALEZ LOPEZ, E.: *Cédulas y provisiones de Carlos I, rey de España. Conservadas en el Archivo General de la Villa de Madrid: Años 1516-1526*. Madrid, 1985.

RUBIO VELA, A.: *Pobreza, enfermedad y asistencia hospitalaria en la Valencia del siglo XIV*. Valencia, 1984.

RUEDA FERNANDEZ, J.: «La ciudad de Zamora en los siglos XVI y XVII: Estudio demográfico», en *Studia Zamorensia*. 1981, 2, pp. 117-134.

RUEDA, J. C.: «Introducción al estudio de la economía zamorana a mediados del siglo XVI. Su estructura socioprofesional en 1561», en *Stvdia Historica*. 1984, II, 3, pp. 113-151.

RUFF, J. R.: *Crime, Justice and Public Order in Old Regime France. The Sénéchaussées of Libourne and Bazar. 1696-1789*. London, 1984.

RUFILLI, R.: «Il processo di statalissazione nell'Europa moderna», en *Quaderni Sardi di Storia*. 1983-1984, 4, pp. 9-24.

RUGGIERO, G.: *The Boundaires of Eros. Sex, Crime and Sexuality in Renaissance Venice*. Venice, 1985.

RUIZ DE LA CUESTA, A.: *El legado doctrinal de Quevedo: su dimensión política filosófico jurídica*. Madrid, 1984.

RUIZ-MAYA PEREZ, L.; MOLINIE BERTRAND, A.; GARCIA ESPAÑA, E.: *Censo de Castilla de 1591: Vecindarios*. Madrid, 1984.

RUIZ RODRIGUEZ, A. A.: *La Real Chancillería de Granada en el siglo XVI*. Granada, 1987.

RUMEU DE ARMAS, A.: *Historia de la censura gubernativa en España*. Madrid, 1940.

RUMEU DE ARMAS, A.: *Historia de la previsión social en España. Cofradías, gremios, hermandades, montepíos*. Madrid, 1944.

RUMEU DE ARMAS, A.; MOXO, S.: «La metodología en la Historia de la Administración», en *Actas del I Symposium de Historia de la Administración*. Madrid, 1970, pp. 61-73.

SAAVEDRA FAJARDO, D.: *Idea de un Príncipe político-cristiano representada en cien empresas*. Murcia, 1985.

SAAVEDRA FAJARDO, D.: *Introducciones a la política y razón de Estado del Rey Católico Don Fernando (1631)*. , 1947.

SACRISTAN MARTINEZ: *Municipalidades de Castilla y León*. Madrid, 1981.

SAINZ DE ROBLES, F.C.: *Vida, proceso y muerte de don Rodrigo Calderón*. Barcelona, 1932.

SALA BALUST, L.: *Constituciones, estatutos y ceremonias de los antiguos colegios seculares de la Universidad de Salamanca*. Madrid, 1964-66. 4 vols.

SALAS AUSENS, J. A.: *La población de Barbastro en los siglos XVI y XVII*. Zaragoza, 1981.

SALCEDO IZQUIERDO, J.: «Hallazgo de las ordenanzas viejas de la Chancillería de Granada», en *Boletín de la Universidad de Granada*. 1972-1973, XXXIII, pp. 27-30.

SALCEDO IZU, J.: *El Consejo Real de Navarra en el siglo XVI*. Pamplona, 1964.

SALCEDO IZU, J.: *La Diputación del Reino de Navarra*. Pamplona, 1969.

SALCEDO IZU, J.: *La función pública en Navarra*. Madrid, 1983.

SALCEDO Y RUIZ, A.: *Sustantividad y fundamento del derecho militar (discurso de ingreso en la Real Academia de Ciencias Morales y Políticas, el día 27 de Abril de 1913)*. Madrid, 1916.

SALES, N.: «Justiça, criminalidade e tribunais senhoriais entre os sécs. XVI e XVIII. Algumas questoes metodológicas», en *Ler História*. 1988, 12, pp. 77-93.

SALES, N.: *Senyors, bandolers, miquelets i botiflers. Estudis d'Historia de Catalunya (segles XVI al XVIII)*. Barcelona, 1985.

SALOMON, N.: «Régimen jurisdicional de los pueblos de Castilla la Nueva a fines del siglo XVI según las «relaciones topográficas»», en *La vida rural castellana en tiempos de Felipe II*. Barcelona, 1982, pp. 346-358.

SALOMON, N.: *La vida rural castellana en tiempos de Felipe II*. Barcelona, 1982.

SALOMON, N.: *Lo villano en el teatro del Siglo de Oro*. Madrid, 1985.

SALVADOR LIZONDO, M.P.: «Notas sobre el bandolerismo nobiliario a comienzos del virreinato del duque de Maqueda, 1553-1554», en *I Congreso de Historia del País Valenciano*. III, pp. 177-180.

SANCHEZ AGESTA, L.: «Los orígenes de la teoría del Estado en el pensamiento español en el siglo XVI», en *Revista de Estudios Políticos*. 1958, 98, pp. 85-109.

SANCHEZ AGESTA, L.: *El concepto de Estado en el pensamiento español del siglo XVII.* Madrid, 1960.
SANCHEZ ALBORNOZ, C.: *Estudio sobre las instituciones medievales españolas.* México, 1965.
SANCHEZ ALBORNOZ, C.: *Investigaciones y Documentos sobre las Instituciones Hispánicas.* , 1970.
SANCHEZ ALBORNOZ, C.: *Viejos y nuevos estudios sobre las instituciones medievales españolas.* Madrid, 1976-1980. 3 vols.
SANCHEZ ALBORNOZ, Claudio: *España. Un enigma histórico.* Barcelona, 1985. 2 vols.
SANCHEZ ARCILLA: *La Administación de Justicia Real en Castilla y León en la Baja Edad Media (1252-1504).* Madrid, 1980.
SANCHEZ BELLA, I.: *Génesis del Estado Moderno en España.* Pamplona, 1956.
SANCHEZ BELLA, I.: *Los reinos en la historia moderna de España.* Madrid, 1956.
SANCHEZ GOMEZ, J.: *De minería, metalurgia y comercio de metales.* Salamanca, 1989.
SANCHEZ GRANJEL, L.: *Cirugía española del Renacimiento.* Salamanca, 1968.
SANCHEZ GRANJEL, L.: *El ejercicio de la Medicina en la sociedad española del siglo XVII.* Salamanca, 1971.
SANCHEZ GRANJEL, L.: *La Medicina española del siglo XVII.* Salamanca, 1978.
SANCHEZ MARCOS, F.: *Invitación a la Historia. De Herodoto a Voltaire.* Barcelona, 1988.
SANCHEZ ORTEGA, M. H.: *Documentación selecta sobre la situación de los gitanos españoles en el siglo XVIII.* Madrid, 1977.
SANCHEZ ORTEGA, M. H.: *Los gitanos españoles. El período borbónico.* Madrid, 1977.
SANCHEZ ORTEGA, Mª H.: *La Inquisición y los gitanos.* Madrid, 1988.
SANCHEZ PEREZ, A. J.: *Poder municipal y oligarquía. El Concejo cacereño en el siglo XVII.* Cáceres, 1987.
SANDOVAL, B. de: *Tractado del cuydado que se debe tener de los presos pobres.* Toledo, 1564.
SANDOVAL, Fr. P. de: *Historia de la vida y hechos del Emperador Carlos V.* Madrid, 1955. 3 vols.
SANTAYANA BUSTILLO, L.: *Gobierno político de los pueblos de España y el corregidor, alcalde y juez de ellos.* Madrid, 1979.
SANTOYO, J. C.: *Viajeros por Alava. Siglos XV a XVIII.* Vitoria, 1972.
SARRABLO AGUARELES, E.: *Catálogo de Consultas del Consejo de Aragón.* Madrid, 1975.
SASSO, G.: *Niccolo Machiavelli. Storia del suo pensiero politico.* Bologna, 1988.
SBRICCOLI, M.: *Crimen laesae maiestatis.* Milano, 1974.
SCHÄFER, E.: «Algunos conflictos de jurisdicción en la Administración española durante los siglos XVI y XVII», en *Investigación y Progreso.* 1932, 6.
SCHÄFER, E.: *El Consejo Real y Supremo de Indias. Su historia, organización y labor administrativa hasta la terminación de la Casa de Austria.* , 1978.
SCHIERA, P.: «Lo Stato Moderno e il raporti disciplinamento/legittimazione», en VV. AA. *Sulla Modernità.* Milano, 1985.
SEAVER, H. L.: *The great revolt in Castille. A study of the Comunero Movement of 1520-1521.* New York, 1966.
SECO SERRANO, C.: *Epistolario español. Cartas de Sor María Jesús de Agreda y de Felipe IV.* Madrid, 1952. 2 vols.
SEGURA ORTEGA, M.: *La Filosofía Jurídica y Política en las «Empresas» de Saavedra Fajardo.* Murcia, 1984.
SEMPERE Y GUARIÑOS, J.: *Historia del luxo y de las Leyes Suntuarias de España.* Madrid, 1973. 2 vols.
SERRA, E.: *Pagesos i senyors a la Catalunya del segle XVI. Baronia de Sentmenat, 1590-1729.* Barcelona, 1988.

SERRA RUIZ, R.: «Finalidad de la pena en la legislación de las Partidas», en *Anales de la Universidad de Murcia*. 1962-1963, XXI, 3 y 4.
SERRA RUIZ, R.: «Honor, honra e injuria en el derecho medieval español», en *Anuario de Historia del Derecho Español*. Madrid, 1970, XL, pp. 799-803.
SERRA RUIZ, R.: «Notas sobre el juicio de residencia en época de los Reyes Católicos», en *Anuario de Estudios Medievales*. Barcelona, 1968, V, pp. 531-546.
SERRANO, L.: *España en Lepanto*. San Lorenzo de El Escorial, 1986.
SESMA MUÑOZ, J. A.: *El establecimiento de la Inquisición en Aragón. Documentos para su estudio*. Zaragoza, 1987.
SEVILLA Y SOLANAS, F.: *Historia penitenciaria española: la galera*. Segovia, 1917.
SHARPE, J. A.: *Crime in Early Modern England, 1550-1750*. New York, 1984.
SHARPE, J. A.: *Crime in Seventeenth-Century England: a county study*. Cambridge, 1983.
SHENNAN, J. H.: *Liberty and order in early modern Europe. The subject and the state, 1650-1800*. London, 1986.
SHENNAN, J. H.: *The Origins of the Modern European State, 1450-1725.* , 1982.
SIMITH, R. S.: *Historia de los consulados del mar, 1250-1700*. Barcelona, 1978.
SIMON DIAZ, J.: *Bibliografía regional y local de España: Impresos localizados, siglos XV-XVII*. Madrid, 1976.
SIMON DIAZ, J.: *Cien escritores madrileños del Siglo de Oro*. Madrid, 1975.
SIMON DIAZ, J.: *Impresos del siglo XVII. Bibliografía selectiva por materias de 3500 ediciones príncipes en la lengua castellana*. Madrid, 1972.
SIMON DIAZ, J.: *Manual de Bibliografía de la Literatura Española*. Madrid, 1980.
SIMON DIAZ, J.: *Textos dispersos de autores españoles: Impresos del Siglo de Oro*. Madrid, 1978.
SKINNER, Q.: *Maquiavelo*. Madrid, 1984.
SLACK, P. (Ed.): *Rebellion, Popular Protest and the social Order in Early Modern England*. Cambridge, 1984.
SLACK, P.: *Poverty and policy in Tudor and Stuart England*. London, 1988.
SMITH, R. S.: *Historia de los Consulados del Mar (1250-1700)*. Barcelona, 1978.
SOBALER SECO, Mª de los A.: *Los colegiales mayores de Santa Cruz (1484-1670). Una élite en el poder*. S. L., 1987.
SOLA CASTAÑO, E.: *La España de los Austrias, la hegemonía mundial*. Madrid, 1988.
SOLE, J.: *L'Amour en Occident à l'époque moderne*. Paris, 1976.
SOLER, J.: *Repertorio de todas las leyes de Castilla*. Toledo, 1529.
SOMBART, W.: *El burgués*. Madrid, 1972.
SORIA Y VERA: *Tratado de la justificación y conveniencia de la tasa del pan*. Toledo, 1633.
SOUBEYROUX, J.: *Pauperisme et rapports sociax à Madrid au XVIIIème siècle*. Lille, 1978.
STONE, L.: *La crisis de la Aristocracia, 1558-1641*. Madrid, 1977.
«La Storia del Diritto nel quadro delle Sciense Storiche», en *Atti del Primo Congreso Internazionale della Societá del Diritto*. 1966.
STRADLING, R. A.: *Europa y el declive de la estructura imperial española, 1580-1720*. Madrid, 1983.
STRADLING, R. A.: *Felipe IV y el Gobierno de España, 1621-1665*. Madrid, 1989.
STRAYER, J.: *Sobre los orígenes medievales del Estado Moderno*. Barcelona, 1981.
SUAREZ, F.: *De legibus*. Madrid, 1971-77. 6 vols.
SUAREZ, F.: *Defensio Fidei: Principatus Politicus o la Soberanía Popular*. Madrid, 1965.
SUAREZ, F.: *«De iuramento fidelitatis». Documentación fundamental*. Madrid, 1978.
SUAREZ FERNANADEZ, L.: *Nobleza y Monarquía. Puntos de vista sobre la historia castellana del siglo XV*. Valladolid, 1959.

SUAREZ FERNANDEZ, L. (Dir.): *Historia General de España y América: La época de la plenitud. Hasta la muerte de Felipe II (1517-98)*. Madrid, 1986.
SUAREZ FERNANDEZ, L. y MATA CARRIAZO, J. de: *La España de los Reyes Católicos (1474-1516). Las edificación del Estado y la Política Exterior.*. Madrid, 1978.
SUAREZ FERNANDEZ, L.: *Nobleza y monarquía. Puntos de vista sobre la historia política castellana del siglo XV*. Valladolid, 1975.
SUAREZ, L.: «Evolución histórica de las Hermandes castellanas», en *Cuadernos de Historia de España*. 1951, XVI, pp. 5-78.
SUEIRO, D.: *La pena de muerte. Ceremonial, historia, procedimientos*. Madrid, 1974.
TARELLO, G.: *Storia della cultura giuridica moderna: Assolutismo e codificazione del diritto*. Bologna, 1976.
TAYLOR, A. J. P.: *La monarchia asburgica*. Milano, 1985.
TAYLOR, A. J.: *The Problem of Poverty 1660-1834*. London, 1969.
TELLECHEA IDIGORAS, J.I.: *Tiempos Recios. Inquisición y Heterodoxias*. Salamanca, 1977.
TELLECHEA IDIGORAS, J.I.: «Las cárceles inquisitoriales», en *Historia 16*. Oct. 1978, Extra, VII, pp. 55-67.
TENORIO, N.: *Noticias históricas de la Real Audiencia de Sevilla*. Sevilla, 1924.
TEXEIRA, P.: *Topografía de la villa de Madrid*. Madrid, 1956.
THOMPSON, I.A.A.: «A Map of Crime in Sixteenth Century Spain», en *Economic History Review*. Ag. 1968, XXI, 2, pp. 244-267.
THOMPSON, I.A.A.: «Cortes y ciudades: tipología de los Procuradores (extración social, representatividad)», en *Las Cortes de Castilla y León en la Edad Moderna*. Valladolid, 1989, pp. 191-248.
THOMPSON, I.A.A.: «Crown and Cortes in Castile, 1590-1665», en *Parliament, Estates and Representation*. 1982, II, 1, pp. 29-45.
THOMPSON, I.A.A.: «The Armada and administrative reform: the Spanish council of war in the reign of Philip II», en *English Historical Review*. 1967, LXXXII, 325, pp. 698-725.
THOMPSON, I.A.A.: *Guerra y decadencia. Gobierno y administración en la España de los Austrias, 1560-1620*. Barcelona, 1981.
THOMPSON, E. P.: *Tradición, revuelta y conciencia de clase*. Barcelona, 1979.
TOMAS Y VALIENTE, F.: «Relaciones de la Inquisición con el aparato institucional del Estado», en PEREZ VILLANUEVA, J. *La Inquisición Española, Nueva Visión, Nuevos Horizontes*. Madrid, 1980, pp. 41-61.
TOMAS Y VALIENTE, F.: «El crimen y pecado contra natura», en *Sexo barroco y otras transgresiones premodernas*. Madrid, 1990, pp. 33-56.
TOMAS Y VALIENTE, F.: «Las cárceles y el sistema penitenciario bajo los Borbones», en *Historia 16*. Oct. 1978, Extra, VII.
TOMAS Y VALIENTE, F.: «Nuevas orientaciones de la Historia del Derecho en España», en *Estudios sobre Historia de España*. Madrid, 1981, II.
TOMAS Y VALIENTE, F.: «El perdón de la parte ofendida en el derecho penal castellano (siglos XVI, XVII y XVIII)», en *Anuario de Historia del Derecho Español*. Madrid, 1961-1962, XXXI, pp. 55-114.
TOMAS Y VALIENTE, F.: «Delincuentes y pecadores», en *Sexo barroco y otras transgresiones premodernas*. Madrid, 1990, pp. 11-32.
TOMAS Y VALIENTE, F.: «Historia del Derecho e Historia», en *Once ensayos sobre la Historia*. Madrid, 1976, pp. 159-181.
TOMAS Y VALIENTE, F.: «El Estado del siglo XVII. El Gobierno y la Monarquía y la Adminstración de los Reinos», en JOVER ZAMORA, J.M. *Historia de España: La España de Felipe IV*. Madrid, 1982, XXV, pp. 1-214.

TOMAS Y VALIENTE, F.: «Origen bajomedieval de la patrimonialización de oficios públicos en Castilla», en *Actas I Symposum de Historia de la Administración*. Madrid, 1970, pp. 123-159.

TOMAS Y VALIENTE, F.: *Manual de Historia del Derecho Español*. Madrid, 1981.

TOMAS Y VALIENTE, F.: *La tortura en España. Estudios históricos*. Barcelona, 1973.

TOMAS Y VALIENTE, F.: *El Derecho Penal de la Monarquía Absoluta (siglos XVI-XVIII)*. Madrid, 1969.

TOMAS Y VALIENTE, F.: *Gobierno e instituciones en la España del Antiguo Régimen*. Madrid, 1982.

TOMAS Y VALIENTE, F.: *La venta de oficios de regidores y la formación de oligarquías urbanas en Castilla (siglos XVII y XVIII)*. Sevilla, 1974.

TOMAS Y VALIENTE, F.: «La prisión por deudas en los derechos castellano y aragonés», en *Anuario de Historia del Derecho Español*. 1960, XXX.

TOMAS Y VALIENTE, F.: *Los validos en la monarquía española del siglo XVII*. Madrid, 1982.

TOMAS Y VALIENTE, F.: «Las Instituciones del Estado y los hombres que las dirigen en la España del siglo XVII», en *Anuario dell'Istituto Storico Italiano per l'Età Moderna e Contemporanea*. Roma, 1979, XXIX y XXX.

TOMAS Y VALIENTE; CASTILLO PINTADO; GUTIERREZ NIETO; ELLIOTT; ALDEA VAQUERO; FDEZ ALVAREZ: *La España de Felipe IV*. Madrid, 1982.

TOMAS Y VALIENTE; CLAVERO; HESPANHA; BERMEJO; GACTO;ALVAREZ ALONSO: *Sexo barroco y otras transgresiones premodernas*. Madrid, 1990.

TOORE, A.: *Stato e società nell'ancien régime*. Torino, 1983.

TORQUEMADA: *Copilación de las instrucciones del oficio de la Santa Inquisición*. Madrid, 1982.

TORRE, A.: *Stato e Società nell'Ancien Régime*. Torino, 1984.

TORRE, L.: «Los motines militares en Flandes», en *Revista de Archivos, Bibliotecas y Museos*. 1912 a 1915, XXVI a XXXII.

TORRES, D.: «Las Cortes y la creación del Derecho», en *Las Cortes de Castilla y León en la Edad Moderna*. Valladolid, 1989, pp. 89-136.

TORRES i SANS, X.: «Alteracions aragoneses i bandolerisme català. «Nyerros» i «Cadells» a les terres de Ponent (1579-1599)», en *Recerques*. 22, pp. 137-156.

TORRES SANZ, D.: *La Administación Central castellana en la Baja Edad Media*. Valladolid, 1982.

TOURNIER, G.: *Les galères de France et les galériens protestants des XVII et XVIII siècles*. Montpellier, 1984. 2 vols.

TRINIDAD FERNANDEZ, P.: *La defensa de la sociedad. Cárcel y delincuencia en España (siglos XVIII-XX)*. Madrid, 1991.

ULLMAN, W.: *Historia del pensamiento político en la Edad Media*. Barcelona, 1983.

ULLMAN, W.: *Principios de gobierno y política en la Edad Media*. Madrid, 1971.

ULLMAN, W.: *The growth of papal governement in the middle ages*. London, 1962.

UNGERER, G.: *La defensa de Antonio Pérez contra los cargos que se le imputaron en el proceso de vista (1584)*. Zaragoza, 1980.

UREÑA Y SMENJAUD, R. de: «Los incunables jurídicos en España. Discurso leído ante las Reales Academias para celebrar la fiesta del libro el 7 de octubre de 1929», en *Boletín de la Real Academia de la Historia*. 1929, XCV, pp. 1-46.

VALBUENA PRAT, A.: *El teatro español en su Siglo de Oro*. Barcelona, 1969.

VALDEON BARUQUE, J.: «Revueltas en la Edad Media castellana», en VALDEON, J.; HESPANHA, A.; FURET, F *Revueltas y revoluciones en la Historia*. Salamanca, 1990, pp. 9-21.

VALDEON BARUQUE, J.: *Los conflictos sociales en el reino de Castilla en los siglos XIV y XV*. Madrid, 1975.

VALDEON, J.: «Clases sociales y lucha de clases en la Castilla bajo-medieval», en *Clases y conflictos sociales en la Historia*. Madrid, 1977.

VALERO GARCIA, P.: *La Universidad de Salamanca en la época de Carlos V*. Salamanca, 1988.

VALERO, Mª P.: *Documentos para la historia de la Universidad de Salamanca (1500-1550)*. Cáceres, 1989.

VALVERDE, J. L.: *La dotación de medicamentos en los buques de la Armada durante los siglos XVII y XVIII*. Granada, 1979.

VARONA GARCIA, M. A.: *La Chancillería de Valladolid en el reinado de los Reyes Católicos*. Valladolid, 1981.

VARONA GARCIA, Mª A.: «La Sala de Vizcaya en la Real Chancillería de Valladolid», en *Hidalguía*. 1964, 63, pp. 237-256.

VAZQUEZ GARCIA, F.: *Foucault y los historiadores. Análisis de una coexistencia intelectual*. Cádiz, 1987.

VEGA CARPIO, Fr. F. Lope de: «La noche toledana», en *Comedias escogidas*. B.A.E. XXIV, pp. 203-227.

VEGA CARPIO, Fr. F. Lope de: «El castigo sin venganza», en *Comedias escogidas*. B.A.E. XXIV, pp. 567-585.

VEGA CARPIO, Fr. F. Lope de: «Entremés del degollado», en *Obras publicadas por la Real Academia Española*. Madrid, 1892, II, pp. 303-307.

VEGA CARPIO, Fr. F. Lope de: «La discreta venganza», en *Comedias escogidas*. Madrid, 1853-1860, B.A.E. III.

VEGA CARPIO, Fr. F. Lope de: «La serrana de la Vera», en *Obras publicadas por la Real Academia Española*. Madrid, 1901, XII, pp. 1-45.

VEGA CARPIO, Fr. F. Lope de: «Las dos bandoleras y la fundación de la Santa Hermandad de Toledo», en *Obras publicadas por la Real Academia Española*. Madrid, 1897, IX, pp. 3-39.

VEGA CARPIO, Fr. F. Lope de: «Amor, pleito y desafío», en *Obras publicadas por la Real Academia Española*. Madrid, 1916-1930, X.

VEGA CARPIO, Fr. F. Lope de: «Entremés del letrado», en *Obras publicadas por la Real Academia Española*. Madrid, 1892, II, pp. 145-148.

VEGA CARPIO, Fr. F. Lope de: «El valiente Céspedes», en *Obras publicadas por la Real Academia Española*. Madrid, 1901, XII, pp. 187-231.

VEGA CARPIO, Fr. F. Lope de: «Los jueces de Castilla», en *Obras publicadas por la Real Academia Española*. Madrid, 1897, VII, pp. 363-413.

VEGA CARPIO, Fr. F. Lope de: «La ley ejecutada», en *Comedias escogidas*. Madrid, 1925, B.A.E. XLI, pp. 181-199.

VEGA CARPIO, Fr. F. Lope de: «El tirano castigado», en *Obras publicadas por la Real Academia Española*. Madrid, 1892, II, pp. 465-491.

VEGA CARPIO, Fr. F. Lope de: «Fuente Ovejuna», en *Comedias escogidas*. Madrid, 1925, B.A.E. XLI, pp. 633-650.

VEGA CARPIO, Fr. F. Lope de: «El mejor alcalde el Rey», en *Comedias escogidas*. Madrid, 1923, B.A.E. XXIV, pp. 475-491.

VEGA CARPIO, Fr. F. Lope de: «El Arenal de Sevilla», en *Comedias escogidas*. Madrid, 1925, B.A.E. XLI, pp. 526-546.

VEGA CARPIO, Fr. F. Lope de: «El príncipe perfecto», en *Comedias escogidas*. Madrid, 1925, B.A.E. LII, pp. 93-139.

VEGA CARPIO, Fr. F. Lope de: «El acero de Madrid», en *Comedias escogidas*. Madrid, 1923, B.A.E. XXIV, pp. 365-386.

VEGA CARPIO, Fr. F. Lope de: «El alcalde mayor», en *Comedias escogidas*. Madrid, 1925, B.A.E. LII, pp. 475-491.

VEGA CARPIO, Fr. F. Lope de: «Peribáñez y el comendador de Ocaña», en *Comedias escogidas*. Madrid, 1925, B.A.E. XLI, pp. 281-302.
VEGA CARPIO, Fr. F. Lope de: «La mayor virtud de un rey», en *Comedias escogidas*. Madrid, 1925, B.A.E. XLI, pp. 77-93.
VEGA CARPIO, Fr. F. Lope de: «Porfiar hasta morir», en *Comedias escogidas*. Madrid, 1925, B.A.E. XLI, pp. 94-111.
VEGA CARPIO, Fr. F. Lope de: «Contra valor no hay desdicha», en *Comedias escogidas*. Madrid, 1925, B.A.E. XLI, pp. 1-17.
VELO PENSADO, I.: «Corregidores de Betanzos en el siglo XVI», en *Anuario Brigantino*. 1982, pp. 74-78.
VI CONGRESO DEL INSTITUTO INTERNACIONAL DE HISTORIA DEL DERECHO INDIANO: *Justicia, Sociedad y Economía en la América Española (siglos XVI, XVII y XVIII)*. Valladolid, 1983.
VI CONGRESO DEL INSTITUTO INTERNACIONAL DEL DERECHO INDIANO: *Estructuras, Gobierno y Agentes de Administración en la América Española (Siglos XVI, XVII y XVIII)*. Valladolid, 1984.
VI CONGRESO DEL INSTITUTO INTERNACIONAL DEL DERECHO INDIANO: *Poder y presión fiscal en la América Española (Siglos XVI, XVII y XVIII)*. Valladolid, 1986.
VICENS VIVES, J.: «Estructura administrativa estatal en los siglos XVI y XVII», en *Obra Dispersa*. Barcelona, 1967, II.
VILAR, P.: «El tiempo del Quijote», en *Crecimiento y Desarrollo*. Barcelona, 1980, pp. 332-347.
VILLAFRANCA, A. de: *Los Bandoleros. Mitos y realidades*. Barcelona, 1957.
VILLAPALOS SALAS, G.: *Los recursos contra los actos de gobierno en la Baja Edad Media. Su evocación histórica en el reino castellano (1254-1504)*. Madrid, 1976.
VILLARI, R.: «Revueltas y consciencia revolucionaria en el siglo XVII», en *Rebeldes y reformadores del siglo XVI al XVIII*. Barcelona, 1981.
VINCENT, B.: «Les bandits morisques en Andalousie au XVIè siècle», en *Revue d'Histoire Moderne et Contemporaine*. Jui-Sep 1974, XXI, pp. 389-400.
VINCENT, B.: *Minorías y marginados en la España del siglo XVI*. Granada, 1987.
VIÑAS MEY, C.: *Estudios de historia social de España*. Madrid, 1955. 4 vols.
VIÑAS MEY, C.: *Forasteros y extranjeros en el Madrid de los Austrias*. Madrid, 1963.
VIÑAS MEY, C.: *Relaciones de los pueblos de España ordenadas por Felipe II. Provincia de Madrid*. Madrid, 1949.
VIÑAS MEY, C.; PAZ, R.: *Relaciones de los pueblos de España ordenadas por Felipe II: Ciudad Real*. Madrid, 1971.
VIÑAS MEY, C.; PAZ, R.: *Relaciones histórico-geográfico-estadísticas de los pueblos de España hechas por iniciativa de Felipe II: Provincia de Toledo*. Madrid, 1951-1963. 2 vols.
VV. AA.: *Culture et marginalité au XVIè siècle*. Paris, 1973.
VV. AA.: *Les Marginaux et les exclus dans l'histoire*. Paris, 1979.
WEISSER, M. R.: *Crime and Punishment in Early Modern Europe*. Bristol, 1979.
WEISSER, M.: *The peasants of the Montes*. Chicago, 1977.
WILKS, M.: *The problem of sovereignty in the later middle ages*. Cambridge, 1963.
WILSON, E. M.; MOIR, D.: *Historia de la Literatura Española: Siglo de Oro. Teatro, 1492-1700*. Barcelona, 1981.
WIRTZ, R.: «Aspetti della storiografia tedesca sulla criminalità», en *Quaderni Storici*. Roma, 1981, 46, pp. 212-224.
YOUNG, R. A.: *La figura del rey y la institución real en la comedia lopesca*. Madrid, 1979.
YUN CASALILLA, B.: «Aristocracia, señorío y crecimiento económico en Castilla: Algunas reflexiones a partir de los Pimentel y los Enríquez (siglos XVI y XVII)», en *Revista de Historia Económica*. 1985, 3, pp. 443-471.

YUN CASALILLA, B.: «Carlos V y la aristocracia. Poder, credito y economia en Castilla», en *Hacienda Pública Española. Homenaje a D. Ramón Carande*. 1987, 108-109, pp. 81-100.
YUN CASALILLA, B.: *Crisis de subsistencias y conflictividad social en Córdoba a principios del siglo XVI. Una ciudad andaluza en los comienzos de la modernidad*. Córdoba, 1980.
YUN CASALILLA, B.: *Sobre la transición al capitalismo en Castilla. Economía y sociedad en Tierra de Campos (1500-1830)*. Valladolid, 1987.
ZUGASTI, J.: *El bandolerismo. Estudio social y memorias históricas*. Madrid, 1982.
ZUÑIGA, D. F.: *Crónica burlesca del Emperador Carlos V*. Salamanca, 1989.
ZYSBERG, A.: *Les galériens. Vies et destins de 60.000 forçats sur les galères de France. 1680-1748*. Paris, 1987.